Rolf Rietzler

MENSCH, ADOLF

Rolf Rietzler

MENSCH, ADOLF.

Das Hitler-Bild der Deutschen seit 1945

Ansichten eines Zeitgenossen

C. Bertelsmann

MIX
Papier aus verantwor-
tungsvollen Quellen
FSC® C014496

Verlagsgruppe Random House FSC® N001967

1. Auflage
© 2016 by C. Bertelsmann Verlag, München,
in der Verlagsgruppe Random House GmbH,
Neumarkter Str. 28, 81673 München
Umschlaggestaltung: buxdesign München
Die Fotografien der Buch-Cover auf den Seiten
303, 308, 312, 314, 316, 319, 324 und 327 wurden
aufgenommen von Serge Marcel Martinot.
Lektorat: Karl Heinz Bittel
Satz: Uhl + Massopust, Aalen
Druck und Bindung: GGP Media GmbH, Pößneck
Printed in Germany
ISBN 978-3-570-10288-6

www.cbertelsmann.de

Dieses Buch ist jenem Dutzend Menschen gewidmet, die mich in meinem Übermut bestärkten, es zu schreiben, und jener Hundertschaft von Menschen und Geistern, die mich für narrisch erklärten oder mich daran zu hindern suchten. Ohne sie wäre das Buch nicht zustande gekommen. Es gab Zeiten, da wusste ich nicht, welcher der beiden Fraktionen ich selbst zuzurechnen war.

Rolf Rietzler

Inhalt

Prolog 2015
So möchte es gewesen sein

Das »dunkelste Kapitel« in ihrer Geschichte, wie die Deutschen für gewöhnlich ihr »Drittes Reich« nennen, dauerte zwölf Jahre, von 1933 bis 1945. Eigentlich nicht lange, aber Zeit genug, eine Diktatur zu etablieren, in der Oppositionelle und als »minderwertig« betrachtete Menschen kujoniert wurden, eine Wehrmacht aufzurüsten, die Europa mit Krieg und Tod überzog sowie einen systematischen Völkermord an Millionen europäischer Juden und anderen Volksgruppen zu exekutieren. Das Ende: Zerstörung, Trümmer, Tote, insgesamt rund 60 Millionen.

Schlechte Zeiten, gute Zeiten. Noch heute schwärmen ältere Leute von den Jahren, die sie damals erlebten. Es werden immer weniger, die davon erzählen können, aber die Erinnerungen an das private Glück zu Zeiten des NS-Staats bleiben als mentales Erbe und festgehalten in den Büchern, die den Zauber der Kindheit ausmalen.

Glückliche Zeiten? Damals wurde die Jugend hofiert, gefördert, und ihr wurden die Ideale des Nationalsozialismus beigebracht. Neue Erziehungsziele wurden ausgegeben: »Flink wie Windhunde, zäh wie Leder, hart wie Kruppstahl« sollten die Jungen werden, »geländegängiges« Material für künftige Schlachten, wie ihr Chef sagte. »Schlank und rank« die Mädchen, in Vorbereitung auf »Heim und Herd« das »reine Blut erhalten«, um später fortwährend echt deutsche Helden gebären zu können.

Wenn wir unter Verzicht auf moralische Wunschvorstellungen uns in das Jahr 1938 versetzen, so können wir eine große Mehrheit der Deutschen voller Optimismus und Zuversicht erkennen, die Jugend schaut mit strahlenden Augen in die Zukunft. Gerade hat die »Konferenz von München« einen großen Erfolg beschert. Ein halbes Jahr zuvor war Österreich »deutsch« geworden, und nun wurde auch das Sudetenland »heim ins Reich« geholt. Stolz und Freude bei fast allen. Nach einem »Augenblick des Zweifels« wandte sich – wie der Historiker Christian von Krockow in seinem Buch »Hitler und die Deutschen« über ein halbes Jahrhundert danach schreibt – »das Vertrauen wieder Adolf Hitler zu. Er war eben doch der Mann der Vorsehung, der seinen Weg mit traumwandlerischer Sicherheit ging und den Menschen das kleine Alltagsglück ihrer Ruhe und Sicherheit ebenso garantierte wie den Glanz der Macht und die Größe des Reiches.«

Der Drehbuchautor und Historiker Florian Huber registriert in seinem neuen Buch mit der Selbstgewissheit eines Umfrage-Institutsangestellten: »Das Jahr 1938 galt unter den sechs glücklichen Jahren als das glücklichste.« Im Mittelpunkt seiner zeitgeschichtlichen Reportage stehen allerdings die »Selbstmordwellen« in den Monaten vor Kriegsende, als die feindlichen Truppen in Deutschland einmarschierten. Das Buch fand in den Medien eine überaus positive Resonanz. Unter dem Titel »Kind, versprich mir, dass du dich erschießt. Der Untergang der kleinen Leute 1945« schildert es die Schreckensereignisse im vorpommerischen Demmin und in anderen östlichen Regionen. Nassforsch behauptet der Klappentext: ein verdrängtes Kapitel der deutschen Zeitgeschichte. Nach fast 200 Seiten voller Szenarien von Chaos, Verzweiflung und Gewalt bringt der Autor dem Leser auch nahe, was dem vorausging: Die »siegreichen Feldzüge« und – ein Tusch! – die Zeit davor: »Die sechseinhalb Friedensjahre des Dritten Reiches von 1933 bis 1939 erscheinen in den Erinnerungen vieler Zeitgenossen als eine Ära des Glücks.«

Ein Buch, das besonders anschaulich widerspiegelt, wie schön es in der Zeit sein konnte, als Hitler unser Land regierte, sind die »Lebenserinnerungen« der Ärztin Veronika Carstens (1923–2012), unserer »First Lady«, als ihr Mann Karl Carstens von 1979 bis 1984 den Bundespräsidenten machte, von dem in Erinnerung blieb, dass er gerne wanderte. Sie schwärmte noch im 21. Jahrhundert von ihrer Schulzeit ebenso wie von den Jahren im »Bund Deutscher Mädel«, das bisschen »Nationalsozialismus« habe die schönen Erlebnisse nicht groß gestört. Es folgte, wie sie schrieb, »ein ganz wunderschöner Abschnitt meines Lebens«, das »Studium in Freiburg, inklusive herrlicher Wanderungen und Radtouren bis zum Bodensee«. Da waren unter den Kommilitonen auch schon »Kriegsverwundete von der russischen Front«. Man habe »die wachsende Bedrohung« gespürt, aber auch gelernt, »die Augen davor zu verschließen«, in gewisser Weise »ein Tanz auf dem Vulkan«, aber vor allem »eine Zeit«, die »in einem eigenartigen Zauber schimmert«. Was Wunder, damals lernte sie ihren Karl (1914–1992) kennen, Doktor der Jurisprudenz und Leutnant bei der Luftwaffe, Mitglied bei der SA und bei der Staatspartei. Weihnachten 1944 wurde geheiratet. Ort: Casino der Flakartillerie-Schule Berlin-Heiligensee. Hochzeitsfoto: Sie ganz in Weiß, er in Uniform. Flitterwochen im Riesengebirge. Gemeinsame Bettlektüre im »Paradies« jener Tage: der »Taugenichts« von Eichendorff. Ihren »Erinnerungen« gab sie den Titel: »Dein Ziel wird dich finden«.

Von einer schönen Kindheit, »unbeschwert und glücklich«, zu Zeiten der Diktatur erzählt auch die Literaturwissenschaftlerin Inge Jens (Jg. 1927), die in Hamburg in einem »großbürgerlichen Elternhaus« aufwuchs und mächtig stolz auf das »Glück« war, als »Jungmädel« dem »Führer« bei einem Empfang im Hotel »Esplanade« das Händchen geben zu dürfen. Ihr Vater, »trug die schwarze Uniform«. Auf ihn lässt die Autorin in ihren 2009 publizierten »Unvollständigen Erinnerungen« nichts kommen. Nein, nein, Papa war kein Nazi. Denn ihn hätten wohl, so ist zu lesen, die Leitbegriffe »national« und »sozial« in die SS eintreten lassen, die ihm »als Elite-Einheit galt«. Die Tochter, nun wahrlich eine kluge, gebildete Frau, demokratisch, republikanisch, friedenspolitisch, bürgerrechtlich auf höchstem Level, glaubt heute noch: »Deren Maximen – Disziplin, Kameradschaft, Einsatzbereitschaft und Treue zum Vaterland – entsprachen seinen in der Jugendbewegung erlebten Idealen.« Für den Hamburger SS-Offizier »galten die sittlich-moralischen Normen, denen er nachlebte, unterschiedslos« – im Familienleben wie »im Dienst«.

Es muss wohl doch so gewesen sein: Wer selbst oder wessen Familie dazugehörte, mehr oder weniger, wer mit Freude dabei war, wer im und außerhalb des » »Dienstes« mitarbeitete, jedenfalls sich nicht ausschloss oder als »undeutsch« galt, wer nicht opponierte oder verfolgt wurde, kurz: wer dem Führer die Hand reichte, der fühlte sich in der ersten Hälfte von Hitlers Regierungszeit bestens aufgehoben. Helmut Kohl, (Jg. 1930), der in seinen Memoiren die eigene Familie in der Opposition zum Regime unterbrachte, erzählte 2005 in einem TV-Interview: »Ich hatte eine traumhafte Kindheit.« Als die Bomben fielen, war es damit vorbei. Die letzte Phase erlebte der Fünfzehnjährige in HJ-Uniform in einem Wehrertüchtigungslager bei Berchtesgaden, wo er, wie sein Biograph Hans-Peter Schwarz (2012) schreibt, noch im April 1945 vom »Reichsjugendführer« Artur Axmann« auf den »Führer« vereidigt wurde.

Drei Jahre älter als Kohl ist Joseph Ratzinger, der, noch als Papst vor seinem Wechsel ins Pensionsleben, einem kleinen Mädchen auf die entsprechende Frage mit überirdischen Anklängen vorschwärmte: »Ich stelle mir vor, dass es im Paradies so sein wird, wie es in meiner Jugend war.«

Ein relativ bekannter Fall mit einem etwas kurvigeren Lebenslauf als »unser Benedikt« ist die renommierte Journalistin Carola Stern (1925–2006). Nach dem Krieg: SED-Funktionärin und Mitarbeiterin des amerikanischen Geheimdienstes, Anfang der 50er Flucht nach West-Berlin, schließlich Karriere als Autorin und Rundfunk-Redakteurin beim WDR, zeitweise Vorsitzende der deutschen Sektion von »amnesty international«. In den früher 80ern machte sie öffentlich, dass sie in ihrer Jugend eine fanatische Hitler-Verehrerin und Antisemitin war, sich für den Nationalsozialismus engagierte, frohgemut und überzeugt, auf der richtigen Seite zu stehen, und sich nichts sehnlicher wünschte als den Sieg Hitlers und der deutschen Truppen.

Heute wissen wir, dass die Erinnerungen an die glückliche

Kindheit in der NS-Zeit mit der propagandistisch angefeuerten Aufbruchstimmung korrespondieren, von der die meisten Jugendlichen damals erfüllt waren. Die aneinandergereihten Gemeinschaftserlebnisse bei Fahnenappellen, Wanderungen und Fahrten, bei Sport und Spiel förderten die Begeisterung für ihr Vaterland und ihren »Führer«. Hitler erschien den Jugendlichen, organisiert in nationalsozialistischen Verbänden, als Idol, das sie hingebungsvoll verehrten. Viele hofften gläubig, dass er sie in die glorreiche Zukunft führe, die er ihnen verhieß.

Erstaunlicher indes sind die positiven Werturteile, die Hitler für seine »überragenden Leistungen« und »Erfolge« als Staatsmann und Wirtschaftspolitiker in den Jahrzehnten nach dem Krieg bis heute zugemessen werden, obwohl doch jeder wissen kann, wie trügerisch sie waren und wie menschenverachtend unter dem Deckmantel der »Volksgemeinschaft«. Speziell auch diejenigen, die miterleben mussten, wohin diese »Leistungen« und »Erfolge« führten, insistieren im Rückblick darauf. »Die Nazis haben von 1933 bis 1936 ein ökonomisches Kunststück vollbracht, das sonst niemandem in der ganzen Welt gelungen ist … Wenn Hitler 1936 erschossen worden wäre, würde er heute als Held der Wirtschaftsgeschichte dastehen«, erklärte Helmut Schmidt (1918–2015) in dem Gesprächsbuch »Unser Jahrhundert« (2010) seinem Freund, dem in Breslau geborenen deutsch-amerikanischen Historiker Fritz Stern.

Schmidt, dessen Ruf, von Politik und Wirtschaft mehr als andere zu verstehen, nicht gelitten hat, schloss sich damit Meinungen an, die auch in den Geschichtsbüchern stehen, zumeist aber verdeckt von dem dick unterstrichenen Terror des Regimes, gegen den sich aufzulehnen tödlich sein konnte. Die Faszination, die Hitlers Großtaten auslöste, haben gleich nach dem Krieg vor allem seine Generäle verbreitet; bei den akademischen Historikern war es wohl Ernst Nolte, der diese Ansicht 1963 als Erster in Form einer Suggestivfrage aufs Tapet brachte: »Ob Hitler, wenn er nach dem November 1938 gestorben wäre, nicht als einer der größten Deutschen in die Geschichte eingegangen wäre?« Am häufigsten wird der renommierte Elite-Publizist Joachim Fest zitiert, wenn es um

Hitlers »historische Größe« geht. Berühmt das Fazit in der »Vor-betrachtung« seiner Hitler-Biographie von 1973, quasi eine Ant-wort auf Noltes rhetorische Frage: »Wenn Hitler Ende 1938 einem Attentat zum Opfer gefallen wäre, würden nur wenige zögern, ihn einen der größten Staatsmänner der Deutschen, vielleicht den Vollender ihrer Geschichte zu nennen.« Andere führten in diesem Zusammenhang das Jahr 1939 an, auch 1940 oder 1941. Altkanz-ler Schmidt sagte 2010 nicht: Donnerwetter, Mensch, Adolf, alle Achtung! Er wählte eine andere Variation und fasste seine Aner-kennung in Zahlen: »Die Arbeitslosigkeit war 1936 auf null, und vorher hatten wir sechs Millionen Arbeitslose… Dieser Erfolg der Nazis war ein ganz wichtiger Faktor. Viele wollen das heute nicht sehen.«

Was ein Schmidt ist, der weiß es natürlich noch genauer: Der Erfolg sei vor allem Hjalmar Schacht zu verdanken gewesen, der für Hitler »die Wiederaufrüstung durch eine unglaubliche Aus-weitung des Staatskredits finanzierte. Keynesianismus in reins-ter Form«, dozierte der Altkanzler und fügte mit der Logik eines Eulenspiegels hinzu, wie jedermann in dem Buch nachlesen kann: »Wenn ich öffentlich sagen würde, Schacht war einer der erfolg-reichsten Ökonomen, die Deutschland je gesehen hat, dann würde man mich für einen Nazi halten.«

»Niemand wird so verehrt wie er«, schrieb in einer dem Jubi-lar Schmidt gewidmeten Titelgeschichte vom Dezember 2008 der ›Spiegel‹, der fünf Jahre später noch einmal nachlegte, indem er ihm unter den Propheten von der Loge »Der Weisheit letzter Stuss« Platz eins einräumte. An seinem Image kratzte das nicht. Der Alt-kanzler wartete weiter mit Statements und Warnungen auf, die groß zitiert und von denen, die sie für ihre Politik nutzen können, so-gar ernst genommen wurden. Ein Leben muss nur lang genug sein, dann kann ein Mann von hanseatischer Grandezza vieles sagen, auch das Gegenteil davon und davon wieder das Gegenteil (da ist dann auch Richtiges dabei). Schmidt wird als der große Welterklä-rer aus Hamburg-Langenhorn in die Geschichte eingehen.

Einmalig ist bei Schmidt noch etwa anderes: Niemand unter

denen, die das »Dritte Reich« als Erwachsene mitgemacht haben, wusste so wenig wie er von dem, was sich da von Staats wegen an Ungeheuerlichem abspielte. Vor dem Krieg nach eigener Aussage »unter dem Einfluss der braunen Machthaber« durchaus pro-Hitler eingestellt, heiratete er während des Krieges (wie nicht unüblich zu dieser Zeit: kirchlich und in Offiziersuniform, also im Ehrenkleid ebendieses Staates) seine alte Schulfreundin Loki. Eine Weile war er an der Ostfront eingesetzt, dann arbeitete er in der Reichshauptstadt in einem Ausbildungszentrum für Flak-Einheiten. In dieser Zeit besuchte er auch einmal, vom Reichsluftfahrtministerium delegiert, den Schauprozess des berüchtigten Volksgerichtshof-Präsidenten Roland Freisler gegen die Männer des gescheiterten Staatsstreichs vom 20. Juli 1944. Oft war nach dem Krieg von ihm zu hören, dass er die »Nazis« für verrückt, für »abartig« hielt. Allerdings von den größten aller Untaten unter »Adolf Nazi«, wie er Hitler zu nennen pflegte, speziell von den Massenmorden an den Juden, will er keine Ahnung gehabt haben. Erst nach dem Kriegsende habe er davon gehört. Darauf besteht er, mit Brief und Siegel.

In diesem Punkt trägt er wehrhaft sein Minus-Wissen wie ein großes Plus-Zeichen vor sich her. Nein, davon habe er nichts hören können, wies er den Altbundespräsidenten Weizsäcker (1920–2015) zurecht, den anderen Lieblingsdino der Deutschen, der in seiner berühmten Rede vom 8. Mai 1985 davon sprach, dass »Deportationszüge rollten« und dies niemandem »entgehen konnte, wer seine Ohren und Augen aufmachte«. Aber ich war, sagte Schmidt 1994 in einer Diskussion mit Gräfin Marion Dönhoff (1909–2002) und Freiherr Richard von Weizsäcker, im Gegensatz zu anderen, die »der gesellschaftlichen Oberschicht in Deutschland angehörten« und mit allerhand Informationen versorgt waren, ja auch nur ein »einfacher kleiner Muschkote«. Da hat ihm auch sein jüdischer Großvater das Gehör nicht geschärft. Dass er einen solchen hatte, war lange nicht bekannt. Er war schon aus seinen öffentlichen Ämtern ausgeschieden, als er über diese Ecke seiner Familiengeschichte zum ersten Mal sprach. Er habe, wie er es ausdrückte, in der NS-Zeit »unter den Nürnberger Gesetzen« gelebt.

Der Schmidtsche Geschichtsscherenschnitt lässt den Diktator erst nach den »Friedensjahren« oder den ersten »Blitzsiegen« zum »Monster« mutieren, zum »Höllenhund des 20. Jahrhunderts«. Dass die Deutschen in seiner Regierungszeit vorher schon ihre Juden aus der »Volksgemeinschaft« ausgeschlossen und sich über ihr Hab und Gut hergemacht haben, fällt dabei neben einigem anderen unter den Tisch. Im Übrigen auch das, was Bundespräsident Richard Weizsäcker in seiner berühmten »Befreiungs«-Rede zum 40. Jahrestag des Weltkriegsendes im Deutschen Bundestag anmahnte: »Wir dürfen den 8. Mai 1945 nicht vom 30. Januar 1933 trennen.«

Nach dieser Rede, die heute den Stellenwert eines Zusatzartikels zum Grundgesetz einnimmt, glaubten immer mehr Deutsche, man habe das »dunkle Kapitel« der NS-Zeit und auch die Nachkriegszeit hinter sich gelassen, erst recht, nachdem die Mauer gefallen war, die das Land geteilt hatte. Aber »Adolf Nazi«, der sich und seinen Deutschen so Großes geleistet hat, ist unverwüstlich. »Er ist wieder da« lautet der Titel eines satirischen Hitler-Romans, der jüngst einen exorbitanten Verkaufserfolg erzielte. Er stand – ist das je einem anderen Erzählwerk gelungen? – ein ganzes Jahr an der Spitze der Bestsellerlisten, wenig später wurde das Buch verfilmt.

Tatsächlich war er nie weg. In letzter Zeit hat er wieder zugenommen. »So viel Hitler war nie« ist zu einer Zeile aus dem Überschriften-Kompendium flotter Zeitungsschreiber avanciert. Er verbringt sein Nachleben mitten unter uns. Umtriebig wie eh, mischt er weiter mit, ist Teil unseres gesellschaftlichen und politischen Lebens. Fällt sein Name, sprießen in der kulturell versteppten Mitte der Gesellschaft bei den Doppelmoralisten die Neurosen hervor wie die Osterglocken im Frühjahr. Allzeit präsent in den Medien, mal kleinkariert herbeizitiert, wenn es um die Ehrenbürgerschaft in irgendeiner Stadt geht oder um die Umbenennung einer Straße, die den Namen eines Mitstreiters oder Wegbereiters trägt. Die SPD-Landtagsfraktion in Niedersachsen unternahm ernsthafte Anstrengungen, dem toten Diktator die deutsche Staatsbürgerschaft zu entziehen. »Wegen schlechter Führung«, spotteten Satiriker über den obskuren Antifaschismus der Sozialdemokraten an der Leine. Größer sind die Dimensionen, wenn sein Name in politische Kampagnen und Diskussionen eingebunden ist oder in Debatten zu interkontinentalen Konflikten, diktatorischen Herrschaftspraktiken, martialischen Invasionen.

Es ist, als habe er in den Köpfen, und seien sie lange nach seiner Regierungszeit herangewachsen, ein unkündbares Abo für das metaphorische Erklärungs-ABC. Zu beobachten ist er auch in den unendlichen Weiten der Internetwelt, vornehmlich als Mittelpunkt abenteuerlicher Verschwörungstheorien, befeuert von manischen Hobby-Historikern und Faschismus-Fans. Wer mal eine Weile die Mail-Kommentare in den sogenannten Qualitätszeitungen zu bestimmten Themen verfolgt, wird zur Kenntnis nehmen müssen, dass NS-affine Denkmuster, ausgemalt mit toxischen, xenophoben, antidemokratischen Ressentiments, hauptsächlich aus der Ecke der Bildungsbürger kommen und nicht aus dem Kreis der Analphabeten.

Speziell in den elektronischen Medien ist es Usus, alles, was in irgendeiner Weise mit Hitler in Verbindung zu bringen ist, dazu zu verwenden, aus alten Filzhüten fette Schlagzeilen zu formen, Prinzip Teebeutel: immer wieder aufgießen. Die Fernsehsender zeigen unaufhörlich neue Dokumentationen, in denen auf den alten einmontierten Szenen der Nimmermüde Reden hält und seinen Gruß entbietet. Am laufenden Band werden Filme und TV-Klamotten produziert, wo er für ein paar müde Lacher gut ist, die dann wiederum Diskussionen auslösen, was auf diesem verminten Feld an Klamauk und Spott erlaubt sei. Es war George Tabori (1914–2007), der grandiose Theatermacher und Erzähler, der Ultimatives dazu gesagt hat: »Der kürzeste deutsche Witz ist Auschwitz.«

Mit Hitler unauflösbar verbunden sind unsere Vorstellungen vom Nationalsozialismus, vom »Dritten Reich«, von der »Wehrmacht«, die ganz Europa unter ihre Stiefel und Panzer nahm, und von den Untaten, über die kein Gras wachsen will – begangen von der Generation unserer Eltern und Großeltern. Sein Name steht pars pro toto für alles, was mit den zwölf Jahren des NS-Regimes und dessen Nachleben zu tun hat. An dieser Art von »Hitler-Zentrik« kommt auch derjenige nicht vorbei, der sich von dem auf die NS-Propaganda zurückgehenden Hitler-Mythos fernzuhalten versucht.

Wie gehen wir mit dieser Vergangenheit um, von der schon vor Jahrzehnten Professoren darüber stritten, ob nicht bald der Moment gekommen sei, sie »vergehen« zu lassen, indem man die Gegenwart von ihr befreit. Berühmt wurde die Forderung des bayerischen Ministerpräsidenten Franz Josef Strauß: »Höchste Zeit, daß wir aus dem Schatten des Dritten Reiches und aus dem Dunstkreis Adolf Hitlers heraustreten und wieder eine normale Nation werden.«

Das war in den 80er Jahren. Ein »Schlussstrich«, der wurde sozusagen schon am 9. Mai 1945 von den Mitmachern gewünscht und gefordert, erst recht, als sie sich, »entnazifiziert«, irgendwann zu den »Befreiten« zählen ließen. Über die Jahrzehnte verstärkte sich das Verlangen, quer durch die Parteien. Man wollte »wieder normal sein«, ohne Bewusstsein davon, wie »unnormal« das wäre. Seit in Europa jedoch wieder Krieg geführt wird, die Länder sich ums Geld streiten, um Schulden und um Schuld, ums Leben und Überleben, seit der »Hegemon« Deutschland als führende Nation auf dem Kontinent den einen zu »zögerlich«, den anderen zu »übermächtig« erscheint, ist die Hitler-Vergangenheit präsenter denn je.

Dabei wird seit Jahren unisono von Politikern, Historikern, Journalisten betont, wie gründlich wir Deutschen uns der zwölf Jahre NS-Diktatur angenommen haben: »Wir sind Weltmeister der Vergangenheitsbewältigung«. In der ARD-Sendung vom 31. März 2015 war unter dem Titel »Das Erbe von 1945. Deutsche Schuld, deutsche Opfer« von dem linken Alt-Sozialdemokraten Erhard Eppler zu hören: »Nie hat es ein Volk gegeben, das die eigenen Untaten so zum Thema gemacht hat.« Guido Knopp, der TV-Obergeschichtslehrer, der auch in der Diskussionsrunde saß, konnte das nur mit einer seiner Hausformeln abstempeln: »Alle beneiden uns.« Und fügte dann noch eine der Palliativ-Plattitüden hinzu, die er in seinem Bauchladen stets mit sich führt: »Geschichte ist niemals nur schwarz oder weiß.«

Bei den bestleistungssüchtigen Meinungsführern, die Quantität mit Qualität verwechseln, spreizen sich die Pfauenfedern der nationalen Hoffart. Es bläht sich der Stolz auf unsere »Zeitgeschichtsschreibung«. Professor Rolf-Dieter Müller (Jg. 1948), der in allen Medien begehrte Experte für den Zweiten Weltkrieg, hat es im Stil eines Regierungssprechers in einem ›Spiegel-Gespräch‹ von sich gegeben: »Das hat uns zukunftsfähig gemacht und internationale Anerkennung verschafft.« Die Patrioten winken mit den Fähnchen.

Warum nur ergeben alle Untersuchungen und Umfragestudien in den letzten Jahren, da bald auch die Letzten der »Nazi-Generation« das Zeitliche gesegnet haben werden, dass die Mehrheit vom Thema »Holocaust« nichts mehr hören will und dass die Zahl derjenigen, die mit einer partial oder total rechtsextremen Einstellung, auch mit massiven antisemitischen Ressentiments durchs Leben gehen, weiter zunimmt? Warum vermehrt auch über die ganze Bandbreite der Nation hinweg und nicht nur am »rechten Rand«? Und gleichzeitig häufen sich die Brandanschläge auf Menschen, die wo anders herkommen oder wo anders enden sollen – flammende Zeichen mörderischer Gewalt und des Fortlebens der nazistischen Weltsicht.

Einflüsse aus alten Zeiten mischten auch bei der Mordserie des Zwickauer NSU-Trios mit, wo weder die staatlichen Behörden noch die Medien auf die Idee kamen, dass die Täter bei rechtsradikalen Terroristen vom »Heimatschutz Thüringen« (Verehrer von Hitler und Rudolf Heß) zu suchen sind und stattdessen im Umfeld der Immigrantenopfer türkische Nationalisten oder Rauschgifthändler verdächtigten. Handfeste Versatzstücke der alten Nazi-Gesinnung finden sich ebenso bei den Protestkundgebungen gegen die »Überfremdung« und bei den Verfechtern einer homogenen Volksgemeinschaft wie bei den Attacken gegen die Griechen und andere »Arbeitsscheue« und »betrügerische Laumänner«, die »unsere Werte« nicht respektierten. Auch der Riesenerfolg der als Sachbuch aufgezäumten Sarrazin-Saga von der tödlichen Gefahr türkischstämmiger Kopftuchmädchen für unser Vaterland verweist auf die Popularität rassistischer Vorurteile. Vom intensiven Nachleben des »Führers« zeugen auch die plakativen und irrationalen Gleichsetzungen in öffentlichen Debatten, heute mit Putin, Assad oder Kim Jong Un. Spektakulärer Vorläufer: das groß aufgemachte Pamphlet des Schriftstellers Hans Magnus Enzensberger über »Hitler Wiedergänger« Saddam Hussein Anfang der 90er Jahre.

Offensichtlich kann die geistigen Exkremente des untoten Hitler nichts vertreiben – weder der breite Strom zeitgeschichtlicher Forschungen, noch die nicht abreißenden Dokumentationen und Aufarbeitungen in den Medien, noch die neuerdings verstärkt eingesetzten Historiker-Kommissionen, die sich mit der NS-Vergangenheit der Ministerien, Behörden und Unternehmen befassen, noch all die Rituale des Gedenkens, die ein Wiederaufleben verhindern wollen, indem sie die Schrecken des »Dritten Reiches« wach halten, fast immer garniert mit dem längst zur Floskel degradierten Zitat aus der jüdischen Tradition: »Das Geheimnis der Erlösung heißt Erinnerung.«

Die Überraschung, die sich regelmäßig einstellt, wenn mal wieder öffentlich zur Kenntnis gelangt, wer alles in der NS-Zeit das Regime unterstützt und mitgetragen hat, setzt ja voraus, dass im Grunde noch immer auf allen Ebenen der Wahrnehmung die Meinung dominiert, es seien Hitler allein und eine kleine Gangsterbande von »Nazis« genannten Desperados gewesen, die den Diktaturbetrieb managten, zunächst den freudig erlebten wie den späteren furchtbaren, sowie den »Holocaust by bullets and by gas«, wie neuerdings differenziert wird. Besonderes Erstaunen und »das am tiefsten Erschreckende« (so der Historiker Andreas Hillgruber vor langer Zeit) zeigt sich immer dann, wenn es um die Mitwirkung der gehobenen Schichten geht, um Leute von Bildung und Sachverstand, von gesellschaftlichem Rang und Ansehen, um »das kultivierte deutsche Bürgertum« oder, ungenannt genannt, um die Repräsentanten unserer »Leitkultur«. Als ob nicht ein jeder, trotz des orchestrierten Bemühens über die Jahrzehnte hinweg, ebendas zu verschleiern, wissen dürfte, dass das nationalsozialistische Regierungssystem und sein Mordprogramm ja anders gar nicht hätten funktionieren können.

Je mehr die Deutschen versuchen, aus ihrer Vergangenheit herauszukommen, desto mehr geraten sie hinein. Mit der fortschreitenden Zeit und der unumgänglichen »Historisierung«, von der sich viele versprechen, dass die von ihnen behauptete monomanische Fokussierung auf die zwölf Jahre des »Dritten Reiches« in der deutschen Geschichte endlich aufhöre, fallen fraglos auch einige der Barrieren, hinter der sich Zusammenhänge und Beteiligungen so lange verstecken ließen.

Die deutsche Illusion, dass es mit den Anstrengungen, die NS-Vergangenheit zu »bewältigen«, auch gänzlich gelungen sei, sich mit den Opfern und ihren Nachfahren auszusöhnen, zerplatzt mit den von Zeit zu Zeit erhobenen Forderungen aus den damals besetzten Ländern (wie zuletzt aus Griechenland). Sie verträgt sich genauso wenig mit den Querelen um das Raubgut, das noch in deutschen Museen lagert. Provenienzforschung und Restitution sind sich zäh hinziehende Dauerthemen der Gegenwart. Unter einer glatt gestrichenen Oberfläche sammelt sich, was noch lange nicht vernarbt sein wird. Das zeigt sich auch in kleinen, aber signifikanten Begebenheiten.

Unvergesslich ist mir eine Fernsehszene, in der, zehn Jahre ist es her, zwei Männer, beides Lichtgestalten der deutschen Öffentlichkeit, außer Programm aneinandergerieten. Es war der 8. Mai 2005, ein Sonntag. Die ARD hatte für eine Sendung zur Feier des Tages mit der TV-Moderatorin Sabine Christiansen (Jg. 1957) in die neu eröffnete Akademie der Künste am Pariser Platz der Hauptstadt eingeladen. Im Hintergrund waren das Brandenburger Tor und die Kuppel des Reichstagsgebäudes zu sehen, die Wahrzeichen der Berliner Republik, des Deutschlands, von dem viele glauben, dass es sich neu erfunden habe. In der Runde auf dem Podium versammelten sich die »Herren Richard von Weizsäcker (Altbundespräsident), Marcel Reich-Ranicki (Literaturpapst) und Denis McShane (Britischer Europaminister)«. Thema: »60 Jahre Kriegsende – Was bedeutet das magische Datum für Deutschland?«.

Zunächst wurde über dies und jenes geplaudert, von der Moderatorin an allen möglichen Klippen vorbeigeführt, sichtlich bemüht, das Wir-Gefühl, das die deutschen Europa-Enthusiasten nun auszeichne, ins rechte Licht zu rücken. Als Reich-Ranicki (1920–2003), der Jahre im Warschauer Ghetto verbracht hatte und dessen Eltern von den Deutschen in den Gaskammern des Vernichtungslagers Treblinka umgebracht worden waren, Zweifel an dem europäischen Versöhnungsoptimismus anmeldete, stieß er auf massives Unverständnis. Sein Statement, den Deutschen sei es doch im »Dritten Reich« meist sehr gut gegangen, für 90 Prozent sei es »die schönste Zeit ihres Lebens« gewesen, in der sie sich als die Könige der Welt betrachten konnten, stieß auf erregten Widerspruch des Altbundespräsidenten. Unterstützt von der Moderatorin, verwies Weizsäcker auf seine Rede von 1985 und die sich daran anschließende Welle der Zustimmung, geprägt von einem umfassenden Geist der Versöhnung. Die Empörung war nicht zu verkennen. Als Reich-Ranicki seine Ansicht weiter ausführen wollte, entfuhr dem Großmeister der Contenance aus angedicktem Hals »in schneidendem Herrenton« (FAZ): »Wir sind hier nicht im Literarischen Quartett, jetzt rede ich.«

Mir armem Tropf ist die Szene danach ein paarmal im Schlaf als Nachtmahr wieder begegnet. Jedes Mal sagte der weißhaarige Mann, der einmal mein Präsident war: »Wir sind hier nicht in der Judenschule. Jetzt rede ich.« Beim Morgenkaffee ruckelte sich das Bild der zwei Berühmtheiten mit dem Originalzitat dann wieder zurecht, als ich mich daran erinnerte, dass die Version, die es mir geträumt hatte, ja eine Redensart unseres Französischlehrers in den 50ern war.

Reich-Ranicki, dessen 1999 erschienene Autobiographie ein Riesenerfolg war und ihn, zusammen mit seiner regelmäßigen TV-Diskussionssendung, zum bekanntesten Literaturkritiker in Deutschland machte, blieb bis zu seinem Tod 2013 unversöhnt: »Ich war kein Deutscher und ich bin kein Deutscher, mein Deutschtum besteht nur in meiner tiefen, ein Leben lang währenden Beschäftigung mit der deutschen Literatur. Ich benutze das Wort deutsch für meine Person nur als Adjektiv.«

Meine bissigen Träume kann ich verkraften. Am Tag nerven

dann wieder die sprachlichen Klischees, deren verschleiernden Charakter kaum jemand noch bemerkt, so nachhaltig haben sie sich, getarnt als scheinbar objektive Beschreibungsvokabeln, in unserem Wortschatz eingenistet. Wann immer es um die NS-Vergangenheit generell und die Verbrechen meiner Landsleute speziell geht, wann immer von Förderern, Unterstützern, Mitgliedern, Profiteuren, Mitmachern, Tätern, Mittätern, intellektuellen Wegbereitern und Sympathisanten die Rede ist, kommt unweigerlich das Wort »Verstrickung« vor, egal ob in den Medien oder in geschichtswissenschaftlichen Studien.

Alle, von denen wieder bekannt wurde, was oft schon einmal bekannt war, sahen sich nachträglich »verstrickt«. So jüngst der vielerseits verehrte Professor Theodor Eschenburg, Hinrich Kopf, der einst so populäre Ministerpräsident in Niedersachsen, die honorige »Deutsche Forschungsgemeinschaft«, drei Beispiele aus einer Unzahl. Die Grünschnäbel, die damals, minderjährig noch, sich der Nazi-Partei oder der SS anschlossen und es später verdrängten, und, so sie sich einen Namen gemacht haben, im 21. Jahrhundert mit dem moralischen Furor der Enthüller konfrontiert sahen, »verstrickt« auch sie.

Einzelne Personen, Institutionen, Behörden, Ministerien, kleine oder große Wirtschaftsunternehmen, die Wehrmacht, der Bischof, der Chefredakteur – »verstrickt in die Machenschaften der Nazis«. Sei es, dass »sie sich selbst verstrickten«, sei es, öfters noch, dass sie, wie zu lesen ist, »verstrickt worden sind«, will heißen: auf tragische oder sogar unverschuldete Weise in ein »widriges Schicksal« geraten, das sie in »unseliger Zeit« zum Mitmachen zwang.

Zu den Stilblüten aus dem Treibhaus der Weichzeichner gehören auch die vielen »Paladine« und »Vasallen«, die heute noch zu Hitlers »Gefolgschaft« zählen. In der zeitgenössischen Propaganda des »Dritten Reiches« standen diese herrschaftlichen Begriffe aus der Historie hoch im Kurs. Danach übernahm sie das Gros der Geschichtsschreiber und verlieh damit dem »Führerstaat« deutschritterliche Züge. Im 21. Jahrhundert verströmen sie einen ranzigen Geruch ähnlich wie »das große Völkerringen«, der »Weltenbrand«

oder »der Waffengang«, die oft ins Kraut schießen, sobald die Gedanken und Erinnerungen in den Zweiten Weltkrieg ziehen. Selbst die Chiffre »im deutschen Namen«, in den 50ern schier unvermeidbar im deutschen Sprechen über die »Jahrhundertverbrechen«, Beiwort in jeder Gedenkrede von Kanzler Kohl zur »Nazi-Barbarei«, ist in Sonntagsreden und Leitartikeln als Verbrämungsformel immer noch anzutreffen.

Trotz aller »Verstrickungen«, trotz aller bis in kleine Verästelungen und Spezialgebiete reichenden Forschungsarbeiten, die Hauptstrecke der Erinnerungswege zurück in Hitlers Zeit ist heute zweispurig ausgeschildert, getrennt in Deutsche und Nazis. Im Nationaltheater der Erinnerungsklischees kommen die Nazis vom Mars, die Deutschen aus der Klamm des Wirtschaftselends und dem Tal der Schmach von Versailles. Die einen haben mit den anderen wenig zu tun. Die Nazis gebärden sich als »Verführer« oder treten in »Horden« auf, gegen Ende der Weimarer Republik dringen sie überall ein und erobern in unserem Vaterland eine Stadt nach der anderen und schließlich die Macht.

In der Regel sind sie leicht erkennbar, sogar in der Dunkelheit, denn sie »glühen« zumeist wie verrückt – nebenbei bemerkt: ein Lieblingswort aller NS-Ideologen. Und selbst ein »Paladin« oder ein »Vasall«, der sich aus der »Verstrickung« nicht mehr zu lösen vermochte, erscheint oft nicht mehr als ein »Werkzeug« in den Händen des Führers. Es sind semantische Instrumente, die dafür sorgen, dass die Separierung von Deutschen und »Nazis« einen immer höheren Grad der Selbstverständlichkeit erreicht, ähnlich wie es mit dem Alleinstellungsmerkmal Hitlers geschieht, ohne dass dieses eigens hervorgehoben werden muss.

Hitler himself sitzt dabei an allen Hebeln. Selbstredend »glüht« auch der Monster-Typ aus sich heraus dabei bis zum Anschlag. Neuerdings ist es allerdings wieder Mode geworden, den »Führer privat« im Poesiealbum von außen zu beleuchten. In zeitlichen Wellen finden seit Jahrzehnten in den Medien die Festlichkeiten der Behausschuhung Hitlers statt. Im Mittelpunkt der Chorgesang: Er hatte »menschliche Seiten«. Er war kein Dämon, kein

Außerirdischer, wenigstens nicht nur, er war auch ein Mensch. Mit Mucken und Macken, ja auch mit heiteren, liebenswerten und liebeshungrigen Eigenarten, und zeitweilig mit den pathologischen eines Junkies, vollgedröhnt bis an die Kiemen. Es soll gestaunt werden. Altes wird neu bemüht: Wie er mit dem finnischen Marschall Mannerheim in normaler Zimmerlautstärke redet, wie er als Kunstsammler »die humorvollen und gefühlvollen Bilder« des Münchner Genremalers Grützner bevorzugt, wie er der »Reichsgletscherspalte« (so der dreckige Volksmund), seiner Leni, der Riefenstahl, bei einem Spaziergang am Nordseestrand unweit des Jadebusens von seiner Bewunderung für Wagner und den Märchenkönig Ludwig erzählt, um ihr dann plötzlich, wie in ihren Memoiren zu lesen ist, auf den Leib rückt und »erregt« von Liebe spricht oder im Jahr davor, 1931, wie er ganz, ganz tieftraurig ist über den Tod seiner Nichte Geli, die er so lieb gehabt haben soll wie Deutschland und fast so lieb wie seinen Mercedes und seinen Hund.

Inzwischen ist der deutsche Diktator längst ein Markenzeichen geworden, das sich verselbstständigt hat, darin sind sich die Historiker mit den Journalisten einig. Bücher zum Thema nehmen seinen Namen obligatorisch in den Titel (wie auch dieses Buch), um den Verkauf anzukurbeln. Feldforscher der Kultursoziologie legen den Akzent darauf, dass er inzwischen auch ein »Popstar« für die Jungen (»Tanz den Adolf Hitler«) und ein »Lebensgefährte« für einsame ältere Fernseher geworden ist (»Mensch, Adolf, hock di her, gleich kommt der Knopp«). Den geschichtlichen Zusammenhängen entkommen, ist er vielfältig zu nutzen. Der Maler und Hanswurst Jonathan Meese etabliert sich mit einer Hitler-Gruß-Masche im Kunstbetrieb. Währenddessen kann Hitler sein Nachleben auf den Kanälen des Privatfernsehens ausleben. Abgestandene Dokufilme füllen die Zeit zwischen den Werbeblöcken. Zu den Favoriten gehört seit Jahren die englische Produktion »Hitlers Psyche«.

Der letzte große Auftritt in einem Film, der ihm mit deutschem Ernst gewidmet war, liegt rund zehn Jahre zurück. Produzent Bernd Eichinger brachte ihn 2004 mit Schützenhilfe des Biographen Joachim Fest in die Kinos. Man wollte den »Bekanntesten von uns« in adäquater Mega-Dimension bei seinen letzten Tagen im Bunker vorführen und noch dazu, was Casting, Regie und Drehbuch angeht, absolut reinrassig, »total deutsch« eben, wie Eichinger (1949–2011) in einem Interview ironiefrei betonte.

Ein Elite-Schauspieler, berühmt für die Darstellung des »Faust« in Peter Steins Inszenierung, verlieh ihm den tiefsinnigen Schweizer Dackelblick, den große Teile des deutschen Feuilletons zu akzeptieren imstande waren: »Ganz der Hitler«. Das mochte angehen: Ein Führer, abgrundtief böse und schrecklich unbeherrscht, mit menschlichem Tiefgang, faustisch motiviert. Eine auf historische Pseudo-Echtheit getrimmte, tragisch akzentuierte Kitschfigur, bekränzt mit dem titanisch tönenden Filmtitel »Der Untergang«. Besiegelte Geschichte im Plusquamperfekt, der vollendeten Vergangenheit. Ein deutscher Beitrag für die Kinemathek der Menschheitsgeschichte. Gelungen schien: Man war ihn los und hat ihn doch in voller Größe erhalten. Geradezu »notwendig« fand den Film Altkanzler Helmut Kohl, ausgesprochener Experte in mehrfacher Hinsicht, als Geschichtsriese des 20. Jahrhunderts einer seiner Nachfolger, als gelernter Historiker und als einstiger Hitler-Junge, der ihm den Eid geschworen, um danach mit der »Gnade der späten Geburt« hausieren zu gehen.

Interessanter war ein TV-Film, der 2013 zur besten Sendezeit im ZDF gezeigt wurde. Der programmatische Titel: »Unsere Mütter, unsere Väter«. Hochgespannt der Anspruch des Dreiteilers, der sich verlogen authentisch gibt. Im Frühjahr 1941 geht es los, als nach den »Blitzsiegen« gegen Polen und Frankreich Hitler und sein Regime wohl auf dem Höhepunkt ihrer Popularität angekommen sind. Fünf Freunde, alle um die 20, zwei Frauen, drei Männer, müssen in den Krieg und erleben, was dieser aus ihnen macht, stellvertretend und repräsentativ für die Generation, die in das »Dritte Reich« hineingewachsen ist.

Von deutschen Kritikern wurde der Film überschäumend als Nationalepos der Schützengraben-Generation gefeiert, im Ausland (immer dieses »Ausland«) löste er Befremden und Ablehnung aus. Ulrich Herbert (Jg. 1951), Geschichtsprofessor, anerkannt differenzierender Interpret sowohl der Zeit vor 1945 als auch der danach, stimmte in den Mainstream der hymnischen Resonanz nicht mit ein. In der ›taz‹ entblättert er in einer bemerkenswerten Kritik das Werk von Nico Hofmann (verantwortlich auch für ein kandiertes Rommel-TV-Porträt, 2012) als exemplarischen Fall unseres schönfärberischen Umgangs mit der NS-Vergangenheit.

Der Film sei im Detail gut gemacht und beschönige auch die NS-Verbrechen nicht (worüber man streiten kann). Grundfalsch sei jedoch die Perspektive, die sich von dem Wunsch leiten ließe, wie die »Deutschen gerne gewesen wären«, nämlich »unpolitisch, etwas patriotisch vielleicht, aber keine Nazis«. Der Zuschauer könne beruhigt sein: »Die Nazis, das sind in diesem Film nicht die Väter und Mütter, sondern die anderen.« In allen Teilen bekomme man nichts davon mit, wie die Jugend von damals (als Generation) wirklich dachte und fühlte. Nichts davon, dass »es nicht nur Dummköpfe waren, die Hitler vertrauten. Und dass sie nicht nur erduldeten, was geschah, sondern wollten«, was sie taten. Dies zu zeigen wäre die Voraussetzung gewesen, »zu verstehen, was da geschehen ist.« So aber bleibe es bei der herkömmlichen Lebenslüge: Auch nach dieser 14-Millionen-Produktion »können wir uns unsere Väter und Mütter weiter als fröhliche, lebenshungrige, unpolitische Generation vorstellen, die durch den Krieg verroht und letztlich sein Opfer wurde.«

Hier sind Fragen und Irrwege angesprochen, die mit zu meiner Motivation für dieses Buch gehören: Wie kam es dazu, dass es den Deutschen bei den Versuchen, ihre Vergangenheit zu »bewältigen«, nie in erster Linie darum ging, zu verstehen, was wirklich geschah? Als ob so unsichtbar wie tief verinnerlicht immer die Frage in uns Deutschen rumore: Wie kommen wir aus dieser Nummer raus? Daher auch der cantus firmus der Opferrhetorik, die jetzt auf die 70 zugeht. Offenbar noch immer gesucht: Das »Deutschland-Narrativ«, die »Meistererzählung«, die eine Vergangenheit kreiert, die sich im Ausland sehen lassen kann und die Gegenwart verschönt. Ideal wäre ein »Sommermärchen mit Auschwitz-Wermutstropfen«.

Noch immer dominiert das Prinzip der Schadensbegrenzung.

Auch wenn das Ableben der »Mitmacher« und der Ablauf von »Sperrfristen« so manche Offenlegungen erleichtern, der Weg ins Freie scheint von unseren Wunschbildern versperrt, im Keller west das Eingemachte.

Mögen in der historischen Forschung noch so wissenschaftlich fundierte Erkenntnisse erarbeitet, in den seriösen Medien neue Entdeckungen gemacht und alte Enthüllungen recycelt werden, mir scheinen die Verdrängungs- und Bewältigungsmethoden kein Verfallsdatum zu kennen. Das zeigt auch das Buch »Kultur der Freiheit« (2005) des Verfassungsrichters Udo di Fabio (Jg. 1954) das sich in einem Kapitel mit der »Identität der Deutschen im Banne ihrer Geschichte« befasst. Da »verführt und belügt« ein »vulgärer Dämon« (auch »menschenverachtender Hochstapler und größenwahnsinniger Dilettant« genannt) im »Dritten Reich« die Deutschen »mit allen Mitteln moderner Propaganda«. Die »Nazis« hätten »Teile des Volkes durch perfide Täuschung dazu gebracht, für das krankhaft wuchernde Böse zu arbeiten«.

Aber, so gibt der Autor zu bedenken; »Hitler war kein Deutscher, nicht weil er österreichischer Herkunft war, sondern weil er kein Jota vom Anstand des preußischen Staatsdieners besaß ... keinen Sinn für deutsche Lebensart, bürgerliche Vorlieben und christliche Traditionen. Er war nur ein verkleideter Deutscher, ein entwurzelter Gaukler aus der Gosse, der alle Energien des Volkes und dessen kulturelles Vermögen aufsog und gleichgültig die Vernichtung der ihm Ausgelieferten hinnahm.«

Hitler, zum Ausgestoßenen oder zum unterirdischen Monster gemacht, ist letztlich an allem schuld. Der Gossengaukler und sein Verbrecherpack! Wie ist es wirklich um die Aufarbeitung der NS-Vergangenheit bestellt, wenn ein hochrangiger Rechtsgelehrter und »Staatsdiener« von heute so etwas von sich gibt? Weltmeister? In diesem Fall eher Regionalliga im Tabellenkeller! Von dort sieht der Autor mit Abscheu, wie sich die »bildungsfernen Schichten« im »öffentlichen Raum« breitmachen. In der ›Zeit‹ erntete er Kritik, aber auch höchstes Lob: »Glücklich das Land, das einen solchen Verfassungsrichter hat.«

Mir dagegen scheint: Der Mann hat zu viel Knopp gesehen. Schiebt den Hitler ab ins Gossenland, wo der undeutsche Pfeffer wächst. Wäre der nicht gewesen, dann ständen wir heute anders da. Heute gelten wir als die Führungsmacht in Europa. Was wären wir erst ohne ihn geworden. Ohne Hitler kein Krieg, ohne Hitler kein Holocaust. Ohne Hitler wären wir nicht die Besten, schlimmer, wir wären die Allerbesten. Das Bauen am Mythos geht weiter: So möchte es gewesen sein.

Mensch, Adolf, ich bin zeitlebens nie so richtig von dir losgekommen. Dein Nachleben hörte nie auf, mir in die Suppe zu spucken. Wie meine Zeitgenossen und Landsleute es dir gestaltet haben, wie sie mit deinem Erbe umgingen, hat mich über weite Strecken meines Lebens beschäftigt oder stand unversehens hinter der nächsten Ecke, um die ich bog. Davon erzähle ich in den Vignetten im letzten Teil dieses Buches.

Vor dem Haus, in dem ich seit einiger Zeit in Hamburg wohne, steckt im Trottoir ein sogenannter Stolperstein, schon etwas zerkratzt. Aber die eingestanzten Buchstaben, Zahlen und Satzzeichen sind noch gut zu erkennen: »Hier wohnte Wilhelmine Rosenbaum, geboren 1876, Deportation nach Minsk 1941 – ???«

In diesem dreifachen Fragezeichen-Mordjahr kam ich zur Welt. Heute gehe ich jeden Tag an diesem Pflasterstein vorbei. Oft, wenn ich an dem Buch gearbeitet habe, fühlte ich einen schwarzen Vogel auf meiner Schulter sitzen, der krächzen und sprechen konnte. Ein Abgesandter, so stellte ich mir vor, der Mine Rosenbaum. Danach muss sie eine kluge, interessante Frau gewesen sein, ihr Rabe kann sowohl ironisch wie wütend, zynisch wie albern sein und es mit jeder Spottdrossel aufnehmen. Weil ich selbst als Autor dem üblichen Gebot von »sine ira et studio« nicht zu folgen vermag, habe ich manchen seiner kiebigen »Einwürfe« in das Manuskript eingearbeitet. Einer soll hier gleich einmal angebracht werden: Die Gefahr heute ist nicht, krächz, dass Adolf Hitler näher kommt, krächz, sondern, dass wir ihm, krächz, Schritt für Schritt entgegen gehen.

TEIL EINS

Hitlers Nachleben

Kapitel 1
Dämon und Sündenbock (1945–1959)

»Ein strahlender Komet ist erloschen«, meldete SS-Brigadeführer Mohnke, Kommandeur im Regierungsviertel Berlin-Mitte (»Verteidigungsbereich Zitadelle«) am 30. April dem neu ernannten Militärbefehlshaber im zertrümmerten Berlin, SS-General Krukenberg. Einen Tag später war Großadmiral Dönitz abends über den Reichssender Hamburg zu hören: »Deutsche Männer und Frauen, Soldaten der deutschen Wehrmacht! Unser Führer, Adolf Hitler, ist gefallen... er hat den Heldentod gefunden... Sein Leben war ein einziger Dienst für Deutschland. Sein Einsatz im Kampf gegen die bolschewistische Sturmflut galt darüber hinaus Europa und der gesamten Kulturwelt. Der Führer hat mich zu seinem Nachfolger bestimmt.«

In den kleinen Bakelit-»Volksempfängern« jaulte und rumorte es. Auch bei den meisten der großen Radiokästen mit dem magischen grünen Auge war der Empfang nicht mehr der beste. Wie viele ihren neuen Führer verstehen konnten, ist ungewiss, was seiner Rede kurzer Sinn war, sprach sich jedoch im Nu herum. Wer den britischen Rundfunk hörte, vernahm es mit einem Shakespeare-Zitat garniert: »The day is ours, the bloody dog is dead.«

Tot? Der Führer? Nicht zu glauben. Jutta von Manstein, die zu den flammenden Verehrerinnen des Diktators gehörte, weigerte sich bis zum Umfallen. Sie hatte mit ihrem Ehemann Erich, dem Generalfeldmarschall, auf der Flucht vor dem anrückenden Feind zunächst im idyllischen Landhaus Achterberg unweit des Massenmord-Lagers Bergen-Belsen Logis genommen. Wenig später waren

die beiden dann weiter nördlich auf einen Gutshof in der osthol-
steinischen Grafen-Ecke gezogen. Dafür hatte Alexander Stahlberg
gesorgt, der »persönliche Ordonnanzoffizier«, über den ein rang-
hoher General damals auch dann noch verfügen konnte, wenn er
schon aus dem aktiven Dienst ausgeschieden war. In seinen Erinnerungen (»Die verdammte Pflicht«, 1989) schildert Stahlberg so ehr-
erbietig, als ob die Zeit stehen geblieben wäre, wie das Ehepaar von
Manstein reagierte, als er den beiden meldete, was er im Rundfunk
gerade Schreckliches gehört hatte: Zuerst habe der Feldmarschall
in militärisch vorbildlicher Haltung verharrt – »ein paar Sekunden
lang ohne jedes Zeichen einer Bewegung«. Dann »eilte er um den
Tisch herum«, seiner Gattin zu Hilfe, die einen gellenden Schrei
ausstieß: »Nein! Das kann nicht sein!«

Gemeinhin ging es prosaischer zu, als sich Anfang Mai 1945 die
Todesnachricht verbreitete, begleitet von ersten Gerüchten, dass
sich der Führer selbst umgebracht habe. Das Chaos war für die
Deutschen längst unüberschaubar. Die feindlichen Truppen standen im Land. Der Krieg war verloren, aber die Kämpfe dauerten
an. Wessen Sinne noch funktionierten, spürte: Es schlug die letzte
Stunde. Diejenigen, die es vernahmen, reagierten unterschiedlich:
Heulkrämpfe, Stoßgebete, Verfluchungen. In den Erinnerungen,
wie sie später erzählt wurden, machen Soldaten in den Schützengräben das Kreuzzeichen, lassen Ausgebombte in Kellerlöchern die
Tassen kreisen. Viele kämpften weiter verbissen auf ihren verlorenen Posten, vor allem im Osten Deutschlands gegen den Ansturm
der russischen Truppen. Der Siegesschrei »Gittler kapuutt« schallte
durch die Ruinen der Städte. »Der Iwan«, in den Augen der Besiegten ein aus Angst und rassistischen Propagandabildern zusammen-
geschweißter, vom Rachedurst angetriebener Todesdrache, nahm
die Hauptstadt Berlin in seine Gewalt.

Die bedingungslose Kapitulation am 8. Mai 1945 besiegelte den
Zusammenbruch Deutschlands. Niedergeschlagenheit allenthalben, in die sich Erleichterung mischte, dass es zu Ende war, so
wie es im Nachhall oft zitiert ist: »Wir sind noch einmal davongekommen.« Von Befreiung sprach damals kaum einer, erst viel,

viel später begann sich der Begriff in der Bundesrepublik durchzusetzen, nachdem 1985 ihr Präsident ihn höchstpersönlich mit einer Feiertagsrede ins Stammbuch der deutschen Geschichte geschrieben hatte. Befreit konnten sich damals nur die fühlen, die sich nicht zu der vom Regime propagierten »Volksgemeinschaft« zählen durften oder wollten, Frauen und Männer, die der Staat in die Zuchthäuser und die überall im Land etablierten Lager eingesperrt hatte, und auch die Verfolgten, die sich nun, vorsichtig, noch war der Terror nicht ganz überstanden, aus ihren Verstecken wagen konnten.

Zu Aufständen oder Streiks war es auch in der letzten Phase nicht gekommen. In den Chroniken der deutschen Städte sind keine Jubelszenen verzeichnet, nur Angst, Resignation und weiße Fahnen. Zu den ersten Anzeichen des Überlebenswillens gehörte, dass sich umgehend die Auffassung verbreitete, man sei in den vergangenen Jahren Hitler nur widerwillig gefolgt, aus Furcht vor dem Terror seiner Schergen.

Später wurde oft erzählt, dass es Leute gab, die sich inmitten der Ruinen mit einem alten Werbespruch der Staatspartei begrüßten: »Das alles verdanken wir unserem Führer.« Jetzt klang es sarkastisch und ließ sich gut in die Mythen einfügen, die zur eigenen Entlastung als nützliche Lebenshilfen erfunden wurden. Es gab aber auch viele, die nicht mehr konnten, nicht mehr wollten, die Zerstörung ringsum vor den Augen, im Kopf das, was sie getan und was sie von den Siegern zu befürchten hatten. Ihr »Führer« hatte sie verlassen. Mit ihm auch der verzweifelte Glaube an die geheimnisvollen Wunderwaffen, die das Desaster abwenden sollten. In den Berichten aus dem Frühjahr 1945 ist eine Flut von Selbstmordwellen dokumentiert. Nie zuvor und nie danach setzten so viele Menschen in Deutschland ihrem Leben (und oft auch dem der ganzen Familie) ein Ende. Die exakte Zahl derer, die es Hitler nachmachten, ist nicht bekannt. Zusammen mit denen, die ihm dabei vorausgingen, und diejenigen dazugerechnet, denen das Leben von den eigenen Leuten genommen wurde, ob von furchtbar pflichtbewussten Richtern oder von fanatischen »Endsieg«-Kämpfern, die sich in die Idee eines Werwolf-Guerillakrieges verrannt hatten, waren es Aberundabertausende.

Wie sich die Deutschen an die Nachricht vom Tod Hitlers später erinnerten, ist in Memoiren und Erzählungen vielfach überliefert. Wo sie sich gerade aufhielten, was ihnen dabei durch Herz und Hirn gefahren ist. Nachgebesserte Erlebnisbilder aus einem elastischen Gedächtnis, im Lauf der Jahrzehnte, wie könnte es anders sein, zugeschnitten und gerahmt, die einen vergilbt, die anderen geschliffen und ein ums andere Mal farbiger geworden. Der korrekte Spruch von der Stange, heute noch in den TV-Doku-Filmen zum Kriegsende zu hören, heißt: »Keine Träne für das Ungeheuer.«

Der Journalist und Filmregisseur Will Tremper, in den letzten Kriegswochen, 16-jährig, als Kurier der »Hitler-Jugend« unterwegs, gab fast ein halbes Jahrhundert später damit an, in »eine entsetzliche Depression« verfallen zu sein. Vor allem ein Gedanke habe ihn gequält: »Es ist alles zu Ende, du wirst nie wieder Peter Kreuder und Zarah Leander hören.«

Keine coole Wehmut, vielmehr einen regelrechten Schock will der Filmregisseur Edgar Reitz, der in den 80er Jahren die Fernsehzuschauer mit dem vielteiligen Epos »Heimat« begeisterte, erlitten haben. Er war 12, als er hörte, dass Hitler aus der Welt geschieden war, die man doch gemeinsam hatte erobern wollen. Sofort habe er Schluss gemacht mit ihm, erzählte er, 72-jährig, im Radio: »Ich riss mein HJ-Abzeichen von der Mütze, warf es zu Boden und trat darauf herum, bis es kaputt war. Das war mein Abschied.«

Weit ausführlicher ist die Schilderung, die Kurt Georg Kiesinger in seinen Memoiren (»Dunkle und helle Jahre. Erinnerungen«, 1989) zum Besten gibt. Was der promovierte Jurist, in den abendländischen Geisteshöhen ebenso bewandert wie in der Weltpolitik, kurz vor seinem Tod in den späten 80er Jahren des vorigen Jahrhunderts aus seinem Gedächtnis hervorkramte, hat exemplarische Qualitäten. Hier entfalten sich die Leitmotive jener großen Meistererzählung von der ahnungslosen Unschuld, mit der seine Generation über Jahrzehnte die Vergangenheit novellierte. Punktgenau traf seine persönliche Geschichtsbilanz den Kammerton des vielstimmigen Kanons der Nachkriegsdeutschen.

Christdemokrat Kiesinger, 1966 bis 1969 Bundeskanzler der ersten Großen Koalition und davor acht Jahre Ministerpräsident in Baden-Württemberg, hatte stets die Klassikerformel vom »Nutzen und Nachteil der Historie« parat. »Ich bin ja auch Historiker, nicht wahr«, pflegte er Journalisten zu belehren.

So ist auch die Erinnerung an das Frühjahr 1945 gut bedacht. Sein 41. Geburtstag lag gerade hinter ihm, als er sich damals aus dem zerbombten Berlin in den Süden aufmachte, wo seine Dienststelle, die Rundfunkpolitische Abteilung des Auswärtigen Amtes ein Ausweichquartier bezogen hatte. Kaum angekommen, nahmen ihn im oberbayerischen Benediktbeuern die US-Truppen gefangen. Noch am selben Tag hörte er einen der Amerikaner brüllen: »Hitler is dead! Hitler is dead!«

Von der folgenden Nacht in einem Heuschober erzählt Kiesinger (1904–1988) in seinem Buch in der Manier eines Märchenonkels im Kreise seiner Enkelschar: wie er die Gelegenheit nutzte, einem zur Bewachung der Gefangenen eingeteilten GI die Lage in Deutschland nahezubringen, obwohl ihn eine schwere Grippe »mit Fieber und Zähneklappern« daran zu hindern suchte. Kein einfaches Unterfangen inmitten eines »Gewimmels schattenhafter Gestalten«. Hilfreich ist das »Federbett«, mit dem ihn »der junge Amerikaner sorgsam zudeckte«. Unwillkürlich denkt man bei der Lektüre hinzu: So eingemummelt, liebe Kinder, lasst euch sagen, habe ich es dann doch geschafft.

Nun, es war schließlich sein Metier. »Volksaufklärung und Propaganda« hieß die Abteilung, in der er arbeitete. Noch gehörte er der Staatspartei an, der er zwölf Jahre zuvor sofort beigetreten war, als der neue Reichskanzler, kaum ernannt, auf Volldampf schaltete. Damals habe er, so betonte er später, die Absicht gehabt, »Hitler und seine Partei von innen heraus zu ändern, den nationalsozialistischen Rassenwahn dort zu bekämpfen, wo er genährt wurde.«

In Gefangenschaft geraten, erschien ihm Aufklärung dringender denn je geboten, auf direktem Wege, von Mann zu Mann. Da kam ihm sein Bewacher, der in Kiesingers Erinnerungsbuch seinen Part ohne Namen zu spielen hat, gerade recht. Mochte dieser aus Milwaukee, Boston, den Südstaaten stammen oder gar ein aus Deutschland geflüchteter Jude sein, er musste nun »über den Krieg, der ihn nach Europa geführt hatte« etwas erfahren, was er kaum glauben konnte: Nur sehr wenige Deutsche hätten von diesen schrecklichen Lagern gewusst. Dem braven Soldaten, der gerade mitgeholfen hatte, das KZ Dachau zu befreien, wird versichert, dass sogar der Deutsche, der ihm hier fürchterlich erkältet gegenübersitzt, nichts von der Existenz dieser Lager geahnt habe, sondern just in diesem Augenblick, als er nun dazu befragt werde, »den Namen Dachau zum erstenmal hört«. Es war geradezu demütigend für ihn, so will er sich erinnern, dass er, der »Aufklärer« von Beruf, in seinem eigenen Land all das Grauenvolle nachträglich von einem Fremden erfahren musste – also von einem weit über den großen Teich angereisten Ausländer, hinter dessen Ohren über dem Uniformkragen es noch grün schimmerte.

Wie frei vom Wissen »um diese Dinge« sich Kiesinger in jener Nacht Jahrzehnte später vorstellte, bringt er anschaulich zum Ausdruck. Schniefend informierte der Mann im Heu seinen staunenden Zuhörer: »Ich selber hätte nie geglaubt, dass etwas so Furchtbares unter Deutschen geschehen könne.« Nahezu greifbar stand ihm vor Augen, wie baff er damals war. Aber seine Ahnungslosigkeit habe ihm, wie sich das für einen Politiker gehört, als Ansporn gedient, sofort weiterzudenken, über die Grenzen hinaus, außenpolitisch eben, der eigenen Nation verpflichtet und das Schicksal der anderen Völker im Auge. So konnte er dem Greenhorn vom anderen Kontinent einen guten Rat mit auf den Weg geben: »Ich bin aber davon überzeugt, niemand dürfe sicher sein, dass nicht auch in anderen Ländern ähnliches möglich sei.«

Danach zerfasert Kiesingers so fabulös wie präzise entrollter Erzählfaden für dieses Datum. Er kann jedoch mit dem vorgegebenen Schnittmuster, das der erinnerten Vergangenheit ein gewünschtes Format zu geben vermag, mühelos im Kopf des Lesers weitergesponnen werden. Diese Maiennacht im Jahr 1945 muss es wirklich in sich gehabt haben: Wie sich damals heublumenselig advokatische Schläue und traumhafter Selbstbetrug paarten und sich ein antifaschistischer Demokrat unter den Augen der alliierten Bewacher selbst zur Welt brachte, indem er beteuerte, erstens, dass er von nichts gewusst habe, zweitens, dass er auf alle Fälle ganz entschieden dagegen gewesen sei, und drittens, dass er den Leuten in den anderen Ländern Ähnliches zutraue. Ein dreischneidiges Bekenntnis, das fortan für alle Lebenslagen über mehrere Dekaden taugte. Wie nächtens unter Daunen im Schattengewimmel einer Bretterscheune, so später im Zeugenstand vor Gericht und so auf dem Chefsessel im Bonner Kanzleramt und so wiederum Jahre später auf dem Kanapee im heimatlichen Retiro, den Kopf in leichter Schräglage beim nochmaligen Überdenken seiner Erinnerungen.

Kiesinger hat es immer verstanden, wirkungsvoll auszugestalten, was er zu sagen hatte. So war das auch in den 50er Jahren, als er, zum außenpolitischen Experten der CDU gereift, am Rednerpult des neuen Bundestags glänzte oder als Wahlredner die Deutschen beschwörend zur Vorsicht mahnte, sie warnte vor »roten« und vor »gelben Gefahren«. Unvergessen der Bildungsschauder, den er mir, da war ich gerade 16, im Lindauer Stadttheater über den Rücken jagte, auch mittels der eindringlichen Doppelwiederholung im Prophetenstil, eines seiner rhetorischen Markenzeichen. Mir ist, als hätte ich es damals live gehört, was heute, wenn er in historischen Rückblicken auftaucht, oft von ihm zitiert wird: »Ich sage nur China, China, China.« Allüberall im Land wurde seine glitzernde Beredsamkeit bewundert, die ihm den Beinamen »Häuptling Silberzunge« und höchste Staatsämter eintrug.

Nicht minder quecksilbrig als Kiesinger schilderte die Schriftstellerin Luise Rinser (1911–2002) im Nachhinein jene Tage, als die Gegenwart zusammenbrach und das Gepäck der Vergangenheit für die Zukunft neu zu schnüren war. Wie sie sich später erinnern wollte, konnte sie damals vor Freude die Beine nicht stillhalten. Die gelernte Lehrerin, ihr Leben lang »auf der Suche nach der vollkommenen Liebe« (so der Untertitel eines ihrer letzten Bücher), behauptete freilich nicht, dass sie von Anfang an danach getrach-

tet habe, Hitler und das ganze Rassenwahn-System von innen aus-
zuhöhlen, gleich der listigen Raupe, die sich erst durch den Apfel
frisst, um dann als schöngeistiger Schmetterling über neuen Ufern
zu schweben. Vielmehr war es ihren Sinnen einfach entschwunden,
dass sie sich einst in einer Reihe von Gedichten dem »großen Führer« als dessen »verschwiegene Gesandte« zu Füßen gelegt hatte.

Das wollte ihr auch nicht wieder einfallen, als sie ihrem Mittei-
lungsbedürfnis in zahlreichen Büchern nachgab, die von den deutschen Lesern überaus geschätzt wurden. In einem 1935 publizierten Gedicht, für einen »vierstimmigen Männerchor« vertont, hatte
sie auf Leben und Tod geschworen: »Wir sind Deutschlands bren-
nendes Blut… Wir jungen Deutschen, wir wachen, siegen oder
sterben, denn wir sind treu.« Gestorben sind dann andere. Sie erschrieb sich, als Blut weit mehr als genug verbrannt war, Glanz
und Gut sowie einen moralischen Nimbus, der sie zu einem Idol
unter den jungen Menschen machte, die in ihr »das linke Gewissen der Nation« sahen. Ihren Lebenslauf gestaltete sie nach eigenem Maß: »Ich war antifaschistisch, ehe ich genau wusste, was das
war. Aus Instinkt.« Die Führer-Huldigungen der nationalsozialistisch beseelten Autorin haben irgendwann andere ausgegraben und
an die Glocke gehängt. In ihrer Autobiographie (»Den Wolf umar-
men«, 1981) kommt Hitler erst vor, als sie mit ihm überkreuz gerät.
Gegen Kriegsende, so ist da zu lesen, wird sie wegen »staatsfeindli-
cher Umtriebe« ins Gefängnis gesteckt. Wieder draußen, habe sie
dann vom Tod des Tyrannen in Berlin erfahren.

Da gab es für sie nur den einen Gedanken: Das muss gefeiert
werden. Spontan habe sie in dem Dorf im Chiemgau, wo sie damals wohnte, ein kleines Fest veranstaltet. Schritt für Schritt ist es
ausgemalt – wie sie im Garten einen kleinen Holzgalgen bastelt,
wie sie daran einen Bleisoldaten aufknüpft, der den rechten Arm
mit der Hakenkreuzbinde zum Gruß erheben konnte, und wie sie
mit ihren Kindern um diesen Spielzeug-Hitler herumtanzt. Und
wie sie gesungen hätten: »Der Wolf ist tot, der böse Wolf ist tot!«
(Will heißen: der mit der weißen Mehlpfote und der gekreideten
Stimme, von dem sich die Lehrerin Luise, der studierte Jurist Kurt

Georg, und die sieben mal sieben Millionen deutscher Geißlein so furchtbar hintergangen fühlten, als alles zu Bruch ging.)

Ganz anders als die von Fabeln und Märchen inspirierten Versionen klingt, was der Journalist und Politiker Günter Gaus in seiner Autobiographie (»Widersprüche«, 2004) berichtet. Er war damals 15 Jahre alt und seit einigen Wochen im »Volkssturm« mit einem Gewehr unterwegs, um »Führer, Volk und Vaterland« zu verteidigen. Fast 60 Jahre später schrieb er lakonisch: »Als ich abends im Radio vom Tod Adolf Hitlers hörte, weinte ich lange.« Punkt. An dieser Stelle ist der Krieg für den Kindersoldaten aus, fertig, aus, und das Kriegskapitel in dem Buch des Memoirenschreibers auch.

Ein paar Tage später war der Krieg ganz offiziell zu Ende, Hitler tot. Sein Nachleben begann, umwabert von Gerüchten. Viele hatten ihre Zweifel. Es gab keine Leiche, nicht einmal ein Foto, das belegen konnte, was gemeldet wurde. Wo er wohl stecken mochte?

Jede der noch miteinander alliierten Siegermächte operierte mit jeweils eigenen Winkelzügen. Speziell Stalin, den die Deutschen schon einmal mächtig hinters Licht geführt hatten, gehörte zu jenen, die es nicht glauben wollten oder zumindest so taten, als könnte Hitler noch am Leben sein und sich irgendwo verborgen halten. Der Markt der absichtsvollen Desinformationen blühte, Misstrauen und Geheimniskrämerei herrschten auf allen Seiten. Marschall Schukow gab in Berlin bekannt, die russischen Untersuchungen hätten keine Gewissheit über Hitlers Tod erbracht. Auch US-Oberbefehlshaber Dwight D. Eisenhower griff auf einer Pressekonferenz zur klassischen Diplomatenformel: »I'm not convinced.«

Während erste Einzelheiten über den Selbstmord im Führerbunker bekannt wurden, begannen unter den Deutschen wie fast überall in der Welt, von unterschiedlichen Interessenten ausgemalt, abenteuerliche Szenarien zu kursieren, die den Weg in die Presse fanden: Hitler ist mit einem U-Boot abgetaucht und nach »Neuschwaben« im ewigen Eis der Antarktis entkommen, Hitler züchtet Kakteen auf einer Hazienda, in Andalusien oder Argentinien, Hitler schmiedet nach Nonstop-Flug neue Pläne am Fuß des heiligen Berges Fudschijama in Japan. Hitler in Antwerpen gesichtet, zusammen mit seiner Frau, in einer Luxus-Limousine, mit geänderten Vornamen, Eva heiße jetzt Martha und Adolf Johann. Hitler in Hamburg am Ruder einer Mahagoni-Jacht auf der Elbe, wo er das Weite sucht. Auf dem Gemüsemarkt in Dublin bei den Salatköpfen soll er es angeblich gefunden haben.

Es nahm über Jahre kein Ende: Hitler mit einem chirurgisch neu geformten Gesicht als Einsiedler in einer Kate im Teufelsmoor an der Unterweser. Hitler in einer Hütte auf halber Höhe des Ahornbüchsenkopfs in den bayerischen Alpen. Hitler als Heimkehrer im Lager Friedland, abgemagert bis zum Gehtnichtmehr, aber unverkennbar. Hitler, mal mit einem diabolischen Grinsen in dem »Kloster des erhabenen Ruhmes« in einem tibetanischen Tal unterhalb des (damals noch unbezwungenen) 8578 Meter hohen Kangchendzönga, wo ihn der »Quick«-Berichterstatter Dr. Herbert Tichy, nach einem Weg über gähnende Abgründe und reißende Flüsse« aufspürte, mal mit der Maske eines Biedermanns in einem Hunsrück-Dorf wo der Denunziant vom Dienst sich vergeblich eine Dollar-Belohnung erhoffte.

Ein Witz mit politischem Drall, an dem Verschwörungstheoretiker bis heute ihre Freude haben, machte gleich nach Kriegsende seine ersten Runden. Kommt der Führer auf allen vieren aus seinem Berliner Bunker gekrochen, richtet sich auf und schlägt vor einem sowjetrussischen General die Hacken zusammen: »Geheimagent X-18 meldet gehorsamst: Befehl ausgeführt! Deutschland zerstört!« Humor in Trümmern – die im Felde Unbesiegbaren, hereingelegt vom eigenen Führer, der zugleich Chef der fünften Kolonne gewesen sein soll. Der NS-Diktator – ein Moskau-Mann, im Grunde ein »Roter«. Da lachten die, die angeblich schon immer dagegen gewesen waren. Zufrieden schmunzelten die Konservativen, die sich als »Steigbügelhalter« verkannt sahen. Besser konnte man sich von den »Nazis« und dem eigenen Mitmachen nicht distanzieren, als Hitler an den alten und neuen Feind, die Bolschewiken im Osten, zu übergeben. Jahrzehnte noch wurde das

Propagandabild strapaziert: Hitler in Pankow und Moskau, als Wiedergänger in mancherlei Gestalt. Wenn nicht er selbst, dann zumindest sein Faktotum, der Satansbraten Martin Bormann.

Den Vogel schoss dabei Reinhard Gehlen (1902–1979) ab, Hitlers Spezialist für »Fremde Heere Ost«, der danach bis 1968 mit legendärem Ruf als Chef des Bundesnachrichtendienstes der Bonner Regierung mit Rat und Tat zur Seite stand. In seinen 1971 veröffentlichten Memoiren, die in den Augen kritischer Leser ihn selbst bis auf die Knochen und sein mysteriöses Handwerk bis auf den toxischen Kern entlarvten, stößt man auf eine »Tatsachenbehauptung«, die unter den vielen Pleiten in diesem Metier wie ein großer Fliegenpilz hervorsticht.

Würde es hier auf Erden mit rechten Dingen zugehen, hätte allein schon dieses »Erkenntnisprodukt« zur Abschaffung aller Nachrichtendienste führen und ihren Chefs eine Anstellung als Schießbudenfigur auf Kleinstadt-Jahrmärkten einbringen müssen, wo dann jeder rechtschaffene Mensch ihnen bunte Stoffbälle auf die Gurke hätte werfen können. (Hör auf zu träumen, krächzt der Rabenvogel auf meiner Schulter.) Die Offenbarungen trugen dem »Meisterspion« ordentlich Kies ein, nicht nur die runde halbe Million, die der ›Welt‹ ein Vorabdruck wert war. Vielen auf Exkulpation erpichten Gemütern leuchteten die Absonderungen des Geheimdienstchefs ein. Gehlens Glanzstück wörtlich: »Martin Bormann, Hitlers engster Vertrauter, arbeitete seit Beginn des Russlandfeldzuges für die Sowjets und lebte nach dem Krieg, perfekt abgeschirmt, in der Sowjetunion als politischer Berater.«

Beim Nürnberger Militärtribunal der Alliierten (20.11.1945 bis 1.10.1946) gegen die »Hauptkriegsverbrecher« fehlte Hitler, aber alles drehte sich um ihn und seine »Befehle«, zumal sich von den führenden Männern des NS-Regimes, neben Goebbels, auch Himmler und Bormann, dem Prozess entzogen hatten. Zwei hatten sich umgebracht, Bormann blieb unauffindbar, bis Jahrzehnte später seine Knochen bei Ausschachtungen im Berliner Untergrund entdeckt wurden und den angeblichen Gewissheiten, wo er sich überall herumtreibe, ein Ende machten. Göring, der Star unter den Angeklagten, gab den »Stellvertreter«. Bevor sein Todesurteil vollstreckt werden konnte, tötete er sich mit einer Giftkapsel. Weltweit war das Aufsehen, so einen Prozess hatte es davor noch nicht gegeben. Auch in der von den Alliierten in den Besatzungszonen beaufsichtigten Presse wurde pflichtgemäß sehr ausführlich darüber berichtet. Uneins sind sich die Historiker, ob es die Deutschen selbst groß interessierte. Vorrangig wurden die Besiegten von anderen Sorgen geplagt

Im Prozessverlauf kamen durch Zeugen und Dokumente die Verbrechen ausführlich in konkreten Einzelheiten zur Sprache – auch das größte unter den großen, die sogenannte »Endlösung«, die Vernichtung der europäischen Juden. Allgemein wurde es für richtig angesehen, dass die Nazi-Bonzen für die Schandtaten büßen mussten, auch wenn damals schon das Wort geprägt wurde, das in den folgenden Jahren populär werden sollte: »Siegerjustiz«. Verbreitet war die Ansicht, dass mit diesem Tribunal gegen die »Spießgesellen« des dämonischen Tyrannen die Schuldfrage abschließend geklärt sei. Bald zählten sich viele Deutschen zu den ersten Opfern der »Gangsterbande«, auf deren Boss, den toten »Teufel« Hitler, alle Verbrechen abgewälzt wurden.

Unter den Journalisten, die von dem Tribunal berichteten, waren auch Markus Wolf, der spätere Spionage-Chef der DDR, und Willy Brandt, der spätere Bundeskanzler, zurückgekehrt der eine aus Moskau, der andere aus Stockholm. Für die »Süddeutsche Zeitung« berichtete W. E. Süskind, der im »Dritten Reich« geblieben war, unter anderem als Herausgeber einer Literaturzeitschrift. Er hatte anfänglich noch eine irre Hoffnung, als ob ihm eine letzte Strophe des alten Liedes durch den Kopf gegangen wäre: »Wenn das der Führer wüsste...« Nach den ersten Prozesstagen schrieb er: »Man hatte erwartet, aus den Dokumenten werde ein anderer Hitler zutage treten... Einer, der unter seinen Ratgebern gesprochen hätte wie ein Mensch unter Menschen – mit etwas Heiterkeit, etwas Großmut, etwas Ironie.« Erstaunlich groß war seine Enttäuschung über das, was da seine sensiblen Ohren hören mussten: »Nichts dergleichen.« Nur immmer: »Ich, Ich, Ich… die Vorsehung… brutale Entschlüsse fassen…«

Die Angeklagten, »Hitlers Paladine«, wie Süskind sie nennt, bekannten sich als »nicht schuldig«. Görings letzter Satz in seinem Schlusswort: »Das einzigste Motiv, das mich leitete, war heiße Liebe zu meinem Volk, sein Glück, seine Freiheit und sein Leben. Dafür rufe ich den Allmächtigen und mein deutsches Volk zum Zeugen an.« Das Gericht der Alliierten kam zu folgendem Urteil: Von den 24 Angeklagten wurde die Hälfte mit dem Tod bestraft (»death by hanging«), anschließend verbrannt und die Asche in einen Nebenfluss der Isar gekippt, ab ins Schwarze Meer. Drei wurden freigesprochen, die anderen erhielten langjährige Zuchthausstrafen.

Bis 1949 fanden in den einzelnen Besatzungszonen weitere Verfahren gegen die Eliten des »Dritten Reiches« statt. Im Nürnberger Justizpalast waren es vor einem US-Militärgericht insgesamt zwölf sogenannte Nachfolgeprozesse. Unter deren insgesamt 185 Angeklagten: Ärzte und Juristen, SS- und Polizeifunktionäre, 42 Industrielle und Manager, Wehrmachtsoffiziere sowie Minister und hohe Regierungsbeamte. 35 Angeklagte wurden freigesprochen. 24 zum Tode verurteilt, 20 zu lebenslanger Haft und 98 zu Freiheitsstrafen zwischen 18 Monaten und 25 Jahren. Viel Beachtung fanden diese Verfahren nicht mehr. Am meisten Diskussionsstoff lieferten der Prozess gegen die NS-Mediziner und der vorletzte und umfangreichste gegen 21 Angeklagte aus den höheren Rängen des NS-Regimes, der sogenannte »Wilhelmstraßenprozess«, dessen Urteil vom April 1949 Ernst von Weizsäcker, den Ex-Staatssekretär im Außenministerium, für 7 Jahre ins Gefängnis schickte. 1950 wurde er vorzeitig entlassen, im gleichen Jahr erschienen seine Memoiren, in denen er sich als unentwegter Kämpfer für den Frieden präsentierte, der versucht hatte, »mit Hilfe der innerdeutschen Opposition dem Unheil zu steuern«. Im Jahr darauf verstarb er.

Weizsäckers Sohn Richard, von 1984 bis 1994 Bundespräsident, war damals Jurastudent und assistierte in dem Prozess dem Anwalt seines Vaters. Den Krieg hatte er als Offizier, zuletzt zum »Hauptmann« befördert, an der Ostfront miterlebt. Über viele Jahre in seinem politischen Leben ermahnte er die Deutschen zu einem aufrichtigen Umgang mit ihrer Vergangenheit, hielt aber immer daran fest, dass sein Vater für das NS-Regime nur gearbeitet habe, um »Schlimmeres zu verhüten«. Er und die Gräfin Dönhoff von der ›Zeit‹ (der Dritte im Freundesbund war Axel von dem Bussche) erzählten nicht nur einmal davon, wie sie nach dem Krieg alle drei der Überzeugung waren, dass eigentlich die guten Deutschen in Nürnberg über diese »Verbrecher« Gericht halten müssten und nicht die Militärjuristen der Siegermächte.

Groß war die Empörung über ein gleich nach Kriegsende angelaufenes Mammutprojekt der Alliierten mit dem Namen »Entnazifizierung«. Das Ziel war: »Entfernung der Nationalsozialisten aus Ämtern und verantwortlichen Stellungen«, sie sollten im öffentlichen Leben keine Rolle mehr spielen dürfen. In Ostdeutschland, wo die sowjetrussischen Besatzer auch politische Gegner ins Zuchthaus steckten, die mit Hitler nichts am Hut gehabt hatten, wurden die Bestimmungen vergleichsweise streng gehandhabt. Im Westen wurde das ursprüngliche Ziel weit verfehlt. »Die Mitläuferfabrik« hat der Historiker Lutz Niethammer seine große Untersuchung der »amerikanischen Personalsäuberung« betitelt (1982) und damit seine These unterstrichen, dass die Entnazifizierung, nicht zuletzt vor dem Hintergrund der zerbrochenen Anti-Hitler-Allianz, in der Praxis einer »Rehabilitation der großen Masse der Nationalsozialisten« gleichkam. Mit Blick auf die erste 1950 frei gewählte Landesregierung in Schleswig-Holstein mit dem CDU-Ministerpräsidenten Walter Bartram an der Spitze kam das Schlagwort der »Renazifizierung« auf: Nur einer saß im Kabinett, der nicht vorher in der NSDAP mitgewirkt hatte. In anderen Ländern, in den Bundesministerien und den Verwaltungsämtern war es im Prinzip so viel anders nicht. Damals war das kein Geheimnis, es gehörte zum Allgemeinwissen. Heute wird es in den Medien als Abgründe öffnende »Enthüllung« aufbereitet, wenn mal wieder eine Historikerkommission zutage fördert, dass es in Deutschland »Nazis« gab, die auch noch nach 1945 weiterlebten und auf maßgeblichen Posten oft Tür an Tür ihrer Arbeit nachgingen. Herr Kleber sagt dann im Fernsehen: Kaum zu glauben, aber wahr. Der Rest ist Achselzucken.

Die meisten Deutschen empfanden die von den Siegermächten angestrengten Untersuchungen indes als schikanöse Demütigung. Im Osten dämpften die Drohungen, in »Sibirsk« oder in »Speziallagern« zu landen, und die Möglichkeit, »in den Westen zu machen«, die Lautstärke des öffentlichen Murrens. In den Besatzungszonen der Westalliierten war vielerorts zu hören, dass die ganze Prozedur – mit den Fragebögen, den Spruchkammern, den fünf Einstufungen als »Hauptschuldige, Belastete, Minderbelastete, Mitläufer, Entlastete« – eine nationale Diffamierung darstelle. Einen »Seelenmord« an den Deutschen nannte es der damals schon dem Volk aufs Maul schauende Theologieprofessor Helmut Thielicke in seiner Stuttgarter Karfreitagspredigt von 1947. Wer so etwas unterstützte, war nach seinen Kanzelworten nichts als ein »Büttel«.

Die bitteren Klagen über »Sieger-Terror« und »Nazi-Riecherei« waren in den Leitartikeln der westdeutschen Zeitungen noch nicht verklungen, als sich die neuen Verhältnisse zu ordnen begannen. Eines war längst allen, fast allen, klar: Hitler kommt wohl doch nicht wieder. Das Bündnis gegen ihn war nach dem gemeinsamen Sieg schnell auseinandergefallen. Ost und West standen sich zunehmend feindlich gegenüber. Und eben dort, wo die Weltmächte in Europa direkt aufeinandertrafen, entstanden aus dem Vierzonenland der Besatzer und dem, was von dem zerschlagenen Groß-Deutschland übrig geblieben war, zwei neue deutsche Staaten, beide auf die jeweils spezielle Weise »betreut« von ihren »Schutzmächten«.

Im Osten nahm die DDR den Antifaschismus für sich in Beschlag. An der Regierung waren die Kommunisten von der »Sozialistischen Einheitspartei« (SED), bewacht von den Truppen der Sowjetunion, die sie den »Großen Bruder« nannten. In den Amtszimmern, wo einst der Führer prangte, hing nun, neben dem Bild von Stalin, das von Walter Ulbricht (1893–1973), dem SED-Chef, oder das von Wilhelm Pieck, dem Präsidenten. In der Verfassung stand die Sentenz von Stalin nicht, sie wurde jedoch häufig zitiert: »Die Hitler kommen und gehen, das deutsche Volk bleibt bestehen.«

An dem antifaschistischen Siegesbewusstsein, das die regierenden Kommunisten kultivierten, sollten auch die »Mitläufer« teilhaben, sie wurden gebraucht. Die Parole hieß, zumindest war das später bei dem abtrünnigen Schriftsteller Wolfgang Leonhard so zu lesen: »Es lebe die SED, der große Freund der kleinen Nazis«. Wer bereit war, beim Aufbau des »Arbeiter- und Bauernstaates« mitzumachen, wurde »umgestempelt«. Hitler blieb der »Agent des Großkapitals«, 1950 feierte die DDR zum ersten Mal das offizielle Kapitulationsdatum 8. Mai als »Tag der Befreiung« vom »Hitler-Faschismus«

Im Westen gab sich die »Bundesrepublik«, die sich als Rechtsnachfolgerin des »Dritten Reiches« begriff, ein »Grundgesetz«, das die schlechten Erfahrungen mit der Weimarer Verfassung und der folgenden Diktatur verarbeitete, um alte Fehler nicht zu wiederholen. Hier bestimmte nun Konrad Adenauer (1876–1967) die Richtlinien der Politik – im Rahmen der Möglichkeiten, die ihm die Besatzer aus den USA, England und Frankreich ließen. Seine Gegner warfen ihm Selbstherrlichkeit und Altersstarrsinn vor, einseitige Westorientierung und Desinteresse an der Wiedervereinigung. Sie beschimpften ihn als »Kanzler der Alliierten«. Die meisten Bundesdeutschen aber betrachteten ihren neuen Regierungschef als passablen Ersatzmann für die klaffende Leerstelle. Der »Alte«, wie sie ihn nannten und mit teilweise ähnlicher Intensität verehrten wie weiland den »Führer«, war 13 Jahre vor Hitler zur Welt gekommen und regierte am Ende länger, als der jüngste Kanzler aller Zeiten es mit seinem NS-Staat geschafft hatte.

In der Adenauer-Ära gewöhnten sich die Westdeutschen das selektive Erinnern an. »Vergessen über die Vergangenheit zu decken«, forderte ein christlich geprägter Abgeordneter am Rednerpult des ersten Bundestages, und meinte mit »Vergangenheit« vor allem das Jahrtausendverbrechen, den staatlich organisierten Massenmord an den Juden. Dem pflichteten viele bei. Später wurde diese nach-kriegsdeutsche Eigenart des Verdrängens mit einem speziellen Etikett versehen – »die Unfähigkeit zu trauern«.

Die Formulierung geht auf den Titel eines Buches von Alexander und Margarete Mitscherlich aus dem Jahr 1967 zurück. Der Titel ist längst ein geflügeltes Wort, das durch alle Höhen und Tiefen der deutschen Geschichtsrhetorik kurvt. Fast immer liegt ein Missverständnis zugrunde. Das Psychoanalytiker-Paar meinte damals gar nicht in erster Linie die Trauer um die Opfer der von den Deutschen begangenen Verbrechen. Vielmehr geht es in der Psycho-Studie um den Schockzustand, der die Menschen das, was sie gerade »veranstaltet« und »mitgemacht« hatten, »derealisieren« ließ. Die Argumentationsspur der Mitscherlichs führt zu Hitler. »Die intensive Abwehr von Schuld, Scham und Angst« habe »die »Unfähigkeit zur Trauer um den erlittenen Verlust des Führers« hervorgerufen. Demgemäß führte Hitlers Tod bei den Deutschen zu einer »vernichtenden Erniedrigung ihres kollektiven Ich-Ideals«. So mehrdeutig sich das Mitscherlich-Traktat bei sorgfältigem Hinsehen auch erweist, so willkürlich die Autoren auch mit Freudschen Kategorien wie Verdrängung, Leugnung, zerbrochenen Omnipotenzphantasien, narzisstischen Kränkungen und umgeleiteten Triebenergien jonglieren – kein Zweifel: Vielen ist damals in der Tat der Tod Hitlers in die Knochen gefahren.

Ein herber Verlust, vielen erschien er abrupt. Der Übervater wie vom Erdboden verschluckt, angeblich zur Hölle gefahren. Keine Totenfeier, deren düsterer Pomp im politischen Staatstheater stets ausgiebig zelebriert worden war. Ausgerechnet bei ihm nun keine Paraden, keine Totenwache, kein Musikkorps, keine Kavalkade, kein fahnenbedeckter Sarg. Keine Leibstandarte, links, zwo, drei, vier: »Wir sind die schwarze Garde, die Adolf Hitler liebt.« Nicht einmal eine sterbliche Hülle. Kein Gebein, keine Überreste. Nüscht. Er, binnen weniger Jahre zum großen »Es« der deutschen Psyche aufgestiegen, fehlte an allen Ecken und Enden.

Was die Deutschen erreichte, waren karge Vermeldungen in den Zeitungsresten, die es noch gab, frisierte Verlautbarungen der Wehrmacht, aus dem Rundfunk Tonfetzen von Wagner und Bruckner und das quakende Gedöns des Nachfolgers. Gedenkfeiern wie die, zu der in Flensburg der Bürgermeister einlud, waren die Ausnahme. Verbürgt ist, dass die Kreiszeitung »Zittauer Nachrichten« in einem ehrenden Nachruf des größten Führers gedachte, den die Deutschen je hatten.

Nein, von einem psychologisch korrekten Abschiednehmen kann da wirklich nicht die Rede sein. Im Land herrschten die Feinde, die Städte waren zerbombt, Millionen von Flüchtlingen aus dem Osten suchten ein Unterkommen. Mitten im Chaos, das Volk ohne Führer. Eben noch Übermensch, jetzt eine tote Null, eben noch Messias und nun Beelzebub, verschwunden im Nirgendwo.

Als in den Jahren davor die Zahl der Siegesmeldungen abgenommen hatte, dominierten in der Propaganda die heroischen Moll-Töne. Vorher schon hatte Hitler bei seinen »Kundgebungen« von dem »Volk« geredet, »das zu einer einzigen Opfergemeinschaft wird«. Die »Opfer an der Front« und die »Opfer in der Heimat« sollten dem »Endsieg« aller »Kameraden und Volksgenossen« dienen. Zur »Aktion Winterhilfswerk« kam die »Aktion Volksopfer«. Es wurde eingesammelt, was das Volk hergab: Die Parole hieß: »Der Führer erwartet dein Opfer für Wehrmacht und Volkssturm«. Unendlich viele »Opfer« wurden gebracht, unendlich viele »Opfer« hat es gekostet.

Danach war alles hin. Das Reich zerstört. Das Volk am Boden und viele von ihm darunter. Der Begriff des »Opfers« wurde den Deutschen zu einer zentralen Chiffre ihrer Eigenwahrnehmung, vielseitig nutzbar. Das Selbstmitleid stand vor dem verursachten Leid und besetzte auch perverse Winkel der Gedankenwelt, wie etwa bei Himmler, dem SS-Chef, der in seiner Posener Rede vom Judenmord sagte: »Dies durchgehalten zu haben und dabei anständig geblieben zu sein, das hat uns hart gemacht.« (Schrecklich, was seine Männer in Auschwitz erdulden mussten, krächzt mein Rabenvogel teilnahmsvoll.)

Die »Opfer-Geschichte« wurde fortgeschrieben. Wann immer

die »Hitler-Zeit« Schlagzeilen macht, ist im öffentlichen Rauschen etwas von den Untertönen zu vernehmen: Wir waren seine ersten Opfer.

Damals setzten sich Parteien und Interessenverbände für die Soldaten ein, ebenso für die Millionen von Kriegsversehrten, Vertriebenen, Kriegerwitwen und Kriegswaisen. Weit weniger Beachtung fanden die seelischen Verwundungen derer, die vom »Opfergang« auf den Schlachtfeldern heimkehrten – gedemütigt, enttäuscht, besiegt, geschlagen. Von einzelnen literarischen Werken wie etwa »Draußen vor der Tür« (Wolfgang Borchert) und grobkörnigen Kriegsfilmen abgesehen, war das kein Thema. Die »posttraumatischen Belastungsstörungen«, bei den Kriegern von heute eine geläufige Diagnose, gab es offiziell damals noch nicht. Vieles von dem, was die Soldaten anderen angetan, was sie sich selbst zugefügt hatten, was ihnen widerfahren war, blieb im individuell-privaten Bereich jahrzehntelang unterhalb der Sagbarkeitsschwelle, bleiern verkapselt, oft ein Leben lang.

Neuerdings erst wird darüber geforscht, wie die vernarbten Wunden das Leben der Familien geprägt haben. Wenn die »Kriegsteilnehmer«, wie sie sich damals schmallippig nannten (und genannt wurden), nicht versteinert schwiegen, erzählten sie Heldengeschichten und Landseranekdoten, Husarenstücke und Barraserlebnisse. Oder sie pressten sich Bemerkungen ab, die von der Schule des Krieges handelten, wo sie gelernt hätten, Leiden zu ertragen, sich gegen alle Widrigkeiten durchzusetzen, die Nerven auch in ausweglos erscheinenden Situationen zu behalten, Opfer zu bringen, die Schnauze zu halten, im Grunde die alte Leier aus dem deutschen Hausbrevier: Was uns nicht umbringt, macht uns stärker.

Neben der »Unfähigkeit zu trauern« gibt es noch einen Vorwurf, der es zu plakativer Wirkung brachte und in jenem Mustopf gelandet ist, aus dem sich die Feuilletonisten bedienen, die auf Fehlentwicklungen hinweisen wollen: »Die zweite Schuld«. Auch dieses geschichtspolitische Schlagwort, das ebenfalls auf einen Buchtitel zurückgeht (Autor: Ralph Giordano, 1987), versucht die historische Realität auf einen einzigen Leisten zu ziehen. Danach sei die Mehrzahl der Nachkriegsdeutschen nur am Wiederaufbau des zerstörten Vaterlandes interessiert gewesen. Schufterei und Arbeit, Aufbau und Wohlstand. Zusätzlich zu Hitler-Seligkeit, Nationalsozialismus und Holocaust habe auch die Verweigerung, sich ebendieser dreifaltigen Vergangenheit zu stellen, zu schweren Deformationen im kollektiven Bewusstsein geführt. Im gleichen Jahr, 1987, als Giordanos Buch erschien, entwickelte Margarete Mitscherlich ihre alten Thesen zu einer Endlosspirale und lamentierte über die verkorksten Deutschen: »unfähig zur Trauer über die versäumte Trauerarbeit«, überwiegend mit der »Verdrängung des bereits Verdrängten« beschäftigt.

So viel verbaler Schaum war leicht wegzublasen und gab Gegenstimmen Raum. Exemplarisch ein Buch, das nach der »Wiedervereinigung« 1993 im Ullstein Verlag erschien. Titel: »Die Legende von der zweiten Schuld«. Geschrieben hat es Manfred Kittel, ein Geschichtsprofessor, von 2009 bis Ende 2014 Direktor der »Bundesstiftung Flucht, Vertreibung, Versöhnung« in Berlin. Er attestierte damals den Deutschen, den Nationalsozialismus längst bravourös hinter sich gelassen zu haben, sah sie jedoch von einer »Zerknirschungsmentalität« gefährdet, die »falsche Volkspädagogen« mithilfe des übelwollenden Auslands kultivierten. Dabei könnte Deutschland doch längst erhobenen Hauptes in der Welt auftreten.

Historiker mit differenzierterem Wahrnehmungsvermögen verwerfen die Formeln, die der Schwarz-Weiß-Algebra folgen – exkulpatorisch und apologetisch die einen, rigoros moralinsauer und menschenfern die anderen. Neben dem vorherrschenden Wunsch, davon nichts mehr wissen zu wollen, hat es, wie denn nicht, auch ernsthafte Bemühungen gegeben, sich mit dem Nationalsozialismus auseinanderzusetzen.

Mit der Geschichte wird Politik getrieben, seit es Staaten gibt. Für die Aufarbeitung der NS-Erbschaften in den Anfangsjahren der

Bundesrepublik hat sich heute der Begriff »Vergangenheitspolitik« durchgesetzt. Unter diesem Titel hat Norbert Frei 1996 ein wegweisendes Buch veröffentlicht. Sein Fazit, geschichtswissenschaftlich ausgedrückt: »Unter der Maßgabe einer normativen Pauschaldistanzierung vom Nationalsozialismus und seinen Verbrechen hatten großzügige Amnestien und eine weit gefasste Integrationsgesetzgebung die säuberungspolitischen Sanktionen aus den ersten Nachkriegsjahren zurückgenommen.«

Im Schlagwortdeutsch heißt das: Amnestie und Amnesie. Schwerpunkte waren die von allen Bundestagsparteien getragenen Amnestiebeschlüsse, die zur Wiedereinstellung der 1945 entlassenen Beamten führten sowie zur Freilassung derjenigen, die von den Alliierten als Kriegsverbrecher ins Gefängnis gesteckt worden waren. Prallten damals bei der Frage nach der »Wiederbewaffnung« selbst innerhalb der einzelnen Parteien das Pro und Contra noch heftig aufeinander, so war sich die Mehrheit der Bevölkerung in der Überzeugung einig, man sollte einen Schlussstrich ziehen. Worunter? Prototypisch war die Wendung: »… unter das, was im Dritten Reich passiert ist«. Als »Täter« kämen sowieso nur wenige infrage, und die seien von den »Siegern« schon genug bestraft. Alle anderen waren höchstens »Mitläufer«, über die niemand den Stab brechen wollte.

Das Abschwören vom Nationalsozialismus war wie die Verbannung des toten Hitler in den hintersten Winkel der Hölle eine von den Siegermächten auferlegte Voraussetzung, ein halbwegs eigenständiges politisches Leben der Deutschen zuzulassen – Gebote, die in den Gründungskonsens der Bundesrepublik und der sie tragenden Parteien aufgenommen wurden. Aber die öffentlichen Verdammungsurteile waren das eine, die privaten Überzeugungen, die eingeschliffenen Raster und die angesammelten Gedankendepots das andere. Nur Illusionisten konnten erwarten, dass das alte Volk und die neue Verfassung von heute auf morgen zusammenfänden. Das große Durcheinander spiegelte sich im Wirrwarr der Meinungen: Ein »richtiger Nazi« wollte keiner gewesen sein. Die von den amerikanischen Besatzern einige Jahre nach Kriegsende erhobenen Umfragen ergaben, dass die Hälfte der Deutschen trotzdem der Ansicht war, der Nationalsozialismus sei so schlecht nicht gewesen. Bemängelt wurde vor allem die »schlechte Durchführung« – und: Im Krieg habe es Hitler übertrieben, da sei er zu weit gegangen.

Auf die Frage, warum auch herausragende Nationalsozialisten relativ schnell in Amt und Würden zurückkehren konnten, antwortete der Berliner Geschichtsprofessor Michael Grüttner in einem Interview zum 60. Jahrestag des Kriegsendes kurz und bündig: »Die Ehemaligen wurden gebraucht.«

Damals hieß es allerorts: Wer denn sonst? Woher an den Universitäten Professoren nehmen, die nicht gerade noch Parteigenossen waren? Ohne »erfahrene Leute« sei kein Staat zu machen. Vielerorts wäre tatsächlich der Platz vorne am Pult leer geblieben, hätten da nur Dozenten mit weißen Westen stehen dürfen. Ähnlich war die Situation in den Schulen, in den Kirchen, den Verlagen und Redaktionen, den Handelskontoren und in den Chefetagen der Industrie, in der Justiz, der Verwaltung und bei den Ärzten. Zum Sprichwort ist geworden, was Adenauer, nicht pingelig, als pragmatische Devise ausgab: Wenn kein sauberes Wasser da ist, muss eben das schmutzige genommen werden.

Heute dominiert im Rückblick die Überzeugung, das »Wirtschaftswunder« sei nur zu vollbringen gewesen, indem die NS-Vergangenheit außen vor gelassen wurde. Die Integration der alten Funktionseliten und ehemaligen Nationalsozialisten sei geradezu ein Verdienst der westdeutschen Nachkriegsgesellschaft gewesen oder zumindest eine der Bedingungen, ohne die eine stabile Demokratie gar nicht möglich gewesen wäre. An den vom Kalender diktierten Jubiläumstagen ist in der medialen Öffentlichkeit nahezu unisono zu vernehmen: »Deutschland ist ein Musterbeispiel für eine gelungene Demokratisierung.« (Das klingt wie das Pfeifen im Wald oder wie der Verlautbarungston eines Regierungssprechers, grummelt der Rabenvogel vor sich hin).

Ähnlich bewerten dies auch jene, die sich auf Hermann Lübbe berufen. Der Philosophieprofessor (Jg. 1926) wendet sich seit den 80er Jahren dezidiert gegen die Thesen einer »unbewältigten Vergangenheit«. Er sieht in dem »kommunikativen Beschweigen« deutscher Schandtaten eine unumgängliche Form der Therapie mit kathartischer Wirkung. Vor ihm hatte schon Sebastian Haffner (1907–1999), der renommierte, aus England nach Deutschland zurückgekehrte Journalist, die »wohltuenden Effekte eines Heilschlafs« beschrieben, einer »Weigerung, sich zu erinnern«. Bei Lübbe klang es, als hätte es sich dabei um eine rezeptierte Gesundungskur für die Entwicklung der Demokratie gehandelt. »Eine gewisse Stille war das sozialpsychologisch und politisch nötige Medium der Verwandlung unserer Nachkriegsbevölkerung in die Bürgerschaft der Bundesrepublik.«

Lübbe selbst hatte sich einst als junger Mann der NSDAP angeschlossen. Erinnern würde er sich daran nicht mehr, sagte er, als 2007 eine entsprechende Karteikarte ans Licht der Öffentlichkeit kam. Das konnte einen Gesundschreiber nicht erschüttern. Er blieb dabei: »Die bekannte Verdrängungsthese ist falsch.«

Die von Lübbe beschworene »Wandlung« in jenen Jahren lässt an christliche Mythen denken oder an Zauberei: Deutschland – wie umgewandelt. Metamorphosen, abrupt über Nacht oder zügig in gegenseitig gestützten Schrittfolgen. Augenfällig besonders bei den sogenannten »Funktionseliten«. Gab es früher viele Anhänger des Diktators, so gab es nun vornehmlich Männer und Frauen, die von ihm verfolgt wurden. Statt Mitmachern gab es Mitläufer. »Teilweise aus Zwang und teilweise aus Not, hervorgerufen durch die damalige Wirtschaftslage«, hieß die 08/15-Erklärung, die jeder parat hatte, der Mitglied in der von den Siegermächten abgeschafften NSDAP gewesen oder sonst wie in das Regime eingebunden war. Wer sich gewählter ausdrücken konnte, brachte idealistische Motive für sein Engagement im »Dritten Reich« zur Sprache: »um Schlimmeres zu verhüten« und »aus Sorge um das Vaterland« oder, wie es ein Geschichtsprofessor formulierte, »zur geistigen Bremsung der Entwicklung«. Zur hohen Schule gehörte es, aus der fixen Einreihung in die Führerkolonnen im Nachhinein einen kühnen Akt der Opposition zu machen.

Wer es für besser hielt, tauschte den Namen. »Braunschweiger« und »Schwarzbürger« wurden jene genannt, die untertauchten oder sich neue Identitäten zulegten. Eines der Kennzeichen dieser Wechseljahre ist die Wirrnis von Brüchen, Transformationen, Kontinuitäten und Neuanfängen. Ein zweites die opportunistische Biegsamkeit, ein drittes der ungebrochene Lebenswille. Für alle gab es viel zu lernen, um aus nationalsozialistischen Ariern eine Gesellschaft pluralistischer Demokraten im Westen und ein Kollektiv leninistischer Sozialisten im Osten werden zu lassen.

Vereinzelt wurden von Autoren wie Bernt Engelmann oder Otto Köhler schon in den 70ern und 80ern bemerkenswerte personelle Fortsetzungsgeschichten exemplarisch dokumentiert. In der Forschung hat es lange gedauert, bis man sich eingehender mit den biographischen Linien und Brüchen dieser Übergangszeit beschäftigt hat. Lutz Hachmeister und Norbert Frei (»Karrieren im Zwielicht. Hitlers Eliten nach 1945«, 2001) waren unter den Ersten, die im letzten Jahrzehnt eine Auswahl des prominenten Personals diesseits und jenseits der Zeitschranke 1945 intensiver durchleuchteten. Die Schlüsselwörter ihrer Untersuchungsergebnisse heißen »Elitenkontinutiät«, »Mentalitätstransfer« und »Identitätswechsel«. Es sind Begriffe, die inzwischen zum Standardvokabular bei der Beschreibung der deutschen Nachkriegszeit gehören. Ähnlich wie »Verwandlungspolitik«, »Transformation«, »Verwandlungszone«, »Scheinkonversion«, die neben die älteren Erklärungsmuster wie »Ernüchterung« und »Umkehr« gerückt sind.

Franz Josef Strauß (1915–1988), ein Politiker, der es wissen musste, hatte er doch die Umbruchzeiten mitgestaltet, sagte dazu: »Fast jeder hatte was zu vertuschen.« Die Vergangenheit musste »bereinigt« werden. Das war eine Heidenarbeit. Gefordert waren Energie, Flexibilität, Kreativität und Beziehungen. Um sich aus Trümmern, Ruinen und Abgründen herauszuarbeiten, waren Ziegelsteine und Altmetall wertvolle Hilfsmittel, nicht minder waren es Tipp-ex und Tünche, Erfindungsgeist und die alte Devise: Not kennt kein Gebot.

Heute sind Gewissensprozesse und Bilanzierungsqualen in autobiographischen Erinnerungsverarbeitungen dieser Zeit während des Krieges und danach oftmals sensibel und differenziert aufbereitet. Man kann eindrucksvolle Konfessionen lesen, in denen sich Abgründe des Versagens abbilden, aber auch Bastionen moralischer Bewährung, nicht selten in ein und derselben Person. Daneben geben nun vermehrt zeitgeschichtliche Detailstudien genauere Aufschlüsse über die handfest praktischen Dinge, die in den Zeiten der Anpassung zu bewerkstelligen waren.

Das Lebensgefühl der Nachkriegsdeutschen wurde von unterschiedlichen Grundtönen geprägt. Neben dem Maschinentakt des wirtschaftlichen Aufbaus und dem Klingklang der wachsenden Prosperität begleitete der Blues von Lug und Trug fast jeden zweiten Atemzug, Background-Sound auch heute noch im öffentlichen Leben, gegeigt von denen, die das Geld und das Sagen haben. Damals half man mit Entlastungszeugnissen sich selbst und anderen. Da fiel es nicht groß auf, dass sich bei den Lügen, Fälschungen und Verschleierungen die Balken bogen. Unten bei den sogenannten kleinen Leuten so wenig wie bei den Stützen der Gesellschaft und erst recht nicht bei denen oben in den besseren Kreisen. Mächtig krümmten sich die Linien der Doppelmoralisten zwischen Wahrheit und Dichtung. Was nicht ins gewünschte Bild passte, wurde retuschiert oder verbuddelt. Wer in den Archiven einer Ortsverwaltung, einer deutschen Universität, einer Kirchengemeinde, eines Unternehmens oder Sportverbandes etwas tiefer gräbt oder sich in privaten Hinterlassenschaften umsieht, kann diesbezüglich alles finden, was er nicht für möglich hielt.

Es ging schließlich ums Fortkommen, um Posten und Pfründen, um Einfluss und Machtspiele, um »Bezugsscheine« und »Beziehungen«, um Geld und Gut, um die Wiedergutmachung des Gewissens und ein gnädiges Gedächtnis. Kurz, um das Leben, mit dem man gerade davongekommen war. Korruption und Erpressung, Hilfsbereitschaft und Nächstenliebe, Komplizenschaft und Solidarität, Not und Elend, Anpassungsdruck und Strafandrohung, Läuterung und Versteckspiel, Scham und Schuld – wie auch immer im Einzelfall die Antriebsmotorik gelagert war, man half sich gegenseitig in die neuen Schuhe, auch wenn die ganz unterschiedlich besohlt waren. Die heilige Nazi-Kuh »Volksgemeinschaft« diente jetzt als Nutzvieh.

Eine Etage über dem Tagesgeschäft und der Plackerei gab es gleich nach Kriegsende auch schon eine Reihe von Versuchen, den »tieferen Ursachen der deutschen Misere« nachzugehen und geistige Orientierung zu suchen. Der Heidelberger Geschichtsprofessor Eike Wolgast hat die »Repräsentanten der Parteien, Kirchen und Universitäten«, in »ihrer selbst gewählten Rolle als Sprecher für das deutsche Volk« unter die Lupe genommen. In seiner sorgfältig erarbeiteten Studie mit dem Titel »Die Wahrnehmung des Dritten Reiches in der unmittelbaren Nachkriegszeit« (2001) kommt er zu der Erkenntnis: »Eine Wahrnehmungsverweigerung fand nicht statt.« Allerdings, so fügt er hinzu, »blieb die kritische Auseinandersetzung weithin oberflächlich und zumeist sehr pauschal.« Zudem war die »mörderische Judenverfolgung«, so Wolgast, »ein peripheres Thema, dessen Erwähnung sich umgekehrt proportional zu der Größe des begangenen Verbrechens verhielt.«.

Die Kommunisten hielten weiter hartnäckig an der »Dimitroff-Formel« (auch »Komintern-Formel« genannt) fest, die den »Hitler-Faschismus« als »Herrschaftsinstrument der wildesten reaktionären und imperialistischen Teile des Finanzkapitals, der Herren der Rüstungskonzerne, der Großbanken und des Großgrundbesitzes« beschreibt. Hitler ist hier nur der »Knecht« oder »die »Marionette«. Die Konservativen und die christlichen Würdenträger hingegen sahen im Nationalsozialismus vorwiegend ein politisches Phänomen, das in der Nachfolge der Französischen Revolution über die Deutschen kam. Hier war viel die Rede von »Vermassung«, »Entwurzelung«, »Nivellierung«, »Kollektivismus«, »Hinwendung zum Materialismus« und »Abwendung von Gott und der christlichen Ordnung«. Im bürgerlichen Lager stellten die einen die verhängnisvolle Rolle des preußischen Militarismus in den Vordergrund, die anderen behaupteten, die antisemitische Wahnidee der Nationalsozialisten sei aus Österreich eingeschleppt worden. Bei den Reden der wortmächtigen Akademiker fallen die vielen blumigen Phrasierungen auf, mit denen das anstehende Thema umgangen wurde – die Rolle der Universitäten und Professoren unter dem NS-Regime. Die verbalen Exkursionen um den heißen Brei kamen ohne Wörter wie »Tragik« oder »Verhängnis« nicht aus. Gegen das »Wüten dieser entfesselten bösen Geister«, gegen diese »apokalyptischen Reiter, die über das Land brausten« sei man in den »hinter uns liegenden zwölf Jahren« leider machtlos gewesen – und damit auch mehr oder weniger exkulpiert.

Zeitgeschichtliche Herleitungen waren in dieser ersten Nachkriegsphase von der Vorsicht gegenüber den Besatzungsmächten geprägt. Aber es wurde doch auch auf die »ungerechten« Bestimmungen des »Versailler Vertrags« nach dem Ersten Weltkrieg hingewiesen. Ebenso wurde das später oft zu hörende Argument damals schon vorgetragen, dass sich die Herrschaft des Diktators in Deutschland erst durch die große Anerkennung, die er im »Ausland« erfuhr, so unangreifbar etablieren konnte.

Signifikant für die damals vorherrschende Sichtweise auf Hitler und das »Dritte Reich« waren die Reden der Volksvertreter, die auf den ersten Parlamentssitzungen der neu gegründeten Bundesrepublik gehalten wurde. In der ersten Rede überhaupt im Bonner Plenarsaal sagte Alterspräsident Paul Löbe (SPD) in der ersten Sitzung am 7. September 1949, nachdem er den westlichen Besatzungsmächten für ihre Hilfe gedankt hatte: »Wir bestreiten auch keinen Augenblick das Riesenmaß von Schuld, das ein verbrecherisches System auf die Schulter des Volkes geladen hat. Aber die Kritiker draußen wollen doch eines nicht übersehen: Das deutsche Volk litt unter zweifacher Geißelung: Es stöhnte unter den Fußtritten der eigenen Tyrannen und unter den Kriegs- und Vergeltungsmaßnahmen, welche die fremden Mächte zur Überwindung der Naziherrschaft ausgeführt haben. Wessen Haus an allen Ecken brennt, der sieht zunächst die eigene Not, ehe er die Fassung gewinnt, die Lage der Nachbarn voll zu würdigen.« Es wurde auch eine Gedenkminute im Plenum eingelegt – für jene Reichstagsabgeordneten, die in der NS-Zeit »ihren Widerstand mit dem Leben bezahlt haben«, und ebenfalls ganz allgemein »für die Opfer des Krieges von allen Völkern«. Löbe erinnerte auch eindringlich an das Schicksal »unserer Kriegsgefangenen und Verschleppten, die noch in der Fremde schmachten«.

Der Soziologieprofessor Helmut Dubiel, der die Debatten von damals genau untersucht hat, hat einige Besonderheiten festgehalten: »Die Selbstwahrnehmung der Deutschen als Opfer und die Abwehr der Kollektivschuldthese bestimmten nahezu alle Reden, die sich im frühen Bundestag auf die Vorgeschichte der neuen Republik beziehen.« In Löbes Eröffnungsrede: »Kein Wort darüber, dass Deutsche den Krieg begonnen haben. Kein Wort des Gedenkens für die ermordeten Juden.« Auffallend durch die Bank bei allen Abgeordneten: »die Abwesenheit von Spuren einer kollektiven Scham«.

In den folgenden Sitzungen warben noch andere hochrangige Redner inständig um Verständnis für die Deutschen, ohne dabei konkret zu sagen, was Sache war, was Sache ist. Anschaulich demonstriert von Theodor Heuss (1884–1963), dem neu gewählten Bundespräsidenten, der für seinen Hang zu rhetorischen Wolkenschiebereien bekannt war: »Wir dürfen nicht vergessen, was die Hitlerzeit uns gebracht hat... wir stehen vor der großen Aufgabe, ein neues Nationalgefühl zu bilden... Seltsames deutsches Volk, voll der größten Spannungen, wo das Subalterne neben dem genial spekulativ Schweifenden, das Spießerhafte neben der großen Romantik steht.« Es gelte, »unsere Würde neu zu bilden, die wir im Innern der Seele nie verloren haben«. Der Vorsitzende der CDU/CSU-Fraktion und spätere Außenminister Heinrich von Brentano versicherte, an die Adresse des »Auslands« gewandt: Man wolle beweisen, »dass die Grimasse, die das deutsche Volk in den Jahren 1933 bis 1945 zeigte, nicht das wahre Gesicht des deutschen Volkes war«.

Unter den Autoren, die sich damals gleich daranmachten, nach einer Erklärung zu suchen, warum sich bei einem Volk wie den Deutschen, die sich kulturell und zivilisatorisch den meisten anderen Völkern überlegen fühlten, die »Tyrannenherrschaft« Hitlers

etablieren konnte, taten sich vor allem einige renommierte Historiker hervor. So unterschiedlich ihre Gedankengänge waren, in zwei
Aspekten trafen sie sich: Sie sahen in Hitler ein Wesen mit »dämonischen« Kräften, und sie sahen in den bedauernswerten Deutschen die »Opfer dieses Dämons und seiner Verbrecherbande«.

In der von der Deutschen Verlagsanstalt herausgegebenen Reihe
»Deutschenspiegel« erschien von Gerd Tellenbach ein schmales
Bändchen mit dem Titel »Die deutsche Not als Schuld und
Sühne« (1947). Tellenbach, seit 1938 Professor für mittelalterliche
Geschichte, zuletzt an der Universität Freiburg, wurde nach 1945
eine bekannte Koryphäe auf seinem Forschungsgebiet und engagierte sich in vielen Bereichen der bundesrepublikanischen Wis-
senschafts- und Bildungspolitik. Er galt als einer der Wenigen, die
es in der NS-Zeit verstanden hätten, ihre akademische Karriere
erfolgreich zu gestalten und zugleich eine gewisse Distanz zum
Regime zu wahren.

In seinem »Beitrag zur Klärung und Neuorientierung« schreibt
er zwar auch von den »grässlichen Untaten, die in Deutschlands
Namen begangen wurden« und davon, dass »der Judenwahn wirklich große Massen ergriffen« hatte. Aber »das deutsche Volk sei
nicht verbrecherisch« gewesen, es habe sich nur täuschen lassen von
einem Mann, dessen finstere Pläne ihm verborgen geblieben waren. »Zu spät« hätten die Deutschen den »satanischen Willen« Hitlers erkannt, dem es nur um »die Macht und nichts als die Macht«
ging. Nach einer Aufzählung der »nicht geringen Talente« des Mannes (zum Beispiel: »außerordentlicher Scharfsinn, Gedächtniskraft,
Verständnis für organisatorische und technische Probleme«) fasst
Tellenbach sein Hitler-Bild zusammen: »Ein dämonischer Mensch
in jedem Zuge, von düsterer Großartigkeit, gottlos, tief sündig im
allgemeinsten, ursprünglichsten Sinn des Wortes.«

Die »schlechthin dämonische Persönlichkeit« Hitlers ist auch
bei Friedrich Meinecke (1862–1954) in seinem Hitler-Porträt hervorgehoben. Der Berliner Historiker galt im vorigen Jahrhundert
jahrzehntelang als Nestor der deutschen Geschichtswissenschaft.
Sein Ruf, den Fortschrittlichen in der Zunft anzugehören, lag auch

darin begründet, dass er sich in den 20er Jahren vom Monarchisten zum »Vernunftrepublikaner« entwickelt hatte. In dem Buch »Die deutsche Katastrophe« (1946), als der dritte Teil seiner »Autobiographischen Schriften« angelegt, beschreibt er das Verhältnis zwischen dem »deutschen Volk« und Hitler in biologistisch-medizinischen Kategorien. Nach seiner Diagnose haben die »Deutschen, zwölf Jahre von Hitler vergiftet und zur Gefolgschaft gezwungen, an einer einmaligen schweren Infektion gelitten«, von der sich zu erholen sie nun die Chance hätten. Es sei allein die »schlechthin dämonische Persönlichkeit« Hitlers gewesen, die »jenen Verbrecherklub organisieren« konnte, »der das deutsche Volk zu umklammern und auszusaugen vermochte.« Meineckes Interpretationen, so lesenswert sie teilweise heute noch sind, bedienen sich nicht selten einer befremdlichen Metaphorik. Deutlich spürbar ist sein Bestreben, das nationale Geschichtsbild zu schonen. Auch wenn er auf gewisse Traditionslinien hinweist, letztlich deutet er das NS-Regime doch als großen Ausnahmefall. So plädiert er im Grunde für eine Kollektivunschuld der Deutschen.

Für die damalige Zeit, direkt nach dem Krieg, sind auch die »Wege zur Erneuerung« erstaunlich, die er im letzten Kapitel des Buches beschreibt. Sein Vertrauen auf die »Religion und Kultur des deutschen Geistes« schien ungebrochen. Zum Schluss malt er sich ein »Wunschbild« aus: In allen Städten und Orten sollten sich künftig »Goethegemeinden gleichgesinnter Kulturfreunde« zusammenfinden, die sich regelmäßig hauptsächlich mit »Lyrik und Gedankendichtung« weiterbildeten. So könnte es vielleicht gelingen, »den deutschen Geist zu retten«.

Gerhard Ritter (1888–1967), der dezidiert konservative Geschichtsprofessor an der Freiburger Universität, gehörte zu der führenden Historikern der Nachkriegszeit. Er brachte 1947 das Buch »Dämonie der Macht« heraus, das die »fünfte umgearbeitete Auflage« eines Werkes ist, dessen erste vier Auflagen in den Jahren 1940 bis 1943 unter dem Titel: »Machtstaat und Utopie« erschienen sind. Darin entwarf er von der Antike ausgehend die Staatstheorie eines »praktischen Machiavellismus mit moralischem Selbstbewusstein«.

Die neue Fassung enthielt auch eine 10-Seiten-Passage über Hitler, in dessen Regime sich »der Machiavellismus gleichsam selbst überschlagen« habe. Denn Hitler, »Deutschlands bösem Dämon«, sei »das typische Massenmenschentum der neuen Zeit« gefolgt, verlockt durch »hemmungslose Versprechungen materieller Wohlfahrt«. Als der Diktator das »Präzisionsinstrument der preußisch-deutschen Wehrmacht in die Hand bekam«, sei der »totale Staat entstanden«, in dem die »Dämonie seiner Erscheinung zu voller Satanie übersteigert« wurde. Danach habe der Begriff der »politischen Verantwortung« praktisch nicht mehr existiert. »Mit Hitler waltete das Verbrechertum.« Vorbei war es mit dem »kämpferischen Stil kontinentaler Machtpolitik«. Jeder »Tieferblickende« konnte voraussehen, dass »das Ganze in einer neuen Weltkatastrophe enden musste«.

Auch der liberale Wirtschaftswissenschaftler Wilhelm Röpke verfasste einen frühen Beitrag zur Dämonisierung Hitlers, die sich als exkulpierendes Erklärungsmodell so lange halten sollte. In den Jahren 1930 bis 1933 Ordinarius an der Universität Marburg, hatte er den Aufstieg des Nationalsozialismus miterlebt, von dessen »entschlossener Dummheit« er sich zutiefst abgestoßen fühlte. Gleich zu Anfang des NS-Regimes vom Campus vertrieben, lebte und lehrte er seit 1937 in Genf.

Sofort nach Kriegsende erschien von ihm das Buch »Die deutsche Frage«, das auf eine breite Resonanz stieß. »Wie es denn geschehen konnte, dass in einem so großen Kulturvolk alle Kräfte des Bösen losbrachen?« Seine Antwort: Es waren »das moralische Versagen« und »die Blindheit« gegenüber dem »wahren Gesicht« der »widerlichsten Tyrannis aller Zeiten« – eine »Schuld, die die Welt durchaus mit den Deutschen teilen muss«, unter anderem, weil sie das NS-Regime hofierte, das sie für »ein wirksames Bollwerk gegen den Bolschewismus hielt«.

Und vor allem »sollte«, so forderte Röpke, ein erklärter Anhänger der Totalitarismus-Theorie, »sich heute jeder darüber klar sein, daß der Nationalsozialismus seinen Eroberungsfeldzug in Deutschland selbst begonnen hat, daß die Deutschen die ersten Opfer der

Barbareninvasion gewesen sind, die sich von unten herauf über sie ergoß, daß sie die ersten waren, die mit Terror und Massenhypnose überwältigt wurden, und daß alles, was dann später die besetzten Länder zu erdulden hatten, zuerst den Deutschen selbst zugefügt worden ist, eingeschlossen das allerschlimmste Schicksal: zu Werkzeugen weiterer Eroberung und Unterdrückung gepreßt oder verführt zu werden.«

Damit hat Röpke schon ganz früh, »aus dem Volk der Täter ein Volk der Opfer« gemacht, eine »Lesart«, die sich rasch zu der »Lebenslüge der Ära Adenauer« auswuchs. So kommentierte Heinrich August Winkler, einer der renommiertesten Geschichtswissenschaftler der Gegenwart, die Interpretation Röpkes. Winkler fügte hinzu: Ohne diesen »ganz und gar nicht frommen Selbstbetrug« hätte es die »Erfolgsgeschichte der Bundesrepublik« nicht gegeben. Mit großer Verspätung erst habe sich »die Einsicht in das Offenkundige durchgesetzt: Nie war in Deutschland ein Politiker so populär gewesen wie Hitler«, was zweifelsohne »ein tiefes Einverständnis zwischen Hitler und dem gebildeten Deutschland« einschloss.

In den unmittelbaren Nachkriegsjahren kannte die Weißwäscherei keinen Feierabend. Spötter sprachen von einem Land namens »Persilien«. Heute ist in der kritischen Geschichtswissenschaft von der Praxis der »Schweigekartelle« die Rede. Die damit verbundene »Persilschein-Kultur« ist artenreich ausgeprägt – schmucklose, mit Stempeln versehene Bescheinigungen, herzzerreißende Briefe, Drei-Zeilen-Gefälligkeitsbillets und vorgefertigte »Erklärungen«, ausgetauscht innerhalb alter Netzwerke und Seilschaften, teils auch unterzeichnet von Anklägern der alliierten Militärgerichte für »Zeugenaussagen«, von ausländischen Kriegsgefangenen und selbst von einheimischem NS-Verfolgten. Ellenlange Berichte und salbungsvolle Darlegungen bis hin zu dickleibigen Büchern, die alle in die Abteilung Alltagsliteratur der gesamtdeutschen Nationalbibliothek gehören.

Selbst heute noch ist Skepsis angeraten, wenn in der Vita von Männern, die vor 1933 und nach 1945 mit hohen Positionen her-

vortraten, für die Zeit dazwischen Wendungen auftauchen wie
»Verfolgung privater Interessen«, »Okulieren von Obstbäumen«
oder lakonisch »Soldat im Kriegsdienst«. Der von dem Journalisten Otto Köhler in den 90er Jahren aufgedeckte Fall von Hermann
Höpker-Aschoff (1883–1954) ist eines der Beispiele von vielen, die
zeigen, dass die Persilscheine auch nach ihrer Falsifikation wirksam
bleiben konnten. Der Jurist, Mitbegründer der FDP und erster Präsident des Bundesverfassungsgerichts, ein enger Freund von Theodor Heuss, ließ später nie etwas von seiner fachmännischen Beteiligung an den Raubaktionen in den besetzten Ländern verlauten.
So darf er zum Teil heute noch in offiziellen Kompendien während
dieses Zeitraums in seiner Heimatstadt Herford nichts als »Rosen
und Tomaten züchten«.

Eine Edition der tausendundein Erzählungen mit ihren hun-
dertundeins narrativen Mustern wird es aber wohl nie geben.
Schade drum, da wären mannigfaltige Möglichkeiten zu studieren,
wie man der Wahrheit die Ehre nimmt und wie die Deutschen zu
den krummen Grundlinien in ihren Biographien und zu den Fehl-
farben in ihren Geschichtsbildern gekommen sind, die oft den En-
keln von heute noch das politische Wahrnehmungsvermögen limi-
tieren.

In der Regel steht Hitler im Mittelpunkt des Karussells der Be-
scheinigungsprosa. Die Kernbotschaft ist immer die gleiche – man
ist gegen ihn gewesen: »… Ich habe mit eigenen Ohren gehört, wie
Herr A. im Winter 1944 gesagt hat, dass er schon 1933, als der Braunauer gerade erst mal an die Macht gekommen war, die Ansicht
geäußert habe, nun wäre der Krieg nur noch eine Frage der Zeit …
Schon bei seinem unter schweren seelischen Kämpfen erfolgten
Anschluß an die Partei beabsichtigte Herr B., ein Idealist reinster
Prägung, die Entwicklung und speziell den Mann an der Spitze mit
Skepsis im Auge zu behalten … Herr C. trat in die SS ein, weil er
dachte, dort würden die guten deutschen Ideale verwirklicht; als
er merkte, dass er in diesem Punkt schmählich getäuscht worden
war, versuchte er mit allen Mitteln, das Beste für unser Volk daraus zu machen … Für die Kündigung des jüdischen Kollegen X.

setzte sich Herr D. allein deshalb so nachdrücklich ein, um diesem eine menschenwürdige Ausreise in ein Land seiner Wahl zu ermöglichen… Herr E. und ich haben in unserer Zeitung, wo immer möglich, gegen das NS-Regime Opposition betrieben. Wir ignorierten den NS-Sprachgebrauch, soweit das zu vertreten war. Adolf Hitler war für uns nicht der »Der Führer«, sondern »Der Führer und Reichskanzler«. Bei unserem hellhörigen Publikum blieb das nicht ohne Wirkung… Herr F. und seine Frau waren die einzigen, denen ich meinen Plan, Hitler auszuschalten, offenbaren konnte. Sie sind leider in den Kriegswirren umgekommen. Ich selbst bin nur durch einen Zufall am Leben geblieben…«

Den hier skizzierten ABC-Sud mit klassischen Formulierungen, durchaus wortgetreu zitiert, so oder so ähnlich für die Nachkriegsjahre unzählbar nachzuweisen, kann ein Zeitsprung in das 21. Jahrhundert gehaltvoll abrunden (hier nicht ganz wörtlich, aber unverfälscht sinngemäß): Mir, G. G., gefiel als Jugendlicher nicht nur Hitler, sondern speziell auch die doppelte Rune am Uniformkragen, ich habe aber keinen Schuss abgegeben, nach 60 Jahren gab es nun die Gelegenheit, dies als Nobelpreisträger meinen Lesern, dem deutschen Bundeskanzler und dem Herrn Wickert vom Fernsehen mitteilen zu können – das musste mal gesagt werden.

Im Kleinen wie im Großen: eine gute Geschichte für jeden sowie ein Mythos für alle. Ein Angelpunkt, der unvergänglich erscheint: Hitler, nun unendlich groß als Verbrecher wie davor als Führer. Was nicht zu tragen war, wurde bei ihm abgeladen. Wer wollte es wem verdenken, da sich fast alle – graduell sicher sehr unterschiedlich – daran beteiligten (und wer will heute darüber richten, warm geduscht, die Zentralheizung im Rücken und, wie die Politiker immer wieder betonen, die Füße auf dem freiheitlichsten Boden, auf dem je ein deutscher Staat gestanden hat – nur aufschreiben darf man es doch, auf dass auch das nicht vergessen werde, oder?).

In der Politik gilt ein Satz immer und überall: Die Vergangenheit ist so zu gestalten, dass sie der Gegenwart und Zukunft dient. Die Formel »Zukunft braucht Herkunft«, von Philosophen wie von PR-Beratern gleichermaßen gern benutzt, ist heute, gekoppelt mit dem Hinweis auf »das andere Deutschland«, ein bevorzugter Textbaustein der Redenschreiber im Bundespräsidialamt.

Nach 1945, als im Osten Deutschlands die Kommunisten den Anspruch erhoben, eine »neue Zeit« zu repräsentieren, sicherten sie ihren Fortschrittsglauben nach hinten mit einem Doppel-Dogma ab, an dem nicht gerüttelt werden durfte – dem heroischen Widerstand gegen das NS-Regime und dem glorreichen Sieg über den Faschismus. So konnte der Blick verheißungsvoll nach vorn schweifen. Dort sollten nicht nur »Glück und Frieden« zu finden sein, sondern auch besseres Wetter, wie sie es sich in der neuen Hymne ausmalten: »Auferstanden aus Ruinen/Und der Zukunft zugewandt/... Denn es muß uns doch gelingen,/Daß die Sonne schön wie nie/Über Deutschland scheint«. (Der Rabenvogel auf meiner Schulter prahlt großkrächzerisch mit seinen Geschichtskenntnissen: »Einen Platz an der Sonne« wünschten sich doch schon die Kaiserdeutschen für das Vaterland.)

In der kapitalistisch-pluralistisch strukturierten Gesellschaft der Bundesrepublik schien es anfangs komplizierter, aber bald, da waren noch die Zerstörungen des Krieges an jeder Straßenecke zu sehen, stellte sich eine Segen bringende Erkenntnis ein: Entsprechend hergerichtet, sind auch die dunklen Elemente der deutschen Geschichte schaudernd zu genießen.

Modellhaft lässt sich das in den Illustrierten nachlesen. In ihnen spiegelte sich nicht nur, was den Leuten an Meinungen und Wünschen durch den Kopf ging. Sie dienten damals im Vorfernsehzeitalter als Wahrnehmungsfilter und justierten das Unterbewusstsein der Deutschen. ›Stern‹, ›Quick‹, ›Revue‹, ›Kristall‹, ›Neue Illustrierte‹ und wie sie alle hießen. Desgleichen die Titel der Zeitschriften, die man zur »Regenbogenpresse« zählte, ›Heim und Welt‹ etwa, ›Sieben Tage‹, ›Wochenend‹, ›Das Grüne Blatt‹ oder ›Herz-Dame‹. Nicht zu übersehen, wie gegenwärtig die »jüngste Vergangenheit« schon ausgangs der 40er Jahre überall in Westdeutschland wieder war – ausgekämmt, eingedreht, pomadisiert, lockig, kurz: wie eine mit der Brennschere ondulierte Kunsthaarperücke auf einem grindigen Kopf.

Besucher aus dem Ausland zeigten sich erstaunt, dass in Deutschland so viele Zeitschriften mit opulenten Geschichten aus dem »Dritten Reich« aufwarteten. Ende der vierziger Jahre brach der Sturm so richtig los. Ein Volk stand auf und ging zum Kiosk. Die Auflagenzahlen schossen in die Höhe. Begehrt waren auch die »Lesemappen«, in denen die Blätter zweitverwertet wurden. »Daheim«, wie schon in den Hitler-Jahren, nannte sich das Zeitschriften-Bündel des Marktführers Ganske, dessen Ausfahrer ins Haus lieferten, was in der Welt gerade so vor sich ging und vor nicht allzu langer Zeit vorgegangen war.

Eine von Hegel inspirierte, von Marx geprägte Sentenz behauptet, dass »alle großen weltgeschichtlichen Tatsachen« sich wiederholten. Was beim ersten Mal Tragödie gewesen, erscheine beim zweiten Mal als Farce. An dieser Stelle des Weltenlaufs kam den Deutschen die Vergangenheit auf dem Zeitungsdruckpapier der Illustrierten wieder hoch.

Am Anfang der Nachkriegsgeschichte hatte es ein kurzes Innehalten gegeben. Da machten die Bilderblätter bei ihren Berichten aus dem gesellschaftlichen Leben um den einst mächtigsten Gastgeber der Nation noch einen Bogen. Auf den Fotoseiten begegneten die Leser nur den vertrauten Berühmtheiten aus der Welt des Films, der Bühne und der Musik: Heinz Rühmann, Willy Fritsch, Marika Rökk, Gründgens, Furtwängler, Karajan und Konsorten. Der eine aber, bei dem diese Herrschaften noch vor Kurzem in der Reichskanzlei so gern den Tee genommen hatten, der karfunkelte durch Abwesenheit.

Wesentlich länger ausgeblendet blieb, was 40 Jahre später den Namen »Holocaust« bekam, der millionenfache systematische Mord an den europäischen Juden. Von dem wollten die Deutschen erst nach dem Krieg erfahren haben. Kam der Name Auschwitz doch einmal vor, wie 1947 in einer Nummer der ›Revue‹, so beschränkte sich die Information dazu auf einen besenreinen Allgemeinplatz, auf dem weit und breit weder Ross noch Reiter auszumachen waren: »Grauenvolles Leid für viele unschuldige Menschen.«

Damals gewöhnten sich viele an, vom »braunen Spuk« oder vom »Spuk« überhaupt zu sprechen, wenn sie von der NS-Zeit redeten, die gerade mal ein paar Jährchen hinter ihnen lag. Prediger Helmut Thielicke (1908–1986) hat damit in den 50er und 60ern seine Geschichtsepisteln koloriert, Theo Sommer (Jg. 1930), langjähriger Chefredakteur der ›Zeit‹, kann von der fatalen Floskel, zum Verdummen einst erfunden, auch im 21. Jahrhundert nicht lassen (»Biographie des Jahres 1945«, 2005): »Der braune Spuk war vorüber, der Nationalsozialismus ein für alle Mal erledigt.«

Geschichte als Geisterbahn. Schaurig der Blick zurück: Nach Bombenhagel und Kapitulation wachten die Deutschen in Trümmern auf und fühlten sich geschändet. Die Leitartikler rieben sich die Augen, erregt deklamierten sie die Frage, die seitdem zum rhetorischen Repertoire all derjenigen gehört, die es so genau nicht wissen wollen: »Wie konnte es geschehen?« In den Zeitungen und Zeitschriften von damals betonten auch die, die gerade noch nach Kräften dabei mitgeholfen hatten, »es sei nicht zu begreifen«.

Wie konnte man »es« aufbereiten? So, dass es keinem auf die Füße fiel. Die Illustriertenmacher hatten eine ewig junge Antwort: Am besten mit Gewinn. Dazu brauchte es Ideen, unverfängliche Fragen, passable Erklärungen, glaubhafte Ausreden, ausgewählte Themen, geschliffene Tendenzen, bengalisch ausgeleuchtete Blickwinkel. Schnell wurde eines klar: Auch ein toter Hitler versteht die Massen magnetisch anzuziehen, vor allem durch das Schlüsselloch betrachtet.

Unter den ersten in der langen Reihe entsprechender Artikel war »Das Tagebuch der Eva Braun«. Eine »Sensation«, wie das ›Wochenend‹-Blatt schrieb, sollten es doch die Aufzeichnungen von jener auf den letzten Drücker dem Diktator angetrauten Frau sein, von der das Gros der Deutschen damals noch so gut wie nichts wusste. Wie sich relativ schnell herausstellte, stammte das, was da zu lesen war, aus dem prall gefüllten Geschichtenrucksack von Bergfex Luis Trenker (1892–1990). Der Tiroler Filmemacher, Hansdampf in den alpinen Höhen und Wetterfahne in den politischen Niederungen, hatte behände seine abgründig trittfesten Phantasien herumkraxeln lassen, bis hinauf auf die Gipfel spießbürgerlicher Pikanterien und hinunter in die Schluchten des intimen Bambi-Reviers, wo er die »rehlederne Unterwäsche« entdeckte, die von Hitler für die geliebten »Hüften und Brüste« angeordnet waren.

In dieser Gegend suchte damals auch die Illustrierte ›Revue‹ nach dem Auflagen-Heil, als sie mit der Artikelserie »Neuer Tatsachenbericht: Der große Liebhaber Adolf Hitler« ungeahnte Fähigkeiten des Führers aus dem Hut zauberte. Auf einer ihrer Ausgaben erschien vorne auf dem Titel Hitler als ziviler Galan, Arm in Arm »mit seiner großen Liebe Angelika Raubal«. Im Heftinnern war zu lesen, er habe neben seiner Nichte Geli auch viele andere Frauen als nimmermüder »Sexualathlet« verwöhnt. Den Kronzeugen spielte dem Blatt, das sich im Untertitel »Die Weltillustrierte« nannte, der Hitler-Weggenosse Hermann Esser, der sich 1920 als junger Journalist der NSDAP angeschlossen hatte und dort schnell im Führungszirkel mitmischte. 1927 publizierte er ein Buch mit dem Titel »Die jüdische Weltpest« (6. erweiterte Auflage 1942), im »Dritten Reich« war er erst Wirtschaftsminister in Bayern, dann Staatssekretär in der Berliner Lügenfabrik des Propagandaministeriums. Nun, vier Jahre nach der Entmachtung, war ihm gestochen scharf wieder eingefallen, wie es der »Chef«, zusammen mit ihm, Anfang der zwanziger Jahre in den Berliner Stundenhotels den Huren besorgt hat.

Der Thrill, den Leute, die bis auf Schnurrbarthaarlänge am Führer »dran« gewesen waren, bei den Lesern auslöste, war im Illustriertengeschäft ein Pfund, mit dem man wuchern konnte. Handelte es sich bei Essers Sexualathletik-Kolportagen in der ›Revue‹ um weiße Kaninchen aus dem Kamasutra-Stall männlicher Vorstellungswelten, so fütterte das Blatt ›Heim und Welt‹ sein vorwiegend weibliches Lesepublikum mit Anregungen aus dem Küchenreich. Karl Wilhelm Krause, lange Zeit eine Art Butler des im Kulinarischen werbewirksam sprichwörtlich bescheidenen Reichsoberhaupts, deckte das Chef-Frühstück auf: »Leibniz-Kekse, ein Glas Milch und eine Tafel Schokolade – jeden Tag dasselbe«. Und immer musste »Fachinger« bereitstehen, das »Tafel- und Gesundheitswasser«. Als es einmal fehlte, wurde Krause gekündigt. Seinen Tratsch brachte er 1949 auch als 88-Seiten-Büchlein an die Leser. Der Titel versprach, nichts auszulassen, buchstäblich rund um die Uhr: »Zehn Jahre (Tag und Nacht) Kammerdiener bei Hitler«. Preis: eine Mark, gerade mal ein Groschen für jedes Jahr. Inbegriffen waren Informationen über die Anzahl der Krümelkekse (»bis zu zehn«) und die gefühlte Temperatur der Frühstücksmilch (»mundwarm«) sowie die Mitteilung, dass der Autor selbst von irgendwelchen Ungesetzlichkeiten überhaupt nichts gewusst habe und sein Chef von »den meisten Verbrechen« ebenso wenig.

Damals spotteten Kritiker, bald würde sich auch »Hitlers Zahnbürste« mit Offenbarungen zu Wort melden. Im Berliner »Kabarett der Komiker« gab der Boulevard-Schauspieler Georg Thomalla den Mann, der gerade noch an der Spitze des Deutschen Reiches gestanden hatte, vier Jahre später in Unterhosen und Sockenhaltern. »Ich war Hitlers Schnurrbart« hieß die satirische Musikrevue von Günter Neumann, bei der Kalauer und Zoten um die Wette liefen. Der im »Dritten Reich« unter Lebensgefahr verbreitete »Flüsterwitz« wurde hier einem amüsierten Publikum lauthals vorgetragen. So neu, wie es die Medien heutzutage immer anklingen lassen, ist die Verhohnepiepelung des Führers auf öffentlicher Bühne also nicht. Allerdings war es für die Deutschen mit dem satirischen Zugriff auf die Hitler-Zeit bald erst mal für eine ganze Weile vorbei. Die grotesken Pointen passten nicht in die Zeit, vor allem weil es dabei kaum zu vermeiden gewesen wäre, auch über sich selbst lästern und lachen zu müssen.

Ganz ohne Flachs ist der Staats- und Parteichef in einem Buch aus dem Düsseldorfer Droste Verlag porträtiert. Vornehmlich ging es in dem 1949 erstmals herausgebrachten Buch um die Persönlichkeitsmerkmale des großen Zampano: Wie er sich »als Mensch« gab, wie er sich hinter den Kulissen der politischen Amtes benahm, wie es um seine Angewohnheiten, Vorlieben und Wünsche bestellt war, was er an Abgründen, an Tugenden und Lastern zu bieten hatte, was er gerne zu sich nahm und was er partout nicht ausstehen konnte. Angezettelt wurde das Werk, das auszugsweise auch in diversen Illustrierten erschien, von einem französischen Offizier namens Albert Zoller, der im Dienst der US-Armee Nationalsozialisten aus der ersten Reihe verhört hatte, darunter auch Hermann Göring. Irgendwann war er dabei auf eine von Hitlers Sekretärinnen gestoßen, die dem Diktator vor und während des Krieges zu Diensten standen.

Das Buch trägt den Titel: »Hitler privat. Erlebnisbericht seiner Geheimsekretärin«. In der Einleitung versprach Zoller dem hochverehrten Publikum, es würde »einen unbekannten Hitler kennenlernen«. Es waren die Prinzipien der Reklamewelt, von der Propagandamaschinerie im »Dritten Reich« zu giftiger Blüte gebracht, die den Text stimulierten. Sie unterschieden sich wenig von den Sprüchen, die heute jedes Buch und jeden Film über Hitler begleiten. Für den sprachlichen Klischee-Schliff sorgte Wilhelm Pferdekamp, Journalist und Reiseschriftsteller, zu NS-Zeiten im Auswärtigen Amt in Berlin beschäftigt. Er hatte nach dem Krieg damit begonnen, sich auf die Übersetzung ausländischer Hitler-Darstellungen zu spezialisieren.

Hier ließ er es ordentlich krachen: »Man wird ihn leben, handeln, toben und zusammenbrechen sehen«, ist im Auftakt zu lesen. Der Führer als Himmelserscheinung mit einem großen Schweif: »Gleich einem leuchtenden Kometen hatte sich Hitler im Grau des deutschen Elends erhoben« – dann aber sei er verglüht. Aus die Maus.

So eingeleitet, war in der deutschen Ausgabe auf über 200 Seiten ausgebreitet, woran sich die Sekretärin erinnerte. Wie aus einer Plaudertasche, die ein Loch hat, rieselt in dem Buch der Stoff, aus dem die Legenden sind. Zum Teil haben sich die Sandkörner als unverwüstlich erwiesen, einige von ihnen werden auch noch im 21. Jahrhundert in Geschichtsbüchern und TV-Doku-Filmen präsentiert – als der Weisheit letzte Schlüsse oder als vergammelte Enthüllungen.

Das Einzige, was die Erzählerin damals für sich behielt, war ihr Name (Christa Schroeder, siehe Teil 2, Kapitel 3). Ansonsten holte sie alles aus sich heraus, was Hitler in ihr hinterlassen hatte. Da menschelt es, dass der Watzmann wackelt. Und am Schluss ist es doch nicht der Hitler und auch nicht der Gärtner, sondern der sinistre Intrigenmeister Martin Bormann, der Deutschland an die Wand fährt. So ernst das alles gemeint war, heute liest sich das Buch passagenweise wie ein Comic-Heft, bei dem es um die Marotten eines Bruders von Onkel Dagobert aus der Duck-Familie geht. Wer sich die Lektüre antut, hört noch lange das Blubbern der Sprechblasen:

»Hitler wusste die Heiterkeit und den Humor zu schätzen… Hitler mochte keine Pferde und hasste den Schnee… Hitler hatte ein Schwäche für Erbsen und Linsen… Hitler schluckte Cola-Dallmann-Tabletten… er besaß einen fast übermenschlichen Willen…Die Frucht langer Vererbung… sein ganzes Leben hat nur aus Kämpfen und Mühen bestanden… nach dem Tod seiner Nichte wurde Hitler Vegetarier… In seinem Sexualleben war er völlig normal… Zwölf Jahre hielt er an Eva Braun fest, obwohl er große, üppige, brünette Frauen bevorzugte… Hitler war Deutschlands größter Heuchler… Hitler war geplagt von teuflischer Rachsucht… sein Gedächtnis war lückenlos… in seinem Blick loderte eine dämonische Flamme… nach dem Krieg wollte er aus der Kirche austreten… gesundheitlich war Hitler zum Schluß ein Wrack… Bormann wurde nach und nach zum geheimen Lenker Deutschlands, indem er Hitler die Ereignisse vorenthielt, die die Moral des Volkes verheerten.«

Ach, der Führer. Ein Herrgottswinkel im Herzen vieler Deutschen blieb ihm erhalten, trotz alledem. Ab dem 5. Mai 1950 stand er ihnen wenigstens als Wachsfigur wieder zur Verfügung. Zu besichtigen gegen Eintrittsgeld im Hamburger Panoptikum auf der Reeperbahn. Hinter ihm hing eine Tafel: »Berühren verboten«. Mitten im Rotlichtbezirk der Hafenstadt hielt er seine neue Stellung, aufrecht platziert in einer Ecke des Publikumsraums. Auch auf dem Papier kam er nach und nach, landauf, landab, wieder auf die Beine. Ein Sündenbock, der flachliegt, taugt nichts.

Als Wegbereiter diente neben anderen eine »Wochen-Illustrierte« mit dem Namen ›die strasse‹. Das Blatt, dessen Auflagenzahl über 200 000 lag, gehörte zu dem gleichen Hamburger Verlag, in dem damals der ›Stern‹ erschien, wie auch die ›Zeit‹, die »Wochenzeitung für Politik, Wirtschaft, Handel und Kultur«, die ihren relativ kleinen, aber einflussreichen Käuferkreis mit Lesekost versorgte, in der die deutschnationalen Zutaten überwogen. So präsent diese beiden Titel heute sind, so vergessen ist »die strasse«. Wer wissen will, wie in den Anfangsjahren der Bundesrepublik mit Hitler und seinesgleichen journalistisch umgegangen wurde, findet in den vier Jahrgängen des Blattes (1948 bis 1951) sinnfällige Beispiele – und Mythen, die heute noch in den Hinterköpfen wabern.

Auf einer der Nummern ist vorne auf dem Titel »Hitler bei seiner letzten Besprechung mit General Paulus im Führerhauptquartier« zu besichtigen – Auftakt zu einer Artikelserie über die Schlacht von Stalingrad. »Er allein«, so die Quintessenz der Bilder-Story, habe das Desaster herbeigeführt, weil er »in seiner Verblendung alle Berichte seiner Heerführer in den Wind schlug«.

An Hitler ließ ›die strasse‹ kein gutes Haar, andere Protagonisten aus dem NS-Reich zeigte sie dagegen von der Schokoladenseite. Als Idol präsentierte Chefredakteur Victor Schuller (Jg. 1917) den toten Panzergeneral Rommel, den vor allem seine »Ritterlichkeit« ausgezeichnet habe. Diesen sagenhaften deutschen Charakterzug bewunderte er nach wie vor auch an den Jagdflieger-Assen Galland und Rudel, obwohl die, inzwischen in Argentinien gelandet, von ihren Sympathiekundgebungen für den Führer nicht abzubringen waren. Später wurde Schuller beim ›Stern‹ Stellvertreter von Chefredakteur Henri Nannen, seinem Kameraden aus Kriegszeiten. Wie eine ganze Reihe von Journalisten, die aus der bundesrepublikanischen Medienwelt als Meinungsmacher herausragten, hatten sie beide als »Kriegsberichter« in speziellen »Propagandakompanien« (PK) die Truppen bei ihren großen Schlachten in fremden Ländern mit fetzigem Tamtam begleitet und den Glauben an den »Endsieg« gestärkt.

Anders als sein Freund Nannen verarbeitete Schuller, ausgezeichnet mit dem EK II für »Fronteinsatz im Stuka über Malta«, seine Erlebnisse auch literarisch. In einem 300-Seiten-Roman, bebildert mit rasanten Originalfotos, erzählte er mit viel Schmackes von den unvergesslichen Zeiten. Was dort seit 1958 zu lesen ist, gleicht den vielen anderen Kriegserlebnisberichten wie ein zu lange gekochtes Ei dem anderen: Beinhart sind die Luftwafffen-Soldaten im Kampf und in der Kantine, tief innen haben sie einen sentimental gefärbten Dotter, das Wahrzeichen des »echten Idealismus«. Für den »Schlamassel« ist Hitler, »der Gefreite im Hauptquartier«, verantwortlich, für die Tollkühnheit das fliegende Personal. Über Sizilien, Malta, Kreta, Stalingrad bricht jeweils »die Hölle los«, die Sonne, »blutrot am Horizont«, schaut erbarmungslos zu. Der Krieg ist ein »gottverdammter Irrsinn«, unmenschlich brutal, aber unheimlich aufregend. Vogelwild wird geflogen, geschossen, gebombt, den Tod an Bord, das Funkfeuer im Ohr, vom Jagdfieber gepackt. Pfeilschnell preschen die Maschinen durch den feindlichen Geschosshagel, unter ihnen die »schwenkenden Geisterarme der Scheinwerfer«. So etwas wurde gern gelesen, viel gekauft. In der Dramaturgie der Landser-Romantik klappern die Klischees durch die Zeilen, das größte gibt dem Schuller-Buch den Titel: »Mit Eichenlaub und Schwertern ging eine Welt zugrunde«.

Was und wer davon übrig geblieben war, fand in der »strasse« mitfühlenden Zuspruch. Wiederholt engagierte sich das Blatt für die in Landsberg inhaftierten Kriegsverbrecher und gedachte auch mit warmen Worten der in Nürnberg 1946 hingerichteten Mitstreiter Hitlers. Die »Träger von Würden und Ämtern« seien »Menschen schlechthin« gewesen, erfüllt von »Vaterlandsliebe«. So in einer Fortsetzungsserie zu lesen, die den Titel trägt: »Die Männer um Hitler mit den Augen ihrer Frauen gesehen«. In vielen Varianten ist da der neue Glaubensartikel bekräftigt: Der »Braunauer« war an allem schuld.

Dazu passend wurde auch das Gerücht aufbereitet, das damals durch fast alle Illustrierten geisterte: Hitler, der Judenhasser, im österreichischen Braunau geboren, sei selber einer gewesen, zumindest ein »Halbjude« oder »Vierteljude«. Diese Stammbaum-Theorie, so falsch wie hartnäckig, erstmals in den zwanziger Jahren aufgekommen, schwirrt heutzutage noch herum. Es gab in der Bundesrepublik Zeiten, da war »die Geschichte vom Juden Hitler, der dem Judentum zum Sieg verhalf«, eine feste Größe in den Erzählungen, die unter dem Stammtisch mit vorgehaltener Hand weitergetragen wurden. Fragmente davon schwirren auch in Fernseh-Dokumentationen neuester Machart herum, vereinzelt sogar in akademischen Studien. Auf fast jeder längeren Bahnfahrt, bei der ich mit Mitreisenden, ob alt oder jung, ins Gespräch über vergangene Zeiten gekommen bin, habe ich sie gehört, mal als Vermutung, mal als absolute Gewissheit. »War er nicht selber sogar …?« (An dieser Stelle blieb der Satz in der Regel unbeendet).

Heute ist sie putzmunter in den Weiten des Internets unterwegs, wo sie in aller Welt die antisemitischen Verschwörungsfetischisten zu wilden Phantasien treibt und so die Fragen aller Fragen jung und giftig hält, schillernd wie in Aspik gelegt: Ist etwa deshalb die ganze Chose am Ende so furchtbar aus dem Ruder gelaufen? Oder: War Hitler am Ende ein von Zions Weisen gesteuerter Strippenzieher, der mit großem Aufwand und noch größerer List den Juden zu einem Staat verholfen hat?

Eine auffällige Scheu gegenüber dem Volkstribunen von einst und seinem Titelhelden in spe zeigte zunächst der ›Stern‹ des Henri Nannen (1913–1996). Der war im August 1948, sechs Wochen nach der Währungsreform, am deutschen Illustriertenhimmel aufgegangen. Wie Schuller bei der »strasse« hatte auch der ›Stern‹-Chef Anknüpfungspunkte an die zurückliegenden Jahre. Noch nicht lange her, dass über einen kleinen Insiderkreis hinaus bekannt wurde, was Nannen, der sich selbst als den »Erfinder« des ›Stern‹ zu bezeichnen pflegte, immer verheimlicht hatte (seine Biographen post mortem wollten es auch nicht wissen): Name, Konzept und Gestaltung des Blattes, teilweise auch das Personal, wiesen das Bilderblatt als Fortsetzung einer Illustrierten aus der NS-Zeit aus. Das war der ›Stern‹ aus den Jahren 1938 und 1939, den Nannen, der die Gründung seiner Illustrierten als seinen »journalistischen Geniestreich« darstellen ließ, nie erwähnte.

Die Kontinuitäten wurden auch dadurch kaschiert, dass beim ›Stern« die Nase von Anfang an kess nach vorn zeigte. Betont aktuell bebilderte er, was es in der Welt zu sehen gab: vor allem in Amerika, in Indien, in Hollywood, bei den Königlichen in den Palästen, bei den Lebenslustigen an der Copacabana, auf den Laufstegen der Haute Couture. Auch von kriegerischen Zwischenfällen, mal hier, mal dort, wurde berichtet, und von Krisenorten wie Berlin, wo die Amis mit »Rosinenbombern« eine »Luftbrücke« zur Versorgung der Bevölkerung einrichteten. Der ›Stern‹ sollte nach Nannens Bekenntnis »anregende und spannende Unterhaltung« bieten, aber vor allem auch »über die Sauberkeit im öffentlichen Leben wachen« und »in großen Reportagen die Hintergründe der aktuellen Tagesereignisse aufzeichnen«. Die Anspruchslatte war hoch gelegt, darunter tummelte sich die journalistische Praxis.

Gelegentlich tauchten Sternschnuppen aus der Vergangenheit auf: Eine Artikelüberschrift, hergeleitet von einem NS-Slogan, verkündete stolz die hohen Produktionszahlen in der Wolfsburger VW-Fabrik: »Räder müssen rollen nach dem Krieg.« In einem Exkurs ist auf die Geschichte der Autofabrik eingegangen. Hervorstechend dabei das affektierte Selbstmitleid: »Eine der größten Gaukeleien, die die Nazis mit uns gutgläubigen Untertanen angestellt haben, war wohl jener uns einsuggerierte Wunschtraum von dem ›Wagen des kleinen Mannes‹.«

In Marginalien wie dieser zu den über 300 000 registrierten VW-Ansparern, die sich gelackmeiert fühlten, weil sie nach dem Krieg ohne das heiß ersehnte Wunderding mit geteiltem Heckfenster und ausklappbarem Richtungsanzeiger dastanden, finden sich – begreifbarer als in vielen tiefgründigen Abhandlungen – die Essenzen des deutschen Selbstverständnisses, wie sie sich im Handumdrehen in der neuen D-Mark-Gesellschaft entwickelten: Wir, die den ›Stern‹ machen, wir, die den ›Stern‹ lesen, wir, die Deutschen allesamt, wir sind unschuldig. Wir zählten zu den »gutgläubigen Untertanen«, die von diesen »Obertitanen« so furchtbar getäuscht und missbraucht wurden. Von diesen schlimmen Fingern, den »Nazis«. Was haben die uns nicht alles eingebrockt. Die uns.

Unterschwellig schwingt hier mit, dass der »kleine Mann«, in dem sich zu diesen Zeiten große Herren vorübergehend gern verkrochen, mit der ganzen Sache niemals einverstanden gewesen wäre, wenn er gewusst hätte, dass dabei kein Auto für ihn rausspringen würde. Aber wer hätte das damals ahnen können, dass für das eingezahlte Geld Kriegskübelwagen produziert würden, mit denen jetzt die Russen herumkutschierten? Es hatte doch alles so wunderbar geklungen, als die KdF-Organisation (»Kraft durch Freude«) 1937 die »Gesellschaft zur Vorbereitung des Volkswagens« gründete. Die offizielle Abkürzung der GmbH tönte vielen wie Zukunftsbrummbrumm: »Gezuvor« – kleiner Mann, geh du voran.

Nein. Diese »Nazis«. Die mit ihren »Gaukeleien«. So packte der ›Stern‹ damals, im Dezember 1948, seinen Groll in Worte – vielleicht inspiriert von einem Kenner des großen Martin Luther, der einst die Lehre vom »Tausendjährigen Reich« als »aller Rottenmeister Gaukelsack« geißelte.

Und was schrieb man über den Meister aller Rottenmeister, den Gaukelissimus? So gut wie nichts. Im ›Stern‹ schien er geächtet. Als ob sie stinksauer auf ihn gewesen wären, auch die oder gerade die, die ihn eben noch angehimmelt hatten, womöglich als »Rotten-Führer« in der HJ. Und nun? Er, dem wir den Eid geschworen, er hat uns reingelegt.

»Kraft durch Freude«? »Über allen in der Welt«? Weizenfelder in der Ukraine? Unendlicher Raum im Osten, Grund und Boden für jeden? »Wunderwaffen«, die in den feindlichen Ländern die Städte »ausradieren«? Traum auf vier Rädern? Benzin billig aus Deutsch-Baku? »Endsieg«? Pustekuchen. Alles leere Versprechungen. Null von wahr. Was kam in Wirklichkeit heraus: Niederlage, Katastrophe, Elend, Schmach. Das schicke Auto war, als die Alliierten die deutschen Herrenträume zermalmt hatten, ein verbeultes Fahrrad. Ohne Pedale, mit einem Platten, vorne und hinten.

Und dann hat er sich auch noch verpisst – Mensch, Adolf. Auch der Lenker futsch. Was sollte man groß zu so einem Gauner schreiben? In der allerersten Nummer des ›Stern‹ steht eine Mini-Meldung: In Hitlers Privatauto fahre nun ein amerikanischer Millionär herum. Das war's erst mal.

Heute nachgeblättert, scheint es, als ob Nannen (damals 34 Jahre alt) und seine Redakteure zunächst noch nach der Position suchten, von der aus sie ihn, den unaussprechlich Allgegenwärtigen, präsentieren konnten, ohne über die eigene Vergangenheit in den großdeutschen Fettnapf zu fallen. In den Kriegsjahren hatte ihm der Leutnant und »Berichterstatter« Nannen in einer Luftwaffen-PK gedient. Zuletzt war er mit einer auf psychologische Kriegsführung spezialisierten SS-Kampfgruppe in Norditalien. Zum Auftrag des im Castello Bevilacqua (bei Verona) stationierten Unternehmens mit dem Namen »Südstern« gehörte es, Schauergeschichten und gezinkte Desinformationen über einen Rundfunksender auszustrahlen. Auch waren Flugblätter, bebildert mit Fotomontagen und betextet mit Lügenmärchen, per Kanonenrohr zu verteilen. Die Zielgruppe waren die Feindsoldaten, englische und amerikanische Verbände, eine polnische Division wie auch die auf die feindliche Seite gewechselten italienischen Truppen. Sie sollten zum Aufgeben und Überlaufen bewegt werden.

Tempi passati. Aus der vom ihm sehr geschätzten Gegend Oberitaliens (Nannen in einem Editorial der 50er: »Lieber Leser, ich liebe Italien!«) wieder in den Norden zurückverschlagen, arbeitete der umtriebige Kampfjournalist nun voller Elan unter neuen Bedingungen an seinem neuen Projekt, dem ›Stern‹. Die aus Italien mitgebrachten Erfahrungen waren von Nutzen. Weggelassen hat er allerdings die Himmelsrichtung im Firmennamen, schließlich sollte dieses Mal das gezackte Nachtlicht von Hamburg aus Deutschland rundum und darüber hinaus die ganze Welt beglücken.

Wieder waren schmissige Texte und Eindruck schindende Fotos gefragt. Ging es dabei vorher um die Abfassung von Flugblättern mit »Zersetzungspropaganda« und deren Verschuss per 10,5-cm-Haubitzen zur Konfusion der Feindtruppen, so ging es jetzt um die Einnahmen am Kiosk und um die Unterhaltung der Leute im eigenen Land. Weitgehend gleich geblieben waren die Probleme und Aufgabenfelder, die zu beackern waren – Papierknappheit, Zielgruppen, Reichweiten, Leserzahlen, Belehrung. Die systematische Verwirrung rückte als Geheimwaffe in die Hinterhand, vorne an stand nun die Zerstreuung der Alltagssorgen.

Im Mai 1949 durfte Leni Riefenstahl (1902–2003), Hitlers wie Nannens Lieblingsfilmerin, ihren größten Gönner dann doch ordnungsgemäß im ›Stern‹ einführen, wenngleich nicht ohne Dementi. Den Anlass bildeten zwei Seiten Riefenstahlscher Selbstdarstellung, in der sie von dem Ungemach erzählte, das ihr die alliierten Sieger mit den Spruchkammer-Bescheiden antaten. Die alten Bande waren nicht gerostet. Für den Film über die Olympiade 1936 hatte der junge Nannen einen kleinen Part als Synchronsprecher beigesteuert. Nun gab der ›Stern‹-Chef der Künstlerin Gelegenheit zu einer Richtigstellung ihrer Stellung, die sie in der NS-Zeit eingenommen hatte:»Ich war nicht Hitlers Geliebte.«

Ähnliches hatte zu dieser Zeit auch schon Winifred Wagner, die Walküre vom Bayreuther Festspiel-Hügel, öffentlich beteuert:»Ich habe nicht mit Adolf Hitler geschlafen.« Es gab eine ganze Reihe von Schauspielerinnen, die den Tee beim Führer genommen hatten und sich nun bemüßigt fühlten, weitergehende Unterstellungen entrüstet von sich zu weisen. Der Kanon, der sich da hören ließ, glich einem Chorgesang des neu formierten Zeitgeistes: Nein, nein, wir lassen uns nichts nachsagen! Da war keine unter den Lebenden, die mit ihm oder einem anderen dieser Ungeheuer das Lager geteilt hätte. Deutschlands Frauen konnten entsagen, auch in Situationen, wo der eigene Wunsch die reale Anfechtung ersetzt hatte. Stellvertretend für die ganze Nation erklang die Nachkriegsarie in Zarah-Leander-Moll: Germania intacta. Tausend Jahre berührt und gar nichts ist passiert.

Wenn sich einer zeigte, der die alten Zeiten, die noch gar nicht lange her waren, wortwörtlich wie gehabt aufziehen wollte, dann gingen die ›Stern‹-Journalisten auf Distanz. Über Otto Remer, den Hitler immer noch treu verbundenen »Generalmajor a. D.«, der durch die junge Republik reiste und einem »guten«, einem, wie er betonte, »aufrechten Nationalsozialismus« wieder in den Sattel helfen wollte, berichteten sie mit Entrüstung, unterlegt mit einem Hauch Süffisanz. Man signalisierte: Mit solchem Mumpitz hatten und haben wir nichts zu tun. Gravitätisch präsentierten sie ihre Illustrierte als Fels im Blätterwald des Vaterlandes: »Der ›Stern‹ hat sich durch sein Eintreten für die wirklichen deutschen Interessen und für eine echte nationale Würde einen Namen gemacht.«

Wie viel vom antisemitischen Geist bei Nannen noch im nationalen Pathos steckte, kann man nachschlagen. Nicht in den geflöhten Jubiläums-Reprints, aber in den Original-Exemplaren der ersten Jahrgänge: Da ist, lange bevor auch nur eine Silbe über die Konzentrationslager in der NS-Zeit im Blatt steht, das Schicksal beklagt, das »deutsche KZ-Insassen bei Wassersuppe und 100 Gramm Brot täglich« zu ertragen hätten. Es handelte sich dabei um Kriegsgefangene, die von den Alliierten in Spanien interniert waren. In einem anderen Artikel taucht der »Schmugglerkönig Jacksi« auf, »ein tschechischer Jude, der in Ostende lebt«. Dessen Lastautos verbringen die heiße Ware, Kaffee und Zigaretten, vom Hamburger Freihafen an den darbenden Einheimischen vorbei ins »Judenlager Bergen-Belsen«, wie der ›Stern‹ den Ort nennt, wo wenige Jahre davor die Deutschen den tagtäglichen Massenmord veranstaltet hatten und die befreiten Überlebenden nun auf Ausreisemöglichkeiten warteten. Aufschlussreich ist auch der Erlebnisbericht eines Augenarztes, der bei einem Besuch im Spandauer Zuchthaus mit Albert Speer gesprochen hat, ebenso mit Baldur von Schirach und anderen NS-Größen, die dort eingebuchtet waren. Die Herren erschienen dem auf den gesunden Blick studierten Besucher ohne Fehl und Tadel. »Sie sind alle keine Verbrecher, sie sind Gentlemen«, lautete sein Fazit, das der ›Stern‹ seinen Lesern unkommentiert zukommen ließ.

Der Mann, dem die »ehrenwerten Spandauer« mit vollem Einsatz jahrelang zur Hand gegangen waren oder aus eigener Initiative die gemeinsamen Aufgaben bewältigt hatten, kam nun stickum häufiger selbst auf die Bildflächen des ›Stern‹. Sporadische Auftritte vorerst, als harmloser Museumsbesucher oder als parodierte Witzfigur, verkrampft ironisierend betextet (»Adolf der Unselige«). Sein Debüt gab er, als der italienische Diktator Benito Mussolini und dessen Geliebte Claretta Petacci auf dem Titelbild prangten. Ein mehrteiliger »neuer Tatsachenbericht« schildert »die große Liebe«, die damit endete, dass die beiden im Frühling 1945 auf der Piazzale Loreto in Mailand zusammen am Dachträger einer Tankstelle baumelten, erschossen und kopfunter. In dem Rührstück, das der ›Stern‹ eine »antike Tragödie« nannte, deren »Autor das Schicksal war«, bekam auch Hitler einen Auftritt – als Statist. Der deutsche Freund des Duce ist hier nur ein kleines Bebilderungselement, auf einem Foto von 1938 »beim Besuch einer Gemäldegalerie in Florenz« neben dem »heldischen Liebhaber« Mussolini und dem ebenfalls an Malkunst und Liebesrollen interessierten Propagandaminister Joseph Goebbels.

Danach schaffte es ein italienischer Komiker, maskiert mit Oberlippenbart, Rechtsscheitel und Stechblick, sogar auf die Titelseite. Die um Witz bemühte Textzeile dazu heißt: »Ich war Hitlers Double. Ausnahmsweise kein Tatsachenbericht.« Zu einer kleinen Meldung brachte es ein hiesiger Doppelgänger mit dem schnuckeligen Beinamen »Adolf der Kahle, das Hitlerchen von Gießen«.

Im Mai 1950 war das tapsige Vorspiel zu Ende. In einem Artikel wurde von zwei deutschen U-Booten berichtet, die nach der Kapitulation im Sommer 1945 in Argentinien aufgetaucht waren. Die Überschrift verkündete in großen Lettern: »Hitler war nicht an Bord.«

Den Enttäuschten unter den Lesern bot der ›Stern‹ Ersatz. Auf zwei Fotografien ist er zu betrachten, direkt unter den Abbildungen der U-Boote, die ohne ihn losgefahren waren. Beide Fotos, in den nächsten Jahrzehnten in fast jeder Zeitschrift als Ikonen des Untergangs abgedruckt, zeigen Hitler vor der zerbombten Reichskanzlei in Berlin während einer Feuerpause der russischen Artillerie. Hochgeklappt den Mantelkragen, weit ins Gesicht gezogen die Schirmmütze, die Arme hinter dem leicht gebeugten Rücken verschränkt. Wie es scheint, im trauten Schweigen mit Adjutant Schaub, ein letztes Mal Luft schnappend, die sprichwörtlich gute Berliner Luft, die damals mehr Grobstaub als heute Feinstaub enthielt. Der Text dazu: »Die beiden erschütterndsten unter den Millionen von Führerbildern. Sie wurden wenige Stunden vor Hitlers Tod gemacht. Diese Trümmerlandschaft blieb von der tausendjährigen Herrlichkeit übrig.«

Eine Fehlanzeige in großen Buchstaben und ein paar Zeilen bittersüßer Wehmut standen Pate beim Nachleben Hitlers aus dem Geist des »Stern«. Von heute aus gesehen, markiert diese Doppelseite vom Mai 1950 den Beginn einer erlebnisreichen Zeitschriftenkarriere, die die sich bis zu Halbjahres-Serien und weltbewegenden Titelgeschichten von erschwindelter Fallhöhe aufbäumen sollte.

Die Illustrierten dienten damals, wie heute das Fernsehen, auch als kommunikatives Bindeglied zwischen Regierung und Regierten. Die Spitzen der Gesellschaft und Politiker aus den höchsten Rängen des Staates kamen hier zu Wort und mehrten so für die Blätter den Anschein der Seriosität und zugleich ihre eigene Popularität. Das höchste Publikumsinteresse fand damals schon der ›Stern‹. Fast gleichauf damit lagen ›Quick‹ und ›Revue‹. Bei diesen beiden war die Mitarbeiterliste besonders zahlreich mit Journalisten gespickt, die ein paar Jahre vorher in der Propaganda-Illustrierten ›Signal‹ für Hitler auf die Pauke gehauen hatten.

In hoher Auflage brachten die Blätter regelmäßig Geschichten über die Jahre, in denen ihren Lesern so schrecklich mitgespielt worden war, jene Zeit, in der, wie hier zu lesen, »Hitler und seine Clique das furchtbare Unheil über Deutschland heraufbeschworen haben«. Nun sollte alles über die »Dämonenherrschaft des Dritten Reiches« offen gelegt werden – in »Tatsachenberichten«, beworben mit wohlfeilen Sprüchen wie: »Das deutsche Volk hat Anspruch darauf zu erfahren, wer für die Katastrophe seiner jüngsten Vergangenheit verantwortlich ist.«

Das Grundmodell der einschlägigen Artikel: Ein riesiger, buchstäblich großartiger Sündenbock, eine kleine Bande kackbrauner Mistkerle und eine unübersehbar große Herde weißer Lämmer, die hinters Licht geführt wurde. Trost verhieß ein Werbeslogan, der, angelehnt an alte Wunschträume, den Deutschen irgendwie bekannt vorkam:»Dem ›Quick‹-Leser gehört die Welt.« Die hatte sich inzwischen weitergedreht, der Kalte Krieg ihr neue Frontlinien eingraviert. Die Zeichen an der Wand kündigten einen Weltkrieg Nummer drei an. Die Debatte um die»Wiederbewaffnung« deutscher Soldaten polarisierte die Gesellschaft der Bundesrepublik. Noch dominierten die Parolen»nie wieder« und »ohne mich«. Christliche Populisten gingen mit dem Diktum hausieren:»Die Hand möge verdorren, die jemals wieder ein Gewehr anfasst.« Wenig später stimmten viele davon in den lauter werdenden Ruf zu den Waffen ein. Bald drängte auch die US-Regierung. Bei Hitlers Generälen klingelte es in den Ohren, der Marschallstab im Tornister stellte sich aufrecht auf habacht.

Vermehrt griffen nun die alten»Kriegshelden« zum Wort und gaben zu verstehen, was sie schon immer wussten: In den Uniformen stecken nun mal die wahren Kerle, heute wie gestern und morgen. Die ›Quick‹ brachte die Memoiren von Otto Skorzeny, dem bekannten SS-Haudegen, der dem Führer mit Spezialaufträgen gedient hatte. Mit ihm zusammen wurden im Frühjahr 1950 die alten Gesichter präsentiert, quer durch das Spitzenpersonal des»Dritten Reiches«, schwarz auf weiß (noch waren die bunten Blätter ohne Farbe). Titel der Serie, die über zehn Wochen lief:»Der gefährlichste Mann der Welt«. Skorzeny,»dieser mit allen Wassern Gewaschene, tausendfach Gesuchte und nicht Gefundene«, erzählte von den»Streichen«, die er vollbracht:»Wie ich Mussolini befreite… Wie ich Reichsverweser Horthy aus Budapest entführte… Wie ich Geheimkommandos in amerikanischen Uniformen hinter der Invasionsfront organisierte…«. Die Aufschneidergeschichten endeten stets mit dem Mantra seiner Generation:»Ich habe meinem Vaterlande gedient und meine Pflicht getan.«

Ewig ruft die Pflicht und täglich grüßt das Vaterland – nach diesem ungeschriebenen Motto erklärten die Illustrierten die Vergangenheit und zündeten ihre Bengalos. Damit würde endlich, wie die ›Quick‹ schrieb,»das mythische Dunkel erhellt, das einige der sensationellsten politischen Aktionen Hitlers umgab«.

Die Scheinwerfer blieben auf den Führer gerichtet. Als Beleuchter diente dem gleichen Blatt Gerhard von Schwerin (1899–1980), der damals Kanzler Adenauer als offizieller »Chef-Berater in militärischen Fragen« zur Seite stand. Der gut vernetzte »Panzergraf«, wie er genannt wurde, genoss innerhalb der politischen Szenerie der jungen Bundesrepublik ein hohes Ansehen. Er gehörte zu jenen Equilibristen unter den Wehrmachtsgenerälen, die es damals verstanden, sich ein zwiefach veredeltes Image zu geben: gesalbt mit einem Tropfen Widerstandsöl und vielfach gebadet in Heldenblut. In weiter Ferne, in Nordafrika, vor Leningrad und im Kaukasus, hatte er die »Verteidigung des Vaterlandes« vorangetrieben. Weitläufig Verwandte von ihm waren an den Vorbereitungen des Attentats auf Hitler am 20. Juli 1944 beteiligt.

Er selbst ließ sich auch als entschiedener Hitler-Gegner ehren und als Märtyrer seiner Zivilcourage. Gleich nach dem Krieg diente er sich sowohl dem britischen als auch dem amerikanischen Geheimdienst an. Seine Nachfolger bei Adenauers Vorbereitungen für die Reaktivierung der deutschen Armee waren Heusinger und Speidel, einst Generäle unter Hitler wie er. Er trat nach seinem Ausscheiden aus der Regierungsmannschaft als Rüstungslobbyist auf und pflegte seine Verbindungen in der Bonner Politik, speziell zu Verteidigungsminister Strauß. Parteipolitisch blieb er bis zu seinem Tod der FDP als »Berater« verbunden. Erst lange danach wurden bei Nachforschungen einige seiner angemaßten Heldentaten im Krieg widerlegt, Gegenteiliges und Verbrecherisches offenbart – 2007 sah sich der Stadtrat in Aachen gezwungen, den Namen aus dem Straßenverzeichnis zu tilgen. Gräfin Dönhoff, ›Zeit‹-Chefin und über Jahrzehnte Hohepriesterin des adeligen Widerstandkults in Deutschland, musste die Entzauberung nicht mehr erleben. Es hätte sie schwer getroffen. Sie hatte an diesem Grafen einen Narren gefressen, ihr Artikel von 1979 zu seinem 80. Geburtstag gleicht einer Hommage: Er müsste als leuchtendes Beispiel »eigentlich in jedem deutschen Geschichtsbuch« stehen. Wohl denn, besser geeignet wäre er noch für ein politologisches Lehrbuch. Als Fallbeispiel, das Zusammenspiel zu analysieren, wie Legenden gestrickt werden, die sich irgendwann als Märchen herausstellen und wie aus Hitler-Generälen einflussreiche Spitzen der ehrenwerten bundesrepublikanischen Gesellschaft wurden.

Wenige Monate nach dem Ende des »Dritten Reiches« hatte Graf Schwerin für die alliierten Sieger zu Papier gebracht, was ihm an der Person des deutschen Diktators besonders aufgefallen war. Das »Führer-Bild aus authentischer Quelle«, wie die Porträtskizze vorgestellt wurde, konnten alle, die sich dafür interessierten, im Herbst 1950 in der ›Quick‹ nachlesen. Hier wird begreiflich, wie simpel die so oft bemühte Führer-Aura beschaffen war.

Der Text trägt die Überschrift: »Mein persönlicher Eindruck von Hitler«. Nach der üblichen Verurteilung »der politischen Fehler des Systems Hitler« kommt der Autor auf die Emotionen zu sprechen, die ihn bei den zwei Begegnungen mit dem Führer bewegt hätten. Der Mann, der ihm 1943 und 1944 auf dem »Berghof« eigenhändig das Ritterkreuz verlieh (und zwar in seinen exquisiten Ausprägungen, das erste Mal mit »Eichenlaub« verziert, das zweite Mal kamen die »gekreuzten Schwerter« noch hinzu), schien ihm »von schwerer Last gebeugt«. Offenbar war es beide Male dasselbe: Gleich beim Eintreten habe er »gegenseitige Sympathie« verspürt. Aber dann – näher getreten und »mit tiefer Betroffenheit in die glanzlosen müden Augen von unnatürlicher Bläue« geschaut – hörte er »eine innere Stimme«, die zu ihm sprach: »Welch tragischer Irrtum um diesen Menschen. Er vermag ja gar nicht zu tragen, was er sich aufgebürdet hat.«

Die Szene ist filmreif geschildert: Das eine Ohr auf das Flüstern in seinem Innern gerichtet, lauscht der General, frisch bekreuzigt, mit dem anderen der »Aussprache« zwischen ihm und dem blauäugigen Tragiker, der zu viel auf der Hantel hat. Was sein Gesprächspartner im Einzelnen damals sagte, ist ihm entfallen, es sei um »rein militärische Organisationsfragen« gegangen. Aber wie er es sagte und wie es bei ihm angekommen war, das weiß er noch lautgetreu: »mit einer sonoren, tiefen Stimme und großer Wärme… lebhaft, gedankenreich, in anregendster Form«. Enttäuscht allerdings ist der Ritterkreuzler vom Händedruck: Des Führers Rechte sei windelweich gewesen, wie »eine Molluske«.

Heruntergekommen vom Berg, habe ihm die »gute Flasche Moselwein« trotzdem gemundet. Sie ging im »Berchtesgadener Hof«, dem feudalen Parteihotel am Ort, auf Hitlers Deckel.

So ganz zufrieden mit dem Führer war damals auch Heinrich Gerlach (1906–1988) nicht, Schwerins Kollege von der Marine. In einer im Mai 1951 vorgelegten Denkschrift beklagte er rückblickend, Hitler habe sich beim Regieren leider zu stark »auf die Masse der kleinen Leute« gestützt, statt auf »die alte Führungsschicht unseres Volkes«. Doch eines müsse man ihm lassen, »Format« habe der Mann gehabt – als »Exponent einer Entwicklung, für welche die Zeit reif war«. Es sei beileibe nicht alles schlecht gewesen, meinte der ehemalige Stabsoffizier der Reichsmarine, ein frommer Mensch, der seine Kriegserlebnisse durch ein Studium der Theologie vertieft hatte. Hitlers Reich war untergegangen, nicht aber Gerlachs nun auch kirchlich-akademisch geeichter Glaube: »Bei allen Fehlern, die gemacht wurden, war doch vieles so vorbildlich, so sehr den Bedingungen der Zeit wie dem Charakter des Volkes angemessen, daß man es nur als gute Erfahrung mit in die Zukunft nehmen kann.« Wer so dachte, eckte damals nicht groß an, er war vielmehr zu Höherem bestimmt: Sechs Jahre später ließ Gerlach als Flottenadmiral und Ausbildungschef bei der neuen Bundesmarine grüßen.

Es hatte ihm auch nicht geschadet, dass er kurz zuvor bei einer offiziellen Zusammenkunft mit einem Trinkspruch (»Auf Onkel Karl«) aufgefallen war, der dem Hitler-Nachfolger Karl Dönitz galt. Wie sich damals auch bei anderen Gelegenheiten zeigte, hoben fast alle unter den Marineoffizieren, die wie er in der Bundeswehr ihre Wehrmachtkarriere fortsetzten, das Glas im Geiste mit. Für viele von ihnen blieb der U-Boot-Schlachten-Held Dönitz auch in späteren Jahren noch der »Große Löwe«. Als er 1981 starb, rühmten die Trauernden bei der Begräbnisfeier seine »unwandelbare Treue zur Staatsführung«. Ihnen war der Verehrungseifer, mit dem ihr Idol den Diktator verfolgte, wohlbekannt. Bei einer Rede 1943 im Berliner Sportpalast hatte Dönitz vor dem Auditorium Überlegungen zu den Relationen menschlicher Größe angestellt: »Wenn ich vom Führer komme, dann ist mir immer, als wäre ich ein ganz kleines Würstchen.«

Der »Großadmiral«, so sein offizieller Titel, brachte sein Kleinformat sicher durch die Wellen und Stürme der Zeiten. Vor dem Nürnberger Tribunal präsentierte sich der Reichskanzler a. D. als »Mann der See«, und was die Politik anging, als die Unschuld vom Lande. Seine Memoiren, verfasst nach der 10-jährigen Haftzeit, erschienen 1958 unter dem Titel »Zehn Jahre und zwanzig Tage«. Sie erwecken den Eindruck, als wäre der Autor mal wieder direkt von ihm gekommen und nicht aus dem Spandauer Gefängnis.

Die ›Quick‹ machte damals aufwendig Reklame für das Buch und den Autor. Doppelseitengroß die Überschrift ihrer Vorabdruck-Serie: »Ich lege Rechnung.« Im Mittelpunkt stand das dicke Ende der Bilanz, die Dönitz in Zahlmeister-Manier mit der Wiedergabe logistischer Bravourstücke zu fälschen suchte. Im »kämpferischen Geist selbstlosen Soldatentums« habe er nur das eine Ziel gehabt – »deutsche Menschen aus dem Ostraum zu retten«.

Seine Selbstdarstellungen wurden von vielen Autoren übernommen. Erst in der allerneuesten Zeit gibt es Veröffentlichungen, die Dönitz frei von apologetischen Akzentuierungen darstellen. Bis heute sind jedoch von dem admiralesken »Erinnerungen« regelmäßig Neuauflagen erschienen. Da ist dann immer noch zu lesen, dass der »Fehler« darin bestand, auf den »Dickschiffen« zu beharren, statt die U-Boot-Flotte auszubauen. Man habe ihm leider nicht glauben wollen, dass Deutschlands militärische Zukunft unter Wasser lag.

Über den, der den »großen Löwen« erst verwurstet und dann zu seinem Nachfolger gemacht hat, ist auf den 512 Seiten nicht viel zu erfahren. Unvermindert war die Verehrung des Ex-Admirals für die »zweifellos faszinierend wirkende Persönlichkeit« seines vormaligen Chefs. Was er aus seiner submarinen Perspektive mitteilen konnte, war aus seichten Gewässern geschöpft und mit beschlagenem Sehrohr beobachtet. Von irgendwelchen Verbrechen habe er ohnehin nichts gewusst, niemals dergleichen für möglich gehalten. Zu ihm sei der Führer immer korrekt gewesen. »Das Dämonische seiner Natur durchschaute ich zu spät.«

Nichts »Dämonisches«, dafür jede Menge an bombastischem Gerödel über Gott und die Welt hatte der Chef vom Würstchen von sich gegeben, als er 1951 postum selbst in der ›Quick‹ ausführlich zu Wort kam. Die Illustrierte präsentierte damals im gefilterten Originalton, was Hitler in der Rolle des Alleinunterhalters von sich gab, wann immer er sich ab August 1941 etwa ein Jahr lang mit einer Gruppe von etwa zwei Dutzend Offizieren und Adjutanten in der Kantine seines Hauptquartiers zum Essen oder Teetrinken traf. Die logorrhoischen Monologe waren von Spezialisten im Auftrag von Martin Bormann mitgeschrieben und nachträglich in Form gebracht worden.

Sechsmal hintereinander prangte auf dem Titelblatt der Illustrierten neben reschen Frauen (einmal waren diese durch einen waschechten Pinguin ersetzt) ein großer Schriftzug, der auf Hitler und das »einzigartige geschichtliche Dokument« hinwies. Proportioniert nach Themen, deren Titel so ähnlich auch heute noch Verwendung finden, wenn Hitler »versendet« wird: wie etwa »Hitler und die Könige«, »Hitler und die Frauen«, oder »Hitler und die Attentate«. Zurechtgeschnitten wurden die üppig bebilderten Aufzeichnungen von dem Journalisten Hans-Georg von Studnitz, der sich im Stoff der NS-Zeit gut auskannte, da er, seit 1933 in der NSDAP, im Auswärtigen Amt als Propagandist gearbeitet hatte. Für ihn steht Hitler im Rückblick auf einer historischen Stufe mit Napoleon und Bismarck. Er war eigens dafür von dem ›Quick‹-Chef Harald Lechenperg engagiert worden, der, ebenfalls seit 1933 in der Partei, im »Dritten Reich« auf herausragenden Posten im Illustriertengeschäft mitgemischt hatte.

Die Rechte zum Vorabdruck hatte Lechenperg von Paul Junker erworben, dem Chef des Bonner Athenäum-Verlages, einem promovierten Philosophen, auch er seinerzeit ein engagierter Nationalsozialist und immer noch ausnehmend gut vernetzt in der Professorenschaft. Er brachte das Buch heraus, das unter dem

Schutzumschlag einen braunen Leineneinband verbarg, auf dem mit goldfarbenen Lettern schlicht wie bei einem Gebetbuch der Kurztitel eingeprägt war: »Hitlers Tischgespräche«. Als eigentlicher Autor war Dr. Henry Picker verzeichnet, einer der beiden Ministerialbeamten, die nach ihren stenographischen Mitschriften die ausführlichem Vermerke angefertigt hatten. Junker hat sich gegen den Vorwurf abgesichert, er verbreite NS-Propaganda, indem er sich die Publikation mit dem neu gegründeten, staatlich finanzierten Münchner »Institut für Zeitgeschichte« teilte, das damals noch einen etwas anderen Namen trug. »Dr. Henry Picker: Hitlers Tischgespräche im Führerhauptquartier 1941–42. Im Auftrage des deutschen Instituts für Geschichte der nationalsozialistischen Zeit geordnet, eingeleitet und veröffentlicht von Gerhard Ritter, Professor d. Universität Freiburg«, heißt es auf der bibliographisch offiziellen Titelseite.

Wissenschaftlichen Ansprüchen genügte die unkommentierte Ausgabe freilich keineswegs, was zu Streit und Verstimmungen unter den Historikern sowie politischen Aufregungen führte. Hinzu kamen nervende Auseinandersetzungen bei diversen Gerichten über die Frage der Urheberrechte. Daran beteiligt war auch der Schweizer François Genoud, der über beste Verbindungen zu alten Nazis verfügte. Ein zwielichtiger Literaturagent, der im Laufe der folgenden Jahrzehnte bis in die 90er vor allem an den Abdruckrechten der Goebbels-Tagebücher verdiente. Hier war er auf Umwegen an eine Kopie der »Tischgespräche« aus dem Besitz der Witwe von Bormann gelangt und hatte die Veröffentlichungsrechte an den Pariser Verlag Flammarion verkauft.

Nun könnte man sagen: Arg viel Wirbel um einen großen Packen von rassistischen Phrasen und spießbürgerlichen Kannegießereien. Aber damit würde man dem Erkenntniswert dieser Texte nicht gerecht werden. Sie sind nie in den Verdacht geraten, aus einer Fälscherwerkstatt zu stammen oder sinnverändernd manipuliert worden zu sein, auch wenn sie durch ihre Erfasser und die nachträglich auswählenden Bearbeitungen einiges an Glätte und pseudoschlüssiger Raffinesse hinzugewonnen haben mögen.

Richtig analysiert, bilden sich hier Hitlers »Weltanschauung« und der Zustand seiner geistigen Verfasstheit mit anschaulicher Klarheit ab. Auf dem Höhepunkt der Macht angelangt, schienen seine Gedankengänge offenbar in einen wilden Schweinsgalopp verfallen zu sein, mühsam gezügelt von dem angeschwollenen Bewusstsein seiner historischen Bedeutung. Damals war fast ganz Europa von seinen Truppen besetzt, vom Nordkap bis zu den Pyrenäen, vom Atlantik bis zur Wolga. Seine deutsche Fahne flatterte auf dem Elbrus im Kaukasus, sein Panzergeneral Rommel stieß an der nordafrikanischen Küste zum Suez-Kanal vor.

Unverblümt sind hier seine Geschichtsdeutungen und Zukunftsvorstellungen formuliert, seine politische Theorien und militärischen Lagebeurteilungen, seine Einschätzungen von Freund und Feind, seine persönlichen Leidenschaften und privaten Wünsche (»Wenn ich Wagner höre, ist mir, als seien das Rhythmen der Vorwelt.«) Für Stalin empfand er Bewunderung und Hass zugleich. Besonders markant: eine große, schulmeisterlich verpackte Portion Bauernschläue und vor allem die Sucht, mit seinen zumeist vorurteilsbeladenen Ansichten und seinem scheinbar umfassenden Wissen zu renommieren, vor den anderen und wohl noch mehr vor sich selbst.

Er schwelgt in den Möglichkeiten, die ihm die neuen »Herrschaftsgebiete« eröffneten: »Diese Erde ist uns sicher... Was für England Indien war, wird für uns der Ostraum sein... Berlin wird als Welthauptstadt nur mit dem alten Ägypten, Babylon oder Rom vergleichbar sein. Was ist London, was ist Paris dagegen!« Er gebärdet sich als Kenner aller Völker dieser Erde. Und immer wieder kommt er auf die Juden zu sprechen, die alles kaputt zu machen suchten – »das Weltjudentum, dem unerbittlichsten Feind Nr. 1 der Nationalsozialisten«.

Transkontinentale Eisenbahnstrecken und Autobahnen, die Russen als Sklavenarbeiter unter der deutschen Knute, der »germanische Rassekern« und die Ansiedlung der Südtiroler auf der Krim, das Versagen der italienischen Militärs, die eigene Unfehlbarkeit, die »Naturgesetzlichkeit vom Recht des Stärkeren«, der sie als Mongolen enttarnende »Schnurrbart der Tschechen«, die Forderungen, mehr Honig zu produzieren, den »Tabakgenuß« einzuschränken, das »Kölnisch Wasser« zu schützen – in dem Geröll, das in diesem Palaver aufgetürmt ist, fehlte fast nichts. Die Aufzeichnungen lesen sich heute wie ein Stammtisch-Parlando zu dem, was in der Wirklichkeit passierte.

Er rühmt sich seiner Entschlossenheit und Brutalität: Gäbe es »irgendwo im Reich eine Meuterei, so würde er sie sofort mit Sofortmaßnahmen beantworten«, das »Gesox« würde zu Hunderttausenden erschossen werden. Im Januar 1942, als die deutschen Truppen vor Moskau zurückgeschlagen wurden und Tausende von Soldaten jämmerlich erfroren, belehrt er im geheizten Bunker seine ihm in stummer Bewunderung geneigten Zuhörer: »Ist noch ein Mann da, der gläubigen Herzens seine Fahne hochhält, so ist nichts verloren. Ich bin auch hier eiskalt. Wenn das deutsche Volk nicht bereit ist, sich für seine Selbsterhaltung einzusetzen, gut, dann soll es verschwinden.«

Der Historiker Michael Freund (1902–1972), Mitherausgeber der 1945 gegründeten Kulturzeitschrift ›Die Gegenwart‹ und Professor für »Wissenschaft und Geschichte der Politik« an der Universität Kiel, nutzte eine Rezension der »Tischgespräche« zu dem mehrseitigen »Versuch eines Porträts«: Er lobte zunächst einmal seinen Kollegen Ritter, bei dem er sich 1938 habilitiert hatte, für dessen 20-seitige Einführung in dem Buch: Sie zeige, »was abwägend historische Besinnung zur Überwindung des ›Dritten Reiches‹ beizutragen vermag«. Ritter hatte aus seiner Verachtung für den »Fanatiker« und »Unmenschen« keinen Hehl gemacht. Er hatte bei seiner Einordnung aber auch »wahrhaft Dämonisches« an Hitler entdeckt: »Die Vermischung guter und böser Motive, des Edlen mit dem Gemeinen und Rohen, des Wahren mit dem Halbwahren und der Lüge, das Schlicht-Natürliche mit dem Raffinierten«.

Freund sieht es ähnlich: »Das Buch wird verwirrend wirken… aber diese Verwirrung wird auf die Dauer dem deutschen Volk nicht zu ersparen sein… es muß durch die Erkenntnis durch, daß dieser Adolf Hitler kein Wüterich im banalen Sinne des Wortes war

… daß er nicht laufend in Teppiche biß, nicht ständig brüllte, daß er sich keinen Ausschweifungen hingab, daß man ihm sogar ohne Gefahr widersprechen konnte, daß er für sich selbst einfach und in einer geradezu spartanischen Strenge lebte, daß er im unmittelbaren Verkehr kaum Züge des Extravaganten und des Pathologischen zeigte und daß er von dem niederen Egoismus frei war. Er verbrauchte sich sicherlich für das, was er für seine Mission hielt und was sein Wahn und sein Haß war.« Freund, 1940–1945 Mitglied der NSDAP, grämte sich, das »Furchtbare an dem Phänomen Hitler« sei, »dass es dem Allmächtigen gefallen hat, den Teufel in der Gestalt eines deutschen Spießers zu reinkarnieren.« Der ganze Mann »ist eine Kreuzung zwischen Vulgärmarxismus und Vulgärdarwinismus«. (Der Rabenvogel auf meiner Schulter rät mir krächzend, das hier jetzt einfach mal so stehen zu lassen, dann könne der Leser entscheiden, wer hier die bessere Performance abgibt, der »Führer« oder die Professoren, die über ihn schreiben).

Der Athenäum Verlag hatte vor den »Tischgesprächen« ein Buch von Paul Otto Schmidt veröffentlicht, das außergewöhnlich viele Leser fand. Es erlebte zahlreiche Neuauflagen und Übersetzungen, auch noch im 21. Jahrhundert. Titel: »Statist auf diplomatischer Bühne 1923–45. Erlebnisse des Chefdolmetschers im Auswärtigen Amt mit den Staatsmännern Europas«. Das Buch ist häufig noch in den Anmerkungen historischer Abhandlungen zu finden. Es genießt den Ruf einer dokumentarischen Quelle, als wäre es die Abschrift von einem Tonband und nicht der Bericht eines nationalsozialistischen Staatsbeamten. Schmidt gibt sich hier das Image eines »politisch neutralen« Übersetzers, der, ohne sich mit dem Nationalsozialismus zu identifizieren, all die Jahre hautnah neben Hitler sein »Handwerk« versah.

Das Buch ist flüssig geschrieben, die apologetische Tendenz kaschiert mit einer »lebendigen Schilderung der Geschehnisse«. Viele Legenden und Mutmaßungen, die heute noch kursieren, gehen auf diesen Autor zurück, der als NSDAP-Mitglied in den Kriegsjahren zum Büroleiter des Außenministers Ribbentrop aufstieg. Mit seiner letzten Amtshandlung verbrannte er in der Wilhelmstraße im Auswärtigen Amt die Geheimakten, sodass bei den späteren Gerichtsverhandlungen er oft der Einzige war, der Auskunft geben konnte. Nach dem Krieg schloss er sich der rechtskonservativen »Deutschen Partei« an, und eröffnete in München eine Sprachenschule. In den 60er Jahren wurde ein Ermittlungsverfahren »wegen Mordes« gegen ihn eingeleitet, weil seine Unterschrift auf Akten aufgetaucht war, die von den »Geschehnissen« des Holocaust zeugen. Einem Prozess kam sein Tod im Jahr 1970 zuvor.

Zu Beginn der 50er waren die Illustrierten voll von Geschichten über Hitler und Berichten über die Männer und Frauen um ihn herum. In den Buchhandlungen stapelten sich die Memoiren seiner Mitstreiter, der zivilen in der Regierung und Partei wie der Militärführer aus der Wehrmacht. Alle versuchten sie, die Vergangenheit zurechtzubiegen, um sich selbst – und natürlich das Vaterland – in ein vorteilhaftes Licht zu setzen.

Mit Spannung erwartete man die erste Biographie des »Führers«. 1952 erschien sie, geschrieben von den Autoren Walter Görlitz und Herbert A. Quint. Görlitz (1913–1993), der nach dem Krieg über Jahrzehnte als der Spezialist für Zeitgeschichte in den Blättern des Springer-Verlages wirkte, hatte schon früh angefangen, seine Schriftstellerei den großen geschichtlichen Gestalten zu widmen. Das begann in den 30ern mit »Hannibal«, dem er »Kleopatra« folgen ließ. 1942 kam sein Buch »Mussolini. Sendung und Macht« heraus. Nach dem Weltkrieg knöpfte er sich erst »Wallenstein« vor und fühlte sich dann stark genug, eine zentrale Institution der deutschen Herrschaftsgeschichte auf 700 Seiten Papier wiederzubeleben, die in der Realität gerade mit roher Gewalt zerstört worden war. Titel des 1950 publizierten Buches: »Der deutsche Generalstab. Geschichte und Gestalt. 1657–1945«.

Und danach also Hitler, der »Unbegreifliche«, wie die Autoren ihn nennen, »ein Mann, der weder Gesetze, noch Ordnungen, noch Bindungen« kannte. Co-Autor Quint, ein Pseudonym, hinter dem sich Richard von Frankenberg (1922–1973) verbarg, ein Verehrer von Oswald Spengler, hatte sich vorher in geschichtsphilosophisch verschraubten Büchern mit dem »Dämon Hitler« befasst (eines trägt den Titel »Fatum und Freiheit – eine Vivisektion«, 1946). Später erlangte er als Porsche-Rennfahrer einen hohen Bekanntheitsgrad. Auf den 656 Seiten ihrer Hitler-Biographie malen die Autoren ein Bild des Diktators, in dem breite Reifenspuren der Faszination und der Bewunderung zu erkennen sind, auch wenn die beiden einiges an ihm auszusetzen haben.

Ihr Fazit zum Schluss lautet: »Hitlers Geschichte ist die Geschichte seiner Unterschätzung.« Sie rechnen es ihm hoch an, dass er sich in den letzten Kriegsjahren »mit dämonischer Gewalt dem Untergang entgegenstemmte«. Darin aber noch, wie sie schreiben, von Joseph Goebbels übertroffen, der »mit Geschick, Mut und unermüdlicher Tatkraft den Durchhaltewillen der Bevölkerung zu stärken« suchte. Hitler habe zu diesem Zeitpunkt gesundheitlich schwer abgebaut, der Schuldige wird genannt:: Theo Morell, ein »Quacksalber und ärztlicher Scharlatan«, der sich in sein Vertrauen geschlichen und ihn mit »Antigas«-Pillen – wenn nicht vorsätzlich, so doch fahrlässig – langsam vergiftet habe.

Was für ein bitteres Ende, gemessen an den Anfangsjahren, als, wie die Autoren schreiben, »die Menschen ihm zujubelten, die Frauen vor Ergriffenheit weinten, wenn sie ihn sahen, und »er gütig wie ein Vater sein konnte«. Damals sei er als »Sozialreformer« aufgetreten. Zum Reichskanzler ernannt, »gab er sich den Ordonnanzen und Dienern gegenüber gütig, teilnahmsvoll, bescheiden«. Dabei hatte er »große Pläne« und eine »instinktive Witterung für untergründige Strömungen«, er war »ein Mann der Unruhe, der phantastischen Fernziele, der Eingebungen«. Seine »politische Idee, einen künstlichen Großraum zwischen Rhein und Ural zu schaffen, das ›Großgermanische Reich Deutscher Nation‹, das die sich aufstauenden Massen Russlands und Asiens zurückdrängen sollte, entsprach seinem künstlich-technischen Lebensgefühl«.

Das unsägliche Buch ist heute, wenn überhaupt, nur noch der Vollständigkeit halber in den Bibliographien zur NS-Zeit erwähnt. Damals allerdings erfuhr es ein hohes Maß an Anerkennung. Bei einer Tagung in der Evangelischen Akademie Loccum im folgenden Jahr, wo er als einer der Hauptreferenten auftrat, wurde Görlitz als der Verfasser »der ersten großen und sachlichen Hitlerbiographie« gewürdigt.

Das ›Sonntagsblatt‹, damals eine bekannte Wochenzeitung unter der Ägide des ultrakonservativen Hans Zehrer, einem Freund des Verlegers Axel Springer, berichtete über diese Vier-Tage-Veranstaltung, »in der über 100 Vertreter der Wissenschaft und der Presse zum ersten Mal seit 1945 in Deutschland offen und rückhaltlos über Adolf Hitler und den Nationalsozialismus gesprochen« hätten. Themenschwerpunkt: »Hitler – wer war das eigentlich?« Zum Fazit gehörte: »Hitler ist tot, er ist aber noch nicht beigesetzt. Aber der Krampf beginnt sich zu lösen.« Leider, so wurde im Kreis der dort Versammelten, von denen viele am »Dritten Reich« kräftig mitgebaut hatten, leider, so wurde bedauert, sei »der unbekannte Nationalsozialist, der hier den adäquaten Gesprächspartner abgeben könnte, in Deutschland nicht greifbar«. Und keiner hob die Hand, niemand kam aus der Deckung. So wurde weiter geschwafelt von den »geschichtlichen Kräften, die in einem seelisch kranken Volkskörper von der Wirkkraft einer dämonischen, magischen Persönlichkeit angezogen wurden«. Einig schien man sich jedenfalls, dass »das Phänomen Hitler zu groß ist, als daß es allein wissenschaftlich, objektiv vor der autonomen Vernunft und dem diskursiven Denken zu fassen wäre«.

So richtig weiterhelfen konnte also auch Görlitz mit seiner Biographie nicht. Aber wer öfters mit älteren wie auch jüngeren Deutschen über diese Zeit spricht, staunt über die Haltbarkeit der in seiner Biographie ausgebreiteten Ansichten, die streckenweise nicht mehr als ein Neuaufguss der NS-Propagandaklischees sind.

Ein Kennzeichen der Biographie von Görlitz/Quint ist auch, wie hier die »Endlösung der Judenfrage« auf knapp 20 Zeilen abgehandelt ist: Alles unterlag strengster Geheimhaltung, »die Millionen anständiger deutscher Soldaten durften nichts davon erfahren«. Es war »die Nachtseite der Kriegführung«. Auf sie folgt, in der Darstellung direkt gegenübergestellt, quasi zum Ausgleich, »die gewaltige organisatorische und volkstumspolitische Leistung der

Umsiedlung im ost- und südosteuropäischen Raum in die neuge-
wonnenen Reichsgauen, um so mitten im Krieg die Bildung eines
geschlossenen deutschen Siedlungsraumes im Osten herbeizufüh-
ren«. Desgleichen das »mitten im Krieg erlassene Gesetz über den
sozialen Wohnungsbau, das nach dem Krieg durchgeführt werden
sollte – die Verwirklichung alter sozialpolitischer Ideen Hitlers«.

Auch das neue Nachrichtenmagazin, der ›Spiegel‹, fand Gefallen an dem Machwerk: »Ein seriöses Buch, das mit kühler Objektivität, wissenschaftlicher Genauigkeit, ohne Zorn und Eifer geschrieben ist. Er zeichnet das Bild eines kläglichen Kleinbürgers,
der allerdings ein Genie auf dem Gebiet der Massenpsychologie
war, ein Meister, Massen zu verstehen und zu beeinflussen.«

Überhaupt der ›Spiegel‹ und Hitler. Im Grunde ein Kapitel für
sich. Rudolf Augstein (1923–2002), der Chef des 1947 gegründeten
Nachrichtenmagazins, hat sich zeitlebens über all die Jahre in zahlreichen Artikeln des Blatts ausführlich mit dem »Dritten Reich«,
seinen exponierten Figuren und insbesondere mit dem »Führer«
befasst. Da blieben Widersprüchlichkeiten nicht aus, auch wenn
die Generalverdammung nicht wackelte.

Für Augstein war Hitler ein »tollwütiger Hund«, den man 1933
hätte erschießen müssen. Ein »manischer Vernichter und Selbstver-
nichter«, ein »menschliches Monstrum«. Einmal schrieb er: »Wenn
Gott sich um die Welt schert, war Hitler eine Gottestorheit.«

Aber Augstein attestierte ihm auch: »Seine Innen- wie Außenpolitik bis 1938 ist ein Muster an taktischer Klugheit, ja, wenn
man von Staatskunst nicht das große politische Design verlangt,
ein Muster an Staatskunst.« Zum 100. Geburtstag Hitlers schreibt
Augstein 1989 in einem Sonderheft: Der Diktator habe so viele Erfolge in den ersten Jahres seines Regimes gehabt, »daß es bald unmöglich war, ein Antinazi zu werden, wenn man es nicht schon
war«. Nicht nur weil er »die Arbeitslosigkeit wirksamer herunterge-
drückt hat als Roosevelt mit seinem ›New Deal‹ in den USA«, sondern weil sich ein »Erfolg« an den andern reihte.

Augstein, selbst voller Ehrgeiz (»Ich will den Daumen im Brei haben«), beurteilte dabei Hitler nach den ergebnisorientierten Kriterien, wie sie in unserer Leistungsgesellschaft üblich sind:»Man kann sich in der modernen Geschichte keinen größeren diplomatischen Erfolg denken als den, den Hitler am 29. September 1938 in München errang... Sein Reich war zur Vormacht des Kontinents geworden.« Aber»plötzlich« sei ihm»alles Genie abhanden gekommen«. Er»brauchte den Krieg wie ein Süchtiger«. Ab dem Frühjahr 1939»befand sich Deutschland, kein Zweifel, in den Klauen eines Wahnsinnigen«.

In seinen Geschichtsbetrachtungen hielt Augstein»ein nationalsozialistisches Reich«, das sich des Ostens»imperialistisch« bemächtigte, für»durchaus denkmöglich«, nicht aber»Auschwitz«. Denn»die Ermordung der Juden, geistig vorbereitet wie auch immer, war keine deutsche Zwangsläufigkeit, sondern eine von Deutschen unterstützte Einzeltat«.

Augstein war, entgegen einer schier unzerstörbaren Legende, nie ein»Linker«. Es war bekannt, dass er der FDP nahestand, in deren Reihen sich neben den Altliberalen scharenweise ehemalige Nationalsozialisten zusammenfanden, die zwischenzeitlich ganze Landesverbände dominierten. Sein Biograph Peter Merseburger, ihm wohlgesinnt, hat ihn als den»letzten echten Nationalliberalen« bezeichnet,»den es in Deutschland gegeben hat«. Von Augstein selbst stammt das vielzitierte Wort vom ›Spiegel‹ als dem»Sturmgeschütz der Demokratie«, er habe aber, so behaupten einige, die es wissen könnten, dazu gesagt:»... mit verengten Sehschlitzen«. Andere meinen ironische Töne vernommen zu haben, da der»Sturmgeschütz-Panzer« in der NS-Zeit entwickelt und zur Produktion gebracht wurde. Obwohl (oder vielleicht gerade deswegen) seine fest verankerte Kanone nur in eine Richtung schießen konnte, wurde der neue Panzerkampfwagen, dessen Einsatz sich mit den berühmten Generälen Guderian und von Manstein verband, von der Propaganda als unschlagbar hochgejubelt und galt als eine der populärsten Waffen der Wehrmacht:»Wo deutsche Sturmgeschütze aufmarschieren, bricht jeder Widerstand zusammen ...«

1997 schrieb Augstein aus Anlass der Debatten um die Wehrmachtsausstellung, es »gehörte zur Lebenslüge der Adenauer-Republik«, dass die »Heerestruppen« sich »keiner Kriegsverbrechen schuldig gemacht« hätten, sondern »sauber« geblieben seien. Er hatte wohl vergessen, dass sein Blatt einiges dazu beigetragen hat.

Ein Leser aus dem Saarland bemängelte damals, dass in Augsteins Bericht nichts von dessen persönlichen Erfahrungen als Soldat an der Ostfront zu lesen sei. Absolut ungewöhnlich taucht direkt unter dem abgedruckten Leserbrief ein sogenannter Redaktionsschwanz auf, der in kursiver Schrift Augsteins höchstpersönliche Antwort abdruckt: »Ich bin mit unserer Artillerieabteilung nur einmal Juden begegnet und zwar in Rumänien… Mit ihnen konnte man sich unterhalten, natürlich auch ein wenig zu ihrer Ernährung beisteuern… Eines Nachmittags erfuhr ich von meiner Bekannten: Morgen brauchst du nicht mehr zu kommen… wir werden zur Arbeit wegtransportiert… Ich war als vorgeschobener Artilleriebeobachter zu weit vorn oder mit den 15-cm-Haubitzen meiner Abteilung auf Schienen unterwegs. Von Kriegsverbrechen der Wehrmacht konnte ich persönlich nichts wahrnehmen.«

Eine wahrlich zum Interpretieren und Spekulieren reizende Aussage aus dem Bilderbuch der deutschen »Wusstenixe«. Seitdem trage ich die Vorstellung mit mir herum, wie Augstein und die deutschen Wehrmachtsartilleristen den Juden was zu essen nach Rumänien gebracht haben.

In seinen Anfangsjahren fiel der 1947 gegründete ›Spiegel‹ zum einen wegen der vehementen Attacken Augsteins aus einer deutschnationalen Position heraus gegen Adenauer und seine Regierung auf, der er vorwarf, nichts für die Wiedervereinigung zu tun. Zum anderen vor allem durch seine respektlosen und nicht selten süffisant geschriebenen Artikel, die ihn aus dem staatstragenden Einheitsbrei des politischen Journalismus hervorhoben, dessen Vertreter zu »Teegesprächen« beim Kanzler eingeladen wurden. Das war Programm, wie die Zeilen belegen, mit denen sich Augstein am Ende des ersten Erscheinungsjahres direkt an die Leser wandte: Er verteidigte die Attacken des Blattes auf die »politische Wichtigtuerei in den neuen deutschen Kleinstaaten«. Sein Blatt wolle die hier höchst seltene »Selbstironie« heimisch machen: »Wir hatten Gelegenheit zu beweisen, daß wir mit dieser Selbstironie am wenigsten vor uns selber haltmachen – unser Scherflein zur demokratischen Erneuerung des deutschen Volkes«.

So gar keine Ironie war zu bemerken, als der ›Spiegel‹ lange Serien abdruckte, die erkennen lassen, dass der Herausgeber und Chefredakteur keinerlei Ekelgrenzen – die meisten Journalisten sagen dazu, indem sie eine Prise Mut zur Selbstbeweihräucherung dazugeben: »keinerlei Berührungsängste« – gegenüber einer Zusammenarbeit mit Männern kannte, die das NS-Regime mitgetragen hatten. Ehemalige SS-Offiziere im Dienst von Himmlers »Reichssicherheitshauptamt« (RSHA) wurden als Ressortleiter installiert (Georg Wolff und Horst Mahnke). Otto Diels veröffentlichte hier in einer neunteiligen Serie seine Erinnerungen: »Lucifer ante portas. Es spricht der erste Chef der Gestapo« und blieb als Informant dem ›Spiegel‹ bis zu seinem Tod (1957) erhalten.

Augstein selbst redigierte eine 30-teilige Serie, die auf dem Manuskript des als Mitarbeiter eingestellten SS-Offiziers a. D. Bernhard Wehner basierte, der im »Dritten Reich« Leiter der nationalsozialistischen »Reichszentrale zur Bekämpfung von Kapitalverbrechen« war. Titel des Mammutstücks im Heft: »Das Spiel ist aus – Arthur Nebe. Glanz und Elend der deutschen Kriminalpolizei«. Streckenweise liest sich das wie ein Plädoyer, die Mitmacher im »Dritten Reich« zu rehabilitieren und als »erfahrene Fachmänner« wieder auf hohe Posten der Polizei zu hieven. Zugleich schimmert zwischen den Zeilen Hochachtung für den 1931 in die NSDAP eingetretenen »Reichskriminaldirektor« Nebe durch, der im Sommer 1941 als Kommandeur einer der berüchtigten SS-Todesschwadrone (»Einsatzgruppe B«) in Russland am Massenmord an der jüdischen Bevölkerung führend beteiligt war (»Holocaust by bullets«). Wegen seiner Verbindungen zu den Widerständlern um Stauffenberg wurde Nebe im März 1945 zum Tode verurteilt und hingerichtet. Augstein bezeichnete ihn später einmal als »Meister-Schizophrenist des Dritten Reiches«. In der Serie von 1949/1950, in der er an einer Stelle auch als »anständiger, ehrlicher Ausrottungshäuptling« bezeichnet ist, tritt er als Kriminalist mit herausragenden Fähigkeiten sowie vielen »Frauengeschichten« auf. Paul Karl Schmidt (Pseudonyme u. a. Paul Carell und P. C. Holm) schrieb in den 50er Jahren sowohl für die ›Zeit‹ wie für den ›Spiegel‹. Danach arbeitete der ehemalige SS-Obersturmbannführer und Sprecher des Außenministers Ribbentrop als enger Berater von Axel Springer sowie gleichzeitig als BND-Spion und avancierte mit Büchern zum Zweiten Weltkrieg zum Bestsellerautor. Allgemein bekannt sind die Diskussionen über die vom ›Spiegel‹ 1959/60 publizierte Serie zum Reichstagsbrand von 1933 – »nach einem Manuskript« des niedersächsischen Ministerialrats Fritz Tobias. Darin machte sich das Magazin die These zu eigen, dass der Reichstag allein von dem verwirrten Holländer van der Lubbe angezündet wurde, die Nationalsozialisten hingegen den Brand lediglich für ihre Zwecke nutzten. Der Streit über den Fall ist auch heute noch nicht entschieden.

Übermächtig dominierte im ›Spiegel‹ von damals das Bestreben, den darauf erpichten Lesern detaillierte Informationen aus dem Innenleben des braunen Machtapparats in großen Crime-stories präsentieren zu können. »HaDe« (Hans Detlev) Becker (1921–2014), über Jahrzehnte der zweite Mann in der Spiegel-Hierarchie, hat später dazu erklärt: Für uns galt: »Entnazifiziert ist entnazifiziert.« Dazu kam eine damals in der Bundesrepublik verbreitete Haltung, dass Männer, die »im Krieg« waren, etwas Kameradschaftliches füreinander empfanden, was mit ein Grund dafür war, intern noch über Jahrzehnte von den Redakteuren als ›Spiegel‹-Soldaten zu sprechen. Meine erste »Lagesprechung« unter vier Augen bei Johannes K. Engel, der 24 Jahre lang Chefredakteur war, endete 1980 mit einem Satz, der meine Ohren zum Schlackern brachte: »Die Truppen ziehen sich in ihr Biwak zurück.«

Heute gilt immer noch, was in den 90er Jahren von Medienwissenschaftlern festgestellt wurde: »Nichts hat der ›Spiegel‹ so wenig aufgearbeitet wie seine eigene Vergangenheit.« Otto Köhler, selbst in den 60ern, 70ern beim Blatt und später ein akribischer Rechercheur der deutschen Presse nach 1945, der Journalismus-Experte und Dokumentarfilmer Lutz Hachmeister und andere haben seit damals wiederholt die Frühzeit des Magazins untersucht und beschrieben. Viel Interessantes wurde zutage gefördert, auch antisemitische Ressentiments, die so manchen Artikeln und Serienteilen unübersehbar einen spezifischen Drall gaben. Mir ist beim Nachlesen der Jahrgänge des ersten Jahrzehnts insbesondere das außerordentliche Wohlwollen aufgestoßen, das Hitlers Generälen zuteil wurde, Hans Bernhard Ramcke etwa (Nr. 1/1951) oder Erich von Manstein. Zu lesen sind Elogen und Heldengesänge, die ähnlich über die gleichen mit höchsten Orden dekorierten Kriegsheroen – selbstlose, ritterliche Samariter oder geniale Feldherren – Jahrzehnte später in rechtsextremen Blättern standen. Die 1954 publizierte, extrem lange Titelgeschichte über General Gehlen, dessen für die Regierung arbeitende Geheimorganisation gerade dabei war, als »Bundesnachrichtendienst« (BND) einen offiziellen Status zu erlangen, ist mit einer so hingebungsvollen Empathie und Bewunderung in kleinsten Details gestrichelt, dass man sich mit dem Wissen von heute fragen muss: War das ein Persilschein mit Überlänge, ein ausführliches Bewerbungsschreiben für eine Gesellschaft auf Gegenseitigkeit oder ein abgekartetes Spiel der Irreführung? Eine der heute modisch gewordenen Kommissionen, bestehend aus vier namhaften Historikern und einem knappen Dutzend Mitarbeitern, untersucht seit 2011 für viel Geld die Geschichte des BND. In einem »Zwischenbericht« von 2013 hat sie bekanntgegeben, was schon jeder lange wissen konnte, der sich dafür interessierte: Der Geheimdienst war »früher voll von Nazis«. (›Zeit‹).

Die Verkaufszahlen bestätigten damals den Illustriertenmachern, dass sich aus dem Krieg was machen ließ. Auf den Totenköpfen wurden fesche Locken gedreht, den Orden am Hals wieder Glanz verliehen, die alten Tugenden neu aufpoliert. Nein, dass in den 50er Jahren über die Vergangenheit unter Hitlers Regierung geschwiegen wurde, wie das heute von vielen steif und fest behauptet wird, das ist nun wirklich nur ein Märchen.

Ja, Auswahl und Sehweise waren einseitig. Aber das Erzählen nahm kein Ende. Der Erinnerungstisch war reich gedeckt: Die Blitzsiege am Anfang, die Kesselschlachten in Russlands Weiten, die Panzerschlachten in Afrikas Wüsten, die Seeschlachten auf den Weltmeeren, der Sturzflug der Fallschirmjäger auf Kreta, die Invasion der Gebirgsjäger in Norwegen, die Husarenstücke der Kampfflieger, die Torpedo-Angriffe der U-Boote, die Sichelschnitte der Generäle, die Goldfasane im Kasino, die Latrinenparolen in den Schützengräben, das Ausräuchern der Partisanen, das Weiße im Auge des Negers, der Bajonettstich in die Eingeweide des Iwan. Die Illustrierten brauchten damals noch keine Jubiläumsdaten. Krieg ging immer. Wie vom Fließband erschienen unentwegt neue Serien. Das »Dritte Reich« war darin nicht viel mehr als Kulisse, bevölkert von Stereotypen – ein paar »Nazischweine« und der Führer, der Volk und Truppen missbrauchte. Sein Wille geschah, da war nichts zu machen. So war er, selbst dann, wenn er als Figur gar nicht vorkam, immer dabei.

Vorne beim Wettrennen um Hitlers goldene Nase: Henri Nannen und sein ›Stern‹. Der Leser erfuhr sechs Jahre nach Kriegsende, wie der große Sieg leider schon in der Anfangsphase verspielt wurde. Eine Serie mit dem Titel »Operation Seelöwe fand nicht statt« blätterte den Kalender von 1940 auf: »77 Tage entschieden das Schicksal der Welt.« Warum, so definierte der ›Stern‹ die für ihn alles entscheidende Frage, »warum ging Hitler nicht nach England?«

Mit der Antwort hielt der ›Stern‹ seine Leser lange hin: Erst wurden die Niederungen der Rivalitätskämpfe im Heer und in der Marine breitgetreten sowie Hitler-Reden in langen Originalzitaten präsentiert. Dann ging es in die herrliche Alpenluft im Berchtesgadener Land, wo Mussolinis Schwager, Graf Ciano, zu Besuch kam. Da wurde über dies und das geredet, auch über »das schlechte Wetter«, das England vor »einem energischen Vorgehen« der Deutschen schütze. Ausladend sind die Ränkespiele geschildert, die im Sommer 1940 den siegreichen Feldzug gegen Frankreich begleiteten. Das Ende ist dramatisch, artikuliert in einem knalligen Präsens, das den Führer, vorausschauend und flexibel als großen Manitu der tierischen Geopolitik zeigt:»Der ›Seelöwe‹ ist sang- und klanglos gestorben. Hitler denkt bereits an den russischen Bären.« Man erfährt: Hitler hat mit dem »Seelöwen« nur spielen wollen, an eine Invasion im Ernst nie gedacht.»Er hatte bei einer Reichstagsrede am 19.7.1940 den Engländern ein offizielles Friedensangebot gemacht und war über die Ablehnung desselben ehrlich erstaunt.« Der ›Stern‹ bestand darauf:»Es gibt keinen Zweifel... So hat Hitler seinen Sieg verspielt.« Mensch, Adolf, wie konntest du?»Hitler wurde Opfer seiner eigenen Rassentheorie.« Er habe fest damit gerechnet, dass »die Engländer als Herrenrasse bereit sein müssten, sich mit ihm die Welt zu teilen«. An dieser »Doktrin starb der Seelöwe«. Und nicht nur er:»Daran ist vielleicht auch Hitler gestorben.«

Von der Unverwüstlichkeit der deutschen Eroberungsträume und der Ansicht, wer schuld daran war, dass sie zerplatzten, zeugt ein Kommentar des Historikers Matthias Uhl in dem 2005 mit wissenschaftlichem Anspruch edierten Werk »Das Buch Hitler«, versehen mit einem Vorwort von Horst Möller, dem Direktor des Münchner Instituts für Zeitgeschichte, der deutschen Kathedrale der NS-Aufarbeitung:»Zu den elementaren Fehlern Hitlers zählte zweifellos der sogenannte Haltebefehl vom 24. Mai 1940, der den britischen Verbänden den Rückzug aus Frankreich erlaubte.«

Kein Halten kannte der ›Stern‹ mit seinem Gelaber für den am eigenen Rassismus eingegangenen Führer. Mitleid aber nur wenig, da wogen die Vorwürfe doch zu schwer. Was für ein Versager! So stand es auch in den Konkurrenzblättern: Dieser Großkotz, dieser Gröfaz, von wegen »Größter Feldherr aller Zeiten«! Nein, eine gute Presse war das nicht, was dem Führer da von den Rezensenten der kriegerischen Künste nachträglich zuteil wurde.

Die hatte dafür der grundgute einfache deutsche Soldat. Tapfer und treu. Kolossal tüchtig auch die Offiziere. Sie hätten es geschafft, Russland in die Knie zu zwingen, wenn da nicht auf der Gegenseite ein ranghohes Scheusal mit dem »Iwan« im Bunde gewesen wäre. Das geistert, komplizenhaft mit dem Wetter liiert, bis heute durch Geschichtsbücher und Erinnerungen. Es stellte sich überall, wo der Sieg greifbar vor Augen lag, den Deutschen in den Weg, seinen Namen mehrmals wechselnd. Bei 40 Grad unter null trat es als »General Winter« auf, wenn es im Frühjahr taute oder im Herbst der Regen aus der russischen Erde Morast machte, als »General Schlamm«. Die Russen nannten es »Rasputiza« und gaben ihm damit in deutschen Augen die teuflische Gestalt eines ruchlosen Flintenweibes, das nicht zu packen war.

Die Höchstnoten der Journalisten waren für die eigenen Feldmarschälle reserviert. Dabei schlug Claus Jacobi (1927–2013), eine der jungen Schreibkanonen des ›Stern‹, mit solcher Bravour auf die Tasten, als ginge es ums Ritterkreuz. Das gab es nicht mehr, aber kurz darauf eine Anstellung bei Rudolf Augstein im Bonner Hauptstadtbüro des ›Spiegel‹, wo damals ähnliche Husarentöne gespuckt wurden. Es war der Anfang einer exorbitanten Journalisten-Karriere (mehr zu Jacobi siehe das Kapitel zur ›Bild‹-Zeitung im zweiten Teil).

Jacobis Talent ließ ihn die Sprach- und Propagandabilder aus den siegestrunkenen Zeiten des »Dritten Reiches« ohne Abstriche in die Gegenwart der jungen Bundesrepublik transferieren. So feierte er im ›Stern‹ vom 19. August 1951 mit zeitloser Reporter-Rasanz Marschall von Manstein, den »genialen Schöpfer kühner Operationen«, als den Mann, der Hitler zur Siegesparade nach Warschau brachte: »Aus der Bewegung in eine andere Richtung heraus schlägt er die vielleicht eleganteste Schlacht des Krieges. Der Gegner wird bei Kutno vernichtet. Der Weg nach Warschau ist frei. Polen ist besiegt.«

Er selbst war zu spät geboren, um leibhaftig beim eleganten »Schlachten« mitzuwirken, aber der triumphale Applaus muss sich ihm wohl eingeprägt haben. Die ›Frankfurter Zeitung‹, im Rückblick als Beispiel des vornehm zurückhaltenden Widerstands im »Dritten Reich« gerühmt, triumphierte damals: »Mit Mann und Roß und Wagen hat sie der Herr geschlagen.« Das war auch das Motto des schnell danach produzierten Films, mit dem Goebbels überall in Deutschland die Begeisterung schürte. Ein Fotobuch, von Regierung und Partei herausgebracht, trug den Titel:»Auf den Straßen des Sieges. Erlebnisse mit dem Führer in Polen«. Wie Jacobi den damals entfachten Elan so frisch und nahezu ungebrochen nun als junger Journalist zu Papier brachte, das muss Augstein gefallen haben. Erst recht konnte sich Henri Nannen über einen so gelehrigen Schüler freuen, hatte der ihm doch geraten, alle Artikel stets so anzulegen, dass sie auch die Überschrift tragen könnten: »Dies und den Grafen Zeppelin, das macht uns Deutschen keiner nach.«

Unnachahmlich. Die Aussichten von damals brachten Jacobi zwölf Jahre später immer noch schier aus dem Häuschen. Kutno, Warschau, Polen – elegant vernichtet. Das macht uns keiner nach. Retro-Kriegsbegeisterung im Jahr 1951. Dabei soll es das Original, die Kriegsbegeisterung im Zweiten Weltkrieg, bei den Deutschen ja nie gegeben haben. Nicht im Jahr 1939, als es das erste Mal losging, und nicht die Jahre darauf, als die Kriege in alle Himmelsrichtungen entfacht wurden (siehe das Kapitel im zweiten Teil »Hitlers Krieg, Schmidts Pflicht«). Dröhnt deshalb Jacobis Fanfarenstoß von der »vielleicht elegantesten Schlacht des Krieges«, am Fuße eines demokratischen Neubeginns dahingeschmettert, dem heutigen Leser der vergilbten Illustriertenseiten so grell ins Ohr?

Jacobi konnte auch anders. Das zeichnet einen Journalisten aus, ob damals oder heute. In der ›Zeit‹ hatte er einen Monat davor, im Juli 1951, die Männer vom 20. Juli 1944 in die »Aktiva-Spalte des Hauptbuches deutscher Geschichte« gestellt, »einem unermesslichen Schuldkonto gegenüber«. Leider, so Jacobi, waren die Attentäter »törichte Herzen – viel zu rechtschaffen, um gegen den Tyrannen eine echte Chance zu haben«. Denn »das Teuflische am nationalsozialistischen System« war die Verkaufe: »Wer gegen Hitler stand, stand gegen Deutschland. Das war nicht wahr. Doch so verkündeten es einst zwölf Jahre lang die Nazis.«

Die Nazis. Diese Nazis. Hitler. Dieser Hitler.

Dunkelmänner, mit denen die echten Deutschen nichts zu tun hatten. Mit dieser strikten Unterscheidung glaubte man die Vergangenheit verbessern zu können, die ja auch ihr Gutes gehabt habe. Der ›Stern‹ konnte das mit wahren Lichtgestalten belegen. Neben Generalfeldmarschall von Manstein war das vor allem Generalfeldmarschall Albert Kesselring, zuletzt Oberkommandierender an der »Südfront«. Er wurde nicht nur wegen der Führerqualitäten gerühmt, sondern auch um »seiner großen Liebe zu Italien« willen. Die teilte er mit Chefredakteur Nannen, dem die schönen Tage von Florenz noch gegenwärtig waren, die er während des Krieges dort im »Grand Hotel« verbrachte. Da konnte, da durfte es nicht sein, dass sich die Wehrmacht in dem Land, wo seit Goethe für die Deutschen die Zitronen blühen, etwas hat zuschulden kommen lassen.

»Nicht Gnade, sondern Recht«, forderte der ›Stern‹. Auch für Kesselring. Es sei doch alles »vom Führer angeordnet« gewesen. Und selbst den galt es in diesem Fall noch in Schutz zu nehmen. »Die wahren Kriegsverbrecher« (die im Unterschied zu den deutschen keine Anführungszeichen trugen) sah der ›Stern‹, wie fast die gesamte deutsche Presse, konform mit den Versionen der Wehrmachtsgeneräle, in den »kommunistischen Partisanen« mit ihren »heimtückischen Bombenattentaten«. Der angeblich »saubere Krieg im Süden« (im Unterschied zum »dreckigen im Osten«) blieb über Jahrzehnte ein Eckstein im kulturpolitischen Gedächtnis der Deutschen und ist auch heute noch nicht gänzlich verschwunden.

Henri Nannen gefiel sich darin, den Ritter der Nation zu geben. Der Ton, den er anschlug, war vielen noch wohlvertraut: »Der Stern vertritt kompromißlos den deutschen Standpunkt, ohne dabei nach rechts oder links zu schielen. Wir werden uns weiterhin nicht scheuen, heiße Eisen mutig anzufassen.«

Den deutschen Standpunkt, wie ihn Nannen propagierte, verbreiteten damals auf der publizistischen Ebene viele umtriebige Generalvertreter auch außerhalb der rechten Ultra-Szene. Einer davon war Kurt Zentner (1903–1974), der sich nicht groß umstellen musste Der promovierte Journalist hatte sich im »Dritten Reich« bei der

»Berliner Illustrirten« hervorgetan, 1939 den Vorkriegs-›Stern‹ als
»Hauptschriftleiter« für ein paar Monate zu hohen Auflagen geführt und im Krieg als PK-Berichterstatter das Frontgeschehen ver-
schönert. In den Anfangsjahren der Bundesrepublik war er an der
»Öffentlichkeitsarbeit« des Innenministeriums beteiligt und produzierte auch opulent aufgemachte Bücher zur Zeitgeschichte. In
denen bescheinigte er den deutschen Soldaten, den alten wie den
neuen, die bald wieder in die Kasernen einrücken sollten, ihre besondere Tüchtigkeit. Eines dieser Werke befasste sich mit »Lehren
und Bildern aus« dem Russlandfeldzug«. Darin schwärmt er vom
»Nimbus der Unbesiegbarkeit«, der die deutschen Truppen weit
nach Osten getragen habe. Allein Hitler, für den er neben Abscheu
auch Bewunderung bereithielt, hat den Krieg verloren: Vielfach
variiert ist hier, was die große Überschrift verkündet: »Nicht der
Landser – Hitler nur ließ Stalin siegen.« Da ist von der »Partisanen-
Pest« die Rede, von »Marodeuren und Aasgeiern«, ganz Russland
»ein Hinterhalt«. Und trotzdem wäre alles gut gegangen: Hätte
Japan statt die Amerikaner die Russen angegriffen. So kam es leider anders: »Der gelbe Egoismus half den roten Horden.« Aber der
»pockennarbige, leicht schielende Herr des Kremls« solle sich vor-
sehen: »Er ist nicht unbesiegbar – die Karten für den dritten Weltkrieg mischt er nicht allein.«

Beliebt waren auch Zentners Fotobände, in denen er der »ruhmreichen Divisionen« gedachte, ihres »Verantwortungsbewußtseins«
und ihrer »bedenkenlosen Kühnheit«. Dafür gab es Zuspruch von
vielen Seiten. Die Regierung förderte Zentners Werke, die ›Zeit‹
druckte Auszüge, ebenso der ›Spiegel‹, der den Autor mit dem Prädikat »Bilderkomponist« auszeichnete.

»Der große Schwindel. Die Komödie der Entnazifizierung« hieß
die Serie von Zentner 1952 im ›Stern‹. Um sie aufzuwerten, engagierte die Illustrierte extra einen populären Kolumnisten, den
Schriftsteller Ernst von Salomon (1902–1972). Seine Autobiographie »Der Fragebogen« (1951), im Tenor der »Schwindel«-Serie
ähnlich, war gerade zu einem der ersten formidablen Bestseller im
Buchhandel avanciert.

Die ›Zeit‹ hatte Salomons »Fragebogen« gefeiert: ein »Buch, das Größe hat«, von »Wahrheit und Kunst« geprägt. Heinrich Böll, der damals mit Romanen debütierte, die weit weniger keck daherkamen, kommentierte den Text des hochgelobten Konkurrenten mit der Bemerkung: »abgefüllt mit saurem Snobismus«. Anderen gefiel der schnieke sarkastische Ton. Vielen Deutschen war das Buch aus der gestauchten Seele geschrieben. In ihren Augen war es Salomon gelungen, die bürokratisch aufgezäumten Bemühungen der westalliierten Siegermächte, die Nazi-Böcke von den mitgelaufenen Schafen zu trennen, ad absurdum zu führen.

Der Autor, der sich selbst als Mann von »preußischem Wesen« sah, hatte mit seinen im Bertelsmann Verlag veröffentlichten Büchern schon während der NS-Zeit Hunderttausende von Lesern unterhalten. Nun aber, »nach den inzwischen eingetretenen veränderten Verhältnissen« (wie es sein Verleger Heinrich Mohn einmal ausgedrückt hat, damit ein Beispiel gebend, wie man über alles reden kann, ohne sich selbst auf den Schlips zu treten), legte von Salomon seine ganze Abscheu gegenüber Hitler offen: »Nicht einen Augenblick in meinem Leben hatte ich mich zu ihm bekennen können.« Dass er 1938 in dessen Partei eingetreten war, hat er bis zu seinem Tod in Abrede gestellt. Gewaltig hieb er auf den »dummen und bösen Tyrannen« ein, diesen »Österreicher«, der »die Religion der Rasse« eingeschmuggelt habe. Man sieht, da schmiss ein Piefke gehörig mit Lehm aus dem eigenen Garten.

Das tat er nicht allein. Namhafte Geschichtsprofessoren wie Theodor Schieder und Gerhard Ritter lehrten zu dieser Zeit ihre Studenten, dass Hitler es gewesen sei, der den »Rassenfanatismus aus dem gärenden Völkerchaos des Donauraums nach Deutschland einschleppte«. Als ob es im wilhelminisch-preußischen Reich und der Weimarer Republik keinen organisierten Judenhass, keine »Antisemiten-Parteien«, die bis zu 18 Mandate hatten, keinen »Alldeutschen Verband«, keinen »Reichshammerbund«, keinen »Deutschvölkischen Schutz- und Trutzbund« mit annähernd 200 000 Mitgliedern, keine Propheten eines rabiaten Rassismus gegeben hätte, keinen Antisemitismus, der auch unter den Repräsentanten in den der christlichen Kirchen und in den sogenannten besseren Kreisen des Adels und den politisch einflussreichen Industrie-Vorständen seine Anhänger und Befürworter hatte. Und daneben das, was gewöhnlich als der »Antisemitismus des kleinen Mannes« bezeichnet wird und auch die fein gebildete Juden-Diskriminierung, wie sie sich mit gerümpfter Nase durch die Bücher hoch angesehener Schriftsteller zieht.

Aber wem es damals schreibend und lehrend vor allem darum ging, die Ehre des schon wieder besiegten Vaterlandes zu verteidigen, wollte nicht von der Märchenversion lassen, die gute deutsche Volksseele sei von außen mit dem Bazillus des völkischen Rassismus vergiftet worden. Der »Austriake« Hitler, der die Deutschen verführt habe, geistert noch heute gelegentlich durch die einschlägigen Geschichtsbetrachtungen.

Zweifelsohne hatte Salomon, der weltläufige Preuße, der ein paar Jahre wegen der Beteiligung an dem Attentat auf Walther Rathenau im Gefängnis saß, am NS-Regime so manche Dinge auszusetzen, vor allem als das Vaterland damit in der Grütze gelandet war. Auch die Republik und deren Verfassungsprinzipien hatte er nicht gemocht. Richtig deutsch war das in seinen Augen alles nicht.

Die demokratischen Ideen waren ihm suspekt, genau wie im »Fragebogen« seinen Landsleuten, die dem Diktator Hitler den Vorzug gaben. Und gegenüber den »Politikern der nationalen Rechten« sei Hitler im Vorteil gewesen, weil er nicht wie diese, »endlich am Rubikon angelangt, sich hinsetzte, um dort zu angeln«. Da erkannten die Leser ihren Führer wieder und gedachten dessen, was er alles so tatkräftig auf die Beine gestellt hatte. Für einen Wurmbader hatten sie ihn nie gehalten.

Zudem bot Salomon den »Ehemaligen« die Chance, sich in dem ausführlich geschilderten Typus des »guten Nazi« wiederzufinden. Hanns Ludin, SA-General und Hitlers Vertreter in der Slowakei, spielt bei ihm den Part des politisch naiven Idealisten, der alles nur »aus Liebe zum Führer und zum deutschen Volk« getan. Dem Leser ist er als eine herausragende Persönlichkeit geschildert – »unter tausend Masken ein Gesicht«.

Im wirklichen Leben wurde Ludin, ein allseits beliebter vielfacher Familienvater mit mustergültigen Manieren und ein fanatischer Repräsentant des NS-Regimes bis zuletzt, 1947 nach einem mehrmonatigen Prozess in Bratislava hingerichtet. Seine allerletzten Worte, bevor der Henker ihm den Strick um den Hals legte, sind nach über 600 Seiten auch die letzten Wörter des Salomonschen Kultbuchs der 50er Jahre:»Es lebe Deutschland!«

In seiner ›Stern‹-Kolumne schrieb Salomon quasi ein Nachwort zu seinem im Rowohlt Verlag erschienenen »Fragebogen«-Werk. Mit Flammenworten plädierte er für einen Schlussstrich:»Die Deutschen haben ihr Unrecht eingestanden. Sie haben es offen und frei, amtlich und privat getan und mit dem Bekenntnis zur Wiedergutmachung des deutschen Unrechts, das an den Juden begangen wurde. Schluß mit diesem Höllenbräu der Kriegsverbrecherfrage. Nehmt den Topf vom Feuer.«

Vox populi: Alles kalter Kaffee. Man war doch längst quitt. Mehr als das. Die ›Quick‹ erinnerte ihre Leser im Januar 1952 an das Bekenntnis, das der evangelische Theologe Eugen Gerstenmaier, ein Mann des Widerstandes und seit 1949 im Führungsgremium der CDU, unmittelbar nach Kriegsende abgegeben hatte. Sein Kommentar zur Vorführung eines Dokumentarfilms über den Mord an den Juden vor einem internationalen Forum in Genf lautete:»Ich bin in Gestapo-Gefängnissen und Zuchthäusern gewesen... Aber was dieser Film zeigt, habe ich nicht gehört und nicht erlebt... Die Masse der Deutschen – gleich mir – hat von diesen Dingen nicht die mindeste Ahnung gehabt.« Und er fügte hinzu, was er wie eine gezinkte Trumpfkarte aus dem Ärmel zog:»Die Deutschen leiden heute selbst mehr, als je ein Volk gelitten hat.«

Unter denen, die in das gleiche Horn stießen, ragte der Journalist Jürgen Thorwald (1915–2006) hervor, Starautor in der ›Quick‹, im ›Stern‹ und in der ›Revue‹. Beredt sorgte er sich um»das deutsche Volk und seine besten Schichten«. Denn die hätten ja nichts von den Verbrechen gewusst und stünden nun»fassungslos vor der gespenstigen Mühle der Kollektivschuld, durch die die ganze Nation gedreht wurde«. Der hier öffentlich so greinte, dem war die Vergangenheit teuer. Zu NS-Zeiten, wenige Jahre zuvor, als er noch Heinz Bongartz hieß, machte er sich mit Büchern für die Ziele des Regimes stark und schrieb bei Parteiblättern, deren Namen Programm war: ›Die Braune Post‹ und ›Das Schwarze Korps‹. 1945 betrachtete er dann sich und seine Landsleute, von Ausnahmen abgesehen, als »Opfer des Krieges« – hineingezwungen in eine »Wildnis von Blut und Ruinen, Stacheldraht und Not«. Drei Jahre später verfasste er große Artikel für die von Gerstenmaier gegründete Wochenzeitung »Christ und Welt«, einem in den 50er Jahren sehr erfolgreichen Blatt, an dem eine ganze Reihe von Propagandaschreibern aus der NS-Zeit mitwirkten. Gleichzeitig arbeitete er für die »Organisation Gehlen«, die sich 1956 zum BND mauserte, dem »Bundesnachrichtendienst«. Auch dort traf er auf eine Vielzahl alter Kameraden aus den »besten Schichten«, die sich nicht mehr daran erinnerten, was sie bis 1945 gemacht hatten.

Den Lesern gefielen die Berichte, die Thorwald, von der Regierung gefördert, unaufhaltsam aus der Feder flossen – entlang der historischen Ereignisse, angereichert mit erfundenen Geschichten. So avancierte er im Handumdrehen vom »Tatsachenberichter« der Illustriertenwelt zu einem berühmten Sachbuchautor, der über Jahrzehnte über alle möglichen Themen einen Bestseller nach dem anderen produzierte. Aufgeteilt in zwei Bände (»Es begann an der Weichsel« und »Das Ende an der Elbe«), trug der erste seiner spektakulären Bucherfolge den Titel: »Die große Flucht« (1950). Darin sind die Dinge, von denen es im 21. Jahrhundert hieß, sie seien damals mit einem Tabu belegt gewesen, keiner hätte darüber reden oder schreiben dürfen, in Feuerfarben geschildert: das Flüchtlingselend und die Vertreibungen der Deutschen aus dem Osten.

In seinen Erzählungen ist Hitler ein Staatsmann, der mit seinen »kolossalen« und »genialen«, in ihrer »Uferlosigkeit jedoch verhängnisvollen Plänen« die Deutschen hinters Licht geführt hatte. Thorwald, Herold der »Kriegsverbrecherlobby«, stilisierte die in Werl und Landsberg eingesperrten Militärs zu Märtyrern. Auf den Wogen der öffentlichen Entrüstung forderte er: »Freiheit für die Deutschen, die unter fremder Gerichtsbarkeit verurteilt wurden, nach Gesetzen des Siegers und in Verfahren, die mehr von der Rache als vom Recht bestimmt waren«.

Gut zwei Jahre nach diesem Lamento zeigte sich den Deutschen ein Stück des alten nationalen Himmels. Die meisten der Verurteilten waren längst entlassen, an das leidige Kapitel mit der NS-Diktatur wollte niemand mehr so recht erinnert werden. Der »Kalte Krieg« und der wirtschaftliche Aufschwung absorbierten das Interesse, als im Sommer 1954 das geschah, was seitdem das »Wunder von Bern« genannt wird: der 3:2-Weltmeister-Sieg der deutschen Vertragsamateurkicker über die teuflisch gut spielenden Ungarn. Zehn Jahre davor hatten die Budapester als Verbündete des »Dritten Reiches« den Deutschen geholfen, die Juden umzubringen. (Hier krächzt der sonst so kiebige Rabe, sich in objektive Pose werfend: Muss denn alles durch diese eine Brille gesehen werden? Es ist doch nur Fußball. Ja, ja, du hast ja recht, sag ich zu ihm, deshalb schweige ich hier auch von dem nicht unbegründeten Doping-Verdacht auf Pervitin im Blut der »Helden von Bern«.) Jedenfalls wurden, wie die Zeitungen schrieben, die ungarischen Fußballer im »Ostblock« vom »Sowjet-System als Staatsamateure gehalten«, was an die Gladiatoren in ihren Trainingskäfigen bei den römischen Kaisern erinnerte. Dazu operierte die kommunistisch kasernierte Magyaren-Elf, auch nicht die feine Art, »mit der hängenden Spitze Hidegkuti«, der damals schon nichts anderes als eine »falsche Neun« war.

Fallen in den Medien die Jahrestage von den Bäumen, verklären ein paar Schreiber den »Endspiel-Triumph« regelmäßig zur »eigentlichen Geburtsstunde der neuen Republik«. Altkanzler Kohl im Rückblick: »Der Sieg vor 60 Jahren war viel mehr als ein Fußballspiel. Er hat viel für Deutschlands Ansehen in der Welt getan.«

Im Juni 1938 war der »Reichstrainer« Sepp Herberger mit der großdeutschen Elf, inklusive der Ballkünstler aus dem inzwischen »ostmärkisch« gewordenen Wien, noch gescheitert. 16 Jahre später war die Auswahl, die der Trainerstratege hatte, stark geschrumpft, doch nun holte er mit seinen »Männern« in den kurzen Hosen den

Pokal der Pokale. Für Peco Bauwens, den Fußballer-Präsidenten, der im »Dritten Reich« zu den Wenigen gehörte, die, vor die Wahl gestellt, die jüdische Ehefrau zu behalten oder den NSDAP-Mitgliederausweis zurückzugeben, sich für seine Angetraute entschied (bis diese das Problem löste, indem sie sich 1940 umbrachte), war mit den drei Toren nun alles wieder gut. Bei einer der Siegesfeiern von 1954 sprach er von einer Zäsur: Die »Schlacken« an der Wertschätzung des deutschen Volkes seien nunmehr beseitigt. Wer so viel so wenig an sich ranließ, brauchte nicht viel zu verdrängen. Siegreich entschlackt. Da war sie wieder, die deutsche Wunderwelt. Wie in der NS-Zeit, in der sich, vom »Wunderwerk der Partei« generiert und vom Propagandaminister Goebbels dirigiert, Wunder an Wunder gereiht hatte, vom »Wunder des Glaubens, das Deutschland gerettet hat«, über »das Wunder, daß ihr mich gefunden habt unter so vielen Millionen« (Hitler auf dem NSDAP-Parteitag 1936 in Nürnberg) bis hin zu den »Wunderwaffen des Führers«, die es wie die Seifenblasen machten.

Das nächste Mirakel folgte sogleich: Ein Totgesagter rührte sich, alarmiert von dem inzwischen nuklear dimensionierten Kriegsszenario. Der deutsche Soldat, begraben und verrottet in der fremden Erde vieler Länder, schaffte die Auferstehung, an der nun auch die westlichen Siegermächte ein großes Interesse hatten. Seine Kameraden und Nachkommen sollten zu Hause wieder Posten beziehen, dieses Mal westwärts von ostwärts, am Elbestrand, Feindesaug' in Feindesaug', den Russen gegenüber und den eigenen Landsleuten in der DDR. Noch war die Streitmacht im Planungsstadium, begleitet vom Zwist um Tradition und Neubeginn, als Nannens Illustrierte im Oktober 1954 freudig im Dienst der Regierung das Gewehr präsentierte: »Die neue Armee in Waffen. Theodor Blank öffnet seine Schubladen.« Unter dieser Überschrift bot der zuständige Bonner Minister als Autor höchstpersönlich auf mehreren Seiten des Heftes eine optimistische, reich bebilderte Vorausschau.

Nach dem Hurra auf eine schlagkräftige Zukunft mit alten Generälen und neuen Kanonen kam der ›Stern‹ seinen Lesern eine Woche später mit einem Knüller aus den Untiefen der Vergangenheit. »Bis 1944 gab es neben Hitler ein zweites Staatsoberhaupt« stand über dem Artikel, in dem der ›Stern‹ den Vize aus dem Sack ließ. Der sei von der besseren Sorte gewesen, obwohl auch er weltweit agierte. Sein Name: Wilhelm Canaris. »Er befehligte ein Schattenreich, das die Erde mit einem Netz von 40 000 Agenten überzogen hatte.«

Mit dem phantastischen Doppelkopf-Modell aus der hauseigenen Regimelehre machte die Hamburger Illustrierte für einen Spielfilm über Admiral Canaris Reklame. Der Chef des militärischen Geheimdienstes in der NS-Zeit, »ein Patriot im Zwielicht«, wie ihn sein Biograph Heinz Höhne nannte, ist im Film wie im ›Stern‹ zu einer beispiellosen Lichtgestalt modelliert. Regisseur Alfred Weidenmann und Drehbuchautor Herbert Reinecker, beide im »Dritten Reich« ausgebuffte NS-Propagandisten und im bundesdeutschen Filmgeschäft rasch wieder etabliert, kamen mit ihrem Werk gut an, beim Publikum ebenso wie bei den Kritikern. Der Historiker Peter Reichel, der die deutschen Mythen vor und nach 1945 analysiert hat, beschreibt den Film als exemplarischen Fall in seinem Buch »Erfundene Erinnerung« (2004).

Ein knappes Halbjahr nach dem verquasten Canaris-Bericht aus dem »Schattenreich« verriet der ›Stern‹ ohne es zu wollen, dass Hitlers Paradebild aus dem sonnigen NS-Reich noch immer die Gefühlswelt seiner Mitarbeiter verstrahlte. Wie direkt übertragen, loderte der alte Verehrungseifer in einem Artikel zum Tod von Wilhelm Furtwängler, der mit seinen Philharmonikern dem Diktator, stets treu ergeben, bei vielen Gelegenheiten prächtig aufgespielt hatte. Blendend glänzten hier beide Halbgötter im Schein der Worte – virtuell zwischen den Zeilen der vom Parteitagsrednerpodium, konkret auf den Zeilen der vom Dirigentenpult: »Verwaist ist der Thron der Musik. Er war ein Feldherr der Klänge und Instrumente. Unvergeßlich, wie er mit geballten Fäusten hoch über dem Kopf schmetternd die Trompeten zum Sieg führte. Seine Gesten faszinierten das Auge, der Klang, der unter seinen Händen aufblühte, das Ohr. Die Lücke ist nicht mehr zu schließen.« (Mensch Wilhelm Adolf, du gehst uns nicht aus dem Sinn.)

Nostalgische Reflexe bedienten damals neben den Illustrierten die Filme, die Alt und Jung in die Kinos lockten. Der Krieg machte sich auf der Leinwand breit. Als die neue Armee mit ihren alten Generälen wieder zu marschieren begann, waren die, die sie für ihre Truppen brauchten, nicht unvorbereitet. Halbwüchsige wie ich lernten auf den Klappsesseln im Dunkel des örtlichen »Lichtspieltheaters« aus den Schlachten des letzten Weltkriegs die deutschen Lektionen. Hier wurde gezeigt, worauf es ankam, extra für uns, die wir nicht hatten dabei sein dürfen: Wir haben die besten Soldaten, auch wenn wir am Schluss nach vielen Siegen doch noch verloren. Unter allen Generälen hüben wie drüben gibt es keinen größeren als Rommel. Er, der tollkühne Held, vor dem sich selbst die Feinde verneigten, hätte auf brennend heißem Wüstensand, »mit der Verteidigung von vorne« unverbiegbar aufrecht stehend im offenen Kübelwagen, hinter sich einen Fächerschwanz von Panzern, vorbei an den Kanonenwracks der Tommys und den magischen Dreiecken der ägyptischen Pyramiden, über den Suezkanal hinüber, die Welt zweimal umrundet, wenn, ja wenn, ihn der Führer nicht so knapp bei Benzin und Munition hätte halten müssen. Krisenfest wirksam die alten Klischees: Der deutsche »Landser« erträgt brav jede Strapaze und trotzt allen Gefahren. Nichts Besseres gibt es auf der Welt als Kameraden, nichts Schlimmeres als Partisanen. Der »Iwan« ist gnadenlos, den Polen verraten die »tückischen Augen«, die Juden sind zu meiden (bei denen hatte sich die Zensur eingeschaltet).

Wenn Hitler vorkam, war er mal von Sorgen geplagt, mal größenwahnsinnig, machttrunken, übergeschnappt. So kam es zu schwerwiegenden, den Sieg kostenden »Fehlentscheidungen« – »militärisch verzettelt« oder »die Kräfte überdehnt«. Auch zu logistischen Unverzeihlichkeiten – Mangel an Wollmützen und winterfesten Stiefeln. Die »Nazis« waren schlimme Finger, an einer Hand abzuzählen, leicht erkennbar an den fiesen Gesichtern und den zusammengekniffenen Arschbacken. Die Offiziere gehörten in der Regel nicht dazu, sie gehörten zu den Guten, die »es nicht verhindern haben können« oder »zwischen Pflicht, Gehorsam, Vaterlandsliebe und Soldatenehre schwanken« mussten, oder sogar im Kasino mal etwas sagten, was die Schweinehunde von der Gestapo besser nicht zu hören bekommen haben.

Variabel die Erzählweisen und Intonierungen: Pseudodokumentarisch mit aneinandergehäkelten Wochenschau-Fetzen wie in »Beiderseits der Rollbahn« (1953). Da kamen wir wieder bis knapp vor Moskau. Wir – das hieß, wie im Aushängekasten vor dem Kino zu lesen war, »die deutsche Infanterie, die schier Unglaubliches mit Tagesleistungen bis zu 55 Kilometern vollbracht hat«. Das lohnte sich wieder – ein Jahr danach folgte ein zweiter Film nach gleichem Schema mit gleichem Titel und ein Jahr später noch einmal ein ähnliches Kaliber mit dem Titel »So war der deutsche Landser«. Eindimensional heldenverehrend gaben sich Filme wie »Das war unser Rommel« (1953) oder der »Stern von Afrika« (1957), derb humoristisch die drei Teile von »08/15« (1954 und 1956). Lässig, zynisch, trinkfest führte sich Curd Jürgens als »Des Teufels General« (1954) auf (die Verfilmung des Zuckmayer-Bühnenstücks, das schon vorher in vielen Theatern die Zuschauer vom Parkett bis in die Logen begeistert hatte). Melodramatisch herzzerreißend intoniert waren Filme wie »Kinder, Mütter und ein General« (1954) oder »Der Arzt von Stalingrad« (1958). Den Irrsinn beklagte Bernhard Wickis »Die Brücke« (1959).

Mitte der 50er Jahre drängte unübersehbar auch Hitler ins Metier. Wie es sich gehörte: ordentlich, ernsthaft und gesittet, mit deutschem Anstand aufbereitet, er selber irgendwie charismatisch, irgendwie tragisch. Eine makabre Satire wie »To be or not to be«, von dem Berliner Regisseur Ernst Lubitsch schon 1942 in Hollywood gedreht, passte da nicht in die Vorstellungen. Das Meisterwerk, das als »typisch jüdisch« galt, musste in der Bundesrepublik lange warten, bis es 1960 in kleinen Kunstfilmtheatern erstmals gezeigt werden konnte. In den Zeitungen war von Befürchtungen die Rede, dass »die breite Masse« empört reagieren könne, wenn der »Mann mit dem kleinen Schnurrbart« zwei deutsche Piloten auf »hopp« ohne Fallschirm aus dem Flugzeug ins Leere springen lässt und ihnen dann auch noch den Spruch hinterherschickt: »So was nenne ich Gehorsam.« Das ginge zu weit, meinten die, die damals das Sagen hatten und gerade dabei waren, wieder eine Armee gegen »den Ostblock« aufzubauen, und darüber stritten, ob sich dafür »taktische Atombomben« oder eine Vermehrung der Divisionen mit »konventionellen Waffen« besser eigneten. Allgemein war die Ansicht verbreitet, dass ein Befehl immer noch ein Befehl sei, spaßen könne man damit schon gar nicht, dazu hätten wir Deutsche im Krieg zu viel erleiden müssen.

»Nahezu unerträglich für deutsche Zuschauer« hatte die ›Zeitschrift für Geschichtslehrer‹ den US-Film gefunden, der 1952 mit dem Titel »Rommel der Wüstenfuchs« in die Kinos kam. Unverzeihlich, so der der Rezensent, wie der Diktator Hitler hier gezeigt wurde – als hysterischer Halbidiot, wie eine »Karikatur«, die das Publikum »zu stürmischer Heiterkeit« hinreißt. So nicht – das sei den jungen Deutschen nicht zuzumuten, wenn es um »eine der ernstesten Perioden unserer neuesten Geschichte« geht.

1955 wäre Hitler gerade mal 66 gewesen, wenn er es denn erlebt hätte. In den drei Filmen über ihn, die in diesem Jahr in die Kinos kamen, wurden keine Witze gemacht, da ging es für ihn um Leben und Tod. Zwei handelten von dem gescheiterten Attentat vom 20. Juli 1944, einem Ereignis, zu dem damals, als die Niederschlagung des Aufstandes in der DDR noch nachhallte und die »Wiederbewaffnung« in beiden deutschen Staaten forciert wurde, die Einschätzungen weit auseinanderlagen. Ein großes, die Öffentlichkeit nachhaltig bewegendes Thema war der »Widerstand gegen Hitler« jedoch noch nicht, auch wenn so imposante Vokabeln wie »Hoch- und Landesverrat«, »Ehre und Gewissen«, »Treue und Gehorsam« die Diskussionen bestimmten.

Der Regisseur Georg Wilhelm Pabst, der in den 20er Jahren seine Karriere begonnen und im »Dritten Reich« Unterhaltungsfilme gedreht hatte, orientierte sich bei seinem Film, mehr schlecht als recht, am zeitlichen Ablauf des Tages, an dem die Bombe hochging. Falk Harnack, der bei dem anderen Film Regie führte, hatte selbst im Untergrund das NS-Regime bekämpft, sein Bruder Arvid, Kommunist und aktiv im Widerstand, wurde 1942 hingerichtet.

Bei Harnacks Film stand die moralische Motivation der Verschwörer im Vordergrund. Wer wollte, konnte in den unterschiedlichen Sitz der Augenklappe bei den Stauffenberg-Darstellern etwas hineingeheimnissen: Bernhard Wicki trägt sie links (korrekt), Wolfgang Preiß im Harnack-Film rechts. Der Diktator taucht in beiden Filmen auf der Darstellerliste nicht auf, obwohl sich alles um ihn drehte. Nur für ein paar Augenblicke durfte er mit dem Rücken zur Kamera durchs Bild huschen.

Das war beim dritten Hitler-Film in diesem Jahr anders. Hier stand er im Mittelpunkt. Und direkt vor dem Ende, so der theatralische Titel: »Der letzte Akt«. Schauplatz ist der Führerbunker in Berlin im Frühjahr 1945, Regisseur auch hier der Routinier Pabst. Das Drehbuch stammte von Erich Maria Remarque (1898–1970). Sein Antikriegsroman »Im Westen nichts Neues« (1929) hatte ihm in Deutschland für alle Zeiten den Hass derer gesichert, die sich national gesinnt fühlten.

Ausgerechnet der. Einer, der »die deutsche Ehre« in den Schmutz zog. Übel genommen wurde dem Schriftsteller auch, dass er mit einem Pass der USA nun vorwiegend in der Schweiz lebte und partout nicht in das Vaterland zurückkehren wollte, wo man ihn gezwungen hatte, sich »freiwillig« davonzumachen. Heftiger noch stieß vielen auf, dass Remarque in Interviews auf die eklatanten, jedem interessierten Zeitungsleser damals wohlbekannten Kontinuitäten beim Bonner Diplomatenpersonal hinwies: »In einer Zeit, wo man nur Mitglied des Auswärtigen Amtes werden kann, wenn man einmal in der NSDAP gewesen war, ist der Film doppelt notwendig.«

Die Tugendwächter vom ›Stern‹ sahen in der spitzen Anspielung einen schweren Fall von »Geschichtsklitterung«. Unter der Überschrift »Adolf und Eva oder der Sündenfall des Erich Maria Remarque« dekretierten sie, über den Führer dürfe keiner schreiben oder einen Film drehen, dem es dermaßen an »nationaler Würde« gebrach. Da hatte die ›Stern‹-Redaktion ihre Grundsätze. Wie man vaterländisch richtig klittert, zeigte die Illustrierte in derselben Nummer. Sie schickte eine als exklusive Nachricht getarnte Zeitungsente auf große Fahrt. Die log wie gedruckt: Die Leichen von Adolf Hitler und Eva Braun lägen in »einem Keller im Kreml«.

»Der letzte Akt« verweist im Stil auf die expressionistischen Filme der Weimarer Republik. Die Hauptrolle besetzte Pabst mit dem Schauspieler Albin Skoda vom Wiener Burgtheater. Details ließ sich der Regisseur von der als »Beraterin« engagierten Sekretärin Traudl Junge erzählen, der Hitler sein Testament diktiert hatte. Der kunstvoll zum Ebenbild getrimmte Leinwand-Diktator präsentierte sich wie Fritz Langs Kino-Bösewicht Doktor Mabuse. Gepeinigt vom Schicksal, die Augen sperrangelweit aufgerissen, irrlichterte der Herrscher durch ein unterirdisches Schattenlabyrinth, aus dem es kein Entrinnen gab.

Die Zeitungskritiker von 1955 waren sich uneins. Die einen beklagten »antideutsche Affekte«, die anderen sahen in ihm »ein Spitzenwerk«. Die ›FAZ‹ mimte den politisch korrekten Gutachter: »ein Kunstwerk und ein Mahnmal zugleich«. Im Ausland war das Interesse für das Hitler-Drama groß. In der Bundesrepublik hingegen floppte der Bunker-Adolf. Mit dieser Kellerassel war zu dieser Zeit im Kino kein Gewinn zu machen. Vorgeführt in überaus misslicher Lage, passte er gerade gar nicht in den neuen Akt, die Wirtschaftswunderzeit. Nur wenigen war das Elend des Irrsinnshelden eine Eintrittskarte wert.

Eineinhalb Jahre zuvor hatte ihn ein deutscher Produzent schon einmal in die Kinos gebracht. »Bis 5 nach 12« war der Titel des Films von 1953 über die NS-Zeit und Hitler. Es war das Erstlingswerk von Wolfgang Hartwig (Jg. 1919), der danach die führerlosen Biedermänner mit sogenannten Erotikfilmen tröstete, deren Titel täuschend so klangen, als würden sie auch zum Thema »Hitler und die Deutschen« gehören: »Der Satan lockt mit Liebe«, »Du gehörst mir« oder »Sehnsucht hat mich verführt«. In den 70er Jahren bediente Hartwig dann mit der Reihe »Schulmädchen-Report« die verklemmten Deutschen zu Millionen in den neuen Schuhkarton-Kinos. Für seinen Hitler-Film hatte er vornehmlich »Dokumentaraufnahmen« und Material aus dem Archiv der »Deutschen

Wochenschau« zusammenhäkeln lassen. Als Regisseur ist der Journalist Gerhard Grindel verzeichnet, der zu Hitlers Zeiten Berufsverbot hatte.

In dem Machwerk reiht sich ein dramatisches Ereignis und Ritual aus der NS-Zeit an das andere, eskortiert von aufwühlender Musik und einem Kommentar, der sich im Stil und der Intonierung den Originalen anpasst. Ebenso pathetisch donnert in der Bilderfolge immer wieder der pädagogische Dampfhammer dazwischen. Beschwörend wurde darauf hingewiesen, welch böses Ende das alles genommen habe. Mit großem Tremolo ist hier ein Bild entworfen, das in seinen Grundlinien exakt der Vorstellung entsprach, auf die man sich mittlerweile in der Öffentlichkeit verständigt hatte: Nazis und Kommunisten sind aus gleichem Holz. Über allen: Hitler, ein Despot ohnegleichen. Die Deutschen, das waren die Ersten, die er mit Terror überzog, Hitler, der »Dämon«, der, wie es der Kommentator im Film sagt, »ein ganzes Volk und eine ganze Welt ins Unheil riss« und so »den Leidensweg einer Generation« einleitete. »Wir wollten den Frieden, er aber folgte seinem Aggressionstrieb, bis die Bomben auf uns zurückfielen, auf unsere Städte, auf unsere Frauen und Kinder!«

Dem groß angekündigten Kinostart des Films (»spannender als jeder Krimi«) war ein Hickhack vorausgegangen, das auf der politischen Ebene eine irre Geschäftigkeit hervorrief: Extrasitzungen des Bundeskabinetts, Sondervorführungen für die Regierung, Zensurmaßnahmen. Verbotsurteile. Das tote »Monster« hatte sich auf die Tagesordnung gesetzt. Zwei Fragen stachen hervor. Die eine zeitlos: Was wird das Ausland sagen? Die andere aktuell tagespolitisch: Was macht der Zelluloid-Hitler mit dem »Wehrwillen«, mit der »Wiederbewaffnung« und der anstehenden »Westintegration«? Innenminister Gerhard Schröder, jetzt in der CDU, einst in der NSDAP, sah »linksgerichtete Kreise« am Werk, Adenauer malte außenpolitische Rückschläge an die Wand. Befürchtungen wurden geäußert, dass die Vorführung des Rattenfängers von gestern die Massen erneut mobilisiere. Nichts davon geschah, wie sich herausstellte, als dann der Film im November 1953, im Vorfeld mehrmals korrigiert, in die Kinos kam. Auf der Leinwand war der Führer in diesen Jahren kein Renner.

Selbst die einmontierten Privataufnahmen von Eva Braun, jener damals noch relativ unbekannten Blondine, die schlussendlich in Ehe und Tod mit Hitler vereint war, brachten es nicht. Sie wurden als »Sensation« angekündigt (und werden es bis heute noch in jedem Hitler-Doku-Filmchen). »Noch nie gezeigt« stand groß auf den Plakaten, deutlich kleiner war zu lesen: »jugendfrei!«. Zu sehen war auf der Leinwand eine junge Frau, die sich an einem Seeufer sonnt, im Wasser einen abstrampelt und die vor der Kamera »die Brücke macht«. Zuckerstückchen für Frau Klatsch und Herrn Tratsch, mehr nicht.

Auch der ungewohnte Anblick des »Berghof«-Hausherrn, wie er sich vor der Alpenkulisse allein auf der Terrasse »im Walzertakt mit Führermütze dreht« (so der Kommentar im Film), riss keinen vom Hocker. Fußnote: Der anonyme Autor, der damals im ›Spiegel‹ über den Film berichtete, vermisste einen gewissen Respekt gegenüber dem Führer. Er kreidete dem Film ausgesprochen negativ an, dass dieser einen Hitler zeige, »der die Lippen wie ein verspielter Bantu-Neger schürzt«. (Bei dieser Zeitkolorit-Perle für die 50er Jahre mischt sich mal wieder der Rabe krächzend ein. Empathisch von Natur, versetzt er sich, wie vielfach gefordert, voll in den ›Spiegel‹-Journalisten von damals hinein: Mensch, Adolf. Wer ein echter Hitler-Junge war, der kann das nicht durchgehen lassen: Du warst ein Dämon, vielleicht, schlimmer noch, ein Österreicher, aber nie und nimmer warst du ein Lippenschürzer, und ganz bestimmt kein Neger, erst recht kein Bantu-Neger, nein, dreimal nein, du warst doch immerhin unser Führer, zu dem wir aufblickten, auch wenn jetzt ein paar Kollegen behaupten, sie hätten damals schon auf dich herabgeblickt.)

Zu dieser Zeit, ein Jahrzehnt nach Kriegsende, hofften nur noch die Unentwegten auf eine Rückkehr ihres Führers aus dem südamerikanischen Regenwald oder aus den Katakomben des Kremls. Hitler war tot, öffentlich gab es kein Wort des Bedauerns. Letzte

Zweifel hatten die polizeilichen Vernehmungen der aus russischer Kriegsgefangenschaft heimgekehrten Hitler-Domestiken Heinz Linge und Otto Günsche beseitigt. Geschäftsmäßig verlautete im Oktober 1956 das Amtsgericht Berchtesgaden: »Der Tod des Führers und Reichskanzlers Adolf Hitler, verheiratet mit Eva Anna Paula Hitler, geborene Braun, zuletzt wohnhaft in Berlin, Wilhelmstraße, Reichskanzlei«, ist auf den 30. April 1945, 15 Uhr 30, festgestellt.« Die offizielle »Todeserklärung« wurde, abgestempelt, durch »ordnungsgemäßen Aushang« in den Zeitungen allen Deutschen bekannt gemacht. Zu sehen auch im Fernsehen und in den Kinosälen mit der »Fox tönenden Wochenschau«.

Abscheu gegenüber dem toten Diktator zu bekunden, gehörte inzwischen zum guten Ton. Da machte der ›Stern‹ keine Ausnahme. Das Blatt karbatschte auch Leute, die Hitler nahegestanden hatten – falls sie nicht zur Kooperation bereit waren. Das musste auch der ehemalige Kammerdiener Heinz Linge erfahren, als er sein unvergessliches Dienstverhältnis bei der publizistischen Konkurrenz versilberte.

Kurz zuvor hatte Chefredakteur Nannen beim Staatsbesuch Adenauers in Moskau viel dafür getan, seinen Ruf als Mann für die erste Reihe zu mehren. Als Einziger aus dem Journalistentross hatte er sich unter die Politiker und Diplomaten geschmuggelt, die sich nach dem großen Festessen im Kreml der Presse stellten. Ein Foto zeigt ihn, den ehemaligen SS-Kriegsberichter, jetzt ganz Staatsmann auf rotem Teppich, im Vordergrund gleichauf in einer Reihe mit Bundeskanzler Adenauer, dem russischen Ministerpräsidenten Bulganin und Parteichef Chruschtschow, dahinter in den Nebenrollen Außenminister Brentano und Staatssekretär Hallstein.

Von diesem hohen Ross ist er nicht mehr abgestiegen, die Satteltaschen gefüllt mit publikumswirksamen Einfällen. Im Linge-Fall setzte er auf moralische Erregung und schrieb von »einem Geschäft, das uns zuwider war«. Dem ›Stern‹-Leser war es geklagt. Das Buhlen um den Bericht über »Hitler in Unterhosen« sei »eine der beschämendsten Affären der Nachkriegszeit«. Da wurde mit Hieben nicht gespart, alle bekamen etwas ab: Diener Linge, dessen

Manager, die »Geschäftemacher« und die »Sensationspresse, die bereit war, Phantasiepreise zu bezahlen«. Eine halbe Million, so Nannen, habe eine amerikanische Nachrichtenagentur für die Erinnerungen hingeblättert.

In den vorangegangenen Jahren war dem ›Stern‹ zwar detailliert zu entnehmen, wie es bei Mussolini und Stalin im Bett und unter dem Sofa ausgesehen haben soll, bei dem eigenen Diktator übte Nannen jedoch noch Enthaltsamkeit: »Für uns ist Adolf Hitler 1945 gestorben. Wir denken nicht daran, ihn wieder aufleben zu lassen.« Statt Linges Memoiren zu kaufen, würde der ›Stern‹ 20 000 Mark an mittellose Heimkehrer aus der Kriegsgefangenschaft verteilen. Für die Konkurrenz von der ›Revue‹, die das Hitler-Bild aus der Hauspersonal-Perspektive serialisierte, setzte es Kübel voller Hohn. Eine Mängelliste wurde erstellt: Erstens bewundere Linge seinen ehemaligen Chef immer noch, zweitens biete er überhaupt nichts Neues, und drittens führe ihm nicht einmal ein Deutscher als Ghostwriter die Feder, sondern ausgerechnet ein Brite. Nicht zu fassen: »Die alte Hose wird neu aufgebügelt – mit englischen Bügelfalten.«

Nannen krakeelte wie ein betrogener Freier. Ihm blieb nur das jammernde Entsetzen über dieses »schmutzige Geschäft mit dem Namen jenes Mannes, dem wir die Toten, die Vermißten, die Gefangenen und die Verwundeten des Krieges zu verdanken haben«.

Und so mussten die Deutschen der ›Revue‹ entnehmen, was für Probleme der Führer schon in den Jahren gehabt hat, als sie ihm noch begeistert zujubelten: Nachts fand er nicht in den Schlaf. Tags bereitete ihm sein Magen Kopfzerbrechen. Steter Begleiter war »die Angst vor zweifelhaften Damen«. Unstillbar schier »die Lust auf Schokolade«. Eine unendliche Plage die Abführmittel. Nicht auszuhalten so manches Mal die Hahnenkämpfe der von ihm abhängigen Minister und Parteibonzen. Der Diener wollte sich, wie er schrieb, nicht beklagen, aber er wollte nicht verhehlen, dass sein Chef, von nahem betrachtet, kein einfacher Fall gewesen sei: »Wutanfälle schlimmster Art«, wenn ihm was zuwider, wechselten mit »überschwänglicher Laune«, wenn mal wieder was gelungen war.

Ein Beispiel, das alles zu sagen vorgab: Als er mal, gut gestimmt, an einem Kegelabend des Gesindes teilnahm, schob er statt alle Neune nur eine Drei. Damit war dieses Spiel aus für ihn. Das Gute daran: So habe er mehr Zeit für sein Lieblingsprojekt gehabt: »ein Groß-Germanien vom Atlantik bis zum Ural«.

Mit dem Insider-Geplapper wollte die Illustrierte nach eigener Aussage den »Durst nach Wahrheit« stillen. Alle wurden zum Tribunal eingeladen: »Heinz Linge ist der Zeuge, Richter ist der deutsche Leser.« (Darauf lässt der Rabenvogel auf meiner Schulter krächzend einen fahren.)

Zu Linges Text fügte die ›Revue‹ jeweils noch Kommentarspalten hinzu, in denen sie mit dem Führer abrechnete: Hitler, der »Kapitalverbrecher und Mörder«, der »Emporkömmling, der komisch wirkte, aber tragisch war«. Sein größtes Verbrechen sei gewesen, dass er »sein Volk vernichtet hat«. Die Deutschen hätten »zwölf Jahre im Keller gesessen, während oben die Narren regierten«.

Was ›Revue‹-Autor Linge über die Mordtaten an den Millionen Juden schrieb, ließ den Spätheimkehrer für die meisten Leser wieder als einen von ihnen erscheinen. Hoch und heilig beteuerte er: »Bis zu meiner Gefangennahme habe ich niemals etwas von diesen Dingen gewußt«.

Aber das haben sich die meisten ›Stern‹-Leser wohl ohnehin gedacht. Eine kleine Weile noch, dann durften sie auch aus ihrem Blatt erfahren, wie und wo der Bartl ganz privat den Most geholt hat.

Im Jahr 1959 brachte der ›Stern‹, breit ausgewalzt und reich bebildert auf über 14 Seiten ein »Liebesdrama«, das Hitler 1926 mit der 16-jährigen »Mizzi« Reiter in Berchtesgaden erlebt haben soll. Viel Herzeleid und Grausamkeit, obwohl es zum Äußersten wohl nicht gekommen sei. Die NS-Zeit war in jeder Nummer der Illustrierten mit großen Berichten vertreten. Auf eine Serie über die »tollkühnen« deutschen U-Boot-Kapitäne folgte eine 11-teilige Fortsetzungsgeschichte über den »Untergang der Gustloff« – »ein letzter gewaltiger Paukenschlag in der Symphonie unseres deutschen Schicksals«. Entrüstung demonstrierte Nannens Illustrierte

über das Auftreten des österreichischen Catchers Johnny Wald-
herr in Paris, der zum Gaudium der Franzosen als »Deutscher«
mit den Kampfnamen »Dr. Adolf Kaiser« in den Ring stieg. Der
›Stern‹ fand es unmöglich, wie »hier mit dem Völkerhaß Geschäfte
gemacht« wurden«. Das Publikum würde jeden Abend grölen:
»Deutsches Schwein und Nazimörder«.

In den 50er Jahren geisterte in fast allen Hitler-Porträts, entweder
direkt zitiert oder als Hintergrundschablone, das Diktum auf, das
Goethe in seinem Werk »Dichtung und Wahrheit« über die Bedeutung der »dämonischen Wesen« geschrieben hatte: »Am furcht-
barsten aber erscheint dieses Dämonische, wenn es in irgendeinem Menschen überwiegend hervortritt.« Es gehe »eine ungeheure
Kraft von ihnen aus… Alle vereinten sittlichen Kräfte vermögen
nichts gegen sie… Die Masse wird von ihnen angezogen… Sie
sind durch nichts zu überwinden als durch das Universum selbst,
mit dem sie den Kampf begonnen, und aus solchen Bemerkungen mag wohl jener sonderbare, aber ungeheure Spruch entstanden
sein: Nemo contra deum nisi deus ipse.« Damit erklärte die Elite
unter den Gebildeten ihr Mitmachen im »Dritten Reich« und ihre
Ohnmacht gegenüber einem Mann wie Hitler – den göttlichen
Dämon hätte nur einer besiegen können, der selbst einer gewesen
wäre. Wörtlich: Niemand kann sich einem Gott entgegenstellen,
der nicht selbst ein Gott ist. Kurz: Menschen waren hier auf verlorenem Posten.

»Hitler, ein aus der Tiefe hervorgegurgelter Dämon«, schrieb
Erich Dombrowski (1882–1972), Mitherausgeber und Chefredakteur der ›Frankfurter Allgemeine‹, in seinem Leitartikel am 7. Mai
1955, als er sich mit dem »düsteren Tag der tiefsten Erniedrigung«
zehn Jahre zuvor befasste. Hier sind zentrale Elemente aufgefangen,
die anschaulich machen, wie die Deutschen der 50er Jahre auf ihre
»jüngste Vergangenheit« zurückblickten und auf den Mann, der
damals an der Spitze des »Dritten Reiches« stand. »Den Kampf,
den er, der Tyrann, dem deutschen Volke, gegen die Überzeugung
aller einsichtigen Militärs, aufzwang, wurde schließlich ein Kampf

gegen seine eigene Nation. Zu der unausbleiblichen Niederlage im verzweifelten Ringen mit einer Koalition der ganzen Welt trat die Schmach und die Schande, als die Sieger das deutsche Volk, der Wahrheit zuwider, mit einer Kollektivschuld belasten wollten, um es für alle Zeit zu ächten.«

Aber, so Dombrowski, »unser Lebenswille setzte sich, unbeirrt von allen widrigen äußeren Umständen, durch... Aus Deutschland, dem Niemandsland, schälte sich jetzt das Jemandsland heraus, auf das als politischen, militärischen und sozialen Damm sich der Westen zum Schutze der freien westlichen Welt plötzlich angewiesen sah.«

So paradox es klingen mag: Wer solche Leitartikel in der bürgerlichen Presse der 50er Jahre aufmerksam liest, kann sich lebhaft vorstellen, wie stark die Bewunderung und die Unterstützung waren, die Hitler und der teutonische Nationalsozialismus aus den Kreisen empfangen hat, die ihn nun als den alleinschuldigen Dämon darstellten.

Kapitel 2
Phantom und Hampelmann (1960–1972)

Adolf Eichmann, der Mann im Panzerglas-Schutzkäfig, wirkte auf viele Deutsche wie ein Gespenst, das ihnen im Wohnzimmer erschien. Wöchentlich zweimal sendete das Fernsehen nach der Tagesschau Ausschnitte aus der Gerichtsverhandlung in Jerusalem. Worum es da ging, wollte vielen Deutschen wie eine gruselige Sage aus grauer Vorzeit und einem fernen Land vorkommen. In der »Wirtschaftswunder«-Zeit folgte gerade nach der »Fresswelle« die »Reisewelle«. Angesagt waren bella Italia, Rimini, Jesolo, Spaghetti, Chianti und Amore. Während Luciano und Carlo hier malochten, lagen Hermann und Karin in ihren Urlaubstagen an südlichen Stränden.

Nun rückte den Deutschen ihre Hitler-Zeit wieder ganz nahe auf den Leib. Im Mai 1960 hatten israelische Geheimagenten Eichmann in Argentinien gekidnappt und im Flugzeug nach Jerusalem verbracht. Im April 1961 war Prozessbeginn, neun Monate später wurde das Todesurteil gesprochen, am 31. Mai 1962 wurde es am Galgen vollstreckt.

Mit Eichmann stand die systematische Ermordung der Juden und damit die Schande der Deutschen wieder auf den Titelseiten der Zeitungen in Europa und Übersee, wenn nicht gerade die heißen Gefahren des Kalten Krieges, die misslungene US-Invasion auf Kuba oder der Berliner Mauerbau die Schlagzeilen in Beschlag nahmen. Lange Artikel und Debatten über das Böse auf der Welt, die politischen Ursachen und moralischen Dimensionen. Auch in der Bundesrepublik erschienen ausführliche Berichte über den Holocaust, der damals allerdings noch nicht diesen Namen hatte. Im Mittelpunkt: Wie war das möglich? Und wer war schuld daran? Hitler ganz allein? Der Herrscher im Reich des Bösen und die Mord-Spezialisten von der SS? Die Nazis? Die Deutschen?

Nachträglich gesehen, wirkt die öffentliche Unruhe, die um die Jahreswende 1959/1960 ausgebrochen war, wie ein Präludium zum Thema. In deutschen Städten waren Synagogen mit Hakenkreuzen und antisemitischen Hetzparolen geschändet worden. Innerhalb weniger Wochen kam es zu über 700 ähnlichen Missetaten. Proteste im Ausland, erregte Debatten hierzulande. Politiker bekundeten ihre Scham, die Regierenden distanzierten sich mit Nachdruck, ein »Weißbuch« wurde herausgegeben, die Hälfte der Taten wurde als »Rauschtaten von Rowdys« bezeichnet, zugleich eine verbesserte Aufklärung in den Schulen angemahnt. Der Bundestag brachte ein Gesetz auf den Weg, das »Volksverhetzung« unter Strafe stellte.

Noch größere Dimensionen erreichte die Aufregung, die ein paar Monate später der Fall Eichmann bei der Bonner Regierung auslöste. Groß waren die Befürchtungen, dass bei dem bevorstehenden Prozess »führende Persönlichkeiten der Bundesrepublik« belastet werden könnten. Ein Krisenstab wurde etabliert, mit Vertretern aus diversen Ministerien, dem Kanzleramt, dem BND und dem Verfassungsschutz. Auch die Wissenschaft wurde eingebunden: Mitarbeiter des Münchner Instituts für Zeitgeschichte standen zu Diensten. Insgesamt – eine Art »Eichmann-AG«, die in engem Kontakt mit der nach Israel entsandten »Beobachter«-Delegation stand.

Im medialen Wettbewerb um das Eichmann-Thema lag 1960 der ›Stern‹ an der Spitze. Die Hamburger Illustrierte (damalige Auflage über einer Million) brachte im Sommer als Erste eine Reihe von großen, exklusiv bebilderten Artikeln über den, wie sie ihn nannte, »Vernichter der europäischen Juden«, der bis dahin als tot oder unauffindbar gegolten hatte, jedenfalls im öffentlichen Bewusstsein so gut wie nicht mehr existent war. Umso heller strahlten die Schlagzeilen: »So wurde Eichmann entführt« und »Eichmanns letzte Jahre«. Die Fanfaren der Eigenwerbung kündeten: »Die einzige Zeitung der Welt, die lückenlos die Nachkriegsgeschichte Eichmanns erzählen kann«. Die Quelle des Scoops wurde mit Bedacht verschwiegen und behauptet, es sei das Werk von »Reportern aus aller Welt«.

In Wirklichkeit war es wohl zunächst nur einer. Eigens von weit her angereist – Wilhelm Sassen, ein niederländischer Journalist, einst Propagandist der SS-Standarte »Kurt Eggers«. 1948 war er, in Holland und Belgien als »Kriegsverbrecher« verurteilt, nach Südamerika geflohen. Er lebte wie Eichmann in Buones Aires. Mit den nationalsozialistischen Gesinnungsgenossen, die sich nach dem Krieg in Argentinien, teils mit gefälschten Pässen, niedergelassen hatten, war er gut bekannt und warf sich für seine deutschen Kameraden weiterhin journalistisch ins Zeug. Eichmann hatte ihm in Dutzenden von Zusammenkünften seine Erinnerungen auf eine Reihe von Tonbändern gesprochen. Gleich nach dessen Entführung verkaufte der ehemalige SS-Leutnant ein daraus zusammengestelltes Manuskript »exklusiv« an die US-Illustrierte ›Life‹. Die zögerte zunächst, es zu veröffentlichen. Inzwischen war Sassen mit einer Kopie und dem Fotoalbum der Familie Eichmann von New York aus nach Hamburg weitergeflogen. Im »Pressehaus«, wo zwischen Alster und Elbe der ›Stern‹, der ›Spiegel‹ und die ›Zeit‹ ihre Büros hatten, wurde er schnell mit einem zweiten Vertragspartner handelseinig, mit seinem guten alten Bekannten Henri Nannen. Für ihn hatte er in den Jahren zuvor schon einmal eine Zeit lang als Südamerika-Korrespondent gearbeitet.

Die Eichmann-Story – »eine wahre Sensation«. Zumal für den ›Stern‹. Das zeigt anschaulich die Mammutserie, die unmittelbar zuvor dort vom Herbst 1959 bis ins Frühjahr 1960 hinein zu lesen war. Titel: »In Europa gingen die Lichter aus.« Die Werbung dafür lautete: »Was damals wirklich geschah. Ein kritisches, unverwischtes Bild des Zweiten Weltkriegs – die Symphonie unseres deutschen Schicksals«. Eine Aufführung mit Pauken und Trompeten, flott getextet und pompös bebildert. »Feldzüge« und »Kesselschlachten«,

Allianzen und Eroberungen, Bomben und Granaten, jede »Offensive« und »Gegenoffensive«, alles prächtig nachkomponiert. Aber nicht einmal eine Achtelnote fiel für Eichmann ab, keine Taktlänge für Auschwitz, geschweige für den ganzen Komplex der während der kriegerischen Symphonie exekutierten Mordtaten an Millionen Juden. Für den ›Stern‹ gehörte das damals nicht zur deutschen Geschichte. In den Kriegsjahren 1939–1945, »wie sie wirklich waren«, war dafür kein Platz.

Das Besondere daran ist, dass es nichts Besonderes war. Diese auch von der Regierung geförderte Art der selektiven Geschichtsdarstellung kennzeichnete vielmehr exemplarisch das renovierte Bewusstsein in diesen Jahren, an dem einzelne Anstrengungen, dagegen anzugehen, wenig änderten. Allgemein ließ man es gut sein. Vielen galt »die Sache mit den Juden« auch als »verrechnet« mit den eigenen Leiden, die man nicht vergessen konnte: die brennenden Städte, die Bombennächte, die »im Krieg gebliebenen« Verwandten, das Elend der Flüchtlinge und Heimatvertriebenen.

Selbstmitleid und Schuldabwehr kennzeichneten die Reflexe, als mit Eichmann der Holocaust in seinen ungeheuren Ausmaßen aus der Versenkung auftauchte. Dem ›Spiegel‹ schwante Unheil für Millionen von Deutschen: Wegen »der Israel-Zahlungen« seien es – neben dem »großnasigen Gamal Abd el-Nasser im unfernen Kairo« – die »bundesrepublikanischen Steuerzahler, die zu den eigentlich Leidtragenden des Eichmann-Prozesses gehören«. So ist es in der großen Titelgeschichte nachzulesen, mit der das Augstein-Magazin auf die Gefangennahme Eichmanns und das in Jerusalem bevorstehende Gerichtsverfahren reagierte.

Zwei Wochen zuvor hatte das Blatt schon einen großen Artikel über Eichmann gebracht, der sich schnell als orientalisches Märchen entpuppte. Demnach war der »Organisator des größten Judenmassakers aller Zeiten« in den Jahren nach 1945 Teilhaber einer Import-Export-Firma in Damaskus. Er sei oft als »Handlungsreisender auf Geschäftsreisen« gewesen, »die bis an die arabische Seeräuberküste am Persischen Golf führten«. Er habe

»viele Decknamen« benutzt, »wenn er auf Kamelrücken oder im Jeep über die Pisten strich: Brinkmann, Eckmann oder Hirth«. Von wem genau die Bauanleitung und die ausgeschmückten Details des Phantasieprodukts stammten, liegt im Ungefähren begraben. Im ›Spiegel‹ wurde nachträglich angedeutet, die Redaktion sei einem der zahlreichen, von »israelischen Dienststellen« gefütterten »Nachrichtenhändler« aufgesessen, der mitgeholfen habe, vom argentinischen »Eichmann-Raid« abzulenken. Ein klassischer »roter Hering« also, wie sie das in der Schlapphut-Branche damals nannten.

In der großen Titelgeschichte vom 15. Juni 1960 hat der ›Spiegel‹ dann, so gut es ging, an der Wirklichkeit entlang berichtet. Ausführlich ist hier der Fall des »derzeit prominentesten Häftlings der Welt« geschildert, mitsamt den Abgründen, die so lange damals noch nicht zurücklagen. In groben Strichen sind hier biographische Parallelen zwischen Eichmann und Hitler gezogen – beide im österreichischen Linz zur Schule gegangen, beide nicht vom »Typ nordische Edlinge«, beide ohne »Erfolg im bürgerlichen Leben«. Das infernale Trio Adolf Hitler, Heinrich Himmler (»Hitlers Chefhenker«), und Adolf Eichmann (»Hitlers Chefdirigent der Endlösung«) sowie eine Schar von »SD-Schergen«, »SS-Chargen« und »Führerkanzlisten« hätten die Verantwortung für die Ermordung von Millionen Juden zu tragen oder wie es der ›Spiegel‹ auch ausdrückte, ohne dass er es sich Anführungszeichen kosten ließ: für die Regulierung der Judenfrage.

»Die Sprache ist immer auf Verrat aus«, hat Rudolf Augstein später einmal konstatiert, als er über das Umfälschen der NS-Vergangenheit von Ernst von Weizsäcker schrieb, dem ehemaligen Staatssekretär im Auswärtigen Amt. In der Eichmann-Titelgeschichte im Sommer 1960 hat der ›Spiegel‹ selbst zwei anschauliche Beispiele für Augsteins Sentenz geliefert: »Die bundesrepublikanischen Steuerzahler als die eigentlich Leidtragenden« und »die Regulierung der Judenfrage«, beides ohne Gänsefüße. Verrät das eine die Gültigkeit vom Gesetz der modernen Wildnis, dass vor der Moral immer die Penunzen kommen, erscheint der distanzlos gebrauchte Fachausdruck aus dem Amtsdeutsch zu NS-Zeiten hier als Freudscher Versprecher, herausgerutscht aus dem Unterbewusstsein. Die 1000 Jahre der 12 Jahre NS-Zeit waren damals 15 Jahre vorbei, die Grundzüge der millionenhaften Mordpraxis bekannt, auch wenn man sie nicht zur Kenntnis hatte nehmen wollen. Nun, da Not am Ausdruck war, sprang das Deutsch von früher ein. Der im Hochsicherheitstrakt in Jerusalem festgesetzte Massenmörder drückte seinen Landsleuten aufs Gemüt. Wer kannte den schon? Bei den Nürnberger Prozessen gleich nach dem Krieg war er weder Angeklagter noch Zeuge, jedoch wiederholt als einer der Hauptverantwortlichen für den »Judenmord« benannt. Sein Verbleib war damals nur jenen bekannt, die ihn schützten, die Suche nach ihm nur pro forma, und als die deutschen Behörden wussten, wo er war, ließen sie es gut sein.

Diskretion war das ungeschriebene Gesetz beim Rückblick auf die eigene Vergangenheit. Auf einflussreichen Positionen und in wichtigen Ämtern saßen wieder genug, die zu Befürchtungen Anlass hatten. Und die anderen neigten dazu, nicht daran zu rühren. Die Bundesrepublik war um Anerkennung bemüht.

Das lässt sich auch daran ablesen, wie mit den ersten fundierten Gesamtdarstellungen des Holocaust in Deutschland umgegangen wurde. Das Buch des englischen Autors Gerald Reitlinger über die »Endlösung«, 1953 in London veröffentlicht (»The Final Solution. The Attempt to Exterminate the Jews of Europe«), diffamierten die Gutachter vom Münchner Institut für Zeitgeschichte, der staatlichen Forschungseinrichtung zur Aufarbeitung der NS-Diktatur, die sich in der Selbstdarstellung »unabhängig« nannte, als vorurteilsbeladen und »unwissenschaftlich« – einer deutschen Ausgabe nicht wert. Heute gilt es als Pionierstudie. Damals, in den Fünfzigern, stieß es auf massive Ablehnung, auch bei Otto Lenz, dem Staatssekretär im Bundeskanzleramt in Bonn. Zu dessen Hauptaufgaben zählte die »Öffentlichkeitsarbeit«, wie man die Propaganda für die Regierung nun nannte. Ein Druckzuschuss? Nein, eine Verbreitung des Reitlinger-Buches liege nicht im deutschen Interesse, antwortete der ranghöchste politische Beamte auf eine entsprechende Anfrage. Das Thema sei zudem mit dem deutsch-israe-lischen »Wiedergutmachungsvertrag« abgeschlossen, mehr könne der Staat dafür nicht tun.

Das Buch erschien schließlich 1956 – dank einer Intervention des Bundespräsidenten Theodor Heuss – doch noch in einer deutschen Ausgabe im Berliner Colloquium Verlag. Es trug nun allerdings einen Titel, der mittels eines vierfachen Genetivs ein gescheitertes Ein-Mann-Unternehmen imaginierte: »Hitlers Versuch der Ausrottung der Juden Europas 1939–1945«.

Ein eigens für die deutschen Leser verfasstes Vorwort geht auf Zehenspitzen um das Thema herum. Es enthält die damals üblichen Formeln: Wir wussten nichts von »der fürchterlichen Hinterlassenschaft Hitlers«. Die »Urheber und Akteure« hätten den »Kreis der Wissenden« sehr eng gezogen. Wir erfuhren als Letzte von »dem furchtbaren Geschehen«.

Wer hier so steinerweichend das Ungemach beklagte, das den Deutschen widerfahren, war ein hoch angesehener Repräsentant des damaligen Kulturlebens – der Schriftsteller Rudolf Hagelstange (1912–1984), Beirat auch in der 1949 gegründeten »Deutschen Akademie für Sprache und Dichtung.« Als Emissär der jungen Bundesrepublik in allen Erdteilen unterwegs, warb er für die abendländischen Werte »Humanität« und »Freiheit«. Das Sprachvermögen, auf das er dabei zurückgreifen konnte, hatte er in einem »Werdegang« erworben, der unter den deutschen Publizisten dieser Generation gang und gäbe war: im humanistischen Gymnasium, an der Universität mit dem Studium der Philologie, in der »Reichspresseschule« und während des Krieges in einer Propagandakompanie der Waffen-SS.

Als sie von »Hitlers Ausrottungsversuch« erfahren haben, da hätten die Menschen hierzulande, so ist in dem Vorwort zu lesen, wahrhaft einen Schock erlitten. Aber der Autor wusste Rat. Heilung sei in Sicht, das Rettende nah, Reitlingers Buch die rasch wirkende Medizin. Mit Nachdruck empfahl er die Lektüre – auch wenn das Buch von einem Engländer stamme.

Nach einem Halbtag Fegefeuer sei man durch und reich belohnt: »Der Deutsche, dem es ernst ist um die Würde und Ehre seines Volkes, kann dem in diesem Buche abgehandelten Komplex nicht ausweichen. Es sollte die Begierde seines Geistes, seiner Seele sein, sich für einige Stunden dem Sog täglicher Geschäfte zu entziehen und die düstere Fahrt anzutreten zu den toten Seelen von Millionen seinesgleichen, die unschuldig hingemordet wurden, weil ein Tyrann es befahl, der in unserem Namen zu handeln vorgab ... Die Seele unseres Volkes wird ihren Frieden nicht wieder finden können, ohne diesen Schattengang, der uns das Licht erst kostbar und rein machen wird, in dem wir gehen.«

Wie Schwaden aus einem Weihrauchkessel verdichten sich hier die Wörter zu einem Vorhang aus künstlich samtenem Nebel, hinter dem sich die Lebenslügen seiner Generation verbergen ließen. Der sakrale Tonfall, in der Literatur und den Feuilleton-Artikeln der 50er Jahre üblich, diente hier vor allem dazu, die Ungeheuerlichkeiten der Verbrechen in einer Sphäre von Schatten, Licht und Seelenheil aufzulösen. Der Dank des Vaterlandes war dem Nebelwerfer Hagelstange gewiss. Ganz offiziell: »Großer Verdienstorden mit Stern des Verdienstordens der Bundesrepublik Deutschland«.

Die zweite Holocaust-Gesamtdarstellung stammt von dem Historiker Raul Hilberg, der im Alter von 13 Jahren mit seinen Eltern aus Wien nach New York geflohen war. Erstmals 1961 in den USA veröffentlicht, gilt sein Buch mit dem Titel »The Destruction of the European Jews« heute in der Geschichtswissenschaft als Meilenstein. Der Freiburger Historiker Ulrich Herbert bezeichnet es als »eines der wichtigsten Bücher des 20. Jahrhunderts«. Der Droemer-Knaur-Verlag hatte sehr schnell nach dem Erscheinen die Lizenzrechte erworben, aber als bei der Übersetzung klar wurde, dass es die Deutschen waren, die das gemacht hatten, was im Titel stand, galt das Hilberg-Buch plötzlich als ein Eisen, das für die hiesige Öffentlichkeit zu heiß war. Signifikant, wie der Verlag seinen Rückzug von der Publikation begründete: Es könnte den Antisemitismus fördern.

Jahrzehntelang stieß das Buch, das mit der damals verbreiteten Vorstellung gründlich aufräumte, der Judenmord sei ein unter strenger Geheimhaltung exekutiertes Teufelswerk von Hitler und einer kleinen Verbrecherclique von durchgeknallten »Nazis« und Hilfswilligen aus aller Herren Länder gewesen, im Land der Täter auf Ablehnung. Sowohl bei den großen Verlagen als auch an den Universitäten. 1982 erschien schließlich in dem Berliner Kleinverlag Olle & Wolter eine gekürzte Ausgabe. Einem größeren Publikum kam das Buch erst 1990 vor Augen, als sich Walter Pehle vom Fischer Taschenbuchverlag seiner annahm: »Die Vernichtung der europäischen Juden«. Band 1, Band 2, Band 3.

Es gab damals in den 50ern durchaus von einzelnen deutschen Historikern einzelne Untersuchungen zu einzelnen Ereignissen und Personen, zu partialen Aspekten und Hergängen. Weder sie noch die Broschüren, die von der »Bundeszentrale für Heimatdienst«, einer Einrichtung der Bonner Regierung, zur »Massenvergasung« und zur »Endlösung« herausgegeben wurden, gelangten in das Zentrum der öffentlichen Wahrnehmung. Etwas mehr Beachtung fand das Buch »Der gelbe Stern«, in dem der Journalist Gerhard Schoenberner eine große Anzahl von Dokumenten und Fotografien zur »Judenverfolgung in Europa 1933–1945« zusammengetragen hatte (1960).

Das »Tagebuch der Anne Frank«, 1950 zum ersten Mal erschienen, war sogar ein Bestseller geworden. Es zeichnete eine Miniatur aus dem mörderischen Großunternehmen und war imstande, jene Betroffenheit hervorzurufen, die nicht nach einem näheren Wissen verlangt. Das Leben und der Tod des Frankfurter Mädchens, das mit seiner Familie zwei Jahre versteckt in einem Amsterdamer Hinterhaus leben musste und 1944, zuletzt doch noch entdeckt, nach Auschwitz und dann nach Bergen-Belsen deportiert wurde, wo es, kurz bevor das Lager dort von den englischen Soldaten befreit wurde, an Typhus starb, ging vielen deutschen Jugendlichen sehr nah. Dazu hat wohl auch das Vorwort in der Taschenbuch-Ausgabe (1955) beigetragen, in dem der Schriftsteller und evangelische Theologe Albrecht Goes unter Umgehung der konkreten Tatbestände der deutschen Mörderei »das Schicksal« vom Himmel redet, »das diesem Kind zugeteilt worden ist«, und davon schwafelt, dass »eine außerordentlich böse Zeit und ein außerordentlicher Mensch zusammenkommen mußten, um dieses Buch zu ermöglichen«.

Es galt, von den staatlichen Verbrechen des »Dritten Reiches« mit Anstand Abstand zu halten. Die Politiker der Regierung übten sich an den einschlägigen Kalendertagen in der Kunst, die Erinnerung anzumahnen, ohne konkret zu werden: nichts zu sagen, ohne zu schweigen. Heinrich Lübke (1890–1972) war darin ein großer Meister. Seit Gründung der Bundesrepublik in hohen politischen Ämtern, Minister in zwei Regierungsperioden, war er 1959 zum Bundespräsidenten gewählt worden, damals ein Mann von höchstem Ansehen, dessen markant dröge Sprechweise als untrügliches Zeichen seiner »Treu und Redlichkeit« galt. Erst Jahre später, einige Zeit nach seiner erneuten, von allen großen Parteien getragenen Wahl in das höchste Staatsamt, als Zweifel aufkamen, ob er seinen Aufgaben noch gewachsen sei, sah er sich in Auseinandersetzungen über den Grad seiner Mitwirkung im NS-Terrorsystem verwickelt.

Seine Mahnung zum Volkstrauertag 1960, ein halbes Jahr nach dem Eichmann-Coup: »Nicht durch Schweigen können wir mit der Last der Vergangenheit fertigwerden, sondern indem wir aussprechen, was geschehen ist.« Sagte es und verteilte weiße Salbe aus der christdemokratischen Deutschland-Apotheke. Groß lobte er die Wehrmachtssoldaten und ihre »Tugend des Gehorsams«. Die sei von »einem Hitler ausgenutzt« worden. Er erkannte sogar darin einen guten Kern: »Auch der schlimmste Mißbrauch vermag die Frucht sittlicher Bewährung nicht zu verderben.« Es endete in einem Aufruf zum »Gedenken« an rundum »alle Opfer des Krieges«, darunter auch jene »Menschen, die der Rassenhaß mordete«.

Der Rassenhass, die Menschenverachtung oder das Kriegsschicksal wurden damals in vielen Reden als Mörder genannt. Begriffe ohne Adresse, eingepackt in ein Raunen von »den düstersten Kapiteln in einer dunklen Zeit«. Was Wunder, dass vor dem Auftauchen Eichmanns der Mord an den Juden nichts war, was die Öffentlichkeit bewegte. Im Westen nicht, und im Osten nur als Bestandteil einer pauschalen Agitation im beschworenen »Kampf der Systeme«.

Die Attacken der DDR, bestückt mit den Tretminen der NS-Vergangenheit, um die herum in Bonn große Bögen gemacht wurden, zielten auf die Adenauer-Regierung. Selbst fühlte man sich in Ost-Berlin nicht tangiert. Da war der »Antifaschismus« vor – eine Art Staatsdoktrin, bezeugt von den Politikern, die unter dem Terror des NS-Regimes gelitten oder an der Seite der Alliierten im Kampf gegen Hitler gestanden hatten. Vom Faschismus sei in ihrem Land nichts übrig geblieben, »weder Stumpf noch Stiel«, wie es im Ausrottungsdeutsch der DDR-Regierung hieß. Wo immer ihre Wortführer hinkamen, verkündeten sie, bei ihnen sei »das Vermächtnis der deutschen Widerstandskämpfer erfüllt«.

Nazis, das waren die von der Gegenseite, die Klassenfeinde in der BRD. Dort in Bonn sah man die Knechte des Monopolkapitalismus wieder am Ruder, protegiert vom anglo-amerikanischen Imperialismus. Hitler ist, so brachten es die ostdeutschen Kinder von der Schule mit nach Hause, ein Westdeutscher gewesen. Seine Anhänger, »die Faschisten und Revanchisten«, legten es auf einen neuen Krieg an. Albert Norden, in der SED-Führung für Propaganda und die Aufarbeitung von NS-Verbrechen zuständig, erklärte auf einer internationalen Pressekonferenz: »Globke ist Bonns Eichmann«.

Theodor Oberländer, dem Bonner »Vertriebenen-Minister«, einst im NS-Reich in vorderer Reihe als Professor, SA-Offizier und Propagandist engagiert, hatten sie in Ost-Berlin wegen Kriegsverbrechen in der Ukraine in Abwesenheit den Prozess gemacht und ihn zu »lebenslänglich« verurteilt. Nun sollten weitere Mitglieder aus Adenauers Regierungsmannschaft auf die Anklagebank neben Eichmann gesetzt werden – insbesondere Adenauers Staatssekretär Hans Globke (1898–1973), ehemals amtlicher Interpret der Nürnberger Rassengesetze von 1935 und führend an der Selektion der deutschen Juden beteiligt. Damit wollte man die »Wesensgleichheit des Bonner Systems mit dem Hitlerfaschismus« aller Welt bildhaft dokumentieren.

Die alarmierte Bonner Regierung intensivierte ihre Verhandlungen mit den Vertretern des Staates Israel, wobei es vor allem darum ging, Globke aus dem Prozessverlauf herauszuhalten (und wie viel das wohl wert sei). Mit Bedacht war auch der Gedanke verworfen worden, eine Auslieferung des aus Argentinien entführten deutschen Staatsbürgers zu beantragen (die DDR-Behörden dachten nicht einmal daran). Es galt, den Schaden zu begrenzen. Dafür erschien der Adenauer-Regierung nichts zu teuer. Es war schon schlimm genug, dass der Mann, den die Deutschen nicht zurückhaben wollten, häufig per Television ihren Haushalten zugeschaltet war. Die Fernsehbilder des Angeklagten mit den Kopfhörern auf den Ohren in einem kugelsicheren Glas-Viereck des Jerusalemer Gerichtssaals sind heute signifikante Chiffren in den Jahreschroniken und Geschichtsrückblicken.

Vor Ort in Jerusalem waren damals, neben Agenten aus der BND-Garde, von denen einer als Korrespondent der »Deutschen Zeitung« getarnt war, auch eine ganze Reihe hauptberuflicher Journalisten von bundesdeutschen Zeitungen.

Den vorherrschenden Ton traf dabei punktgenau Starreporter Joachim Schwelien von ›FAZ‹. Seine Artikel vibrierten vor Entsetzen über die Schreckenstaten des »Bürokraten des Todes«, der für ihn die Verkörperung des Bösen war. Er sah den Mann »von einem Dämon getrieben, der vor den Augen der Lebenden keine Gestalt gewinnen will«. Aber die Stimme, die aus dem bösen Geist sprach, kam ihm wegen der in seinen Ohren österreichisch-bayerischen Klangfärbung bekannt vor. An manchen Stellen glaubten die Zuhörer, so Schwelien, »Hitler selbst zu vernehmen«. Bei Joachim Besser, für die ARD als »Sonderberichterstatter« in Israel, war es der »Jargon aus dem Wörterbuch des Unmenschen«, der einen ähnlichen Eindruck hervorrief: »Zuweilen schien es, als käme Hitlers Stimme aus dem Glaskasten des Gerichtssaals zu Jerusalem.« So war es zu erklären: Hitler höchstpersönlich. Adolf Eichmann-Hitler. Der Leibhaftige mit Bindestrich.

In der ›Bild‹-Zeitung (Auflage damals: drei Millionen) stand ebenfalls viel über »Hitlers wichtigsten Mann für die Judenvernichtung. Noch immer sei »dieses Thema« nicht vom Tisch. Denn »die Welt billigt auch nach fünfzehn Jahren uns Deutschen noch kein sanftes Ruhekissen zu. Wir müssen von dem Vorwurf gegen uns alle freikommen. Deshalb sollen SS-Mordspezialisten wie Eichmann sühnen. Deshalb.« Und: »Der Deutsche Adolf Eichmann, ein Teufel in Menschengestalt … hat im Namen Deutschlands gehandelt … Vergessen ist feige.«

Den Jerusalemer Prozess sei, so ›Bild‹, nicht nur für die Deutschen »unangenehm«. Die Zeitung entdeckte Leidensgenossen: Auch die jungen Israelis müssten »mit der Vergangenheit ihres Volkes fertigwerden« und damit, dass »sich ihre Väter und Mütter wehrlos von Eichmann in die Gaskammern treiben ließen«.

Der »Mann im Glaskasten«, wie er oft in der Presse genannt wurde, machte es den Deutschen im »Land der Täter« schwer, weiter die Augen zu verschließen. Unter der stereotyp beschworenen »Last der Geschichte« brachen Ausflüchte von großem Irrwitz hervor. Logik und Moral machten sich dünne, Schuld und Schande wurden bei Hitler/Eichmann abgeladen, dem Teufelsmonster mit den zwei Köpfen. Was übrig blieb, versuchte man in fremde Taschen zu stopfen, auch in die der Opfer und deren Nachkommen.

Das Ausmaß der Verwirrung ist auch im ›Spiegel‹ nachzulesen, der zum Beginn des Prozesses wieder ein Eichmann-Porträt auf dem Cover abbildete (12. April 1961). Was hier in der Titelgeschichte stand, leuchtete den meisten seiner Leser ein, offenbar auch der folgende Vergleich: »So wie Eichmanns Führer Adolf Hitler den Deutschen eine unbewältigte Vergangenheit hinterließ, so stattete Hitlers Exekutor Adolf Eichmann die zentraleuropäischen Juden mit einer schauerlichen Hypothek aus: Eichmann war es, der das System erfand und perfektionierte, Juden durch Juden liquidieren zu lassen.«

In extenso schrieb der ›Spiegel‹ über die Beteiligung der Juden an ihrer eigenen Ermordung. »Kollaboration« nannte es der ›Spiegel‹, wenn Juden, von den Deutschen entrechtet, kujoniert, in Ghettos gesperrt und mit dem Tod bedroht, den (letzten Endes meist vergeblichen) Versuch unternahmen, sich und andere zu retten. Großzügig wurden mildernde Umstände gewährt: Die jüdischen Organisationen, die dem SS-Offizier Eichmann in verzweifelter Hoffnung zugearbeitet haben, hätten aus einer tragischen Zwangslage heraus gehandelt.

Allerdings, »erfunden« habe »der Oberösterreicher Adolf Eichmann die Endlösung nicht«, konstatierte der ›Spiegel‹. Wer immer es gewesen sein mag, der »SS-Bürokrat« jedenfalls habe »weder die satanische Phantasie« besessen, »noch war er zu Kriegsbeginn in der Position, ein derartiges, trotz Dschingis Khan in der Menschheitsgeschichte unerhörtes Massaker vorzuschlagen oder zu befehlen.« Er habe »sich nicht die Hände blutig gemacht«, er sei nichts weiter gewesen als ein serviler »Kanzlist«, der auf das Konzept einer »deutsch-jüdischen Gemeinschaftsarbeit« setzte. Eichmann, so das Argument des Nachrichtenmagazins, »dünkte eine rein jüdische Exekutive am besten geeignet, jene drei Millionen Juden zu liquidieren, die mit der Eroberung Polens in den deutschen Herrschaftsbereich gefallen waren«. Wer das las, sollte wohl annehmen, dass die Ermordeten es den Mördern zu leicht gemacht hätten. Von da war es nicht viel mehr als ein Gedankensprung bis zu dem Vorwurf, der zu dieser Zeit nicht selten zu hören war: selber schuld.

Nicolas Berg (Jg. 1967) hat in seiner Dissertation (»Der Holocaust und die westdeutschen Historiker«, 2003) dem ›Spiegel‹ angekreidet, sich bei der Titelgeschichte von 1961 bei Hannah Arendt bedient zu haben, indem er deren »Reflexionen« zynisch zuspitzte und instrumentalisierte. In diesem Fall irrt der Historiker, der die einseitigen Ansätze prominenter deutscher NS-Forscher der 50er und 60er so hellsichtig unter die Lupe nahm. Der ›Spiegel‹ konnte das ganz von alleine, dafür brauchte er keine Vorlage und keine Eizes. Umgekehrt wird schon eher ein Schuh draus. Die Autorin, die selbst über einen gesunden Zynismus verfügte, schätzte zu dieser Zeit nachweislich das Blatt, und es spricht nicht wenig dafür, dass sie sich nicht nur Anregungen aus Hilbergs Buch, sondern auch in dem Hamburger Magazin geholt hat. Ihr Buch »Eichmann in Jerusalem: A Report on Banality of Evil« (Viking Press, New

York) erschien jedenfalls – genauso wie der Vorabdruck in der Wochenzeitschrift »The New Yorker« – erst 1963, also ganze zwei Jahre nach dem ›Spiegel‹-Stück. 1964 folgte dann die deutsche Ausgabe: »Eichmann in Jerusalem. Ein Bericht von der Banalität des Bösen« und wurde sogleich ein Bestseller. Was die Autorin nie erfuhr: Der Germanist Hans Rößner, der damals als Chef im Piper-Verlag das Buch betreute, war SS-Offizier im »Reichssicherheitshauptamt«.

Nach der Veröffentlichung schlugen der aus Deutschland vertriebenen Philosophin (1906–1975), die mittlerweile in den USA lebte, Wellen der Empörung entgegen. Ihr Buch führte zu erregten Debatten mit weit gespannter Resonanz. Sie entzündeten sich hauptsächlich an zwei Thesen, die nicht nur vielen jüdischen Intellektuellen in Israel und aller Welt als überspitzte Provokationen erschienen.

Zum einen war es die Charakterisierung Eichmanns, den sie als beflissenen Jedermann ohne besondere monströse Merkmale schildert, nicht viel mehr als ein Glied in einer Befehlskette. In ihren Augen war er ein »wichtigtuerischer Hanswurst«, »unfähig zum Denken«, »vollgestopft mit Sprüchen«, fest verankert in genau den gleichen Klischees von »Verlogenheit, Dummheit und Selbsttäuschung«, die in der NS-Zeit die Vorstellungswelt von »80 Millionen Deutschen« bestimmten. Niemals sei er »Antisemit« gewesen, immer jedoch »Idealist«, behauptete der Angeklagte vor Gericht. Was inzwischen von der Forschung freigelegt wurde, zeigt von Eichmann ein völlig anderes Bild: ein überaus planvoller, effektiver Organisator, angespornt von einem immensen Ehrgeiz und einem mörderischen Antisemitismus, weit mehr als ein Rädchen im großen Getriebe des Holocaust.

Zum anderen – und dies war wohl die noch größere Provokation – war es Arendts harsche Kritik an den jüdischen Funktionären. Für das, was sie »die Rolle der jüdischen Führer bei der Zerstörung ihres eigenen Volkes« nannte, konnte sie kein Verständnis aufbringen. Mit Nachdruck bemängelte sie, dass in dem Jerusalemer Prozess das »wahrhaft erstaunliche Maß an Kooperation der jüdischen Funktionäre mit den Nazis in Amsterdam wie in Warschau, in Berlin wie in Budapest« nicht zur Sprache kam. Ohne die

Schuld der Deutschen um ein Jota zu verkleinern, beklagte sie die »Fügsamkeit der jüdischen Behörden, die Fügsamkeit der Opfer« überhaupt.

So groß die Aufregung war, die Arendts Eichmann-Buch 1963/64 auslöste, so gering war zwei Jahre zuvor die Resonanz, die von der ›Spiegel‹-Darstellung hervorgerufen wurde. Obwohl das Nachrichtenmagazin in zentralen Punkten sehr ähnliche Thesen vortrug, ist kein Protestschrei, kein Diskussionsbedarf, kein Rauschen im Blätterwald zu registrieren. Still ruhte der See des narkotisierten Gewissens. Das zustimmende Nicken machte kein Geräusch.

Auch beim Stammpublikum (damalige Auflage: 400 000) scheint keinerlei Nerv getroffen worden zu sein. Die Titelgeschichten unmittelbar davor (zu den Ambitionen des deutschen Verteidigungsministers Franz Josef Strauß) und unmittelbar danach (zum Plädoyer des deutschen Bundestagsvizepräsidenten Richard Jäger für die Wiedereinführung der Todesstrafe) riefen ein unvergleichlich größeres Leserbrief-Echo hervor.

Die gerade mal vier abgedruckten Leserbriefe zur Eichmann-Titelgeschichte geben wohl in Zahl und Tendenz die Haltung der wenig interessierten Öffentlichkeit wieder: Zwei davon waren nichtssagend, der dritte bilanzierte die Tendenz des Artikels sarkastisch: »Nicht die Nazis – die Juden selbst waren die Teufel.« Und der letzte stammte von der österreichischen Botschaft in Bonn. Sie hatte in der ›Spiegel‹-Suppe ein Haar gefunden – den »Oberösterreicher«. Der Presse-Attaché legte Beschwerde ein: »Das stimmt nicht.« Eichmann habe dort in diesem Landesteil nur gelebt und gewohnt, gebürtig sei er im westdeutschen Solingen. (Längst hatten es die Österreicher geschafft, sich zu den ersten Opfern der deutschen Invasoren zu stilisieren. In ihrer nationalen Geschichtslegende war kein Platz für einen »Nazi«, ob groß oder klein, ob Führer, Judenhasser oder Hausmeister.)

Auch wenn es Arendt bei ihrem »Bericht« nicht in den Sinn gekommen ist, den Fundamentalunterschied zwischen »Opfern« und »Tätern« zu verwischen, ihre Vorwürfe an die Adresse der »Judenräte« und deren »Mitarbeit am eigenen Untergang« sind teilweise überscharf formuliert. Aber wenn zwei das Gleiche schreiben, ist es eben noch lange nicht dasselbe. Sie war der Mordmaschinerie des deutschen Staates entkommen. Das Nachrichtenmagazin hingegen gehörte mit seinen Redakteuren zur Erbengesellschaft ebendesselben.

Geteiltes Leid, halbes Leid. In vielen Zeitungskommentaren von damals ist die Absicht zu erkennen, alle Schuld auf einen einzigen – oder auf ein paar wenige – zu schieben und die Deutschen insgesamt in eine Reihe mit den Nachfahren der Hingemordeten zu stellen. Deutlich ist dies auch bei Werner Höfer (1913–1997) nachzulesen, dem politischen TV-Matador Nummer eins der damaligen Jahre, ein Mann von beschwiegener Vergangenheit und fescher, bei farbigen Gesprächspartnern auch herablassender Eloquenz, wenn es sich um Tagesaktualitäten drehte. Er warnte inständig davor, nun »aufs neue die ganze Nation zu verurteilen«. Als Starautor der »Neuen Illustrierten« beschwor er die Versöhnungsbereitschaft in der jungen Generation mit einer verblüffenden Analogie: Die Deutschen und die Juden hätten in der NS-Zeit »zwischen HJ und KZ – jeder auf seine Weise – daran glauben müssen«.

Das Verlangen nach einer Art moralischer Güteregelung zwischen Deutschen und Juden verknotete sich zu makabren Gedankengängen: Wir alle, Deutsche wie Juden, sind Opfer. Auf die eisernen Ketten des Terrors sollte das grüne Band der Sympathie folgen. Waren nicht sowohl die einen wie die anderen von jeweils einem einzelnen Bösewicht heimgesucht worden? Vorne hießen beide Übeltäter Adolf, hinten der eine Hitler, der andere Eichmann.

Ähnlich verzerrend wirkt, was die Bonner Regierung am 16. April 1961 offiziell zur Eröffnung des Prozesses in Jerusalem erklärte: »Das freie Deutschland hat selbst dem Henker seinen Blutzoll entrichten müssen, es vermag sich selbst nur zu gut in die Lage der Opfer Eichmanns zu versetzen.«

Etwa zur gleichen Zeit sprach sich Bundespräsident Lübke für die »Wiedergutmachung« aus, nicht ohne eindringliche Belehrungen damit zu verbinden: »Die Vernichtung des jüdischen Volkes in

Europa« sei »unter Mißbrauch des Namens des ganzen deutschen Volkes organisiert worden«, und zwar »nur von wenigen Rädelsführern«. Man müsse »diese tragische Rolle, die unserem Volk aufgezwungen wurde, erkennen und verstehen«, mahnte er vom Rednerpult herab die in der Frankfurter Paulskirche zur »Woche der Brüderlichkeit« vor ihm Versammelten, darunter auch die Vertreter der jüdischen Gemeinden, denen es durch glückliche Umstände gelungen war, mit dem Leben davonzukommen.

Vielen, die sich als Deutsche zu Unrecht an den Pranger gestellt sahen, ging das, was Lübke sagte, runter wie Öl – es sei »doch die Wahrheit«. Etwa, wenn er ausführte: »Das volle Bild der historischen Wirklichkeit« ist erst zu gewinnen, wenn wir uns klarmachen, »wie sehr unser Volk im Ganzen selbst in Mitleidenschaft gezogen worden ist.« Es sei »durch die äußere und innere Not so geschwächt und ratlos geworden, daß es Hitlers Täuschungsmanövern und Verführungskünsten leicht erlag. So wurde es als mitschuldiges Werkzeug der totalitären Herrschaft zusammen mit deren unschuldigen Opfern in ein gemeinsames grausames Schicksal verstrickt.«

»Wiedergutmachung«? Wenn es sein muss. Aber am liebsten, so kann man aus den Reden der in Bonn Regierenden heraushören, hätte man eigentlich auch eine für die Deutschen beansprucht. Nur von wem? Die anderen Völker zeigten da schrecklich wenig Einsicht.

Angesichts des Tribunals in Jerusalem wurde wiederholt darum gebeten, dass doch auch das liebe Ausland die deutsche Geschichte differenziert betrachten möge. Das Bundespresseamt ließ im April 1961 verlauten: Zwar seien die »entsetzlichen und grauenvollen Verbrechen von Hitler und seinen Gefolgsleuten im deutschen Namen verübt worden«, aber »um der Gerechtigkeit willen müssen wir gerade in diesen Tagen darauf hinweisen, daß es grundfalsch ist, Nationalsozialisten und Deutsche gleichzusetzen«.

Im deutschen Namen. Es war Konrad Adenauer, ein anerkannter Gegner des Nationalsozialismus, der einst die wolkige Formel in die regierungsamtliche Sprache aufnahm, als er 1951 bei den Verhandlungen mit Israel von den »unsagbaren Verbrechen« sprach, die »im Namen des deutschen Volkes« begangen worden sind. Seitdem ploppt die Phrase fast bei jedem Gedenkredner hoch, wie eine Blase aus dem Schlamm der abgelagerten Ressentiments: Wir jedenfalls waren es nicht, weiß der Geier, wie diese Unmenschen an unseren Ausweis und unseren Namen gekommen sind.

»Das deutsche Volk und der Hitlerismus«, wählte das regierungsamtliche »Bulletin« damals als Überschrift für einen Beitrag, in dem dichotomisierend dargestellt ist, dass dazwischen Welten lägen. Nordpol, Südpol. Himmel und Hölle. Als »Hitlerei« hatten manche schon in der Weimarer Republik den ganzen braunen Zinnober bezeichnet.

Im August 1961, als die Ost-Berliner Regierenden zur Abgrenzung nach Westen die Mauer hochzogen, ließ das öffentliche Interesse wieder etwas von Eichmann ab. Hitler aber gewann an Präsenz noch hinzu. Sein Schreckensbild wurde jetzt brüderlich geteilt. Westdeutsche und Ostdeutsche stellten ihn in den Dienst der Propaganda, mit ihm hatten die beiden deutschen Staaten einen Dreschflegel, um aufeinander einzuschlagen.

Ulbricht, der Chef hinter dem »antifaschistischen Schutzwall«, schwang in seiner Rhetorik mit Vorliebe die Hitler-Keule. Den Bundeskanzler titulierte er als den »Hitler unserer Tage«. In den Parteizeitungen war zu lesen: Die westdeutschen »Demagogen« hetzten das Volk auf und bedrohten den Frieden, »genau wie Hitler es gemacht hat«. Dagegen müsse sich »der Arbeiter- und Bauernstaat« schützen, denn er sei, wie es märchenhaft aus seinem Blätterwald schallte, »die Heimstatt des Guten, Schönen und Fortschrittlichen in der deutschen Geschichte«.

Schrill tönte es auch im Westen. Der ›Stern‹ brachte eine Halbjahresserie über »Ulbricht, des Kremls Kreatur und die roten Kapitel der deutschen Geschichte«. Unter der Überschrift »Vor Gefreiten wird gewarnt« sind dort Ulbricht und Hitler in einen Sack gesteckt. Zuvor hatte schon das Bundespresseamt in einer offiziellen Verlautbarung Ulbricht als den »roten Hitler« markiert. Der

»Wiedergänger« war gut zu Fuß. »Hitler marschiert in der Sowjetzone« – so brachte es der Titel einer Werbebroschüre für die Bundeswehr auf den Punkt.

Zur gleichen Zeit zitierte die ›Bild‹-Zeitung, die im Kielwasser der Eichmann-Prozess-Artikel auch über andere »grausige Massenmörder des SS-Regimes« berichtete, fast täglich die »roten Nazis« in der »Zone« vor das Volksgericht ihrer Leser. Ulbricht, so hieß es da, »errichtet ein KZ nach dem anderen« und »regiert mit brutalem Terror wie zu Hitlers Zeiten«.

In der DDR reichte die Maßgabe der Staatspartei aus, um in der Öffentlichkeit keine Diskussion über das Hitler-Erbe aufkommen zu lassen. In der Bundesrepublik trugen die Versuche, ihn nach drüben abzuschieben, nolens volens dazu bei, die Debatte weiter anzufachen, wie mit Hitler und der unliebsamen Vergangenheit umzugehen sei. Wunschvorstellungen nach einem Schlussstrich unter dem Ganzen konkurrierten mit aufrichtigen Anstrengungen, sich der eigenen Geschichte zu stellen.

Das verhalf einem Wort zu einer steilen Karriere – der »Vergangenheitsbewältigung«. In den 50er Jahren aufgekommen (Theodor Heuss, Theodor W. Adorno, Hermann Heimpel werden am häufigsten genannt, wenn der Urheber gesucht wird), klang das schillernde Wortgebilde pädagogisch, politisch, verwaltungstechnisch und seelenärztlich zugleich. Es war beliebig auszudeuten und zu instrumentalisieren. Wem damals die »Vergangenheitsbewältigung« missfiel, dem klang der Begriff wie ein Furz aus einem getretenen Hintern. Aber die meisten hörten dabei die Glockenmelodie der Zukunft. Ihnen gefiel die Vorstellung, fortan mit einer Vergangenheit zu leben, die sich gewaschen hatte.

Auch in der DDR war das Wort präsent. Verbunden mit der Illusion, man habe es schon fast hinter sich gebracht. Federführend war die Kulturelite, allen voran die »Meister des Wortes«, wie die Schriftsteller bei den Parteirednern hießen. In einer »Erklärung der Deutschen Akademie der Künste«, vorgetragen am 30. Mai 1962 von Stephan Hermlin, wurde verordnet: »Es ist die Pflicht der ganzen Nation, die Vergangenheit sorgfältig zu prüfen, schonungslos nationale Selbstkritik zu üben, aus ihrer Geschichte die richtigen Folgerungen für die Zukunft abzuleiten. Das allein heißt Vergangenheit bewältigen.«

Übersetzt man das aus der Sprache des teutonisch-sozialistischen Stechschritts in die damalige DDR-Wirklichkeit, so klingt es wie eine Anordnung, die Geschichte auf Vordermann zu bringen. Das Alte hatte sich nach dem Neuen zu richten. Vergangenheit nach Plan. Wenn Erinnerungen nicht mit der »historischen Wahrheit« übereinstimmten, waren sie »falsch« und durften nicht verbreitet werden. Im nach eigenem Verständnis »einzig rechtmäßigen deutschen Staat« regelte die SED die »Bewältigung«, orientiert am Katalog der »geschichtlichen Gesetzmäßigkeiten«. So ging es dahin, im Sauseschritt, »den Wind der Weltgeschichte in den Segeln«, wie es die an Marx und Engels geschulten Dichter zu sagen pflegten.

O Vergangenheitsbewältigung, wie deutsch sind deine Blätter. Im Osten musste sie sich in einer Linie einreihen, parieren und die vorgeschriebene Haltung einnehmen, im Westen durfte sie herumflattern, solange sie nicht über die Stränge schlug. In den Dienst der Regierungen gestellt wurde sie da wie dort, bei gegebenen feierlichen Anlässen mit aufs Podium geholt.

In der Bundesrepublik schien sie ein nationales Projekt zu bezeichnen, an dem mitzuwirken als vornehme Pflicht galt, ohne dass jemand genau wusste, wie. Die Hauptachse des Rades, das sich ohn' Unterlass zu drehen begann, war wohl das Verlangen, nicht mehr schief und scheel angesehen zu werden. Nicht zuletzt auch, die Summen niedrig zu halten, die für Entschädigungen und »Wiedergutmachungen« anstanden. Damals begann, was über Jahrzehnte hinweg diesem Unternehmen die äußere Gestalt und den inneren Antrieb gab. Nach und nach den Zeitläuften angepasst, verbreitert und differenziert, bot es Platz für alle und alles.

Die Motivationen des Staates und der mit ihm verbundenen Organisationen und Einrichtungen ließen sich auf einen Nenner bringen: Man wollte Schaden abwenden – von sich, von uns, vom Volk. Dem fühlten sich auch diejenigen verpflichtet, die für die Verwaltung der deutschen Geschichte zuständig waren – die akademische »Zunft« (wie insbesondere die Geschichtswissenschaftler ihre Berufssparte immer noch gern nennen) der Historiker und Politologen.

Da ist wohl in erster Linie ein Name zu nennen: Hans Rothfels (1891–1976), der als »Integrations- und Legitimationsfigur der deutschen Nachkriegshistoriographie« in den Annalen der Geschichtswissenschaft steht. Seine Hochschullehrer-Karriere begann in der Weimarer Republik. 1926 zum Professor im ostpreußischen Königsberg ernannt, gehörte er zu den Spitzen der nationalkonservativen Bastion an der dortigen Universität, die sich als »Vorposten des Reiches« verstand. In der Vaterlandsliebe ließ er sich von niemandem übertreffen. »Schwarz-Weiß-Rothfels« nannten ihn die Studenten. Damals hoffte er, mit Hitler könnten die Deutschen die Hegemonie in Europa erlangen und ein großes, mächtiges Reich aufbauen. Zu seinem Bedauern ließen die ihn nicht mitmachen. Wegen seiner jüdischen Herkunft wurde er 1935 in den Ruhestand expediert. Sein Antrag auf eine Ausnahmeregelung wurde trotz der Befürwortung hochrangiger NS-Funktionäre 1936 endgültig abgelehnt. Schließlich musste er aus Deutschland fliehen. 1939 landete er in England, 1940 in den USA.

Als der große Deutschland-Plan zerfetzt war, gewann Rothfels, inzwischen Dozent an der Universität in Chicago, in der Fachwelt und bei den Politikern in Westdeutschland rasch wieder an Reputation und Autorität. Mit dem Buch »Die deutsche Opposition gegen Hitler« (1948) zeigte er, dass er den Deutschen die Vertreibung nicht übel genommen hatte.

Für Rothfels waren es nicht die Deutschen, die ihn verjagt hatten, sondern »dunkle Kräfte, die den Bodensatz jeder modernen Gesellschaft bilden«. Seine früheren Uni-Kollegen, die sich nach dem Krieg ihr Verhalten im »Dritten Reich« schönredeten, konnten ihm nur zustimmen, wenn der Geschichtsprofessor unter den »Nazis« viele ausmachte, die es nur »nominell«, quasi pro forma oder zum Schein gewesen seien, oder, wenn es dann sein musste, aus Opportunismus. Die »echten Nazis« rechnete er einer »Kloake«

zu, »deren Freisetzung nackte Barbarei bedeutete«. Gegen diesen »Menschenschlag« stand die Opposition, die »deutsche Opposition«. In ihr sah er Idealisten »einer moralischen Elite« am Werk – vereint in der »Auflehnung des Menschlichen gegen das Untermenschliche«.

Das waren Ansichten, die bei allen, die sich um ihren guten Ruf und den der Nation sorgten, gut ankamen. Wer einen Neuanfang suchte – egal, wo und wie er vor ein paar Jahren überall »mitgemacht« hatte –, war überaus angetan von dem, was da zu lesen war: Deutschland sei ab 1933 quasi ein von Barbaren »besetztes Land« gewesen, und das ganze Volk mehr oder minder »in Opposition« – ringsum »Widerstand«.

Wie Rothfels dozierte, waren viele honorige Leute, weit mehr als gemeinhin bekannt, besonders aus den national und konservativ eingestellten Kreisen, der Opposition zuzurechnen. Ausdrücklich zählt er den »echten preußischen Militarismus« dazu, der »eine Schranke gegen nationalistische und demagogische Ausschreitungen« gebildet habe. Daran ist zu erkennen, dass bei Rothfels der wissenschaftliche Duktus in eine Art romantischer Verklärung übergehen konnte, ohne sich von der Realität aufhalten zu lassen.

Eines der Hauptwiderstandsnester habe sich in der Berliner Wilhelmstraße beim »Auswärtigen Amt« des NS-Regimes befunden, namentlich in der »Gruppe unter Führung des Staatssekretärs Ernst von Weizsäcker«. Im hohen Ton der Geschichtsphilosophie beschrieb er »die Männer der deutschen Opposition als Bannerträger inmitten des Chaos«. Denn, so zitierte er aus einem hagiographischen Text von Marion Gräfin Dönhoff, den diese 1946 »den Freunden zum Gedächtnis« verfasst hatte: »Sie waren weit mehr als nur die Antipoden von Hitler und seinem unseligen System; ihr Kampf ist neben der aktuellen Bedeutung für das Zeitgeschehen unserer Tage auf einer höheren Ebene der Versuch gewesen, das 19. Jahrhundert geistig zu überwinden«.

Im Rothfels-Buch kommt der Millionenmord an den Juden nur indirekt vor, viel ist von »Drangsal«, von »Verfolgung« und »Tyrannei« die Rede. Für die »Grausamkeiten in den Lagern« machte

Rothfels nicht die Deutschen verantwortlich, mit Ausnahme derer, die zu jenem »Menschenschlag der dunklen Kräfte« gehörten, der, »erzeugt von der modernen Massenzivilisation«, in allen Nationen zu finden sei. Viele der »Folterknechte« stammten aus anderen Ländern – das dürfe man nicht vergessen, mahnte der Professor. Letzten Endes habe es sich um einen »Vernichtungsfeldzug Hitlers gegen das deutsche Volk« gehandelt. All dies würde eine bei den Siegermächten verbreitete »Politik des Hasses und der Rache« nicht berücksichtigen.

Nach Deutschland zurückgekehrt, lehrte Rothfels an der Universität in Tübingen. Gerühmt als Autorität und Nestor des neuen Fachs »Zeitgeschichte«, scharte er junge, ambitionierte Historiker um sich. Zum »Rothfels-Clan« zu gehören galt als hohe Auszeichnung. Bundesweit machte er Schule, bestimmte maßgeblich Tenor und Themen.

Unter den ersten Studenten, die er examinierte, war 1951 Martin Walser, der heute den Ruf genießt, »unser Nationaldichter« zu sein, und als »deutscher Schriftsteller schlechthin« auf den Feuilletonseiten gefeiert wird. Damals studierte Walser in Tübingen Germanistik und arbeitete gleichzeitig als Radiojournalist. Bevor er das Rigorosum im Nebenfach Geschichte bei Rothfels ablegte, hatte er zu dessen Buch für den Süddeutschen Rundfunk schon eine Besprechung angefertigt, die sich wie eine Verneigung liest: Der Autor räume die »plakathaften Legenden« über »die Vorgänge in Deutschland« beiseite. Er beweise »durch gründliche wissenschaftliche Arbeit« der »Weltöffentlichkeit«, dass es in Deutschland in den zwölf Jahren des NS-Regimes eine breite »Front der Anständigkeit« gegeben habe. Ein formvollendeter »Diener« beschließt die Rezension: »Man darf Professor Rothfels dafür ganz offen danken.«

Danken, bei uns ist das ein illustres Wort mit Vergangenheit bis hinter die Kantaten von Johann Sebastian Bach, nicht selten wohnen ihm höhere Weihen inne. Ein Freund von mir hat in den 50er Jahren eine literaturwissenschaftliche Dissertation geschrieben, die den Titel hatte: »Die Haltung des Dankes und ihre Bedeutung im Denken und Dichten Hölderlins«. Im »Dritten Reich« hieß es von früh bis spät: »Führer, wir danken dir.« Der Dank von unten nach oben ist hierzulande zeitlos und schlägt in manchen »Danksagungen« zu Beginn von geschichtswissenschaftlichen Dissertationen heute noch Purzelbäume mit eingesprungenen Bücklingen.

Klar, man wusste auch in der Nachkriegszeit ohne großen Hintersinn, wo unten hineinzugehen war, um oben herauszukommen. Viel interessanter ist jedoch, dass das gute Zeugnis, das der Student dem Professor ausstellte, auf die Sorge Walsers um »sein Deutschland« verweist. Wie er sich als 17-Jähriger 1944 zu den Gebirgsjägern gemeldet hatte, um das Vaterland zu verteidigen, so sprang er jetzt wieder in die Bresche, als er sich und die Deutschen zu Unrecht immer noch in ein schlechtes Licht gerückt sah. Dieses vaterländische Grundempfinden blieb ihm ein Leben lang, auch wenn er zwischendurch auf seinen politischen Wanderungen kommunistisches Gelände durchquerte. Im Alter ist er in diesem Punkt längst wieder bei sich.

Fraglos entsprach Walsers über das Radio ausgestrahlte Danksagung der Stimmung, die damals unter den Studenten und Lehrern an den Universitäten verbreitet war. Die Rothfels-Thesen waren Balsam für alle, die sich »nach der Katastrophe« als Übeltäter und Verlierer der Geschichte abgestempelt fühlten. Für sie bürgte nun ein Professor mit jüdischen Vorfahren, mit amerikanischen Verbindungen und mit der ihm gönnerhaft attestierten Fähigkeit zu »gründlich wissenschaftlicher Arbeit«. Da könnte es die Welt doch einfach mal zur Kenntnis nehmen: Nazis und Deutsche waren Gegensätze. Mehr noch: Hitler habe versucht, das deutsche Volk zu vernichten.

In den Folgejahren setzte Rothfels ex cathedra und als Mitglied einschlägiger Gremien die Leitlinien der neu etablierten Fachrichtung – die staatliche Grundordnung fest im Auge (dieses Mal die demokratisch-parlamentarische, kleindeutsche) und der Bundesregierung stets zu Diensten. Zu seiner herausragenden Position trug auch die enge Verbindung zum Münchner Institut für Zeitgeschichte bei. Zusammen mit Theodor Eschenburg war er 25 Jahr lang der erste Herausgeber der Zeitschrift, die im Auftrag dieser von Bund und Ländern getragenen Forschungseinrichtung erscheint, den ›Vierteljahrsheften für Zeitgeschichte‹ (VfZG). Diese Publikation hatte sich rasch den Ruf eines herausragenden, unabhängigen »Zentralorgans« der historischen Bearbeitung des Nationalsozialismus erworben.

Herausragend war sie damals sicher (und ist sie heute wieder), dass sie wirklich unabhängig war, allein der wissenschaftlichen Objektivität verpflichtet, wie ihre Herausgeber behaupteten, glaubten nur die, die es wollten und sich mit dem Anschein zufriedengaben. Wenn ihre Interessen auf dem Spiel standen, wusste die Regierung sehr wohl ihren Einfluss geltend zu machen. Anschaulich illustriert dies der 1961 unter dem Rubrum »Dokumentation« veröffentlichte »Lösener-Bericht«, der von Walter Strauß lanciert wurde, Staatssekretär im Bonner Justizministerium und zugleich Kuratoriumsmitglied im Münchner Institut für Zeitgeschichte. Er zeugt einmal mehr von der Intention, Hitler als isolierten Ausnahmefall darzustellen und von denen abzugrenzen, die für das Regime gearbeitet haben. Den Bericht hatte Bernd Lösener, der als »Rassereferent im Reichsinnenministerium« an der Ausformulierung der »Nürnberger Gesetze« von 1935 beteiligt war und nach dem Krieg seine Beamtenkarriere auf hohem Niveau fortsetzte, primär zur eigenen Weißwaschung, zwei Jahre vor seinem Tod (1952) verfasst.

Auf die bei Veröffentlichungen ähnlicher Art übliche quellenkritische Kommentierung wurde in den »Vierteljahresheften« verzichtet. Das hätte die Glaubwürdigkeit des »sehr persönlichen Dokuments«, eines, wie es in der Einführung heißt, »Rechtfertigungsberichts von großem sachlichen Interesse« nur beschädigen können. Es ging wohl im Zeichen des Eichmann-Prozesses und der Angriffe gegen Globke vor allem darum, den von der Regierung gewünschten Eindruck zu konfirmieren, die »Rassengesetze«, die heute als »Wegweiser zum Holocaust« angesehen werden, seien keineswegs im Beamtenapparat vorbereitet worden, sondern direkt dem »urplötzlichen Willen des Führers« auf dem »Nürnberger Reichsparteitag der Freiheit« entsprungen – einer dieser berüchtigten Hitlerschen Übernacht-Einfälle.

In dem Text wird versichert, dass insbesondere Globke gar nichts damit zu tun gehabt habe, schon weil er, obgleich in der gleichen Abteilung arbeitend, »sachlich gar nicht zuständig« gewesen sei. Überhaupt ist in dem Bericht vielfach vermerkt: Die Verwaltungsbeamten bis hinauf zum Staatssekretär haben alles nur Erdenkliche getan, ihn, Lösener, in den NS-Jahren dabei zu unterstützen, diskreten, aber wirkungsvollen Widerstand zu leisten und Gesetze, Verordnungen, Maßnahmen »abzumildern«, wo es nur eben ging. Die Lösener-Version, ein kleines, aber signifikantes Mosaiksteinchen in dem Großunternehmen »Vergangenheitsbewältigung«, blieb über Jahrzehnte bei diesem Thema bestimmend, bis im 21. Jahrhundert die Historikerin Cornelia Essner etwas aufmerksamer hingeschaut hat (»Die Nürnberger Gesetze oder Die Verwaltung des Rassenwahns«, 2002). Und nun im Jahre 2015 wird von den ›VHZG‹ angekündigt, man wolle tatsächlich untersuchen, ob da die Regierung eventuell nicht doch Einfluss genommen habe.

Rothfels nahm ausdrücklich das »Wächteramt« für die von ihm geprägte »Zeitgeschichte« in Anspruch. »Rothfelsianer« wie Werner Conze und Theodor Schieder, die ihn schon in Königsberg als geistige Vaterfigur verehrt hatten, zählten über Jahrzehnte zu den einflussreichsten Historikern und Geschichtspolitikern der Bundesrepublik. Von denen, die Rothfels als »wissenschaftliche Hilfskräfte« dienten, gelangten nicht wenige später als Professoren zu Amt und Ansehen: neben anderen auch Hans Mommsen und Gotthard Jasper.

Auch Waldemar Besson (1929–1971) gehört in diese Reihe. Er war fünf Jahre lang Assistent am Tübinger »Rothfels-Lehrstuhl«. Danach wurde er Professor für Politikwissenschaft an der Uni Erlangen, Mitte der 60er wechselte er an die neu gegründete Universität in Konstanz. Unter den akademischen Vergangenheitsbewältigern nahm er einen vorderen Platz ein.

Besson ist den sogenannten »45ern« zuzurechnen, jenen Jahrgängen, die auch mit Etiketten wie »Flakhelfer-Generation«, »Hitler-Jugend-Generation« oder »Pimpfen-Generation« belegt werden.

Es waren Männer, die den Krieg in jungen Jahren miterlebt hatten, als Kind noch oder schon als Soldat, und die danach, schleunigst erwachsen geworden, Karriere machten. Als sie in der Nachkriegszeit damit begannen, fand der in Hamburg lehrende Soziologieprofessor Helmut Schelsky (1912–1984), der sich zu NS-Zeiten begeistert für das Regime eingesetzt hatte, für sie ein schmissiges Codewort: »Die skeptische Generation«. So hieß auch sein Buch, das nach seinem Erscheinen, 1957, ein breites Echo auslöste. Historiker aus ihren Reihen glaubten sich dem »Pathos der Nüchternheit« verpflichtet.

Besson verschanzte sich nicht hinter den Bücherbrüstungen der Seminare. Überall mischte er mit. Zwei Semester seines Studiums hatte er in Kalifornien verbracht, war Mitglied der CDU, hatte aber auch gute Kontakte zur SPD, deren »Ostpolitik« er ein paar Jahre später als einer der ersten Professoren publizistisch unterstützte. Sogar für das neue Medium interessierte er sich, das Fernsehen, das in der akademischen Welt damals noch mit dünkelhafter Zurückhaltung betrachtet wurde. In der Person Besson schien sich alles zu versammeln, was ansonsten schwer zueinanderfand: links und rechts, Gelehrtenklause und Öffentlichkeitsarena, das Gestern und das Morgen. Er war, was niemand bezweifelte, eine Zierde der akademischen Intelligenz und doch im Umgang erfrischend unprätentiös. Rundum, ein Mensch, dem die Sympathien zuflogen, auch meine.

Besson können wir ganz offen für einen »Forschungsbericht über die neuere Literatur zur Geschichte des Nationalsozialismus« danken, der 1961 in den ›VHZG‹ erschien. Dieser Aufsatz präsentiert sehr anschaulich, wie die Spezialisten damals, Anfang der 60er Jahre, mit der »Zeitgeschichte« umgingen und welches Hitler-Bild sie entwarfen. Und was meiner Generation geboten wurde, als sie im Alter um die 20 herum ernsthaft damit begann, sich für die Geschichte dieser Zeit zu interessieren, in die sie hineingeboren wurde.

Exemplarisch das Salbadern um den heißen Brei, stilbildend die Gebärde sachlicher Kompetenz. Auffallend die Larmoyanz, wenn es etwa eingangs heißt, dass sich seit dem Eichmann-Prozess sowie den Kölner Hakenkreuzschmierereien »die Weltöffentlichkeit erneut unablässig mit der Geschichte des Dritten Reiches« beschäftige. Wie doch zwei Wörter, versteckt inmitten eines Satzes, direkt aneinandergereiht, den inneren Impetus eines Autors (und zugleich das Empfinden fast einer ganzen Nation), ihm selbst wohl gar nicht gewahr, an die große Glocke zu hängen imstande sind. »Erneut unablässig«: Die Welt konnte einfach kein Ende finden, auf den Deutschen herumzuhacken – ganz so, als hätte sie sich, verstockt wie sie ist, Martin Walsers schon zehn Jahre davor über den Rundfunk versendeten Hinweis auf »die breite Front der Anständigkeit« überhaupt nicht zu Herzen genommen.

Immerhin, konstatiert Besson, würde so zum ersten Mal »wenigstens ahnungsweise auch breiteren Schichten des deutschen Volkes klar, was Hitler als historisch-politisches Phänomen bedeutet«. Das Thema Nationalsozialismus und Hitler finde nun auch hier »in der Presse, in Rundfunk und Fernsehen das weiteste Echo«. In einem Punkt zeigt sich der Autor besonders überrascht: Die Diskussion habe sogar »die deutschen Schulen und Universitäten nicht unberührt gelassen«. Größer konnte sich in jenen Tagen, wir sind im Jahr sechzehn nach 1945 und im Jahr sieben vor 1968, ein deutscher Professor (wie gesagt, einer der modernen Prägung) die öffentliche Erregung nicht ausmalen.

Da galt es die akademischen Regeln der kultivierten Ausgewogenheit streng zu beachten. So bewertet Besson die Auswirkungen des öffentlichen Wirbels »für die wissenschaftliche Betätigung mit dem Nationalsozialismus« dann auch mit dem Wischiwaschi-Prädikat: »günstig und ungünstig«. Wischi begrüßt er das Aufstocken der Geldmittel für die Forschung, waschi befürchtet er eine zu starke Vermischung mit der aktuellen politischen Diskussion und ein Abgleiten ins Unseriöse. Was er nicht schrieb: Wie auch andere seiner Branche betrachtete er Hitler als ein wertvolles Forschungsgut, das es mit Bedacht zu bewirtschaften galt. Unbefugte hatten sich gefälligst aus den Jagdgründen der akademischen Zirkel herauszuhalten, auch wenn dort der Dreihörnerklang von Rücksicht, Vorsicht und Nachsicht den Tatendrang noch dämpfte. Wie Besson schrieb: Am besten sei, wenn sich staatliche Institute und die einschlägigen Fachbereiche der Universitäten, gut alimentiert, in aller Ruhe, »ohne alles Spektakuläre«, gründlich und beflissen, der »Bewältigung der Vergangenheit« widmeten.

Damals verstand es sich für einen gestandenen Akademiker von selbst, unvoreingenommen und unbefangen zu sein. Nicht, weil er es war oder weil er ein ausgewogenes Urteil mit einem objektiven verwechselte, sondern weil der Spiegel es ihm sagte, in dem er es mit seinen eigenen Augen für wahr nahm. Auch in diesem Punkt kann Besson als repräsentativ für die Nachkriegsgeneration der Historiker gelten.

Sie selbst hatten das NS-Reich und den Krieg noch miterlebt – bei den Soldaten, in der Partei oder der Hitler-Jugend. Ihr Wahrnehmungsvermögen und ihre Urteilsfähigkeit sahen sie davon nicht tangiert, standen sie doch jetzt fest auf dem demokratischen Boden der neuen Republik. Als parteiisch und voreingenommen erschienen den mit öffentlichen Geldern finanzierten Zeitgeschichtlern vom Münchner Institut hingegen die bedauernswerten Juden, die den staatlichen Terror überlebt hatten. Als Opfer hielt man sie zur Erforschung der deutschen Gebräuche nicht besonders geeignet, als Außenseiter eben, die notgedrungen nur mit einem unsachlichen Blick das zurückliegende Geschehen betrachten konnten.

Davon zeugt auch die Ablehnung, die Joseph Wulf dort erfuhr, als er in den 50er Jahren in Berlin als Erster damit begann, umfangreiche Dokumentationen zum NS-Regime und dessen Personal sowie zum organisierten Mord an den Juden in Buchform herauszugeben. Wulf (1912–1974), in Chemnitz geboren und im polnischen Krakau zum Rabbi ausgebildet, ging ihnen mit seinem Eifer auf den Geist. Die »Nervensäge«, wie ihn Hermann Graml, ein Urgestein des Instituts, später einmal nannte, hatte die Kriegsjahre als Häftling in deutschen Todeslagern verbracht.

Betrachtet man daneben die Lebensläufe einiger Institutsfachkräfte, so ist in der Tat festzustellen, dass Wulf eine Reihe von Erfahrungsbeständen fehlen, auf die diese verweisen können – wie etwa die Möglichkeit, den Ausbau der NSDAP von innen zu beobachten oder sich an dem diffizilen Geschäft der Arisierungen zu beteiligen oder im braunen HJ-Hemd die Hakenkreuz-Fahne gegen den Wind zu halten oder in Wehrmachtsuniform im Auftrag des Führers fremde Länder zu bereisen und im Kampf die »Früchte sittlicher Bewährung« zu ernten oder sich im Volkssturm, wenn auch vergeblich, den Angriffswellen der Roten Armee entgegenzustemmen oder, wenigstens, u. k. gestellt, in der inneren Emigration die Fäuste in den Taschen zu ballen. Wenn es Leuten wie Wulf an Erlebnissen dieser Art mangelte, konnten sie mit einem solchen Defizit, gut deutsch gedacht, in den Verdacht geraten, einer sauberen historischen Arbeit nicht gewachsen zu sein. Bessons Historikerkollege Martin Broszat (1926–1989) argumentierte, es seien gerade seine damals gesammelten Erfahrungen gewesen, die ihm seine in »heiliger Nüchternheit« ausgeübten historischen Forschungen ermöglichten. Vielen, so Broszat, die wie er, so sein Geständnis, »mit quasireligiöser Inbrunst« das »heilige Vaterland« besungen hätten, sei später »aus Zorn über den Mißbrauch solcher Gefühle« eine besondere Kritikfähigkeit zugewachsen.

Auch wenn der eigene Standpunkt nicht infrage gestellt wurde, im Spannungsfeld von Politik und Zeitgeschichte lauerten Tücken und Fallen, Vorsicht war geboten. So betont Besson in seinem Forschungsbericht, dass das Hitler-Bild noch immer voller Rätsel stecke. »Die Frage nach dem wahren Hitler ist so vieldeutig wie der wahre Nationalsozialismus.« Überzeugend findet er keine der Hitler-Figuren, die er aus dem Angebot der Historikerkollegen vorstellt: Weder den »nur von Machtgier und Herrschsucht charakterisierten« Opportunisten von Helga Grebing noch den von Martin Broszat favorisierten Exekutor eines schon früh fixierten »unabänderlichen politischen Willens«. Auch Helmut Heibers Reduzierung auf »Ressentiments und Minderwertigkeitskomplexe« leuchtet Besson als Erklärungsmuster nicht ein und nicht »die Geschichte einer Unterschätzung« (Walter Görlitz). Bei dem englischen Historiker Trevor-Roper stört ihn die »monolithische Interpretation« von Hitler als »Gefangenem seiner Illusionen und Wahnvorstellungen«.

In Bessons Aufsatz ist Hitler nicht zu fassen. Da rattern die Fragen: Was ist dieser Mann nur gewesen? Ein Pragmatiker? Ein tobender Egozentriker? Ein ideologisch fixierter Fanatiker, dessen »Stärke mehr im intuitiven Ergreifen des Moments als im vorbedachten Kalkül lag«? Der evidenten Sehnsucht des Professors nach dem wahren Jakob, nach einer schlüssigen Erklärung aus einem Guss, erscheint damals eine Biographie Hitlers als »unmögliches Wagnis« und gleichzeitig – er wusste es noch: ein »unmöglich« kennen wir nicht – als »die wichtigste Aufgabe«.

Nach Sichtung der neuesten Bücher über Hitler tendierte er selbst dazu, »den Nationalsozialismus als Sonderfall des Totalitären zu deuten«. Damit war er nicht allein. Die »Totalitarismustheorie«, schon in den 20er Jahren aufgekommen, war nach 1945 von amerikanischen Autoren wie Carl Joachim Friedrich und Hannah Arendt in Büchern, die in akademischen Kreisen viel Resonanz auslösten, auf breitere Füße gestellt worden. Der Kalte Krieg hatte ihr eine schnelle Verbreitung gesichert. Wer sich ihrer bediente, der betonte häufig nicht nur den totalitär mörderischen Charakter, wie er sowohl der NS-Diktatur als auch den sowjetkommunistischen Regierungssystemen in Russland und Osteuropa eigen war, der glaubte auch in der deutschen Geschichte ein paar simple Grundlinien auszumachen. In den Uni-Seminaren genauso wie in den Medien dominierte die Meinung, beide, sowohl die Kommunisten wie die Nationalsozialisten, hätten gleichermaßen der Weimarer Republik den Garaus gemacht.

Ganz und gar daneben findet Besson eine Interpretation, die, wie er es ausdrückt, Hitler als den »unveränderlich Unveränderten« ausgibt. Ihr gegenüber entwickelt er eine Art Häutungsthese. Seine Ansicht, dass sich der Führer 1933 grundlegend verändert habe, lässt ihn zu einer mystischen Formulierung greifen: »Er wurde ein anderer, als die Machtergreifung geglückt war.«

Wie denn, was denn? Das Wort »geglückt« – wem blühte denn da das Glück oder das Heil oder das Unheil? – auf die Goldwaage zu legen, würde vielleicht zu weit führen, allemal ist es ein Fingerzeig auf das Unterbewusstsein, in dem die Führer-Perspektive noch weiterlebt. »Er wurde ein anderer« – das klingt, als wäre es einem religiösen Legendentext oder einer Schöpfung der Poesie entnommen. »Nüchtern und sachlich« war das jedenfalls nicht. In dem »Forschungsbericht« des Professors findet sich zu dieser »Anderswerdung« weder Begründung noch Erklärung. Sie ist Teil des Mythos. Dramatische Wendepunkte und Wandlungen in einem fort – etwa in den Jahren 1918, 1925, 1931, 1933, 1939, 1941 oder 1943 – gehörten von Anfang an zum biographischen Design, das die Deutschen ihrem »Führer« angedeihen ließen.

Ausführlich warnt Besson davor, »Hitler gleichsam als Vollstrecker und Endprodukt zahlreicher Fehlentwicklungen der deutschen Geschichte erscheinen zu lassen«. Das sei eine »fatale Tendenz« gewesen, die »in den ersten Nachkriegsjahren weit verbreitet, dann jedoch vom Fortschritt der Forschung aus dem Wege geräumt zu sein schien«. Nun verleite der Eichmann-Prozess wieder dazu, »die Ursachen allzu schnell auf Defekte des deutschen Volkscharakters« zurückzuführen.

Überhaupt, jede Einengung auf die deutsche Perspektive lehnt Besson ab. Den »Fortschritt der Forschung« will er vielmehr in die Richtung einer Internationalisierung der Ursachen und eine Diversifikation der Schuld gelenkt sehen. Viele ausländische »Mit- und Gegenspieler« bis hin zu Neville Chamberlain und Josef Stalin hätten daran mitgewirkt, »das große nationale Unglück des Nationalsozialismus« geschehen zu lassen und Hitler zu dem zu machen, was er wurde. Nein, es konnte doch nicht alles an den Deutschen hängen bleiben. Diesen auf »das Ausland« gerichteten Zeigefinger zu erheben, wurde jahrzehntelang von den Politikern bei ihren Reden nicht vergessen.

Ein unverhüllter Fall von Zeitgeschichte im Dienst der Staatsräson: »Vergangenheitsbewältigung«. Was tun mit Hitler? Wohin mit ihm? Stark war der Hang, ihn zu isolieren, zu mystifizieren oder ihn via Totalitarismustheorie bei den Kommunisten unterzubringen. Wie kriegen wir, die Deutschen, ihn vom Hals? Und wie kann Alt und Jung die gewünschte Sicht der Dinge in den neuen demokratischen Verhältnissen beigebracht werden – im Namen des Volkes?

Nach dem Eklat mit den Hakenkreuzen an jüdischen Gräbern und Gotteshäusern zum Jahresende 1959 war klar geworden: Belehrung tat not. Die vom Bundesnachrichtendienst und von Minister Franz Josef Strauß verbreitete Erklärung, die antisemitischen Signalzeichen seien das Werk kommunistischer Geheimdienste, glaubten nicht einmal die, die sie in die Welt setzten. Nein, das Volk sollte nun endlich darüber unterrichtet werden, was es erlebt hat, »wie es wirklich gewesen ist«, damals »unter Hitler« – sowohl diejenigen, die das »Dritte Reich« noch bewusst erlebt und mitgemacht hatten, wie auch die Nachgeborenen. Ein Hitler-Bild musste her, das sich sehen – und fernsehen – lassen konnte.

Wozu verfügten die Länder über dieses neue, öffentlich-rechtlich organisierte Medium, das seit ein paar Jahren täglich Sendungen verschickte? Der Westdeutsche Rundfunk (WDR) und der Süddeutsche Rundfunk hatten sich schon an die Arbeit gemacht. Hans Bausch, Intendant in Stuttgart, der auch bei Rothfels promoviert hatte, wusste: »Die Millionen deutscher Bürger, die in die Wohlstandsgesellschaft hineingewachsen sind, ohne ihre jüngste unselige Vergangenheit ›bewältigt‹ zu haben, sind mehr oder weniger identisch mit den Millionen, die seit Jahren allabendlich vor dem Bildschirm sitzen.« Daher sei das Fernsehen, dessen Programmangebot damals noch von großer Übersichtlichkeit war, in idealer Weise dazu befähigt, »das historische Gewissen unseres Volkes wachzurütteln«.

Kein leichtes Unternehmen, etwas, das schwer lädiert und ruhiggestellt war, wieder auf Trab zu bringen. Die Vorarbeit dazu war kompliziert, die ganze Sache delikat. Ohne wissenschaftliche Beratung ging es nicht. Die wurde bei ebenjenem Historiker und Politologen gefunden, der moderne Aufgeschlossenheit mit staatstragendem Traditionsbewusstsein verband: Waldemar Besson. An seinen »Beratungsmanuskripten« zu den jeweiligen Folgen orientierten sich die Macher der Dokumentationsserie, unter ihnen auch der gerade von seiner Moskauer Korrespondentenstelle zurückgekehrte Reporter Gerd Ruge, nur ein Jahr älter als Besson. Für die Beschaffung der in vielen Agenturen und Archiven verstreuten NS-Zeugnisse – Filme, Wochenschauen, Fotos, Ton- und Bilddokumente – engagierte der WDR mit Kurt Zentner einen Spezialisten der älteren Generation, der von Anfang konkret mitgestaltend im Thema der Serie drinsteckte. Exquisit vernetzt in der Welt der Illustrierten und der alten Kameraden, erschien er den Verantwortlichen für diese Aufgabe besonders geeignet.

Ausgestrahlt wurde die Doku-Serie über ein halbes Jahr lang, vom 21. Oktober 1960 bis zum 9. Mai 1961. Portioniert in 14 Teile, folgte sie, thematisch strukturiert, im Großen und Ganzen der Chronologie der zwölf NS-Jahre. Immer freitags, im Zwei-Wochen-Takt, waren Hitler und die Seinen in den deutschen Wohnzimmern zu Gast. Einmal, zur Karnevalszeit, mussten sie draußen bleiben. Da hatten sie Pause. Heil Hitler und Alaaf – nein, das ging jetzt nicht mehr. Verbindungen zum Alltag der Gegenwart waren zu vermeiden. Niemand sollte mit der Nase auf jene Wochen in den 30er Jahren gestoßen werden, in denen am Rhein das närrische Völkchen schunkelte: »Hurra, mer wäde jetz die Jüdde loß!«

Die »Sehbeteiligung«, wie die Quote hieß, als ans Zappen noch nicht zu denken war, lag bei über 50 Prozent. Wer einschaltete, konnte dem Führer auf Schritt und Tritt folgen. Danach kam Hitler öfters ins Fernsehen, aber es dauerte noch eine ganze Weile, bis er dort ein unkündbares Quartier fand, von dem aus er sich bis zum heutigen Tag ohne Unterlass in diversen Rollen dem Gebühren zahlenden Volk zeigt.

Vergegenwärtigt man sich die erste große Doku-Serie von damals, so ist aus dem ewigen Off seine Frage unschwer zu hören: Und, wie war ich? Nun, für seine Begriffe kam er wohl nicht schlecht rüber. In allen 14 Folgen war er, das konnte nicht anders sein, groß im Bild. Die erste Folge trug den Titel »Machtergreifung«. Sie beginnt mit 1932 und dem »Steigbügelhalter« Franz von Papen, der durch die Hintergärten im Berliner Regierungsviertel schleicht und dem neuen Kanzler hilft, den Weg in das Amt zu finden. Zu Ende geht sie mit Hitlers Rede auf dem Reichsparteitag 1934 in Nürnberg, wo er, frenetisch gefeiert, den angetretenen Massen seine »Erfolge« verkündet.

In jeder Folge begleitete ein Kommentator im Stil eines Lichtbildervortrags die vorwiegend hektisch aneinandergereihten Dokumente, Fotografien, Grafiken und Filmausschnitte. Hauptsächlich repetierte er wort- und kenntnisreich die Fakten, die Daten, die Abläufe, ab und zu stellte er didaktische Fragen und gab pädagogische Antworten. Das zog sich durch alle Folgen, der gesprochene Text nahezu immer in Konkurrenz mit den gezeigten Propagandabildern.

Das Fazit der ersten Folge lautete wörtlich: »Hitler war Kanzler. Hitler war Oberbefehlshaber der Wehrmacht. Hitler war unumschränkter Herr über Deutschland. Hitler schuf sich als Instrument des Terrors die SS, die Grauen und Tod über Deutschland und Europa tragen sollte.« Damit war klargestellt: »Das Dritte Reich« war eine Hitler-Veranstaltung – so hatte es die NS-Propaganda verbreitet, die Dokumentation wiederholte es.

Und wer nahm daran teil? Die Deutschen, wohl oder übel. Anfangs durchaus bereitwillig, später wurde ihnen, so war zu hören, fürchterlich mitgespielt. Durch falsche Versprechungen verführt und durch Gewalt gefügig gemacht, wurden sie seine ersten Opfer. So ächzten sie unter der Knute des Mannes, der, wie mehrmals betont wurde, nur eines kannte: »alles oder nichts«. Unterstützung fand er nicht nur bei sich zu Hause, bei seinen »Paladinen« und seinen »willigen Werkzeugen« – nein, »auch das Ausland trug seinen Teil zu den Erfolgen Hitlers bei«. Für die Drecksarbeit hatte er sich mit der SS eine Spezialtruppe zugelegt.

In einer der Folgen nahmen die Fernsehleute ihn ganz persönlich mit grundsätzlichen Fragen ins Visier. Sie konzentrierten sich dabei auf die Divergenzen zwischen dem schönen Schein des Volkstribuns und dem brüchigen Sein des menschenverachtenden Despoten.

Die erste Frage: »Wie war es möglich, dass Adolf Hitler das Ausland immer wieder täuschen und in Deutschland zu diktatorischer Macht und zu fast abgöttischer Verehrung durch das Volk kommen konnte?« Als Antwort wurden Bilder präsentiert, die den »abgöttischen Kult« bezeugten, der »um seine Person getrieben wurde«: der »Vater der Nation«, der »Mann im Braunhemd«, der »treue Kamerad«, der »Freund der Arbeiter« der »Freund der Jugend«, der »Kunstkenner«, der »Kraftfahr-Experte« der »Mann aus dem Volke, der alles konnte, und zwar besser als alle anderen«, der »größte Architekt aller Zeiten« und der »größte Feldherr aller Zeiten«. Ein Mythos, der seine Wirkung voll entfaltet habe, aufgepumpt von einem nimmermüden Blasebalg der Propaganda.

Die zweite Frage: »Wie aber war er wirklich?« Darauf gab es ein kunterbuntes Bündel von Gegenüberstellungen und Bildern: Im Grunde war er »unsicher, schwankend, entschlusslos«. Darüber hinaus »wollte er anders scheinen, als er war«. Die »Gewalt seiner Rede – einstudiert«. Bemerkenswert: seine »Tierliebe – so groß wie seine Menschenverachtung«. Aber: »Hitler war weder ein Dummkopf noch ein Narr.« Vielfach überliefert: »Eine gewisse Faszination, die von seiner Person ausging«. Aber: »Seine Gespräche waren Monologe.« Auffallend: »Seine persönlichen Ansprüche waren gering. Seine einzige Schwäche waren Süßigkeiten.« Aber: »Seine Unbeherrschtheit überwog seinen Verstand.«

Es ging hin und her. Das Zickzack der Beschreibungslinien verlief sich zu einem großen Klecks der Ratlosigkeit: »Es ist heute selbst der Forschung noch schwer, wenn nicht unmöglich, das wahre Wesen Hitlers aus dem Gespinst von Propaganda und Legenden herauszulösen, das seine Verehrer und seine Gegner um ihn gesponnen haben«. Damit waren Besson, der Fernsehberater, und Besson, der Autor des VHZG-»Forschungsberichts«, wieder einer Meinung – ausgewogen, beflissen auf der vergeblichen Suche nach dem verlorenen Wesen.

In den großen Linien stimmte die Sendereihe mit dem Bild überein, das damals die Historiker vom »Dritten Reich« verbreiteten: Im Zentrum der absolutistische Führer, die Männer um ihn herum taten, was er befahl. Verpflichtet durch den Eid, leisteten sie ihm Gehorsam. Die Wehrmacht war ohne Schuld. Ihre Offiziere und Soldaten bewährten sich im Kampf für das Vaterland. Die verzweifelten Anstrengungen der Generäle, den Krieg zu vermeiden, zerschellten an dem unbeugsamen Willen des Führers. Was geschah, geschah »auf Hitlers Geheiß«. Die Vernichtung der europäischen Juden wurde in der achten Folge behandelt. Auch sie war das Werk Hitlers, organisiert und exekutiert von Spezialeinheiten, die zur SS gehörten, die wie ein Staat im Staate agierte. Positiv herausgehoben war der Widerstand der Offiziere um Claus von Stauffenberg. Aber ihr Attentat auf Hitler, mit dem sie Deutschland retten wollten, scheiterte.

Das Serienwerk fand in der Presse zwar keine besonders große Aufmerksamkeit, jedoch durchwegs hohe Anerkennung. Auch heute noch wird es in den Geschichtsbüchern als überwiegend gelungenes Fernsehereignis eingeordnet. Der ›Spiegel‹ sprach ein kurzes, aber eindeutiges Lob aus. Aber es gab auch Journalisten, die empört waren. Sie sahen den Führer, die Deutschen und sich als seine damaligen Anhänger verunglimpft, verfälscht, instrumentalisiert.

Henri Nannen, der ›Stern‹-Macher, entrüstete sich dezidiert: Die »Televisions-Historiker« beachteten viel zu wenig die Zeitumstände, die viele Deutsche damals für Hitler einnahmen. Nur darauf aus, »den Irrsinn und die Schrecken des Dritten Reiches in unsere Wohnungen zu projizieren«. Dies »animiere doch nur die »Fragen«, die von der »selbstgerechten Verachtung des Auslandes« und auch von »unseren Kindern« gestellt würden: »Wie konntet ihr darauf hereinfallen? Auf dieses Regime, auf diesen dahergelaufenen Anstreicher, auf diesen Teppichbeißer?« Die »hündisch ergebenen Generäle, Industriellen und Politiker« hätten »uns doch schon damals stutzig machen müssen«.

Niemand würde mehr daran denken, in welchem Elend und in welcher Not sich Deutschland damals befunden habe. Eine Not, die dazu geführt habe, dass man auf diesen Mann, den Hitler, die ganze Hoffnung gesetzt und ihm zugetraut habe, »das verzweifelte Schicksal zu wenden«. Versprach er doch »Arbeit und Brot«. Selbst Theodor Heuss habe das geglaubt, und Churchill, der große Mann Englands, habe uns sogar um diesen »Führer« beneidet. Zu beachten sei auch, wie grandios der Diktator begonnen habe: »Mit Erfolgen auf der ganzen Linie fing es an.« Dazu mit der »Duldung, wo nicht gar der beflissenen Unterstützung ausländischer Regierungen«. Und: »Wie sollte der deutsche Mann auf der Straße klüger gewesen sein als selbst ein Churchill?« Mit ihrer Serie haben, klagte Nannen, »die öffentlich-rechtlich beauftragten Fernsehdemokraten nichts anderes getan, als was im Zeichen Eichmanns nun wieder zeitgemäß werden wird«.

Dem ›Stern‹-Editorial ist zu entnehmen: Nannen hatte die Geschichte längst in dieser Richtung »umgeschrieben«, wie der ›Stern‹ sie mehr als 20 Jahre später mit Kujaus Hilfe proklamierte, seinen Nachfolgern auf dem Chefredakteursposten um Dekaden voraus. Die große Furcht, die ihn lamentieren ließ, war: Man trage über »das Monstrum Hitler« nur das Schlechte vor und unterdrücke seine »Erfolge«. Er sah das Unrecht aufziehen, dass man »die Deutschen wieder alle über einen Kamm scheren« würde. Ihn und all die andern.

Interessant ist, was Besson, der im Alter von 41 Jahren verstarb, kurz vor seinem Tod notierte, was ihn damals an Resonanz zu »seiner« Doku-Serie erreichte, als »Millionen Deutsche zum ersten Mal zur Auseinandersetzung mit ihrer eigenen Vergangenheit« gezwungen waren«. Er war entsetzt: »Die Zuschauerpost, die wir erhielten, öffnete Abgründe. Der Bodensatz des Inhumanen in unserer Gesellschaft trat ans Tageslicht.«

Gegen Ende des Jahres 1963 begann in Frankfurt der sogenannte Auschwitz-Prozess, der juristisch zu erfassen versuchte, was da »einige Schergen« fleißig, leistungsbereit und zielführend in den Konzentrationslagern veranstaltet hatten. Ausführlich berichteten die Zeitungen über viele Monate hinweg darüber, Literaten besuchten das sich hinziehende Verfahren und schrieben darüber, Radio- und Fernsehsendungen befassten sich damit. Nicht lange nach dem Jerusalemer Eichmann-Prozess wurde ein zweites Mal ausführlich aufzuklären versucht, wie die »Endlösung der Judenfrage« in ihren Einzelheiten ablief. Dieses Mal im Land der Täter. Die ›Süddeutsche‹ gab ihrem Kommentar zum Auftakt die Überschrift: »22 Höllenknechte aus der 6000-Mann-Besatzung von Auschwitz stehen vor Gericht.« Und auch das, was darunter folgt, kennzeichnet die damalige Stimmung: »Eine böse Last, diese Prozesse. Sie werden im Ausland alte Haßgefühle auflodern lassen, während man im Inland weiterhin der nicht endenden Gegenüberstellung mit einer inzwischen für die Unkundigsten sichtbar gewordenen Vergangenheit müde ist.«

Dass dieser Prozess überhaupt zustande kam, 18 Jahre nach dem großen Morden in Auschwitz, daran hatte die deutsche Justiz wenig Anteil. Es waren Überlebende aus dem KZ, die auf Ermittlungen dieses »Falles« drängten, und es war hauptsächlich der Hessische Generalstaatsanwalt Fritz Bauer (1903–1968), der dafür sorgte, dass nach vier Jahren intensiver Vorarbeit und der Überwindung vieler Widerstände die Hauptverhandlung beginnen konnte. Sie dauerte 20 Monate, es war der größte Strafprozess in der Nachkriegsgeschichte. Unter den 22 Angeklagten, die in Auschwitz »gewissenhaft ihren Dienst versahen«, waren drei Ärzte und ein Apotheker, die meisten hatten sich nach 1945 wie ganz normale Durchschnittsbundesbürger verhalten. 360 Zeugen wurden vernommen, die Großzahl unter ihnen waren Überlebende der Vernichtungshölle, in der die Deutschen auf ihrem frisch eroberten Terrain die »Endlösung der Judenfrage« mit großer Effizienz vorantrieben. (Mein Krächzer auf der Schulter will unbedingt etwas einfügen. Als alter TV-Junkie kreischt er mehrmals das saublöde Wort »Faktencheck«: Auschwitz gehörte zu jenen Provinzen, die nach der Zerschlagung Polens direkt ins Deutsche Reich eingegliedert wurden, nix von wegen wie häufig zu lesen: Irgendwo auf südpolnischem Boden und die eigentlichen Holocaust-Zentren hätten die Nazis ohnehin absichtsvoll ins ferne Ausland verlegt, vorzugsweise in die Walachei im Osten.)

Die »Schergen des Grauens«(›SZ‹) bestritten alle gegen sie erhobenen Vorwürfe. Sie räumten ein, dass dort, wo sie waren, die Juden systematisch wie am Fließband umgebracht wurden, aber sie hätten damit nichts zu tun gehabt. Über die 1965 verhängten

Strafen wurde in der Öffentlichkeit viel diskutiert, neun der Angeklagten, denen individuelle Mordtaten nachgewiesen wurden, bekamen lebenslänglich, die anderen kamen glimpflich davon. Ihnen konzedierte das Gericht, dessen Vorsitzender Hans Hofmeyer, der im letzten Kriegsjahr Oberstabsrichter mit dem Rang eines Majors an einem NS-Militärgericht war, lediglich als »Gehilfen« bei der Ermordung von etwa einer Million Juden und zahllosen Menschen aus anderen Volksgruppen mitgewirkt zu haben, ohne eigenen Antrieb, nur den Befehlen von oben gehorchend.

Der Dramatiker Peter Weiss, der den Prozess in den Zuschauerreihen verfolgt hatte, verfasste ein dokumentarisches Stück mit dem Titel: »Die Ermittlung. Oratorium in elf Gesängen«. Aufführungen im In- und Ausland führten auf den Feuilletonseiten zu großen Debatten. Dabei zeigte sich, wie verstörend es insbesondere auf die Deutschen wirkte, wenn sie außerhalb der üblichen Gedenkbahnen oder der historischen Forschung mit ihrer Vergangenheit konfrontiert wurden.

Ganz offenbar war das Interesse an dem Prozess in der veröffentlichten Meinung größer als das der breiten Masse. Bei einer repräsentativen Umfrage gab 1965 fast die Hälfte der Befragten an, mit dem Namen Auschwitz nichts anfangen zu können. Auch nach den zahllosen Berichten zum Prozess hielten die meisten Deutschen an ihrer Meinung fest, dass die Verbrechen des »Dritten Reichs« Hitler und ein paar NS-Funktionären sowie einer kleinen Schar von Helfershelfern anzulasten seien.

Die Historiker von heute sehen indes den Auschwitz-Prozess als einen der großen Eckpunkte an, die zu einem Einstellungswandel in der deutschen Bevölkerung geführt haben, sowie an den Universitäten zu Impulsen, sich verstärkt der Aufarbeitung des NS-Regimes zuzuwenden. Für die juristische Praxis lässt sich dies schwerlich behaupten. Das zeigen auch die Gerichtsverfahren, die erst jetzt, im Jahr 2015, gegen einige Greise von über 90 Jahren angestrengt werden. Das bizarre Bild, das sie bieten, lässt sich ohne die eklatanten Versäumnisse in den Jahrzehnten vor und nach dem Frankfurter Prozess in den 60er Jahren nicht erklären.

Anfang 1963, das Jahr, in dem der Auschwitz-Prozess begann, hatte schon ein anderes Theaterstück für Furore gesorgt. »Der Stellvertreter«, ein »christliches Trauerspiel«, wie sein Autor Rolf Hochhuth es nannte, erregte die Gemüter und brachte vor allem die Phalanx der katholischen Würdenträger auf die Zinne. Sie wetterten gegen den Autor, der dem ausgesprochen deutschfreundlichen Papst Pius XII. vorhielt, gegen den Judenmord nicht öffentlich protestiert zu haben. Das von Hochhuths Empörung gemalte Bild vom »Papst, der schwieg«, geißelten sie als teuflische Verleumdung und hielten dagegen, dass der Stellvertreter Gottes auf Erden die Kraft und den Einfluss seines Amtes dazu genutzt habe, »noch größeres Übel zu vermeiden«. Sie sagten es in ihrem göttlichen Latein: »ad maiora mala vitanda«. Insgeheim habe er vielen Juden sogar das Leben gerettet. Solche Ausreden verlangten von den vielen Millionen Katholiken auf der ganzen Welt einen starken Glauben. Auch wenn die katholischen Prediger die Juden über Jahrhunderte hinweg als »Gottesmörder« an den Pranger gestellt hatten, so gehe es nicht an, dass der Papst und die Kurie nun als kalt und herzlos auf der Bühne einem sensationslüsternen Publikum vorgeführt würden. Nein, bei Gott, selbst wenn es so gewesen wäre, mit historischen Fakten dürfe man nicht an den Beinen des Heiligen Stuhls sägen.

Während in Frankfurt der Prozess gegen die 22 Männer aus dem Betreiberteam des KZ Auschwitz lief, feierten die Medien 1964 ein »Hitler-Jahr«. Gründe gab es etliche: Neben dem sich langsam vollziehenden Generationswechsel in den Redaktionen, den Diskussionen um den Auschwitz-Prozess, den bevorstehenden Bundestag-Verjährungsdebatten über die NS-Verbrechen, der übliche Kalenderjournalismus – Hitlers 75. Geburtstag und der 25. Jahrestag des Weltkriegsbeginns. Hatte man zu Anfang der 50er Jahre hauptsächlich die Schlüsselloch-Neugierde bedient, sollten nun auch den politischen Dimensionen der Figur im Zentrum der deutschen »Erblast« nachgegangen werden. Dem stand indes in aller Regel der eingeschränkte Blickwinkel entgegen, der die Deutschen als erste Opfer des NS-Terrors wahrnahm.

Zeitschriften machten ihren Diener vor dem Fürsten der Finsternis, indem sie ihm geballte Aufmerksamkeit schenkten. Parallel dazu fand im rechtsradikalen Lager eine Umgruppierung statt. Die DRP (»Deutsche-Reichs-Partei«) löste sich auf, die NPD (»Nationaldemokratische Partei Deutschlands«) wurde gegründet. Ihre Mitglieder wagten es zwar nicht, sich ausdrücklich auf Hitler zu berufen, aber es sammelten sich in ihr doch vornehmlich diejenigen, die vieles vermissten, was sie am »Dritten Reich« immer noch bewunderten. Dazu stießen »Nationalliberale«, die den Kurs der FDP auf dem Weg in die Mitte nicht mitmachen wollten. In den folgenden Jahren kam die neue Partei auch bei den Wahlen zu bemerkenswerten Stimmenanteilen.

In der ›Quick‹ erschien eine Serie über »den Menschen, der Adolf Hitler hieß«, die sich über ein halbes Jahr erstreckte und den »Fall« von vorne aufrollte. In einem anderen Blatt stand der Führer während des Krieges im Mittelpunkt, dort erfuhren interessierte Leser eine Unmasse von Dingen, die sie angeblich schon immer wissen wollten:

»Hitler hatte seine knallblauen Augen so in der Gewalt, daß er sie im Scherz zum Schielen zu bringen vermochte … Hitler hielt sich sauber und wusch sich viel die Hände … Hitler brachte es nie zu Eleganz. Seine Jacke umschloss ihn wie ein Sack. Seine Hose saß nicht gut … Legte er die Parteiuniform an, verzichtete er auf den Gürtel … Zugute kam Hitler ein minimales Schlafbedürfnis … Hitler liebte Witze und wußte selbst, da er über ein phänomenales Gedächtnis verfügte, viele zu erzählen, wobei er in bestechender Weise Tonfall, Mimik und Dialekt anderer nachzuahmen verstand. Aber nie brachte er schlüpfrige Geschichten, geschweige denn Zoten vor … Aberglauben war ihm fremd … Hitler wollte es nicht besser haben als der Soldat an der Front. Da er nicht rauchte, Kaffee mied, alkoholische Getränke ablehnte und nur von rein vegetarischer Kost lebte, konnte er in dieser Hinsicht jedem Landser ins Auge schauen … Sport pflegte er nicht. Spazierengehen war seine einzige körperliche Tätigkeit …«

Autor des geschwätzigen Porträts, aus dem die kennzeichnenden

Zitate stammen, war der Göttinger Geschichtsprofessor Percy Ernst Schramm (1894–1970). Es ist die lange Einführung in eine Neuauflage der »Tischgespräche Hitlers in den Jahren 1942/43«. Der ›Spiegel‹ präsentierte sie, reich bebildert, in fünf Folgen als Serie. Der Text ist ein Zeitdokument von hoher Aussagekraft, weniger für die Zeit des »Dritten Reiches«, viel mehr für das Bildungsbürgertum in der Mitte der 60er Jahre und wie einer seiner herausragenden Repräsentanten mit der Vergangenheit umgeht, auch mit der eigenen. Hier ergänzten sich der Porträtierte und der Porträtmaler auf spezifische Weise. War Hitler ein belesener Schmock und Besserwisser, der sich seine Halbbildung als Autodidakt erworben hatte, muss Schramm wohl als belesener Schmock eingeordnet werden, der sich seine Bildung und horrende Gelehrsamkeit im Milieu höchster akademischer Kreise und wohlhabender Bürgerlichkeit angeeignet hat. Wie für viele andere Historiker war auch für Schramm Hitler der Alleinschuldige – ein Dämon, dessen Verführungskünsten die Deutschen erlegen seien.

Schramms Haltung im »Dritten Reich« gilt heute als umstritten. 1938 feierte er noch das »Genie Hitlers, der die Fähigkeiten von Bismarck und der Jungfrau von Orleans in sich vereinigte«. Nach dem Krieg fand er genügend Fürsprecher, die ihn dabei unterstützten, seine engagierte Parteinahme für den Nationalsozialismus schönzureden und ihn voll zu rehabilitieren. Viele namhafte Historiker waren stolz darauf, als seine »Schüler« zu gelten, darunter Andreas Hillgruber und Hans-Adolf Jacobsen, die beide ausgiebig über die NS-Zeit geforscht und publiziert haben. Schramm selbst hielt viele Vorlesungen zur Militärgeschichte des Zweiten Weltkriegs, die Verbrechen der Wehrmacht sparte er dabei aus. Er gab auch das »Kriegstagebuch des Oberkommandos der Wehrmacht« in mehreren Ausgaben heraus (1961 ff.). Es war von ihm selbst im Führerhauptquartier verfasst worden. Er hat schon damals, wie der Militärhistoriker Manfred Messerschmidt 2004 festgestellt hat, weggelassen und alles herausgesiebt, was ein schlechtes Licht auf das Heer hätte werfen können. So hielt es Schramm auch bei seinen Vorträgen und Vorlesungen in der Nachkriegszeit.

Es wurde ihm gelohnt. In der akademischen Welt gibt es wenig Auszeichnungen, die der »Hanseat« Schramm, Sohn eines Hamburger Bürgermeisters, nicht erhalten hat. Auch die höchste war darunter: 1963 wurde er Kanzler des Ordens Pour le Mérite. Das Große Bundesverdienstkreuz mit Stern folgte wenig später.

Dass nun ausgerechnet der ›Spiegel‹ es war, der Hitlers »knallblaue Augen« mit der magischen Wirkung durch diesen selbstverliebten und fragwürdigen Autor wieder zum Leuchten brachte, verwunderte einen Teil der Leserschaft. Denn das Magazin galt nach dem Skandal vom November 1962 als die Spitze der Opposition gegen die restaurativen Tendenzen in der Bundesrepublik.

Damals hatte die Polizei überfallartig die Redaktion besetzt und die leitenden Redakteure ins Gefängnis gesteckt. Rudolf Augstein, der Chef des Blattes, musste am längsten »sitzen«, er kam erst nach 103 Tagen Haft wieder frei. Franz Josef Strauß, der die Aktion ins Rollen gebracht hatte, musste als Verteidigungsminister zurücktreten. Der Vorwurf, mit der Titelgeschichte »Bedingt abwehrbereit« über die Bundeswehr Staatsgeheimnisse (Adenauer im Parlament: »Wir haben einen Abgrund von Landesverrat im Lande«) veröffentlicht zu haben, war da schon in sich zusammengefallen. In Erinnerung blieben die große öffentliche Solidarisierungswelle mit dem ›Spiegel‹, die Massendemonstrationen der jungen Leute gegen die Willkür des Staatsapparates und für die Pressefreiheit. Unter den fortschrittlich Denkenden hatte der Ruf des Blattes als Wächter der Demokratie stark zugenommen. Seine Auflage war enorm gestiegen, sein Einfluss auch.

Nun, im Jahr 1964, setzte der ›Spiegel‹ Hitler zum ersten Mal auf das Titelblatt, auf dem er in den nächsten Jahrzehnten so oft Platz nehmen durfte. Das Gesicht war, unwesentlich verfremdet, mit einem gepunkteten Netz überzogen, die Zeile dazu lautete: »Anatomie eines Diktators«. In einem Editorial zum Start der Serie (Nr. 5/1964) verteidigt ›Spiegel‹-Chef Augstein den Abdruck der »Studie« vehement: Bei den Älteren sei im Gespräch über Hitler oft ein »verniedlichender Unterton« zu hören, »der zu den »fürchterlichen Geschehnissen zwischen 1933 und 1945 nicht recht passen

will«. Man könnte denken, sie wollten sich damit aus »der nationalsozialistischen Verstrickung herauswinden«, indem sie von Hitler als – dem »Anstreicher«, dem »dahergelaufenen Obdachlosen
und Teppichbeißer« reden. Die Jüngeren aber »wollen eine Erklärung, wie es kommen konnte, daß Beamte, Offiziere, Geistliche,
ausländische Botschafter und Premierminister diesem letzten gi-
gantomanischen Eroberungskrieger weißer Hautfarbe Heerfolge
leisteten… Es scheint an der Zeit, einer breiteren Öffentlichkeit
ein differenzierendes Hitler-Bild zu entwerfen.«

Augstein lobt den Autor Schramm über den grünen Klee. »Voll-
ständig konnte die Studie nicht sein, wohl aber wahrheitsbeses-
sen. Kein Klischee läßt Schramm stehen«. Danach sei Hitler weder
»typisch deutsch« noch »typisch kleinbürgerlich« gewesen. »Ihm
bleibt Hitler die singuläre, nur in Teilphänomenen ableitbare Erscheinung.« Augstein bedauert, dass man Schramms Porträt nicht
in einem Heft abdrucken könne, und wirbt zugleich für die nächsten Ausgaben des Blattes: »Der grauenhafte Zuschnitt dieser dämonischen und in ihren Wertvorstellungen unheimlich verkürzten
Persönlichkeit erschließt sich erst beim Bis-zu-Ende-Lesen.«

Und so konnte der Leser weiter erfahren: »Hitler hatte zwei
Gesichter… Sein Kontakt zu Kindern und mit Hunden, seine
Freude an Blumen und kultivierten Dingen, seine Bewunderung
für schöne Frauen, sein Verhältnis zur Musik waren echt; ebenso
echt war aber die mitleidlose, die eiskalte… die alle moralischen
Bedenken überspringende Konsequenz, mit der er die Gegner seiner Herrschaft und die, die er als virtuelle Gegner ansah, vernich-
tete… Hitler, abwechselnd geleitet durch den Verstand, durch Gemüt, durch dunkle Triebe, war hintergründiger, als je ein Mensch
war, der in die deutsche Geschichte einging… Hitler behauptete
wiederholt, eine seiner wesentlichen Fähigkeiten sei seine gute
Menschenkenntnis, auf die er sich unbedingt verlassen könne…
Die Auswahl seiner Mitarbeiter läßt die Richtigkeit dieser Überzeugung von vornherein zweifelhaft erscheinen… Die häufig und
gern gesehenen Gäste in seinem Privathaushalt – Martin Bormann,
Chefadjutant Schaub, Leibarzt Morell, Heinrich Hoffmann, Her-

mann Esser – waren alles Männer, die das deutsche Volk, soweit es sie kannte, lieber nicht in der Umgebung seines Führers gewußt hätte.« Mir klingt es beim Lesen so, als wolle der Autor zu verstehen geben, der Führer hätte wohl besser ihn einladen sollen. Auch auf den Antisemitismus von Hitler geht Schramm ein. Er beruft sich dabei auf das Buch »Mein Kampf«, als sei dies eine Quelle, die man unkritisch verwenden könnte. So sieht er den »Tick« des Führers, wie er die »Judenfeindschaft« nennt, vor allem durch die auf das Kleinbürgertum zugeschnittene Propaganda verursacht, der sich Hitler bei seinem Aufenthalt vor dem Ersten Weltkrieg in Wien ausgesetzt sah. Die dort entstandene Antisemitismus-»Manie« sei in der Weimarer Republik noch gewachsen. Schramm: »Dass die ›Kampfzeit‹ Hitler noch stärker gegen die Juden einnahm, versteht sich von selbst, denn auf ihren Widerstand stieß er in vielfacher Form.« Ein »Rest« bleibe im Dunkeln: Selbst die Vermutung, dass es vielleicht mit jüdischen Vorfahren zu tun gehabt habe, sei bei »einer Nachprüfung fraglich geworden, da die Chronologie zweifelhaft ist«. Es lasse sich »keine verständliche Erklärung für seinen alle Maße übersteigenden Antisemitismus anführen.« Das hypokritische Geschwafel des Geschichtsprofessors hört nicht auf, bis man bei dem von Augstein empfohlenen »zu-Ende-Lesen« angelangt ist.

Das divergente Leserbrief-Echo darauf war so gewaltig, wie es selbst in dem Nachrichtenmagazin, das sich über den Zuspruch dieser Art generell nicht beklagen konnte, noch nicht annähernd vorgekommen war. Darunter waren auch Professoren und Historiker, abgedruckt waren Bedenkenswertes und Blödsinniges, schärfste Kritik und höchstes Lob. Hervor stach eine Leserin aus Frankfurt. Sie war so entsetzt, dass sie von Augstein die Pulswärmer zurückforderte, die sie für ihn gestrickt hatte, als dieser »für die Pressefreiheit im Gefängnis gesessen« hatte.

In diesem Jahr 1964 legte der ›Spiegel‹ den Grundstein für sein Image eines Nachrichtenmagazins mit besonderer Betonung der Zeitgeschichte. Fast in jedem Heft befasste er sich zumindest mit einem Thema der jüngeren Vergangenheit. In einer Titelgeschichte wies er den amerikanischen Geschichtsprofessor David L. Hoggan in die Schranken, der auf einer, von Rechtsradikalen geförderten Werbetour in Deutschland sein Buch »Der erzwungene Krieg« vorstellte. Dessen These, der Zweite Weltkrieg sei aus dem »Versuch entstanden, Deutschland zu vernichten«, wurde vom Spiegel als »Fälschung der historischen Wahrheit« und »Stümperei« auseinandergenommen. Das Buch über den »Friedensfreund Hitler« fand aber gerade dadurch einen zeitweiligen Platz auf der Bestsellerliste.

Wenige Wochen später ließ das Blatt zwei englische Historiker in einer Serie zu Wort kommen, die Lord Halifax aufgrund von dessen Verhalten im Sommer 1939 als den »Hauptschuldigen« für den Weltkrieg ausmachten. Fünf Wochen hintereinander stand in großen Buchstaben über den Fortsetzungsteilen die Überschrift: »Hitler will den Frieden retten.«

Höhepunkte der zeitgeschichtlichen Bemühungen des ›Spiegel‹ in diesem Jahr waren indes zwei große Serien aus Büchern zum Ersten Weltkrieg. Die eine bestand aus Auszügen eines Buches der US-amerikanischen Reporterin und Historikerin Barbara Tuchmann mit der Überschrift: »Daheim, wenn das Laub fällt. Wie es zum Ersten Weltkrieg kam«. Tenor: »Nicht nur der Kaiser, der Kanzler, Tirpitz und Ludendorff waren von Größenwahn geschlagen. Die ganze Nation agierte wie betrunken, jedenfalls berauschter als alle Nachbarn … Die Vorstellungen, die Hitler von einem Krieg hatte, sind ihm nicht zugeflogen … die deutschen Kriegsziele haben sich nicht groß geändert.«

Die andere Serie zum Ersten Weltkrieg war dem Buch des Hamburger Historikers Fritz Fischer entnommen (»Griff nach der Weltmacht«, 1961, 3. verb. Aufl. 1964), der damit in der Zunft der Historiker für helle Aufregung und Entrüstung gesorgt hatte. Augstein, der sich die Thesen Fischers voll zu eigen machte, entschuldigte sich bei den Lesern, dass er wieder mal das »Nest beschmutzen« müsste. Gegen alle Schulbuchweisheit und gegen die unter den Historikern unangetastete Übereinkunft, dass alle am Ersten Weltkrieg beteiligten Mächte in diesen »hineingeschlittert seien«, verlegte Fischer (1908–1999) den größten Schuldanteil in die Berliner Regierung. Damit erschien auch der Vertrag von Versailles in einem anderen Licht, als Erklärungsfaktor für die Entstehung des Zweiten Weltkriegs war er nicht mehr zu gebrauchen.

Wer unter den nationalistisch gestimmten ›Spiegel‹-Lesern enttäuscht war, konnte den in der Nr. 12 des Jahres veröffentlichten Zwei-Spalten-Nachruf auf Paul von Lettow-Vorbeck (1870–1964) als kleines Trostpflaster noch einmal nachlesen. Dem Kolonial-General mit seinen »strammen Askaris« ist dort große Anerkennung gezollt, die in der Formulierung gipfelt: Er »eilte, als die Boxer Ruhe gaben, in den einzigen Kolonialkrieg der neueren deutschen Geschichte«, um »die südwestafrikanischen Hereros fechten zu sehen. Sie fochten drei Jahre lang und wurden von der Kaiserlichen Schutztruppe von 80 000 auf 12 000 Seelen pazifiziert« (sic!). So las sich das, wenn der ›Spiegel‹ von 1964 über einen Völkermord schrieb, der, fernab, so lange noch nicht her war.

Seit der bedingungslosen Kapitulation der Deutschen waren zwei Dekaden vergangen. Ihr Land war noch immer zweigeteilt. In Schulen und bundesdeutschen Amtsstuben hing das Vaterland auf Plakaten sogar »dreigeteilt« an der Wand, und viele beharrten demgegenüber noch immer auf einem kecken »Niemals!«. Sie wollten auch die von Polen und der Sowjetunion einverleibten Gebiete wieder zurückhaben. Es sollte alles wie früher sein, damals in der guten Zeit bei Adolf Hitler (auf die Sudeten und das Salzkammergut war man bereit zu verzichten), »Deutschland in den Grenzen von 1937« eben.

Die Deutschen im Osten hingegen mussten, frisch eingemauert, sich an dem freuen, was sie hatten. Das allerdings war großartig, glaubte man der Regierung: »In der DDR werden alle großen progressiven Ideen, die das deutsche Volk je hervorgebracht hat, erfüllt.« Gemäß der Neuausgabe der Verfassung lebten die Bewohner in besenreiner Sauberkeit: »Die DDR hat auf ihrem Gebiet den deutschen Militarismus und Nazismus ausgerottet.«

Von diesem Traumland aus gesehen, bot die Bundesrepublik ein Bild des politischen Elends und der Verruchtheit: Da saßen Hitlers Gefolgsleute, die »Kriegs- und Nazi-Verbrecher«, noch immer »im Machtapparat«. Ein »Braunbuch«, das der SED-Propaganda-chef am 2. Juli 1965 »auf einer internationalen Pressekonferenz der Öffentlichkeit übergab«, nannte Ross und Reiter. Aus dem eigenen Stall, der in dieser Beziehung auch nicht ohne war, gab es darin nichts zu lesen.

Indessen orientierten sich immer mehr Bundesdeutsche an den neuen Verhältnissen, auch wenn sie den alten noch nachtrauerten. So hatte sich auch der ›Stern‹, inzwischen zur auflagenstärksten Illustrierten im Land avanciert, der »Ostpolitik« der SPD angenähert. Mit Vehemenz setzte sich Henri Nannen schon in den frühen 60ern mit seinem einflussreichen Blatt für eine Anerkennung der bestehenden Grenzen ein, wofür er von denen, die auf kein Stück Boden von ihrem »Vaterland« verzichten wollten, als »Brunnenvergifter« und »Agent des Ostens« beschimpft wurde.

Eine große Artikelserie des ›Stern‹ trug den Titel »Die letzten 100 Tage«. Sie befasste sich mit der Endphase des Weltkriegs, in der Hauptsache aber mit Hitler. In ihr wird deutlich sichtbar, wie dieser in den Köpfen jener weiter hauste, die es geschafft hatten, ihn und sein Regime zu überleben. Gerade weil sich der ›Stern‹ damals schon ein Image erworben hatte, das ihn in der öffentlichen Meinung auf die Seite der liberalen, fortschrittlichen und demokratischen Kräfte stellte, prononciert abgesetzt von den nationalistischen Hardlinern, ist es aufschlussreich, was er seinen Lesern zu bieten vermochte, wenn es um die »jüngste Vergangenheit« und den Mann an der Spitze des NS-Regimes ging. Zum Teil kann man hier auch die Erklärung dafür finden, warum der »Vergnügungsdampfer«, wie Nannen sein »Magazin« gern nannte, 1983 auf Kujaus Kladden strandete.

An dem ›Stern‹-Jubiläumswerk zum »Ende des Dritten Reiches« war eine Reihe von Autoren beteiligt. Federführend waren drei Herren, die Hitler mehr oder weniger nahegestanden haben.

Da war zunächst einmal Paul Sethe (1901–1967), an dem sich, vielleicht wie bei keinem anderen, exemplarisch zeigen lässt, wie Journalisten, die in ihrer Branche höchstes Ansehen genossen, die

NS-Zeit, die sie selbst miterlebt, wenn nicht sogar mitgestaltet hatten, ihren Lesern nahebrachten. Sethe hatte schon zu NS-Zeiten den Zeitungs- und Bücherlesern die Welt erklärt und als »Berichterstatter« einer SS-Propagandakompanie im Krieg das grenzenlose Walten des Heeresoberkommandos. Mit ihm hatte der ›Stern‹ für seine Serie einen wortmächtigen Schreiber angeheuert. Die Bücher, die er in den Jahren davor geschrieben hat, tragen imposante Titel: »Epochen der Weltgeschichte« oder »Schicksalsstunden der Weltgeschichte«. Seine Werke zur »Deutschen Geschichte« (1960 und 1962) fanden sich auf den Bestsellerlisten ganz oben. Wer unter den Bundesbürgern politisches Niveau demonstrieren wollte, bei dem stand gut sichtbar im Wohnzimmerregal »der Sethe«.

Der studierte Historiker, Bismarck-Verehrer und Adenauer-Kritiker (umgekehrt hatte der ihn als »Bolschewistenfreund« diffamiert), schrieb in der Serie den »Deckel«, das Ouvertürenstück, das so einer Fortsetzungsgeschichte den Generalschlüssel liefert, indem es Tendenz und Fallhöhe vorgibt. Darin schildert er das Elend Deutschlands im Jahr 1945, beklagt die Not, den Hunger, das Chaos, die »Brutalität der Polen« und »die Grausamkeit der Russen«. Kurzum: »Die Rache im Osten war furchtbar.« Die einen hätten »Leid mit Leid, Mord mit Mord« vergolten, die anderen ihrerseits nun schnell KZs errichtet. Nach Sethe waren sie dabei »nicht weniger kunstfertig in der Erfindung kaltblütiger Quälereien als die Bewachungsmannschaften von Auschwitz«.

So wurde das Kriegsende mit dem Abstand von 20 Jahren betrachtet. Viele fühlten sich bestätigt, so ähnlich sahen sie es auch. Wie Sethe es beschrieb, das tat gut zu lesen. Ordentlich aufgeteilt, glatt gegengerechnet und hintersinnig obendrein – auf der einen Seite die »Bewachungsmannschaften von Auschwitz« (bedachtsam ohne nationale Zugehörigkeit), auf der anderen Seite »die Russen«, »die Polen«.

Sethe galt den einen als »linksliberal«, den anderen als »nationalliberal«, je nachdem, wer ihn vereinnahmte. Er selbst fühlte sich als »das Gewissen der Nation«. Sein Wahrzeichen war der erhobene Zeigefinger, sein Terrain der Leitartikel. »Aus Liebe zu meinem

Volk«, wie er stets betonte. Eines war Sethe allemal: Meinungsführer in einem bei den gebildeten Ständen bevorzugten Rollendrama, bei dem die Schuld der Deutschen zwar nicht abgestritten wurde, man sie aber einer kleinen isolierten Gruppe überließ, mit der man nichts zu tun gehabt haben wollte, während man sich selbst (und letztlich die ganze Nation) mit der Figur der verfolgten Unschuld identifizierte.

Mit seinen Lesern und Verehrern teilte Sethe den Fundus der Geschichtsklischees zum 20. Jahrhundert und die Sicht auf die »bedeutenden geschichtlichen Persönlichkeiten«, die mit ihren »schreckenerregenden Eigenschaften« dieser Zeit den Stempel aufdrückten. Unter dieser pathetischen Oberfläche lassen sich mühelos die Versatzstücke des Weltbilds finden, mit dem die neudemokratischen Bildungsbürger das »dunkle Kapitel in der deutschen Geschichte« und ihr Mitwirken daran verblendeten. So wie bei ihm dargestellt, konnten sich die Deutschen sehen lassen, bei aller Selbstkritik und bei alldem, was leider, »in ihrem Namen« zwar, aber, wie sie versicherten, ohne ihr Zutun, geschehen war.

Schnee von gestern? Ein halbes Jahrhundert her, längst dahingeschmolzen, ein biologisch gelöstes Problem, wie es immer so cool heißt? Wenn es nur so wäre. Die Klischees im Hitler-Bild haben sich über die Generationen erhalten, wie in Gesprächen mit Jedermann und Jederfrau leicht nachzuprüfen ist. Viele davon sind »gängig«, irgendwie ganz normal. Kaleidoskopisch blitzen sie auf, wenn die Rede auf »ihn« und »damals« kommt, entweder von vornherein oder sobald man die politisch korrekten Äußerungen hinter sich gebracht hat. Mal der eine, mal der andere Aspekt im Vordergrund, mal vereinzelt, mal im Paket.

Hier sind nicht die Ewiggestrigen gemeint, von denen sich die modernen Deutschen mit Abscheu distanzieren, nicht die Abendländer, die leugnen, was nicht zu leugnen ist, nicht die Nationalisten, die den Schuldkomplex der Deutschen beklagen, nicht die Fremdenhasser von der NPD oder von »Pegida« und auch nicht die vom SPD-Vorsitzenden Sigmar Gabriel zum »Pack« zusammengestauchten Dumpfbacken oder die »Dunkeldeutschen«, von denen der im Licht der Öffentlichkeit stehende Präsident spricht. Es geht auch nicht um die erzdeutschen Radikalinskis, die auf Provokation und Krawall aus sind, und nicht um die Strohköpfe, die heute »Bildungsferne« genannt werden. Es geht um Heinz und Erika von nebenan und um den honetten Georg Mustermann (oft auch: Doktor Mustermann) von heute (inklusive einer Reihe von illustren Repräsentanten in Politik und Kultur), die immer wieder oder ab und zu bei passender Gelegenheit Meinungen von sich geben, wie sie Paul Sethe anschaulich in seinem Hitler-Bild versammelt hat.

Jeder, so er darauf achtet, kann Komponenten daraus auch in den Medien hören oder lesen und wer die geschichtswissenschaftlichen Veröffentlichungen verfolgt, begegnet ihnen auch dort.

Hier eine Auswahl: In den Krieg sind wir 1914 hineingeschlittert, wir waren die aufstrebende Nation, die anderen neidisch. Wer nach der Schuld am Krieg sucht, sollte nicht vergessen, sich in den ausländischen Archiven umzusehen. Gleich nach dem Krieg die große Demütigung, der von den Siegern den Deutschen oktroyierte Vertrag, das Monument arroganter Siegermentalität. Ohne Versailles kein Hitler. Auch die Staatsmänner Frankreichs und Englands zählen ebenso wie der US-Präsident Wilson zu den Vätern des Nationalsozialismus. Als Hitler an die Macht kam, gehörte Churchill zu seinen Bewunderern. Vor dem Krieg wurden die deutschen Friedensangebote von den Briten abgelehnt, ebenso die Hilfestellung bei einem Putsch gegen Hitler. Hätten die Westmächte den Diktator nicht mit pazifistischem Appeasement ermuntert, wäre es zu Auschwitz nicht gekommen. Hitler, ein »Tyrann« sondergleichen und »Urheber ungeheuren Leides«, hat die Deutschen erst betört, dann hintergangen, mittels einer »Willenskraft«, die »dämonisch« und »diabolisch« war, jenseits des menschlichen Maßes. Mit »der Witterung, die Raubtieren zu eigen ist«, habe er es verstanden, »die Massen zu führen und zu verführen«. Die ersten Jahre seiner Herrschaft waren »eine Zeit ununterbrochener Erfolge«. Danach hat er die Armee der Sowjetrussen total unterschätzt, dann war er von Selbstüberhebung und Starrsinn geschlagen, durchdrungen von der fixen Idee, unfehlbar zu sein. Die Deutschen wollten den Frieden, er war dagegen. Ohne Hitler kein Weltkrieg. Ohne Hitler keine Massenmorde. Ohne Hitler kein Holocaust. »Nicht viele Deutsche wussten von dem Grausigen, das sich in den Vernichtungslagern vollzog.« Hitler war »das größte Verhängnis der deutschen Geschichte«.

Letzten Endes, so lautet Sethes ausgeklügeltes Fazit, das man sich langsam zwischen den Schläfen zergehen lassen muss, will man die neurotische Struktur der nationalen Selbstgerechtigkeit in Gänze ermessen: Die zu Unrecht geschmähten Deutschen haben es »mit einem Zusammenbruch ohnegleichen bezahlen müssen, daß sie Hitler erlaubt hatten, sie zu erniedrigen«.

Wie zuvor in seinen Büchern porträtierte Sethe im ›Stern‹ den »Reichsverderber«, wie er ihn nannte, mit breiten Pinselstrichen: »Hitler wollte die Wahrheit nicht wissen, weil er dann den Kampf hätte aufgeben müssen, und dagegen wehrte er sich mit seinem ganzen Fanatismus.« Ein Abziehbild aus dem nationalen Erinnerungsalbum hatte es dem Hitler-Bild-Maler besonders angetan: Dem Ende zu ein Wüterich, rationalen Argumenten nicht mehr zugänglich. Zur Illustration rief Sethe einen Mann in den Zeugenstand, der dem NS-Regime noch nachtrauerte, als dieses schon zerschlagen war – den Panzergeneral Heinz Guderian (1888–1954). Dessen Bombenruf als Verfechter der »Führung von vorne« war ungebrochen, der in seinen Memoiren dramatisch geschilderte Kampf mit dem Führer um den siegbringenden Schlachtplan nicht minder sagenhaft.

Von »Heinz Brausewetter« (so der Spitzname Guderians unter seinesgleichen) an die Hand genommen, sprang dem ›Stern‹-Leser noch einmal Hitlers mehrdimensionale Visage ins Auge und Gehör: »Er schrie, die Adern schwollen an, die Augen quollen aus den Höhlen, Schaum stand vor dem Mund, die Fäuste waren erhoben.«

Sethe folgte in seiner Darstellung unwillkürlich dem Leitfaden des Elite-Journalismus: Jedes gute Klischee hat ein anderes Klischee zum Visavis. Da war zum einen der »Teppichbeißer«, der außer Rand und Band geratene Zornickel und tobende Rumpelstilz. Unter aller Kanone, igittigitt. Demgegenüber aber, ogottogott, der kühne Vaterlandsvergrößerer und Weltpolitiker von herausragender Bedeutung. Neben der Anhäufung von Abscheu gab es ein beachtliches Bewunderungsvolumen, das Sethe wie vielen seiner Zeitgenossen für immer geblieben war – gleich einem nationalen Muttermal.

Wie einer, der sagen will, es müsse doch endlich mal gesagt werden, schrieb er wenig später, wieder im ›Stern‹, sich Luft verschaffend: »Bei manchen Leuten ist es heutzutage Mode geworden, Hitler als einen geistig minderbemittelten Demagogen hinzustellen, der nichts verstanden habe, als den Mund aufzureißen und so lange zu schreien, bis die Menge berauscht war und ihm folgte. Britischen Historikern verdanken wir die Erkenntnis, daß Hitler geniale Einfälle hatte, wenn er Weltpolitik machte. Er sah, was außer ihm damals noch keiner sah: daß ein Volk heute nur noch dann eine Weltmacht darstellt, wenn es ausgedehnte Strecken Landes beherrscht, so wie die Nordamerikaner, die Russen und die Chinesen und die Inder – und wie auch Deutschland nach dem Wunsche Hitlers seine Weltmacht aufbauen sollte.«

Sethes Traum, der nicht vergehen mochte. Bei Tageslicht leicht zu erkennen: altkluger Oberlehrer-Bullshit aus dem geopolitischen »Lebensraum«-Fundus des Münchner Professors Karl Haushofer, zur Tarnung »britischen Historikern« untergeschoben. Haushofers letztes Buch, 1943 erschienen, trug den prototypischen Titel: »Das Reich – Großdeutsches Werden im Abendland«. In den von Carl Schmitt, dem berühmt-berüchtigten Klassiker unter den Staatsrechtslehrern, der auch nach 1945 als eine Art intellektueller Guru eine »Gemeinde« mit höchst angesehenen Mitgliedern hatte, inspirierten Zukunftsentwürfen der NS-Ideologen war viel von »Großraumpolitik« und vom »Denken in großen Räumen« die Rede. Hitler dozierte wiederholt über »die deutsche Raumfrage« und die »Raumerweiterung«, die das »deutsche Volk mit seinem starken Rassekern« nun mal brauche. Schlüsselwörter und Argumentationshilfen für alle, die mit ihrem Vaterland hoch hinauswollten.

Im Grunde knüpft Weltmachtfabulierer Sethe hier, teilweise wört-lich, an Schulbuchweisheiten an, die Kinder in der NS-Zeit aus-wendig lernen mussten: »Es ist die Pflicht eines jeden von uns, die genialen Gedankengänge Adolf Hitlers in ihrer weltweiten Planung verstehen zu lernen.«

So schwer war das ja nicht. Hitler selbst hat die praktische Um-setzung seiner »genialen Weltpolitik« so beschrieben, dass es allen einleuchtete, die zum »großdeutschen Werden« beitragen wollten, dem geschulten Generalstäbler, der die Lage auf der Landkarte durch sein Monokel zu begutachten pflegte, genauso wie dem pubertierenden Freizeit-Feldherrn, der sich zum Weihnachtsfest für die Kompanie seiner neuen Zinnsoldaten eine größere Tisch-platte wünschte: »Das weite Hinausschieben unserer Grenzen in den Osten ist für das deutsche Reichsgebiet eine ungeheure Er-leichterung. Der moderne Krieg kann erfolgreich nur durchgeführt werden, wenn man eine operative Freiheit besitzt. Die operative Freiheit aber hat den großen Raum zur Voraussetzung.«

Aus Sethes Gedankenschwaden, von deutscher Weltherrensehn-sucht beflügelt, erhebt sich der »Hinausschieber unserer Grenzen« als ein Mann, der »sah, was keiner vor ihm gesehen«. Dieser Visio-när war schon eine große Weile tot, als der publizistische Vorden-ker der Bundesrepublik in der damals auflagenstärksten Illustrier-ten, also quasi auf einer Bühne mitten auf dem Marktplatz, den zu »einmaligen Einfällen« veredelten Plattitüden eines imperialisti-schen Aggressors, der einmal sein »Führer« war, die Hochachtung in tiefer Verbeugung erwies. Aufschlussreich ist, dass Sethes groß-deutsches Herrengedeck im weiten Rund der medialen Öffentlich-keit niemandem übel aufstieß. Diejenigen, die für sich in Anspruch nahmen, den guten Ton der Vernunft anzugeben, führten sich auf wie die schweigende Mehrheit. Es fand sich keiner, der ihn aus-lachte, oder wenigstens einer, der fragte, ob »der Sethe« sie eigent-lich noch alle habe. Eine stattliche Zahl renommierter Zeitungs-schreiber wie etwa Karl-Heinz Janßen von der ›Zeit‹ bekannten sich zu Sethe als ihrem »journalistischen Lehrmeister«.

Zwei Jahre später, als er 1967 gestorben war, beklagte Henri

Nannen in einem Nachruf auf den von ihm »verehrten Mentor und väterlichen Freund« den großen Verlust. Der ›Stern‹-Chef versprach: »Umso häufiger wird es in unseren Redaktionskonferenzen heißen: ›Was hätte Paul Sethe dazu gesagt?‹« (An meinem Ohr ist ein aufgeregt flügelschlagendes Schweigen zu vernehmen, dann ein Hickhack von Wortbrocken: Ach, Henri, krächz, mein Henri, Kujaus Tagebücher kamen nicht aus Kalau, krächz, sie kamen aus der Tiefe des Wunschdenkens, Paul, krächz, mein Paul, ach, krächz, Mensch, Adolf, krächz, mein Adolf)

Ein anderer Autor der ›Stern‹-Serie zum 20. Todestag war dem Weltpolitiker Hitler noch näher als Sethe gekommen, obschon er ihn in der Schlussphase nicht mehr erreichte – Walther Wenck, inzwischen 65 Jahre alt. Er wurde vom ›Stern‹ als General und Widerständler vorgestellt, dabei immer »Optimist und Realist zugleich«. Nun sei er »Generaldirektor einer Weltfirma«. Wenckseidank. Persil war Persil geblieben, General General, und auch das Metier war im Prinzip das gleiche, aber das erfuhren die Leser nicht. Name und Branche der Weltfirma erwähnte der ›Stern‹ nicht. Tat in den Augen der ›Stern‹-Redakteure nichts zur Sache, dass es der Nürnberger Rüstungskonzern Diehl war, der für den Autor, für Hitler und die Wehrmacht Waffen hergestellt hatte und nun, ein Vierteljahrhundert später, wieder die halbe Welt damit belieferte.

Auf Veteranentreffen schwärmte Wenck (1900–1982) damals von den positiven Erfahrungen der Kriegszeiten, in denen »der Soldat in der Weite des unendlichen russischen Raumes« erleben konnte, wie ihm der »unbekannte Nachbar zum treuen Freund« wurde. Als er das bei einer Festrede vortrug, war er schon zum unbeugsamen Helden hochgeschrieben worden. Auch gelernte Historiker haben daran mitgewirkt, Wenck als »Meister der Führungskunst« und »leuchtendes Vorbild für das echte deutsche Soldatentum« darzustellen. Er »verdiente sich«, wie es in einer Biographie heißt, »in zwei Berufen die Schulterstücke eines Generals«. Ihm und seinen Truppen, in denen zum Schluss die Soldaten im Teenageralter in der Überzahl waren, sind »glänzende Leistungen« bescheinigt. So hatte das auch Hitler gesehen, der damit illusorische Hoffnungen verband. Eins ums andere Mal soll der Führer in seinem Reichs-kanzler-Verlies gefragt haben, wo denn der bleibe, wann er denn komme. Vergebens. Da half auch das Telegramm nichts, das er nächtens, 16 Stunden bevor er sich umbrachte, an General Jodl schickte: »Wo Spitze Wenck?«

Im ›Stern‹ bog sie nun um die Ecke, gab der seinerzeit so ver-zweifelt Gesuchte nach 20 Jahren ausführlich Antwort. Tenor: Konnte nicht kommen, war anderwärts beschäftigt. Und dann er-zählte Wenck, in alten Kameradenkreisen mit Beinamen wie »Son-nenvogel« oder »unser Pappi Wenck« gerühmt, detailliert von sei-nen heldischen Rettungstaten. Wie er südwestlich von Berlin »die letzte deutsche Offensive dieses Krieges« gegen die Feinde ringsum startete. Wie er mit »jungen Soldaten, die wußten, worum es ging«, den Fluchtweg in Richtung Elbe für viele Tausend sichern konnte. Auf den Vorwurf, Kindersoldaten verheizt zu haben, ging er nicht ein. Da sprang ihm die ›Stern‹-Redaktion mit einem Argument aus der Kadettenschule bei und hisste die Generalsfahne auf vollmast: Nichts weiter als »kommunistische Unterstellungen«, gegen die »al-lein schon Wencks militärische Laufbahn« spreche.

Danach kam einer zu Wort, der war Hitler von hinten so nahe gerückt, dass er vorne fast schon wieder aus ihm herauskuckte. Heutzutage gehört er zum festen Inventar der zahllosen Doku-mentationen zur NS-Zeit. So ist er in einer der letzten Filmaufnah-men von Hitler unmittelbar an der Seite des Diktators zu sehen. Es sind die auf Hunderttausenden von DVDs eingebrannten, im Fernsehen alle naslang ausgestrahlten Sequenzen, in denen Hitler an einem der Märztage des Jahres 1945 im Vorgarten des Reichs-kanzleibunkers eine Reihe von zur Ordensverleihung angetretenen HJ-Milchgesichtern abschlurft und da mal eine Wange tätschelt, da mal ein Ohr knuddelt, neben sich den selig grinsenden match-maker dieses makabren Stelldicheins, den »Reichsjugendführer«.

Fünf Jahre zuvor war er als Nachfolger Schirachs an die Spitze der Hitler-Jugend gelangt. Da glaubte er schon, alles zu kennen, was wirklich wichtig ist. Seinen Schützlingen brachte er bei, »daß das Leben ein Weg zum Führer ist«. Er war ein großer Bewunderer von

Himmler und dessen SS-Formationen, in seinen Reden vergaß er selten, deren Propaganda-ABC vorzutragen: »Es gibt kein Leben ohne Kampf. Was schwach ist, das fällt, und was stark ist, das bleibt.«

Sein Arbeitseifer wurde gerühmt. Unermüdlich kümmerte er sich um die Belange der Jugend. Aus den Kindern sollte etwas werden. Über allem stand ihm die »Wehrertüchtigung«. Der Bedarf an Soldaten war immens, die Front verschlang jeden Tag mehr. In einer Rede, die er 1943 auf einer »Befehlshabertagung« hielt, versprach er den versammelten »Herren Generalen und Admiralen« Nachschub vom Feinsten: »Wir wollen den geländegängigen, den jägerhaften Hitlerjungen.« Die Minderjährigen würden zu schneidigen Soldaten ausgebildet, die »mit fanatischer Todesverachtung kämpften ... und Stellungen hielten, bis der letzte Mann gefallen«.

Deutschland brauchte Kanonenfutter, er sorgte dafür. »Aus der Hitlerjugend ist die Bewegung der jungen Panzerbrecher entstanden«, verkündete er, als 14-jährige Steppkes dazu verpflichtet wurden, die russischen Truppen an der Berliner Stadtgrenze aufzuhalten. Kinder, die zu ihm fast so wie zu Hitler aufsahen, hetzte er in den Tod: »Es gibt kein Zurück mehr, sondern nur ein Vorwärts. Es gibt nur Sieg oder Untergang.«

Sieg oder Untergang? Sonst nichts? Der martialische Prophet zog das Tertium vor, das es angeblich nicht gab. 20 Jahre später reaktivierte der ›Stern‹ den Sprachstil des »Wehrmachtsberichts«, um seinen Autor vorzustellen. Die Illustrierte gab die Meldung durch: »Der Reichsjugendführer ... In der Schlacht um die Reichshauptstadt führte er die im Kampf eingesetzten Hitlerjungen. Jetzt selbständiger Kaufmann in Berlin.«

Gestatten, Axmann, Artur (1913–1996). Mit zwei großen A und einem Arm. Den anderen hatte er, wie man das damals nannte, auf dem Schlachtfeld gelassen. In seinen »Erinnerungen« beschreibt er den Verlust in verquaster Heldenmanier: »Es war der erste Tag des Rußlandfeldzuges ... Da kam die Euphorie des Lebens über mich.«

Heute noch finden sich Historiker, die zu konfirmieren suchen, was alte Weggenossen nach dem Krieg jahrzehntelang von sich gegeben haben: Axmann war ein honoriger Mann, einer von den

Guten unter den Spitzbuben und Halunken der NS-Führungsriege, ein »verantwortungsvoller Sozialpolitiker«, ein »nüchterner Praktiker«, ein »fleißiger Organisator«. Niemand habe sich mehr für die Jugend eingesetzt. Dem »wahren Idealisten« sei es um die »klassenlose Volksgemeinschaft« gegangen, allen Jugendlichen, egal welcher Herkunft, habe er die gleichen Möglichkeiten verschaffen wollen.

Er habe »sehr viel Negatives verhindert und sehr viel Positives ermöglicht«. Seine Jungs, egal, ob das Elternhaus eine Villa oder eine Mietskaserne war, sollten alle warme Socken haben, wenn ihnen die Füße leichenkalt wurden. Eine Todesanzeige in der ›Frankfurter Allgemeinen‹ bewahrt auf, was ihm treue Anhänger 1996 zu seinem Ableben nachgerufen haben: »Sein sozialer Einsatz für die Jugend war Vorbild. Dafür danken wir ihm.«

In der ›Stern‹-Artikelserie ist Axmann als ein Mann dargestellt, den nur lautere Motive geleitet hätten. Als 18-jähriger Abiturient sei er 1931 in die NSDAP eingetreten, mit den besten Absichten, »nicht aus niedriger Gesinnung«. Seine Parteikarriere begann zwei Jahre später nach einem abgebrochenen Studium der Volkswirtschaft an der Spitze des »Sozialen Amtes der Reichsjugendführung«. Er soll, so betonen diejenigen, bei denen »Sozialismus« bedeutet, dass ein Schüler dem anderen einen Bissen von seinem Pausenbrot abgibt, das »sozialistische Element« in der NSDAP verkörpert haben. Das zeige insbesondere der jährliche »Reichsberufswettkampf der deutschen Jugend«, der zur »Aufdeckung der Begabungsreserven« diente. Axmann, ein Organisator »mit kantiger Energie«, habe damit die »sozialrevolutionäre Tradition der Hitlerjugend« fortsetzen wollen. So stand es beispielsweise im November 1979, allen Ernstes ernst gemeint, in der ›Zeit‹. Geschrieben von Werner Klose (1923–1987), einem Lehrer, Historiker und Schriftsteller, einst »Fähnleinführer« in der HJ und Wehrmachtsoffizier, danach mit Leib und Seele ein engagierter Bundesrepublikaner.

Im ›Stern‹ durften die Leser damals über drei Serienfolgen auf vielen Seiten miterleben, was sich in den Berliner Bunkertagen zugetragen hat, ganz wie es in Axmanns Kopf treulich aufbewahrt war. Damals, als sich die Elite des Deutschen Reiches in Berlin versammelte, ganz unter sich, verbarrikadiert im Souterrain. Unvergessen die an die Nieren gehende Feier zum 56. Geburtstag des Führers mit Himmler, Göring, Goebbels, Speer, Bormann. Unvergessen auch das letzte Gespräch mit dem Chef in dessen allerletzter Nacht auf einer Bank im Vorraum des Lagebesprechungszimmers. Wie er ihm, dem Verehrten, die quälenden Fragen stellte: »Was wird aus unserem Volk, mein Führer?« (Antwort: »Es geht um das nackte Überleben.«) »Wir können jetzt doch nicht am Ende unserer Geschichte stehen?« (Antwort: »Der Tod wird für mich eine Erlösung sein.«) Die Erinnerung war so lebendig, dass der 52-jährige Koofmich Axmann, der Hitler schon 20 Jahre überlebt hatte (und es weitere 31 Jahre tat), auch noch mitteilen konnte, was der 32-jährige Hitlerjunge Axmann ganz spontan damals erwidert hatte: »Ich sagte: ›Ich bleibe bei Ihnen, mein Führer.‹«

Das alles und noch viel mehr erfuhr der Leser aus erster, aus Axmanns Hand. Was die Redaktion des Blattes dazu meinte, musste er sich selbst zusammenreimen. Die ›Stern‹-Schreiber hielten sich raus, sie kommentierten nicht, sie karteten nicht nach. Man hielt die Klappe, wenn der Mann sprach, der in den letzten Stunden zur Rechten Hitlers auf einer Bank gesessen hatte. Axmanns Erzählungen aus tausendundeiner Nacht mit dem Führer wurden für bare Münze genommen und als wahre Ware für viele Münzen an die Leser weitergegeben.

Falscher Hase statt Hitler-Braten – wie später bei den Tagebüchern aus Kujaus Schreibstube? Axmann sprach: Ich bin dabei gewesen, mittenmang, direkt neben dem Führer, »immer im guten Glauben für mein Land«. Er wolle »nur erzählen, wie es wirklich war«. Wer mit solchen abgedroschenen Formeln hausieren geht, an dessen Geschichten muss in der Regel nichts nachträglich gefälscht werden, sie sind schon so erlebt worden. Dem ›Stern‹ taugte es, auch wenn es vorerst nur Schtuss war. Der Schtonk schwamm noch im Tintenfass.

Nach dem Bunker-Rührstück erreichten den ›Stern« zahlreiche Leserbriefe. Bei der Auswahl, die er abdruckte, hielten sich Zustimmung und Protest die Waage. Von »Hut ab« bis zu »schmieriger Schandtat«, die ganze Palette. Axmann bewies weiter sein Durchhaltevermögen. Als »Zeitzeuge« war er unabkömmlich. Von seinem Hitler-Bild war er nicht abzubringen, wie die Veröffentlichungen in rechtsradikalen Verlagen belegen.

Hitlers oberster Kindervergewaltiger durfte aber auch in repräsentativen Blättern mit hoher Auflage weiter von den letzten Stündlein mit dem Führer erzählen. Vorneweg im Entgegenkommen zeigte sich der Burda-Verlag mit seinen vielfarbig geschmückten Flaggschiffen. In der ›Bunten‹ hatte er 1985 einen großen Auftritt. Zehn Jahre später präsentierte ihn ausführlich das Magazin ›Focus‹. Dort schwärmte er, mit 82 Jahren immer noch ein sternhageljunger Pimpf, von der »Treue«, die es zu halten galt, und von der »Ausstrahlung der Persönlichkeit Hitlers«. Bewegte Worte fand er im gleichen Jahr auch für das ZDF-Publikum, als er in einem Knopp-Doku-Film schilderte, was ein halbes Jahrhundert zuvor im Führerbunker »wirklich geschah«.

Älteren Zuschauern mag, als sie ihn sahen, vielleicht das Hitler-Jugend-Plakat in der Erinnerung wieder hochgekommen sein, das nach der Höllenschlacht von Stalingrad überall in Deutschlands Städten zu sehen war. Abgebildet darauf in großer Schrift das Bekenntnis, mit dem der »Reichsjugendführer« den deutschen Nachwuchs kirre machte – ein signierter Axmann: »Führer, dir gehören wir. Die Zukunft kann uns nichts anderes bringen als den Sieg. Und wenn uns die Welt nach den Gründen fragt, so sagen wir: Weil uns der Herrgott unsern Führer gab.«

Nun, auf seine alten Tage hatte sich, außer den eigenen Ansichten, einiges geändert, deshalb freute es den Führer-Adoranten umso mehr, dass er zum Lebensende hin sogar akademisch gewürdigt wurde: An der Universität Rostock nahmen 1994 Geschichtsprofessoren eine Dissertation an, die ein Student in Verehrung (es lässt sich nicht anders sagen, siehe Teil 1, Kap. 5) verfasst hatte: »Artur Axmann – vom Hitlerjungen zum Reichsjugendführer der NSDAP: eine nationalsozialistische Karriere«.

Sethe, Wenck, Axmann. Ein chronisch übermotivierter Patriot, der sich auch als Oberlehrer der Nation Hitlers »geniale Einfälle in der Weltpolitik« nicht kleinreden lassen wollte, ein einstmals verzweifelt gesuchter General, der sich als Waffenhändler in einer Weltfirma zurückmeldete, ein einarmiger Bandit, oberster Mitschnacker ehedem, der sein Hakenkreuz-Poesiealbum (»Unten in Berlin. Die letzten Tage«) präsentierte – das Trio, das der ›Stern‹ aufbot, um Hitler den Lesern nahezubringen, hatte es in sich. Es schrammelte Seite für Seite, über eine Reihe von Wochen: Ach, schlimm war die Zeit, ach, schön war die Zeit.

So pfleglich und mitfühlend ging man seinerzeit in einer auflagenstarken, damals schon als liberal und progressiv geltenden Zeitschrift mit der nationalsozialistischen Vergangenheit um. Das fiel nicht groß auf, weil es sich innerhalb der Eckpunkte bewegte, die sich im Gesamtspektrum der Presse dafür herausgebildet hatten: Ausladende Schilderungen der großen Zeiten und Abscheubekundungen gegenüber »Hitler und seinen Schergen«.

Der ›Stern‹ konnte von den Themen, die um den Führer kreisten, gar nicht genug bekommen. Ende 1965 brachte er einen großen Bericht über Martin Bormann, den am Schluss nach Hitler mächtigsten Mann im NS-Staat, um dessen Tod jahrzehntelang eine Unzahl von Gerüchten und Spekulationen schwirrte. Daran schloss sich eine große Serie über den »Nürnberger Prozeß« an, der inzwischen auch rund 20 Jahre zurücklag. Così fan tutte. Die Jahrestage, die nullten, wurden fortan in der Presse, speziell von den Wochenmagazinen, ausgiebig genutzt, die alten Zeiten nachzumalen. Der Kalenderjournalismus, mit emotional weit gefächerter Grundierung, von distanziert bis nostalgisch, von schaurig sentimental bis volkspädagogisch, kam ins Rollen und kümmert sich bis heute um kein Stoppzeichen.

Im Urteil des großen Nürnberger Kriegsverbrecherprozesses waren neben den Todesurteilen auch Zeitstrafen verhängt worden. Speer und von Schirach sahen 1966 ihrer Entlassung entgegen, was bei nahezu allen Medien fieberhafte Überlegungen auslöste, wie dieses Ereignis journalistisch zu kapitalisieren sei.

Die Memoiren von Schirach erschienen 1967 im ›Stern‹. Nannen hatte das Rennen um den Vorabdruck gewonnen und brachte

1967 eine Serie mit 20 Folgen. Das Ganze ist als Bilderorgie aufgemacht, bei der Hitler mit seinem Adlatus Schirach die Hauptrolle spielt. Nach Nannens Meinung trug Schirach mit seinen Memoiren dazu bei, Hitler mit anderen Augen zu betrachten als bisher üblich. Der Reichskanzler sei eben kein »teppichbeißendes Monster gewesen, sonst wäre nicht ein ganzes, immerhin intelligentes Volk auf ihn hereingefallen«. Deutlich zu erkennen: Nannen sprach auch pro domo, es ist die Standardrechtfertigung für seinen Einsatz im »Dritten Reich«.

»Ein Mann, der ohne Hitler heute vielleicht zur Gruppe 47 gehörte (wenn es die ohne Hitler gegeben hätte)«, würde, so der Stern-Chef, mit seinen Memoiren »die Faszination analysieren« können, der er erlegen ist. Zu erwarten seien zeitgeschichtliche Aufschlüsse von hohem Wert und vielleicht eine Erklärung, warum so viele »diesem Hitler auf dem Weg zum Abgrund gefolgt« sind. Der Fernseh-Historiker Guido Knopp sah das später ähnlich, als er den früheren Reichsjugendführer, der »zeitweilig als Kronprinz des Diktators gehandelt« wurde und mit der Tochter Henriette des »Leibfotografen Heinrich Hoffmann« verheiratet war, als einen »Idealisten« und »treuen Paladin« bezeichnete, als »einen weltgewandten und gebildeten Geistesmenschen, der Goethe in einem Atemzug mit Hitler als Vorbild nannte«.

Viel wirklichkeitsnäher schreibt der Historiker Waldemar Besson in einer Rezension des Buches (Titel: »Ich glaubte an Hitler«), bei dessen Abfassung der ›Stern‹-Redakteur Jochen von Lang Hilfestellung gegeben hatte: Schirach »fehlt jede kritische Einsicht an das Selbsterlebte«. Das Buch sei eine »Schokoladensauce«, mit der sich Schirach als »Mitläufer stilisieren« wollte, der, vom »Charisma Hitlers fasziniert«, zum Mitmachen verführt worden sei.

Die Schirach-Serie hatte im ›Stern‹ gerade erst angefangen, da holte ein Kommentar des Starjournalisten Sebastian Haffner aus einer ganz anderen Warte die NS-Zeit in das Gedächtnis der Leser zurück. Mit schneidender Schärfe kritisierte Haffner das Vorgehen der Polizei während der Demonstration vor der Deutschen Oper in Berlin am 2. Juni 1967, bei der Benno Ohnesorg, einer der

Studenten, die gegen den Besuch des persischen Schahs protestiert hatten, erschossen wurde. Haffner schreibt in seinem Artikel unter der Überschrift »Die Nacht der langen Knüppel« von einem »systematischen kaltblütigen Pogrom, begangen von der Berliner Polizei an Berliner Studenten«. Es hätten sich »Greuel abgespielt, wie sie außerhalb der Konzentrationslager selbst im Dritten Reich Ausnahmeerscheinungen gewesen sind«. Die Hauptverantwortung lag für Haffner – wie in der Nazizeit für Auschwitz – »bei den Schreibtischtätern mit manikürten Händen«. Der ›Stern‹-Verleger Bucerius hatte eine Distanzierung der Redaktion vor den Gastkommentar Haffners gestellt.

Vorher schon hatte Haffner, ebenfalls im ›Stern‹ unter der Überschrift »Die Bestie erwacht« die Reaktion der bundesdeutschen Gesellschaft auf die Studentenbewegung kritisiert: Deren Verdienst sei es, »den bisher versteckten Faschismus in Deutschland zur Selbstenthüllung gereizt zu haben«.

Hitler erschien in diesen letzten Jahren der 60er-Dekade in der öffentlichen Wahrnehmung extrem zweigeteilt. Einerseits verschafften ihm zahlreiche Veröffentlichungen und Bücher eine zunehmende Aufmerksamkeit, andererseits waren die Studenten im Verbund mit einigen Professoren auf alte Faschismustheorien gestoßen, in denen er nur mehr eine marginale Rolle spielte.

Es waren vor allem die 1969 publizierten »Erinnerungen« von Albert Speer, die eine Mega-Resonanz erfuhren. Die Westdeutschen hatten nun mit Albert Speer einen »guten Hitler«. Da ging ein Wunsch in Erfüllung, befeuert von einem Gemisch aus Neugier, Nostalgie und Kommerz. Nun war Hitler nicht mehr der dämonische Verbrecher, das psychopathische Monster. Der vorher als die Verkörperung des Bösen dargestellte Diktator erschien nun als eine komplexe Persönlichkeit, charismatisch, faszinierend, mit einer attraktiven Ausstrahlung, die auch Intellektuelle wie Speer in ihren Bann zu ziehen verstanden hatte.

Wie dieses von Speer entworfene neue Hitler-Bild zustande kam, ist so interessant wie bizarr. Speer hatte schon während der 20 Jahre im Spandauer Gefängnis sein Gedächtnis trainiert und konditioniert, die Notizen, die er sich machte, ließ er nach draußen schmuggeln. Wie dann die »Erinnerungen« in die letzte Form gegossen wurden, schildert der Verleger Wolf Jobst Siedler in seiner Autobiographie: »Wir arbeiteten zwei Jahre daran, oft zusammen mit Joachim Fest. Im Sommer waren wir mitunter auf Sylt und wohnten in Axel Springers Gästehaus in Kampen. Dann arbeiteten wir mehrere Wochen in jenem zum Hotel umgebauten Hohenstaufenkastell, im Schloss Korb in Südtirol, ein anderes Mal an der Loire, wo Speer das Zusammensein aber nach wenigen Tagen abbrach, da zu Hause sein gewaltiger Bernhardiner krank geworden war.«

Das Resultat dieser illustren Herrenpartie konnte sich sehen lassen: Drei Millionen verkaufte Exemplare, übersetzt in 20 Sprachen und vor allem ein Medienecho, wie es kaum ein anderes Buch erlebte. Hitlers Rüstungsminister war nach einer Zwangspause wieder ein gemachter und gefragter Mann.

Es ging ein Aufatmen durch die Republik: Wir sind stolz, einen so wunderbaren, intelligenten, fleißigen, seiner Verantwortung bewussten Mann wie Speer in der NS-Regierung gehabt zu haben, Nun ist er wieder bei uns, spricht mit uns, schreibt Bücher, schreibt und erzählt, wie es wirklich war, und nicht zuletzt bestätigt er uns, dass kein Mensch ahnen konnte, was mit den Juden damals letzten Endes passiert ist. Und wenn diesem Mann nicht so viele Knüppel von den Nazi-Rabauken zwischen die Beine geworfen worden wären, dann hätte man auch den Krieg durchaus gewinnen können. Hitler mag seine Macken gehabt haben, mal abgesehen davon, dass man ihn systematisch mit schlechtem Dope zugrunde gerichtet hat. Seine Freundschaft mit einem so herausragenden Menschen wie Speer zeigt jedenfalls – vielleicht noch mehr als seine Tierliebe – welche Qualitäten, auch menschliche, der Führer besaß.

Stimmen, die behaupteten, Speer lüge uns die Hucke voll, gingen damals im Klang der großen Bewunderungssinfonie unter. Es dauerte länger, als das »Tausendjährige Reich« gedauert hat, bis die Beweise dafür zugelassen wurden. Der Historiker Matthias

Schmidt hat in seiner Dissertation (»Albert Speer. Das Ende eines Mythos«, 1982) als Erster das Lügengebäude Speers schwer angeschlagen, sie erschien als Buch kurz nach dem Tod von Albert Speer. Andere folgten und zerstörten die vom NS-Rüstungsminister und Stararchitekten mit Bedacht von Anfang an ausgeklügelt konstruierten Legenden, die seine aktive Mitwirkung an den schwersten Verbrechen kaschierten. Aber fragen Sie heute drei Nachbarn, dann werden Sie von zweien hören, dass Speer ein guter, sympathischer Mann war.

Die Große Koalition, mit dem Ex-NS-Propagandisten Kurt Georg Kiesinger als Kanzler an der Spitze, ließ bei den rebellierenden Studenten, die sich gegen jegliche Autoritäten auflehnten, nicht nur gegen den »Muff von tausend Jahren unter den Talaren«, den Zorn gegen das Establishment anschwellen. Sie sahen sich von Faschisten umzingelt, während umgekehrt die Hardliner in der Regierung und bei der Springer-Presse die Demonstranten und »Störer der öffentlichen Ordnung« als »SA-Trupps« und »Nazi-Randalierer« beschimpften.

Hitler war mitten unter uns, und gleichzeitig verlor er sein Gesicht. Den marxistisch geschulten Rebellen passte er nicht ins Konzept. Unwichtig. Er wurde ersetzt durch das Plakat: »Wer aber vom Kapitalismus nicht reden will, sollte auch vom Faschismus schweigen.« Mit ihren Theorien, angelehnt an Max Horkheimer und Wilhelm Reich, konnten sie erklären, wie alles gekommen ist und dass es schon bald wieder soweit sei.

Der »hilflose Antifaschismus« der »Scheißliberalen« wurde gegeißelt. Der schwarze Riese Franz Josef Strauß wurde teilweise auch von linken Medien, auch im Spiegel, zu einer Art Wiedergänger Hitlers aufgebaut. Das Original wurde in den Theorien zu einem Hampelmann degradiert, den die Mächtigen aus den Kreisen der Wirtschaft, der Finanzen und des Militärs installiert hatten.

Kapitel 3
Superstar und Schtonk (1973–1983)

Ist der meschugge? Was dachte der sich dabei? Rechnet er mit Zustimmung oder mit Widerspruch? Will er seine Gesinnung demonstrieren oder die Leser zur Besinnung bringen? Oder hat der einfach die Faxen dicke und will nicht länger aus seinem Herzen eine Mördergrube machen?

Es gibt kluge Leute in der Branche, die sagen, genau das macht einen guten Leitartikel aus – Fragen aufwerfen, den Kreislauf und die Gehirnwindungen ankurbeln. Nach dieser Theorie war das ein sehr guter Artikel. Als ich den am 1. Oktober 1973, einem Montag, beim Frühstück in der ›Welt‹ las, marschierten die Fragen mit fast jedem Absatz wie in Knobelbechern über den Tisch und hinterließen denkwürdige Abdrücke in meiner Sanella.

Verfasst hat ihn Herbert Kremp, der Chef der Zeitung, Kapitän auf dem »politischen Flaggschiff« des Springer-Konzerns. Heute noch mal nachgelesen, liest sich der Leitartikel immer noch abenteuerlich. Die Überschrift gibt sich verschwörerisch: »Das Interesse an H.« Die Unterzeile sachlich: »Die Veränderungen des Geschichtsbildes«. Kremp schreibt über »die Welle des Interesses« für Adolf Hitler. Er sah damals Großes vor uns, aber noch gab es Mängel: »Der Nostalgie fehlt die Sehnsucht, also die Seele. Der Mann selbst, Hitler, bleibt auch denen, die sich nun für ihn zu interessieren beginnen, merkwürdig entrückt … Man spürt nur, mehr und mehr, daß er ein großer Mann war«.

Kremp schrubbte hier mit Wörtern das Deck, damit es sauber

ist, wenn kommt, was er kommen sah. Er machte es gründlich, denn »es gibt bei Hitler keine modische Form der Aneignung... Das Motiv für das so sprunghaft wachsende Interesse an Hitler liegt nicht der Oberfläche, ist nicht flach, sondern tief gelagert, verzweigt und zum größeren Teil noch verborgen.« Die Gedanken des ›Welt‹-Chefs schweifen in die Vergangenheit und in die Zukunft, fliegen hoch und fliegen tief. »Die Frage nach dem Deutschen... im Sinne des Wesens und seiner ungeheuren Möglichkeiten, des Volks und der Nation, schwingt in der Frage nach Hitler mit.«

Die vielen Wirrungen der Hitler-Exegese nach 1945, vom »Teufel, der sich der Deutschen bemächtigt hatte«, bis hin zur »soziologischen Ausgeburt als Agent des verfallenden Kapitalismus« waren für Kremp Makulatur. »Heute hält man Hitler nicht mehr für den Abschaum und Abfall der Epoche, sondern für eine ihrer großen Kräfte und furchtbar treibenden Quellen, nicht mehr für den Verrückten und Teppichbeißer, sondern für den großen Normalen im penetranten, gewaltsamen Sinne des Worts; nicht für den Kretin, sondern für den Dauphin des Europas der 30er Jahre.«

In guter Hoffnung steht er im Bug des Flaggschiffs, den Horizont und die »ungeheuerlichen Möglichkeiten« im Auge, und stellt die sowohl simpel wie mysteriös klingende Frage: »Wird man Hitler vielleicht noch wegen anderer Dinge als der Autobahn schätzen lernen?«

Zweifellos, räumt Kremp ein, wird »der Heilscharakter des Nationalsozialismus, der zwar keine Ideologie, aber eine Anbetung brachte (was viel wichtiger ist), umstritten bleiben. Aber gerade darin erweist sich die epochale Bedeutung Hitlers, der die gründlichste, die deutsche Spielart des Faschismus beigesteuert hat.«

Auch wenn dem Geraune in manchen Passagen ein Sinn nicht zu entziffern ist, so lässt sich doch der Wunsch herauslesen: Wir wollen unseren alten Adolf wiederhaben, besser noch – einen Nachfolger, der uns dieses Mal zu den Sternen führen wird oder zumindest bis zum Ural, »im Sinne unseres Wesens«.

Wie kam es dazu, dass »Kampfjournalist« Kremp, wie ihn der ›Spiegel‹ nannte, in einer Zeit, als Willy Brandt Kanzler war, die erste große Ölkrise wenig später an vier Sonntagen die Autobahnen leer fegte, die Terroraktionen der »Roten Armee-Fraktion«, deren Anführer im Gefängnis saßen, und die Debatten um die Berufsverbote Beunruhigung und Ängste auslösten, die historische Figur des »großen Normalen« seinen Lesern ins Gedächtnis rief? Zu spüren ist die Verbitterung, die bei den Konservativen der Anblick eines Sozialdemokraten im Kanzleramt auslöste, der sich bei den jungen Leuten mit dem Motto beliebt machte: »Mehr Demokratie wagen«. Denn gerade die hielt Kremp für gefährlich, wie auch dem Buch zu entnehmen ist, das er im gleichen Jahr herausbrachte. Unter dem Titel: »Am Ufer des Rubikon. Eine politische Anthropologie« geht er hier auf geschichtsphilosophisch gekrümmten Wegen der Frage nach, »ob es gelingt, Freiheit und Recht gegen die Demokratie zu verteidigen«.

Kremp (Jg. 1928) schrieb auch nach seinem 75. Geburtstag, an dem er den »Theodor-Wolff-Preis« für »sein Lebenswerk« erhielt, weiter Artikel für die Springer-Presse bei gleichbleibender Gesinnung, dazwischen lagen Jahre, in denen er als Korrespondent in Peking und Brüssel arbeitete. Als Bundespräsident Karl Carstens ihm 1984 den »Konrad-Adenauer-Preis« überreichte, setzte es ein großes Lob: »Wenige Journalisten haben wie Sie die öffentliche Diskussion in unserem Lande beeinflussend mitgeprägt.« (Es krächzt fürchterlich an meinem Ohr: siehste, siehste!)

Die Hitler-Welle, die damals dem promovierten Philosophen Kremp zu Kopf gestiegen war, hatte zu Beginn des Jahres klein angefangen. Es begann mit den Vorausberichten über den in London entstandenen Film »Die letzten 10 Tage« mit Alec Guinness als Hitler im Führer-Bunker und Doris Kunstmann als Eva Braun. Da war was im Anrollen, schrieben die bundesrepublikanischen Zeitungen und beeilten sich ihrerseits, das Geschäft nicht zu verpassen. Es war wohl das Büchlein des Schriftstellers und manischen Sammlers Walter Kempowski, das den Auftakt machte. Kempowski hielt darin fest, was ihm 500 Leute, Männer und Frauen, quer durch die Bank reihum auf die Frage erzählten: »Haben Sie

Hitler gesehen?« (so auch der Titel, dem die Unterzeile folgte: »Deutsche Antworten«). Dabei kam vielerlei zutage, hauptsächlich Skurriles und Nostalgisches, aber auch Abscheu: »ein fieses Mannsbild, hab ich gedacht (Apothekerin, Jg. 1912)«.

Die ›Zeit‹ traf es ziemlich genau, indem sie den Herausgeber, der die vielen Stimmen zu Hitler zu Papier brachte, als »Bauchredner des Volkes« apostrophierte. Unter den Antworten standen jeweils, ohne Namensnennung, der Beruf und der Jahrgang. Etliche der Befragten schmolzen ihre Erinnerung an den Führer auf die Farben seiner Augen ein. So stand unter dem Titel auf dem quittengelben Buchumschlag des Hanser Verlages: »Er aß einen Apfel. Die Augen waren knallblau.« Das war das Erinnerungsbild einer Schriftstellerin vom Jahrgang 1905.

Sebastian Haffner hat in dem Kempowski-Buch ein Nachwort geschrieben, in dem er betonte, dass es vor allem zwei Dinge gewesen seien, die dem Diktator die ungehemmten Sympathien der allermeisten Deutschen gesichert hätten: das »Wirtschaftswunder« und das »außenpolitische Wunder«. Zum Ende hin, nach den Blitzsiegen gegen Polen und Frankreich, die ihn wiederum als »Wundertäter«, als »Mann mit übernatürlichen Kräften« erscheinen ließen, habe die Begeisterung abgenommen. Nach Stalingrad sei der »Glaube an ihn« verschwunden. Haffner: »Die letzte Klammer zwischen Hitler und den Deutschen war Angst.«

Und danach »wollte niemand ein Nazi gewesen sein«. An Hitler sei »die Erinnerung abgestorben«, behauptete der renommierte Journalist, der die Kriegsjahre in London verbracht hatte. »Die Generation, die Hitler erlebt hat – ganz egal, wie – hat vergessen und vergessen machen wollen.« Deshalb sei »die blanke Ignoranz und Uninteressiertheit der Jüngeren das Werk der Älteren«. Hitlers »bloßer Name ist ein Art Leerformel geworden, ein Popanz«. Im Grunde seien der Mann und seine Zeit »abgestorben«. Er bedauerte das nicht, aber er wunderte sich und wurde bald darauf eines Besseren belehrt.

Kempowskis Büchlein war eine Art Initialzündung. Hitlers Nachleben kam nun groß in Fahrt. Die Medien überstürzten sich mit Artikeln zum deutschen Zampano. Fünf Jahre später nahm Haffner als Autor eines schwungvoll geschriebenen Buches, das rasenden Absatz fand, an einer Podiumsdiskussion auf einer Tagung in Aschaffenburg teil. Sie wurde von Guido Knopp veranstaltet, der seinen Einstand im Hitler-Erklärungsgeschäft gab, und befasste sich mit dem Thema »Hitler heute«. In den Jahren dazwischen war derjenige, den Haffner für einen begrabenen Hund gehalten hat, zum Medienstar avanciert.

Schon im Frühjahr 1973 druckte der ›Spiegel‹ eine lange Serie, die er mit einem Titelbild startete, auf dem Hitlers Gesicht halb verdeckt war und mit handschriftlichen Eintragungen verziert. Dazu die Zeile: »Nach dreißig Jahren entdeckt. Adolf Hitler: Aufriß über meine Person«. Im Innern werden neue Erkenntnisse versprochen: »Der renommierte Historiker Werner Maser, der durch jahrelange Quellenforschung das überkommene Führer-Bild korrigierte, vermittelt mit neuentdeckten Dokumenten Einblicke in die Psyche Hitlers: Es entstand eine Art Autobiographie des Diktators, die der ›Spiegel‹ mit Masers Kommentaren in einer Serie abdruckt.«

Zu erfahren ist allerlei, über lange Passagen auch Schmonzes hoch drei. Das Leben Hitlers ist hier in elf Fortsetzungsteilen von der Geburt in Braunau bis zum Ende im Berliner Bunker entrollt, immer eng an der Person, vornehmlich gestützt auf Briefe und Notizen, die Maser aufgetrieben hat. Als Co-Autor trat Heinz Höhne (1926–2013) auf, der Serien-Ressortleiter des ›Spiegel‹, über lange Jahre der Spezialist für Zeitgeschichte des Blattes, der die letzten Kriegsmonate noch als Soldat im »Panzerkorps Großdeutschland« miterlebt hatte. Er hat neben langen Serien auch eine ganze Reihe von Büchern veröffentlicht, die in der Fachwelt hohe Anerkennung und Aufmerksamkeit erfuhren. Die bekanntesten: »Canaris. Patriot im Zwielicht« und vor allem »Der Orden unter dem Totenkopf. Die Geschichte der SS« (1967 erstmals veröffentlicht), ein Buch, das auch heute noch, in viele Sprachen übersetzt, immer wieder in neuen Auflagen erscheint.

Im zweiten Teil der Serie ist ein Auszug aus dem Brief Hitlers vom 16. September 1919 an Adolf Gemlich abgedruckt, der von Journalisten immer wieder neu als Sensation entdeckt wird, zuletzt 2011 vom Simon-Wiesenthal-Centrum und von der ›Spiegel‹-online-Redaktion. Zum ersten Mal ist der »Gemlich-Brief«, der als Schlüsseldokument der Holocaust-Vorgeschichte und als die erste schriftlich überlieferte Aussage Hitlers zu seinem Lebensthema gilt, 1959 in den VHZG von Ernst Deuerlein als Dokument veröffentlicht worden. Als wortidentische Abschrift ist er im Bayerischen Hauptstaatsarchiv in München zu besichtigen.

Hitler hatte ihn im Auftrag seines Führungsoffiziers Hauptmann Mayr geschrieben, dem er als V-Mann und Agitator diente. Der Adressat ist ein Mann aus Ulm, der sich als Redner am »Kampf bis aufs Messer gegen das Judentum« beteiligen möchte. Ausführlich malt Hitler in seiner »politischen Stellungnahme« die Gefährlichkeit der Juden im Stil der bei den völkischen Rechtsradikalen üblichen Hetze aus (»Die Juden sind die Rassentuberkulose der Völker«). Besonders bemerkenswert: Hitler plädiert hier zur »planmäßigen gesetzlichen Bekämpfung« für einen »Antisemitismus der Vernunft«. Dessen »letztes Ziel muß unverrückbar die Entfernung der Juden überhaupt sein«.

Die Serie von 1973 ist geprägt von einer eigenwilligen Auswahl der in aller Regel nicht genannten Quellen und deren generöser und unkritischer Handhabung. Den generellen Tenor der Serie kann man mit der oft über Hitler gehörten, zumeist apologetisch aufgeladenen Standardformel beschreiben: Er war gar nicht so.

Die Autoren werteten es als Sensation, was sie über Hitler in den unmittelbaren Jahren vor seiner Reichskanzlerschaft über ihn herausbekommen zu haben glaubten. Seine Situation im Sommer 1931 beschrieben sie ganz allgemein als prächtig: »Er konnte in aller Ruhe Kraft sammeln für den entscheidenden Griff nach der Macht. Er hatte es offenbar nicht eilig: Wie nie zuvor genoß Adolf Hitler sein Leben.« Daran anschließend gingen sie ins Detail: Da der Führer nun einmal ein Münchner geworden war, hieß genießen saufen. Ein Herr Irgendwer hatte mitgezählt und den Autoren eine Rechnung zugespielt. Danach konnte Hitler damals einen ziemlichen Stiefel vertragen und es mit jedem bayrischen Schluckspecht aufnehmen – »bis zu sieben Maß Bier am Abend«.

So entstand das Bild eines sinnenfrohen Bohemiens, der, wenn er sich nicht gerade am Wirtshaustisch die Kante gab, den Töchtern seines Freundes Heinrich Hoffmann auf dem Klavier Opernmelodien vorspielte. Maser/Höhne ließen sogar Henriette, Baldur von Schirachs spätere Frau, die vom Interpreten bevorzugte Reihenfolge beisteuern: »Wagner und danach Verdi«.

Überhaupt, so betonten die Autoren, habe Hitler damals keineswegs dem Bild des menschenscheuen Einzelgängers und Sonderlings entsprochen, wie es die »meisten Biographen zeichnen«. In der fünften Folge ihrer Serie kriegten sich die beiden Autoren gar nicht mehr ein, wenn sie die Vorzüge Hitlers schilderten: »Die Strahlkraft seiner blauen Augen, die einnehmende Persönlichkeit, die rhetorischen Möglichkeiten, die außergewöhnlichen Begabungen …« Sie sahen den »Menschenkenner Hitler« als »umgänglichen Mann, der Überzeugungskraft ausstrahlte«. Unter denen, die hierfür als Zeugen mit vollem Namen aufgerufen wurden, fand sich auch Percy Ernst Schramm, ebenjener Historiker, der ein knappes Jahrzehnt vorher ein Hitler-Bild in der gleichen Zeitschrift entworfen hatte, das teilweise in den Farben der Verzückung gehalten war.

Nach Meinung der Autoren musste Hitlers Vita umgeschrieben werden. Sie sei voller Drehmomente, eine »Wandlung« nach der anderen ist ihm hier im ›Spiegel‹ attestiert. Die erste große findet im Gefängnis 1924 in Landsberg statt: »Er reißt einen Graben zwischen sich und die alten Freunde.« Aus freundlicher Anteilnahme sei förmliche Distanzwahrung geworden. Wieso, warum? Angedeutet ist lediglich, es könnte die Liebe gewesen sein, denn Hitler habe sich zum »Frauenhelden« entwickelt.

Inmitten der »goldenen Jahre«, 1936/37, habe Dauergast Albert Speer bei Hitler »einen Wandel« erkannt. Der Diktator begann »selbst für seine engste Umgebung zu einem abweisenden, beziehungsarmen Despoten« zu werden. Alle »standen vor einem Rätsel.« Sie konnten den menschenfremden Diktator und zynischen

Vabanquespieler, der sich über fast alle Normen der menschlichen Gesellschaft hinwegsetzte, nicht in Einklang bringen mit dem nahezu nationalkonservativen Staatsmann, der nach 1933 scheinbar so rational und überlegt die Außenpolitik geführt hatte. Die Autoren beteuern: »Das Rätsel ist auf den heutigen Tag ungelöst.«

Danach ist zu lesen: »Immer öfter beschlich Hitler das Gefühl, ihm bleibe nicht mehr lange Zeit, das zu vollenden, was er für sein Werk hielt. Er sprach oft von Scheitern und Rücktritt.« Wörtlich soll er gesagt haben: »Ich werde einsam sein.« Der Leser muss erfahren: »Stundenlang horchte er in sich hinein, weil er glaubte, von einer heimtückischen Krankheit befallen zu sein. In der Tat war er krank: Er litt unter häufigen Magenschmerzen und Blähungen.«

Dann waren es 1938 die tatsächlichen oder angeblichen Affären der Generäle Blomberg und Fritsch, die »den wahren Grund« einer neuerlichen »Wandlung« bildeten. Denn sie »erschütterten sein naives Vertrauen in das preußisch-deutsche Militär«. Dadurch sei er zu einem Kriegstreiber und Aggressionsbündel geworden. In der letzten Kriegsphase legte der Wandlungskünstler noch einmal eine Wendung hin: »Der sonst so auf die Reaktion seiner Umwelt bedachte Volkstribun hatte sich fast völlig von seiner Umwelt abgekapselt. Jede Unterhaltung brach er ab, sobald sie Themen berührte, die ihm unangenehm waren. Die Krankheiten, das jahrelange Bunkerleben, die eintönige vegetarische Kost. der geringe Schlaf (meist nur drei Stunden), dazu die Verbitterung über die eigenen Niederlagen hatten Hitler in einen Menschenfeind verwandelt.«

Beinah-Attentäter gehören zum Stammpersonal fast jeder schmissig erzählten Geschichte, die im »Dritten Reich« spielt. Hier tauchen sie reihenweise im letzten Serienteil auf. Danach sollen es die höchsten SS-Führer gewesen sein, die den »Führer« zu erledigen suchten. Der SS-General Felix Steiner wollte ihn umbringen. Sogar Himmler und der Chef der Geheimdienste im »Reichssicherheitshauptamt« Walter Schellenberg wollten dasselbe. Aber Himmler sei zu schwach gewesen, Steiner kam nicht dazu, und Schellenberg gab es irgendwann auf.

Hier ist mit Händen zu greifen, dass Höhne über lange Zeit viel mit Werner Best »zusammenarbeitete«, der nach dem Krieg, wie es ein Staatsanwalt ausdrückte »die Spinne im Netz« der Entlastungslügen war. Die Historiker Ulrich Herbert und Götz Aly haben schon vor 20 Jahren darauf verwiesen, wie stark Höhnes Geschichtsinterpretationen auf den gezinkten Aussagen des – nach Himmler und Heydrich – ranghöchsten SS-Offiziers basierten.

Best (1903–1989), promovierter Jurist, schon als Student mit radikal antisemitischer Einstellung politisch aktiv, trat 1930 der NSDAP bei, ein Jahr später der SS, nach 1933 war er zunächst Heydrichs Stellvertreter, zuletzt Besatzungsgouverneur in Kopenhagen. Beim Nürnberger Tribunal trat er als Zeuge auf. Von einem dänischem Gericht zu 12 Jahren Gefängnis verurteilt, wurde er 1951 auf Betreiben der Bonner Regierung freigelassen, vor einem deutschen Gericht stand er danach nie. Erst kurz vor seinem Tod war ein Hauptverfahren wegen seiner Verbrechen in Aussicht gestellt. So wie er vorher seine Energien der Massenvernichtung der Juden gewidmet hatte, so setzte er sich bis zu seinem Tod dafür ein, Abgeordnete, Vertreter der staatlichen Justiz und prominente Zeitgeschichtsforscher (neben Höhne unter anderem auch Hans Buchheim und Eberhard Jäckel) mit seinen Versionen der Geschichte zu spicken. Es gelang ihm, Prozesse und Gesetzgebung so zu beeinflussen, dass die Strafverfolgung entweder ausgesetzt oder erschwert wurde.

So kann man auch in den ›Spiegel‹-Artikeln zur Geschichte des Nationalsozialismus öfters SS-Generäle wahrnehmen, die als erbitterte Gegner von Hitler und Himmler dargestellt sind, ohne von ihrem mörderischen Treiben zu lassen. Es gehörte zu Höhnes Ansichten, dass es letzten Endes »die Magie Hitlers« gewesen sei, die Männer wie den Staatssekretär Stuckart, den Reichsbevollmächtigten Best und den SD-Chef Schellenberg daran hinderte, einen offenen Bruch mit dem NS-Regime zu riskieren.

Das größte publizistische Feuerwerk entzündete damals der ›Stern‹, indem er im Sommer 1973 mit dem Vorabdruck der Hitler-Biographie von Joachim Fest (1926–2006) begann. Der Autor, zuletzt für den Norddeutschen Rundfunk und den ›Spiegel‹ tätig, hatte sich vorher mit Veröffentlichungen zum »Dritten Reich« einen Namen gemacht. Er gehörte bereits damals zur Elite der Medienwelt und wurde noch im gleichen Jahr Mitherausgeber und Feuilletonchef bei der ›FAZ‹. Neben seiner Arbeit an der Hitler-Biographie beteiligte er sich, wie er es später selbst nannte, als »vernehmender Lektor« an der Abfassung der »Erinnerungen« von Albert Speer. Die wurden, 1969 veröffentlicht, zu einem sensationellen »blockbuster«. Hitlers Rüstungsminister konnte es noch. Nach Jahrzehnten, in denen der Architekt, der einst gigantische Bauwerke entwarf, in der Spandauer Haft nur kleine Sandbrötchen formen konnte, erzielte er wieder, dieses Mal mit einem Buch, einen »Bombenerfolg«.

Bevor der ›Stern‹ im Sommer 1973 mit dem Vorabdruck der Hitler-Biographie begann, hatte der von Wolf Jobst Siedler geleitete Ullstein Verlag schon mehr als ein Jahr lang Reklame für das Buch gemacht. In der Illustrierten nahm die Darbietung monumentale Ausmaße an. Für den Führer ließ Nannen es an nichts fehlen. Die Opulenz der Bebilderung überstieg alle bis dahin bekannten Maße, sie kannte keinen Seitenfalz und keine Satzspiegel-Grenzen, Bei diesem Thema konnte ein Blattmacher wie Henri Nannen gar nicht kräftig genug auf die Pauke hauen. Woche für Woche bis zum Jahresende und darüber hinaus, wurde dem Leser der Führer in allen Posen und Positionen präsentiert.

Zum Auftakt fragte der ›Stern‹ »Kennen Sie Hitler? … Den Mann, der die Deutschen in einen Weltkrieg trieb, den sie nicht gewinnen konnten. Der die Juden ermorden ließ, der das Deutsche Reich zerstörte … Kennen Sie ihn wirklich? Den Mann, der Jubel, Heilserwartung und Haß weckte, wie kein Mensch zuvor? Der die Welt in wenigen Jahren veränderte, wie kaum einer vor ihm? Der eine Spur von Blut und Trümmern hinterließ, wie noch nie jemand in der Geschichte … Warum war er allen Staatsmänner seiner Zeit überlegen? … Joachim C. Fest hat nach jahrelangen Vorarbeiten die große Biographie Adolf Hitlers geschrieben. Eine Biographie, die Fragen stellt – und beantwortet.« Der in großen Lettern gesetzte

Einführungstext des ›Stern‹, hochdramatisch formuliert, spiegelt die Quintessenz des Hitler-Bildes, das die Illustrierte den Lesern bot: Ein furchtbarer Mann, der die Deutschen ins Unglück stürzte und die Juden ermorden ließ. Und trotz alledem – irgendwie großartig, mit einzigartigen Fähigkeiten. Ein Faszinosum. »Diese Biographie deutet und erklärt, was der Welt bis heute unerklärlich geblieben ist.« Darunter war es nicht zu machen.

Ende Januar 1974, nach über einem halben Jahr, das Buch stand schon seit drei Monaten auf der Bestseller-Liste, war es vollbracht. Die 29. Folge beschloss das bunte Treiben mit einem Vorspann, der ein Fazit zog, mit dem auch die älteren ›Stern‹-Leser gut leben konnten: »Sein Reich sollte tausend Jahre dauern. Es hielt nur zwölf. Neuen Lebensraum versprach er dem deutschen Volk. Er machte ganz Europa zum Sterbensraum für Millionen aus vielen Völkern. Die Deutschen halfen ihm dabei, viele begeistert, viele verzweifelt…« Jeder konnte sich aussuchen, wozu er gehören wollte, zu den Verblendeten oder zu den Opfern.

In dieser letzten Folge sind noch einmal alle Register der Textorgel nachzulesen, die der Autor nutzte, um die Leser in Gänsehaut zu versetzen. »Armer, armer Adolf, alle haben dich verlassen, alle haben dich verraten«, lässt er Eva Braun rufen, kurz bevor der Führer sie zu seinem Weibe nahm. Für seinen Titelhelden erfindet er als »letzte Worte« eine finale Erkenntnis: »Das Leben vergibt keine Schwäche«. Ein Cinemascope-Satz, serviert auf einem Silbertablett – »als sei dies die Summe aller seiner Erfahrungen«. (Mensch, Adolf, krächzt der Rabenvogel, mit so einem »Ghostwriter« bist du aber gut bedient.)

Erstaunlich ist, wie Fest das Kunststück gelingt, stilistisch im gehobenen Sprachbereich zu bleiben, ohne auf Comic-Elemente und Bauernschwank-Szenarien zu verzichten. Er baute viele der Anekdoten, Geschichten und Legenden, die über Hitler en masse kursierten, in sein Mammutwerk ein, wenn sie seiner Interpretation dienlich waren, benutzte aber in der Regel Formulierungen wie »…aus Hitlers Umgebung verlautete… den Berichten zufolge… wenn nicht alle Zeichen trügen…«. Fest war ein Meister der Interpretation, Quellenforschung in den Archiven war nicht sein Metier.

Gleich einem allwissenden Erzähler orchestrierte er seinen Text mit Zeugen und Zeuginnen, die dem sinistren Geschehen in der grauen Bunkerwelt Farbe und Dramatik verleihen: Hanna Reitsch, die tollkühne Fliegerin, darf über die Reaktion Hitlers berichten, als dieser durch eine Reuter-Meldung von eigenmächtigen Versuchen Himmlers hören musste, mit den Westmächten Kapitulationsverhandlungen zu führen. Ihn hatte er doch bis dahin zu den Getreuesten aller Getreuen gezählt: »Er tobte wie ein Verrückter, er wurde purpurrot und sein Gesicht war fast unkenntlich.« Feldwebel Tornow, »Hitlers Hundebesorger«, und Professor Haase, »der zum ärztlichen Personal gehörte«, treten auf und verrichten zusammen Schändliches: »Um Mitternacht wurde Blondi auf die Bunkertoilette gelockt« und mit einer Giftampulle umgebracht.

Kurz und tödlich ist das Erscheinen von »Gauamtsleiter« Walter Wagner bei der »Götterdämmerung«. Zum Standesbeamten auf Zeit ernannt, nimmt er »auf Grund der besonderen Umstände« die auf ein vereinfachtes Verfahren reduzierte »Kriegstrauung« vor, nachdem die beiden Brautleute Adolf Hitler und Eva Braun ihre »rein arische Abstammung« ebenso wie ihr Ja-Wort zu Protokoll gegeben haben. Kaum ist »sein Führer« unter der Haube, erwischt es den Ehespender. Er »geriet« – allerdings nur im ›Stern‹, der hier ausnahmsweise von der Buchfassung abweicht – auf dem Weg zurück zu seiner Volkssturmeinheit, »wenige Meter vom Bunker entfernt, ins Feuer russischer Scharfschützen und fiel«.

Der Biograph entdeckte in Hitlers Ehe auch einen speziell politisch-historischen Aspekt: »Der grausige Einfall dieser Hochzeit zum Doppelselbstmord bedeutete die endgültige Abdankung als Führer.« Habe doch Hitler immer betont, er sei mit Deutschland verheiratet. Offenbar hatte er sich also zu diesem Zeitpunkt von diesem schon als geschieden betrachtet. Hier stieß der Biograph, der bis zu seinem Tod nicht müde wurde, seine Herkunft aus einem guten »bürgerlichen Haus« zu betonen, an die Grenzen seiner Interpretationsmöglichkeiten: Bei allen mörderischen Untaten, als Bigamisten konnte und wollte er sich den Führer dann doch nicht vorstellen. Das ging zu weit.

Bei der Schilderung der letzten Stündchen seines Titelhelden betont der Autor die Unsicherheiten der Überlieferung noch einmal besonders stark. Da zweifelt der Autor plötzlich an Zeugenaussagen, die ihm an den vielen Stellen vorher kein Federlesen wert waren, und schreibt in der für seinen Stil typischen Art: »Wenn wir den Berichten Beteiligter glauben können, setzte zu diesem Zeitpunkt in der Kantine der Reichskanzlei ein Tanzvergnügen ein.«

Die Hitler-Biographie, über 1200 Seiten stark, schwamm auf den Fluten der Hitler-Welle obenauf zu einem überragenden Erfolg in den Buchläden. Bei der letzten mir zugänglichen Aufstellung 2007 zählte man über eine Million verkaufte Exemplare und Übersetzungen in mehr als 20 Sprachen. Schon im Sommer, als die ›Stern‹-Vorabdruckserie begonnen und auch die ›FAZ‹ einen Auszug veröffentlicht hatte, war Fest zum TV-Frühschoppen bei Werner Höfer eingeladen, den später seine beschwiegene und dann geleugnete Vergangenheit als Verfasser von Hetzartikeln während der NS-Zeit einholte. Gute Gelegenheit für sich, das Buch und notgedrungen auch für Hitler Werbung zu machen. Das klang zuweilen so, als unterhielten sich zwei ältere Herren über einen dritten, noch deutlich älteren Herrn. »Wie dachte«, fragte der Gastgeber den Gast, »der Gegenstand Ihres Buches über den Genuss von Alkohol?« – »Vom Wein hielt er, wie er selbst gesagt hat, nichts«, antwortete Fest, »den könne er nur mit einem Esslöffel Zucker trinken, sonst sei ihm das Zeugs zu sauer.« Da schüttelte es dann auch die Zuschauer, die sonst keinen Grund mehr sahen, sich mit Schaudern an die NS-Zeit zu erinnern.

Als das Buch im Oktober 1973 erschien, versäumte keine Zeitung eine Besprechung. Vorwiegend war das Echo positiv. Von den Fachhistorikern, bei denen damals das biographische Genre zugunsten der Wirtschafts- und Strukturgeschichte aus der Mode gekommen war, gab es jedoch eine Reihe grundsätzlicher Einwände. Es gefiel auch nicht allen, dass in dem Buch der Finanzierung Hitlers durch Gönner aus Wirtschaftskreisen und durch Repräsentanten der gehobenen Gesellschaft wenig Aufmerksamkeit geschenkt ist. Der Dichter Peter Rühmkorf schrieb in der Zeitschrift ›Konkret« gegen die Hitler-Hausse im Allgemeinen und gegen die neue Biographie im Besonderen einen Artikel, der in großen Frakturlettern die Überschrift trägt: »Eine Fest-Schrift für Hitler«. Ablehnung erfuhr das Buch von einigen marxistisch orientierten Dozenten, die mittlerweile an den deutschen Universitäten Fuß gefasst hatten.

Von anderen, insbesondere von den konservativen und liberalen Geschichtsprofessoren wie Andreas Hillgruber, Ernst Nolte, Theodor Schieder und Karl Dietrich Bracher, gab es große Anerkennung. Von Gewicht bleiben die Einwände, dass der Autor sich auffällig wenig um das Jahrtausendverbrechen des Holocaust gekümmert hat. Der »Endlösung« sind gerade mal drei Seiten eingeräumt, von den Nürnberger Rassegesetzen ist überhaupt nicht die Rede, der Name Eichmann kommt nicht ein einziges Mal vor. Fast scheint es, als habe Fest, der den Anspruch erhob, mit dieser Biographie auch zur Erklärung des Nationalsozialismus beizutragen, die Deutschen durch seine »Diskretion« zu schonen versucht, die er gegenüber dem konkreten Geschehen des Massenmordes an den Juden und anderen Volksgruppen walten ließ.

Vier Jahre nach seiner heute allseits als Standardwerk anerkannten Biographie trat Joachim Fest mit dem Kinofilm »Hitler – eine Karriere« an die Öffentlichkeit. Die Uraufführung bei der Berlinale 1977 fand im großen »Zoo-Palast« statt, dem Nachfolgebau des großen »Ufa-Palast Zoo«, wo Goebbels und Hitler Stammgäste waren. Der Film, den er zusammen mit Christian Herrendoerfer gemacht hat, erhielt von der Bundesprüfstelle das Prädikat »besonders wertvoll«. Die Kritik indes war deutlich negativer als beim Buch. Lob vom ›Spiegel‹-Fachmann Heinz Höhne: Der Film zeige »die Genialität des großen Demagogen« und seine »Übereinstimmung mit den Massen«. Schlechte Noten gab es von Friedrich Weigend in der ›Stuttgarter Zeitung‹: Da würde die Geschichte als »Betriebsunfall« erzählt: »Hitler, der glücklose Manager in der Chefetage der jüngeren Zeitgeschichte«, wenig zu sehen »ist von den Buchhaltern und Finanzchefs, von denen, die die Aufzüge bedienten, und denen, die die Öfen heizten.« Ein Totalverriss von Wolfram Schütte in der ›Frankfurter Rundschau‹: Misslungene Montage, zu viele Klischees. Den Rezensenten stören insbesondere die Bilder, in denen sich Hitler »in einer ›Art Begattungshunger‹ befindet und die ›Vereinigung mit den Massen‹ sucht«.

Als fachkundigster Rezensent stellte sich der Filmregisseur Wim Wenders heraus. In seiner ausführlichen, ins Detail gehenden Besprechung (›Zeit‹, Nr. 33/1977) kommt eine bebende Empörung zum Ausdruck. Plausibel seine Argumente: Der Film sei eine lange Fassung der von den Nazis gedrehten Propaganda- und Wochenschaufilme zu Hitler, der von Gert Westphal gesprochene, von Fest verfasste Kommentar dazu über weite Strecken nicht nur ohne Distanz, sondern von einer extrem befremdlichen »Einfühlung« geprägt.

Einer der auffälligsten Mitgestalter am Hitler-Bild, das sich die Deutschen in den 70er Jahren machten, war ein Mann aus der vordersten Linie des NS-Regimes, der von sich sagte: »Wenn Hitler überhaupt Freunde gehabt hätte, dann wäre ich bestimmt einer seiner engen Freunde gewesen.« Der das sagte, war Albert Speer, der 1975 ein zweites Buch veröffentlichte: Die »Spandauer Tagebücher«, das dem beispiellosen Erfolg seiner »Erinnerungen« wenig nachstand, sowohl im Buchhandel wie in der Gunst der Rezensenten. Es beruht vorwiegend auf Aufzeichnungen, die er während seiner 20 Jahre im Gefängnis anfertigte und über verschlungene Wege nach draußen schmuggeln ließ. Einige der Besprecher machten regelrechte Kratzfüße vor Hitlers Minister. Der Historiker Eberhard Jäckel hat die Sympathien, die Speer auf sich zog, mit Erstaunen registriert: »Everybody's darling – Hitlers Lieblingsarchitekt, seit 1942 sein Lieblingsminister, in Nürnberg der Lieblingsangeklagte und heute der Lieblingsspätheimkehrer der westdeutschen Gesellschaft«.

Speer war im Nu wieder in der besten Gesellschaft voll integriert. Zu dem beispiellosen Erfolg seiner Bücher trug bei, dass er es verstand, sich den Ruf eines geläuterten Nazis zu verschaffen, der stellvertretend Reue zeigte. Der Mann mit den in den vielen Porträts stets hervorgehobenen guten Manieren erschien vielen wie ein Alibi. Wenn der am Ende zweitmächtigste Mann im »Dritten Reich« nichts von den Untaten wusste, was, so wurde gefragt, konnten dann die vielen wissen, die in nachgeordneten Positionen dem Regime dienten? Täter Speer, schuldig der größten Verbrechen, gab sich als Verführter, der nicht stark genug gewesen war, den »hypnotischen Kräften« Hitlers zu widerstehen. Auch das legten viele, die ihm zugejubelt hatten, zu ihren Gunsten aus.

Pikant ist, dass im ›Stern‹ das Buch ausgerechnet von Peter Grubbe besprochen wurde, ein Pseudonym, hinter dem sich Claus Peter Volkmann verbarg (1913–2002), von dem 1995 bekannt wurde, dass er an den Verbrechen während der deutschen Besatzung in Polen direkt beteiligt gewesen ist. In seiner Rezension lobt er Speer dafür, dass dieser sich mit der Vergangenheit auseinandersetze, obwohl er im Gefängnis so Schweres durchzumachen hatte. Johann Siering (1905–1990), Jahrgangskollege von Speer, ging noch weiter, in der von ihm herausgegebenen Literaturzeitschrift »Neue Deutsche Hefte« bescheinigte er dem Autor ein unbedingtes Maß an Glaubwürdigkeit und Moralität. Und er wiederholt, was Speer über Hitler gesagt hat: – »den Charme seines Umgangs, wenn er liebte oder respektierte, eine somnambule Intelligenz der Menschenerfassung, einschließlich der jeweiligen Situationen und vor allem im Künstlerischen eine »»Genialität des Dilettantismus««.

Speer tauchte jetzt öfters als Zeitzeuge auch im Fernsehen auf und gab bereitwillig Auskunft über seinen Werdegang, über das »Dritte Reich« und wie das gewesen ist, damals mit seinem Beinah-Freund Hitler. Er nahm auch an Podiumsdiskussionen teil, diskutierte an Universitäten mit den Studenten und stellte sich wiederholt für ausführliche Interviews der Presse zur Verfügung, um über sich und über Hitler Auskunft zu geben. Im Januar 1978 war er Gast der Theodor-Heuss-Akademie in Gummersbach, einer Einrichtung der FDP-nahen Friedrich-Naumann-Stiftung. Drei Tage wurde dort zu dem ominösen Thema konferiert: »Hitler – eine Erweckungsbewegung?« Das Publikum bestand aus Studenten, Soldaten der Bundeswehr und Journalisten. Der Andrang war groß, denn die Liste der Referenten bot einiges an Prominenz auf.

Im dem Protokoll, das von dem Schlussgespräch überliefert ist, sind die Hauptreferenten wie folgt aufgeführt: »Jean Améry, KZ-Häftling, Kunrat von Hammerstein, ›20. Juli‹, Prof. Dr. Eugen Kogon, KZ-Häftling, Prof. Albert Speer, Reichsminister a. D., Werner Stephan, Reichspropagandaministerium, Thilo Graf Werthern, Panzerkommandeur und Ritterkreuzträger.« Ein wahrlich buntes Völkchen.

Ute Stempel, die im NDR darüber berichtete, hatte es vor allem Albert Speer angetan, den sie als einen »soignierten Herrn im dezent braunen Maßanzug« schilderte, »der keinen Zweifel darüber aufkommen ließ, dass er sich in puncto Vergangenheitsbewältigung auskannte«. Speer habe gesagt: »Auch Napoleon sei, wie Hitler, erst einmal verketzert worden, um später mit der gebührenden Objektivität eingeschätzt zu werden.« In »stockendem Kurpfälzisch« bat Speer »um Verständnis für Hitler«, da dieser »möglicherweise Opfer der heute verbreiteten Drogensucht war, sich vor wesentlichen Entscheidungen gar in den Händen eines skrupellosen Mediziners befand«. Wenn schon kein Freundespaar, so doch etwas, was dem nahekam, und so bescheinigt Speer seinem verstorbenen Chef: »Auf jeden Fall sei er durchaus warmherzig gewesen und seinen Kameraden ein guter Kamerad.«

Die NDR-Journalistin berichtete weiter: »Bei diesen Worten des ehrenwerten Neudemokraten Albert Speer«, der damit »seine Funktion als wandelndes Sühnezeichen entschieden in Frage stellte, verließ Jean Améry den Saal«. Nach einer Weile sei »der heute in Brüssel lebende Schriftsteller aus Wien, dem sich Grauen und Folter der Zeit als KZ-Häftling noch heute aus dem Gesicht ablesen lassen«, indes wieder auf das Podium zurückgekehrt und habe sich für seine Inkonsequenz entschuldigt, entgegen seiner ursprünglichen Absicht, überhaupt zu der Veranstaltung erschienen zu sein.

Anschließend sprach er mit seiner ewig heiseren Stimme, ohne Speer direkt anzusprechen, von seinem »Aufenthalt« im Lager Dora

Nord, einem Außenkommando von Buchenwald, dem unterirdischen Stollen, wo 1944 die V 1 und V 2, die sogenannten »Wunderwaffen«, produziert wurden »und wo man dann gelegentlich auch Russen, weil sie angeblich das Zeug sabotiert hatten, an Drahtseilen hängen sah«. Améry: »Eines Tages wurden wir dort in die Blocks gejagt, und es hieß, es sei der Rüstungsminister da zur Inspektion.« Ob er wirklich da war oder nicht, könne er nicht sagen. Auf jeden Fall müsse der Minister »gewußt haben, unter welchen Umständen die Sklavenarbeiter und auch die sogenannten Ostarbeiter, wie sie damals hießen, dort gearbeitet haben, und wie es dazu kam, daß wir dann kurz nach der Evakuierung von Dora über die Leichenberge von Kameraden steigen mußten ... Er muss ja von diesen Skeletten zumindest gehört haben. Ist ihm denn damals nicht ein Licht aufgegangen! Das ist für mich das Ungeheuerliche. Und darum kann ich auch eine späte Sühne, die dazu noch zweideutig genug ist, denn sie ist zugleich eine Verharmlosung und bis zu einem gewissen Grade fast eine Rechtfertigung, nicht akzeptieren und ich hätte es lieber gesehen, wenn mein damaliger Vorgesetzter geschwiegen hätte und das mit sich allein abgemacht hätte oder mit seinem Gott, sofern er einen hat.«

Speer antwortete darauf, auch er indirekt über das Publikum: »Ich glaube, die Einstellung von Herr Améry zu mir ist in manchen Dingen nicht begründet. Der Nürnberger Prozeß war zweifellos ein scharfes Gericht, und in diesem Nürnberger Prozeß ist in meinem Urteil festgestellt, daß ich nicht verantwortlich bin für die Grausamkeiten, die während der Regierung Hitlers bestanden. Ich war in der Tat nicht verantwortlich für die Zustände in Dora. Ich war auch nicht in diesem Sinne der Vorgesetzte von den Konzentrations-Häftlingen, auch nicht der höchste Vorgesetzte.« Er habe, so Speer, aber trotzdem dafür gesorgt, »daß auch Baracken außerhalb der Höhlen errichtet wurden«, danach »hat die Sterblichkeit in diesem Lager sehr abgenommen« ...

Speer fügte hinzu, er habe »im September 1944 an Hitler geschrieben, daß ich mich nur so lange in meiner Arbeit wohlfühle, als sie als unpolitisch betrachtet wird. Das ist natürlich paradox, aber es gehört zu der Geschichte dazu, daß ich damals allen Ernstes glaubte, daß ich nicht politisch tätig bin, sondern als Rüstungsminister nur fachlich tätig bin.« Im Übrigen habe er von einem »Beschluss zur Judenvernichtung nichts gehört. Die Wannseekonferenz hat vor meiner Zeit stattgefunden.«

»Hitler hat zwar im internen Kreis davon gesprochen, daß die Juden vernichtet werden müßten oder hat von seinen Gegner gesprochen, den Juden, oder hat davon gesprochen, daß die jüdischen Weltorganisationen seine erbittertsten Gegner sind, aber in der Tat wurde nie gesagt, daß eine Vernichtung der Juden angeordnet ist.«

Durch alle im Protokoll festgehaltenen Beiträge des Schlussgesprächs klappert der Irrsinn, und heute gelesen, weiß man nicht, worüber man mehr erschrecken oder staunen muss: über die fadenscheinigen Rechtfertigungsversuche von Speer oder den Optimismus des Journalisten Kogon (1903–1987), der nach sechs Jahren im KZ Buchenwald das aufsehenerregende Buch »Der SS-Staat« (1946) über das System der deutschen Konzentrationslager geschrieben hat, von dem bis heute eine halbe Million verkauft sind. Er verteidigte seinen Glauben an das Gute im Menschen, an die »Emanzipationsmöglichkeiten«, an den Dialog zwischen den Generationen und zwischen Tätern und Opfern. Enthusiastisch schwärmte er von dem ehemaligen Reichskriminalrat Arthur Nebe, der »phantastische Dinge für den Widerstand« leistete, diese »aber mit Verbrechen gedeckt« habe, und dies sei »nicht zulässig«.

Stephan (1895–1984), in der Weimarer Republik Geschäftsführer der Demokratischen Partei, im »Dritten Reich« in der NSDAP und Ministerialrat im Goebbels-Ministerium, in der Bundesrepublik auf verschiedenen Posten bei der FDP, stilisierte sich zu einem klammheimlichen Oppositionellen während der NS-Zeit, der vielen Verfolgten geholfen habe. Graf Werthern, der Ritterkreuzträger und Panzerkommandeur, will von Anfang dagegen gewesen sein und betonte, dass er »Mein Kampf« nie gelesen habe. Es klang, als ob aus ihm noch das alte Diktum spräche: Ein Offizier liest nicht. Die Frage, wer und ob überhaupt mehr als eine Handvoll

Leute Hitlers Buch von 1925 gelesen hat, tauchte in der Diskussion immer wieder auf. Améry sagte: »Gelesen, gehört, gesehen.« Kogon: »Gelesen und dagegen polemisiert.« Stephan hatte es gelesen, aber nur aus beruflichen Gründen, weil er 1930 »den Auftrag bekam, eine Broschüre gegen Hitler zu schreiben.« Speer wollte sich damals die Arbeit nicht gemacht haben, weil Hitlers stehende Redensart gewesen sei: »›Mein Kampf‹ gilt nicht mehr.«

NDR-Journalistin Stempel berichtete zum Schluss ihres Beitrags noch davon, dass sich nach Ende der Diskussion alle Journalisten um Speer geschart hätten. Er war der Star der Veranstaltung. Von Améry, der Speers Gegenpart auf dieser Veranstaltung war, wollte niemand etwas wissen. Er hatte einige höchst interessante Bücher geschrieben, unter anderem »Hand an sich legen. Diskurs über den Freitod« (1976). Im Herbst 1978 brachte er sich in einem Salzburger Hotel um.

Wenige Monate zuvor hatte Améry im ›Merkur‹ einen offenen Brief an Sebastian Haffner geschrieben, dessen Buch »Anmerkungen zu Hitler«, im Frühjahr erschienen, so dünn es war (mit 203 Seiten ein wahrer Anti-Fest), große Resonanz bei Kritikern und Käufern gefunden hatte.

»Lieber Sebastian Haffner ... Es ist Ihnen wahrscheinlich nicht entgangen, dass ich zu Ihrem vortrefflichen Hitler-Buch bereits Stellung nehmen konnte – in der ›Zeit‹ vom 16. Juni.« Ein Text, der es verdient, als Kontrast zu den damals verbreiteten Hitler-Bildern, etwas ausführlicher zitiert zu werden:

»Mein noch immer vom Medusenantlitz starr gebliebener Blick ... Ihre Wunden sind vernarbt. Darum können Sie mit angelsächsischer Nüchternheit sowohl über Hitlers Verbrechen sprechen ... wie über seine ›Fehler‹, seine ›Irrtümer‹ und über seine ›Leistungen‹ ... In mir ist die ›Wirklichkeit‹ des Dritten Reiches als Infektion lebendiger geblieben. Ich glaube, Sie kommen zu früh mit Ihrer Objektivität ... Ihr, unser Hitler ist uns zu nahe. Täter und Opfer leben noch ... Verhält man sich historisch-sachlich, wenn man über Hitlers ›Leistungen‹ berichtet in einer Republik, wo ein Landesherr vom ›Gesinnungsverfall‹ eines deutschen Soldaten spricht, der sich nach dem Zusammenbruch des Scheusalreiches die Niedrigkeits-Zeichen (Geier und verbogenes Kreuz) von der Uniform riß? ...

Ich gehöre ja nicht zu denen, die unentwegt die Bundesrepublik als einen ›faschistoiden‹ Staat bezeichnen und sich gehaben, als stünde ein neuer Hitler schon ante portas... Aber ich sehe, eben weil die Wunden nicht vernarbt sind, gewisse Symptome schärfer. Aus diesem Grunde wehrte ich mich seinerzeit, erfolglos natürlich, gegen die Hitler-Biographie Ihres Kollegen Fest, darin der Unhold ›menschlich verständlich‹ gemacht wurde, eben jenen human touch erhielt, der dem Journalismus teuer ist... Sie sind nicht Fest. Es geht Ihnen wie mir nicht um ›Geschichte‹, sondern auch um ›die Moral von der Geschicht'‹... Hitler muß der ›Mythos des Bösen‹ bleiben. Ich kann Ihnen nicht folgen, wenn Sie von den Leistungen Hitlers sprechen... Das Ungeheuer H. konnte seine Ungeheuerlichkeit nur realisieren, weil ein kaum geheures, mir für ewig rätselhaftes Volk in seinen Fußstapfen schritt, mit ihm, für ihn...«

Améry zum Schluss: »Wir müssen vulnerabel bleiben, wieder und wieder heimgesucht vom Albtraum, dann handeln wir auch jenen zunutze, die unschuldig sind ganz und gar... Wir die Gelernten (sind) bessere Lehrer als die Gelehrten.«

Wenn es noch eines Beweises bedurft hätte, welch hohe Reputation Albert Speer längst wieder erreicht hatte, dann kann man einen Zwei-Seiten-Artikel der ›Zeit‹ vom November 1979 zuziehen. Die Wochenzeitung konnte damals stolz von einem weiteren Großversuch berichten, »das Rätsel Hitler« zu lösen. Gräfin Dönhoff machte das Match.

Die Frau im Herausgeber-Team, die ein halbes Jahr zuvor das Angebot von Willy Brandt abgelehnt hatte, sich als Kandidatin der SPD für die Bundespräsidentenwahl aufstellen zu lassen, führte zwei Männer zusammen, die sie auf höchstem Level für besonders kompetent hielt, das Geheimnis zu lüften, das die Deutschen um den Mann machten, der sie innerhalb von zwölf Regierungsjahren das grenzenlose Jubeln und das tödliche Fürchten lehrte. »Treffpunkt Berlin« war die Überschrift der kleinen Einführung, die Gräfin Dönhoff voranstellte:

»Seit Jahren bin ich zusammen mit Alan Bullock, Professor in Oxford und der erste Historiker, der eine Hitler-Biographie schrieb, im Vorstand des Aspen-Instituts in Berlin. Eines Tages fragte ich ihn, ob es ihn interessieren würde, einen der Männer aus dem obersten Führungskreis zu sprechen. Ja, es würde. So rief ich Albert Speer an, den Mann, der während der letzten drei Kriegsjahre der Supermanager der deutschen Wirtschaft war und als Architekt wahrscheinlich der intimste Kenner Adolf Hitlers. Auch er sagte, es würde ihn interessieren. In der letzten Woche nun fand das von Theo Sommer geleitete Gespräch im Berliner Aspen-Institut statt.«

Kurz erläutert: Bei dem Aspen-Institut handelt es sich um die 1974 in Berlin gegründete Dependance einer berühmten US-amerikanischen Einrichtung. Nach eigener Darstellung ist das Institut »eine überparteiliche, private, nichtkommerzielle Denkfabrik, die die schwierigsten Fragen der aktuellen Politik untersucht« und sich dabei an Entscheidungsträger sowohl aus der Wirtschaft, Politik, als auch aus der Wissenschaft wendet. Es sieht »seine Rolle in der Ermöglichung »unmöglicher Treffen«. Finanziert von Stiftungen, Wirtschaftsunternehmen und der deutschen Regierung.

Im Vorspann der ›Zeit‹ sind die Kernfragen und Hauptthesen umrissen: »Der Oxforder Historiker Alan Bullock befragt Hitlers Protegé und Vertrauten Albert Speer: Woher stammte Adolf Hitlers Macht über Deutschlands Massen und Militärs? Was wusste er vom Holocaust? War der »Führer« wahnsinnig? Speer: »Von 1942 an erstarrte Hitler zum drogensüchtigen Tyrannen.«

In einer hervorgehobenen Zeile sind die beiden Herren vorgestellt: »Der Biograph und der Augenzeuge«. Das ist zweimal zu lesen, bevor man es glaubt: »der Augenzeuge«. Dann umkreisen die zwei Herren mithilfe des dritten das schwarze Loch, in dem sich für sie die Widersprüche türmen und sie keine fest umrissene Gestalt zu erkennen vermögen. Für den Historiker Bullock passt nichts zusammen. Wie ist »dieser Mann mit seiner Halbbildung, seiner Bor-

niertheit« mit jenem Mann in Einklang zu bringen, der die Welt
so gründlich verändert hat, wie wenige vor ihm und der »elf Jahre
lang, von 1930 bis 1941«, in der Politik Erfolg auf Erfolg häufte.

Speer fällt als Erstes eine Antwort ein, die zu den alteingebür-
gerten Grundmodellen in der Erklärungskollektion der deutschen
Vergangenheitsbewältigung gehört: Es waren die anderen. Genauer
gesagt, »hauptsächlich England und Frankreich, die zu lange im
Dämmerzustand verblieben, so daß sie die Gefahr Hitlers nicht erkannten und ihm gestatteten, zwischen 1936 und 1939 einen großen
Vorsprung in der Bewaffnung zu erzielen.« Dazu kam, so Speer,
dass »der Westen von seiner Stärke, von seiner Überlegenheit« in
den Jahren davor keinen Gebrauch machte. »Es war – Hitler hat es
selbst zugegeben – ein Vabanque-Spiel«. Der Leser beginnt zu begreifen: Das Leben ist ein Spiel. Das Rätsellösungsspiel ist eng verwandt mit dem Kartenspiel »Schwarzer Peter«. Devise: Loswerden.
Weiterschieben.

Der zweite große Widerspruch ist, hier sind sich »Biograph und
Augenzeuge« einig, »der krasse Gegensatz« zwischen den ersten sieben oder acht Jahren seines Regimes bis hin zu den Rückschlägen
im Dezember 1941 vor Moskau und dem der letzten Jahre. An diesem Wendepunkt sei »das beachtliche politische Geschick plötzlich verschwunden«. Speer führt das auf den hohen Verbrauch von
Amphetamin-Pillen zurück, die »eine Art Erstarrung« auslösten,
mit der ihm »die Fähigkeit, kühne Entscheidungen zu treffen, abhanden gekommen war.«

Hitler sei immer schon süchtig gewesen, ab 1939, als er sich
zum »Feldherrn« berufen fühlte und »ins Hauptquartier ging«.
Dort aber »fehlte ihm die Droge der Zustimmung, der begeisterte
Applaus des Volkes«. Da konnte ihm dann, von einem verantwortungslosen Arzt aufgedrängt, nur der Tabletten-Abusus den Kick
verschaffen.

Bei Speer ist gut zu beobachten, wie bei Menschen mit hoher
Intelligenz gesiebte Luft im Übermaß die Neigung zum psycholo-
gischen Gründeln fördert. Denn letztlich, so Speer, rührte der Per-
sönlichkeitswandel im Krieg daher, dass in »diesen Tagen, in denen

der Krieg begann, es in Deutschland überhaupt keine Begeisterung zu spüren« gab. »Die Menschen waren wie vor den Kopf geschlagen.« Das habe den Führer, der fest mit der »Militärfreundlichkeit der Deutschen« gerechnet habe, maßlos enttäuscht und gekränkt. (Mein Rabenvogel, sonst immer munter, krächzt nicht einmal mehr ob dieser Stammtisch-Erklärungen der Weltgeschichte voller angefeuchteter Tragik, abgedruckt von der vielleicht damals schon angesehensten deutschen Zeitung, vorgetragen in einer transatlantischen »Denkfabrik« mit höchstem Renommee, von zwei Großmatadoren der Zeitgeschichte. Mit gebrochener Stimme keckert das Tier nur noch vor sich hin, die Leser sollten sich einmal diesbezüglich das Kapitel »Hitlers Krieg, Schmidts Pflicht« in Teil 2 ansehen).

Bullock versucht, dem Mysterium mit einer weiteren Frage auf die Spur zu kommen: Warum er, Speer, als Rüstungsminister eigentlich so erfolgreich war, obwohl, wie er es in seinen Memoiren beschrieben habe, der ganze Regierungsapparat ein chaotischer Wirrwarr gewesen sei, mit von Hitler systematisch geförderten Machtkonflikten, Kompetenzstreitigkeiten, Rivalitätskämpfen? Speer kann sich da nur auf Schulter klopfen und sagen, dass es ihm »gewissermaßen durch einen Handstreich« gelungen sei, die an der Rüstungsproduktion beteiligten Ämter zusammenzulegen.

Mit seiner nächsten Frage, ob denn Hitler bloß ein Opportunist war, der die Chancen ergriff, wenn sie sich boten, oder ob er den Krieg tatsächlich zielstrebig wollte, knüpft Bullock an den alten Thesenstreit an, den er mit seiner Hitler-Biographie, die 1952 in Deutschland erschien, zum großen Teil mit angestoßen hat. Für Speer steht fest, dass Hitler den Krieg gegen Russland von Anfang an in seinem Kalkül hatte. Hier trifft sich Speer bei einem Unterpunkt seiner Antwort wieder mit einer unter der Oberfläche der veröffentlichten Meinung weit verbreiteten Überzeugung: »Ich glaube, er hätte in Russland ohne weiteres erfolgreich sein können und der Krieg hätte eine ganz andere Wende nehmen können, wenn er nicht in diesem Falle so ungeheuer ehrlich gewesen wäre mit seinem Ziel in Russland – er wollte das Land versklaven. Hätte er eine Art Kreuzzug proklamiert, hätte er wahrscheinlich sehr viel Zulauf gehabt.«

Was Speer hier zum Besten gibt, ist leicht auf das simple Fazit herunterzubrechen: Die Krim könnte heute unser Mallorca sein, wenn dieser von allen guten Geistern und Talenten verlassene Feldherr nicht so an der Wahrheit gehangen hätte. An solchen Stellen blitzt schlagartig auf, dass es mit der Läuterung des »Zeitzeugen« Speer nicht geklappt hat. Selbst wenn er auch in diesem Gespräch seine inzwischen eingeübten Distanzierungssätze absondert, ist leicht zu erkennen: Er war nach wie vor ein Nazi.

Entschieden wies Speer die Meinung zurück, Hitler könnte über den Holocaust gar nicht oder nur teilweise Bescheid gewusst haben. Nein, bei »einer derartigen Aktion« könne es keinerlei Zweifel geben, sagt Speer: »Er hat den Befehl gegeben, das ist ganz sicher.«

Speer war auch weiterhin davon überzeugt, dass gegen Hitlers Streben nach »der Weltherrschaft« in Deutschland kein Kraut gewachsen war. Seine »Meinung« war, »daß Hitler nicht einfach uns getrieben hat, sondern daß ihn etwas getrieben hat«. Zum Schluss des Gesprächs erklärt Speer: »Unerklärlich ist für mich immer noch der Einfluß, den Hitler auf die Menschen ausüben konnte. Ich rege immer wieder an, daß doch irgendwann einmal ein guter Psychoanalytiker dieses Problem durch die ganze Geschichte verfolgt, um einmal dem nahezukommen, was da eigentlich vor sich geht, an den Wiedertäufern in Münster oder an Savonarola und all den vielen anderen Erscheinungen in der Geschichte, einschließlich Hitler. Dieses Phänomen wird von den Geschichtsschreibern, soviel ich weiß, zwar berührt, aber es wird nicht als ein Kardinalpunkt behandelt.«

So viel von dem von der Gräfin eingefädelten Gipfeltreffen der beiden illustren Rätselfreunde.

Die Psychologen hatten sich längst des Diktators angenommen. Aber all ihren Bemühungen entsprangen nur sehr spärliche Erkenntnisse, dafür umso mehr waghalsige Spekulationen und schematische Interpretationen. Das fing an mit der Psycho-Studie, die

1943 der amerikanische Geheimdienst erstellen ließ. Diese Untersuchung des Psychoanalytikers Walter C. Langer per Ferndiagnose erschien 1973 in Deutschland als Buch mit dem Titel »Das Adolf-Hitler-Psychogramm« und ist seitdem Dutzende Male für Boulevardzeitungsartikel und TV-Dokumentationen (»Hitlers Psyche«) ausgeschlachtet worden. Da ist alles geboten, was ein Voyeur sich wünschen kann, von sexuellen Perversionen bis zu »weibischen Wesenszügen«. Der Drang, die Juden zu vernichten, ging für Langer auf den »Streit zwischen den zwei Ich-Hälften« Hitlers zurück. »Das Unheil gärte in Hitlers Unterleib«, zog die Münchener ›Abendzeitung‹ ein Fazit, an dem heute noch viele Gefallen finden.

Viel erhellender war auch nicht, was Rudolph Binion, US-Geschichtsprofessor, herausfand: Sein Buch erschien 1978 auf Deutsch unter dem Titel »... daß ihr mich gefunden habt. Hitler und die Deutschen. Eine Psychohistorie«. Die schlechten Familienverhältnisse und die Kriegserlebnisse haben bei Hitler, so Binion, Traumata hinterlassen, die dann mit dem Trauma der Deutschen zusammengeflossen sind, das auf die Niederlage im Ersten Weltkrieg zurückging. Koryphäen der psychoanalytischen Zunft wie Erich Fromm und Alice Miller – vorher schon Wilhelm Reich – fanden in den 70ern und 80ern viel Aufmerksamkeit, als sie in ihren Veröffentlichungen die schlimme Kindheit unter einem grausamen Vater als entscheidende Ursache für Hitlers Abgründe und seine Missetaten dingfest machten. Fast alle der Studien und Bücher der Autoren, die den deutschen Diktator auf der Couch historisch analysieren, lösen keine Rätsel, sondern sind Teil derselben. Sie stützen sich in aller Regel auf Daten und Auslegungen aus den verschiedenen Etagen des Legendengebäudes, in dem die Biographie Hitlers zu Hause ist: 1. Stockwerk: die ungesicherten Vermutungen. 2. Stockwerk: die Spekulationen. 3. Stockwerk: die widerlegten Behauptungen. 4. Stockwerk; die kühnen Schlussfolgerungen, und ganz oben die Gerüchte, die sich auf Gerüchte stützen. (Der Rabe krächzt und ächzt: Musst du deine Analytiker-Abneigung hier so heraushängen lassen? Ja, mein lieber Rabe, du flogst unter freiem Himmel von Baum zu Baum, während ich mühevoll dabei war, mich durch diese Berge von Psycho-Literatur zu arbeiten, du hast leicht krächzen!)

Hitlers Nachleben kannte in diesen Jahren keine Langeweile. Viele trugen dazu bei, den Diktator fast wieder so populär zu machen, wie er schon einmal war. So auch der britische Bestseller-Historiker David Irving, über lange Jahre mit seinen Büchern zum »Dritten Reich« auch bei den Deutschen eine bekannte, hochgelobte Größe, bis seine reaktionär-revisionistische Geschichtsauffassung und Hitler-Apologetik immer stärker zutage traten. Heute ist er einer der berühmtesten, mehrmals gerichtlich verurteilten »Holocaustleugner«, ein »Hero« bei allen Rechtsradikalen und Neonazis.

Der Jahr-Verlag verkaufte ab 1975 eine Zeitschrift über die Kioske mit dem Titel: »Das III. Reich«. Bunt bebildert und mit in Dokumentationen verpackter NS-Propaganda, dazu Berichte über den heroischen Krieg der Wehrmacht. Anfänglich waren an dieser populären, nostalgischen Geschichtsmischung auch seriöse Historiker beteiligt. Der Regisseur Hans-Jürgen Syberberg brachte 1978 ein mystisches Siebenstunden-Filmwerk (»Hitler, ein Film aus Deutschland«) zur Aufführung, das die Kritiker auf den Feuilletonseiten entweder ratlos machte oder sie zu Ovationen hinriss. Mehr Aufsehen in der breiten Öffentlichkeit erregten Umfragen, in denen offenbar wurde, was Schüler über Hitler alles (nicht) wussten. (»Er war Italiener.«)

Im »Deutschen Herbst« 1977 erregte vor allem die Entführung und Ermordung des Arbeitgeberpräsidenten Hanns Martin Schleyer die Gemüter: Die linksradikalen Terroristen, die in der Bundesrepublik einen Nazi-Staat sahen, wurden von der bürgerlichen Gesellschaft als »Hitlers Kinder« wahrgenommen. In diesen Jahren wurde der Untote immer lebendiger – in den Zeitschriften, auf Kongressen, im Fernsehen, auf den Bühnen, in den Buchläden, in den Kinos, in den Debatten, den politischen Auseinandersetzungen, im Bundestag, wo es um die »Verjährungsfrist für NS-Verbrechen« ging, in der Filbinger-Affäre, im Wahlkampf (Strauß versus

Schmidt). Immer mehr Fragen verbanden sich mit seiner Person, alte und neue: Wer hatte ihn an die Macht gebracht, war Hitler ein »Sozi«? Wie konnte er die Deutschen so faszinieren? Wie ist er einzuordnen? Genug war nicht genug.

Zu Anfang des Jahres 1979, die Hitler-Welle war noch nicht abgeebbt, kam die »Holocaust«-Fernsehserie aus den USA mit großer medialer Begleitung via TV in die deutschen Wohnzimmer. Der Judenmord, gezeigt am Beispiel einer Familie. Die Bundesdeutschen hatten nun ein neues Wort für das, was sie angeblich nicht gewusst hatten. Sie waren geschockt und gerührt. Die Historiker konnten es nicht fassen: Hatten sie so versagt? Die nachgewachsene Generation hatte viele Fragen. Das Interesse an der Geschichte wuchs. Der »Grüne« Joschka Fischer kanzelte die »Hitler-Generation« ab.

Die sogenannte Sinus-Studie hielt 1981 fest: 13 Prozent wollten wieder einen Führer. Die Neonazis feierten ihn und traten mit ihrem Mini-Hitler Michael Kühnen zunehmend militanter auf.

Vorher war dem Diktator noch ein Sohn geschenkt worden. Historiker Maser schöpfte ihn aus einem Froschteich am Rande der Schlachtfelder des Ersten Weltkriegs. Der Historiker führte sich wie der Herr im Hause der Hitlerschen Vita auf und attackierte die Konkurrenz, sowohl Joachim Fest als auch den britischen Hitler-Biographen David Irving, dessen Bücher zu Themen des »Dritten Reichs« im ›Spiegel‹ öfters als große Serien erschienen waren. Der Sohn war damals 59 Jahre alt und hieß Jean Marie Loret.

Der ›Zeit‹-Historiker Karl-Heinz Janßen zeigte sich beeindruckt von dem dubiosen Fund des »Hitler-Forschers, »dessen Spürnase die Wissenschaft ungezählte Daten aus Hitlers Leben verdankt«. Janßen als publizistischer Taufpate verkündete: »Die (historisch ja durchaus wünschenswerte) Entdämonisierung des Diktators wird durch die Entdeckung des in Frankreich hinterlassenen unehelichen Kindes sozusagen vollendet. Hitler war also weder der impotente, kontaktgestörte Weiberfeind, wie er in Büchern dargestellt wird, noch der keusch lebende, nur seiner Sache verpflichtete Politiker, den seine Propagandisten zu einem unnahbaren Papst stilisierten. Er war, auch auf diesem Feld, banal.«

Jean Marie war schon lange wieder aus den Gazetten und aus der Vita des deutschen Diktators verschwunden, als im Mai 1983 eine Fälschung aufflog, die nicht wie Masers altes Findelkind aus Fleisch und Blut war, sondern aus viel Papier, das auf über 60 Kladden verteilt war: »Die Hitler-Tagebücher«. Der Beginn ihrer Veröffentlichung im ›Stern‹ war eine Sensation. Die verantwortlichen Herren bei der Illustrierten schwebten auf Wolke 33. Die deutsche, ja die Weltgeschichte müsse »umgeschrieben werden«, hieß die offizielle Ansage bei der Vorstellung auf der Pressekonferenz, zu der auch Journalisten aus dem europäischen Ausland und von Übersee angereist waren. Den Tagebüchern sei zu entnehmen, dass er nichts von der systematischen Vernichtung der Juden gewusst habe. Auch mit der einen oder anderen Untat sei er nicht einverstanden gewesen, die in seinem Namen geschehen. Zwei Wochen später platzte die mediale Bombe, deren Detonation in der ganzen Welt zu hören: Die Tagebücher waren von ersten bis letzten Federstrich gefälscht – auf billigste Weise von einem pfiffigen Militaria-Händler, mit extrem hohen Summen (über 9 Millionen Mark) gekauft von den Herren der Verlagsleitung. Nichts war es mit der Erfüllung der Sehnsucht des ehemaligen Kriegsberichterstatters Henri Nannen, einen anderen, einen besseren Hitler für sich und seine Deutschen reklamieren zu können. Jedem war offenbar geworden, dass die alte Faszination für den Führer noch immer lebte. Wer in den Jahrzehnten davor die Berichte im ›Stern‹ zu Hitler und dem »Dritten Reich« verfolgt und auf den Zeilen sowie dazwischen aufmerksam gelesen hat, dessen Überraschung hielt sich in Grenzen.

»Die Fälschung des Jahrhunderts«, wie die Tagebücher damals genannt wurden, ist, dem Filmregisseur Helmut Dietl sei Dank, auch in diesem Jahrhundert weiter präsent: »Schtonk«.

Kapitel 4
Streitobjekt und Jubilar (1984–1989)

In den 80er Jahren breitete sich über der Bundesrepublik die »Gnade der späten Geburt« aus. Großes hatte sich im Herbst 1982 getan. Überläufer Hans Dietrich Genscher von der FDP brachte die sozialliberale Koalition unter dem Kanzler Schmidt zu Fall und Helmut Kohl an die Macht. Ein halbes Jahr später bestätigte eine große Mehrheit der Wähler die Kanzlerschaft des Chefs der Christdemokraten. Kohl begann mit mächtiger Bugwelle, sich in seinem Amt als Regierungschef einzurichten, in dem er 16 Jahre walten sollte. Seine Losung zum Auftakt: Das Land brauche eine »geistig-moralische Wende«. Dazu gehörte für ihn auch, die »deutsche Vergangenheit« mit einem anderen Blick neu zu verfassen. Da war er auf einer Wellenlänge mit der Mehrheit der Deutschen, die in dieser Hinsicht nur das eine wollten: vergessen.

Der »Oggersheimer«, wie ihn die nannten, die den ihm von den Karikaturisten gegebenen Spitznamen »Birne« ablehnten, nahm für sich in Anspruch, der »erste Bundeskanzler aus der Generation nach Hitler« zu sein. Amerikanischen Journalisten gegenüber brüstete er sich, er sei »von mehr Leuten gewählt worden als seinerzeit Hitler«. Die Zahlen für sich genommen stimmte es sogar: Im März 1933 hatte Hitlers NSDAP rund 17 Millionen Stimmen erhalten, sein Nachfolger Kohl konnte 50 Jahre später seine Kanzlerschaft auf über 19 Millionen Wähler der Parteien CDU/CSU stützen. Dass der abstruse Vergleich aus der Geschichtskiste seinen kecken Spruch von der »Gnade der späten Geburt« als heiße Luft erscheinen ließ, anrüchig und irreführend, kümmerte ihn nicht. Das Hitler-Bild der Deutschen erhielt damit jedenfalls einen neuen Rahmen mit alten christdemokratischen Verzierungen.

Nun also war nach Schmidt mit dem Christdemokraten Helmut Kohl vom Jahrgang 1930 »die Unschuld an der Macht« – so die Überschrift eines geschliffenen Essays, in dem sich Karl Heinz Bohrer, Literaturprofessor und einer der führenden Kulturjournalisten, von hoher Warte über die Bräsigkeit des Kanzlers hermachte und an der neuen bundesrepublikanischen Machtelite, die »nun beflissen erklärte, daß sie damals Kinder waren und also mit dem Dritten Reich nicht zu tun hätten«, wenig gute Haare ließ. Für den Intellektuellen mit der betont humanistisch-ästhetischen Betrachtungsweise waren das alles nur »Laubsägebastler aus dem Kleinbürgertum«.

Kohl erschrieb sich 1958 an der Universität in Heidelberg bei dem ehemals als Nationalsozialist im Kampf gegen die »Verjudung« aktiven Historiker Walther Peter Fuchs den Doktortitel mit einer Dissertation über »die politische Entwicklung in der Pfalz«. Die NS-Zeit hatte er als Jugendlicher durchaus noch intensiv erlebt. Kurz nach seinem 15. Geburtstag ist er vom obersten HJ-Chef Artur Axmann persönlich in Berchtesgaden zusammen mit anderen dem »Jungvolk« Entwachsenen auf Hitler vereidigt worden.

In seinen ungeniert geschönten Memoiren bleibt das unerwähnt, wenn er von seinem Aufenthalt im letzten Kriegsmonat in einem »Wehrertüchtigungslager« zu Füßen der oberbayerischen Sommerresidenz des Führers erzählt. Kohl zeichnete sich selbst (und alle, alle seine Biographen übernahmen das) als eine Art »Antifaschist von Haus« aus, in aufrechter Haltung gegen Hitler und den Nationalsozialismus. Als Beleg verwies er immer auf sein vom katholischen Glauben geprägtes Elternhaus. Seit einiger Zeit hat sich dieser fromme Wunsch als Teil der deutschen Vergangenheitsverfälschung allenthalben fest eingebürgert: Wer dem katholischen Milieu angehörte, stand im »Widerstand« oder jedenfalls diesem nahe oder doch zumindest in skeptischer »Resistenz« oder, wenn die Mitwirkung ans Licht kam, in »widerwilliger Loyalität« zum

Regime. (Der Rabe fängt an, ein improvisiertes Lied zu krächzen, das sich wie eine zusammenhanglose Litanei anhört: Gottesmutter, oh, du süße unbefleckte, himmlische Lobby Concordia, es geschehe der gute Wille auf Erden den Rechtgläubigen, die wissen, dass es mehr gibt als Fakten, Wahrheiten und Gleichberechtigung von Mann und Frau.) Den vier Jahre älteren Bruder hatte der Vater, der lange Zeit dem revanchelüsternen, mit den Nationalsozialisten kooperierenden »Stahlhelm« angehörte, in die Wehrmacht zum Kampf gegen die gottlosen Russen geschickt, wo er mit 18 Jahren zu Tode kam. Wer sich seine Biographie so christlich schön zurechtzubiegen verstand, konnte bei den Gedenkreden mit Inbrunst an der Gebetsmühle drehen: Schuld? Nichts da. Verantwortung? Aber ja. Volle Dröhnung.

Bei der Gedenkveranstaltung im Berliner Reichstagstagsgebäude zum 50. Jahrestag des 30. Januar 1933 schwoll dem neuen Kanzler die »Verantwortung« geistig-moralisch ins Globale. Die Deutschen trügen sie nicht nur »für die Vergangenheit«, sondern auch »für das Recht und den Frieden zu Hause und in der Welt«. Betont wurde, so gab die ›Frankfurter Rundschau‹ Kohls Rede wieder, dass die »Deutschen kein Volk von Nationalsozialisten gewesen seien«. Nicht sie, die Deutschen, hätten »das Gesicht des Menschen geschändet«, dies sei lediglich in ihrem, »dem deutschen Namen« geschehen. Und nebenbei verwies der Kanzler auf die Förderung, die Hitler jenseits der deutschen Grenzen zuteil wurde, im östlichen und westlichen Ausland. Einerseits: »Ohne die Komplizenschaft Stalins hätte es 1939 nicht den Krieg gegen Polen gegeben.« Andererseits: »Entschlossene Abschreckung hätte dem Diktator den Weg verlegt, der schließlich zum Massenmord an Juden, Zigeunern, Polen und Russen geführt habe.«

Uralt diese Klage über das feige Ausland, das versäumt habe, uns den geliebten Führer wegzunehmen und wir Deutschen so das Massenmorden hätten bleiben lassen können. Alles Schlechte ist auch für etwas gut, sagten unsere Großmütter. Hier ist es eine, die hatte einen Stiernacken und eine tiefe, bayerisch gefärbte Stimme. Sie sprach aus Franz Josef Strauß, als er im Bundestag vom Rednerpult verkündete: Wenn das »Ausland« gegenüber Hitler eine »klare Sprache gesprochen« hätte, dann »wäre uns der Gang als Frontsoldaten erspart geblieben«. Das war, rund 30 Jahre vor Kohls Gedenkrede, im Februar 1952, und er hatte daraus gefolgert: »Gerade die Tatsache, daß das nicht geschehen ist, hat nach dem Kriege so stark dazu beigetragen, daß wir es uns nicht gefallen lassen konnten, die Kriegsschuld eindeutig auf uns zu nehmen.« Das Protokoll verzeichnet an dieser Stelle: »Beifall von den Regierungsparteien«.

Verantwortung ist leichter zu tragen als Schuld. Mit der unterm Arm (und nicht dem Grundgesetz) läuft jeder Politiker wie alle wichtigen Leute den ganzen Tag herum. Am schönsten trägt sich der Widerstand. Der rundete sich wieder mal. 1984 waren 40 Jahre seit jenem 20. Juli vergangen, als in Ostpreußen unter einem Eichentisch im Quartier des deutschen Staatschefs während einer Lagebesprechung eine vom Grafen Stauffenberg deponierte Bombe explodierte. Drei Offiziere und ein Stenograf wurden tödlich verwundet, der Diktator selbst trug nur leichte Verletzungen davon. Das misslungene Attentat ließ auch den geplanten Staatsstreich platzen. Ein Fehlschlag und doch ein Markstein in der Geschichte der Deutschen – und ein unübersehbares Detail in dem kaleidoskopischen Bild, das sie sich von Hitler über all die Jahrzehnte machten und machen.

Der anfängliche Widerstand gegen den Widerstand war in der Nachkriegszeit bald erlahmt. Regierungsamtlich war schon Mitte der 50er Jahre die korrekte Sichtweise festgelegt. Im Bundestag wurden die Feierlichkeiten zum zehnten Jahrestag des 20. Juli 1944 mit großen Elogen begangen, die Geschichtsbilder der hingerichteten Attentäter mit Blattgold gerahmt. Trotzdem blieben viele Deutsche in den ersten Nachkriegsjahrzehnten, offen oder verdeckt, bei ihrer Ansicht von 1944: Widerstand ist Verrat, Eidbruch kein Kavaliersdelikt. Denjenigen, die von den alten Zeiten nicht richtig loskamen, schwebte noch immer ein anderes, besseres Kriegsende vor Augen, wären, so die Standardformulierung, »diese Meuchelmörder der kämpfenden Truppe nicht in den Rücken gefallen«.

Zumindest in der veröffentlichten Meinung und von regierungsamtlicher Seite wurde indes dem »Aufstand des Gewissens« schon in den Anfangszeiten der Bundesrepublik an jedem Jahrestag ein hohes Maß an Anerkennung zuteil. Mit der Zeit wollten immer mehr zur Erbengemeinschaft Widerstand e.V. gehören. Weit wurde die Fahne aus dem Fenster gehängt: Seht her, ihr Völker dieser Erde, wir sind es, wir sind Deutschland, wir haben dieser Höllengeburt die Beinkleider versengt.

Je stärker der Widerstand im Laufe der Jahrzehnte gegen Hitler zunahm, desto höher wurden die Podeste, auf die sich die Attentäter gestellt sahen. Die Männer des 20. Juli hatten etwas gewagt, auch wenn sie verloren hatten. Vertrackte Semantik: Sie repräsentierten als die Guten das »andere Deutschland«. Aber das eine Deutschland hat sich doch gar nichts zuschulden kommen lassen, das hatten doch nur die paar Bösen »im Namen Deutschlands« getan – so damals immer noch der Tenor der Gedenkreden.

Nüchtern betrachtet sah es anders aus: Erstrahlte der 20. Juli 1944 in leuchtenden Farben, zeigte sich deutlich, wo die weit überwiegende Mehrheit damals gestanden hatte, und Hitler erschien als der Führer, der von den Deutschen einfach nicht totzukriegen war. Ein Freund des Widerstandshelden Stauffenberg reflektierte später, wie die ›Zeit‹ berichtete, »über die Unmöglichkeit, Hitler zu töten«. Ihm war, »als ob die Hölle oder das vorbestimmte Schicksal, die Moira, Hitler, diesen ›großen Vollstrecker des Bösen‹, beschützte«.

Überhaupt die ›Zeit‹. In dem Hamburger Wochenblatt für die besser Gebildeten bewachte Chefredakteurin Marion Gräfin Dönhoff (1909–2002), gleich nach dem Krieg als Anwältin des adeligen Widerstandkultes hervorgetreten, eine standesgemäße Geschichtsauslegung, unwiderlegbaren Fakten mannhaft die Stirn bietend. Bei diesem speziellen Thema schoss sie ihr Leben lang unbeirrt über das Ziel der historischen Wirklichkeit hinaus. Wohlwollende Biographen betonen, dass sie dabei nie irgendwelche Verdienste für sich beanspruchte. Man kann also sagen, sie hat es nicht für sich, sie hat es für ihren, den preußischen Adelsstand getan und damit, so das traditionelle Denken, für das Vaterland. In ihren Augen – wie auch nach Meinung anderer prominenter Vergangenheitsinterpreten – hatten preußischer Adel und Widerstand gegen Hitler wie Zwillingsbrüder dazustehen. Die zahlreichen Gegenbeispiele, und wenn es engste Verwandte der Heroldin waren, landeten unter dem Teppich.

Zum »Heldengedenktag« wurde bei der ›Zeit‹ traditionsgemäß das Tafelsilber auf den Lesertisch gepackt. 1984 zündete die Dame des Hauses mit einem Sonderheft die Kerzenleuchter an. Für sie waren Stauffenberg und die anderen »Verschwörer gegen das Unrecht« die »echten Preußen«. Wären sie erfolgreich gewesen, dann hätte sich, so schreibt sie, die Vision vom »Preußentum und Sozialismus« realisiert. Bei ihrem großen Bedauern ob der entgangenen Möglichkeiten verwies sie auf das Buch von Oswald Spengler mit ebendiesem Titel.

Wer dort nachliest, erlebt sein blaues Wunder. Die 1919 unmittelbar nach dem großen Krieg publizierte Schrift enthält auf 99 Seiten ein beachtliches Sortiment aus dem Giftschrank des deutschen Gedankenguts – nationale Hybris, hemmungslosen Rassismus, Hassgefühle gegen Frankreich, gegen England und Ausfälle gegen Demokratie und Parlamentarismus. (Der Galgenvogel, der Miesmacher, krächzt: Das, genau das, ist die deutsche »Leitkultur«, von der in bestimmten Abständen heute immer wieder die Rede ist.) Passagenweise die gleichen Ressentiments wie in Hitlers Buch »Mein Kampf«, das sechs Jahre später herauskam. Führende Nationalsozialisten wie Albert Speer beriefen sich darauf, dass es Spengler gewesen sei, der ihnen anfänglich die Augen geöffnet habe. Ohne Übertreibung: Dessen Preußen-Tiraden haben zur Ablehnung der Weimarer Republik durch das Bürgertum und zu ihrem Scheitern mehr beigesteuert als Hitlers Nazi-Bibel. »Der Untergang des Abendlandes. Umrisse einer Morphologie der Weltgeschichte«, das Hauptwerk des Kulturphilosophen (zwei Bände, 1918 und 1922), trug ihm einen Bestsellererfolg und den Ruf des »Meisterdenkers der konservativen Revolution« ein. Es war vor allem seine aristokratische Attitüde, die Spengler (1880–1936) daran hinderte, sich bei den Nationalsozialisten einzureihen und die ihn zu kritischen Aussagen veranlasste, aus denen seine Verehrer heute eine Widerstandshaltung hochstapeln.

Für die Weimarer Republik hatte der Untergangsprophet nur Abneigung und Spott übrig, er nannte sie eine »Firma ohne Ehre und Größe«. An diesem Verdikt hielt er auch fest, als der ausgediente Feldmarschall Hindenburg, den er verehrte, mit dem Amt des Reichspräsidenten den Vorsitz in der »Firma« übernahm. In den Augen Spenglers (sowie der meisten Deutschen) blieb Hindenburg nichtsdestotrotz ein »Titan«, auch wenn er nun den Chef in der republikanischen Klitsche gab.

Sozialismus? Für den Erfolgsautor Spengler waren »altpreußischer Geist und sozialistische Gesinnung ein und dasselbe«. In den Marschkolonnen des Riesen-Heerführers während der Kaiserzeit sah er – geradeso, wie das auch Hitler tat – den »deutschen Sozialismus« verwirklicht. In Reih und Glied aufgestellt. Ein »deutscher« eben, und ein solcher, das war seinen Verfechtern sonnenklar, hatte nichts, aber auch gar nichts mit dem »aus dem jüdischem Geist geborenen Sozialismus« im Sinne von Karl Marx zu tun. Zum militärisch sauber nach rechts ausgerichteten »Sozialismus« gehörte auch das Schlagwort »Jedem das Seine«, und zwar in dem Sinne, wie es dann auf der Innenseite des Tors im KZ Buchenwald stand. Wer nicht »deutsch« war, wurde eingelocht und malträtiert. Als Erste seien die Juden »unschädlich zu machen«, forderten zur gleichen Zeit die zahlreichen antisemitischen Organisationen, die es in den ersten Jahren der Weimarer Republik überall in Deutschland gab und eben nicht – wie die heute auch in der Fachwissenschaft überbetonte These lautet – nur in München konzentriert. »Die Juden« seien »der mächtigste Feind«, propagierte der Düsseldorfer Fabrikant Alfred Brunner, Chef einer rechtsradikalen Splitterpartei, die sich »deutschsozialistisch« nannte und mit der NSDAP kooperierte. Die Parole der »Deutschsozialisten« hieß: »Wir alle müssen deutsch werden bis auf die Knochen.« Nur mit »Herrennaturen« sei der gute deutsche Sozialismus zu verwirklichen, mahnte Spengler an, denn in ihm offenbare sich »der alte faustische Willen zur Macht und zur unbedingten Weltherrschaft.«

Der erzkonservative Historiker Gerhard Ritter hat 1948 Spenglers, von Gräfin Dönhoff so gelobtes Werk »Preußentum und Sozialismus« wohlwollend kommentiert, wenngleich nicht ohne Einwände. Er fand darin ebenso viele »echte Tiefblicke wie Übertreibungen« und »eine trotzige Selbstbestätigung preußisch-kontinentaler Traditionen«. Wer aber im Jahr 1984 ausgerechnet mit so einem Text das Preußentum auf einen Sockel stellt, der musste Königsberger Klopse auf den Augen haben. Anyway, für die ›Zeit‹-Chefin und Buchautorin (»Kindheit in Ostpreußen«, 1988), allseits als »die Stimme der Vernunft« im deutschen Journalismus hoch verehrt, hatte Hitler, »dieser nihilistische Zyniker aus Österreich, wahrlich nichts mit Preußen zu tun«.

Der Marburger Historiker Eckart Conze schreibt 2003 von der »Borussifizierung« des Widerstands einerseits und der »Austrifizierung« Hitlers andererseits als sich gegenseitig stützenden Bestandteilen eines konservativen, irreführenden Geschichtsbilds. Damit stand Gräfin Dönhoff nicht allein. Ein Mythos, dem insbesondere auch der Historiker Theodor Schieder huldigte. Sein Name erscheint fast nie ohne den Zusatz »Nestor der Zeitgeschichte«. Ein passionierter »Königsberger«, der sich an der dortigen Universität als Nationalsozialist und antisemitischer Bevölkerungswissenschaftler mit Konzepten für ethnische »Säuberungen« hervorgetan hatte und nach dem Krieg zu den einflussreichsten Geschichtsprofessoren im Wissenschaftsbetrieb der Bundesrepublik gehörte. Ihn störte mächtig, dass immer wieder Autoren und Historiker auftraten, die Zusammenhänge zwischen Preußentum und Nationalsozialismus herstellten. Mit Eifer stellte er sich dem entgegen und lehrte in den 60er Jahren seine Studenten: Wer so etwas behaupte, sitze den Vorurteilen einer »Weltmeinung im westlichen Europa« auf. Es sei doch »eine Tatsache, daß die ältesten Wurzeln des Nationalsozialismus zweifellos außerhalb Preußens lagen, die NSDAP von Süddeutschland aufgebrochen war und von einem Österreicher geführt wurde«.

Karl-Heinz Janßen (1930–2013), Redakteur für Zeitgeschichte, schwenkte damals als Adjutant von Gräfin Dönhoff in der Zeit-Magazin-Beilage zum Gedenken an den 20. Juli 1944 den Weihrauchkessel mit einer Hingabe, die ihn durchdrehen ließ. Da flochten sich die Vokabeln zu ewigen Kränzen. Wie aus dem Wörterbuch der Heldenanbetung. Nein, natürlich nicht dem Führer gewidmet. Das hatte er lange hinter sich. Sie galten dem Mann, der gegen ihn angetreten war, um ihn aus der deutschen Politik und Geschichte zu sprengen: »Ein junger straffer Offizier, Sohn einer Familie des schwäbischen Uradels, mit dem preußischen Freiheitshelden Gneisenau verwandt, Soldat mit Leib und Seele, der sich in Uniform vermählt hatte, hochbegabt, ein Reitersmann, dessen jungenhafter Charme und befreiendes Lachen nicht nur die Familie, sondern auch seine Kameraden bezauberte.« Zwar war Claus von Stauffenberg, »der brillante Generalstabsoffizier«, mit seinen 36 Jahren »ein Schwerversehrter«, hatte »an der Front ein Auge, die rechte Hand und zwei Finger der linken verloren«, aber auch so »spann er genial seine Fäden, Kommandeur und Stoßtruppführer in einem«.

Schon fünf Jahre vor dieser Huldigung hatte Janßen als Kommentator in einem Zwei-Stunden-TV-Film über den deutschen Widerstand (»Geheime Reichssache«) den Grafen mit puerilem Pathos ausgestopft: »Frisch, fröhlich, fromm ist er in Polen und Frankreich vorangestürmt.« Und vor dem Anschlag im Hauptquartier cool bis in die restlichen Fingerspitzen. Janßen: »Niemand hat irgendeine Spur von Nervosität an ihm bemerkt«. Der Leser muss einsehen, nur einer, der auserkoren war, konnte es überhaupt wagen, dem Übervater die Stirn zu bieten: »Stauffenberg hatte sich geprüft, und die Tat fand ihren Mann.« Begeisterung zeugt Stil. Bestimmung und Vorsehung sorgen für den Wellenschlag, der die Assoziationen nach oben schwemmt: Aus den Tiefen des Erinnerungsnebels ist nietzscheanisches Geblubber von Stefan George zu hören: »der mann! die tat! so lechzen volk und hoher rat ... steht auf und tut die tat.« Dazu die Schlageter-Heldengesänge der HJ-Kolonnen: »denn du warst Tat«.

So die Tat denn ihren Täter fand, so fand sie nicht ihr Opfer, der immer noch von »der großen Mehrheit vergötterte Tyrann« nicht den Tod. »Als alles vorüber war«, stand er weiter im Leben, wieder einmal davongekommen, im ›Zeit‹-Magazin von Janßen liebevoll detailgetreu beschrieben und einfühlsam interpretiert: »Umhüllt mit einer schwarzen, selten getragenen Pelerine, glaubte er an einen Fingerzeig Gottes.« Gerhard Ritter, bei dem der Autor studiert hatte und der in allen geschichtlichen Ereignissen ein schicksalhaftes Walten zu entdecken verstand, sah ähnliche Kräfte am Werk. Der Freiburger Historiker verfiel später, als es darum ging, das Misslingen des Putsches zu erklären, auf die schöngeistige, abgehobenen Ansprüchen genügende Formulierung: »Es war Fügung.«

Wie es sich des Weiteren fügte, teilte uns der ›Zeit‹-Historiker anschaulich mit: Attentäter Stauffenberg, nach Berlin zurückgeflogen, musste im Bendlerblock, einem Amtsgebäude der Wehrmacht und Zentrale des Staatsstreich-Plans, nach heroischem, letzten Endes aber vergeblichem Kampf sein Scheitern erkennen. »Entkräftet sank er auf einen Stuhl und nahm seine Augenklappe ab.« Was er in diesem Moment der Entblößung gesagt haben soll, glich der Klage, die Hitler nach dem ausgearbeiteten Geschichtsdrehbuch ein knappes Jahr später, ein paar Straßen weiter, im Führerbunker von sich gab: »Sie haben mich ja alle im Stich gelassen.« Als die zehn Unteroffiziere des Erschießungskommandos ein paar Stunden später im Hof der Behördenanlage auf Stauffenberg anlegten, ließ der Held mit dem letzten Atemzug, wie der Autor schreibt, »das heilige Deutschland« hochleben. Dem Führer im »fernen Ostpreußen« hingegen, umhüllt von seiner Pelerine, tat nur seine neue Hose leid, die der Explosion nicht standgehalten hatte.

Karl-Heinz Janßen wurde als Historiker und Journalist, der es verstand, die in der Geschichtswissenschaft erarbeiteten Erkenntnisse verständlich und spannend aufzubereiten, von vielen geschätzt. Auch wenn die Volten seiner Sympathie-Zuwendungen nicht immer nachzuvollziehen waren. Diejenigen, die kontinuierlich verfolgten, wie kenntnisreich er gewöhnlich über viele Jahrzehnte seinem Handwerk nachging, die überraschte er von Zeit zu Zeit mit Elogen und Einschätzungen, die ungebremst aus dem Rahmen fielen. Sie lassen sich wie der hier auf Stauffenberg einstürzende Heroisierungsschwall wohl nur als Botschaften aus zerebralen Restlagerbeständen begreifen.

So könnte sich etwa der 1976 erschienene Nachruf auf den Himmler-Adjutanten und SS-Kommandeur Joachim Peiper erklären lassen, der führend an mehreren Massakern in Italien und Belgien beteiligt war. In seinem ›Zeit‹-Artikel ließ Janßen volle Empathie walten, ganz auf der apologetischen Linie der Netzwerker, die sich nach dem Krieg um den erst zum Tod verurteilten, dann begnadigten »Landsknecht« scharten, der, wie Janßen schrieb, »seit 1940 die französische Lebensart und Küche schätzte«. Oder etwa der 1977 veröffentlichte Porträtartikel über den Erfolgsautor Albert Speer, Hitlers ehemals besten Freund. Da kannte wie bei der Stauffenberg-Eloge das Schwärmen kein Halten. Wörtlich, sinngemäß zusammengezogen: »Er ist ein freier Mann, er hat gebüßt, hat Willy Brandt gewählt und ein noch immer filmreifes Gesicht, ist viel unterwegs, hellwach und braungebrannt, nüchtern bei aller Liebe zur Romantik.«

Im gleichen Jahr stellte Janßen sich an die Seite des Geschichtenerfinders Werner Maser und beteiligte sich lauthals am Begackern des Windeis, aus dem ein in Frankreich aus Begeisterungsschaum geschöpfter Hitler-Sohn schlüpfte. 1980 entgleisten ihm einige Züge in einem Hitler-Porträt zur Hommage: »Bei seiner frappierenden Belesenheit zu überraschend vernünftigen Einsichten fähig... läßt die Mehrheit der deutschen Intelligenz weit hinter sich... marschiert an der Spitze des Fortschritts«. Und im Jahre 2000 versah er in einem ›Zeit‹-Artikel das großflächige Porträt von Otto Meissner – dem politisch artistisch biegsamen Staatssekretär, der en suite Ebert, Hindenburg und bis zum Schluss Hitler bei allem, was anlag, strebsamst diente – mit so dick aufgetragenem Deckweiß, dass man beim Lesen glaubt, in ein Extrakt aus einem Buch mit Heiligenlegenden geraten zu sein.

Es ist noch nicht lange her, dass Janßen in einem bemerkens-

werten Artikel über sein Zeitungsvolontariat in einer nordwest-
deutschen Kleinstadt der 50er Jahre den eigenen Werdegang vom
führergläubigen Hitler-Jungen zum überzeugten Demokraten beschrieb. Was ihm – neben einem auffälligen Hang zum höheren
Militärpersonal – bei seiner Läuterung geblieben ist, war hin und
wieder abgedruckt. Diese Ausrutscher erscheinen als Momentauf-
nahmen einer temporären Regression, die über die persönlichen
Marotten eines Elite-Journalisten hinaus Aufschlüsse für eine ganze
Generation vermitteln. Die Schlieren und Wurmfortsätze in den
liberalen Denkmilieus können mitunter mehr von der Langlebig-
keit und Tiefenwirkung des Hitler-Mythos erzählen als die Götzen-
darstellungen der In-Treue-fest-Bekenner oder die hingerotzten
Provokationen jugendlicher Stiefelträger.

In der Chronologie der 80er Jahre folgen den Gedenkfeiern zum
runden Jahrestag des 20. Juli 1944 zwei Staatsakte der Vergangenheitsbewältigung, bei denen die Fotografen symbolträchtige Bilder
zu schießen hatten, mit denen dann ordentlich Geschichte gemacht
werden konnte. Beide Ereignisse verursachten ein großes öffentliches Rauschen, geprägt von Zustimmung beim einen, von krassen
Misstönen beim anderen. Der Schauplatz des ersten war im September 1984 der Soldatenfriedhof Douaumont bei Verdun, der Ge-
dächtniskathedrale einer Erbfeindschaft, die sich in eine Erzfreund-
schaft verwandelt hatte. Küsschen hier, Küsschen da, wenn sich die
Regierungsvertreter treffen. Hier allerdings vor dem Beinhaus, in
dem die Knochen sowohl von Franzosen wie von Deutschen auf-
geschichtet sind, reichten sich der französische Staatspräsident Mitterrand und der deutsche Bundeskanzler Kohl über einem Sarg nur
stumm die Hände, ein Bild der Versöhnung, verbunden mit der
Erinnerung an den Ersten Weltkrieg, dessen Beginn 70 Jahre zurücklag. Kohl selbst beschrieb es später wie eine Hollywood-Film-
szene mit zwei aufrechten Helden am Ende einer Schlacht: »Die
Wolken hingen tief, es regnete in Strömen, und ein eiskalter Wind
blies uns ins Gesicht. Wir blieben stehen. Trommelwirbel, Trompe-
tenklang. Ohne daß es geplant war, ergriff Mitterrand meine Hand

und wir verharrten beide lange Hand in Hand.« Der größte Teil der Medien bedachte die Geste mit Hochachtung, der ›Spiegel‹ indes fand, »wie in Schmalz gehauen« hätten die »Händchenhalter« dagestanden. Fernsehjournalist Ulrich Wickert, zweifelsohne ein Fachmann für die deutsch-französischen Beziehungen, schrieb 25 Jahre danach in einem Rückblick für die ›FAZ‹ über die Hand und Herz ergreifende Situation vor Ort: »Jeden, der dabei war, überlief ein Schauer.« Es sei allen gegönnt.

Mir wurde es eher schwummrig, als ich bei seinem Bericht an die Stelle kam, wo sich die unsäglichen Einzelheiten des Wahnsinnskrieges in der so simplen wie hilflos verrückten Formel komprimierten: »In der Schlacht um Verdun starben 700 000 Soldaten.« Was ist ein noch so schön fotografierter Händedruck, der um die ganze Welt ging, gegen so einen Satz?

Das zweite Gedenkfeier, die damals die Gemüter bewegte, fand im Jahr darauf in der kleinen rheinland-pfälzischen Stadt Bitburg statt, den meisten Deutschen bekannt durch das dort gebraute Bier und die große Garnison von US-Air-Force-Truppen. Auch hier wurde eine Handshake-Szene für die Fotografen aufgeführt. Wieder besuchten zwei große Staatsmänner mit einem Tross von Kameraleuten die Toten. Bei einer Gedenkfeier an das Kriegsende vor 50 Jahren gaben auf dem Friedhof Kanzler Kohl, zusammen mit dem mächtigen Onkel aus Amerika, dem US-Präsidenten Ronald Reagan, den Soldaten, die hier beerdigt lagen, die übliche Ehre.

Als im Vorfeld bekannt geworden war, dass sich unter den Toten keine US-Soldaten, aber neben Wehrmachtssoldaten auch annähernd 50 Soldaten aus Einheiten der Waffen-SS befanden, fast keiner älter als 19 Jahre bei seinem Tod, kam es zu heftigen Protesten gegen dieses Trauerspiel der »Versöhnung über den Gräbern«. In den USA schossen sich die Medien darauf ein, die »Ehrenrettung der Waffen-SS« anzuprangern. In den nie auf Deutsch veröffentlichten Memoiren des damaligen US-Außenministers George P. Shultz ist zu lesen: Kohl habe Reagan geradezu »erpresst«, und Kohls Unterhändler Teltschik habe gewarnt, die Einwände gegen Bitburg schürten den Antisemitismus der Deutschen. In der Bundesrepublik schrieben aufgebrachte Kritiker gegen Kohls »Vorhaben« an, »deutsche Geschichte zu normalisieren« und die »neue Waffenbrüderschaft« zu zelebrieren. Der Philosoph Habermas warf der Kohl-Regierung vor, die »Entsorgung der Vergangenheit« zu betreiben. Sie wolle »die Rückkehr zu deutschen Kontinuitäten«. Aber es mischten sich auch Schlussstrich-Stimmen in die öffentliche Debatte ein, die sich gegen die »Selbstkasteiung« der Deutschen wandten und für den »aufrechten Gang« plädierten. Insgesamt war es ein anschaulicher Akt Geschichtspolitik, inszeniert und instrumentalisiert, zu dem bei allen Beteiligten der Protest genauso gehörte wie die aufgesetzte Harmonie, die Heuchelei der ausgetauschten Argumente und das Taktieren hinter den Kulissen sowie das Einkalkulieren der Auswirkungen auf die Chancen bei der nächsten Wahl.

Die Hände reichten sich hier für die Fotografen im Übrigen nicht die beiden Regierungschefs, sie ließen reichen. Zwei hoch dekorierte Veteranen übernahmen diesen Part des Zeremoniells, während Trompeten das Lied erklingen ließen: »Ich hatt' einen Kameraden«. Deutscherseits General a. D. Johannes Steinhoff, Fliegerheld aus dem Zweiten Weltkrieg und später einer der höchsten Nato-Offiziere, bekannt durch die im Krieg bei einem Absturz erlittenen Verbrennungen, die sein Gesicht zeichneten. Sein Gegenüber auf der amerikanischen Seite war der General a. D. Matthew B. Ridgeway, im Krieg gegen die Deutschen Kommandeur einer Luftlandedivision und später Oberbefehlshaber in Korea.

Drei Merkwürdigkeiten bleiben festzuhalten am Rande dieses Ereignisses, an dem die Vergangenheitsbewältigung über die eigenen Beine fiel. Shultz behauptet in seinen Memoiren, Steinhoff gehörte zu denen, die im Widerstand gegen Hitler kämpften. Eben derselbe Steinhoff, der 1974 ein im Landser-Stil geschriebenes Buch mit dem Titel »In letzter Stunde« veröffentlichte und darin ausmalte, der Krieg wäre doch zu gewinnen gewesen, hätten Göring und Hitler nicht sturköpfig auf die falschen Flugzeuge gesetzt. Zum andern: Helmut Schmidt, der in den 50er Jahren in Wahlreden davon sprach, dass er sich mit seiner Truppe an der Front immer besonders sicher gefühlt habe, wenn eine Einheit der Waffen-SS neben ihnen lag, ließ nichts von sich hören. Und drittens: Günter Grass, damals Präsident der Berliner Akademie der Künste, sagte noch nicht, was einmal gesagt werden musste: Er habe Glück gehabt, nicht in der Reihe bei den SS-Männern zu liegen.

Wenige Tage später nahm dann einer an höchster Stelle das Wort, um die Deutschen mit ihrer Hitler-Zeit zu versöhnen. Bundespräsident Richard von Weizsäcker, als Offizier brav in der Wehrmacht des deutschen Diktators gedient, hatte nach seinem eigenen Bekunden persönlich nicht am Widerstand teilgenommen, zwar mit ihm enorm sympathisiert, allerdings so dezent, dass keiner etwas gemerkt hat. In seinen Memoiren erzählt er, wie er und seine Kameraden mal auf ein Hitler-Foto an der Wand geschossen hätten. (Immerhin, keckert die Krähe.) Nun hielt er bei »der Gedenkstunde aus Anlass des 40. Jahrestages der Beendigung des Krieges in Europa und der nationalsozialistischen Gewaltherrschaft«, so die offizielle Bezeichnung, im Plenarsaal des Deutschen Bundestages eine Rede, die bis heute als Opus magnum der nationalen Rhetorik immer wieder zitiert wird.

Sie gilt als Fixstern am Firmament deutscher Vergangenheitsbewältigung, die für viele damit vollendet erschien. Souverän demütig, ein rhetorischer Sieg in Würde über alle Niederlagen. Dem Redner wird eine ganze Reihe von Aureolen zugeschrieben, die der »Weisheit«, der »Noblesse«, der »funkelnden Intellektualität« oder schlicht die Aureole der »Weißhaarigkeit«. Weizsäckers Vortrag ist in der akademischen Literatur mit Vokabeln bedacht wie »sprachliche Glanzleistung« oder »gültiger Maßstab für Reden über die deutsche NS-Vergangenheit«. 2005 hoben die beiden Politikwissenschaftler Claus Leggewie und Erik Meyer ihn in den Rang einer »autoritativen Bilanz«. FAZ-Chef Schirrmacher verlieh Jahre später das Prädikat: »eine Rede, wie es sie niemals wieder gab«.

Mir fällt anderes ein, wenn ich die Rede Wort für Wort lese: »Wer vieles bringt, wird manchem etwas bringen/Und jeder geht zufrieden aus dem Haus«, so spricht der Theaterdirektor in Goethes

»Faust«. Aber die Bundesrepublikaner waren damals wild entschlossen, zu diesem heiklen Thema endlich etwas Wertvolles zu vernehmen, etwas, das wie eine honorige Fahne wirkte, hinter der sich die meisten von ihnen versammeln konnten. Und wer wäre besser dafür geeignet gewesen, eine solche Rede zu halten, als der überaus angesehene und beliebte Bundespräsident? Ein »deutscher demokratischer Märchenkönig, ein Glücksfall«, wie ihn Jürgen Leinemann damals im ›Spiegel‹ nannte.

Mittlerweile gehört Weizsäckers Rede, längst kanonisiert, zu den Basispapieren der deutschen Geschichte. Wer heute auf ein Buch stößt, ein Lehrbuch gar, in dem in dieser Hinsicht Zweifel bestehen, der findet auch vierblättrige Kleeblätter.

Der in der Öffentlichkeit alle Aufmerksamkeit absorbierende Höhepunkt der Rede war, dass Weizsäcker etwas sagte, was nicht wenige Journalisten in ihrem professionellen Verlangen, Höchstnoten zu verteilen, heute noch als »außergewöhnlich mutigen Akt« beschreiben, obwohl es so ähnlich auch Bundespräsident Scheel schon zehn Jahre davor gesagt hatte und vor diesem schon Papa Heuss, was damals aber nicht viel Beachtung fand: »Der 8. Mai war ein Tag der Befreiung.«

Die Wahrheit braucht eben ihre Zeit. Stets ist es dieser Satz, der als »das Bleibende« dieser Rede genannt wird. Auch wenn es eine nachträgliche Interpretation war, die der Geschichte des 8. Mai 1945 endlich eine Gestalt gab, mit der man gut leben konnte und die zu der verbreiteten Meinung passte, dass die Deutschen damals Opfer waren, die »befreit« wurden und keine »Nazis«, die »besiegt« wurden. Die Wirkung erhöhte sich sozusagen mit der Zeit laufend, weil die Zahl derjenigen, die zur Tätergeneration gehörte, abnahm, und die Zahl derjenigen wuchs, die sich zu den siegreich Befreiten zählen wollten.

Einer gelungenen Rede sollte man Respekt erweisen. Wie könnte man das besser, als sie genau nachzulesen und darüber nachzudenken. Dabei stolpere ich über zwei Sätze. Es sind genau die Sätze, die, neben dem Satz von dem »Tag der Befreiung« auch sehr häufig eigens hervorgehoben sind. Mainhardt Graf von Nayhauß, einstmals Journalist bei ›Spiegel‹ und ›Stern‹, dann jahrzehntelang als Kolumnist in der ›Bild-Zeitung‹ Verbindungsmann zwischen Regierung und Leservolk, hat sie nicht zufällig an den Anfang eines Buches gestellt, das den Titel trägt: »Endlich Frieden! Prominente erinnern sich an das Kriegsende« (1985).

Unter dem Rubrum »Zum Geleit« steht hier die Weizsäcker-Sentenz: »Die meisten Deutschen hatten geglaubt, für die gute Sache des eigenen Landes zu kämpfen und zu leiden. Und nun sollte sich herausstellen: Das alles war nicht nur vergeblich und sinnlos, sondern es hatte den unmenschlichen Zielen einer verbrecherischen Führung gedient.«

Exakt zitiert. Genau so hatte es der Präsident am Rednerpult formuliert, um dann nach einem kleinen Übergang zu sagen: »Der 8. Mai war ein Tag der Befreiung. Er hat uns alle befreit von dem menschenverachtenden System der nationalsozialistischen Gewaltherrschaft.«

Die Beteiligung an den Verbrechen und »unmenschlichen Zielen« wurde nicht beschwiegen. Sie wurde ausgesprochen und sogleich salviert, weil die Motive unserer Väter edler Natur waren und weil kein Gott sie davor geschützt hatte, teuflisch getäuscht worden zu sein.

So soll es also gewesen sein? Der Redner nimmt hier mit der »guten Sache« einen zentralen Baustein jener Rechtfertigungsstrategien auf, die das Märchen von der »sauberen Wehrmacht« zu kultivieren trachten. Nichts anderes getan, als »für das Vaterland gekämpft«.

Denkt man, sich dem Nimbus der Rede entziehend, darüber nach, bohren sich Fragen ins Hirn: »Geglaubt, für die gute Sache zu kämpfen und zu leiden«? Also idealistisch bis zum 8. Mai 1945? Die Propaganda des Regimes in Übereinstimmung mit der Überzeugung der »meisten Deutschen«? Das Gewissen sauber gefaltet?

Wenn das mal nicht glatt gelogen ist und tausendmal widerlegt, denk ich spontan, und gleich darauf: Oder kommt hier doch unversehens ein Stück Wahrheit zur Sprache? Danach müssten die meisten Deutschen es wohl wirklich für eine »gute Sache« angesehen haben, dass man der Jugend einbläute: »Wir sind zum Sterben für Deutschland geboren.« Und es für eine »gute Sache« gehalten haben, dass man die Juden hat verschwinden lassen und sich ihres »Nachlasses« erfreute, dass man halb Europa niedergewalzt hat, es den Franzmännern heimgezahlt, in Holland andere Saiten aufgezogen, Ordnung in die polnische Wirtschaft gebracht, dass man die Tschechen das Arbeiten, die Russen das Fürchten und Sterben lehrte und vielen weiteren Völkern gezeigt hat, was eine Harke ist, wenn sie der deutsche, von Haus aus allen anderen überlegene Herrenmensch in die Hand nimmt, dass man die eroberten Länder ausgeraubt hat, damit die schweren Zeiten des Krieges zu Hause leichter zu ertragen sind.

Zumindest haben die meisten Deutschen daran nichts Schlimmes erkennen können, so der Redner, der die deutsche Vergangenheit derart hin und her zu wenden versteht, dass sich alle versöhnt fühlen können, mit sich und den andern, um dann die »Chance des Schlussstrichs« zu offerieren. Wer hätte auch ahnen können, dass an dieser »guten Sache«, für die alle so gekämpft und gelitten hatten, nichts dran war, oder anders gesagt: die »gute« eine »schlimme Sache« war?

Als sich aber genau dieses an jenem Maientag »herausstellte«, da hätten für viele die »schweren Leiden erst begonnen«. Auch das sagte der Redner und mahnte zugleich: »Wir dürfen den 8. Mai 1945 nicht vom 30. Januar 1933 trennen.« Denn damals sei »Anfang und Beginn« gewesen von »jener Gewaltherrschaft, die zum Krieg führte«. Die Daten und Wörter, genau gelesen, hören in dieser Rede nicht auf, um die Stelle herumzutanzen, wo sich der deutsche Abgrund auftut.

Offene Scheunentore rannte Weizsäcker ein, als er den anklagenden Zeigefinger immer wieder auf den toten Hitler richtete. Der war letztlich an allem schuld: »Am Anfang hatte der abgrundtiefe Haß Hitlers gegen unsere jüdischen Mitmenschen gestanden. Hitler hatte ihn nie vor der Öffentlichkeit verschwiegen, sondern das ganze Volk zum Werkzeug dieses Hasses gemacht ... Auf dem Weg ins Unheil wurde Hitler die treibende Kraft. Er erzeugte und er nutzte den Massenwahn... Hitler wollte die Herrschaft über Europa...«

Weizsäcker: »Wir gedenken heute in aller Trauer den Toten des Krieges und der Gewaltherrschaft.« Leid ist in der Rede vielfach beschworen, vom »Leid um die Toten« bis hin zum »Leid durch Verlust all dessen, woran man irrend geglaubt und wofür man gearbeitet hatte«.

Direkt sprach der Redner den Holocaust an: »Der Völkermord an den Juden ist beispiellos in der Geschichte... Wer seine Ohren und Augen aufmachte, dem konnte nicht entgehen, daß Deportationszüge rollten... Allzu viele versuchten, nicht zur Kenntnis zu nehmen, was geschah«. Wer aber waren die Täter? Nach Weizsäcker lag »die Ausführung des Verbrechens in der Hand weniger.« Handlanger auch sie, im Dienste Hitlers, der allein alles befohlen.

Kein Wort verlor er über die daran beteiligten Eliten, kein Wort darüber, dass er als Offizier selbst mithalf, die Einwohner Leningrads auszuhungern, kein Wort, dass sein Vater als Staatssekretär im Auswärtigen Amt dem NS-Regime diente, sich an der Eroberungspolitik und der Vernichtung der Juden beteiligt hatte. Warum auch? Der Satz, mit dem er die Rede beschloss, lautete: »Schauen wir am heutigen 8. Mai, so gut wir es können, der Wahrheit ins Auge.« Mehr war ihm nicht möglich. Der weise Häuptling hat geschaut, und er hat gesprochen. Lang anhaltender Beifall von den nationalen Rängen. Seine weiße Salbe ist zur Grundsubstanz der Vergangenheitsbewältigung geworden, auf die sich die Deutschen so viel einbilden.

(Hier besteht der Rabenvogel, der nicht immer nur Spott und Kalauer beitragen möchte, auf einer sachlichen Ergänzung: Knapp zehn Jahre später sagte Weizsäcker in der ›Zeit‹: Die Formulierung in seiner Rede von 1985, »jeder« habe die »Deportationszügen rollen hören müssen«, sei »natürlich eine kurz gefasste Zuspitzung« gewesen. 2005 sagte er dann in einem in der ›FAZ‹ abgedrucktem Gespräch: Er habe von den Massenerschießungen und den Konzentrationslagern während des Krieges nichts, aber auch gar nichts gewusst. Was sich hinter der Front abgespielt habe, davon hätten tapfere Krieger wie er, die ganz vorne am Feind lagen, nichts mitbekommen. Von »Auschwitz« und dergleichen habe er »sicher nicht vor dem Frühjahr 1945 gehört« – so sprach König Richard im Wandel der Jahre, so wahr ich hier auf der Schulter sitze und krächze)

Drei und ein halbes Jahr nach der grandiosen Weizsäcker-Rede konnte es der Bundestagspräsident Philipp Jenninger nicht so gut, wie er glaubte, es zu können. Es galt, die Gedenkfeier für den 50. Jahrestag der Pogromnacht vom 9. auf den 10. November 1938 würdig zu begehen. Damals hatten die christlichen Deutschen in ihrem Terror gegenüber ihren jüdischen Mitbürgern eine neue Stufe der Gewalt, des Mordens und der tödlichen Bedrohung gezündet.

Philipp Jenninger, Jahrgang 1932, promovierter Jurist, war seit 1984 im zweithöchsten Amt des Staates. Der breiteren Öffentlichkeit wurde er hauptsächlich als der Mann bekannt, der in den Plenarsitzungen des Parlaments den damals noch aufmüpfigen Abgeordneten der »Grünen« Benehmen beizubringen suchte. »Ordnung! Ordnung!« – keiner hat es öfters gerufen als er.

An jenem 8. Mai 1985 hatte Jenninger, unmittelbar vor Weizsäcker, auch eine Rede gehalten, die bei dem Hype um die Erlösungsrede des Bundespräsidenten völlig der öffentlichen Aufmerksamkeit entging. Was er sagte, war das Übliche und passte zu dem Prototyp des akademisch gebildeten deutschen Politikers dieser Generation, den er in stattlicher Haltung verkörperte. Exemplarisch die von ihm vorgetragenen Betroffenheitsklischees, mit denen damals die Redenschreiber en gros die offiziellen Ansprachen zur Vergangenheitsbewältigung ausstaffierten. Eine kleine Auswahl, ungeniert aus dem Zusammenhang gerissen und aneinandergereiht: »die Fratze des Verbrechens und der Mordlust... ein schauerliches Vernichtungswerk ohne Beispiel in der Geschichte der Menschheit, dessen grausame Einzelheiten vor den Bürgern Deutschlands sorgfältig geheim gehalten wurden... wir werden für immer Scham empfinden über das, was in deutschem Namen geschehen ist... Hitler war spätestens seit 1939 ein Massenmörder nicht nur an Juden. Polen und Russen, sondern auch an den Deutschen«.

Am 9. November 1988 gehörte ihm das Podium im Plenarsaal des Bundestages allein, und offenbar wollte er sich die Gelegenheit nicht entgehen lassen wollte, etwas ähnlich »Bleibendes« zu stiften, wie Weizsäcker das gelungen war. Entschieden hatte er den Vorschlag der Partei der Grünen abgewehrt, Heinz Galinski, den Vorsitzenden des Zentralrats der Juden in Deutschland, als Redner einzuladen.

Ida Ehre, die Grande Dame des deutschen Theaters, rezitierte zu Beginn der Gedenkfeier das Gedicht »Todesfuge« von Paul Celan (»Der Tod ist ein Meister aus Deutschland ... dein goldenes Haar Margarete, dein aschenes Haar Sulamith«). Dann sang die Bonner Bachgemeinschaft, mit dem Kantor der Synagogengemeinde, ein Lied aus dem Krakauer Ghetto: »Es brennt, Brüder, es brennt.«

Danach legte Jenninger los, nicht wie die Feuerwehr oder mit erkennbarer Empathie, wie es der Liedtext nahelegte, vielmehr in der Tonlage und im Aufzählungsstil eines Buchhalters auf der Jahreshauptversammlung des Vereins zur Vergangenheitsbewältigung e. V. Textlich bewegte er sich dabei zumeist innerhalb des historiographischen Komments: »Kein Zweifel, die in der Bevölkerung alsbald mit dem Begriff ›Reichskristallnacht‹ belegten Ereignisse markierten einen entscheidenden Wendepunkt in der Judenpolitik der NS-Herrscher. Die Zeit der scheinlegalen Verbrämungen des Unrechts ging zu Ende; nun begann der Weg in die systematische Vernichtung der Juden in Deutschland und in weiten Teilen Europas.«

In einzelnen Passagen wich Jenninger jedoch von den Routine-Linien der hochoffiziellen Reden ab, wenn er etwa vorlas, welchen Hochgenuss die meisten Deutschen in den Jahren im »Dritten Reich« erlebten: »Für das Schicksal der deutschen und europäischen Juden noch verhängnisvoller als die Untaten und Verbrechen Hitlers waren vielleicht seine Erfolge. Die Jahre von 1933 bis 1938 sind selbst aus der distanzierten Rückschau und in Kenntnis des Folgenden noch heute ein Faszinosum insofern, als es in der Geschichte kaum eine Parallele zu dem politischen Triumphzug Hitlers während jener ersten Jahre gibt.« Die Stimmung unter den Deutschen war damals nach Jenninger ausgesprochen bombig: »Dies alles mußte wie ein Wunder erscheinen... Vollbeschäftigung... Wohlstand... Optimismus und Selbstvertrauen. Die meisten Deutschen und zwar aus allen Schichten dürften 1938 überzeugt gewesen sein, in Hitler den größten Staatsmann unserer Geschichte erblicken zu sollen.«

Zur »Reichskristallnacht« sagte er: »Auch die Kirchen schwiegen«, zum »Kriegsende 1945«: »Ein tiefer Schock, alle Anstrengungen und Opfer waren sinnlos gewesen.« Was immer er vorlas, vorgetragen war es so ungelenk, als ob er etwas sagte, das er nicht selber durchdacht hatte. Mit zwei Zitatblöcken von beträchtlicher Länge ging er auf die Judenvernichtung ein, die zur »deutschen Wirklichkeit« der Kriegsjahre gehörten: zuerst ein Augenzeugenbericht von einer Massenerschießung, danach ein Auszug aus der Rede Himmlers, in der sich dieser der Untaten rühmt (»Ruhmesblatt unserer Geschichte«).

Nach Jenninger war die Ideologie des Nationalsozialismus ein Konstrukt, das auf typisch deutschen Traditionen basierte. Hitler habe »jeder originäre Gedanke gefehlt«. Sein Beitrag sei es gewesen, die vorhandenen Ansichten zuzuspitzen und sie mit »fanatischer Besessenheit und massenpsychologischer Begabung« zu verbreiten. Bei den Beweggründen für das »gigantische Morden« landete er dann aber doch wieder bei Hitler ganz allein und dessen verkorkster Entwicklung in jungen Jahren: »Das Elend der Kindheit, die Demütigungen der Jugend, die ruinierten Träume des gescheiterten Künstlers, die Deklassierung des stellungs- und obdachlosen Herumtreibers und die Obsessionen des sexuell Gestörten – das alles fand in Hitler ein Ventil: seinen unermeßlichen und niemals endenden Haß auf die Juden.«

Die Mahnung des Vortragenden war: Die ungeheuren Verbrechen, die von »den Nationalsozialisten nicht verheimlicht werden konnten«, dürften wir »nicht verdrängen«, denn: »An Auschwitz werden sich die Menschen bis an das Ende der Zeiten als eines Teils unserer deutschen Geschichte erinnern.« Es gelte, »unsere Identität als Deutsche anzunehmen – dies allein verheißt uns Älteren wie den Jüngeren Befreiung von der Last der Geschichte«. Befreiung.

Da war es wieder, das Codewort aus der Weizsäcker-Rede. Mit ihm fand Jenninger gegen Ende seiner Rede doch noch den Ausweg in eine schöne Zukunft, wie sie uns die nach Kunden fischende Werbung von Lebensversicherungen und Altersvorsorge-Unternehmen verspricht: unbeschwert, befreit von alten Sorgen.

Im allerletzten Satz versucht er noch einmal, allen (seinen) Zweifeln bezüglich des Problems von »wir« und »die« entschieden entgegenzutreten. Jenninger betont: Die Juden seien auch Menschen, die man respektieren müsse, denn sie sähen uns sehr ähnlich. Im Wortlaut: »Dies ist das Wichtigste: Lassen wir niemals wieder zu, daß unserem Nächsten die Qualität als Mensch abgesprochen wird. Er verdient Achtung; denn er trägt wie wir ein menschliches Antlitz.«

In den Reaktionen auf die Rede stießen sich viele an dem »Faszinosum«, das der Redner noch immer für »den Triumphzug Hitlers« zu verspüren glaubte. Den Redetext als Ganzes gesehen, fanden manche Fachleute mit einigem zeitlichen Abstand durchaus beachtenswert und historisch richtig gewichtet. Was vornehmlich ein verschnittener Extrakt von Fests Hitler-Biographie und Haffners »Anmerkungen zu Hitler« war, entsprach weitgehend dem allgemeinen Meinungsbild. Bei aufmerksamem Nachlesen ist indes deutlich zu spüren, wie die Rede mit ihren geborgten, die Ebenen und Perspektiven willkürlich wechselnden Versatzstücken in sich knirscht und ächzt.

Im Zentrum der Kritik stand die emotionslos wirkende Monotonie des Vortrags. Der Redner kannte keine Pausen, keine gesprochenen Anführungszeichen, keine Hervorhebungen. Gräfin Dönhoff schrieb in der ›Zeit‹: »Jenninger wirkte gänzlich unbeteiligt und ohne jede Wärme. Er vermittelte keinerlei Empfindung.« »Ein Desaster«, so das überwiegende Urteil in der Öffentlichkeit, mit überraschend schnellen Folgen. Am nächsten Tag wurde der Bundestagspräsident in die Wüste geschickt. Die Oasen, in denen er landete, waren luxuriös möbliert: deutscher Botschafter, erst in Wien, dann am Heiligen Stuhl in Rom.

In der Chronik der außergewöhnlichen Bundestagsreden ist stets der scharfe Kontrast zu der Ansprache des Bundespräsidenten von

1985 hervorgehoben. Das ließ den Glanz von Weizsäcker und seiner Rede in den folgenden Jahren immer noch heller erscheinen. In den Nachrufen zu Weizsäckers Tod 2015 schraubte er sich in schwindelnde Höhen hinauf, sodass wir, folgte man den Medienberichten, neben einem Teufel Adolf, der das schwerste Menschheitsverbrechen beging, das ihm keiner nachmachen konnte, jetzt in der politischen Geschichte der letzten hundert Jahre auch über einen Erzengel Richard verfügen, der dazu Jahrzehnte später eine gefeierte Rede hielt, »wie es sie niemals wieder gab«.

In den Jahren zwischen den beiden Reden mit ihrer so unterschiedlichen Resonanz fetzten sich auf den Feuilletonseiten der führenden Zeitungen die Geschichtswissenschaftler im sogenannten Historikerstreit. Im Mittelpunkt standen Themen, Fragen und Reizvokabeln wie »die Vergangenheit, die nicht vergehen wollte, »Entsorgung«, »Schadensabwicklung«, »die neue Auschwitz-Lüge.« – Kommt dem Holocaust das Etikett »Einzigartigkeit« zu? Oder war er nur eine Reaktion auf den Terror der Kommunisten? Hätte es ohne die Bolschewisten Hitler nie gegeben? Mildernde Umstände für den »größten Verbrecher aller Zeiten«? Michael Stürmer monierte den Mangel an Stolz bei den Bundesrepublikanern. Seine Diagnose: »Viel jüngste Geschichte, wenig aufrechter Gang.« In den Seminaren an den Universitäten wurde debattiert: War Hitler am Ende ein »Revolutionär« und ein »Freund der Arbeiter«? Ein Modernisierer, der mit dem Nationalsozialismus die zukünftige Gesellschaft vorbereitete? War er ein »starker« oder »schwacher« Diktator?

Bald drehte sich auch in der breiteren Öffentlichkeit wieder alles um Hitler, denn er hatte Geburtstag, den 100. Der ›Spiegel‹ bringt ein Sonderheft heraus, in dem 40 renommierte Autoren, Politiker, Historiker, Literaten über ihn schreiben. Auch andere beteiligen sich an der bizarren Gratulationscour. An den Kiosken ist die berühmte Visage plakatiert. Das Spezialheft des Jahr-Verlags hat die Schlagzeile: »Genie oder Verbrecher?«

Kapitel 5
Reizfigur und TV-Marke (1990–1999)

»Die deutsche Teilung ist das Brandzeichen Hitlers am Leibe
Deutschlands«, sagte Bundestagspräsident Eugen Gerstenmaier
1959. Als 30 Jahre später die Deutschen und die Großmächte mit
vereinten Kräften darangingen, den Schaden im Handumdrehen
zu beheben, sollte auch dieser Schandfleck getilgt sein, so der damals oft zu hörende Wunsch. Nach dem Mauerfall packte in dem
so plötzlich ausgebrochenen Vereinigungsrausch Bundeskanzler
Kohl energisch den berühmten Zipfel am Mantel der Geschichte,
der sich, wie stets gesagt, nur in einem äußerst kurzen Zeitfenster
zu zeigen pflegt. Das hat ihm den Ehrentitel »Kanzler der Einheit«
eingetragen und die Hochachtung auch derer, die ihn jahrzehntelang als den König der Fettnäpfe attackiert hatten. Weit verbreitet
damals die Ansicht: Mit dem »Beitritt« der DDR zur Bundesrepublik sollten der Zweite Weltkrieg und seine Folgen nun aber wirklich
der Vergangenheit angehören, genauso der Hakenkreuzführer und
sein fürchterlich störendes Nachleben, dem nun im wieder vergrößerten Vaterland endgültig der Stecker zu ziehen war.

Es sollte anders kommen. Mehr denn je war in diesen Jahren von Hitler die Rede, nicht nur bei den Minderheiten, die ein
»Viertes Reich« am Horizont auftauchen sahen, das die einen mit
kassandrischen Alarmrufen, die anderen mit retrovisionären Hoffnungen erwarteten. Die Einverleibung des östlichen Teils, an der
Oberfläche mit Blumen und Sterntalern bekränzt, führte in praxi
zu massiven Verstörungen, Beschwerden und Gewaltausbrüchen.

Fast harmlos noch das Symptom, als bei der feierlichen Öffnung der deutsch-polnischen Grenze 1991 in Frankfurt an der Oder die Polen mit einem Steinhagel empfangen wurden. Hoyerswerda im Sächsischen, Hünxe im Niederrheinischen, Mölln im Schleswig-Holsteinischen, Solingen im Westen, Rostock-Lichtenhagen im Osten, leuchten wie Feuerzeichen in der Geschichte der Jahre, die darauf folgten. Vielerorts wurden Menschen und ihre Notunterkünfte in Brand gesteckt, weil man das »Asylantenpack« nicht dulden wollte und nicht nur den Neonazis »das Boot zu voll« erschien. Die Flammen des Terrors und Ausländerhasses riefen alte Bilder wach, Hitler mittenmang und so überhaupt nicht passé. Die Volksvertreter im Parlament wussten sich nicht anders zu helfen, als dass sie die Gesetze für das politische Asyl verschärften.

Der Traum, den deutschen Diktator steril verpackt in einer Museumsvitrine unterzubringen, war da schon längst geplatzt. Bei jeder Gelegenheit wurde er herbeizitiert, als Schreckgespenst, als Vergleichsfigur, als Menetekel an der Wand. Es schien, als spränge er wie ein Springteufel aus der Schachtel, sobald einer die Hand hob. Der Schriftsteller Hans Magnus Enzensberger traf auf viel Zustimmung, als er 1991 in einem ›Spiegel‹-Essay mit der Überschrift »Hitlers Wiedergänger« den irakischen Diktator zum Nachfolger des deutschen Untoten erklärte. Jeder der beiden ein »Führer und Feind der Menschheit«, mit »einer »Fähigkeit, die an das Geniale grenzt, die unbewußten Regungen seiner Anhänger aufzuspüren«, jeder von ihnen ohne Überzeugungen, nur interessiert daran, sich mit der gesammelten Todesenergie der Massen aufzuladen. Einfache Gleichsetzungen, die einem mal wieder klarmachten, dass gerade unter den Gescheiten die Dummheit keine Seltenheit ist.

Auch 1999, als sich deutsche Truppen am Krieg auf dem Balkan beteiligten, begleitet von hochmoralischen Reden der rot-grünen Regierung unter Kanzler Schröder, wurde der Schreckensherrscher Hitler, direkt und undirekt, propagandistisch und demagogisch in Stellung gebracht. Der Serben-Diktator Milošević wurde zu seinem Ebenbild befördert, und Außenminister Fischer deklamierte: »Nie wieder Krieg, aber auch nie wieder Auschwitz!« Verteidigungsminister Scharping bog sich für die Öffentlichkeit einen dubiosen »Hufeisen-Plan« zurecht, gab Schauermärchen als Tatsachen aus und beschwerte sich über Kritik, »während unsere Soldaten im Kampf stehen«. (Mein Rabenvogel unterbricht hier mal wieder, weil er den nicht abkann, der immerhin mal Vorsitzender der einst ruhmreichen SPD war, auch Kanzlerkandidat. Da legt der Rabe, der darauf steht, den Chronisten herauszukehren, Wert auf einen Stichpunkt-Katalog der Begleitumstände einer deutschen Bilderbuchkarriere, kurz, wie es dahinging: Erst stürzt er vom Fahrrad, dann seine Soldaten in einen Krieg, dann frisch verliebt in einen Mallorca-Pool, dann wieder vom Rad, dann, zurechtgemacht von einem Frankfurter PR-Hunzinger, vom Ministersessel, dann klettert er im ersten Gang auf den Präsidentenstuhl des Verbandes, der die chemischen Antriebskräfte jener Männer regelt, die auf langen Etappen wie wild nach unten treten, um schnell hochzukommen, und immer hinter seinem Freund im grünen Trikot her, damit er mit aufs Foto kommt. Warum hat sich dieser Zombie eigentlich nie einer Doping-Untersuchung stellen müssen? Krächz, was denn, was denn, was soll der Einwand, das gehöre thematisch nicht zum Hitler-Bild der Deutschen, krächz, zu diesem Thema gehört alles, vor allem alles, was ein Licht wirft, welchen Politikern die Deutschen vertrauen, krächz, und von wem sie sich die Hucke volllügen lassen, krächz.)

Die Debatten zum Zustand unserer Selbstfindung wurden in den Jahren nach der Wiedervereinigung zum Dauerthema. In den Medien immer wieder aufgegriffen: die nationale Identitätskrise, das neurotische Würgen an der Vergangenheit, die Angstlust vor der Zukunft. Wer sind wir? Gehört Hitler immer noch zu uns? Ist sein Geist wirklich tot? Oder kommt er bald wieder, in ganz anderer Gestalt? Wo bleibt der Euro, mit dem sich auch die Hoffnung verband, die NS-Last zu entsorgen?

Das Nachleben Hitlers interessierte das wenig, es badete im Jungbrunnen. Kregel wie eh und je, leistete er uns Gesellschaft. Nicht mehr lang, dann war 1995 sein 50. Todestag zu »begehen«. Aber seine Omnipräsenz bedurfte keiner runden Jahreszahlen, wie ein näherer Blick auf die Zeit davor uns lehrt.

Der September 1993 hatte dem deutschen Hausgeist einen »inneren Reichsparteitag« beschert – Deutsche, die mit ihm verbunden sind (und sei es über Generationen von Nachkommen), nutzen heute noch diese Redewendung, wenn sie von freudigen Erlebnissen auf Kosten anderer sprechen. Zu Lebzeiten hat er sich bei einer solchen Gelegenheit schon mal einen Schluck gegönnt. Er war zwar Abstinenzler, aber Ausnahmen soll es gegeben haben.

So etwa am 15. März 1939, als die Deutschen über die Tschechen herfielen. Himmlers Adjutant Ludolf von Alvensleben will daneben gestanden und es aus nächster Nähe miterlebt haben: Auf dem Prager Hradschin angekommen, »wo der Führer mit seinem Stabe Wohnung nahm«, sagte der Führer: »Hier sind wir nun und nie wieder werden wir gehen. Ich muß wirklich sagen, das habe ich elegant gemacht.« Zur Feier des Tages habe sich der neue Schlossherr, alle selbst auferlegten Fleisch- und Alkoholverbote beiseite schiebend, eine gute Scheibe Prager Schinken und ein schönes Glas Pilsner gegönnt. Da hatte Goebbels schon in sein Tagebuch geschrieben: »Der Führer juchzt.«

Gut, der Einwand gilt, andere Ebene, völlig andere Dimension, klitzeklein im Vergleich, nicht im Leben, sondern viele Jahrzehnte postum, und doch: ein Abglanz des Gefühls, es mal wieder allen gezeigt zu haben, war es schon, was sich da im Spätsommer 1993 in seinem Nachleben einstellte, als der Staatsrechtler Theodor Maunz zu Grabe getragen wurde. Lassen wir ein letztes Mal noch Goebbels in zeitversetzter Fantasie zu Wort kommen: Der Führer gluckst.

Dabei war dieser zur aktiven Zeit auf die Juristen, von denen ihm so viele fleißig zugearbeitet haben, nicht besonders gut zu sprechen. Damals im Krieg, als er bei seinen endlosen Tischgesprächen den Alleinunterhalter spielte, ist er über sie hergezogen. »Spitzbuben« nannte er sie, »Trottel« die meisten, nur ganz wenige konnte er leiden.

Dazu gehörte für ihn ganz sicher der Münchner Hochschullehrer Theodor Maunz vom Jahrgang 1901, ein Mann, nichts weniger als eine bayerische Institution. Der hat ihm ein paarmal richtig Freude bereitet. Das begann in den 30er Jahren, als Maunz vom

Professorenpult aus den Willen Hitlers zum obersten Gesetz erklärte, nach dem sich alle zu richten haben. Treu im Dienst der NS-Ideologie, ungeläutert in der Bonner und Berliner Republik. Zuvor war der Verfechter des »Führerwillens« als dem zentralen Element des Rechtsverständnisses zum allseits gefeierten »Kronjuristen des Grundgesetzes« in der Bundesrepublik aufgestiegen und hatte sich zwischenzeitlich im Amt des bayerischen Kultusministers (1957–1964) um Recht und Ordnung, Bildung und Kultur gekümmert.

Kaum war der Professor tot, wurde bekannt, dass er in all den Jahren unter dem parlamentarisch-demokratischen Deckmantel das alte Unterzeug nie abgelegt hatte. Ein Bild für die Götter des schwarzen Humors, wenn man sich die Szene vor Augen führt: Das Grundgesetz und der von ihm dazu verfasste Kommentar, das absolute Standardwerk der Branche, in der kleinen Handbibliothek auf dem Schreibtisch, Maunz auf seinem Drehstuhl, den Telefonhörer am Ohr, in der Leitung der Verleger Gerhard Frey, dem er dabei half, in der rechtsradikalen ›National-Zeitung‹ Woche für Woche Phrasen, Ansichten, Wertvorstellungen zu verbreiten, wie sie in Hitlers Regierungszeit üblich waren. Claus Heinrich Meyer von der ›Süddeutschen‹, selten um das richtige Wort verlegen, attestierte ihm postum dafür »treues Nazitum«.

Als die Unbelehrbarkeit des Gelehrten nach seinem Ende publik wurde, gerieten die Gemüter in Wallung, sowohl von denen, die es nicht glauben, wie auch von denen, die es schon immer gewusst haben wollten. Und als dann Bonsai-Führer Frey, weithin berüchtigt als NS-Apologet und Verbreiter von antisemitischen Weltbildern, seinem »treuen Wegbegleiter und maßgeblichen Berater« noch ein gemütvolles Farewell nachrief, sah sich Roman Herzog, damals Präsident des Bundesverfassungsgerichts und bald darauf der aller Deutschen, gehörig »betroffen«. Er fühlte sich, wie er sagte, von einer »fürchterlichen Wut gepackt«. War er doch an der Universität sechs Jahre lang des Professors Assistent gewesen und hatte von der nachhaltigen Führerverbundenheit seines juristischen Ziehvaters keinen Deut zu bemerken vermocht.

Man steckt nicht drin, sagten damals viele, die den Fachgelehrten als Vorbild-Demokraten charakterisiert hatten. Rupert Scholz, der Verfassungsjurist und vormalige Verteidigungsminister, hielt die Sache »nicht für sehr dramatisch«. Als Hans Guck-in-die-Luft sah er die Abgründe nicht. Für ihn blieb Maunz einer der »einzigartigen Glücksfälle der deutschen Staatsrechtslehre«. Dazu wedelte er kurz mit der TÜV-Klausel deutscher Vergangenheitsbewältigung: Vielleicht sei der Mann »etwas missbraucht worden«.

Die doppelbödige Vita des Theodor Maunz sei ein Einzelfall, nichts, an dem sich etwas beispielhaft aufzeigen ließe, betonten damals die Sprecher aus den Reihen der christlichen Parteien. Das wiederholten sie, als im selben Jahr 1993, ein paar Monate später, Alfred Seidl starb. Auch diesem bayerischen Spitzenpolitiker, zeitweilig Innenminister des Landes, dankte die »National-Zeitung« für die »dreieinhalb Jahrzehnte des harmonischen und vielfältigen Zusammenwirkens«. Bei ihm hielten sich Betroffenheit und Überraschung in Grenzen, da sein fortwährendes Wohlwollen und oftmals geäußertes Verständnis für die Politik des NS-Regimes bekannt waren. So war 1985 von ihm ein Buch erschienen, in dem er Rudolf Heß und Adolf Hitler zu Engeln stilisierte, die mit dem Ölzweig in Richtung London wedelten, aber Churchill und seine Crew sich leider als störrisch erwiesen hätten – Titel: »Der verweigerte Friede«. Die Münchner Regierung wollte aus den zwei Sympathisantenfällen keinen Casus machen. Man konnte versichern, dass es nicht das gute Hitler-Andenken war, das den beiden Matadoren der Rechtswissenschaft den »Bayerischen Verdienstorden« eingetragen hatte.

Im Kontrast dazu gab es ja damals in anderen Bereichen des öffentlichen Lebens regelrechte Hitler-Hasser, die ihre Gefühle theatralisch zur Schau stellten. Einer von ihnen hatte sogar, noch ehe das Jahr 1994 begann, unserem Hausgeist den Garaus angedroht. Geisterjäger Christoph Schlingensief, damals 32 Jahre alt und mit Filmen wie »Das deutsche Kettensägenmassaker« und »100 Jahre Adolf Hitler« im Kulturbetrieb als junger Wilder vom Dienst unterwegs, gab am Sylvesterabend ein Stück zum Besten, das den Titel trug:

»Kühnen ›94. Bring mir den Kopf von Adolf Hitler«. Tatort: die Volksbühne am Rosa-Luxemburg-Platz in der neuen deutschen Hauptstadt, die wieder die alte werden sollte.

Schlingensief brachte dem Premierenpublikum mit Hitlers Kopf den seinen zur Aufführung: Filme, Videos, Bilder, Zitate fielen übereinander her, die Schauspieler kochten deutsche Geschichte wie einen Kessel Buntes. Eine Bombe aus der Requisite, gefüllt mit Kettensägemehl. Der Führer streichelte Kinder. Sein Jünger, der Neonazi Michael Kühnen, nahm sich jüdische Vorfahren. Der Regisseur ließ sein Personal kacken, pissen, kotzen, rammeln, tranchieren, foltern, bluten. Remmidemmi nach Spielplan. Dafür schien der Führer wie gemacht.

Ihm zur Seite standen auf der Bühne Gestalten wie Mutter Teresa, Alice Schwarzer, David Irving, Gert Bastian, Petra Kelly, Beate Uhse, alle bekannt aus Funk, Film und Fernsehen. Als Darsteller und Publikum erschöpft waren, fiel drinnen der Vorhang, draußen gingen die Raketen hoch, das neue Jahr war da. Die beiden Titelhelden waren, wie etliche andere der Geisterrollen, wieder tot. Der eine 1991 an Aids gestorben, der andere hatte sich, knapp 50 Jahre vorher, selbst ums Leben gebracht.

Auf Weltniveau stemmte das Hitler-Bild auf der Bühne wenig später Wuttke. Wolfgang Wuttke, Titelheld-Darsteller in Bertolt Brechts berühmter, 1941 im finnischen Exil geschriebener Parabel über den Werdegang Hitlers, abgebildet in der Karriere von Al Capone in Chicago: »Der aufhaltsame Aufstieg des Arturo Ui«. Legendär die Aufführung des Theaters am Schiffbauerdamm. Es war die letzte Regiearbeit des DDR-Dramatikers Heiner Müller, der den Diktator in seinen eigenen Stücken auch schon immer gern hat mitspielen lassen. Hier gab Hitler den Gangsterboss. Feuilletonisten fühlten sich begeistert. Ui. Wuttke zeigte, was im Hitler von Brecht à la Müller steckte: »Zum Hakenkreuz verbogen… ein Schreihals… ein Derwisch… ein hechelnder Kampfhund… ein Rolling Karfiol… eine romantische Blutwurst«, kurzum, eine Paraderolle.

Das war ein Hitler-Bild nach dem Geschmack des gebildeten

Theaterpublikums. Als pathologischer Fall hochinteressant, aber zu tun hatte man mit so einem nichts. Das wollte Deutschland 1995 sehen. Und die halbe Welt fand daran Gefallen. Ein durchgedrehter Blumenkohl-Mafioso ging quer über den Globus auf Tournee, durch Europa, durch Nord- und Südamerika. Das »Dritte Reich« auf Rädern. Wuttke. Hitler. Volle Häuser. Wieder nach Deutschland zurückgekehrt, stand das Publikum im Parkett auf den Stühlen, das Gros der Kritiker auf der Empore in Reih und Glied: Heil! Heil! Heil Wuttke! Hoppla, Entschuldigung, Entschuldigung! Schnell das Kreuz geschlagen und aus dem Prolog zitiert: »Ihr aber lernt, wie man sieht statt stiert/... Die Völker wurden seiner Herr, jedoch/Daß keiner uns zu früh da triumphiert –/Der Schoß ist fruchtbar noch, aus dem das kroch.«

Gruseliger als in Schlingensiefs Grusical ging es 1994 draußen vor der Theatertür zu: Alice Schwarzer, gerade noch zur Bühnenfigur gemacht, gab in der journalistischen Alltagswirklichkeit ihr Unterscheidungsvermögen der Tierliebe hin. In einem Loblied-Artikel auf das vegetarische Leben setzte sie den Holocaust mit den sechs Millionen Tieren gleich, die in »Vernichtungsanstalten« getötet werden: »Nur ein bisschen schicker ist alles geworden, mit viel Chrom und High-Tech. Die Opfer aber sind noch immer aus Fleisch und Blut ...«

Rotzdreiste Analogien, Theatertheater, Kontroversen, Ängste, Proteste. Hitler tauchte überall auf, begleitet von Brandanschlägen, und stiftete schwere Irritationen. An Leuten, die, tollpatschig oder bedacht, mit dem Nazi-Feuer spielten, fehlte es nicht. Mit ihm war alles möglich: inszenierte Empörungen, schmierige Spekulationen, kulturelle Events, intellektuelle Rohrkrepierer und entlarvende Verwuschelungen des kollektiven Gemüts.

Im Frühjahr 1994 sah sich Sportsfreund Hitler in eine Angelegenheit von allerhöchstem nationalen Interesse verwickelt. Ausgerechnet an seinem Geburtstag wollten die Fußball-Funktionäre ein Länderspiel gegen die Engländer austragen lassen. Englische und deutsche Hooligans freuten sich auf ein schlagkräftiges Vergnügen. Hitler-Fans rüsteten zum Aufmarsch. Otto Höhne, der Chef des

Berliner Fußballverbandes, wollte ihnen die Stirn bieten und riet zur Taktik der kontrollierten Offensive: »Der 20. April ist ein Tag wie jeder andere.« Und: »Man muß dokumentieren, daß die Vergangenheit bewältigt ist.« Auch in den USA wurde darüber in den Medien berichtet. Manche hierzulande befürchteten eine Schlacht und insistierten auf einer Verlegung des Termins. War Hitler ein Spielverderber? Alte Kicker-Freunde erinnerten sich: Das einzige Fußball-Länderspiel, bei dem er leibhaftig auf der Tribüne saß, ging verloren: 0 zu 2 gegen die Norweger bei der Olympiade 1936. Dieses Mal traten die Briten erst gar nicht gegen den Ball. Weder Invasion noch Appeasement. Sie sagten das Match einfach ab. Das wäre alles längst vergessen, wenn Wolfgang Niersbach, damals Pressesprecher des DFB, heute sein Ex-Präsident, nicht versucht hätte, die Kritik an der Terminplanung mit einer alten Propagandaformel zu erklären: »80 Prozent der amerikanischen Presse sind in jüdischer Hand.«

Vorher schon geplatzt war der Plan von Christoph Stölzl, den Kanzler des »Dritten Reiches« in den Mauern seiner alten Wirkungsstätte an die große Glocke zu hängen. Der Direktor des neuen Deutschen Historischen Museums in Berlin hatte weitgehende Vorbereitungen für die Ausstellung »Hoffmann & Hitler. Fotografie als Medium des Führer-Mythos« getroffen. Aber als die jüdische Gemeinde dagegen protestierte, ließ Stölzl davon ab, den Hauptstädtern und ihren Besuchern die Hitler-Bilder aus der Sammlung des Münchner Fotografen Heinrich Hoffmann zu präsentieren.

Heinrich Hoffmann ist nicht irgendein Lichtbildner gewesen, er war, wie es zu NS-Zeiten hieß, »der Mann, der für uns den Führer sieht«. Die Deutschen haben für den mit Hitler symbiotisch verkumpelten Hoffmann in ihrem Wörterbuch einen eigenen Begriff reserviert – den »Leibphotographen«. Seine mit Bedacht inszenierten, abermillionenhaft unters Volk gebrachten Aufnahmen waren es, die Hitler das Führer-Gesicht gaben. Hoffmann brachten sie ein Vermögen ein und den Titel »Reichsbildberichterstatter«. Dem Freund Beliebtheit, Verehrung und eine optische Allgegenwart bis in den letzten Winkel. Manche gehen noch weiter: Ohne Hoffmanns Foto-Inszenierungen kein Charisma, und ohne dieses Charisma, diesen legendären, süchtig machenden Stoff, mit dem Hitler die Deutschen anfixte, wären die nicht auf ihn hereingeflogen, und damit wäre alles, alles ganz anders gekommen.

Die Ausstellungsgegner sahen sich von der Vorstellung gepeinigt, den unseligen Adolf in den Straßen und U-Bahnhöfen der Hauptstadt von den Werbeplakaten auf die Passanten glotzen zu sehen. Die Befürworter hielten dagegen: Wer heutzutage eine »aufklärende Wirkung« erzielen wolle, dürfe die Gelegenheit nicht verstreichen lassen, den Führer vorzuführen – als Staatsmann, als Freund der Kinder, der Tiere und der Natur, am Schreibtisch bei der Amtsausübung und am Spaten beim Autobahnbau, auf Kundgebungen mit gigantischen Marschkolonnen, im Zentrum der Huldigungen, auf dem Balkon oder dem Feldherrnhügel, in Lederhosen, Uniform oder Zivil, umjubelt, gesenkten Haupts, erhobenen Arms, vorgereckten Kinns, geradeaus die Augen, in Begleitung der Generalität oder bei einem Herrenbesuch des italienischen Berufskollegen, allein in Gedanken an Deutschland vergrübelt oder charmierend in Damengesellschaft, jedenfalls »in seiner ganzen reichen Menschlichkeit und Güte« sowie mit »einem Antlitz, vom Kampf geformt«, wie es die Bildunterschriften in zeitgenössischen Publikationen ausdrückten.

Stölzl sprach von einer verpassten Chance: Gerade an diesen Fotos, die jegliche Formen der Führer-Selbststilisierungen zeigten, hätte man das Thema »Wahrheit und Lüge«, das für das Verständnis des 20. Jahrhunderts so wichtig sei, aufbereiten können. Und gerade so, als ob er nicht jederzeit in einer Vielzahl von zeitgeschichtlichen Serien in den Medien von allen Seiten abgebildet gewesen wäre, ließ sich nun ein Grummeln von Fragen vernehmen: Warum dürfen wir das Hitler-Bild, das unsere Eltern und Großeltern hatten, denn heute nicht betrachten? Sollten diese Bilder nicht aus dem Dunkel der Dachbodenkisten herausgeholt und dem hellen Licht kritischer Betrachtung ausgesetzt werden? Wann gehen wir endlich normal damit um? Müssen wir immer noch ans Gängelband genommen werden, wenn wir uns erinnern?

In den Kulturreferaten der Republik schwelten die museumsdidaktischen Fragen: Wie hängt man ihn? Tiefer? In Reihe? Einzeln? Kontrastierend? Pädagogisch, politisch oder kunsthistorisch? Wieviel belehrende Erläuterung muss sein? Wieviel ist zu viel? Müssen historisch Ungebildete draußen bleiben? Was sagt man den jungen Leuten, die ihn für Charlie Chaplin halten?

Oder sollte man ihn am besten überhaupt nicht aufhängen? In München war er gern gesehen, da war der hoffmännliche Hitler-Kosmos für mehrere Monate im Stadtmuseum gezeigt worden. Etwa 40 000 Besucher schenkten ihm Anfang 1994 das Ansehen, sahen ihn, wie er sich gern sehen ließ. In Saarbrücken dagegen, wo das Duo »Hoffmann & Hitler« nach Berlin fest eingeplant war, wurde ihm die Tür vor der Nase zugeschlagen.

Reizfigur Hitler. In einem ›Spiegel‹-Essay machte Rafael Seligmann ihn als den gemeinsamen Urquell deutscher und jüdischer Neurosen namhaft. Dem in Israel geborenen deutschen Schriftsteller ging vor allem die unentwegte »Betroffenheit« auf den Keks.

Gerade war der Spielberg-Film »Schindlers Liste« angelaufen. Umstritten zwar, aber von der Kritik überwiegend mit Lorbeeren bekränzt, dazu mit weit überdurchschnittlichen Besucherzahlen. Bundespräsident Herzog belohnte den Regisseur mit einem hohen Orden. Das Publikum war tief betroffen, aber auch erleichtert. Es erhoben sich die Tränengläser. Hoch sollte der Retter leben, der Retter der 1100 Juden von damals und aller Deutschen von heute – ein idealer Kerzenhalter in den Lichterketten, mit denen die Menschen guten Willens zu dieser Zeit überall in Deutschland demonstrierten, dass sie gegen das Totschlagen von Ausländern waren.

Seligmann zeigte sich unbeeindruckt: Deutschland bleibe die »Republik der Phrasendrescher«, in der Gedenkrituale wohlfeil nach dem Kalender oder der Kinovorschau exerziert würden. Den Juden warf er vor, sie erhöben, angestiftet von Yad Vashem und Simon Wiesenthal, »das Gedenken zum Selbstzweck«. Seligmanns Fazit: »Verdrängung hier wie dort. Juden und Deutsche versuchen, ihre Angst zu übertünchen, die aus der Vergangenheit herrührt und sich in der gleichen Figur überschneidet: Adolf Hitler. Die einen flüchten sich in folgenlose Betroffenheit, die anderen schwelgen in ihrem Schmerz.«

Einen Schub Genugtuung für die Verdammungsurteile, die damals mal wieder über ihn hereinprasselten, verschaffte dem deutschen Hausgeist ausgerechnet ein hoch angesehener Verlag, der durch die von ihm herausgegebenen Bücher über jeden Verdacht erhaben ist, ihm auch nur ein Quäntchen Wohlwollen entgegenzubringen (von den Jahren, als er noch lebte, mal abgesehen). Das Buch der Genfer Historikerin Marlis Steinert wurde 1994 vom C. H. Beck Verlag als »eine große Hitler-Biographie« vorgestellt – »neuester Stand der Forschung, neue Einsichten in die Geschichte des Nationalsozialismus, in einer klaren und unprätentiösen Sprache erzählt«. Umso größer ist das Erstaunen bei der Lektüre des 700-Seiten-Werks, dessen Originalausgabe drei Jahre davor in Paris erschienen war. Nein, da wird die Geschichte nicht umgeschrieben und auch keine Apologetik betrieben, aber der Mangel an Quellenkritik und die Vielzahl der schiefen Pinselstriche lässt ein Hitlerbild entstehen, das dem Leser eine Reihe von Peinlichkeiten bereitet.

Zwar stritten sich die Rezensenten, wie viele davon auf bloße Sprachschnitzer oder Übersetzungsfehler zurückgingen, aber nicht alle Befremdlichkeiten sind damit zu erklären. So etwa die Art und Weise, wie die Vielfalt der Aufgaben, die der Titelheld zu bewältigen hatte, in dem Buch herausgestellt ist. Nicht minder der Umfang seines Arbeitspensums. Was hatte der Mann nicht alles um die Ohren! Leser, die noch über Bewunderungsgefühle verfügen, nicken beifällig (andere verkrümmen sich, weil sie sich bei einem so ernsten Thema nicht zu lachen getrauen), wenn sie auf Zeilen stoßen wie diese: »Um den Deutschen einen großen Arbeitswillen abzuringen, genügte es freilich nicht, ihnen eine ruhmreiche Zukunft vorzugaukeln und Reisen und Kulturveranstaltungen zu bieten, es bedurfte neben anständigen Löhnen auch noch einer hochwertigen Ernährung.« – »Nicht nur um die Außenpolitik hatte Hitler sich im Sommer 1938 und im Winter 1939 zu kümmern, sondern auch um das Privatleben seines Propagandaministers.« – »Auch wenn die Ostfront Hitler mit Vorrang beschäftigte, so konnte er doch den Mittelmeerraum nicht ganz vernachlässigen.« – »Hitler schlief praktisch nicht mehr.«

Ihm gingen sie runter, das waren Sätze zum Schlürfen. Man kann sich ausspinnen, was wohl in ihm vorgegangen wäre, wenn er das noch hätte erleben dürfen: Die Autorin, da schau her, eine Frau Professor, die muss sofort auf die Geschenkeliste, Blumen, was Langstieliges oder vielleicht doch eine meiner großartigen Fotografien, auf denen ich so bedeutend schaue, signiert, dazu eine Widmung: Untertänigst, tief bewegt, mit bescheidenem Dank für so viel Einfühlung, wie recht Sie doch haben, genauso ist es gewesen, der Tag hatte für mich immer 25 Stunden, Sie wissen es – meine Rede von Anfang an.

Es gab in diesem Jahr 1994 im Nachleben Hitlers aber auch echte Tiefschläge, die ihn unter dem Koppelschloss erwischten. So kam die Berliner ›taz‹ mit einem ganz linken Ding aus der Deckung. Schreiber Willi Winkler, zu dessen Begabungen es gehört, mit Lustgewinn für sich und seine Leser deutsche Wunden zu salzen, behauptete in einem Artikel, Blondi, seine, des Führers letzte Hündin, seine wahre und einzige Herzdame, vorausgegangen ihm im Tod, sei aus dem Berliner Untergrund aufgetaucht. Genauer, was noch von ihr übrig war. Ein paar Knochen nur und das Goldene Parteiabzeichen. Sollten die Bastarde ihn doch schmähen, sollten sie ihm Stalingrad anhängen, sollten sie ihm den nie zu seiner Kenntnis gelangten Hohlkaus oder wie das Zeug jetzt heißt, vorhalten, sollten sie ihm Tagebücher unterschieben, das Innerste seiner Unterwäsche nach außen kehren, seine Kekse ihm vom Munde abzählen, so viel sie wollten. Aber Blondi, die Treue auf vier Beinen, erst aus dem Dreck und dann durch den Kakao zu ziehen und dann auch noch anzukündigen, die Überreste in einem Museum auszustellen, eine derartige Attacke, vergleichbar mit denen der englischen Spitfires damals über dem Kanal, als Görings Luftflotte ins Trudeln geriet, setzte auch einem sprichwörtlichen Granit-Gemüt ordentlich zu.

Konnte man so mit ihm umspringen, mit ihm, der den Deutschen alles gegeben hatte, was sie von ihm haben wollten? Wer hatte ihnen denn die Wünsche von den Augen abgelesen (auch wenn später viele beinhart behaupteten, ihm seien da schwere Lesefehler unterlaufen)? Und war nicht er es gewesen, der weitherzigst der Oma von ebendiesem ausgeschamten Blondi-Schänder das Mutterkreuz »für ihren Einsatz von Leib und Leben für Volk und Vaterland« verliehen hatte, auf das sie so stolz war?

Der Groll der Hitler-Anhänger focht den Spitfire-Journalisten nicht an. Knappe zehn Jahre später legte er noch einmal nach. In der ›Süddeutschen Zeitung‹ fingierte er ein Bunker-Tagebuch. Darin fand sich eine Enthüllung, die manchem Alt-Groupie den letzten Zahn zu ziehen imstande war. Es ging um den Eintopf-Sonntag, von dem die Alten zu erzählen wussten, dass der Führer ihn persönlich mit seinem Volk in den Wintermonaten gegessen hätte. Und nun stand da zu lesen: Hitler selbst mochte gar keinen Pichelsteiner.

Bei so viel Perfidie wirkte der Geburtstagsgruß, den das Berliner »Eiszeit«-Kino dem »Großen Diktator« zukommen ließ, fast schon wieder als Trostpflaster – ein Festival, bestückt mit Filmen, die sich alle mit ihm beschäftigten. Er allein war es, der den bunten Kinoreigen aus Vor- und Nachkriegszeiten und aller Herren Länder zusammenhielt.

Zugegeben, es dominierten die Lachnummern. Eine davon hieß »Frühling für Hitler«, ein Film des New Yorker Regisseurs Mel Brooks. In Hollywood 1968 mit einem Oscar ausgezeichnet, kam die anarchische Satire bei den Deutschen, wo sie erst 1976 in die Kinos durfte, damals gar nicht gut an. Hiesige Kritiker rümpften ob des »Klamauks und zahlloser geschmacklicher Ausrutscher« die Nase. »Unter der Gürtellinie« – so das Urteil vieler Hosenträger aus dem Feuilleton. Es amüsierte sie nicht, mit ansehen zu müssen, wie schrill vergnügt der Führer zum Deppen gemacht wurde und die Schauspieler immer wieder – sozusagen bis zur Vergasung – den Titelsong grölten, der in einer Zeile zusammenband, was man hierzulande lieber strikt als zwei Paar Stiefel betrachtete, sauber voneinander getrennt, am liebsten sogar als großen Gegensatz: »Springtime for Hitler and Germany«.

Der Ausländer Brooks, ein Jude, dem obsessiver »Teutonenhaß« angedichtet wurde, setzte nicht nur Hitler und Deutschland in einen Atemzug, er hatte auch noch für unseren einstmals gläubig verehrten Lokführer die Rolle einer debilen Schwuchtel ausgesucht. Charlie Chaplins jüdischer Friseur Anton Hynkel aus dem Land »Tomanien«, auf den ersten Blick auch nicht gerade eine Leuchte, war Gold dagegen. Irgendetwas in der Seele der Filmrezensenten wünschte sich da wohl mehr Ernst, mehr Respekt, mehr Niveau, mehr, ja, du lieber Seligmann, mehr Betroffenheit. Bei den Einheimischen bestimmter Jahrgänge schlummern selbst bei der Gattung der Häwelmännchen, die Hitler-Abscheu und Antifaschismus demonstrativ mit Löffeln gefressen haben, unten in der Geheimschublade Beschützerinstinkte und Identifizierungsfragmente. Weil es sie offiziell gar nicht gibt, neigen derartige Gefühle dazu, sich übersprungsweise in Stilfragen auszuagieren. Im 21. Jahrhundert, als aus Brooks' Film das Musical »The Producers« entstand und eine Neuverfilmung herauskam, konnte sich auch das deutsche Publikum amüsieren und darüber lachen. (Der Krächzer auf meiner Schulter kann seinen Senf mal wieder nicht bei sich behalten: Der Aufguss hat doch an Schärfe verloren, zudem erkennen die Deutschen den Witz hinter dem Witz nicht mehr. Jetzt gilt das, was man ohne nachzudenken sieht: »Gib Gas, ich will Spaß!«)

Die Ohren müssen dem Führer geklungen haben, als ihm im Februar 1994 die Ost-Berliner ›Wochenpost‹ in den neuesten Nachrichten aus der Welt des Films einen großen Auftritt verschaffte. Für diese Branche hatte er ein altes Faible.

Volker Schlöndorff, der vielleicht sogar, was internationale Reputation angeht, der Leni Riefenstahl, Hitlers Favoritin, das Wasser reichen kann, plante als neuer Leiter der Babelsberger Filmstudios einen Film über Eva Braun, just die Frau, die dem Führer bei seinem unterirdischen Finale zur Seite stand und mit der er, wenn es anders gekommen wäre, gerade als Altkanzler die Feierlichkeiten zur Goldenen Hochzeit planen würde. Der vorgesehene Titel des Schlöndorff-Werks verwies auf ein feuriges Blond im Dunkeln der Hitlerzeit – »Glowing in the Dark«. Eine Schöpfung aus dem Weichspülbecken der Berliner Postmoderne.

Der Berliner ›Wochenpost‹ gegenüber, die ihn den »einzigen deutschen Zelluloidmagier von Rang« nannte, ging Schlöndorff richtiggehend das Herz auf und die Zunge durch. »In verschwenderischen Bildern«, die ihm schon vor Augen stünden, sollte die Geschichte aus sich selbst heraus in Szene gesetzt werden, mit dem Glühdrachen Adolf, dem teutonischen Allesverschlinger, und dem Glühwürmchen Eva, der verhinderten First Lady. Und das in Babelsberg. Was hing da nicht alles dran? War der Berg von Babel einst zur NS-Zeit nicht höher als die Hügel von Hollywood? Ach, wie so wunderbar die Erinnerung an die Erektionen der alten Geschichten: Die Ufa ruft, die schönen Frauen kommen, und Goebbels spielt auf der Besetzungscouch den Bock von Babelsberg.

Nicht kleckern, klotzen! – das war das Motto von damals. Und nun wieder. Da capo. Auch dem Neu-Babelsberger Schlöndorff war zum Klotzen zumute: »So ein großes Thema wie die Eva Braun kann man nicht einfach mit Handkamera und Laiendarstellern machen. Den Hitler macht man entweder in der Dimension, in der er gelebt hat, oder gar nicht. Er ist einfach der bekannteste Deutsche – vor Goethe und Boris Becker.«

Aus dem Filmskript ist zitiert, wie der Führer seine Eva umwirbt: »Ich lege mein Leben in deine Hand. Sei du meine Führerin.« Danach führt der Handlungsstrang Führer-Frau und Führer-Mann auf dem Schreibtisch der Reichskanzlei zusammen, wo sie es zackig rundgehen lassen. Sollten die in Hollywood doch mal sehen, wo der deutsche Hammer hängt. »Es ist fast schon Kolonialismus, wenn unsere Geschichten ausschließlich nur noch von Fremden vermarktet werden«, sorgte sich Schlöndorff gegenüber der ›Wochenpost‹. In den Zeiten nationalen Zugewinns konnte sich selbst bei demokratisch geeichten Künstleridolen die Netzhaut derart krümmen, dass, damit betrachtet, der Erdball wieder wie eine Scheibe aussah, von der die Deutschen ein größeres Stück abhaben sollten.

Im fünften Jahr nach der Wiedervereinigung quollen aus allen Ecken und Enden Vorstellungen hervor, die Deutschland neue Qualitäten und Dimensionen anmaßen. Kicker-Kaiser Beckenbauer sah die Deutschen fürderhin auf dem Fußballfeld für immer unbesiegt. Der Berliner Hauptbahnhof wurde für eine Sechs-Millionen-Stadt geplant. Auch der große Traum vom großen Kino entfaltete sich blütenreich. Kamera ab, Großaufnahme: Die Augen, die Backen, die Lungen, die Lenden, alles weitete sich, der gute alte deutsche Adler wollte nicht länger Suppenhuhn sein. Die Schwingen spreizten sich. Filmemacher verspürten eine possible Mission. Die Identitätssuche, Thema damals in allen Medien, paarte sich mit Begehrlichkeit. Keiner brüllte »Deutschland den Deutschen«, wie die Rechtsradikalen das seit jeher taten, aber in der Aufbruchstimmung brachen sich Reflexe des besitzanzeigenden Patriotismus Bahn, auch bei Leuten, die man für transnational sozialisiert gehalten hatte. Es wurden große Töne gespuckt: Unseren Führer vermarkten wir jetzt selber. Was Hans erlebt hatte, sollte Hänschen nun drehen, damit es die Hansemännchen auch ja richtig zu sehen bekommen. Da sollten die Grabscher im Ausland mal hübsch die Finger von lassen und speziell von der deutschen Weltberühmtheit Numero eins. (Mensch, Adolf, is' doch wahr – der Rabe, der krächzen kann, dass es wie zwitschern klingt, übt sich in Ironie.)

Aus ihrer realen Vergangenheit hätten ihn die meisten Deutschen am liebsten ausgeblendet, ins ewige Eis geschickt oder in den Marianengraben, jedenfalls raus aus Deutschland und seiner Geschichte. Als Kunstfigur jedoch war er ihnen jetzt lieb und teuer. Ein Überschuss von Selbstmitleid führte unter den Nachfahren der Hitler-Generation zu großspurigem Tatendrang: Den Filmhelden haben wir uns wahrlich verdient, bei dem, was wir haben durchmachen müssen. Diverse Pläne, das historische Eigenkapital endlich zinsbringend zu vermarkten, fanden auf den Feuilletonseiten billigende Aufmerksamkeit und nur selten Widerspruch.

Der Münchner Filmer Bernd Bajog plante einen »Politthriller«

mit dem »Parvenü« Hitler im Mittelpunkt. Er warb für sein 12-Millionen-Mark-Projekt mit der Mahnung: »Wir sollten uns zu diesem Thema nicht wieder einen Film aus dem Ausland vorsetzen lassen.« Vorher schon hatte der Produzent Thomas Schühly (»Der Name der Rose«) einen Spielfilm mit dem großdeutschen Führer angekündigt. Als ob nichts gewesen wäre, beabsichtigte er, sich dem Helden zu nähern, unbefangen durch die Geschichte stöbernd. Ein vielschichtiges Werk sollte es werden, bei dem »nicht sofort klar ist, was gut und böse ist«. Schühly hatte ein paar Jahre als Assistent des Filmgurus Rainer Werner Fassbinder sein Verehrungspotential auf Vordermann gebracht. Nun geriet er in einem ›Stern‹-Interview für einen Meister der anderen Machart ins Schwärmen: »Wir sagen nicht, daß er ein Heiliger war. Aber er hatte Charme, er war ein genialer Psychologe. Er ist der Bösewicht des Jahrhunderts, eine großartige Rolle.« In der Kinobranche herrschte nationale Hochspannung. Die entlud sich nächtens auf den Barhockern in Berlin, München, Hamburg und Köln in Stoßgebeten: Hitler unser, der du gebenedeit bist unter den Monstern und gut zu verfilmen, bitte bleib bei uns, auch wir im neuen Deutschland können dich drehen und wenden, dass es uns allen passt und zu Ruhm und Geld gereicht.

Zu Schlöndorffs Plan, »den Hitler zu machen«, gehörte es auch, die Frau an dessen Seite neu zu belichten. Wie es jedem frisch Entflammten auf dieser Welt immer wieder gelingt, aus dem Anblick seiner Angebeteten das Beste herauszuholen, hatte er überraschend tolle Seiten an der Blondine entdeckt: »Eva Braun war eine starke Frau, die übrigens nichts gegen Juden hatte.« (Meine Krähe, seit der »Törleß«-Verfilmung 1965 ein unbeirrbarer Schlöndorff-Fan, deutet ein Schluchzen an: Mensch, Adolf, deine Eva, sie konnte so grundgütig sein.) Donnerlitzchen. Eine wirklich originelle Vorstellung, die da dem Regisseur, der für die Verfilmung des Grass-Romans »Die Blechtrommel« 1980 einen großen »Oscar« erhalten hatte, zu Kopf gestiegen war. Der kleine Oskar von Günter Grass hätte ihm wohl dafür die Brillengläser zersungen. In der ›Wochenpost‹ sind die Historiker Wolfgang Mommsen und Rainer Zitelmann als »Beratergespann« für Babelsberg vermeldet. Vielleicht war ja einer von ihnen auf der Suche nach philosemitischer Toleranz in Eva Brauns Gefühlshaushalt fündig geworden? Oft genug ist es zu lesen, im »Dritten Reich« hatte doch fast niemand was gegen die Juden, oft war einer früher sogar mit einem von ihnen befreundet gewesen, und später dann hat jeder Zweite einen, wenn nicht ein Dutzend, gerettet.

Schlöndorffs Filmprojekt schaffte es nie bis in die Kinos. So blieb im Dunkeln, was die Hitler-Freundin hasste oder liebte, für wen oder gegen wen sie was hatte und wer ihr übrigens sonst noch, neben den Juden, piepegal gewesen sein soll. Das Glühen jedoch verglühte nicht. Zehn Jahre später klotzte dann der schon lange auf das große Karo abgefahrene Filmproduzent Bernd Eichinger mit dem Film »Der Untergang« ran. Die Stoßgebete waren erhört worden, das gab dem Nachleben Schwung: Hitler unser, prächtig zu verfilmen, der du nun bei uns bist auf Erden, in der Hölle und im Himmel, im Kino, im Tivi, auf DVD und im Worldwideweb.

Männer misst man an ihren Gegnern. Unser Mann hier hatte natürlich die größten. Draußen die historischen Mega-Kaliber Churchill und Roosevelt, und vor allem Stalin, den Wiedergänger von Dschingis Khan. Drinnen die Opposition, den »Widerstand«, der nicht aufhören kann, über sich hinauszuwachsen. Längst scheint die Zahl seiner Mitglieder die Schar der »wirklichen Nazis« zu übertreffen. Ein Trend, der sich bis heute fortsetzt.

Zum runden Halbjahrhundert-Jubiläum 1994 gaben die Medien, mehr noch als ein Jahrzehnt davor, dem »anderen Deutschland« breiten Raum, die Bücher-Schaufenster nicht minder. Gewaltig gedenkend nahmen die Festredner die Männer vom 20. Juli an ihre Brust und boten ihnen das »Wir« an. Das »positive historische Erbe« wurde als Baustein für die Zukunft gefeiert. Der Historiker Hans Mommsen hob die Chance hervor, nun, nach der glücklichen Wiedervereinigung, »die Konturen eines gemeinsamen Geschichtsbildes zu erarbeiten«, unter Einschluss »aller Varianten des Widerstands«.

Wer ist das »andere Deutschland« gewesen, wer die »anderen Deutschen«? Wem gehört der Widerstand? Als es noch zwei Deutschländer gab, hatte jedes von beiden einen eigenen. Die in der DDR die Helden aus den kommunistischen Reihen, die in der BRD vorwiegend die aus dem preußischen Adel. Nun gehörte alles allen. Da war gut streiten. Parteipolitik und historische Würdigung kreuzten sich, Reizvokabeln schwirrten durch die Medien: »kulturelle Überlegenheit«, »Mythos und Realität«, »Vermächtnis des Adels«, »Verfälschung und Instrumentalisierung«, »Ausgrenzung und Deutungshoheit«, »totschweigen« und »Sinn stiften«. Gralshüter des 20. Juli wollten, wie sie betonten, »Tyrannen und Totschläger wie Wilhelm Pieck und Walter Ulbricht« nicht neben den Edelmann Stauffenberg gestellt sehen. Ebenso wenig einen spießbürgerlichen Kommunisten wie Erich Honecker. Der gelernte Dachdecker war im NS-Reich acht Jahre im Zuchthaus gesessen und um etliches länger der DDR vorgestanden. Bei seinem Besuch in Bonn hatte ihn Bundespräsident Weizsäcker 1987 als »Deutscher unter Deutschen« willkommen geheißen, Kanzler Kohl führte ihn über den roten Teppich, Altkanzler Schmidt bezeichnete ihn damals als »einen unserer Brüder« und lobte ihn wegen seiner Hitler-Gegnerschaft. Nach der Wende wurde er wieder eingelocht – unter Aberkennung der historischen Widerstandsverdienste.

Gräfin Dönhoff zeigte sich betrübt darüber, dass Stauffenbergs Tat »in den Herzen der Deutschen nie Wurzeln schlagen konnte«. Einer stand, ob konkret oder virtuell, beim Sortieren des Widerstands immer im Mittelpunkt: Adolf Hitler. Paradoxerweise schien er irgendwie das positive Symbolbild zu stören. Es wurde lamentiert: »Der deutsche Widerstand ist dem Schatten des Diktators nie entronnen.« Wie auch? Anscheinend ist es nicht leicht, sich mit der brutal banalen Erkenntnis abzufinden, die der naseweise ›Tagesspiegel‹ damals seinen Lesern nicht ersparen konnte: »Ohne Hitler hätte es keinen Widerstand gegen Hitler gegeben.«

In der vergrößerten Republik verstärkten sich die Bemühungen um eine verbesserte »nationale Identität«, was sich allemal mit der

Frage verband, wie Hitler und der ganze NS-Klumpatsch aufzubewahren seien. »Bewältigt« sei diese leidige Vergangenheit ja so weit inzwischen, nun komme es darauf an, sie sauber einzuordnen, möglichst risikofrei und mit vielen politisch korrekten Fußnoten versehen, unter Verschluss zu halten, sie zu »historisieren«. Das könne man nicht so einfach dem Zahn der Zeit überlassen. Querbeet Blüten treibend, entfaltete sich hier die alte Sehnsucht nach der Ein-für-alle-Mal-Amnestie. Jetzt sollte aber endlich endgültig der Strich gemacht werden, der am Schluss sauber zeigt, dass alles wieder gut sei. Eines der Argumente bei den vergangenheitspolitischen Ordnungshütern war, es gebe doch jetzt eine neue jüngste Vergangenheit, nicht weniger schlimm als die alte jüngste. Die müsste nun aufgearbeitet werden, genauso gründlich wie die vorangegangene oder noch gründlicher, weil sie 40 Jahre und nicht nur 12 gedauert habe.

Die Zeit schien gekommen. Rainer Zitelmann in der ›Welt‹, Dieter Stolte als ZDF-Intendant, die sich schick gebenden Rechten von der ›Jungen Freiheit‹, sie alle und noch viel mehr wollten, wie nachzulesen, den ins Kraut schießenden Nationalstolz wieder in den deutschen Farben blühen sehen. Im Glanz des Glückes im ganzen Vaterland – von dem Rhein bis an die Oder, von der Schlei bis an den Inn.

Den ambitionierten Glücksgärtnern war klar: Vor dem Schlussstrich war am besten noch einmal tüchtig umzugraben. Da musste Ernst Nolte mit seinem Akademikerspaten ran. Mitte der 80er Jahre hatte der Berliner Historiker schon angefangen, dem »Vergehen der Vergangenheit« das Wort zu reden. Seine Thesen führten damals zu einem kapitalen Professorenzwist, der unter dem Stichwort »Historikerstreit« zu einem markanten Posten im deutschen Geschichtskalender wurde.

Zum neuen Nationalfeiertag der Deutschen am 3. Oktober 1994 erschien im ›Spiegel‹ ein großes Interview mit Nolte, in dem er seine, man muss wohl sagen, obszönen Ansichten ausbreitete, klarer und eindeutiger als in seinen Aufsätzen und Büchern, in denen sie in der Überfülle von demonstrierter Belesenheit nicht selten ihren toxischen Inhalt verbergen. Aber auch hier spreche er, wie er betonte, »im Namen der Wissenschaft«, denn diese »will Genauigkeit«. So präsentierte er die »positiven Elemente und positiven Tendenzen« im Nationalsozialismus, den er »aus der Situation der Gegenwart heraus« für »zukunftsträchtig« hielt. Um das »Körnchen Wahrheit« zu finden, auf dessen Suche er sich stets befinde, müsse man »in diesem Zusammenhang« auch die Behauptungen der rechtsradikalen Holocaust-Leugner in Betracht ziehen. Ebenso den »humanen« Impetus, von dem, so Nolte, sich Hitler beseelt glaubte. Dieser habe zwar durchaus die Juden umbringen wollen, in denen »er die Urheber der verhängnisvollen geschichtlichen Entwicklung sah«. Aber das »historisch Einzigartige« sei eben gerade die »Intention« gewesen, dies »auf humanere Weise« zu tun, als die »Urheber« das mit ihren Gegnern gemacht hätten.

Unverkennbar: Da beschlagnahmte ein Professor am Ende des letzten Jahrhunderts die Gedanken des »Reichsführers« der SS, für seine eigene Argumentation. Hatte Himmler von der Kunst des »anständigen, jegliche Grausamkeit verabscheuenden Eliminierens« schwadroniert, so formuliert es Nolte, vielleicht auch um dem Vorwurf des Plagiats auszuweichen, einfühlsam mit einem eigenen Vergleich, der den menschlichen Opfern erlaubte, sich vorher in schädliches Getier zu verwandeln, das nun mal von dieser Erde zu verschwinden habe: »Man tat es ohne grausame Absicht, wie man Ungeziefer, dem man ja auch nicht Schmerzen bereiten will, weghaben möchte.« (An meinem Ohr krächzt, brummt und krakeelt es, schwer verständlich, erst höre ich so was Ähnliches wie »sine ira, sine studio«, dann irgendwas in der Richtung, das sei nicht zu glauben, das komme selbst einem schwarz gefiederten Verstand spanisch vor, das könne nicht einmal dieser gebildete Dösbaddel, dieser greise Hitlerjunge, so gesagt haben, einen solchen Satz in aller Öffentlichkeit, dagegen sei ja der ganze Historikerstreit mit seinen vielen gelehrten Artikeln und Aufsätzen, mit »nexus« und »prius«, ein akademisches Feuilleton-Parlando gewesen. Gut verstehbar krächzte er dann noch: Wer diese Professorensentenz zitiert, muss, will er nicht vor dem Kadi wegen Verleumdung landen, das aber zehnmal überprüft haben. Aber genau das habe ich doch getan, raunze ich den Vogel an: Schau doch selber in den ›Spiegel‹. Nr. 40/1994, S. 90, du ungläubiger Rabenaffe, du!)

Ein paar Jahre später erklärte Nolte, er habe bei diesem Gespräch die Juden nicht mit »Ungeziefer« gleichsetzen wollen, das sei ein Goebbels-Wort, wie doch jeder wissen könne, er habe lediglich mit der für ihn gewohnten »Komplexität« die Sachlage erörtern wollen – ohne den üblichen »negativen moralischen Nationalismus«. Ein Erklärung, die wie der Versuch wirkt, eine klare Kloßbrühe einzutrüben.

Von Augstein befragt, warb damals Nolte um ein Geschichtsbild, in dem der Zweite Weltkrieg, »zumindest virtuell«, als ein »unvermeidlicher Entscheidungskampf« erscheint: »Hitler war eben nicht nur Ideologe, und der Zweite Weltkrieg war tendenziell, der Möglichkeit nach, auch ein europäischer Einigungskrieg. Deutschland ist der größte Staat in Europa, und man kann sich vorstellen, daß Deutschland Europa geeinigt hätte …«

Schlüsselwort »Europa«, um Hitler und seine Eroberungskriege zu erklären? Auf Noltes Gedankenschaufel, mit der er im Erdreich der deutschen Geschichte stocherte, präsentierte er Ideen, die, zu Kaisers Zeiten von »Expansionisten« und »Hegemonisten« entwickelt, im »Dritten Reich« von den »Großdeutschen« ihren mörderischen Schliff bekommen hatten.

Wer den bloßen Wortlaut oder den blanken Begriff Europa nimmt, kann sich auf unzählige Quellen aus der NS-Zeit berufen. Auch auf die Rede vom 6. Oktober 1939, bei der Hitler nach der Zerschlagung Polens im Reichstag dem »Herrgott« für den Sieg dankte und damit den Wunsch verband, »daß nicht nur dem deutschen Volk, sondern ganz Europa ein neues Glück des Friedens zuteil« werde. Im Jahr darauf, nach dem Sieg über Frankreich, avancierte die Chiffre »Europa« zu einem bombigen Leitbegriff. Ein wahrer »Europa-Rausch«, so der Historiker Ulrich Herbert, beflügelte damals das »Geistesleben« und die Propaganda.

Einen Monat nach dem Desaster von Stalingrad zurrte Minister Goebbels seinem »Europa-Gedanken« wieder den Stahlhelm fest und diktierte ins Tagebuch: »Es muß das Ziel unseres Kampfes bleiben, ein einheitliches Europa zu schaffen.« Wie das? »Aus den Gräbern und Schlachten des Ostens« würde »die Gestalt des Freiheitskämpfers Europas erstehen«, propagierte Franz Alfred Six, der sich als SS-Offizier und Professor sowohl bei der »Judenvernichtung« wie bei der Werbung für den »europäischen Einigungskrieg« besonders engagiert zeigte.

Wünsche, Pläne, Ziele – man tat für Europa, was man konnte, EWG, EG, EU, EURO – visionäre Bilder am Vorstellungshorizont der Deutschen im »Dritten Reich«? Hitler, »der Europäer«, seiner Zeit voraus? Dabei weiß eigentlich jeder Historiker (und erst recht Nolte), welchen toxischen Kern die NS-Propaganda-Begriffe von der »europäischen Familie« und der »Neuordnung Europas« hatten.

Aus dem öffentlichen Bewusstsein sind sowohl die Intensität wie die Variationsbreite fast gänzlich getilgt, was die Deutschen damals mit dem Begriff »Europa« im Interesse ihrer imperialistischen Ziele propagandistisch veranstaltet haben. Auf schematisierten Landkarten von 1941 ist groß zu lesen: »Europas Kampf gegen den Bolschewismus und den englischen Imperialismus« oder »Das neue Europa im Werden«. Eine Illustrierte mit dem Namen ›Signal‹, halbmonatlich von der Wehrmacht in hoher Auflage herausgegeben, tönte mit dem Werbespruch: »Signal zeigt der Welt Deutschland und das Neue Europa.« Einflussreiche Männer aus Wirtschaft und Industrie schlugen vor, »immer nur von Europa zu sprechen«, die »deutsche Führung« ergäbe sich ganz von selbst. Hitlers »Aufruf an die Soldaten der Ostfront« beschwor »eine gemeinsame Aktion zur Rettung des wertvollsten Kulturkontinents«. Ohne sie, ist da zu lesen, sei »ganz Europa verloren«. Es gehe gegen einen »Feind, der nicht aus Soldaten besteht, sondern aus Bestien«. Noch bevor sie losmarschierten, wurden die Truppen von ihren Kommandeuren auf die »Verteidigung der europäischen Kultur gegen die moskowitisch-asiatische Überschwemmung und die Abwehr des jüdischen Bolschewismus« vergattert.

In der von denen, die für sie schrieben, später als moderate, innerhalb des »Dritten Reiches« halbwegs honorige Publikation dargestellten Wochenzeitung »Das Reich« war von der »Emanzipation Europas« zu lesen, zu der »die deutsche Armee Mittel entwickelt« habe, »große Räume zu überwinden, zu halten und zu nutzen«. Über mehrere Kriegsjahre hinweg erschienen in allen Zeitungen Leitartikel über die »neue Ordnung«, in der Deutschland als »Schildwache der europäischen Kultur« und »Schirmherr der europäischen Völker« seinen Aufgaben nachzukommen habe. Blumige Phrasen bekränzten Hitlers Masterplan von einem »Groß-Germanien« nebst angrenzenden »Ost-Kolonien«. Der katholische Feldbischof Franz Justus Rarkowski sah, wie andere Vertreter des Christentums auch, die deutschen Soldaten zu einem »europäischen Kreuzzug« aufbrechen. Der Hamburger Historiker Adolf Rein feierte, wie andere Professoren auch, Hitler als »Retter und Wohltäter Europas«. Die Zeitschrift ›Junges Europa‹, mehrsprachig herausgegeben mit dem Untertitel »Blätter der Frontkämpfer der akademischen Jugend Europas«, spuckte große Töne vom »gemeinsamen Interesse«. Pausbäckig stießen die zu Millionen in der »Hitler-Jugend« organisierten jungen Deutschen ins Horn: »Die Kolonnen des jungen Europas sind auf dem Marsch... Wir sind Brüder und Schwestern im Kampf um die Freiheit des europäischen Geistes.« Der Liedermacher Hans Baumann (»Deutschland, sieh uns, wir weihen/Dir den Tod als kleinste Tat«), Herold der Hitler-Jugend, nach dem Krieg in der Bundesrepublik anerkannt und erfolgreich als Jugendschriftsteller, schrieb 1942 mit 28 Jahren Hitler zum Geburtstag ein Büchlein, das in der »Schriftenreihe der Truppenbetreuung« erschien: »Der Retter Europas«.

»Europa-Pläne« und »Europa-Konzeptionen« schwirren in der NS-Zeit auf vielen Ebenen herum. Sie wurden in der Ministerialbürokratie, im Auswärtigen Amt, an den Universitäten, in Gremien der Industrie und der Wirtschaft, auch bei den hochgebildeten Experten in den SS-Ämtern entworfen und ausgemalt, wie überhaupt bei den sogenannten »Kulturträgern«, die für ihre Verbreitung sorgten. Mit durchaus unterschiedlichen Akzenten: Da stößt man nicht nur auf die betriebswirtschaftlich inspirierte Idee, dass durch die Einbindung besetzter und verbündeter Nationen »viel deutsches Blut gespart werden« könne. Da ist auch die Rede von »Großwirtschaftsräumen« und »Einheitswährungen«, von »einem Staatenbund«, von »Freiheit« und »Einigung«, von »Kultur« und »Eigenständigkeit«. Da kann man selbst ein »Europa der gleichberechtigten Länder« mit multikulturellen Strukturen finden oder ein »Europa« in Großformat unter Einschluss von Vorderasien und Indien. Aber ob verschleiert oder offen dargelegt, ob in Propagandaparolen, volkswirtschaftlichen Planskizzen oder akademischen Abhandlungen: Bei all diesen »Europa-Visionen« im »Dritten Reich« waren die Ideen von der Vormachtstellung der Deutschen und der »Beseitigung von minderwertigen Rassen« in dem Szenario einer zukünftigen Welt enthalten.

Es wurde dann doch nichts draus. Weil sich, wie es die deutschen Strategen ausdrückten, »die Front rückläufig entwickelte«. Für die Landser hieß das: »Vorwärts, wir müssen zurück.« Auch hierbei begleiteten sie die Lobreden auf »die unvergänglichen Wesenszüge des deutschen Soldatentums«. Die Psychomasche »Positives Denken« war noch nicht erfunden, aber was später die Motivationsgurus an Rezepten zur »Negativverdrängung« in die Welt posaunten, war deutschen Kriegspropagandisten längst geläufig. ›Signal‹ verkündete hochmodern: »Der Offensivgeist zeigt sich auch in der Defensive, die der deutsche Soldat am liebsten offensiv führt.« Einflussreiche Geschichtsprofessoren wie Walther Hubatsch und Percy Ernst Schramm, beide einstmals Wehrmachtsoffiziere, behaupteten noch zwei Jahrzehnte danach: Ab 1943 hätten die deutschen Streitkräfte einen »Verteidigungskrieg« geführt, mit »unbestreitbaren Erfolgen« bei den »Rückzugsgefechten«.

Je offensiver und erfolgreicher die Rückläufigkeit in Angriff genommen wurde, desto mehr schien es geboten, »die Kräfte Europas für den Sieg zu mobilisieren«. Verstärkt wurde zum »Heiligen Krieg Europas« und zur »Verteidigung der Festung Europa gegen den Ansturm aus dem Osten« aufgerufen.

Und nun also, in den letzten Jahren des vergangenen Jahrhunderts, in der die Länder dieses Kontinents damit begannen, sich mit Deutschland an der Spitze, wenn möglich (was nicht ging, wie es sich herausstellen sollte), ohne Waffengewalt, zusammenzuraufen, brachte Geschichtsdeuter Nolte die Europa-Pläne Hitlers aufs Tapet. Vorgetragen mit einem gewissen Bedauern, dass es damals weder unsere Panzer und Kanonen noch unsere »humanen Maßnahmen« geschafft hätten, das Imperium auf einem geeinten Erdteil zu errichten.

Denen, die seine Thesen bejahten, schien es höchste Eisenbahn, das Bild Hitlers aus der bleiernen Düsternis des Holocaust herauszuholen. Nolte selbst leugnete keineswegs den Massenmord an den Juden, er forcierte vielmehr sein Bestreben, ihn »verstehbar« zu machen. Dazu wollte er noch einmal »dem nachgehen, was sich in Hitlers Kopf abgespielt hat«. Kein leichter Gang durch eine unwirtliche Gegend, mag ein Außenstehender denken. Selbst der furchtlose Forscher, der sich da als Ein-Mann-Spähtrupp zur Erkundung rüstete, hatte von »Hitlers Gedankengebäude« einmal gesagt, dass »kein Fenster einen Blick in das Kellergeschoß des Hauses erlaube«.

Immerhin konnte er auf eigene, in früheren Jahren erstellte Blaupausen zurückgreifen, die seltsamerweise so gut wie unbeachtet blieben, wann immer in den letzten Jahrzehnten über Noltes Thesen und Meisen debattiert wurde. 1961, bevor er sich einen Namen als Faschismus-Experte gemacht hatte, veröffentlichte er einen Aufsatz in der traditionsreichen ›Historischen Zeitschrift‹, in dem er sich auf dem angeblich blickdicht abgeschirmten Terrain umschaut und dort entdeckt, wie Moses aus dem Alten Testament als »erster Führer des Bolschewismus« und direkter Vorfahre von Lenin den »Pöbel« mit »humanitären Phrasen« verhetzt. Ein Jahr später schildert er dann in den »Vierteljahrsheften für Zeitgeschichte«, was sich gleich nach der deutschen Niederlage von 1918 »im Kopf des kleinen Reichswehrpropagandisten Adolf Hitler festsetzte«.

So begab es sich, dass Nolte von seiner Höhlenexkursion mit zwei Fundstücken zurückkehrte, die ihm die Ansichten bestätigten, mit denen er sich auf den Weg gemacht hatte. Ganz im Stil des Bestseller-Autors Erich von Däniken, der auf seinen zahlreichen

Recherchen den »Außerirdischen« begegnete. Noltes Mitbringsel Nummer eins: Hitlers »Versuch der Eroberung und der Kolonisation, sein Kampf um Lebensraum« war auch in »einer bemerkenswerten Kenntnis des Alten Testaments als des gehaßten und doch bewunderten Vorbilds« begründet. Hier ist vom Autor angemerkt: »Wie freilich kaum jemand wußte«. Nummer zwei: Es waren die Wechselwirkungen zwischen bolschewistischem und nationalsozialistischem Terror, die zu den Eskalationen der Vernichtung führten.

Den »Ursprung des Bösen« konnte Nolte vor Ort nicht finden, jedoch war er offensichtlich auf einen Wegweiser gestoßen, der nach Osten in die Richtung der russischen Geschichte zeigte, genauer: zu den Schauplätzen der von jüdischen Intellektuellen angeführten bolschewistischen Revolution. Demzufolge ließ ihn nun sein Einfühlungsvermögen Gerechtigkeit für den deutschen Diktator fordern, dessen Wirken er mit historischen Prädikaten wie »Größe«, »Tragik« und »Notwendigkeit« ausstattete. Offenbar war er in den inneren Schädelgebieten nur bis zu den PR-Abteilungen vorgedrungen.

Mag das Böse immer und überall sein, so wie es landläufig behauptet wird, speziell auch, wenn es um die Verbrechen der Deutschen in der NS-Zeit geht. Seinen Ursprung irgendwo im Hirnkasten eines einzelnen Menschen zu finden, kann nur ein legendengläubiger Teufelssucher hoffen. Häufig vertreten sind allerdings die Historiker, die es bevorzugt außerhalb der eigenen Vaterlandsgrenzen verorten. Nolte tut genau dies mit allem, was ihm seine stupende Belesenheit an die Hand gibt. In seinem geschichtsphilosophischen Alterswerk »Historische Existenz« (1998) geht er in dem Kapitel »Modernität und praktische Transzendenz« ausführlich auf Hitler und den Mord an den europäischen Juden ein. In dem Unterkapitel mit der Überschrift »Das Judentum und der Zionismus« fordert ein Satz dem Leser alles ab, was dieser an Aufmerksamkeit, humanistischer Bildung und Verständniswillen mobilisieren kann: »Gleichwohl entsprang auch die deutsch-jüdische Feindschaft nicht wie Minerva ohne Mutter in voller Rüstung dem Haupt des Zeus.« Sprachlich klingt das wie ein Fallbeispiel akademischer Glossolalie, aber ein Snob sei genannt, wem die Form des Tellers mehr aufstößt als das Gericht, das damit serviert wird. Der Kern dessen, was Nolte hier anhand einer mythologischen Kopfgeburt zu beweisen sucht, ergibt sich aus dem Kontext: An den Verbrechen Hitlers und der Deutschen seien die Juden und ihre bis Moses zurückreichende Geschichte ein Gutteil selber schuld. Wie viele einer solchen These, die inzwischen zu den Großkalibern des Antisemitismus-Arsenals gehört, etwas abgewinnen können, weiß so genau niemand. Die Ziffern dazu leuchten diffus aus dem Dunkeln.

Unter denen, die dem Gelehrten ganz offen applaudierten, waren maßgebliche Vertreter der CDU-nahen »Deutschland-Stiftung«. Sie verliehen Nolte im Juni 2000 die höchste Auszeichnung, die sie zu vergeben hatten, den »Konrad-Adenauer-Preis für Wissenschaft«, benannt nach dem Mann, der Hitler im Kanzleramt beerbte und zu den mehrfach gekürten »Besten« in der deutschen Politik des 20. Jahrhunderts zählt. Beim Aussuchen des Festredners ergaben sich Probleme, weil Angela Merkel, die gerade den CDU-Vorsitz übernommen hatte, sich weigerte. Schließlich hielt Professor Horst Möller, der Direktor des Münchner Instituts für Zeitgeschichte, die Laudatio. Er hob den »großen weltgeschichtlichen Zugriff des Geschichtsdenkers in der Nachfolge von Hegel und Kant« hervor und erinnerte daran, dass der Preisträger den Ruf des »einsamen Wolfes unter den Historikern« genieße. Dem Redner erschien sein verehrter Lehrer zweifach einzigartig: »Ernst Nolte ist der einzige Geschichtsphilosoph unter den deutschen Historikern und der einzige Historiker unter den deutschen Geschichtsphilosophen.« (Der Rabenvogel auf meiner Schulter hält sich den Bauch vor Glucksen, gelehrt äfft er in mein Ohr: Als Rotkäppchen das hörte, lachte es und sagte zur Großmutter, bei Zeus, da entsprängen ja wohl Wolf und Eule, Hegel und Kant im Quartett aus der akademischen Phrasenfabrik.)

Eine Reihe von Historikern, alles ehemalige Mitarbeiter des Instituts, distanzierten sich von Möllers Preisrede. In einer öffentlichen Erklärung zeigten sie sich »über den Ansehensverlust tief

besorgt«. Nolte-Anhänger erwiderten den Kritikern mit kriegsge-
richtlichen Anklagen: »Feigheit vor dem Argument«. Möller selbst
sah sich gar in die Zeiten von Christenverfolgung und Bücherver-
brennung zurückversetzt: Er und Nolte seien die Opfer einer »Jagd
auf Andersdenkende«.

Im Herbst 1994 erregte noch ein zweiter Geschichtsprofessor
öffentliches Aufsehen, indem er Hitler nachträglich beisprang.
Er hat dazu einen sehr langen Anlauf genommen. Werner Maser
(1922–2007) fühlte sich von Kindesbeinen an eng mit dem Mann
an der Spitze Deutschlands verbunden. Es war einmal, so pflegte er
es selbst – in diversen Versionen – zu erzählen, an einem schönen
Tag im Olympiajahr 1936. Da kam es auf dem Marktplatz in Königsberg zu einer schicksalhaften Begegnung. Nach einer »Kund-
gebung« habe er als HJ-Pimpf dem Führer von Angesicht zu Angesicht in die Hand versprochen, wenn er groß sei, eine Biographie
über ihn zu schreiben. Es wurde dann weit mehr: ein Lebensthema
in vielen Variationen – Hitler hingebungsvoll ausgeforscht und beschrieben. Dicke Bücher, dünne Bücher, Zeitschriftenartikel, Vor-
träge in aller Welt. In den 60ern galt Maser bei allen, die es nicht
so genau nahmen, als der Hitler-Experte schlechthin.

Auch Maser ging es um Hitlers Kopf und um das sagenhafte
Gedankenreich, das darin Platz gefunden haben soll. Stolz verwies
der Historiker darauf, dass er sogar im Besitz einer Röntgenauf-
nahme sei. Damit ließ er sich fotografieren, während er das Bild
des hohlen Führer-Schädels wie zum Vergleich mit beiden Händen
auf Augenhöhe neben sein eigenes Haupt hielt. Im fortgeschritte-
nen Alter schaffte er es dann, ihm noch näher zu rücken als weiland zur Pimpfenzeit: Maser fand Familienanschluss und holte sich
ein Zweiglein vom Stammbaum heim. Bei Behörden durfte er für
einen Teil der Hitler-Verwandtschaft als offizieller Berater in Erb-
schaftsangelegenheiten vorsprechen. An seinem Haus in Speyer
rankte sich jene Art von immergrünem Efeu empor, den Volks-
kundler für ein Symbol der Treue halten. Den Ableger will er sich,
so war zu hören, eigenhändig vom Grab der Hitler-Eltern besorgt

haben. Das 1994 im Olzog Verlag publizierte Buch über den Zweiten Weltkrieg hatte den Titel »Der Wortbruch«. Darin malte der Grabräuber einmal mehr ein Bild von seinem Idol, das diesem gefallen hätte.

Maser, etwa gleich alt wie Nolte, war nach dem Erscheinen seiner »autorisierten« Biographie des Wiedervereinigungskanzlers (»Kohl. Der deutsche Kanzler«, Ullstein Verlag 1990) mit 69 noch zum Professor für Geschichte und Völkerrecht an der Martin-Luther-Universität Halle-Wittenberg befördert worden. Dank und Aufbauhilfe in einem – der aus Ostpreußen stammende, in Rheinland-Pfalz wohnhafte Historiker erschien als der richtige Lehrer, den Ostdeutschen Geschichte auf Westdeutsch beizubringen. Zumindest wusste er, was große Männer brauchen. Das zeigen nicht nur die 373 Seiten, auf denen er hagiographisch Kohl seine Bewunderung angedeihen ließ, sondern auch daran, dass er sich um Hitlers Nachwuchs kümmerte.

In der Einleitung des »Wortbruch«-Buches stellte Maser sich selbst in die Nachfolge von Leopold von Ranke, dem berühmten Historiker aus dem 19. Jahrhundert. Wie dieser sei auch er »ein Priester der historischen Wahrheit«. Einer seiner Glaubensartikel war die Auffassung, Hitler sei im Grunde ein gescheiterter Weltkriegsverweigerer gewesen: Zwar ließe sich der deutsche Diktator, unter dessen Oberbefehl er zuletzt noch als Leutnant gedient hatte, nicht gerade als Pazifist bezeichnen, habe er doch von seiner »Überzeugung, in Russland Raum okkupieren zu müssen« nicht lassen können (Mensch, Adolf, siehste, so kann man es auch ausdrücken.) Den Weltkrieg aber, so Maser, den habe Hitler nie gewollt. Der gehe klar auf Stalins Konto.

Dorthin übertrug der Historiker von der Martin-Luther-Universität alles, was er deutscherseits lockermachen konnte, frei nach dem Motto: »Hier bin ich hingesetzt und kann nicht anders.« Um seine Geschichtsbuchhaltung zugunsten Hitlers zu verteidigen, zitierte er diesen selbst in den historischen Zeugenstand. Und ebenso eine Reihe von dessen Generälen, denen er aufs Wort glaubte, was sie sich nach dem Krieg zusammengesponnen hatten.

Folgerichtig entfaltet sich das Geschichtsdrama des Zweiten Weltkriegs in Masers Buch von 1994 weitgehend nach dem Drehbuch, das die NS-Propaganda im Jahr 1941 geschrieben hatte: Als Hitler feststellen musste, dass Stalin sein »Ehrenwort« gebrochen hatte, blieb ihm nur, den deutschen Soldaten die Flucht nach vorne zum Wolgastrand zu befehlen – bevor die »asiatischen Horden« das deutsche Vaterland unter ihre Stiefel nähmen. Die Originalfassung ist in der Hitler-Rede vom 11. Dezember 1941 vor dem Reichstag nachzulesen: »Nur ein Blinder konnte die Pläne der Männer im Kreml übersehen: Es sollte ein neuer Mongolensturm über Europa hinwegbrausen.«

Masers aus alten Kisten hervorgeholte Geschichtslektion fand nachhaltigen Anklang. Diensteifrig sprangen die »Wehrexperten« der ›FAZ‹ an. Hatten sie doch dereinst selbst in NS-Publikationen strategische Analysen vorgetragen, die ähnlich ausgerichtet waren. Sie fanden zwar Masers Art der Darstellung »wirr zusammengesteckt« und teilweise »schlicht unverständlich«, aber das hielt sie nicht ab, vom Inhalt, speziell von der alten Präventivkrieg-These, höchst angetan zu sein.

Mehr als angetan waren einige Frontmänner in der Riege der Bundeswehr-Historiker. Ihr Forschergeist trieb sie, den Blick nach Osten gewandt, noch über die Maser-Thesen hinaus. Nachzulesen in einem Buch von Joachim Hoffmann mit dem Titel: »Stalins Vernichtungskrieg« (1995, Neuauflage 2001).

Hoffmann (1930–2002), in Königsberg geboren, hatte 35 Jahre im Militärgeschichtlichen Forschungsamt (MGFA) gearbeitet, zuletzt als Wissenschaftlicher Direktor mit dem Spezialgebiet »Rote Armee«. In dem Buch, das die Quintessenz seines Forscherlebens bündelte, bemüht er sich darum, die deutschen Kriegsverbrechen zu relativieren. Mehr noch, in dem Kapitel, das mit der Überschrift »Beiderseitige Greueltaten« versehen ist, bemängelt er fehlende Beweise für das, was er das »Auschwitzproblem« nennt. En passant ist die Rede von einer ominösen »Gasangelegenheit«, die wohl das Produkt sowjetischer Lügenpropaganda sei. Das, wie gesagt, nur nebenbei, worum es dem Autor in der Hauptsache ging, zeigt sich schon in der Wortwahl. So ist hier zu lesen: Stalin war der mit dem »Vernichtungskrieg« und Hitler der mit dem »Feldzug«. Zwei Chiffren, die im apologetischen Kontext zwei diametrale Assoziationsketten auszulösen imstande sind.

Bei der einen walzen Killerhorden mit einem Gebrüll, in dem keine menschlichen Laute enthalten sind, alles nieder, was sich ihnen in den Weg stellt, stürmen mordbrennend die von Mann und Maus, von Greisen und Knaben mit Händen und Füßen verteidigte Hauptstadt an der Spree, wo sie keinen Stein auf dem anderen lassen und allen Frauen, ob jung, ob alt, grausamste Gewalt antun.

Bei der anderen ziehen die Truppen in geordneten Bahnen mit Fahnen im Wind und Liedern auf den Lippen (»Immer vorwärts ohne Zagen«) in das Feindesland, im Tornister einen gereimten Goethe-Trost (»Warte nur, balde ruhest du auch«), vorbei an den Spalierreihen der einheimischen Frauen, die lachend mit Blumensträußen winken. Vor der Hauptstadt, als sie in der eisigen Winterluft schon deren Kirchtürme mit bloßem Auge erkennen können, bemerken mehrere unter den Marschierern, dass sie die Handschuhe zu Hause vergessen haben, da treten alle den »Rückfeldzug« an.

Für das Maser-Buch warf sich auch der Vier-Sterne-Bundeswehrgeneral a. D. Günter Kießling in die Bresche. Ein Jahrzehnt davor hatte ihm ein mithilfe des Verteidigungsministers Wörner aus grotesken und obskuren Gerüchten zusammengebrauter Skandal große öffentliche Aufmerksamkeit eingetragen. Weniger bekannt ist, dass er sich auch um die in seinen Augen unvergängliche Ehre der Wehrmachtsgeneräle kümmerte, selbst für den in Nürnberg gehängten Wilhelm Keitel fand er warme Worte mit christlichem Zungenschlag. Der Feldmarschall, der Hitler nicht von der Seite wich, habe »leider den Kelch bis zur Neige leeren müssen«. In seiner Pensionszeit belieferte Kießling die ›FAZ‹ und nationalistische Zeitschriften mit Beiträgen, die seine rückwärtsgewandten Präferenzen offenbarten. Er wetterte gegen die Geschichtsinterpreten, die immer noch versuchten, »uns Deutschen schwerwiegende Verletzungen des Völkerrechts anzuhängen«, und warnte vor »Schmähungen« gegenüber Offizieren, »die in den Krieg gezogen sind, wie zu ihrer Zeit das Gesetz es befahl«.

Überhaupt, auf das Militär, ob das von gestern oder das von heute, ließ Kießling nichts kommen, stets treu ergeben seinem Obersten Kriegsherrn, mochte da regieren, wer wollte. Es war sein Leben, seine Berufung, der er von der Pike auf nachgegangen war. 14 Jahre war er alt, als er in eine Wehrmachtsuniform gesteckt und 19, als er zum Leutnant an der »Ostfront« befördert wurde. Nach seinem Tod 2009 ehrte ihn Graf von Nayhauß mit dem als Kompliment gedachten Prädikat: »ein Soldat durch und durch«. Als solcher bewunderte er kriegerische Heldentaten, wobei seine Liebe vor allem der Infanterie galt, der »Königin der Waffen, in vorderster Front«. 1994 macht Kießling zum Erscheinen des Maser-Buchs mit einer Rezension im »Ostpreußenblatt« als »Zeitzeuge« öffentlich Meldung – unisono mit den rechtsradikalen Zeitungen und den Divisionen der schweigenden Mehrheit, die er hinter sich fühlte: Jawoll, die Russen haben angefangen! Zu diesem Zeitpunkt hatte Roman Herzog (Jahrgang 1934) schon umdisponiert. Anfänglich war von einem bundespräsidialen Geleitwort zu Masers Geschichtsdramaturgie die Rede. Erschienen ist es nie.

Herzogs Rückruck konnte Hitlers Fettnachlebe nicht anfechten. Das Jahr 1995 sicherte dem Diktator mediale Zugewandtheit und öffentliche Präsenz in einer Dimension, fast so groß, wie er sie zu Regierungszeiten gewohnt war. 50 Jahre waren seit seinem Tod vergangen. 50 Jahre lag das Weltkriegsende zurück – ein Halbjahrhundertjubiläum. Titelgeschichten der Magazine und Illustrierten, Serien in den Zeitungen, Bücher im Dutzend, TV-Sendungen auf allen Kanälen: Der Mann und seine Sache standen in großen Lettern auf der Agenda obenauf.

Da traf es sich gut, dass der Führer immer noch so herrlich vielfältig erschien. Und selbst für große Geister furchtbar undurchschaubar. Wolf Jobst Siedler (1926–2013), der renommierte Berliner Verleger und Autor geschliffener Essays zur Kulturgeschichte, der vielen großen Häuptern aus der Politik mit ihren Memoiren auf den Bestseller-Pegasus geholfen hatte (unter anderen: Albert Speer, Richard von Weizsäcker, Helmut Schmidt), gab sich urteilsscheu. Über Jahrzehnte hatte er auch an vielen Bildern zur NS-Zeit mitgemalt, zu Hitler wie auch zu dessen Widersachern. Nun stellte er Anfang des Jahres 1995 in der ›FAZ‹ in hübscher Formation aneinandergehäkelt ein paar Fragen, die es noch zu klären galt: »Welches war der eigentliche Hitler? Der maßlose Demagoge der Kampfzeit, der in den handschriftlichen Redekonzepten Fremdworte nicht richtig zu schreiben weiß? Oder der Führer auf dem Obersalzberg, der es liebte, Weihnachten mit ausgesucht eleganten jungen Damen zu feiern? Oder der Reichskanzler, der in Berlin vorzugsweise adlige Adjutanten zu sich heranzog, von Below für die Luftwaffe oder von Puttkamer für die Kriegsmarine? Oder doch das Wrack, das in die Vulgarität seiner Anfänge zurückfällt?«

Linksherum, rechtsherum, eins, zwei, drei, das ist nicht schwer – das liest sich wie die Beschreibung eines getanzten Streits der guten Gesellschaft im Berliner Grunewald um des Führers Bart. Da klickern die Klischees im Text wie die braunen Kandisstücke in den Teetassen des Familienporzellans – ein gelungenes Geleitwort zu der in der Geschichtsbetrachtung immer mal wieder aufgewärmten Seichtigkeit, die sich, wie man sieht, auch aus edlen Kannen zu ergießen vermochte.

Im Fernsehen erschien Hitler dem Zuschauer wie dem Hasen der Igel: »Ick bün al dor.« Überall hatte er die Nase vorn. Allein in der ARD und den Dritten Programmen weit über 200 Sendungen – Spielfilme, Dokumentationen, Fernsehspiele, Doku-Dramen, Theaterproduktionen. War das, mit allem anderen, nicht zu viel für die Deutschen? I wo, die hielten das aus, sie hatten ja, wie die Älteren unter ihnen nicht müde wurden zu betonen, früher mit ihrem Führer auch schon viel durchmachen müssen.

ARD-Programmdirektor Günter Struve packte es ihnen in schöne Worte: »Wir wollen keinen Nachhilfeunterricht in Sachen Zeitgeschichte erteilen, sondern die Möglichkeiten unseres Mediums nutzen, einen historischen Augenblick wieder zu vergegenwärtigen, in all seinen unterschiedlichen Facetten.« Und Jürgen Engert, Chefredakteur beim SFB-Fernsehen, stets von der Sorge erfüllt, was denn aus Deutschland werden solle, schlang mit »der oft zitierten jüdischen Weisheit«, die seit der Weizsäcker-Rede zum Mai 1985 ein jeder Sonntagsredner, ob Staatsmann oder Mümmelmann, in petto hat, eine güldene Schleife um den aus allen Nähten platzenden Schwulst: »Das Geheimnis der Erlösung heißt Erinnerung.«

Der Kalender forderte die Mobilmachung der Erinnerung. Am 23. April gab es einen Dokumentarfilm zu sehen, den sie mit einem koketten Titel zierten: »Hitler und die Deutschen. Geschichte einer Beziehung«. Am 5. Mai wurde der »Große Abend zum Ende des Zweiten Weltkrieges« gesendet. Untertitel: »Revue der Erinnerung«. Da wurde mit »Zeitzeugen« darüber palavert, welch schlimmen Belastungen und Zerreißproben die ominöse Beziehungskiste ausgesetzt war: Ums Haar hätte man sich nach dem schweren Schicksalsschlag von Stalingrad schon vor der Zeit getrennt.

In der Presse gab es mahnende Stimmen, beim Gedenken sollte man auch die Großbaustellen in der alten und neuen Hauptstadt Berlin in den Blick nehmen, die zu Vergleichen mit den Bauten und Projekten früherer Zeiten animierten. Hitlers Pläne, die Stadt in ein gigantomanisches »Germania« zu verwandeln, lagen wieder auf dem Tisch, ob als Warnung oder als Assoziation.

Es waren nicht nur die großen Magazine und überregionalen Tageszeitungen, die mit ausführlichen Artikeln das Ende der Zeit mit Hitler wiederauferstehen ließen. Auch die Provinzblätter präsentierten eine Vielzahl von Geschichten, zu Hitlers Diktatur und vor allem randvoll mit dem Leid und der Not der Deutschen von damals. Näher betrachtet sei hier ein ziemlich willkürlich gegriffenes Beispiel: das ›Westfalen-Blatt‹, das in Ostwestfalen mit seinen Universitätsstädten Bielefeld und Paderborn die führende Regionalzeitung ist und sich selbst prononciert als »unabhängig-bürgerlich« bezeichnet.

Die Zeitung brachte über Monate hinweg Artikel, in denen es um die letzte Phase des Zweiten Weltkriegs ging. Dazu noch eine

Extraserie mit mehr als 20 Folgen unter der Überschrift »Zeitzeugen erinnern sich« – eine Zeile, die damals schon als Markenzeichen der Authentizität galt. In der zweiten Folge ist ein Foto eingeklinkt, das neben zwei Männern eine junge Frau zeigt. Über ihren Köpfen ist ein großes Verkehrsschild zu sehen: »Auschwitz 17,2 km«. In der Bildunterschrift heißt es: »Für die Gleiwitzer war der Krieg im Januar 1945 zu Ende. Die Wehrmacht zog sich zurück, und die russische Armee übernahm das Regiment. Zivilisten wurden zur Zwangsarbeit verpflichtet, mußten Betriebe demontieren und Aufräumarbeit leisten.«

Im Artikel selbst ist zu erfahren, dass die abgebildete »Zeitzeugin«, die nun schon Jahrzehnte im Westfälischen lebte, die schrecklichen Tage in Gleiwitz (Oberschlesien) nicht vergessen habe. Sie erinnere sich noch so genau, »als wenn es gestern gewesen wäre«, wie sie und andere Frauen gezwungen wurden, »Tote zu begraben« und »Fabriken zu demontieren«. Weitere Einzelheiten waren der »Zeitzeugin« offenbar nicht zu entlocken. Denn nun schildert ein ›Westfalen-Blatt‹-Redakteur, erkennbar in der Absicht, die Erzählung farbiger zu gestalten, wie es dort seiner Meinung nach im Chaos der letzten Kriegstage weiterging: »Die Frau und ihre Leidensgenossinnen sind im ehemaligen Polen-Straflager in Auschwitz gelandet.« Dort mussten sie »die verwüsteten Baracken aufräumen«.

So närrisch können Narrative sein, die fabriziert und verbreitet wurden, damit das Vaterland als Opferlamm erscheint. Kein Wort der Erläuterung dazu. Keine Reaktionen in den Leserbrief-Spalten. In der veröffentlichten Meinung blieb in Paderborn am Ende des 20. Jahrhunderts unter den Augen der akademischen Ordinarien und katholischen Eminenzen das Bild an der Wand hängen: Als Hitler den Iwan nicht länger aufhalten konnte, wurden die deutschen Frauen in ein Lager deportiert, um dort den Dreck der Polen und die Demolierungen der Russen zu beseitigen.

Auschwitz ist nicht zu leugnen, das ist seit einigen Jahren strafbar, aber seiner Wahrheit kann in einer Zeitung, die sich betont christlich gibt, mit einem Satz der Hals umgedreht werden. (Halt die Klappe, Lästervogel! Paderborn ist nicht überall! Mag der Gedanke, dass die bösen Russen Auschwitz gar nicht befreit, sondern »eingenommen« haben, 2015 wieder als Interpretationsmuster, das mehr als eine satirische Anwandlung ist, an Boden gewonnen haben. Aber doch nicht ringsum und überall, weder in Deutschland noch in Polen! Und außerdem sitzt nicht in jeder Universitätsstadt ein katholischer Erzbischof, der für Gott, den Papst und den Zölibat kämpft und eine evangelische Germanistikprofessorin, die in der Öffentlichkeit für das Schöne und Wahre, die American-Express-Kreditkarte und die Deutsche Bank kämpft. Tschuldigung, aber manchmal wird es selbst mir zu viel, da kann einem der Schwarzseher mit seinem Krächzen und Unken ganz schön auf den Geist gehen. Da er, typisch Rabe, auf dem letzten Wort beharrt, ist dann noch ein sich hinziehendes Grummeln zu hören, aus dem zwei Besserwisser-Korinthen herausragen, die gar nichts miteinander zu tun haben: Bei diesem Blatt lernte doch Kai Diekmann, der ›Bild‹-Chef, das Handwerk die eine, und die andere: ob ich denn nicht wisse, dass einer der Vorgänger des dortigen Erzbischofs 1942 Hirtenworte an die deutschen Soldaten in Russland gerichtet habe, die dort gegen Menschen kämpfen würden, die »zu Tieren entartet sind«.)

Im lichten Bibliotheksbau der noch jungen Paderborner Universität ist der betreffende Jahrgang des ›Westfalen-Blatts‹ archiviert. Auf der Suche nach einer irgendwie gearteten Korrektur oder Kommentierung stellte ich fest, dass es einen einzigen Artikel gibt, der das »Thema Auschwitz« ohne Beschönigung behandelt, und einen zweiten, der an den »Massentod« erinnert, den rund 50 000 Russen in dem von der Wehrmacht unweit von Paderborn eingerichteten Kriegsgefangenenlager Stukenbrock erlitten. Zum Landkreis Paderborn gehört auch die »Wewelsburg«, die im »Dritten Reich« zur Kultstätte der SS ausgebaut und dann im März 1945 von den eigenen Leuten niedergebrannt wurde. Ihr angeschlossen war das KZ Niederhagen. Ein Drittel der dort rund 4000 Eingesperrten überlebte die Zwangsarbeit nicht. Darüber war im ›Westfalen-Blatt‹ in diesen Monaten nichts zu lesen. Die längst wieder aufgebaute

Wewelsburg erschien dennoch mit Foto groß im Bild. Die Karten waren neu gemischt. Der ausführliche Artikel dazu befasste sich mit ihr als Schauplatz der deutschen Jugendmeisterschaft im Skatspiel, die im großen Festsaal des Nordturms an Pfingsten stattfinden sollte.

Nahezu täglich erschienen damals Artikel, die das Leid der Deutschen schildern, den Bombenhagel, der die Innenstadt von Paderborn fast ganz zerstörte, den Terror der Tiefflieger, den Horror der Feuersbrünste, die Qualen der Flüchtlinge und Vertriebenen auf den Trecks in den Westen, die grausame Rache der alliierten Sieger.

Unüberhörbar die Untertöne dabei, die darüber klagen, dass das Opferleid der Deutschen und die Verbrechen der Kriegsgegner in der Öffentlichkeit zu wenig Beachtung fänden. Ein Kommentar sticht dann besonders heftig ins Auge. Seine Überschrift: »Der 8. Mai 45 – Lesarten, Legenden, Wirklichkeit«. Verfasst vom Chef selbst. Rolf Dressler, Jahrgang 1941 (wie ich und mein Vogel), zu dieser Zeit schon mehrere Jahrzehnte in Spitzenpositionen der Zeitung, honoriger Repräsentant der deutschen Presselandschaft. Was dort zu lesen ist, kann ein Fingerzeig sein, wie es dazu kam, dass im Rückblick bedauernswerte deutsche Frauen in den »Baracken im Polenlager Auschwitz gelandet« sind. Es ist ein Gedankenfaden zu erkennen, der sich durch viele Jahrzehnte bis in die Jahre unmittelbar nach dem Ersten Weltkrieg zurückverfolgen lässt. Damals fand der NSDAP-Führer Hitler den Beifall der Zuhörer in den Münchner Versammlungshallen, als er ausmalte, in welch katastrophaler Krise sich Deutschland befinde: Millionen von Soldaten sind im Großen Krieg den Heldentod gestorben, zum Dank versuchen nun antinationale, »artfremde« Strippenzieher das Vaterland zu strangulieren, zu erniedrigen und es zu verraten.

Chefredakteur Dressler, nach eigener Aussage speziell an der deutschen und europäischen Geschichte interessiert, lamentiert 50 Jahre nach Ende des Zweiten Weltkriegs hier wiederum über die schändliche Lage im eigenen Land – ähnlich im Zungenschlag und in der von Verschlagenheit und Ressentiment verengten Weltsicht.

O-Ton: »Das Erpressen der Deutschen mit ihrer Vergangenheit dauert nach wie vor an ... Millionen unschuldiger Opfer von Massenvergewaltigung, Mordbrennerei und Massenvertreibung werden nahezu ausgeblendet ... Eine bärenstark linksgezwirbelte Seilschaft von Selbstkasteiern ... treibt demagogische Kegelspiele mit Millionen Toten.«

Mein Rabenvogel verhält sich still. Selbst er ist offenbar platt. Und mir fällt es leicht, den Politikwissenschaftler Peter Graf Kielmansegg (Jg. 1937) zu verstehen, der im gleichen Jahr schrieb, die in den verflossenen Jahren so fleißig geübte »Erinnerungsarbeit« habe »uns nicht sehr viel weitergebracht«. Die Deutschen lägen immer noch in »einem törichten Streit« über die eigene Geschichte. Er empfahl ihnen, das Los zu akzeptieren, »wohl noch lange Zeit im Schatten der Vergangenheit« leben zu müssen. Es sei »Hitler-Deutschland« gewesen, »von dem die Menschheitskatastrophe ausging«.

Das Gedenken war ohnehin nicht aufzuhalten. Je länger die Zeit zurücklag, desto nachhaltiger kam sie den Deutschen hoch. Für die, denen das Beschwerden machte, stellte Altbundespräsident Richard von Weizsäcker als ehrenbesoldeter Seelenarzt der Nation ein Patentrezept aus: Wenn wir uns nur richtig erinnern möchten, er habe es doch schon vor zehn Jahren feierlich vor dem Bundestag gesagt, der 8. Mai 1945 sei ein »Tag der Befreiung« gewesen. Was er verschrieb, war Friede, Freude und statt Eierkuchen Mahnung: »Wir dürfen den 8. Mai 1945 nicht vom 30. Januar 1933 trennen.«

Für das Chrysanthemengebinde beim großen Erinnern sorgte Erwin Wickert, Vater des bekannten Fernsehjournalisten und beruflich ein Diplomat, der vor und nach 1945 im Auswärtigen Amt seinem Vaterland gedient hatte, zuletzt als bundesdeutscher Botschafter in Peking. Er durfte im ›Tagesspiegel‹ schildern, wie er damals die vielleicht einzige standesgemäße Totenfeier für Hitler mitgestaltend erlebte: In der Deutschen Botschaft in Tokio zelebrierten die Diplomaten einen Tag nach der Kapitulation, am 9. Mai 1945, das Ritual mit allem Drum und Dran. Flagge auf halbmast. Aufmarsch der Hakenkreuzfahnenträger. Es musizierten die »Nippon-Philharmoniker«. Sie spielten ein Stück von Richard Wagner, eines von Johann Sebastian Bach und zum Ausklang den Badenweiler-Marsch, den der Dahingegangene so geliebt hatte. Davor hatte Botschafter Heinrich Stahmer eine Rede über »den Heldentod des größten Sohnes des deutschen Volkes« gehalten. Danach sangen alle das Lied vom guten Kameraden (»einen bessern findst du nit«), die Nationalhymne (»über alles in der Welt«) und das Horst-Wessel-Lied (»die Reihen dicht geschlossen«). Wickerts Artikel findet ein lakonisches Ende: »Die Anwesenden erhoben die Arme zum Hitlergruß.«

Freilich setzte es beim vielseitigen Nachkarten zur 50. Wiederkehr des Todestages auch scharfe Kritik und deutliche Worte für Hitler. Vornehmlich das Übliche: vom militärischen Versager auf dem Schlachtfeld bis zum gottlosen Teufel in Menschengestalt. Breit war das Register mustergültiger Verdammung. Kein Blatt wurde vor den Mund genommen, die Abscheu nachdrücklich geäußert, das offene Scheunentor im Sturmangriff berannt. Nichts wurde ausgelassen, nicht der »Barbar«, nicht die »Nazi-Bestie«, nicht der »Blutsäufer«, nicht »der größte Verbrecher aller Zeiten«, nicht die »Verkörperung des Bösen schlechthin«. Diejenigen, die darob verstimmt waren, ohne dass sie es offen zeigen wollten, konnten Trost in einem Buch erfahren, das über 500 Seiten Balsam bot, Verständnis und Einfühlung (siehe Teil 2, Kapitel 3).

Naturgemäß boten die medialen Aufbereitungen des Hitler-Bildes auch jede Menge Details, die meisten davon sattsam wiedergekäut, einige davon mit dem nicht sonderlich belastbaren Anspruch, bislang Unbekanntes zum Ableben des deutschen Diktators zu enthüllen. Der Neugier und der Bereitschaft, sie anzustacheln und opulent zu bedienen, fehlt es auf diesem Gebiet nie an Nachwuchs.

So kündigte der ›Spiegel‹ seine Titelgeschichte, einen auf zwei Nummern verteilten Report über »Hitlers letzte Tage«, mit der Schlagzeile an: »Operation Mythos – Stalins Geheimakte über die

Endzeit im Führerbunker«. In großen Buchstaben wurde angezeigt, wohin die Reise gegangen war: »Hitlers Höllenfahrt«. Metaphern-selig wie weiland bei den Geschichtsschreibern der 50er Jahre, die vom »Dämon« mit dem Bocksfuß phantasierten, ist der Weg in den Teufelsschlund als »eine überdimensionale Shakespearesche Tragödie« ausgemalt. Eine Perle an der anderen reiht sich in der Andenkenkette für den deutschen King Kong Lear. Vom »schwarz-seidenen Morgenmantel« und den »Lacklederpantoffeln« bis hin zur Speisekarte für die »Henkersmahlzeit«, die der Führer gute drei Stunden vor seinem Tod zu sich nahm. Immer hübsch beschei-den: »Spaghetti mit Tomatensauce«. Das liest sich wie modernes product placement. Miracoli? Oder sollte doch die Ravioli-Frak-tion der Bunker-Interpreten recht haben, die den letzten Magen-inhalt steif und fest für sich reklamiert? So etwa Bernd Eichinger in seinem von Zeitzeugen und Experten abgesicherten Historien-drama »Der Untergang« (2004) und die Redakteure der ›New York Times‹, die der Käsefüllung besondere Aufmerksamkeit schenkten (2005).

Der ›Spiegel‹ widmete sein Hauptaugenmerk der Frage: Was ge-schah mit den Resten der verkokelten Tyrannenleiche? Russische Dokumente würden nun die Wahrheit ans Licht bringen – letzten Endes 1970 in der Nähe von Magdeburg verbrannt, ein Schädelteil nach Moskau zur Aufbewahrung verbracht. Inzwischen weiß man allerdings, dass Moskauer Archive, gerade was die Überreste des verbrannten Hitler-Leichnams angeht, Dokumente und Knochen präsentieren, die nur mit spitzen Fingern in Augenschein zu neh-men sind. Kenntnisstand im Augenblick: Von wem die Kopfplatte wirklich stammt, von Mann oder Frau, wer weiß es genau?

Interessanter für die zeitgemäße Aufbereitung des Hitler-Bil-des ist da schon der vom ›Spiegel‹ in dem großen Report von 1995 unternommene Versuch, das Ungeheuer aus der deutschen Ge-schichte hinauszuexpedieren, in der er sich unter Vorspiegelung falscher Tatsachen breitgemacht haben soll. So kann man zumin-dest einem beiläufigen Satz entnehmen, der einer Passage angefügt ist, in der von Aufforderungen des Diktators berichtet wird, nun keine Rücksicht mehr auf die Bevölkerung zu nehmen, da sich die Deutschen in diesem Krieg gegenüber »dem stärkeren Ostvolk« als die Schwächeren erwiesen hätten. Das bringt den ›Spiegel‹-Autor Fritjof Meyer, einen sozialdemokratischen Nationalisten, der das Kriegsende als Zwölfjähriger im »Volkssturm« erlebt hatte, 50 Jahre später zu folgendem Schluss: »So enttarnte sich der Asylant aus Österreich nun selbst ganz offen als gefährlichster Feind des deutschen Volkes.«

Der Leser hört im Kontext der 90er Jahre, als Deutschland mit der Generalüberholung seiner Geschichte und Identität befasst war, die Botschaft trapsen: In die Abschiebehaft mit ihm! Die gutmütigen Deutschen sind von einem Ausländer, dem sie großzügig Asyl gewährt hatten, vom süßen Anfang bis zum bitteren Ende schmählich getäuscht worden. Zu spät, als alles schon in Scherben gefallen und er sein wahres Gesicht enthüllte, bemerkten sie, dass der Führer sie nur zu hehren Höhen geleitet hatte, um sie dann umso tiefer ins Verderben zu stürzen. Wer hätte das ahnen können? An dieser Stelle ist aus den Seiten des ›Spiegel‹ das in der deutschen black box fest verankerte Trotz-Ressentiment zu vernehmen: … und es gibt sie eben doch, die Kollektiv-Unschuld, der »Führer« war der »Feind«, von dem die Deutschen, ganz wie es zehn Jahre zuvor von höchster Stelle verkündet worden ist, am 8. Mai 1945 »befreit« worden sind.

Die Frage, die viele bis heute umtreibt, wie er denn tatsächlich zu Tode gekommen sei, ist trotz vieler todsicherer Behauptungen nie ganz geklärt worden. Im Rhythmus der Kalendergedenkjahre wird noch immer darüber räsoniert: Giftkapsel oder Kugel, von eigener Hand oder der eines Gehilfen? Ein Ausgang aus dem Labyrinth der Vermutungen wird sich wohl nicht mehr finden lassen, den Rätselfreunden unter den Hitler-Narratologen kann es nur recht sein.

Schon gleich nach dem Krieg kursierten mehrere Versionen, die sich auf unterschiedliche Zeugenaussagen beriefen. Der Streit um des Führers letzten Schnaufer flammt auch heute noch immer mal wieder auf, angefeuert von einer Kantinenpsychologie, die der machistisch-militärischen Tradition folgt: War es Gift, dann starb er schnöde. Wie ein feiges Weib. War es ein eigenhändiger Schuss, dann starb er tapfer. Wie ein aufrechter Mann. Welche Todesart auch bevorzugt wird, mehr oder weniger schwingt mit: Genauso soll er auch im ganzen Leben gewesen sein. Ein Hundsfott oder ein Heros? Frau oder Mann? Memme oder Macho? Kapsel oder Kugel? Eine Frage der Ehre, meinen die Narren, die Gott und Teufel im obskuren Detail suchen.

Ausführlich nahm sich der ›Stern‹-Zeithistoriker Ulrich Völklein des Themas an. In einem Buch mit dem Titel »Hitlers Tod« (1998) gibt er sich als letzte Instanz: »Causa finita – die Todesakte Hitler ist geschlossen.« Nach der Lektüre weiß man: Von wegen, Rom hat gesprochen. Es war nur Völklein. Und was der auf vielen Seiten erzählt, das sind ausgelutschte Kamellen.

Eine davon ist präsentiert, als hätte der Autor, der nimmt, was er kriegt, das Rührei des Kolumbus entdeckt. Er hat es auf der Pfanne: Es seien wohl beide, Kapsel und Kugel, im Spiel gewesen. Die Kombi-Lösung des Rätsels. Auf die hatten schon eine Reihe anderer Geschichtsdeuter vor ihm getippt, unter ihnen der bekannte Hitler-Fan David Irving, britischer Historiker mit rechtsradikalem Weltbild. Angefüllt ist das Völklein-Buch mit Spekulationen und »Diskussionspunkten« sowie Protokollen und Berichten vornehmlich sowjetischer Provenienz. Zur Glaubwürdigkeit von Hitlers Kammerdiener Heinz Linge befragte der Autor ausgerechnet den Geschichtsprofessor Maser, der zu diesem Zeitpunkt nur noch denen, die seine Theorien für die ihren nutzen konnten, als vertrauenswürdig galt. Seit 1980, als er den zweiten Aufguss von Linges Kammerdiener-Erinnerungen herausgab, stand der Hitler-Biograph, wie es der Historiker Werner Johe in der ›Zeit‹ formulierte, in dem nachvollziehbaren »Verdacht, sich seine Quellen selbst zu schreiben«.

An dem verbissenen Ratespiel, wie der deutsche Diktator denn nun letzten Endes genau zu Tode kam, haben sich so kurz vor der Jahrtausendwende auch Geschichtsprofessoren beteiligt. Den Vogel hat dabei Wolf D. Gruner (Jahrgang 1944) von der Universität Rostock abgeschossen. Ein Wissenschaftler, der sich mit einer Berufsbezeichnung vorstellt, die einen stottern lässt: »Prof. Dr. phil., Dr. phil. habil.«. Er rühmt sich auf seiner Homepage im Internet als Mitglied zahlreicher internationaler Gremien mit illustren Namen. Als er noch nicht emeritiert war, pflegte er Besuchern von der »amerikanischen Partneruniversität« in Athens (Georgia), die, wie er schreibt, »zu den wichtigen ›Flagship-Universities‹ in den USA zählt«, »die gastronomischen Köstlichkeiten zu zeigen, die der Rostocker Hafen zu bieten hat«. Vorher durften sie schon zwölf eng bedruckte Seiten einer tabellarischen »Auswahl« der Meriten lesen, die sich der weltläufige Historiker im Dienst von Wissenschaft, Forschung und Lehre zugeschrieben hat.

Eines der Bücher, die Gruner auf seiner enormen Vorzeige-Latte weggelassen hat, gehört zu der von ihm herausgegebenen wissenschaftlichen Buchreihe. Es ist die Dissertation seines Doktoranden Torsten Schaar, eine 1998 in zwei Teilbänden veröffentlichte Biographie mit dem Titel: »Artur Axmann. Vom Hitlerjungen zum Reichsjugendführer der NSDAP – eine nationalsozialistische Karriere«. Im Vorwort steht der Hinweis: »Ein spezieller Dank gebührt Herrn Artur Axmann, der dem Verfasser mehrere Arbeitsgespräche gestattete und eine Fülle wichtiger Materialien zur Verfügung stellte.« Bei näherem Hinsehen offenbart das Werk deutliche Kennzeichen einer Hommage. So kommt auch die Ansicht zustande, dass der hinterlistige Martin Bormann den herzensguten Artur Axmann daran gehindert habe, den wankelmütigen Adolf Hitler auf den rechten Weg zu führen. Zudem wird eine pikante Geschichtsversion der Endphase im Berliner »Führerbunker« angeboten – sozusagen die Rostocker Variante, bei der in letzter Sekunde doch noch ein Attentat auf den Führer glückt.

»Adolf Hitler starb keinen Heldentod«, heißt es da, »sondern er wurde von seinem Kammerdiener Heinz Linge bei dem Versuch, eine Zyankalikapsel gewaltsam in Hitlers Mund zu platzieren, erwürgt … Hitler war einem Komplott seiner engsten Vertrauten zum Opfer gefallen … Eva Braun ist mit Hilfe der SS aus dem

Bunker entkommen, ob in die Anonymität oder in den Tod – diese Frage bleibt wohl für immer ungeklärt.«

Gruner ist augenscheinlich für Abstrusitäten auf diesem Gebiet zu haben. Das war auch schon sein Lehrer Karl Bosl, bei dem er in München das historische Handwerk studiert hat. Der Geschichtsprofessor, der in den 60er Jahren in Bayern ein hohes Ansehen genoss, scheute nicht nur keine List, sich als Widerständler zu stilisieren, sondern sprang mit der Vergangenheit generell sehr willkürlich um. In seiner 1971 herausgebrachten »Bayerischen Geschichte« vom 15. bis zum 20. Jahrhundert klammerte er die zwölf Jahre des »Dritten Reiches« einfach aus. Seine umwerfende Begründung: Das Land habe da ja »keine eigene Staatspersönlichkeit« mehr gehabt. Daran gemessen, ist die Fama des »von Verschwörern bei einem Komplott erwürgten Hitler« ein kleines Kaliber. Aber mit einem bemerkenswerten Knalleffekt: Gruner misst der von ihm betreuten Doktorarbeit in einem »Geleitwort« einen »besonderen Wert« bei. Ihr »Verfasser bereichert«, so ist dort zu lesen, »die historische Forschung zum Nationalsozialismus durch seine Ergebnisse in überzeugender und anregender Weise auf solider und umfangreicher Quellengrundlage«. Dass er dabei »in hohem Maß von der Sehweise und Interpretation Axmanns abhängig« war, würde nicht stören, sondern sei der »schwierigen Quellenlage« geschuldet. (zu Axmann vor und nach 1945 siehe Teil 1, Kapitel 2).

Neben dem Geleitwortführer Gruner gehören zu den Herausgebern des Buches noch vier weitere Geschichtsprofessoren der altehrwürdigen Rostocker Universität, die sich mit dem Spruch schmückt: »traditio et innovatio«. Ein Quartett ganz normaler deutscher Historiker, die ihre akademischen Karrieren alle in Westdeutschland begonnen haben. Soweit mir bekannt, ist keiner von ihnen jemals durch nationalsozialistische oder auch nur apologetische Neigungen aufgefallen. Aber nichts konnte sie davon abhalten, mit ihren ausgesprochen guten deutschen Namen – Kersten Krüger, Werner Müller, Tilmann Schmidt und Markus Völkel – eine »Bereicherung« ihrer Wissenschaft zu beglaubigen, die sich daraus ergeben soll, dass der letzte »Reichsjugendführer« ohne Vorbehalt, sozusagen mit standing ovations, zum Kronzeugen der NS-Geschichte aufgerufen wird.

Eine »Innovation« ist das tödliche »Komplott der engsten Vertrauten« im Übrigen nicht. Die Rostocker Historiker haben es genauso wenig erfunden wie den tiefen Teller. Schaar beruft sich dabei uneingeschränkt auf den Briten Hugh Thomas. Den auf spleenige Verschwörungstheorien spezialisierten Autor präsentiert er hier als Top-Experten der internationalen Gerichtsmedizin, der sich auf »bisher unzugängliche Materialien in russischen Archiven« berufen könne. In Wirklichkeit haben die Bücher von Thomas über die »Morde« sowohl an Heß wie an Hitler einen festen Platz im angelsächsischen Katalog der NS-Schauermärchen und gehören zu den Nachtschattengewächsen auf dem publizistischen Hitler-Feld, das weltweit notorisch überdüngt ist. Da schießt das Unkraut in die Höhe.

Hier an der Ostsee entfaltet es sich, so hoch wie breit, akademisch gepäppelt und staatlich gefördert, gravitätisch auf 600 Seiten. Offizieller Name: »Rostocker Beitrag zur deutschen und europäischen Geschichte«. Allem Anschein nach kam die bizarre »Köstlichkeit« über den Hafenrand des Ostseestadt-Seminars nicht hinaus. Auf dem historiographischen Terrain in Deutschland und der weiten Welt darum herum krähte kein Hahn danach (aber auch nicht dagegen, stänkert es krächzend an meinem linken Ohr).

Den publizistischen Höhepunkt des Jubiläumsjahrs zum 50. Todestag des deutschen Diktators setzte standesgemäß Joachim Fest. Die ›FAZ‹ veröffentlichte das neue Vorwort, mit dem der Autor eine weitere Auflage seines zu Hunderttausenden verkauften Hitler-Buches schmückte. Über 20 Jahre nach dem ersten Erscheinen der Biographie zog er ein essayistisches Fazit, das den höchsten Ansprüchen seiner Leserschaft genügte. Erster Satz: »Zum Einzigartigen, das mit dem Namen Hitlers verbunden ist, gehört seine unverminderte Gegenwärtigkeit.« Der Diktator habe, so Fest, eine ungeheure »Todesenergie« besessen, ohne die »sein Wesen und Verhalten kaum zu erklären« seien. Aber ganz ließe sich der Mann nicht enträtseln. Vom hohen Ross der Demut betont der Autor: Mehr als »eine »Annäherung« könne auch seine umfangreiche Biographie nicht sein. Was bleibt, das wissen die Götter: »Mit seinem innersten Geheimnis, insonderheit den Ursachen seines manischen Judenhasses, ist Hitler der Welt entkommen.«

Aber »immer noch« sei er »unser Zeitgenosse«, schreibt Fest, »und die Gegenwart eine Epoche, an deren Zugang er steht«. Denn die nachhaltigste »Hinterlassenschaft« Hitlers sei der »Schrecken darüber, wessen der Mensch gegen den Menschen fähig ist«. Das »ganze evolutionäre Grundvertrauen« in die Zukunft sei mit ihm dahin. An seine Stelle trat die »Realität des Bösen in der menschlichen Seele«. Das bleibt die Quintessenz von Fests jahrzehntelanger Beschäftigung mit Hitler. Eine Ansicht, die schon in den frühen Interpretationen der ersten Nachkriegsjahre zu finden ist, als Intellektuelle wie Benno Reifenberg – auch er, vor Fest, lange Jahre Mitherausgeber der ›FAZ‹ – mit Goethes Hilfe Hitler zu begreifen versuchten. Sie rechneten den deutschen Diktator jenen vom Dichterfürsten beschworenen Urkräften zu, gegen die kein menschliches Kraut gewachsen sei und die nur das Universum selbst zu besiegen vermöge.

Fest zelebriert in elegantem, wie mit der Bratsche gestrichenem Deutsch die eigene Widersprüchlichkeit. Einerseits sind für ihn alle Erklärungsansätze, Hitler zu »dämonisieren«, entschieden zurückzuweisen. Andererseits sei die Essenz dieses Mannes letzten Endes doch in Bereichen zu suchen, die dem menschlichen, auf das Diesseits begrenzten Verstand nicht zugänglich sind. So findet sich Hitler am Schluss auch bei ihm wieder auf einem Ausnahmepodest der Geschichte, wie nicht von dieser Welt. So gesehen, unter dem Sternenzelt der Ewigkeit, war er dann doch keiner von uns.

Wann immer Deutschlands Hitler-Interpret Nr. 1 im Jahrzehnt vor seinem Tod im Spätsommer 2006 – phasenweise im Wochentakt – gefragt wurde oder sich gefragt fühlte, antwortete er, der so viele Bücher zu diesem Thema geschrieben hat, mit einem Dreiklang: »Ich bin mit dem Problem noch nicht fertig. Eine überzeugende Antwort hat noch kein Historiker gefunden. Das Rätsel ist geblieben.« Kaum zu glauben – Magic Adolf.

Mit dem so seltsam entrückten, letztlich rätselhaft gebliebenen Hitler hätten die deutschen Historiker leben können, nicht aber mit dem, was da im Jahr darauf aus Amerika auf sie zukam. Im Frühjahr 1996 brachte die ›Zeit‹ einen Vorabdruck, im Herbst erschien das Buch im Siedler Verlag: »Hitlers willige Vollstrecker. Ganz gewöhnliche Deutsche und der Holocaust«. Sein Autor war der junge US-Soziologe Daniel J. Goldhagen.

Fast ausnahmslos verrissen die Historiker wie auch die Medien nahezu reflexhaft das Buch, in dem der Autor einen »eliminatorischen Antisemitismus« als das entscheidende Element für den Holocaust ausmachte. Es sei dieser in Deutschland jahrhundertelang aufgestaute Hass auf die Juden gewesen, der den staatlich angeordneten Genozid an den Juden ermöglichte. Er belegt seine eindimensionale These mit realistischen Schilderungen der Mordtaten der deutschen Polizeibataillone in Osteuropa, mit Berichten aus den Vernichtungslagern sowie von den Todesmärschen gegen Ende des Krieges, die viele KZ-Häftlinge nicht überlebten. Dabei hob Goldhagen vor allem darauf ab, dass die große Mehrheit der Täter, »ganz gewöhnliche Deutsche« waren, und nicht etwa speziell ausgebildete Kämpfer einer SS-Todesschwadron. Da sie »die Juden als die Verkörperung des Teufels« ansahen, führten sie nicht nur Befehle aus, sondern wurden häufig selbst initiativ.

Provokant und wohl auch einer der Hauptgründe für die Front der aufgeregten Ablehnung, die sich dem Buch entgegenstellte: Goldhagen ließ ausdrücklich die Unterscheidung zwischen den »furchtbaren Nazis« und den »normalen Deutschen« nicht mehr gelten, mit der man es sich in Deutschland bequem gemacht hatte. Daran hatten auch fachwissenschaftliche Untersuchungen oder vereinzelte Presseartikel, die diese saubere Aufteilung gründlich widerlegten, nicht viel ändern können. So erfuhr die sorgfältige Untersuchung von Christopher R. Browning: »Ganz normale Männer. Das Reserve-Polizeibataillon 101 und die ›Endlösung‹ in Polen«

(auszugsweise vorabgedruckt im ›Spiegel‹), die drei Jahre zuvor erschienen war, zwar eine erhöhte Aufmerksamkeit, hinterließ aber im landläufigen Meinungsbild keine nachhaltigen Spuren.

Die Vorstellungen, die sich im Laufe der Jahrzehnte eingebürgert hatten, waren einfach und übersichtlich angeordnet: Der Holocaust erschien als eine Maschinerie, in der ein paar Spezialisten, SS-Robotern gleichend, unterstützt von ausländischen »Hilfswilligen«, ihren mörderischen Dienst versahen, nach Anweisungen von oben, von Hitler, Himmler, Eichmann – weit weg von ihrer Heimat hinter der Front im besetzten Osteuropa. Gegen dieses Narrativ hat Goldhagen in seinem Buch angeschrieben und die Frage gestellt, warum sich so viele, so viele ganz gewöhnliche Menschen, diese »Wie-du-und-ich-Normalos« daran beteiligten, ohne dass sie dazu gezwungen wurden. Seine Antwort in Kürze: Weil sie deutsch waren und einen tödlichen Hass auf die Juden in sich trugen, der sich durch die Jahrhunderte in der deutschen Kultur herausgebildet hatte.

Goldhagen sprach öfters von »den Deutschen«, so wie umgekehrt die Deutschen von den Holländern, den Engländern, den Italienern, den Spaniern oder den Russen sprechen, ohne dass damit jeder Engländer oder Spanier gemeint ist. Doch mit den Deutschen war das nicht zu machen.

Sie reaktivierten ihr altes Trauma, das sie sich größtenteils einst selbst eingeredet haben und dessen Ursprung bis auf die Goebbels-Propaganda in der letzten Kriegsphase zurückgeht – die Kollektivschuld. Obwohl Goldhagen in seinem Buch explizit betonte, dass er eine solche den Deutschen auf keinen Fall aufhalsen wolle, war genau dies der Hauptvorwurf gegen seine Thesen. Es prasselte Kritik, bestückt mit Begriffen wie »Sensationshascherei«, »fehlende Originalität«, »Niveaulosigkeit«, »Fehlerhaftigkeit«, die alle im Grunde das eine meinten: unter aller Sau. Darunter auch Anspielungen auf die jüdische Herkunft des Autors und seine »verständlichen« Rachegefühle, die ihm einen objektiven Blick nicht erlaubten: »Umgekehrter Rassismus«.

Unter den wenigen Verteidigern war auch der Historiker Ulrich

Herbert, der zwar die Hauptthese Goldhagens in ihrer Rigorosität als »nicht haltbar« bezeichnete, aber dem Buch hoch anrechnete, »dass endlich jene Frage wieder öffentlich diskutiert wird, die beinahe vergessen schien und die den Nerv des deutschen Selbstverständnisses berührt: die nach Ausmaß und Verbreitung des Judenhasses in der deutschen Bevölkerung und nach der Bedeutung, die ihm für den millionenfachen Mord zukommt«. Sein Artikel in der ›Zeit‹ vom 14. Juni 1996 ist mit einem Begriff überschrieben, der heute im Zusammenhang mit den Hassausbrüchen gegen ausländische Flüchtlinge und Juden wieder oft zu hören ist: »Aus der Mitte der Gesellschaft«.

Als Goldhagen zur Vorstellung seines Buches durch Deutschland tourte und in vollen Sälen vornehmlich auf ein junges interessiertes Publikum traf, milderten die Kritiker aus den Reihen der Historiker und Journalisten, die ihn vorher zum böswilligen Ignoranten gestempelt hatten, teilweise ihr Urteil wieder etwas ab. Ein neuer Ton mischte sich unter die rüde Ablehnung: Als Denkanstoß tauge das Buch allemal, und die enorme Resonanz auf Goldhagens Thesen, mögen sie noch so falsch, so niveaulos oder maßlos überspitzt sein, beweise doch, wie offen sich die deutsche Gesellschaft ihrer NS-Vergangenheit stelle. Auch der Autor glättete die Wogen der Wut, indem er wie ein höflicher Besucher, der weiß, was sich gehört, Beschwichtigungen vortrug. Seiner Meinung nach hätten sich die Deutschen gleich nach dem Krieg gänzlich gewandelt, der Antisemitismus sei so gut wie verschwunden, was einige Fachleute wiederum an seiner Wahrnehmungsfähigkeit zweifeln ließ.

In den letzten Jahren vor der Jahrtausendwende sorgte die Ausstellung über die »Verbrechen der Wehrmacht«, gezeigt in 33 Städten, für ein Höchstmaß an Zoff. Die Debatte um die Rede Martin Walsers, von 1998 in der Frankfurter Paulskirche begrenzte sich weitgehend auf die Feuilletonseiten, dort aber mit scharfen Tönen zum Pro und Contra, wie sich die Deutschen an »Auschwitz« zu erinnern hätten. Die vielseitige Mammut-Biographie des englischen Historikers Ian Kershaw, die 2000 auch hier in zwei Bänden erschien, wirkte mit ihrer Abgeklärtheit dagegen beruhigend auf die

Gemüter. Kershaws Schlüssel für das Verhältnis von Hitler und den Deutschen und auch für den Holocaust war die Formel, es habe gegolten »dem Führer entgegen zu arbeiten«. Dieser Satz in einer Rede eines hohen Beamten im Jahr 1934 »war mein Aha-Erlebnis«, sagte Kershaw in einem ›Spiegel‹-Interview im Jahr 2000. Es ist nicht auszuschließen, dass, rein sprachlich und als isolierte Formel betrachtet, für deutsche Ohren bei dem »entgegen« auch ein Hauch von »Widerstand« mitschwingt.

TEIL ZWEI

Ansichten und Seitenhiebe

Kapitel 1
Blickfang Hitler – unser Buch-Führer

Joachim Fest: Hitler. Eine Biographie.
Neue Ausgabe Februar 2003.
Taschenbuch. Ullstein Verlag.
Erstmals erschienen 1973.

Er prangt auf dem Buchdeckel. Ein Ebenbild Gottes, wie alle Menschen. Imago Dei, so sagen es die Theologen. Auch nach Ansicht des Apostel Paulus, der das jedoch nur für die männliche Hälfte der Menschheit gelten ließ. Ansehnlich das Aussehen. Geradezu fesch. Meinten die Jubel-Wiener, die vom »Feschismus« kalauerten, als sie ihn bei der Ankunft auf dem Wiener Heldenplatz 1938 feierten. So für sich gesehen, ist er hier bildschön. Zugegeben, Ansichtssache, schön oder nicht schön, das liegt im Auge des Betrachters.

Kirchenmänner, die zu seinem Regierungsantritt die Glocken läuten ließen, entdeckten in dem Konterfei des Abgebildeten »heilige Züge«. Millionen war dieses Gesicht das »Vaterland«. Anderen schien es hingegen »der Kloake entkommen«. Unter den Intellektuellen und Literaten gibt es viele, die kein gutes Haar daran lassen. Eugen Kogon sah »die Niedrigkeit auf die Stirn geschrieben«. Robert Neumann konnte vor lauter Abscheu gar nichts erkennen: »Ein Mann ohne Gesicht, im Grunde, ein grausiger Hampelmann.« Alfred Andersch fühlte sich, wie er Jahrzehnte später von seiner Wahrnehmung erzählte, an eine »bleiche abgewetzte Kanalratte« erinnert. Tucholsky monierte, was immer es sei, es sitze zu weit oben, er rechnete es zu den »Gesichtern, die in die Hose gehören«.

Aber was ist in unserer verrückten Welt schon am rechten Platz? Nein, das Gesicht hier hat auch niemand versehentlich auf das Cover verlegt. Es wendet sich mit voller Absicht von Verlag und Autor an das Publikum im Hier und Jetzt. Mit der Schokoladenseite: Profilansicht, rechts. Edel sei der Mensch, sauber rasiert und weichgezeichnet. Und er habe ein Ohrläppchen, das sich gewaschen hat, wohlgeformt und überhaupt nicht angewachsen. (Bring mir die Ohrläppchen von Stalin, soll er zum Knipser Hoffmann gesagt haben, als er ihn am 23. August 1939 mit Ribbentrop zur Unterzeichnung des Nichtangriffsvertrags mit dem berüchtigten geheimen Zusatzprotokoll nach Moskau schickte: Ich will wissen, ob sie arisch oder jüdisch sind.)

Die Jacke kleidet den wissbegierigen Rassenfanatiker: dezenter Military-Look, gutes Tuch, wie zu ahnen. Weder Militär-, noch Polizei-, noch Eisenbahneruniform. Parteiuniform nannte man das, erkennbar an den Ärmelstulpen und am Taschenknopf. Ein Einzelstück, nur für ihn geschneidert. Die Luxusausgabe des einfachen Soldatenrocks, der zur Legende vom »Alten Fritz« gehört, seinem Idol. Souverän der Souverän, selbstherrlich bescheiden über allem stehend. Kein Flitter, kein Orden, »Schlichtkleid« heißt das bei den Erforschern der Vogelwelt. Stilrichtung: mehr Jil Sander, weniger Joop. Zeitlos. Weißes Hemd, klassischer Kragen, der Knoten der Krawatte adrett, gleich darunter, fast nicht erkennbar, das Zeichen seiner Hoheit, der deutsche Adler, der laut Erlass »einköpfig und schwarz« zu sein hatte, »den Kopf nach rechts gewendet, die Flügel offen, aber mit geschlossenem Gefieder, Schnabel, Zunge und Fänge von roter Farbe«.

Was für ein Vogel! Was für ein Mann! Ecce homo. Der Jahrhundertmann, ach was, der Jahrtausendmann. Unter den Galgenvögeln der übermächtige Primus. Wie der Autor, Jg. 1926, der ihn noch erlebte, auf vielen Seiten nahelegt: Er war es, der unsere Welt aus den Angeln hob, die seitdem ihr Gleichgewicht nicht mehr gefunden hat.

Hier auf dem Cover tritt er aus dem ihn wie ein Seidenmantel umgebenden Dunkel des soeben vergangenen Millenniums hervor. Welcome auf der Agenda 21. Mildes Rampenlicht umschmeichelt ihn. Der Eindruck: abgehoben, irgendwie freiwillig einsam (ich möchte ihn jetzt nicht stören wollen müssen), ganz bei sich. Wie er sich hier zeigt, so wollte er sich sehen lassen. Seine Augen, die ach so hochberühmten blauen Glubbscher, scheinen der Vorsehung nachzusehen, die er so oft beschwor. Hier führt er den »Weitblick des Führers« auf, den ihm seine Verehrer andichteten. Er gehört zur Rolle des Staatsmanns im Reichstheater – aufrecht erhaben, die Arme vor der Brust verschränkt, zu allem bereit, gegen alles gewappnet.

Tipptopp die Erscheinung. Das Haar eine geordnete Pracht, von den besten Händen des Reiches gestylt. Aufgenommen ist das Bild kurz nach dem Einzug in die Reichskanzlei von seinem »Leibphotographen«, dem »Reichsbildberichterstatter« Heinrich Hoffmann, der quasi das Monopol für die auf Papier gedruckte Erscheinung des zum Kanzler gemachten Parteiführers hatte. Das mit Künstlersinn retuschierte Porträt stammt aus der Fotoreihe eines Bildbandes, zu dem der Häuptling aller Hitler-Jungen, Baldur von Schirach, 1939 ein Vorwort geschrieben hat. Der war nicht nur ein großer Parteibonze und des Fotografen Schwiegersohn, sondern auch ein mordsmäßiger Dichter. Reimend brachte er die Wörter zum Schreien: »Deutschland, du wirst leuchtend stehn, mögen wir auch untergehn.« Titel des Fotobuchs: »Das Antlitz des Führers«. Zum 50. Geburtstag.

Wie der Führer sich sehen lassen wollte, so wollten die Deutschen ihn sehen. Verzückt war das Volk, das ihn damals zum Himmel stemmte. Hinauf auf die Gipfel der Erfolge, wie fast alle Biographen noch Jahrzehnte nach seinem Tod schwärmen. Die Landnahmen in Österreich und der Tschechoslowakei lagen hinter ihm, die in Polen und Frankreich standen unmittelbar bevor. Getrieben von einer Tollheit, die viele mit ihm teilten. Ganz ist sie nicht abgeklungen – oder wie erklärt es sich sonst, dass die steile Kurve der »Erfolge« bis 1940/41 noch heute Bewunderung auszulösen imstande ist, gerade so, als ob sie sich nicht als Anläufe für den Höllensturz herausgestellt hätten. Damals jedenfalls hatte keine Zweifel, wer ein guter Deutscher war: Europa steht uns zu. Grund genug für das Volk ohne Raum.

Sein Reich war von unterschiedlicher Dauer, geplant auf tausend Jahre, in der Erinnerung gefühlte hundert, in der Wirklichkeit nach einem kleinen Dutzend am Ende. Mit 56 nahm er sich sein Leben, nachdem er mit seinen Mannen das Leben von Millionen Menschen zu Klump geschlagen hatte. 58 Jahre danach posiert er vorne auf einer 1230-Seiten-Biographie, kunstvoll veredelt, nach seinem Gusto dargestellt. Ein Bildzitat, an dem vieles abzulesen ist. Habitus einer Ära, unsterbliche Faszination, Symbol einer Geschichtsinterpretation. Da weiden beim Hinaufschauen die Augen. Behauptet die Enkelgeneration: »Opa war kein Nazi«, so geht, für sich genommen, der Umschlag mit dem Idol der Vorfahren noch einen Schritt weiter: »So schön kann doch kein Nazi sein.«

P.S. Briefmarkensammler sind mit dem Bild des Cover-Helden vertraut. Der Hitler auf dem Buchtitel ist jenem Hitlerkopf wie aus dem Gesicht geschnitten, der mit Abstand am häufigsten auf den Postwertzeichen verewigt ist. Gestempelt und von hinten geleckt, steckt er nun in den Alben (oftmals auch ohne dass ihn je eine Zunge zum Kleben erweckt hat). Laut Katalog in über 20 Farben, inklusive »lilabraun« und »russischgrün«. Auf Briefen vergammelt der Reichspost-Hitler in Zigarrenkisten und Schuhkartons, drunten im Kellerverschlag oder droben unterm Dach. Es kommt vor, dass er nicht mehr alle Zacken im Strahlenkranz hat. Auf manchen Marken erscheint er wie hinter schwedischen Gardinen, das Gesicht mit einem schwarzen Gitter überdruckt. Nach dem Krieg half er damit seinen Österreichern aus der Not, in der sie sich noch keine neuen Marken leisten konnten. So ging dort die Post noch eine Weile weiter mit ihm ab. Ähnlich verfremdet erscheint er auch auf den bei den Sammlern begehrten »Sächsischen Schwärzungen«, die nach dem russischen Einmarsch kurzzeitig gültig waren. Auf einer davon ist ihm sein neuer Titel mit dem Buchstabenstempel quer über die Nase gezogen: »Deutschlands Verderber«. Dergestalt bearbeitet, bringt er in der Gegenwart auf Auktionen fünf Mille und mehr. Nur wenig älter sind die Hitler-Köpfe mit einem »Aufdruck«, der sagt, wo die Postmarke zu Siegeszeiten gültig war. Heute werden sie von den Philatelisten in der Rubrik »Deutsche Besetzung 1939–1945« angeboten. Der mit »Ljady. Bez. Leningrad« drauf ist mehr wert als der, auf dem »Ukraine« steht, der mit »Generalgouvernement« fast so viel wie der mit »Ostland« oder »Kurland«. Für den, auf dem nur »Deutsches Reich« zu lesen ist, ganz ohne Aufdruck, bekommt man fast nichts.

Der Künstler KP Brehmer hat 1967 für eine Ausstellung zum Gedenken an das von den Deutschen in dem tschechischen Dorf Lidice angerichtete Massaker diverse Hitler-Briefmarken vergrößert und zu einer Collage verarbeitet. In den 90er Jahren hing das Bild in der Eingangshalle des Prager Museums für die Schönen Künste. Es trägt den Titel: »Deutsche Werte«.

Christian Graf von Krockow:
Hitler und seine Deutschen.
List Verlag 2001.

Ein Titelbild zum Hirnverrenken. Ja, es ist exakt der gleiche schöne Adolf wie auf der Neuausgabe der Fest-Biographie, nur deutlich tiefer gelegt. Hier ist er unverkennbar beschnitten. Der Cover-Macher hat an ihm herumgeschnippelt. Was wir sehen, ist nur die obere Hälfte des Kopfes. Die Beletage der Visage. Darüber das Nichts in Gestalt schwarzer Monochromie (oder sind es, gründlich geschwärzt den Blicken entzogen, »seine Deutschen«, die im Titel angesprochen sind?). Auf halber Höhe des Nasenrückens ist das Gesicht alle. Weggefallen seine Signatur, die Oberlippenhaartracht, die Schuhbürste, der Schnauz, der Rotzwärmer (wie Münchner sagen) oder (wie Dialektiker sagen) das Imitat von Charlie Chaplin, der vier Tage vor ihm zur Welt kam. Vom Ohr ist nur noch die obere Hälfte da.

Volles Programm nichtsdestotrotz für den Autor. Der Geschichts- und Politikwissenschaftler, Jahrgang 1927, will in diesem Buch »das Psychogramm einer verführbaren und verführten Nation« präsentieren.

Wer das Buch öffnet, findet neben der ausführlichen Darstellung des Geschichtsverlaufs comme il faut auch eine Reihe von Überlegungen, die aus der Fernsehserie »Schtonk nach acht – Historische Plaudereien bei zwei, drei Flaschen guten Rotweins« zu stammen scheinen. Hier ist zu erfahren, dass alles anders gekommen wäre, wenn der Titelheld den Deutschen von vornherein erspart geblieben wäre. Oder wenn es ihn wenigstens im Herbst 1938 erwischt hätte – vielleicht bei einem Überholmanöver mit dem Kabriolett oder bei einem »Flugzeugabsturz, sei es durch Sabotage oder bei unversehens aufkommendem Nebel«. Dann wären alle gut bedient gewesen, glaubt der Autor, der das detailfreudig dem Leser als durchaus »denkbar« ausmalt.

Die imaginierten Nebelschwaden des in den Medien als »Nestor der Politikwissenschaften« verzeichneten Grafen haben es leider nicht richten können. Das Wetter hat wieder mal nicht mitgemacht. Und, wie man weiß, auch die Offiziere nicht. In der Zeit, als Hitler und seine Deutschen nach dem »Anschluss« Österreichs »auf der Straße der Triumphe« marschierten, nimmt der Autor eine »Militärverschwörung zum Staatsstreich« wahr, die sich gegen den drohenden Krieg formiert. Bereitwillig glaubt Graf Krockow an dieses nach 1945 von Memoirenverfassern und Historikern breit gefächert Hand in Hand zum historischen Faktum umgeschriebene Szenario aus Diskussionsprojekten, Gedankenspielen, Denkschriften und Tatkraft simulierendem Palaver.

Den Leser anspornend, es ihm gleichzutun, unterstreicht der Autor das Ausmaß des Wunschputsches im Nachtragshaushalt der deutschen Geschichtsschreibung verbal mit vermeintlich schwerem Geschütz: »Sogar ein Stoßtrupp stand bereit.« Der »verwegene Haufen« aus Anwerbern und Mitmachern, gleich nach 1945 mit einem Schwarm von Namen zum papierenen Leben erweckt, hat sich in der Widerstandsgeschichte des »Dritten Reiches«, Abteilung Konspirationen, gut eingelebt. Bei Joachim Fest sind es vor allem waffenkundige Landsknechtsnaturen, nationalkonservativ programmierte Ex-Freikorps-Kämpfer und Anhänger des Hohenzollern-Kronprinzen Wilhelm. Als der erwartete Krieg, der das Unternehmen in Gang setzen sollte, auf sich warten ließ, lief der ominöse Trupp auseinander, bevor er je richtig zu sich gefunden hatte. Seine wilden Gesellen kommen aber weiterhin, auch im 21. Jahrhundert, unweigerlich auf den Buchseiten zusammen, wenn Historiker die Opposition gegen Hitler noch vor dem Beginn des Zweiten Weltkriegs beschreiben.

Dieser sagenhafte Plan zum Aufstand steht heute landläufig auf der Hitliste des Widerstandes ganz oben. »Die Septemberverschwörung von 1938 war der am gründlichsten vorbereitete und aussichtsreichste Putschversuch von Heeresoffizieren und Beamten im Auswärtigen Amt gegen die nationalsozialistische Herrschaft« – so der von Historikern mit vereinten Kräften bestückte Beitrag in der letzten Fassung von 2015 im online-Lexikon Wikipedia. Krockow bedauert in seinem Buch, dass die potentiellen Verschwörer den Aufstand damals haben sausen lassen. So habe der in Gedanken schon beseitigte Tyrann weitermachen können.

Aber es sei nun einmal nicht einfach gewesen: Das Timing machte Probleme, was mit der Stimmung bei den Landsleuten zusammenhing. Blieb der Krieg aus, ging's nicht, kam der Krieg und mit ihm der Sieg, ging's auch nicht. So passte es auch ein halbes Jahr später, als die Wehrmacht in Prag einmarschierte, gerade überhaupt nicht. Zu schön die deutsche Fahne auf der Kaiserburg über der Moldau. Und wiederum ein halbes Jahr später, als die Truppen im Handumdrehen Warschau eroberten, sei eine Meuterei ein Ding der Unmöglichkeit gewesen, erst recht im Jahr darauf, als Frankreich, Benelux und Norwegen einzukassieren waren. Es wollte sich lange Zeit kein Termin finden lassen. Zu viel Jubel stand im Weg, gegen die Siegerlaune war nicht anzukommen, die »Friedenssehnsucht«, so rastlos sie auch loderte, habe sich hintanstellen müssen.

Diesen Krieg habe keiner gewollt, meint der Autor und fügt sogleich die Ausnahme mit einer Formel hinzu, die zu den nicht umzubringenden Beteuerungen in der Fibel der hoch gerühmten deutschen Vergangenheitsbewältigung zählt: »Einzig Adolf Hitler wollte ihn.« Ohne ihn wäre alles friedlich geblieben. Und auch dazu sind dem Leser Argumente von törichtem Charme angeboten: Göring beispielsweise, der favorisierte Nachfolger, habe »zu denen gehört, die fast verzweifelt nach Auswegen suchten, um den Krieg abzuwenden«. Denn er sei »ein Genußmensch« gewesen, »der die Bequemlichkeit liebte«, kriegerische Anstrengungen hätten ihm fern gelegen, sein Hintern zu breit, um ihn hochzukriegen. Himmler habe damals noch keine große Rolle gespielt. Nein, es war einzig und allein der »Vabanque-Spieler« an der Spitze des Reiches, der die Deutschen zum Krieg trieb, behauptet der Autor und räsoniert weiter: »Ohne ihn« hätte das Regime »vielleicht eine spanische Entwicklung« genommen wie unter Franco, vielleicht wäre sogar der alte Schwede, unser Kaiser Willem, des Holzhackens müde, aus dem holländischen Exil zurückgekehrt. Bei den parahistorischen, hübsch ausgemalten Exkursionen in diesem Buch geht es drunter und drüber. Wie könnte es anders sein, wenn tot geborene Hoffnungen, schief hingestellt, im Irrealis auf den Buchseiten umherwanken.

Ohne ihn! Am besten für immer. Auf dem Umschlag macht es den Eindruck, als sei er im Abstieg, als sei es bald so weit, als wären wir ihn in Kürze ganz los.

Denkste, das täuscht. Dieses Buch mit dem Halbgesicht als Bilderrätsel auf dem Titel ist ja – im gleichen Verlagskonzern – zwei Jahre vor der Neuauflage der Biographie von Joachim Fest erschienen, die eben dieses schöne Hitler-Bild unbeschnitten in kompletter Pracht auf dem Umschlag zeigt. Folgt man der Editionslogik von Ullstein-Heyne-List, so ist das Cover von 2001 mit dem Gesichtstorso am unteren Rand des Umschlags nicht das Bild des Abstiegs, sondern des Wiederaufstiegs. 2003 können wir deutlich mehr von ihm sehen. Wer nur hat ihm hochgeholfen? Hat man ihn auf die Schemelkiste gestellt, mit der ein anderer deutscher Regierungschef um die Jahrtausendwende bei Fototerminen sein Zentimetermaß verlängerte? Oder ist es nur eine Momentaufnahme, und er befindet sich auf dem Trip nach ganz oben? Bald sehen wir dann nur noch die Füße? Das sind Fragen.

Die bibliographischen Angaben in beiden Büchern, wenngleich von vorbildlicher Ausführlichkeit, sind uns keine Hilfe. 2001 lag das Umschlagkonzept bei »Hilden-Design« (was immer das ist) in München, 2003 bei Thomas Jarzina (wer immer das ist). Verlagschef zu dieser Zeit bei Ullstein-Heyne-List war Christian Strasser, der späterhin, wie er selbst behauptete, mit einem anderen Verlag an einem »spirituellen Wertehorizont im Hier und Jetzt« arbeitete.

Wer ihn kennt, weiß, der wird gedacht haben, dass er sich bei dem Hitler-Gesichtsfragment was denkt.

Manfred Koch-Hillebrecht: Homo Hitler.
Psychogramm des deutschen Diktators.
Siedler Taschenbuch 1999.

Das Gesicht auf dem Titel bettelt um Mitgefühl. Arme Viecher schauen dich so an. Am Zeitschriftenkiosk, wenn ein großer Report die Grausamkeit der Tierversuche dokumentiert. Die geschundene Kreatur hinter einem Schleier aus tausend kleinen Punkten. Jeder Punkt ein Nadelstich ins Gemüt. Ja, so soll er auch gewesen sein. Noch jung, schaut er dem Betrachter direkt ins Gesicht. Ausgestelltes Leid. Männliches Trockenweinen, wie es Mode war, bevor die Tränenausbrüche der Emo-Helden die Bildschirme in Feuchtgebiete verwandelten. Andere mögen bei diesem Anblick an ein asoziales Kriminellenschicksal hinter der Armutsgrenze denken. Die Sprechblase, die sich aufdrängt, kann ein Herz aus Stein erweichen: Niemand hat jemals ein Foto von mir gemacht, das einzige, das existiert, stammt aus dem Verbrecheralbum.

Titelheld im Porträt en face, mehr schwarz als weiß. Unter dem Kinn versuppt es. Darüber aufsteigende Helligkeit. Sachte grüßt die Dämonie. Der maßlose Blick. Abermillionen fühlten sich von ihm ergriffen: Unser Wille wurde uns geraubt, sein Wille geschah. Hypnotische Unwiderstehlichkeit. Diese Augen! »Wie Sterne«, schrieb Goebbels jubilierend in sein Tagebuch. Die preußisch orientierten Verehrer lobten an ihnen das »Hohenzollernblau«. Was wäre ohne sie bloß geworden? Aus uns? Aus ihm? Sie spiegeln seine Innenwelt, hier in stark aufgerasterter Form, nahezu gepixelt, jedenfalls nicht zu entziffern. Physiognomiker und Morphopsychologen faseln von Auratisierung und Mystifizierung, von Ikonographie und Sakralität. Disparat die Befunde und endlos die Zahl der Metaphern: Traumfänger oder Fixsterne? Magnetische Sonnen oder zerebrale Schießscharten? Lötkolben oder Glühlampen? Heideggersche Glutlichter, die das Grundwasser der deutschen Seele illuminieren, oder Riesenscheinwerfer, die den Horizont der Vorsehung in ein Flammenmeer verwandeln? Überstrapaziert die Vergleiche: Maskenmann. Pokerface. Caligari, Fantomas, Mabuse, Frankenstein, Kürten, der tägliche Kinderschänder aus der ›Bild‹-Zeitung. Was hinter seiner Stirn vorgeht, geht alle an, und weiß doch niemand. Bis dass der Psycho-Prof kommt.

Koch-Hillebrecht, Politpsychologe, Jahrgang 1928, hatte als Jugendlicher den Probanden noch erlebt. Jetzt seziert und analysiert er »das schlimme Ungeheuer der Geschichte«. Als ob er auch ganz anders könnte, betont er: »unter Wahrung der klinischen Distanz«. Als Seelendetektiv, Hänsel und Gretel in einer Person, irrt er hinter den Spuren her, die er selbst gelegt hat, bis er im Pfefferkuchenhaus der Führerlegenden landet und erfahren muss, warum die Großmutter so einen großen Schnurrbart unter der großen Nase hat. Über der Eingangstür steht: »Revision des Hitler-Bildes«. Zwischen den beiden Buchdeckeln bringt er schon zum Vorschein, was ein paar Jährchen später der Historiker Lothar Machtan in einem alten Hut, randvoll mit Gerüchten, als seine Sensation verkaufen wird: Eine Klemm-Suse sei der Mann auf dem Titel gewesen, schwul wie die Nacht, ein Hexerich, der seine Natur verdrängt habe.

Vielleicht ist es der Evidenzmangel, warum das »Design Team München« ihn vornedrauf so tierisch malträtiert kucken lässt. Auf einem Foto aus dem »Archiv für Kunst und Geschichte« in Berlin. Unterbelichtet.

Lothar Machtan: Hitlers Geheimnis.
Das Doppelleben eines Diktators.
Alexander Fest Verlag 2002.

Brustbild, Profil. Im Gegenlicht. Das Titelbild zeigt nur einen Schattenriss. Wenn da nicht die Schriftzeile mit seinem Namen wäre, würden ihn viele nicht erkennen. Schwarz vor hellgrauem Untergrund. Das passt. Außen auf dem Buch der Dunkelmann, im Innern auf vielen Seiten allerlei pastellfarbene Andeutungen und szenische Genremalereien. Zwischendurch einige Fotos. Unter ihnen stehen Anspielungen und Hintergedanken: »Hitler mit seinen ›Lieblingsjüngern‹« (S. 165), »Nachgerade effeminiert« (S. 272), »... in seiner Lieblingspose als ›viriler Führer‹« (S. 346), »Hitler mit ›Fräulein Braun‹... wenige Monate vor ihrer obskuren Hochzeit« (S. 363). Die Bildunterschriften spekulieren auf Ressentiments, auf Raunen und Glucksen bei Kennern und Spießern. Das Fotomaterial liefert keine Anhaltspunkte. Die Paparazzi hatten nichts zu bieten. In flagranti, nirgendwo.

Umso mehr legt sich Machtan ins Zeug. Der Geschichtsprofessor von der Universität in Bremen gibt sich als historiographischer Fährmann, der die Geschichten vom fernen Hörensagen ins nahe liegende Sageundschreibe übersetzt. Sein Angebot gleicht einer Rentner-Busfahrt mit Gewinnspiel: leere Versprechungen, schlappe Unterlagen, paginierter Kaffeesatz, der die betagten Phantasien anregt. So kommt bei der Ankunft, wer unbedingt will, zur Annahme einer Veranlagung. Achtung, zurücktreten. Es wird geoutet: Der Führer war ein Hinterlader. Gewonnen ist ein Blumentopf der Erkenntnis, so echt wie eine Rheuma-Wolldecke aus Polyester. »Outor« Machtan stellt die Antworten, dem Leser bleiben die Fragen.

Der Verleger Alexander Fest weiß vom Vater Joachim, wie viel Geld der Kerl bringen kann, wenn man ihn frontal aufdröselt. Das scheint ihm einen Versuch von der gegenüberliegenden Seite zu rechtfertigen. So hat er dem Autor das Honorar bezahlt, die Bühne gebaut, das große Tamtam geliefert: »Dieses Buch ist eine Sensation. Es wird unseren Blick auf Hitler tiefgreifend verändern.«

Nu aber mal halblang, wer greift denn hier zu tief? Und wohin? Verwirrend die Betextung: Hat der Titelheld auf der Umschlag-Vorderseite noch zwei Leben, ein »Doppelleben« eben, so hat er auf der Rückseite überhaupt nicht gelebt, er hat nur so getan als ob. Da steht weiß auf schwarz (sic!): »Das Leben des deutschen Diktators – in Wahrheit ein Scheindasein.« Deutschland erwache: Hallo, Hallöchen. Es war nur ein Traum.

Enthüllt wurde »Hitlers Geheimnis« auf der Frankfurter Buchmesse 2001. In den Wochen davor ein dämliches Verschlusssachen-Spektakel: Reklame mit weißen Leerseiten im »Börsenblatt des deutschen Buchhandels«. Zur Einstimmung schweinelaut der Ruf: Leise! Mucksmäuschenstille! Auf Kommando alle mal herhören – »zeitgleich in zwölf Ländern«! Dann der Paukenschlag ins Wasser: Hose auf, und alle Fragen offen.

Kein Anker wurde gelichtet. Die Fahrt aus dem schwarzen Loch der Unwissenheit ins Meer der Ahnung oder gar hinaus auf den offenen Ozean der Erkenntnis fiel aus. Am Arsch der deutschen Geschichte blieb es stockfinster.

Manfred Weissbecker/Kurt Pätzold:
Adolf Hitler. Eine politische Biographie.
Militzke Verlag 1995.

Ein knallig roter Umschlag. Geschuldet der ersten Hitler-Biographie überhaupt aus dem Osten unseres Vaterlandes. In der roten Umgebung: ein Schwarz-Weiß-Porträt. Halbprofil, links. Die Jacke ist der Soldatenrock. Rechts Epaulette mit Schulterriemen, an der linken Schulter nichts. Unterm Hals blässelt das Rot. Am linken Ärmel, knapp über dem Ellbogen, die Armbinde der Partei. Aber Vorsicht, der Endloszahl von Rätseln um diesen Mann ist hier ein weiteres hinzugefügt: rotes Hakenkreuz auf weißem Grund. Das Rote Kreuz? Steckt in diesem Kriegsherrn auch ein Samariter? (Inzwischen hat der Verlag es gemerkt und die Fehlfarbe korrigiert.) Beim Aufhänger des EK I an der linken Brusttasche ist das Bild angeschnitten. Auf dem Hoheitszeichen, das am Schlips steckt, breitet der Adler seine Schwingen aus, während er noch fest auf dem mit Eichenlaub umkränzten Hakenkreuz steht. Das weiße Hemd zeigt ein altes deutsches Übel: Enger Kragen schnürt den Hals. Darüber das Doppelkinn, unrasiert.

Der Mann hat Wut im Bauch. Missmut spiegelt sich in den Augen, prägt auch die Mundpartie. Unterlippe nach vorn geschoben. Auf der Stirn bis zur linken Braue züngeln die Haare, die ihm beim Volksredenhalten über die Augen zu rutschen pflegten (Karl Kraus hat dazu »die Pechsträhne« gesagt). Augenringe und Nasenwurzelfalten verweisen auf nichts Gutes, lange Nächte, sorgenvolle Tage.

Aufgedunsen und verquollen das ganze Gesicht, als gehörte es einem Abstinenzler, der vom Schicksal gezwungen wird, für einen Magenlikör Reklame zu machen: Warum ich Jägermeister trinke.

Man ahnt, der Fokus der Bildaussage liegt tiefer, im hier nicht mehr Sichtbaren, in dem, was mittels Ausschnitt-Technik ins Bild-Abseits verdrängt wurde. Der erfahrene Diagnostiker weiß, dass das, was sich oben faltet, quetscht und stülpt, seine unten versteckten Ursachen hat. So haben sie in diesen Breiten früher das »Neue Deutschland« gelesen. Nicht das, was da stand, sondern das, was da nicht stand, war die Information, auf die es ankam. Das Eingemachte, das sich im Vorenthaltenen verbirgt. Wer so geübt, der braucht keinen Röntgenapparat, um festzustellen: Der Gesichtsausdruck des hier Abgebildeten zeugt von den Blähungen und den Obstipationen, unter denen er zeitlebens litt. Wir wissen es schon lange, dass fast alle dem Führer zu Willen waren, viele sogar ein Herz und eine Seele mit ihm. Nicht so sein Gedärm. Es machte viel Wind, aber es machte nicht mit. Medizinische Diagnose: Meteorismus intestinalis, laut Lexikon »eine vermehrte Gasproduktion im Dickdarm infolge einer bakteriellen Fehlbesiedlung«. Während das Volk jubelte und die Soldaten weit über alle Grenzen marschierten, rumpelte und pumpelte es im Zentrum seines Leibes, wo das »enterische Nervensystem« sitzt. Bazillen, Bakterien, Viren machten sich dort, im »Bauchhirn«, wie die Psychologen es nennen, zu schaffen. Was da unten rumorte, war die Begleitmusik zu dem oben im Kopf tobenden Hass auf die Juden.

So mag es sich ausdenken, wer das Abbild auf diesem Buch betrachtet. Hier spiegeln sich, antisemitisch flambiert, deutsche Urängste: überall Heckenschützen, Partisanen, Saboteure. Unsauberkeiten, Parasiten, Giftmischer, Schmierfinken. Widerrechtliche Zusammenrottung an einem verbotenen Ort. Insubordination. Aufsässigkeiten. Widrige Winde und bestialische Ausdünstungen. Resistenz in den ureigenen Kolonnen. Glaubt man den Ärzten, die sich damals mit allen Mitteln und Mittelchen um seinen Stuhl kümmerten, so war der im Arsch. Es kam vor, dass er tagelang nicht loslassen konnte und buchstäblich darauf sitzen blieb.

Und unten vorn? Auch wenn es die Nachwelt einfach nicht wahrhaben will, von den Ereignissen im Genitalbereich kann man nur auf gut bayrisch sagen: Nix Gwieses woas ma ned. Kein Fleck ist weißer im sonst so millimetergenau kartographierten Hitler-Atlas. Auf den Weltkugeln des Mittelalters stand an der Stelle der unerforschten Gebiete geschrieben: »hic sunt leones«. Eine Löwentatze? Hasenpfote, Piepmatz, Blindschleiche? Wie viel Eier, eins. zwei, drei? Terra testiculi incognita. »Hitler has only got one ball«, singen die Engländer seit 1939 als zweite Nationalhymne. In den Büchern, Filmen und Zeugenberichten finden sich nur Sprüche, Widersprüche, Märchen, Spekulationen. Ziegenböcke, die sich bei ihm, als er noch ein Junge war, was abgebissen hätten. Elefanten, die aus weniger als dem Rüssel einer Mücke gemacht sind. Von Indizien zu sprechen, wäre schon übertrieben. Hat er oder hat er nicht? Nichts als Gemunkel, Pipifax, und Herrengedeck-Döntjes, lütt un lütt. Faseln die einen, er habe alles, labern die anderen, er habe nichts anbrennen lassen. Noch immer erzählen Männer den Witz vom »letzten Arbeitslosen«, der hinter seinem Hosenlatz abhing. In Wirklichkeit war vor Ort niemand, dem zu trauen ist. Am Ende allen Federlesens steht: Was da los war, und ob überhaupt, das weiß keiner, auch die nicht, die es behaupten. Auch Volker Ullrich nicht, Autor der neuesten Großbiographie, der sich dieser Frage wie ein Briefkastenonkel begütigend optimistisch, sozusagen mit Glaube, Liebe, Hoffnung und Überzeugung annimmt: »Wir wissen wenig Genaues. Aber ich bin überzeugt, dass er zu Eva Braun, seiner letzten Geliebten, eine sehr viel engere Beziehung hatte, als wir das bisher gedacht haben.« Das ermutigt mich zu einer eigenen, sich ihres fehlenden Nachweises bewussten Diagnose, was seinen direkten Sexualumgang angeht, ob mit Mann oder Frau: Wenn da überhaupt etwas brannte, dann war es keine Flamme, höchstens ein Flämmchen, von überspielter Verklemmtheit und großmäuligem Muckertum klein gehalten. Vulgo: Er war nicht hinter ihnen her, oder Tacheles: Besonders scharf war er nicht drauf.

In der DDR befasste man sich in der Öffentlichkeit vorwiegend mit der Deutung von Hitler als Befehlsempfänger der Großkapitalisten. Wenn er mal ins Bild gesetzt wurde, dann hob er die Hand auf, und die Schlotbarone von Rhein und Ruhr reichten ihm die Scheine von hinten rüber. Und nun schaut er hier auf dem Buchdeckel steißgesichtig aus der Wäsche, als wollte er sagen: Wo sind die Moneten? Wenigstens das Begrüßungsgeld. Auch mein Nachleben ist mir teuer.

Rainer Zitelmann: Hitler.
Selbstverständnis eines Revolutionärs.
Mit einem Vorwort von Karl Otmar
v. Aretin. Greif-Bücher. Klett-Cotta 1991.

Grundfarbe des Covers ein lichtes Zinnoberrot. In der Mitte ein Hitler-Porträt. En face, angebräunt. Die Betrachter ins Auge und Gebet nehmend: Hört ihr die Signale? Weit drauß vom Mythenwalde komm ich her, wo Che und Robin, Mao und Prinz Eisenherz, Lenin und King Artur hausen. Ist das Bild von Hand gezeichnet? Mit dem Munde gemalt? Ein verfremdetes Foto? Es ist ein Bilderrätsel. Der Verlag, eine Größe im seriösen Gewerbe, gibt sich wortkarg – »Umschlag: Klett-Cotta Design«. Ein Ausdruck im Gesicht, der Eindruck macht: Entschlossen trutzig, tief eingegraben die Falten der Verantwortung. Die Lippen sind zusammengepresst, als staute sich dahinter ein Redeschwall, als wollte der Visagist seinen Hitler augenblicklich loslabern lassen. Der alte Zausel lässt sich nicht zweimal bitten, dreht sich kurz im Grabe um und legt los:

Was sollte ich machen? Es war nicht leicht, ein Revolutionär zu werden. Der Autor war partout nicht davon abzubringen. Nicht einmal von mir, der ich einst Marschälle zur Minna machte und Magnifizenzen zur Schnecke. Und sehen Sie nur hinein ins Buch, alles, was ich je von mir gegeben habe, hat dieser Zitelmann gelesen. Gekauft wie gesehen, geschluckt wie gelesen. Ein Junge, der alles glaubt, was ich gesagt habe, ist nach meinem Geschmack – ein wahrer Hitler-Junge. Zäh wie Leder sein Stil, hart im Ausdruck seine Sprache, flink die Ergüsse seiner Gedanken. In der meinen revolutionären Taten gewidmeten Dissertation ist alles akademisch zertifiziert. Ausdrücklich lobt Geschichtsprofessor Freiherr Otmar von Aretin in einem Vorwort das, was sein Schützling herausgearbeitet hat. Hier wird es anerkannt: mein »Gedankengebäude, mein logisches Denksystem«. Ich war eben, so ist es da zu lesen, auch in »innen- und sozialpolitischen Fragen« durchaus beschlagen und auf gesellschaftlichem Gebiet »modernen Zügen« gegenüber äußerst aufgeschlossen. Vorurteile müssten korrigiert werden: Von »wirtschaftlichen Fragen« verstand ich viel mehr, als irgendwelche missgünstigen Kleingeister es immer noch behaupten. Das Buch, in dem das unmissverständlich gesagt wird, ist mehrmals aufgelegt, auch die »Wissenschaftliche Buchgesellschaft« hat es herausgebracht. Erstmals erschienen ist das Werk 1987, da war der Autor, der gute Junge, gerade 30, also weiß Gott kein Grünschnabel, und ich wäre kurz vor dem Hundertsten gewesen, wenn, ja wenn, aber darüber möchte ich jetzt nicht reden. So tot kann ich gar nicht sein, um es nicht gleich gemerkt zu haben: Aus dem wird was, so wahr ich mit der Vorsehung im Bunde war, und, glauben Sie es mir ruhig, immer noch bin. Der schreibt, wie ein Politiker reden muss: »Hitler maß der sozialen Frage eine hervorragende Bedeutung bei.« Was sagen Sie dazu? Lassen Sie es einwirken: Ich, der Führer des deutschen Volkes, maß eine hervorragende Bedeutung der sozialen Frage bei. Weltkrieg zwo, ja, aber kein Hartz vier. Tot, verwüstet, verwundet, Bein oder Arm ab, warum nicht? Aber arm dran, niemals! Der Mann hat mich durchschaut, mein soziales Wollen erkannt. Und wie nennt er mich? Es klingt wie in Stein gehauen, graniten, wie ich zu sagen pflegte: »Vollstrecker eines Modernisierungsprozesses«. Wiederholen Sie das ruhig ganz langsam, wie er mich nennt, wie er mich geradezu tituliert: »Vollstrecker eines Modernisierungsprozesses«. Zu meinen Lebzeiten haben mich Schlagzeilen millionenhaft als »Vollstrecker des Willens des ganzen Volkes« gefeiert. Selbst die Wenigen, die mich in Deutschland zu Lebzeiten hassten, haben das Wort verwendet, und diejenigen, die mir widerstanden, bezeichneten mich als den »Vollstrecker des Bösen in der Weltgeschichte«. Und nun wieder: »Der Vollstrecker«! Ein Name wie ein Donnerhall. Was für ein Kompliment von diesem Geschichtsschreiber. Sollte ich jemals gezweifelt haben, jetzt steht unverrückbar für mich fest, ich wiederhole und lasse die Buchstaben auf der Zunge rollen, wie einst die Panzer durch die Länder: unverrrrrückbar! Es hat sich doch gelohnt, auch wenn nicht alles klappte.

Ausgelabert. Punkt. Sense. Das frisst am Gemüt. Wer nach so einer vom Anblick des Cover-Bilds wie von der Lektüre des Inhalts ausgelösten Führer-Traumtirade hinten auf das Buch schaut, traut seinen Augen kaum und putzt sich die Brille dreimal: Nicht nur der untote Führer, der just im Jenseits ein Freudentänzchen hinlegte, ist hellauf begeistert. Die hier abgedruckten Auszüge aus Rezensionen belegen: So etwas gefällt auch Leuten aus der Fachwelt, Männern mit allen Weihen der akademischen Elite, die den Anspruch erhebt, vom Katheder herunter dem sie nährenden Gemeinwesen mit ihrem horrenden Wissen zur Seite zu stehen. Da lobhudeln die Universitätsprofessoren Krüger, Hildebrand, Dülffer, Hillgruber in höchsten Tönen: »Erkenntnisfortschritt... vorurteilsfrei... innere Logik... einer der wichtigsten Beiträge zur Hitler-Forschung... Meilenstein«. Und der US-amerikanische Geschichtsprofessor John Lukacs fühlte sich von der Zitelmann-Lektüre in superlativische Rage versetzt. Er ernannte Hitler zum »größten Revolutionär des 20. Jahrhunderts«.

Vorne drauf auf dem Buch ist nun des Autors Vollstrecker auf den Barrikaden zu sehen, im Schaufenster der Geschichte von rechts nach links verschoben (wenn Joachim Fest, der Maestro unter den Hitler-Interpreten, sich gereizt sah, hat er ihn auch sehr nachdrücklich dorthin strafversetzt). In der Gegenwart verstrahlt im nationalistischen Milieu der Mythos vom »Sozialrevolutionär Hitler« noch immer die Gehirne – Rächer der Enterbten, Besiegten, Unterdrückten, Ausgebeuteten und der von Fremdrassigen Überfluteten.

Der Cover-Bild zeigt Hitler an der Spitze des Fortschritts. Der letzte Schrei. Ungestüm unbehütet. Keine Jakobinerhaube, keine Bahnhofsvorsteher-Führermütze, kein Stahlhelm, kein Barett. Bloß das Haupt, das Haar fällt scheps über die Stirn. Volkes Sohn und Retter. Eine Benutzeroberfläche, die sich anzudienen versteht: Projektionsfigur für Machtgelüste und Aufstiegswünsche von Millionen. Um den Kopf herum ein weißer Kreis. Es scheint: der Heiligenschein der Moderne.

P.S. eins: Hausgeist Hitler hatte mit seiner Vorsehung dieses Mal recht. Aus dem Autor wurde was. Zitelmann hielt Schritt im Modernisierungsprozess. Als Jugendlicher schwärmte er für Marx und Mao, dann wurde er ein fleißiger Historiker, Journalist und »jungkonservativer« Herausgeber von Büchern, die von kundigen Kritikern das Prädikat erhielten: »Da schreibt der Stahlhelm-Flügel.« Als bemühter Revisionist wandte er sich gegen die »sogenannten aufgeklärten Linken«, weil die den Nationalsozialismus so pauschal madig machten. Der Zeitgeist, der längst in ihn gefahren, trieb ihn um. Jetzt im neuen Jahrtausend ist er schon lange Experte für Vermögensvermehrung und »Berater von Immobilien-Profis«. Früher hat er über den »Revolutionär« Hitler geschrieben, dessen »erstaunliche Erfolge in der Wirtschafts- wie in der Außenpolitik« er lobte, später führte er in der ›Welt‹ Leute mit Geld auf dünnes Eis (»Hohe Renditen locken Investoren in die USA«) und schrieb Bücher darüber, wie man »reich wird« und wie man »die Macht der Positionierung« ausübt – und neuerdings gibt er die »Erfolgsgeheimnisse der Sieger« preis. Die Werbung dafür lautet: »Zitelmann schreibt nicht nur über die Geheimnisse des Erfolgs, er lebt sie selbst.«

P.S. zwei: Die heiße Spur zur Auflösung des Bilderrätsels ist blutig. Das Hitler-Porträt, das hier 1991 auf den Buchdeckel eines angesehenen Verlages geraten ist, war 57 Jahre zuvor entstanden –

eine Zeichnung, publiziert als dezidierte Huldigung für einen Massenmörder. Die Zeitschrift, in der die Cover-Visage damals erschien, hat sich beachtenswert durch die deutsche Geschichte geschlagen. Zu Revolutionszeiten in der Mitte des 19. Jahrhunderts gegründet, verbreitete sie Jahrzehnte deutsch-jüdischen Witz und liberale Ideen, bis sie vor dem wilhelminischen Kanzler Bismarck in die Knie ging. Längst hoffnungslos vervaterlandet, bekundete sie schon in den Jahren der Weimarer Republik ihre Sympathien für den militanten Führer der »Sieg-Heil«-Front. Das Originalbild, aus dem sich die Klett-Cotta-Designer 1991 den Kopf ihres »Revolutionärs« herausgezoomt haben, zeigt den Reichskanzler anderthalb Jahre nach seinem Amtsantritt als »Retter des Vaterlandes«. Eigens gezeichnet als Dank für die Mörderei am 30. Juni 1934, der »Blutnacht«, in der Hitler über 100 Menschen, Mitstreiter wie Gegner, in der sogenannten »Röhm-Aktion« hatte umbringen lassen. (Blitzlichtaufnahme im Schacht der Geschichte: Das Massaker, in der Öffentlichkeit als »Säuberung« gerechtfertigt, brachte dem vom Autor zum »Revolutionär« ausgerufenen Diktator damals die ultimative Bewunderung der reaktionären Reichswehroffiziere ein.)

Auf dem Bild, in Gänze betrachtet, umklammert Hitlers Rechte eine Fahnenstange, an seinem Arm hängt ein dralles Weib namens »Germania«, darüber steht der Schriftzug »In Treue fest«, darunter ein Spruch seines populären Weggefährten Göring: »Je größer die Not, desto stärker der Führer.«

Die Zeitschrift, 1944 ein Jahr vor ihrem Helden eingegangen, kennen nur noch wenige, aber ihr Name lebt noch: »Kladderadatsch«. Kürzer kann man es nicht sagen.

*Anton Joachimsthaler: Korrektur einer
Biographie. Adolf Hitler 1908–1920.
Herbig Verlag 1989.*

Relativ bescheiden ist er hier auf der unteren Hälfte des Umschlags
zu sehen. Ein Bild, zurechtgemacht als Passfoto. Rechtes Ohr frei.
In Uniform zu kaiserlichen Kriegszeiten. Schmucklos feldgrau. Als
er im Januar 1942 halb Europa erobert hatte, tönte er im rhetorischen Überschwang: »Ich fühle mich auch heute nur als der erste
Musketier des Reiches.« Wie groß muss er sich gefühlt haben, dass
er sich so klein machte? »Ich hatt' einen Kameraden.« Der einfache Mann mit der Muskete, der nicht fragt und der nicht gefragt
wird, einer, der totschießt und der totgeschossen wird. »Einen bessern findst du nit.«

Ein braver Soldat. Die Tapferkeit, die ihm der Autor attestiert, spricht ihm keiner ab. Neulich im Fernsehen, da glänzten
die Augen der renommierten Hitler-Expertin Brigitte Hamann, als
sie über diesen mannhaften, damals noch unbekannten Soldaten
sprach. Jeder Historiker, jeder Biograph hat aufs Neue hochach-
tungsvoll Hitlers »Eiserne Kreuze« im Ersten Weltkrieg gewienert:
EK II und EK I. »Das bekommst du nicht im Kochgeschirr«, sagten
die vom Schlachtfeld heimgekehrten Veteranen. Die, die sich den
Krieg zu Hause vor dem Bildschirm reinziehen, sprechen es ihnen
nach. Nicht nur einen hörte ich sagen: »Er kann nachher gemacht
haben, was er will, da ziehe ich den Hut vor.« Vor dem furchtlosen
»Meldegänger«, der an der Westfront durch die Schützengräben

und die feindlichen Linien huschte, um Befehle weiterzutragen, die andere gegeben hatten: »Melde gehorsamst ...«

Es scheint zu unserer Moraltradition zu gehören, wir haben es von den Vätern, und die von ihren: Männer sind Krieger, und Krieger sind tapfer, und wer tapfer ist, bekommt mit einem Händedruck von oben ein Eisernes Kreuz, und wer das Kreuz hat, dem steht die Tapferkeit ins Gesicht geschrieben. Darunter blitzt sie am Hals oder links an der Brust. Das imponiert den Männern, das bestaunen die Frauen, und die Hunde blicken unterwürfig hinauf: Nur ein ziviler Mensch, verwandt mit dem Kind, das des Kaisers Nacktheit verriet, kann auf die Idee kommen, dass ein Kriegsorden, selbst wenn ihn goldenes Eichenlaub und glitzernde Brillanten schmücken, nicht mehr als ein Stück Blech ist, das aus sehr unterschiedlichen, schlechten und weniger schlechten Gründen verliehen wird.

Nach dem Gemetzel mit Millionen von Toten folgte »der namenlose Gefreite des Weltkriegs« seinem selbst gewählten Auftrag, »Deutschland zu retten«. Andere in der Weimarer Republik nannten ihn den »böhmischen Gefreiten«, nur weil deren Präsident Hindenburg auf seiner Generalfeldmarschallkarte das österreichische Braunau mit einem Städtchen gleichen Namens in den Sudeten Ostböhmens verwechselt hat, wo der Kriegsheros anno 1866 als Teenager-Leutnant nächtigte, bevor er mit dem Preußenheer auf das habsburgische Königgrätz losmarschierte. Hindenburg hat trotz seiner offenkundigen Erdkundeschwäche selbstredend, über sein langes Leben verteilt, unzählige Orden bekommen, darunter die höchsten, die zu vergeben waren. 1916 ist auch ihm ein »Eisernes Kreuz« verliehen worden, genauer: »das Großkreuz des Eisernen Kreuzes«.

Abteilung halt – seconda vista kann, wer will, die damalige Zukunft des abgelichteten Kriegers auf dem Buchumschlag im Hinterkopf, einen imperialen Zug im Mienenspiel des Feldgrauen wahrnehmen. Signalrot der Untergrund des Ganzen. Die obere Hälfte füllen Titel und Autor in Schwarz und Weiß. Das sind die Farben der Hakenkreuzfahne. Deutschland, ein grimmes Wintermärchen. Rot wie das Blut. Schwarz wie die Elite-Uniform. Weiß wie das Leichentuch. Die Schrift steht stramm im Blocksatz. In Versalien angetreten, die Lettern dicht geschlossen.

Was drinnen im Buch steht, das muss der Leser auslöffeln: ein Menu wie aus dem Blechnapf des Muschkoten. Vorweg: Buchstabenplörre mit Archiv-Fundpartikeln und Bio-Bröseln. Hauptgang: Gegartes an Insider-Kolportage mit Sprossen aus »Mein Kampf« – der Führer, »links« vorgekocht und mit rotem Gewürz »sozialistisch« verfärbt. Nachtisch: Surprise banale – der Führer hat nicht immer die Wahrheit gesagt. Dem Autor, der das anrichtete, war es mit großem Fleiß gelungen, in einem Heuhaufen das Heu zu finden. Das hat er hin und her gewendet, damit sich »unbestreitbar« ein Hitler abbildet, den die sozialdemokratischen Parteien auf die Menschheit losließen. Das Ganze geht auf keine Kuhhaut, aber auch renommierte Historiker picken sich aus dem Fuder, was sie brauchen können.

Als wäre es die dazugehörende Bildlegende, steht unter dem Hitler-Passfoto auf dem Umschlag lakonisch: HERBIG. Hitler bei Herbig, so präsentiert, melden sich beim Betrachter Assoziationen: »Heil Herbig«. 88. Code-Zahl für Eingeweihte. Zweimal am Anfang des Wortes der achte Buchstabe im Alphabet. Ha. Ha. Wer das Buch gelesen hat, dem kommt Karl Valentin in den Sinn. Was wäre gewesen, schrieb der Münchner Komiker nach dem Krieg, wenn Adolf Hitler statt Adolf Hitler Adolf Kräuter geheißen hätte. »Heil Kräuter«? Schnapsidee. »Korrektur einer Biographie« heißt der Titel des Buches – Ha. Ha.

P.S.: Jetzt will ein sauerländischer Historiker, der in Schottland lehrt, herausgefunden haben, dass der Führer 14/18 gar nicht so tapfer war, wie er selbst behauptet hat, und alle, alle nach ihm es immer wieder geschrieben haben. Vielmehr sei er ein »Etappenschwein« gewesen, das sich, wo's ging, gedrückt hat und auf den Schlachtfeldern den Kugeln auswich, statt sich erschießen zu lassen. Das wenn die Deutschen früher gewusst hätten …

Joachim Fest: Hitler. Eine Biographie.
Spiegel-Edition. Nr. 31. Spiegel Verlag 2007.
Sonderausgabe der Neuauflage von 2002.
Erstmals erschienen 1973.

Nein, aber nein auch, wie er da, auf diesem Cover, nun wieder kuckt. Fast ist zu denken: schelmisch. Als ob er auch uns Heutigen was vorgaukeln wollte, wie damals unseren Vorfahren. Millionenfach ist es erzählt: Schöne Augen hat er uns gemacht und uns dann ganz doll genasführt. Sei's drum. Er konnte ja so herrlich chaplinesk sein. Hier mit einem formidablen Hut zu sehen, größer als der Kopf, auf dem er sitzt. Mensch, Adolf, das nennt man prächtig behütet. Total verkappt, eventuell ist die Titelfigur hier klammheimlich ein Satiriker? Harald Schmidt in seiner Paraderolle? Walter Moers als kleenes Arschloch mit großer Kapp? Oder kommt er da beschwipst aus Helge Schneiders Katzeklo? Der Zeitgeist will die Käufer bespaßen.

Der Kopfschmuck, der damals als Insignie der Macht galt, mit dem fliegenden Adler in der Vertikale der Nasenspitze, der Flamme des Heiligen Geistes gleich, erscheint heute als Utensil mit Schweißrand aus dem Kostümverleih oder vom Flohmarkt. Dem im Jahr vor dem Erscheinen dieser Ausgabe verstorbenen Autor Joachim Fest hätte das Titelblatt nicht gefallen, er fand die Witz- und Komik-Anwendungen bei der Hitler-Nachbehandlung stets völlig unangebracht.

Unter dem Mützenschirm schimmert die Haut rosig, als hätte ihn Doktor Morell, sein Spritzenmeister, gerade aufgemöbelt. Das

Bild schreit nach der Lupe. Nirgendwo ein Hinweis, wann, wo, von wem gemacht. Ein Gesicht wie geliftet. Vielleicht auch verpflanzt. Aus einem anderen Foto hier zwischen Kragen und Mützenrand einmontiert. Optische Chirurgie. Auf fröhlich geschminkte Leichname können so aussehen, wenn sie aufgebahrt, übergangsweise konserviert, mit entrücktem Lächeln im Gesicht die Hinterbliebenen zum letzten Gruß an sich vorübergehen lassen. Hier auf dem braunen Hintergrund des Buchumschlags ist niemand sonst weit und breit zu sehen. Der Führer mal wieder ganz allein. Hübsch gemacht vom ›Spiegel‹ für den Büchertisch.

»Ein Summen und ein Sausen« will Hitler, wie einer seiner Ärzte berichtete, zur Herbstzeit 1941 im Kopf verspürt haben. Ist vielleicht doch etwas dran an dem, was die Offiziere erzählt haben, die sich nach dem Krieg ihrer Beinah-Attentate auf Hitler rühmten? In der letzten Sekunde hätten die eingeteilten Pistolenschützen es sein gelassen, zu schwierig sei es gewesen. Zur Rechtfertigung setzten sie, wie andere Bramarbasse dem Fass die Krone, dem Führer eine kugelsichere Mütze auf, innerseits mit Metallplatten ausgerüstet. Einer will sie sogar einmal in der Hand gehabt haben, schwer wie Kruppstahl habe sie sich angefühlt. Überdimensioniert, ein Deckel wie ein Bunkerdach, eine von Historikern in die Gegenwart verschleppte Mär. Lässt man sich darauf ein, dann öffnet sich die Tür in das von allen möglichen Hitler-Forschern mehr als üppig ausgestattete Phantasia-Land. Dort kann man sich dann gleich den im geräumigen Hut eingebauten Volksempfänger dazudenken und auch noch die Melodien, mit denen er sich damals berieselte, obwohl im Text französische Weibsbilder einen ehrvergessenen deutsch-österreichischen Hallodri national fremdgehen lassen. Zu hören ist das Dudeln der Lehár-Operettenlieder – »Lippen schweigen, 's flüstern Geigen, hab mich lieb … Da geh ich ins Maxim, dort bin ich sehr intim, ich duze alle Damen, ruf sie beim Kosenamen, Lolo, Dodo, Joujou, Cloclo, Margot, Froufrou, sie lassen mich vergessen, das teure Vaterland!«

Die Hitler-Biographin Brigitte Hamann will wissen, dass der Führer während des Krieges auf die wogenden Klänge des von ihm inbrünstig verehrten Richard Wagner verzichtet habe – schweren Herzens, »um große Emotionen fernzuhalten«. Kaltes Kalkül war angesagt für die Operationen der Heeresgruppen. Da durfte kein Stein erweichen. Deshalb konnte er dem »Tannhäuser« in seinem Venusberg nicht mehr lauschen, musste er dem »Lohengrin« mit seiner Elsa entsagen, den »Tristan« nebst Isolde und den »Nibelungen-Ring« mitsamt der »Götterdämmerung« aus den Ohren verbannen. Stattdessen sei er ein liederliches Hörverhältnis mit der »Lustigen Witwe« eingegangen. Das hat ihr, so Hamann, die »Diätassistentin Marlene von Exner mitgeteilt«.

Blättert man gedanklich weiter in den mit Klatsch gefüllten Heiligenkalendern, in denen von asketischen, einem höheren Anliegen dienenden Entbehrungen erzählt wird, die sich gerade die Gefühlvollen unter den Ausnahmemenschen auferlegten, fällt einem dann gleich noch eine von diesen »mitgeteilten« Gschichtalan ein: Er hörte die Operettenlieder am liebsten von Schallplatten, die der aus Deutschland geflohene Tenor Josef Schmidt besungen hatte. Daran ließe sich erkennen, dass er den Juden gar nicht so spinnefeind gewesen sein konnte, wie immer behauptet würde. So erzählten es die Leute aus der Dienerschaft, die später so anheimelnd von den »menschlichen Zügen« ihres Chefs berichteten. Auch Rochus Misch hat es mitgeteilt, der Mann aus der »Leibstandarte SS«, der mit fast hundert, 2013 als kleine Berühmtheit verstorben ist. Ausgerechnet diesem lebenslänglichen Hitler-Adoranten hat Ralph Giordano, Deutschlands Anti-Antisemitismus-Ikone, im Jahr 2008 ein einfühlsames Vorwort zu den Memoiren (»Der letzte Zeuge. Ich war Hitlers Telefonist«) geschrieben und ihm dabei »Redlichkeit« und »Ehrbarkeit« attestiert, untermauert von dem Satz: »Ich würde ihm ohne zu zögern die Hand geben.«

Wem diese Assoziationen durch den Kopf schwirren, und wer dann noch auf das Hitler-Bild der »Spiegel-edition« mehr als einen flüchtigen Blick wirft, der kann spüren, wie ihm Hören, Sehen und Verstand vergehen, und wie es danach nur noch summt und nur noch saust, grad wie beim Führer weiland, als er unter den von Baum zu Baum gespannten Tarnnetzen in seiner von masurischen Mücken übervölkerten »Wolfsschanze« auf und ab ging, ein Lächeln im rosigen Gesicht: »Lippen schweigen, 's flüstern Geigen...«

Als das Cover dieses ›Spiegel‹-Produkts von 2007 gestaltet und abgesegnet wurde, da regierte Stefan Aust, ein routinierter Titelbildermacher, noch als Chef über allem, was unter dem Signum des Nachrichtenmagazins erschien. Damals waren auch bei der Bebilderung des ›Spiegel‹-Heftes alte, verbrauchte Gesichter verpönt. Wenn einer alt war und ein Foto von ihm nicht zu vermeiden, dann sollte er möglichst jung ausschauen oder wenigstens jugendlich schauen. Der hier scheint zumindest zu versuchen, diesem Gebot gerecht zu werden. So mag es dann über dem persilweißen Hemd zu dem Anflug eines juvenilen Grinsens gekommen sein.

»Dieser Mann« hier vorne drauf hat leicht lachen, schwärmt doch der Klappentext hinten auf der Rückseite von der ihm eigenen »überwältigenden Dynamik und dem ungeheuren Erfolg«. Dagegen sind die drei hier, wohl um der Ausgewogenheit willen aufgezählten Negativeigenschaften geradezu ein Fliegenschiss: »Beziehungsarmut, Starrheit, Komplexgebundenheit«. Wer kennt das nicht, da gehen doch bei den meisten von uns, ehrlich mit Gutachterblick betrachtet, zehn aufs Dutzend. Vielleicht högt der Grinser sich aber auch über das, was da zum Autor Joachim Fest getextet ist: Der Biograph habe »die Sicht der Historiker auf die Zeit des Nationalsozialismus grundlegend verändert«.

Da ist sie wieder, die Hochstapler-Schablone der deutschen Medien, wenn es gilt, Hitler und den Nationalsozialismus zu vermarkten: Die Geschichte muss jedes Mal umgeschrieben, die Sicht fundamental verändert werden. Im Grunde ist es ein Passepartout aus seiner Zeit, auch er drückte ja stets gründlich auf die Tube. Von Propaganda verstand er einiges.

Bevor er ins Reichskanzleramt gehievt wurde, hatte sich einmal die amerikanische Schriftstellerin Dorothy Thompson mit seinem Aussehen befasst. Was sie damals schrieb (»I saw Hitler!«, 1932), liest sich wie eine Vorausschau auf das Bild, das hier seit 2007 die Fest-Biographie schmückt: »Das Gesicht ist das eines Komödianten.

Darauf trainiert, nach Wunsch glatt und rund zu erscheinen oder in Falten gelegt zu werden, immer in Bereitschaft, billige kleine Gefühle zum Ausdruck zu bringen.« Noch genauer sah ein englischer Diplomat hin. Nach einem Besuch bei Hitler soll er gesagt haben: »Ich dachte, ich komme zu einer Primadonna. Aber es war nur eine Soubrette.«

Kapitel 2
»Ein Herz für Horror« – Hitler in der ›Bild‹-Zeitung

Fische sehen das Wasser nicht – stammt diese Weisheit aus der Mao-Fibel oder aus dem Glückskeks neulich beim Chinesen? Ein echter Blindfisch müsste jedenfalls ein historisch interessierter Zeitungsleser sein, der nicht fast jeden Tag bei der Lektüre auf Passagen stoßen würde, die den Gedanken aufkommen lassen, der deutsche Hausgeist Hitler habe mit einigen Druckerzeugnissen in Deutschland einen klammheimlichen Autorenvertrag. Im Zeitungsgeschäft werden die Fragen des geistigen Eigentums bekanntlich recht lax behandelt. Das war schon so, bevor es üblich wurde, mit dem C&P-Verfahren die Seiten zu füllen. In diesem Metier leben viele Unternehmen hauptsächlich vom Übernehmen. In der Branche, der niemand ein Zuviel an selbstkritischer Reflexion nachsagen kann, gehören Plagiat und Ideenklau zum Alltagsbesteck. Gang und gäbe ist es, voneinander abzuschreiben, kaschiert, verbrämt oder ganz ungeniert.

Interessant ist die Frage, wer wen umschreibt oder wiederkäut, wer von wem abschreibt, wer sich von wem inspirieren lässt, wer direkt oder indirekt die Gedanken anderer Leute publik macht. Und: Wer schummelt auf dem Etikett? In der Ahnentafel deutscher Größen gibt es viele Namen, mit denen sich gut schmücken ist: Schiller, Goethe, Clausewitz, Hermann Hesse oder Walther von der Vogelweide, Nietzsche oder Lessing, Bismarck oder Stresemann, Rilke oder Adenauer. Diejenigen, die sich Hitler zu eigen machen und weiterverbreiten, verzichten in der Regel auf

Herkunftsangaben. Bei derlei neuerdings auch Kontextualisierungen genannten Anleihen verschwindet die ursprüngliche Quelle wie von selbst, sobald das eigene Denken nicht mehr davon zu unterscheiden ist. Grauköpfe wissen, dass einem die Kindheit irgendwann wieder hochkommen kann. Keine Seltenheit sind im Zeitungsgewerbe die schreibenden Greise, denen der Schluckauf das in der Jugend mit Wonne einverleibte Gedankengut im Alter mit Schmackes aufs Papier befördert.

Diese spezielle Technik der Wiederaufbereitung lässt sich auch bei der Lektüre von ›Bild‹ beobachten. Die Zeitung mit den großen Buchstaben ist weit mehr als eine boulevardeske Schnatterliese. Rechnet man die ›Bild am Sonntag‹ dazu, erscheint sie Tag für Tag und ist seit den 50er Jahren unser Volksblatt. Gemessen an Zahl und sozialer Spannbreite der an die zwölf Millionen Leser, die Zeitung der Nation schlechthin. Daran ändern auch die Verkaufs-Einbußen in den letzten Jahren nichts. ›Bild‹, das »Massenblatt«, kann sich noch immer glücklich schätzen, so ein Leservolk zu haben und vice versa. Das passt zusammen »wie die Faust aufs Auge« und entspricht so den modernen Gebräuchen von »Kommunikation und Begegnung«.

Gegründet wurde ›Bild‹ 1952 von dem Hamburger Verleger Axel Springer (1912–1985). Als Kommentator engagierte er seinen Freund Hans Zehrer, der 20 Jahre davor die antidemokratisch-autoritär orientierte Zeitschrift ›Die Tat‹ geleitet und mitgeholfen hatte, das »Weimarer System« zu stürzen und die Diktatur herbeizuschreiben. Nach dem Krieg war er zunächst Chef beim ultrakonservativen ›Sonntagsblatt‹ und nahm dann die gleiche Position bei der von Springer gekauften Tageszeitung ›Die Welt‹ ein. Später behaupteten beide: Wenn es ›Bild‹ schon damals gegeben hätte, dann »wäre es nicht zu Hitler gekommen«.

Noch immer wirft ›Bild« horrende Gewinne ab, die allen zugute kommen – allen von den wenigen, die sich damit dusselig verdienen. Nach wie vor ist das Blatt mit der Bezeichnung »Zentralorgan des Volksempfindens« richtig beschrieben, wie immer man diesen Gemütszustand auch einordnet. Bei ›Bild‹ kommt es äußerlich zeitgemäß daher und bewahrt im Innern den malignen Kern. Nicht wenig, was da über unliebsame Ausländer zu lesen ist, verrät den durch eine modische Brille getarnten Blick völkischer Beobachter.

So hält die Zeitung mit Gedöns und Eselei den Laden zusammen, selbst im Sommer, wenn die Bundesbürger ausschwärmen, ans Meer und in die Berge. Auch im Fernsehen und im online-Geschäft sitzt sie dick drin. Sie wird gefürchtet, geschätzt, verehrt, auch von den Eliten der Gesellschaft und der politischen Klasse. Zum 60. Jahrestag 2012 machten die Prominenzen, darunter Köpfe, die zu den intelligentesten des Landes gezählt werden, einen tiefen Diener und logen den Lesern lachend ins Gesicht, das Leben sei so, wie ›Bild‹ es verhackstückt.

Egal, welche Partei dominiert, ohne dieses Blatt sind die Deutschen nicht zu regieren. In der ›Bild‹-Zeitung sehen Spitzenpolitiker eine Art Verfassungsorgan. Sie und die »Glotze«, mehr brauche er nicht, um die Geschicke der Nation zu lenken, sagte der sozialdemokratische Kanzler, der uns in das neue Jahrtausend führte. Und auch für seine Nachfolgerin ist Europas größte Tageszeitung unverzichtbar.

Soviel man hört, hört ›Bild‹ Telefonate nicht ab, wie es die englische »Revolverblatt«-Verwandtschaft tut. ›Bild‹ ruft an oder wird angerufen. Bundespräsidenten haben die Nummer parat. Diejenigen, die wissen wollen, wie es um unsere Republik steht, wie ihre Bewohner unter der knapp ausgelegten Verstandesdecke »ticken«, haben mit der Zeitung« einen verlässlichen »Tages-Anzeiger« zur Hand, den Puls der Nation. Das Blatt ist Deutschlands tägliches Bulletin, das die Werte und Daten, die Fieberkurven und Gemütslagen vor Augen führt. Wer sich um Wählerstimmen sorgt, liest es gläubig, wie man eine Packungsbeilage studiert, um den eigenen Zustand zu verbessern. Wer Mut und Nerven – auch masochistische Neigungen – hat und beim Lesen seinen Verstand nicht verliert, erfährt hier, was das Volk bewegt, wie es bewegt wird, wodurch, womit, wovon.

Karo-Denker wie der frühere ›Stern‹-Chef Michael Jürgs bezeichnen die ›Bild‹-Zeitung als das »Zentralorgan der Unterschicht«. Das ist von oben herab voll daneben, damit ist kein Schiff versenkt. Vielmehr lässt sich sagen: Der Klarname des schwammigen Begriffs »breite Öffentlichkeit« ist ›Bild‹. Nirgends stimmt das strapazierte Klischee mehr als hier – die Beteiligten »stammen aus allen Schichten«. Das gilt für die Redakteure und Autoren, die das Blatt füllen, für das auf den Seiten vorgeführte Personal wie auch für die Leser des Gedruckten. In einzigartiger Weise begegnen sich hier jeden Tag: Politiker, Wirtschaftsbosse, Malocher, Flaneure, Sporthelden, Porno-Queens, Frauenmörder, Lottokönige, Kinderschänder, Lügenbarone und Wahrheitssucher, Geistesgrößen und Vollpfosten, Stars und Sternchen, Hütchenspieler vom Trottoir und Beutelschneider aus der Privatklinik, Großgrundbesitzer und Laubenpieper, Steuerzahler und Couponschneider, Hineinstecker und Herausgeber, Handlanger und Kopffüßler, Immobilienhaie und Mietvandalen, Bonusempfänger und Halbtagelöhner, Unternehmensberater und Ladenhüter, Legebatteriebetreiber und Umweltschützer, Rentner und Empfänger von Altersbezügen, Arzthelferinnen und Charity-Ladies, Leistungsträger und Langschläfer, der Präsident derjenigen, die Arbeit geben, genauso wie der Vorsitzende derjenigen, die Arbeit nehmen, Gunilla aus der Chefetage und Gunda aus dem Callcenter, Hinz und Kunz. Hier teilen sie sich einen Trog: Krupp und Krause, Max und Merkel, Papst und Puta, Wiedeking und Wiedehopf, eng gedrängt auf wenigen Seiten, zusammengekommen aus allen Teilen des Landes.

Mittenmang erhob sich über Jahrzehnte beim Volksblatt ›Bild‹ ein Journalist, der in Hamburg schon zur Zeitungswelt kam, als es die Bundesrepublik noch gar nicht gab: Claus Jacobi (1927–2013). Seine Karriere hat kaum ihresgleichen. Vom Kaufmannssohn zum Offiziersanwärter in der Marine. Danach Volontär bei der ›Hamburger Allgemeinen Zeitung‹, die den programmatischen Untertitel trug: »Mit Gott. Für christliche und demokratische Erneuerung«. Das untermauerte ihren Ruf als CDU-Blatt. Hier fanden sich vornehmlich Journalisten zusammen, die nach der Teilnahme am Propagandawerk des gerade zerstörten NS-Regimes nun auf die neuen Verhältnisse umgestellt wurden. Nicht allen gelang es, den Schalter gänzlich umzulegen, was einer Kariere in der Bundesrepublik aber keineswegs im Weg stand. Das bekannteste Beispiel dafür ist der zeitweilige Chef Hans-Georg Studnitz, der sich mit seiner flüssigen Feder im »Dritten Reich« als Nationalsozialist und eifernder Antisemit, als Journalist und Diplomat im Auswärtigen Amt hervorgetan hatte und danach in der Bundesrepublik für alle Zeitungen und Zeitschriften schrieb, die ultrakonservativ wie die ›Zeit‹ oder nationalliberal wie der ›Spiegel‹ waren, bis er es schließlich zum Star-Kolumnisten im Springer-Verlag brachte. Auch Jacobi ließ wohl nicht das gesamte Gepäck zurück, als er hier mit göttlicher Hilfe unter Aufsicht der englischen Besatzer zur Bonner Demokratie konvertierte. Danach, da war er noch keine 25, schrieb er für die ›Zeit‹, den ›Stern‹, den ›Spiegel‹. Ein früher Meister seines Fachs.

Als in der ›Spiegel‹-Affäre 1962 die Adenauer-Regierung mit Rammbock Franz Josef Strauß gegen das Nachrichtenmagazin vorging, war er Chefredakteur des Blatts. Das kostete ihn 14 Tage Untersuchungshaft. In den 70ern fand er im Springer-Verlag seine berufliche Heimat. Über viele Jahre erschien jeden Samstag in der ›Bild‹ von ihm eine Kolumne. Er nannte sie »Mein Tagebuch« und füllte sie mit Kalenderweisheiten und Hintergedanken aus vordemokratischen Welten. Den Kollegen im Verlag gefiel es. Sie hoben ihn als Multi-Mega-Chef in den Himmel. Jeder von ihnen konnte den Karriereweg rauf und runter rattern, wie er in den Springer-Zeitungen abgedruckt stand: »Die Begierde aller großen Verleger. Mit 34 Chef des ›Spiegel‹, mit 43 Chef der ›WamS‹, mit 46 der ›Wirtschaftswoche‹, mit 47 der ›Welt‹, mit 61 Redaktionsdirektor von ›Bild‹.«(Mein Rabenvogel, der sich manchmal auf die Seiten von ›Bild‹-online verfliegt, kann dazu nur krächzen: vom Regen über die Traufe in die Jauche).

2003 wurde Jacobis »Lebenswerk« gekrönt. Da erhielt er »als eine der bedeutendsten Persönlichkeiten des Nachkriegsjournalismus« den Medienpreis »Goldene Feder«. Dargereicht vom Heinrich-Bauer-Verlag, der seit Jahrzehnten Woche für Woche vorführt, dass ein großer Stiefel einen großen Absatz hat. Die Armada seiner rund

300 Zeitschriften wird angeführt von Periodika, die ›Bella‹ oder ›Tina‹, ›Praline‹ oder ›Bravo‹ heißen. Viele von ihnen vertreiben den Lesern und Leserinnen die Zeit, indem sie ihnen die Spanne zwischen Jugendtorheit und Altersdemenz verkürzen.

Von der Bauerschen Buchstabenfabrik verblattgoldet, illuminierte Jacobi als glänzendes Wahrzeichen die Presselandschaft, »unsere deutsche Zeitungskultur«, wie sie immer genannt wird, wenn die Journalisten mit Vokabeln wie Verantwortung, Werte und Aufklärung ihren Rang als »vierte Gewalt« hervorheben. Das elitäre Prestige, das eine Bauer-Ehrenfeder hervorkitzelt, lässt sich nicht zuletzt an der Namensreihe der hochmögenden Zeitungsmacher ablesen, die den nämlichen Preis entgegennahmen, darunter Stefan Aust (damals noch ›Spiegel‹), Frank Schirrmacher (›FAZ‹), Alice Schwarzer (›Emma‹), Giovanni di Lorenzo (heute ›Zeit‹, damals ›Tagesspiegel‹). Wertschätzung von allen Seiten. Mainhardt Graf von Nayhauß, über 30 Jahre für die ›Bild‹ Hofberichter von den deutschen Regierungsschauplätzen, kannte den Kollegen noch aus gemeinsamen ›Spiegel‹-Tagen. Damals nahm er sich vor: »So wie er will ich auch werden.«

Solche Männer braucht das Land. Das meinten nicht nur Bella und Tina. Das meinte auch Angela Merkel, die Kanzlerin. Sie verlieh dem Jubilar Jacobi zum 80. das Staatsprädikat: »Herausragendes Vorbild«.

Der Mann machte was her. Angloamerikanisch geprägte Kleidsamkeit (Einkaufsadresse: Brooks Brothers, Madison Avenue, New York, ein Traditionsladen, im Firmenzeichen ein Schaf mit goldener Schleife), blendendes Auftreten und die Gabe, mit Wörtern gefälligst umzugehen. Er besaß die unter Journalisten hochgeschätzte Fertigkeit, labbrige Artikel so aufzuschäumen, dass sich der Leser von einer Bugwelle mitgerissen fühlt oder zumindest vom Lassowurf des ersten Satzes so gefesselt ist, dass er sich auch noch mit dem Rest abgibt – ein uralte ›Spiegel‹-Schreibdirektive aus dem Jahr 1949, inzwischen wohl Basisübung in jeder Journalistenschule. Die Kunst des Schaumschlagens konnte bei Jacobis Kollegen nachhaltige Begeisterung auslösen. Sogar bei Peter Merseburger, bekannt für seinen kritischen Blick. Er adelte in seiner Augstein-Biographie (DVA, 2007) Altmeister Jacobi mit jenem Titel, den Elite-Journalisten nur im kleinsten Kreis reihum an ihresgleichen vergeben: »Genialer Blattmacher«.

Springer-Schreiber erwiesen Jacobi zu den runden Geburtstagen 2002 und 2007 Huldigungen, deren Prozentgehalt an Anbetungseifer den Elogen der Stalin-Stiefellecker-Poeten oder den Lyrikergüssen der Hitler-Bücklinge kaum nachsteht. Dabei trieben Redakteure die Sprache zur Weißglut – »General der Gedanken« und »Schatzkiste des Geistes«. Was er schreibt, sei »gegossene Lebensweisheit«, sein Image »ein Mix aus Armani und Admiral«. Ihrem »hanseatischen Cicero« bescheinigten sie: »Er denkt wie Churchill und schreibt, wie ein Adler fliegt.« Mit Kratzfüßen verneigten sie sich tief unter die Debilitätslinie. Dort müssen sie ihn dann entdeckt haben, ihren güldenen Hefekuchen-Planetarier: »Er geht wie die Sonne auf.«

Aufgegangen, thronte er im Verlag, die Sinne derjenigen betörend, die ihm untertan. 2007 gab ein ›Bild«-Redakteur aus dem Innenleben seines Vorgesetzten ein Detail preis, das sich einprägt wie ein byzantinisches Altarbild. Vor Augen geführt ist »ein Mann, zu dem Männer aufblicken – und dem Frauen, Journalisten und Hunde zu Füßen liegen.«

So nahmen sie ihn als den »Staatsmann des Axel-Springer-Verlages« wahr, als einen »Jahrhundert-Mann, wie sie nicht mehr gemacht werden vom lieben Gott«. Ein Geburtstagsfoto zeigte ihn mit einer Uhr, die zu ihm gehörte wie der Name an der Tür. Bildzeile: »Seine IWC-Uhr ›Da Vinci‹ hat einen ewigen Kalender.«

Mit Rudolf Augstein fühlte sich der Springer-Staatsmann nach eigenem Dafürhalten ein halbes Jahrhundert lang schwer befreundet, auch wenn er beklagte, dass dieser »die negative Kritik als Sittengesetz« eingeführt habe. In den frühen 50ern hatte Augstein den vier Jahre jüngeren Hamburger mit der flotten Schreibe zu seinem Magazin geholt und ihn später mit den höchsten dort zu vergebenden Aufgaben betraut. Zu Jacobis 75. Geburtstag mischte auch er sich unter die Gratulanten und schrieb aus gegebenem Anlass einen

Artikel in der ›Welt am Sonntag‹. Der klang, als sei dem Autor etwas über die lädierte Leber gelaufen. Augstein, in seinem Todesjahr nur mehr schwach auf den Augen, aber hellsichtig wie eh und je, mochte sich den Lobeshymnen nicht anschließen. 1957 hatte er in einem Editorial auf drei Spalten seinen in aller Welt vernetzten Starschreiber mit Komplimenten überhäuft. Nun, Jahrzehnte später, konnte er in seinem guten Gedächtnis nur noch eine positive Sache ihrer Zusammenarbeit finden: Vor langer, langer Zeit, als in Ägypten in der Nachfolge des legendären Königs Faruk die Offiziere Nagib und Nasser um die Macht am Nil stritten, habe Jacobi auf einer gemeinsamen Reise in das Land der Pyramiden im Hotel »Heliopolis« beim Kofferpacken hilfreiche Dienste geleistet.

Blättert man in den alten ›Spiegel‹-Jahrgängen, so stößt man in der Nr. 16 von 1954 auf einen launigen Kurzbericht von Augstein über den Ägypten-Besuch. Die große, zehnseitige Titelgeschichte, von Jacobi verfasst, ist überschrieben: »Von der Revolte zum Staatsstreich – Der Tiger von Faluga«. Der Artikel prunkt mit abendländischem Dünkel, mit süffisanten Einzelheiten zu den Irrungen und Wirrungen des »Wonnemonds der Revolution«. Bunt wie ein morgenländischer Teppich ist der Text mit angeranzten Anekdoten zusammengeknüpft. Eingestreut sind lauwarme Informationen, die den deutschen Besuchern von den Gastgebern aufgetischt wurden. Ein gelungenes Foto stellt den Autor der Titelgeschichte den Lesern vor: Jaco, so nannten ihn damals seine Kollegen, in voller Größe auf einem Kamel.

Bevor er zum ›Spiegel‹ ging, hatte der junge Journalist darüber geschrieben, wie wir den Weltkrieg angefangen haben, dessen Ende damals gerade mal sechs Jahre zurücklag. In einer Serie des ›Stern‹ schwärmte er von dem »eleganten und genialen Feldzug«, der Hitler und die Deutschen in wenigen Wochen nach Warschau führte (siehe Teil 1. Kap. 1).

Wer wie Jacobi den ewigen Kalender mit sich trug, pflegte auch im hohen Alter, was er einst gelernt hatte. Über ein halbes Jahrhundert später, am 15. November 2003, demonstrierte er in seinem ›Bild‹-Tagebuch aller Welt, wie gut sich die ihm einst während der

Pubertät zu Kopf gestiegenen Ansichten im Greisenhaupt gehalten haben:

»Dem großen Verhaltensforscher Irenäus Eibl-Eibesfeldt verdanken wir die Beobachtung, dass sich auf manche Ameisenlarven eine Fliegenlarve als lebendes Halsband setzt. Wird die eine Larve von Arbeiter-Ameisen gefüttert, so isst die andere Larve mit. Ist die Nahrung verzehrt, zwickt der Parasit (griechisch: »Mitspeisender«) in den Hals seines Wirtes, bis der so unruhig reagiert, dass die braven Arbeits-Ameisen einen Nachschlag servieren. Nicht alle Zweibeiner sind gerissen wie die Fliegenlarve. Aber Schmarotzer, die auf Kosten anderer leben, existieren auch unter uns, in vieler Form, in jeder Menge. Im Tierreich ekeln wir uns vor den meisten Parasiten, vor Zecken, Wanzen, Maden, Milben, Bandwürmern, Läusen… Und unter den Zweibeinern? Wir haben uns wohl an sie gewöhnt, wie die Ameisenlarve an die Fliegenlarve – solange sie uns nicht zu heftig zwicken.«

Bei Jacobis Sprechgesang, der sich von den Vielbeinern zu den Duopeden, vom Ungeziefer zum Geziefer zieht, kommt auf keiner Zeile Adolf Hitler oder ein andrer Nazi vor, auch das Wort »Jude« nicht. Und doch ist in dieser Suada von den »Volksschädlingen«, den »Schmarotzern« und den »Wanzen« auf zwei Beinen das aus der NS-Zeit stammende Original-Libretto deutlich zu vernehmen. Die Drohung zum Schluss ist, worauf die gut Betuchten im Norden Wert legen, »hanseatisch« verpackt: »Solange sie uns nicht…«. Blindfische jedoch haben keine Ohren, sie haben nur Augen, die nichts sehen (und schwimmen immer in der Mitte der Gesellschaft – so nölt die Krähe, der komische Spaßvogel auf meiner Schulter, geplagt von Witzelsucht). Dazu zählen in diesem Fall auch die großen Zeitungen, die sich selbst zu den »Qualitätsmedien« zählen. Unter maßgeblichen Journalisten, namentlich beim ›Spiegel‹, bei ›Stern‹, ›Zeit‹ oder ›FAZ‹, hatte sich damals schon die Überzeugung breitgemacht, dass die ›Bild‹-Zeitung »so schlecht gar nicht« sei, »viel besser als früher« und »viel besser als die englische Schmutzpresse«. Heute sehen Kritiker die »Meinungsführerschaft«, das begehrte Pfund, mit dem sich so gut wuchern lässt, bereits vom

›Spiegel‹ und der ›FAZ‹ an das Boulevardblatt weitergereicht. Immer öfters kommt es vor, dass ›Bild‹ Takt und Melodie der medialen Aufbereitung von aufgebauschten oder tatsächlichen Ärgernissen bestimmt. Man gleicht sich an. Die natürlichen Feinde des Blattes sterben aus oder klagen heulend im Mondlicht des Internets. Es fehlt nicht mehr viel, bis über dem deutschen Pressespiegel die Zeile steht: »Wir sind Bild«.

Mitunter hagelt es auch jetzt schon kindskopfgroßes Lob. Hans-Ulrich Jörges, ›Stern‹-Chef und neunmalschlauer TV-Talker, hat unter Zustimmung prominenter Presse-Kollegen der Verlegerin Friede Springer, preisgekrönt mit den höchsten Auszeichnungen der Republik, engelsgleiche Tugenden attestiert. Hervorgehoben ist stets, wie großartig es doch sei, dass unsere Volkszeitung per »Selbstverpflichtung« an der Kandare liege: Seit 1966 gibt es dort nämlich redaktionelle Richtlinien, die jeden in diesem Verlag dazu verpflichten, nett zu Israel sein, nicht gegen Juden zu hetzen, auch dann nicht, wenn ihm danach wäre. (So mag es kommen, dass die Schreiber dort denken, für manch andere Völker und Religionen gelte das nicht. Da muss das chauvinistische Ego nicht darben, es gibt ja noch genug Nationen, Völkerstämme, Südländer, politische und soziale Sippschaften, auf denen man herumhacken kann, es bleiben nicht nur die Klagen über die »Wirtschaftsasylanten« und »Sozialeinwanderer«, über das Pack, das in Horden hier ankommt, um sich in unsere Hängematten zu legen, an unser Eingemachtes will, uns auf den Taschen liegt oder – wie zu lesen – mit langen Fingern in diese hineingreift.)

Regelrecht hingerissen von dem über 60 Jahre alten Groschenblatt zeigt sich Henryk M. Broder, seit er auch für den Springer Verlag schreibt. Der renommierte Journalist, der alle furchtbar nervt, die sich einbilden, an einem in Jerusalem gezwirbelten »Gängelband« leben zu müssen, führt eine geschliffene Klinge, beherrscht aber wie ein ritterlicher Knappe auch den Kniefall, wenn es ihm gefällt, einen Wohltäter über den grünen Klee zu loben: Dem »Axel« sei für die »geniale Erfindung« der ›Bild‹-Zeitung genauso zu danken wie für seine Israel-Unterstützung.

Zur Berieselung des täglich produzierten Genie-Dungs singt ohne Unterlass ein gemischter Chor, rekrutiert aus Leserkreis und Werbeabteilung, einen kessen Kanon: Die ›Bild‹ – sie »tut viel Gutes«, sie »redet Klartext«, sie »ist der Anwalt des kleinen Mannes«, sie »hat gute Quellen«, sie »recherchiert knallhart investigativ«, sie »sagt, was andere sich nicht trauen«, sie liefert den Volksparteien Regierungssprecher, sie »verzeichnet große Erfolge«, sie »hat einen interessanten Sportteil«, sie »ist gut gemacht«, ihre Reporter »bekommen die höchsten Preise«, sie hat einen Chefredakteur, der kann mit Ministern morgens das Frühstück einnehmen und mittags mit ihnen Fang den Hut spielen, mal drückt er sie inniglich an seine Brust, mal stellt er sie in den Fahrstuhl und drückt auf »down«, der Mann sei »imponierend clever«, das müsse man doch zugeben. Skeptiker bekommen zu hören: »Bleib locker, es ist doch bloß Boulevard.« Das kann bei superschlauen Leuten zu markanten Fehldiagnosen führen, sowohl im Hinblick auf die Wirkungskraft der Zeitung als auch auf die Anzahl der Tassen im eigenen Schrank. Tilman Jens zum Beispiel gab nach einem Selbstversuch in der ›Welt‹, der Zeitung, die zum gleichen Verlag gehört, ein wie vom Hahn auf dem Misthaufen gekrähtes Dementi ab: »›Bild‹ macht nicht dumm.«

Das laue Lüftchen weht in dem von Dürre geplagten Garten der veröffentlichten Meinungen generell fast immer nur in einer Richtung. Ob TV, Print oder online, unter den Medien gibt es auch mit ›Bild‹ Kooperationen serienweise, bis hin zu gegenseitigen Liebeserklärungen, nicht weniger wert als die »Goldene Feder«. Jeder kann mit jedem, dekretieren die Anwälte der Konsenskultur. In digitalen Umbruchzeiten wie diesen, in denen die Blätter fallen, rücken in der Zeitungswelt die Journalisten und Medienmacher zusammen, so nah, dass Gedränge und Gekungel die Wahrnehmungsfähigkeit auf ein Maß dimmen, das die letzten Gäste einer freudlosen Party den Heimweg nicht finden lässt.

Die Meinungsvielfalt hat sich verflüchtigt, sie wird nun in eigens dafür eingerichteten Klamauk- und Talk-TV-Sendungen simuliert. Auf dem Programm stehen Balgen und Necken: Duell der Info-

Köche. Tutto balsamico. Rieslinge unter sich. Wenn der ›Spiegel‹ mit einer Titelgeschichte und der Überschrift »Die Brandstifter« (Februar 2011) zur Abwechslung die ›Bild‹-Zeitung mal kritisch betrachtet, gibt er selbst den Biedermann, bläst die Backen auf und spitzt den Mund. Zu lesen ist ein dünner Pfiff. Ihm folgt ein luschiges Interview mit dem ›Bild‹-Chef, durchlüftet von dem Bewusstsein, dass man sich am gleichen Herdenfeuer wärmt. Wie inzwischen auch die letzte Schlafmütze weiß, ist das Personal austauschbar. Die Adresse wird ohnehin schon länger geteilt: »Glashaus Nummer 1«. Ausgeplaudert hat sie Ernst Elitz, der es wissen muss. Er war einmal Redakteur beim ›Spiegel‹, dann viele Jahre Intendant des Deutschlandfunks, heute auf die alten Tage unterrichtet er Studenten und gibt als »Medien-Professor« seine Meinung regelmäßig via ›Bild‹-Kolumne dem Leser-Volk preis.

Als Kolumnist Jacobi sein Zweibeiner-Parasiten-Schmarotzer-Weltbild vortrug, schwiegen die Elite-Autoren in der langen Reihe derer, die geholfen haben, die Spalten unseres Millionenblatts zu füllen. Kein Laut damals von Lafontaine, Gauweiler, Seligmann, Lindenberg, Giordano, Kohl, Reich-Ranicki. Kein Räuspern von den Standpaukentrommlern, die sonst vor Wissen und Moral schier platzen. Reinweg nichts von Helmut Schmidt, Richard von Weizsäcker, Michel Friedman, Olaf Henkel, Margot Käßmann, Gerhard Schröder, Alice Schwarzer, Henryk M. Broder, Scholl-Latour, Angela Merkel, Martin Walser, und all den anderen, die ›Bild‹ zu Willen sind oder waren. Keinen juckte es die Bohne, dass da in ihrem Beisein Parolen und Aspekte aus dem deutschen Holocaust-Kapitel als Lebensweisheiten verbreitet wurden.

Doch wehe, es verrennt sich einmal ein blondes TV-Hascherl im deutschen Geschichtswald und bekränzt in einem Buch das Mutterbild, wie es zu Zeiten erwünscht war, als die Kinder, wenn sie einmal groß würden, die ganze Welt beherrschen sollten. Dann schreien die Garden der Gesinnungswärter auf.

Voran die ›Bild‹-Zeitung über Wochen nach dem bewährten Rezept »halb und halb«, damit jeder ausgiebig etwas davon hat. Erst bekam Eva Herman für ihre Ansichten ein breites Podium, dann jede Menge Mitgefühl, schließlich das Etikett »dumme Kuh«, mehr »doof als braun«. Es musste ein »Exempel« her. Im Oktober 2007 nahm eine ZDF-Talkshow, zum Fernsehgericht umfunktioniert, die Autorin ins Verhör. In ihrer Verteidigung tauchten neben der »schöpfungsgewollten Frauenrolle« und den vom »Aussterben« bedrohten Deutschen auch die »Autobahnen« auf. Dagegen trat dann ein veritabler Professor vom Fach aus Berlin in Gutachtermanier in den Zeugenstand. Er konnte versichern, dass Hitler auf keinen Fall als das Gelbe vom Ei in der deutschen Geschichte zu betrachten sei. Die Zuschauer im Studio und draußen an den Bildschirmen mussten wie auch Frau Herman (alleinerziehend, ein Kind) erfahren, dass der Führer nicht der geistige Vater des neunkindrigen Mutter-Modells ist und dass er weder die A1 noch die A7 gebaut hat, wie überhaupt. Da die Delinquentin, derart in den korrekten Senkel gestellt, nicht gleich von alleine hinter den Kulissen verschwand, ereignete sich, wie die Zeitungen in heller Aufregung tags darauf bekannt gaben, Sensationelles, niemals zuvor Dagewesenes – »die öffentliche Hinrichtung der Eva Herman«, so die Schlagzeile in der ›Welt‹. Verurteilt dazu, »den Fernsehtod zu sterben« (›FAZ‹). Den Henker Hermann Ohnebeil gab der Vorsitzende Johannes Baptist Kerner, üblicherweise mit ›Bild‹ auf einer Wellenlänge um die Sauberkeit der deutschen Vergangenheitsbewältigung besorgt. Als erzengelhafter Ordnungshüter zeigte er mitten in der Sendung der zuvor schon vom NDR gekündigten Moderatorin das Loch, das der Zimmermann gemacht hat.

Mögen große Verhaltensforscher wie der Sozialdarwinist Eibl-Eibesfeldt, der die »farbige Rasse« von Europa fernhalten möchte, die Vielfalt von Allesfresser-Organismen und Hautflügler-Larven auf unserem Erdball studiert haben, mögen wir ihnen noch so viele »Beobachtungen verdanken« – die Vorstellungen von den »Schmarotzern und Parasiten unter uns« sind bekanntermaßen auf Hitlers Mist zur Massenwirksamkeit herangewachsen. Gepflanzt auf den übernationalen Ideenfeldern der Jahrzehnte vor dem Ersten Weltkrieg, machten sie sich in den 30er Jahren des letzten Jahrhunderts, staatlich gefördert, in den deutschen Köpfen breit. Die Gussform, aus der das mit DDT gemalte Menschenbild für unser Zusammenleben stammt, ist »Mein Kampf« (1925). Autor Hitler setzt in dem Buch seitenweise Menschen mit »Parasiten« und »Schmarotzern« in der Fauna gleich, mit Maden und Bazillen, mit Läusen und Wanzen, mit »Ungeziefer«, gegenüber dem es Pardon nicht geben darf. »Der Jude ist und bleibt der ewige Parasit« war einer der Mantra-Sprüche, mit denen sich Hitler populär machte. In Kriegszeiten ordnete er an: »Die Juden sind reine Parasiten, sie sind wie Tuberkelbazillen zu behandeln.«

Wie kein anderer Begriff bildet der auf Menschen angewandte Begriff »Parasit« das Scharnier zwischen den antisemitischen »Theorien« und der exterminatorischen Praxis des staatlich organisierten Judenmordes. Im Krieg hatten es die Deutschen längst intus. Wann immer die Nationalsozialisten etwas von dem auspackten, was sie ihre »Weltanschauung« nannten, kamen die »Volksschädlinge« zum Vorschein. In der Ideologie der »Schädlingsbekämpfer« waren die Juden die »Parasiten« (schlag nach bei Jacobi: »Mitspeisende«) und die »Schmarotzer, die aus dem Volkskörper auszuscheiden« sind. Ein speziell in der Wehrmacht zur »Schulung« verbreitetes »Richtheft« trug den Titel: »Der Jude als Weltparasit«. Die Tunwörter zu diesen Hauptwörtern sind regierungsamtlich in die Praxis umgesetzt worden: ausmerzen, ausrotten, vernichten.

Wohl bedacht, kann es auch ein goldenes Federkleid nicht verbergen: Jacobi zeigt sich mit seinem Kammerjäger-Latein ganz als Mann der alten Schulung. Bei ihm sticht der hinter der Verhaltensforscher-Tarnung ungenannte Originalautor dem aufmerksamen Leser direkt ins Auge. Aber auch indirekt, im Geiste, führt Diktator Hitler in unserer Zeitung ein quiekendes Nachleben. Das heißt nicht, dass ›Bild‹ sich von irgendjemandem übertreffen ließe bei der Bekundung der allerhöchsten Abscheu gegenüber dieser historischen Figur. »Die Nazi-Bestie ist das Horror-Gespenst der deutschen Geschichte«, ist hier zu lesen. Aber was von der in seiner Zeit favorisierten Weltsicht geblieben ist, taucht zeitgeistig drapiert mal hier, mal dort in den Spalten auf. In puncti demagogisches Gezeter, Blockwart-Heuchelei, Schüren von Ressentiments und dumpfdeutschem Hackenschuss ist es leicht zu erkennen, dass die alten Muster nicht vergessen sind.

Sogar im Sportressort mischt der ganz und gar unsportliche Großkotz in memoriam mit, er kommt, wie die Reporter es zu schreiben pflegen, über den Kampf ins Spiel. Fairplay, schön und gut, so steht es auf der Fahne aus dem »Fanshop«, aber wenn es um die Wurst geht, sind »absolute Brutalität« und »eiserner Wille« gefordert. Was zählt, ist der Sieg, der heiligt die Mittel. Das weiß jeder Sportsfreund: Gekämpft wird »bis zum letzten Blutstropfen«. Es steht ja auch in vielen anderen Zeitungen und bekäme bei jeder Volksbefragung eine satte Zwei-Drittel-Mehrheit: »Wer gewinnt, hat recht.«

Unser Volksblatt gibt sich da verbal ganz unverblümt. So lässt es den in den Sport-Annalen als »echten Leader« verehrten Fußballstar Stefan Effenberg erklären, warum eine Mannschaft gerade zu den Verlierern gehört. Ganz einfach: Das würde sich erst wieder ändern, wenn die Spieler zu der Tugend zurückkehrten, die den Erfolg garantierte – »die Bereitschaft, über Leichen zu gehen«. Eine Fortbewegungsart, die schon 1914 Ernst Troeltsch, Professor für Theologie und Philosophie, seinen Landsleuten für den Krieg empfahl und mit der diese weit herumkamen. In der NS-Zeit wurde diese Losung für jeden, der sein Vaterland lieb hatte, zur »nationalen Pflicht«. Wer möchte es leugnen: Prägnanter kann man Hitlers Botschaft an die Deutschen von einst für die Menschen von heute nicht rüberbringen.

Da lacht das Herz des Hausgeistes. Geschmunzelt wird es wohl haben, als ihm Kommentare des promovierten Juristen Nicolaus Fest unter die Augen kamen. Von diversen hohen ›Bild‹-Posten aus schrieb der Nachkomme des berühmten Hitler-Biographen über Jahre mit dem völkischen Säbel Kolumnen voll. Die Namen der regelmäßigen Spalten ließen an verschreibungspflichtige Substanzen aus der Macho-Apotheke denken: »Hieb- und stichfest« und »Feste drauf«. Nachgeblättert, ist da zu lesen, es sei Unfug, Deutschland als »Einwanderungsland« zu bezeichnen, ebenso wie die »Vorteile homogener Gesellschaften« zu leugnen oder die, ordnungspolitisch gesehen, positiven Nebenwirkungen »ethnischer Säuberungen« in Abrede zu stellen.

Das sei doch seine Rede gewesen, seit dreiunddreißig, so ungefähr, immerhin die Richtung stimme, grummelt es unterm Dach, dort, wo die Geister wohnen. Was, dafür hat es jetzt neuerdings einen Rüffel aus dem eigenen Haus gegeben? Heutzutage heißt es, elastisch sein. Unser Four-Letter-Blatt lässt jedoch die Ansichten vom alten Schlag nicht verkommen. Die sind so preiswert, es kostet keinen Cent. Wie in der Reklamewelt der Brillengestelle: Zuzahlen braucht man nicht. Es fallen doch keine Copyright-Kosten an.

Der »Mann von Format«, der »klare Kante« zeigt, der entschlossen, kompromisslos, unbeirrbar, mit heißem Herzen, fester Hand und starkem Arm, mit einem »unbändigen Willen« einen Verein, ein Unternehmen, eine Partei, das ganze Land, ja, wenn die Kacke am Dampfen ist, ganze Menschheitsteile aus der jeweils angesagten Krise führt, natürlich mit Ausnahme derer, die nicht dazugehören oder nicht mitziehen wollen, der Mann, der den Mumm hat, »durchzugreifen«, der über die artistische Gabe verfügt, vorauszugehen und gleichzeitig jene, die ihm folgen, in den Hintern zu treten, einer, der sagt, wo es langgeht, dem alle blindlings vertrauen können, also das Inbild eines »Führers«, ist in der ›Bild‹-Zeitung – klar, nicht nur da – das Objekt eines immerwährenden Verlangens. Und das mitten in der von Helden entleerten Epoche des »Postheroismus«, deren Lied zu singen unseren feuilletonistischen Zeitgeist-Diagnostikern und akademischen Gesellschaftswissenschaftlern eine nachhaltige Freude ist.

Franz Josef Wagner, an geraden Tagen ein romantischer Spießer, an ungeraden ein spießiger Romantiker, an jedem 29. Februar ein halber Philosoph, ist der Sprecher der ›Bild‹-Nation. Gewöhnlich bringt er in seinen Brief-Kolumnen alles auf den Punkt hinter der Sinngrenze. Sein gereckter Mittelfinger hascht nach dem Wind, den man riechen kann. Im Chefarzt-Deutsch verordnet er, was der Leser zu fühlen hat: »Wir sehnen uns alle nach großen Rettern«. Die Beschwörungen der »charismatischen Führungspersönlichkeit« gehören zu der Zeitung wie die aufgepolsterten Nackten, die sie zum Pläsier andient. Vielstimmig klingt das Sehnsuchtslied, das sowohl auf den Zeilen ertönt wie dazwischen – gleich dem Gesang der Weicheier, die über den Pfannen darum flehen, von einem Drei-Sterne-Koch hineingeschlagen zu werden.

Nicht nur, dass alte Ressentiments und Wunschbilder restauriert werden, und nicht nur, dass ein »Gedanken-General« mit Senfgas aus dem NS-Arsenal in die Schlacht gegen »jede Menge Parasiten« zieht. Auch der historische Hitler mit Namen, Gesicht, Titel, Vorlieben, Verbrechen und Gebrechen taucht regelmäßig auf. Er ist eine der berühmten Allzweckfiguren, die wie für das Volksblatt gemacht sind. Hochwillkommen, weil er imstande ist, alle Farben des Spektrums zu covern, mit denen ›Bild‹ uns Deutschen täglich das Leben anrichtet: Crime, Glamour, Tratsch, Politik, Rührseligkeit, Unterhaltung, pralle Misogynie und Secondhand-Sex von Bunga-Bunga bis Waka-Waka. Dead man dancing. Immer wieder Vorhang auf für den unvergleichlichen Adolf Hitler, das »Nazi-Monster«, den »Massenmörder in Moll«, wie sie ihn auch nennen. Serien, Geschichten, Meldungen, nimmermüde befeuert von der Königin unter den Maximen der medialen Moderne: »Ein Herz für Horror«.

Die Knallbonbons der ›Bild‹-Zeitung sind die ollen Kamellen. So verkaufte sie 2002 ihren Lesern ein Hitler-Psychogramm als sensationelle Enthüllungsserie. Es stammte aus den Beständen des US-Geheimdienstes, der 1942 in Washington damit begonnen hatte, psychologische Persönlichkeitsbilder Hitlers erstellen zu lassen. Eine dieser ferndiagnostischen Psycho-Pralinenschachteln liegt seit anno dunnemals auch in einer deutschen Ausgabe für jedermann zugänglich als Buch vor. Um die Gammeltexte aus Gerüchten und Spekulationen mit dem Duftwässerchen der Marke »history today« frisch zu machen, heuerte die Zeitung einen prominenten Assistenten als Zerstäuber an: Professor Guido Knopp, den Hitler-TV-Referenten vom Mainzer Staatssender.

Der ließ es sich nicht nehmen, die Abstrusitäten-Sammlung mit dem notorischen Knopp-Siegel zu versehen: »ein faszinierendes

Dokument«. Da er einen guten Ruf nicht zu verlieren hat, wird es sein Schaden nicht gewesen sein. In den Begleitkommentaren bescheinigte Deutschlands »History«-Aufführer dem Psycho-Grusel-Report generell »überraschend richtige Ergebnisse«, korrigierte hie und da ein Detail, man ist ja Fachmann, und versprühte Komplimente mit Heimwerkercharme: »Hier trifft die Akte nahezu den Nagel auf den Kopf.«

Nach zehn Folgen waren Nägel und Leser restlos behämmert. Nun hatte Deutschland Bescheid zu wissen. Mit der »geheimen CIA-Akte« vom Sperrmüll war ›Bild‹ zufolge »das Phänomen Hitler entschlüsselt – sein Intimleben, das ewige Rätsel von Hitler und den Frauen«. Die sinnfreie Auflösung läuft vor den Augen des Lesers wie erbrochener Fusel über die Zeitungszeilen: »Typ des egozentrischen und masturbatorischen Nazis, sowohl Sozialist wie Nationalist, im wahrsten Sinne des Wortes eine Jungfrau… eine Leseratte, die Biographien über Napoleon, Moses, Wagner, Bismarck, Luther, Mohammed verschlang… wie ein einsamer Wolf, aber er liebte Kinder, Hunde und hörige Frauen.« Alles denn in allem gesehen, ein rechter Hotzenplotz, der zum Schwiegersohn nicht wirklich taugt: »Der furchtbare Mensch hinter dem Massenmörder war ein Monster, Verbrecher, Verführer.«

Im März 2003 förderten die ›Bild‹-Spürnasen aus dem trüben Teich des Hitler-Marktes etwas zutage, was ihr Geschichtsverständnis zum Strahlen brachte. Sie nutzten das Anglerglück des Süchtigen, der alles als Fang feiert, was ihm an den Haken gesteckt wird, selbst wenn es Omas bemooster Strickstrumpf ist: »Ich war Hitlers Hausmädchen. Anna Mittlstrasser erzählt aus dem Privatleben des Diktators auf dem Obersalzberg.«

Der Artikel beginnt mit einer dichotomen Arbeitsplatzbeschreibung, wie sie zur Hälfte für viele Familienhaushalte in Deutschland heute noch gilt: »Er mordete quer durch Europa, sie wusch seine Unterhosen.« Am Schluss der mit Fotomontagen aufgerüschten home story steht ein Hinweis auf die »Erinnerungen« der Wäscherin vom Berghof.

Die erschienen kurz darauf bei dem österreichischen Miniverlag »Kleindienst«, danach als Taschenbuch im großen Münchner Knaur Verlag. Titel: »Bei Hitlers«. Es handelt sich um ein Interview-Buch des Wiener ›News‹-Redakteurs Kurt Kuch. Anna Plaim, geborene Mittlstrasser, erzählte dem in Österreich als »Aufdeckerjournalist« bekannten Kuch alles, was sie damals bei ihrer Herrschaft in Berchtesgaden erlebt hat. Das war, wie die Verlagswerbung hervorhebt, vor allem »Überfluss und Langeweile, Doppelmoral und Intrige«. Aber, so bekennt die 84-Jährige in dem »einzigartigen Zeitdokument« (Klappentext): »Auch mich haben seine blauen Augen fasziniert.«

Dieses Geständnis stellt die Magd in eine Schicksalsreihe mit Generälen, Bischöfen, Künstlern, Gelehrten, Chefredakteuren, Fabrikanten, Polizeipräsidenten, Olympioniken und Ingenieuren sowie mit Tausenden von adeligen und Millionen von gemeinen Deutschen, denen es exakt genauso ergangen war. Neben Schmankerln aus dem weiten Feld der zwischenmenschlichen Verbundenheiten hat der Aufdecker ihrem Gedächtnis auch einen Leckerbissen aus dem tierischen Gefühlsbereich entlockt. Zu ihrer Freude habe sie, die Anna Plaim, von Eva Braun einen kleinen Scottish Terrier geschenkt bekommen – eine Nachkommin des Wauwau-Paares »Negus« und »Stasi«, die beide noch zusammen mit dem Hitler-Hund »Blondi« über die Berghof-Terrasse getollt sind. Leider, so ist zu lesen, hätte man sich irgendwann trennen müssen. Als die Terrier-Dame »langsam alt und räudig wurde«, habe man ihr, es war im Jahr 1957, den Gnadentod zukommen lassen müssen.

Das gesamte Hauspersonal »bei Hitlers«, sie, die Anna, eingeschlossen, sei übrigens mit der Herrschaft recht zufrieden gewesen. Nur bei der Außenpolitik habe es gehapert. Da gab es Dinge, auf die man hätte verzichten können. Im Schürzenzipfel des Gedächtnisses ist es aufbewahrt: »Als der Russland-Feldzug begonnen hat, waren am Berghof alle deprimiert. Auch Eva Braun.«

So was rührte nicht nur ›Bild‹ und ihre Leser. Sogar die ›Süddeutsche Zeitung‹ war hin und weg. Sie pries in ihrem bayerischen Landesteil, groß aufgemacht und ernst dahergekommen, das »Licht«, das die Erinnerungen des Zimmermädchens anzündeten.

Ohne Umschweife ist gleich in der Artikel-Überschrift ein bis dahin unbeleuchteter Abgrund der Nazi-Höllenküche erhellt: »Das dekadente Leben auf dem Obersalzberg: Zum Abschluss musste ich Schildkrötensuppe servieren.« Darunter ist zu lesen, dass es sich bei dem Buch der Anna Plaim um nichts weniger als »eine psychologische Studie über das Leben in der Bergwelt von Adolf Hitler und seiner Entourage« handele. Die Journalisten in den Abteilungen Urteilsvermögen und Ironie (bei der ›SZ‹ normalerweise gut besetzt) waren wohl an diesem Pfingstwochenende 2003 außer Haus im Biergarten. Das könnte erklären, warum die Leser einen alpenländischen Schildkrott-Bären aufgebunden bekamen.

Hohe Berge, tiefe Täler. Ach, »du Land der Bayern, Heimaterde, Vaterland«, singen sie im Süden Deutschlands in ihrer Hymne. Unterm »Himmel weiß und blau« scheint es manchmal nicht leicht, einen rührend zubereiteten Schmarrn einen ausgemachten Schmarrn zu nennen – wo im Licht der Bergwelt die Augen des Führers sind so nah.

Im Hamburger Flachland dagegen, wo die ›Bild‹-Zeitung über ein halbes Jahrhundert geerdet war, wollte überhaupt kein Licht angehen. Zappenduster blieb es auch in der Hauptstadt Berlin, wohin die Redaktion inzwischen denen nachgereist ist, die das Blatt zum Regieren brauchen. Hitler-Leuchtraketen zischen weiterhin schimmelgrün durch die Nachtschwärze des ›Bild‹-Universums, in dem halb Deutschland zu Hause ist.

So viel auch »entschlüsselt« wird, Hitler bleibt hier immerdar das ewige Rätsel, das stets aufs Neue Rätsel muss gebären. Jungfrau, Ratte oder Wolf? Fragen, die zu neuen Fragen führen. Niemals wird es aufhören, droht die Zeitung: »Wir werden unsere Berichterstattung nicht weichspülen«, schon gar nicht bei »Hasspredigern, Nazis oder sonstigem durchgeknallten Gesindel«. Für den Fall Hitler scheint ein paradoxales Motto zu gelten: Er ist ein Kumpel-Monster, mit dem erstens nicht gut Kirschen essen ist, zweitens aber mit Genuss, am liebsten jede Woche.

Anlässe gibt es genug. Auch wenn die Schar von Zeitzeugen aus dem »inneren Kreis« inzwischen vom Aussterben gelichtet ist. Aber es gibt ja Nachkommen, die den Hakenkreuz-Klatsch weitertragen und die, zusammen mit nostalgischen Erinnerungsforschern und ihren Schlachtenbummlern, auf Traumschiffen die Quellflüsse des Führers in einer never ending Butterfahrt hin und her schippern. Nicht alle haben die Ehre, mit einem einfühlsamen 90-Minuten-Berlinale-Filmporträt von André Heller verabschiedet zu werden, wie es Traudl Junge, die Hitler-Sekretärin, noch kurz vor ihrem Tod 2002 erleben durfte. ›Bild‹ log für sie auf der Titelseite: »Sensation nach 57 Jahren. Hitlers Sekretärin bricht ihr Schweigen.« Unverzeihlich sei es gewesen, so ist sie hier zitiert, »dass ich dieses Monster nicht rechtzeitig erkannt habe«.

Um thematisch am Mann zu bleiben, finden die ›Bild‹-Zeitungsleute auch in der nachfolgenden Generation und außerhalb ihres Verbreitungsgebietes Menschen und Ereignisse, an denen sich ihre Phantasien entzünden. So entdeckten sie auch Ivan Zudropov, den sie zum Anlass nahmen, im Sommer 2003 einmal die Frage aufzuwerfen, ob womöglich »Adolf Hitler von Russen massakriert« worden sei. Zudropov behauptete, sein Vater habe der Diktatorleiche 1945 in Berlin den Penis abgeschnitten, »um ein Souvenir zu haben«. Der Sohn wolle nun »des Führers bestes Stück, das ganze sechs Zentimeter misst, für 18 000 Euro verkaufen«.

Es gibt Analytiker, die sehen die Sache positiv: Jede Ausgabe der ›Bild‹ sei ein Triebabfuhr-Paket, wer wisse denn, was die Deutschen anstellen würden, wenn sie das nicht jeden Tag machen, lesen oder kaufen könnten. Bei den Hitler-Geschichten in der ›Bild‹ müsste ein gewissenhafter Textkritiker, der sich für die tieferen Motivlagen interessiert, wohl auch dem Verdacht auf libidinös besetzte Lustängste, Wünsche und Probleme der Schlagzeilenschinder nachgehen. Aber wer will schon in freudlosen Sackgassen stöbern? Es genügt, den berühmten Blinden mit dem Krückstock zu fragen. Seine schlagende Antwort: Das sieht doch ein jeder. Das Lätzchen, Frau Nachbarin. Der Führer bringt sie zum Sabbern.

So mutmaßten sie mit geschwollenen Buchstaben: »Ließ Hitler Sex-Puppen für deutsche Soldaten bauen?« Ein gutes Jahr später, im November 2006, sind die Redakteure dann damit herausgerückt, »was Hitler wirklich zu Eva Braun sagte«, damals, als es 44/45 verdammt eng wurde. Ein »Lippenleser« hatte es ihnen mithilfe von »sechs Gebärdesprache-Experten« aus einem Stummfilmchen vorgelesen: »Ach, mein Arm«. Bei dessen Zittern sei das Oberhaupt der Deutschen ins Zagen geraten. Der Arm, das Zepter, die Frau und auch das Reich nicht mehr zu halten – verloren? Ja, Verloren.

Es kam nicht unvorbereitet. Hatte doch schon vorher die Zeitung dem Potentaten ein Geständnis in den Mund gelegt, das die fesche Eva von der Bettkante stürzen ließ: »Ich kann dich nicht mehr befriedigen.« Das war der Untergang.

Nicht aber das Ende. Ein solches ist nicht abzusehen. Da kann der, der ja nun auch in seinem Nachleben nicht mehr der jüngste ist, noch so groggy sein, drauf und dran, innerlich zu kündigen. »Das ›Bild‹-Volk hat mich nicht verdient«, will ein Wallraff-Nachfolger auf der Redaktionssitzung unter dem Jacobi-Altarbild beim Tischrücken gehört haben.

Papperlapapp. Man kann es nicht glauben. »Mein Kampf« muss weitergehen. Ein Zurück gibt es nicht. Nach dem Burn-out im Leben darf es im Nachleben kein zweites Verlöschen geben. Weiter. Immer weiter. Lächerlichkeit tötet eben doch nicht, sie verstärkt vielmehr den Wiederholungszwang. Mit neuen alten Kamellen setzt die Zeitung Duftmarken, die ihr Profil betonen. Längst sind die Politiker und Wächter des guten Geschmacks so angefüttert, dass ihnen jegliche Sensibilität für die täglichen Schweinereien abhandengekommen ist. Das Wahrnehmungsvermögen hat sich ins Minus geschrumpft. Hilfe ist nicht in Sicht. Da schlägt, wie wir es aus dem medizinischen Bereich kennen, kein Antibiotikum mehr an.

›Bild‹ vermag speziell bei dem hier auf den Prüfstand gestellten Sujet in der Tonlage einer sensiblen Kinderbuchautorin zu säuseln: »Hitler malte Schneewittchens Zwerge mit feinen Strichen, zarten Farben.« Das Blatt kann es auch im knallharten Reporterstil krachen lassen: »Wie Hitler seinen Hoden verlor« oder: »Die Wahrheit über Hitlers Blähungen«. Überschriften, die der Anmutung nach Visitenkarten sind, mit Nahkampfspangen verziert. Die ›Bild‹-Macher präsentieren sich hier wie Texter auf Koks, die damit angeben, Kopf und Kragen zu riskieren, um aus dem finstersten Loch Deutschlands die letzten Geheimnisse ans Licht zu bringen. »Jede Wahrheit braucht einen Mutigen, der sie ausspricht«, so beschreiben sie das, was sie aus sich heraus unters Volk bringen.

Es ist diese Art von Wahrheit, die bei den vier Buchstaben hinten rauskommt. Mit der Losung wird dann Geschichte und Politik gemacht. So war im Sommer 2009 in der ›Bild‹ über Hitler zu lesen: Bevor er Nazi wurde, war er Sozi. Zur Strecke gebracht habe ihn schließlich ein Mathematiker. Anfang 2015 feierte das Blatt über eine ganze Seite mit Buchstaben in augenbeleidigender Größe einen Film, der sich mit dem englischen Supermann Alan Turing beschäftigt. Nach ›Bild‹ hat dieses »Genie mit Hilfe der Dechiffriermaschine ›Enigma‹ ganz allein die Nazi-Bestie Hitler besiegt und den 2. Weltkrieg gewonnen«. Letztes Wort des Autors Körzdörfer: »Faszinierend!«

Ohne Druck geht nichts, er ist, wie es ein alter Kalauer sagt, bei jeder Zeitung groß geschrieben. Speziell ›Bild‹-Chef Diekmann ist nicht zu beneiden. Der Mann hat es nicht leicht. Da sind die vertraulichen Anrufe von höchsten Stellen, da sind die schweren Buchstaben des niedrigsten Schwachsinns. Alles gilt es jeden Tag aufs Neue zu stemmen. Noch dazu im Namen des »Christentums«, das für ihn, wie er uns in einem Buch mit dem Titel »Der große Selbst-Betrug« (2007) verrät, »nicht nur Religion, sondern auch Grundlage unserer Kultur« ist. Sind die Beine sprichwörtlich kurz, dann braucht es ein langes Stehvermögen, um solch ein Pressprodukt wie ›Bild‹ zu fabrizieren. Unverlogen soll es aussehen, wie echt. Nur zu verständlich, dass einer, der das zu meistern hat, sich umschauen muss und den Blick mit weichen Knien nach oben richtet.

Dabei scheint es ihm gekommen zu sein. Er war ja schon dem Altkanzler Kohl, der ihn als Trauzeuge in den Ehestand geleitet hat, bei dessen Buchproduktion zur Hand gegangen, jetzt sollte es auf der Himmelsleiter noch weiter aufwärtsgehen: Der liebe

Gott brauchte dringend ein Vorwort. Diekmann erhörte die Gebete. Assistiert haben ihm ein katholischer Kardinal und ein evangelischer Bischof. In der 2004 von seiner Zeitung herausgebrachten »Volksbibel« ist die reformierte Reihenfolge dokumentiert: Vor Gottes Wort rangiert jetzt das Wort von Diekmann. Zusammengehalten sind sie von »rotem Kunstleder mit Goldrand«. Drei Jahre später erschien wieder eine »Heilige Schrift« von ›Bild‹. Der Name dieses Mal: »Die Benedikt-Bibel«. Für den von Gottes Menschenfischern gekrönten Deutschen im Vatikan, der aus der gleichen Gegend wie unser einst vom Volkswillen beseelter Hausgeist stammt, war es mit Kunstleder nicht getan. Die Ausstattung dieses Mal: ganz in Weiß, in »echtem Leder«, versehen mit einer Goldprägung des päpstlichen Wappens. Vor geladenen Gästen wurde das ›Bild‹-Buch der Bücher am 10. Juli 2007 im Geburtshaus des Papstes in Marktl am Inn feierlich aus der Taufe gehoben.

Gott, der Allmächtige, der da ist im Himmel. Hitler, der Nazibold, der da war auf Erden und noch immer als leibhaftiger Gottseibeiuns die Gemüter besetzt. Bis Benediktus den Hirtenstab abgab, teilten die beiden sich mit Großbuchstaben den Boulevard. Den Segen vom Stellvertreter hat sich Diekmann schon in Rom abgeholt, als er ihm im Sonntagsanzug das neue Vorgotteswort persönlich überreichte.

Wie es der Firmling Diekmann bei den Ursulinerinnen in Bielefeld gelernt hat: »Im Anfang war das Wort, und das Wort war bei Gott«. Und dann sei es Fleisch geworden. Zwei Jahrtausende später wurde daraus Papier, jetzt steht es hier und wird online flimmern auf den Smartphones. Dein Name sei »Bild«, dein Wille geschehe. Ohne Ende.

Aus dem Off ein Versprechen: Wenn die mal schlappmachen oder Personalprobleme haben sollten – Nikolaus Blome zum ›Spiegel‹ gewechselt, Franz Josef Wagner ins Kloster gegangen, Diekmann über Silicon Valley in die Regierung, Claus Jacobi in die Walhall, Olli Kahn über die Wupper, Gerd Schröder hinter der Wolga verschwunden, Freiherr Guttenberg in den Burggraben geplumpst, Thilo Sarrazin mit einem Kopftuchmädchen nach Anatolien durchgebrannt, Uli Hoeneß in einem Geldsack im Strafraum der Allianz-Arena begraben, Jesus Christus mit Lederallergien außer Gefecht – wenn, ja, wenn das alles gänzlich abgewickelt ist, dann, ja dann, sei er, der Adolf, bezugsweise sein unverwüstlicher deutscher Geist, immer noch für alle Ressorts als Koberer, Irrwisch und mit allem, was das Fingersaugen hergibt, beschreibbarer Rohling für das Blatt voll einsetzbar, so wahr der Lesergott helfe, auf ewig und drei Tage.

Da haben sich zwei gefunden. Das Blatt und unser Hausgespenst, das keine Knoblauchknolle vertreibt und von einer Bibel eher animiert als ferngehalten wird, werden noch so manche Rallye auf dem Tandem bestreiten. Wenn sie mit ihrer Wortgewalt loslegen, lässt es sich bei Schussfahrten durch die Schlagzeilen schwer ausmachen, was dabei vorne und was hinten ist.

Kapitel 3
»Betrogen und verraten« – Hitler, Tod und Nachttopf

»Hitlers Ende« ist 504 Seiten dick. Seit das Buch 1995 zum ersten Mal erschien, hat sich sein Autor Anton Joachimsthaler in der
Hitler-Biographik fest etabliert. Mit seinen Büchern gilt er als Experte für strittige Fragen in der Vita des deutschen Diktators. Er ist
fast überall in den kleingedruckten Fußnoten zu finden, mit denen Autoren, auch Verfertiger von Doktorarbeiten, auch renommierte Professoren ihre Darstellung, ihre Thesen und Interpretationen beglaubigen. Von Zeit zu Zeit wird er vom Strahl eines hohen
Gönners ins Licht gerückt oder er taucht für Minuten als Sachverständiger in einem der Hitler-TV-Doku-Filmchen auf, die den
privaten Nachrichtensendern als Dauerbrenner dazu dienen, die
Lücken zwischen »news« und Reklame-Clips zu stopfen.

Wo immer man das Buch des Hitler-Forschers aufschlägt, das
pünktlich zum 50. Todestag des deutschen Diktators erschien,
offenbart es eine irritierende Humorigkeit, wie sie sich nur einstellt, wenn sie vollkommen unfreiwillig zustande kommt und der
Leser sie mittels eines leicht angeschrägten Sinns für Komik erblü-
hen lässt. Wer es schafft, das ganze Werk Zeile für Zeile, Wort für
Wort, nüchtern zu lesen, der sollte allerdings auf der Hut sein, dass
ihm nicht schwindlig wird vom Karussell der widersprüchlichen
Vermutungen, Belege und aneinandergereihten Zitatblöcke. Nicht
auszuschließen ist auch, dass das Denkvermögen dahinschmilzt,
aufgeweicht vom Dampf der Ressentiments. Wer es kritisch studiert, dem widerfährt vielleicht das Glück, danach für den Rest des

Lebens imprägniert zu sein, kein geschriebener Kitsch kann ihm mehr etwas anhaben. Wer das Buch allerdings mit ähnlich viel Gefühl und Wellenschlag liest, wie der Autor in die Hauptfigur investiert hat, wer vielleicht dabei noch ein, zwei Gläschen Schnaps zu sich nimmt (Nicht mehr! Meine Empfehlung: die gute alte deutsche Marke »Aha«, ein geistiges, zu NS-Zeiten gern verputztes Getränk), der ist imstande, sich selbst aus dem, was hier in Überfülle ausgebreitet ist, im Kopf einen ebenso tragischen wie saugemütlichen Film zu drehen, eine die Unterkante der Sentimentalität ergreifende Szene nach der anderen.

Da kann sich dann jeder ausmalen, wie bekümmert, ja verzweifelt, förmlich zum Wahnsinn getrieben der eben gerade noch so mächtige Diktator dort unten in seinem Bunker saß, damals im April 1945. War doch schon in den Jahren, als er noch in den Luxushallen der Berliner Reichskanzlei oder auf dem »Berghof« in exquisiter Hanglage mit dem herrlichen Alpenpanoramablick logierte, also in den Jahren, da die Luft von den Jubelschreien der Anhänger statt von den respektlosen Bombeneinschlägen erzitterte, der Stress ein gewaltiger. Nicht umsonst ist auf Postkarten, die sich die Deutschen in den Jahren seiner Regierungszeit gegenseitig schickten, der serienmäßige Aufdruck zu lesen: »Der Führer kennt nur Kampf, Arbeit und Sorge.«

Es mangelte ja auch in diesen letzten Tagen nicht an Pflichten. So vieles war noch zu verrichten, so vieles zu vernichten. Ein Haufen Ärger hatte sich angesammelt. Probleme mit dem Personal, mit den Truppen, den Herren Offizieren, mit den jeglichen Respekt missachtenden und alle Grenzen überschreitenden Feinden, mit dem von ihnen veranstalteten Detonationslärm, mit der Logistik in den eigenen Reihen, nicht zuletzt mit der Tageslichtentwöhnung. Unten, in der Befehlszentrale des Reiches, herrschte unbarmherzig die dicke Luft, die nicht weichen wollte. Beinahe unleserlich das Kleinklein des Berliner Stadtplans – reines »Broccoli« sagte damals einer der mussolinisch beeinflussten Schulterklappenhengste dazu, ein Wort das heute unter Journalisten grassiert, wenn das Textbild mal wieder zu eng bedruckt ist –, anhand dessen jetzt, statt wie ein, zwei Jährchen davor noch mit der großen Weltkarte, die militärische Lage zu besprechen war. Ach, so viel wollte noch getan werden: Testamente verfasst und neue Kabinettslisten diktiert, Parteiausschlüsse bekannt gegeben, Volkssturm-Bubis geknufft, Besucher begöscht, Exekutionen anberaumt. Im Auge des Chaos sollte alles seine Ordnung haben. Draußen Armageddon, drinnen gute Stube.

Auch die kleinen Freuden waren nicht zu vernachlässigen, so kurz vor Schluss, als alles, was noch da war, zusammenkam. Dazu gehörten Eva, länger schon seine Zukünftige, und daneben die ihn vergötternde Magda Goebbels, die mit ihrem Gatten gerade aus der Dienstvilla am Brandenburger Tor ganz zu ihm nach unten gezogen war, für immer, wenn auch nicht für lang. Ihr Kindersegen, den sie zum Umbringen gern hatte, war dabei – vier Jahre die jüngste Tochter, zwölf die älteste, alle sechs Kinder trugen, als Hommage gedacht, Namen mit dem Anfangsbuchstaben H, von Helga über Helmut bis Heide. Hitler hat die Goebbels-Kinder wohl gemocht, für sie war er der »Onkel Führer«. An erster Stelle rangierten allerdings bei ihm die Fünflinge, die Schäferhündin Blondi wenige Wochen zuvor auf die Unterwelt im Bunkerverlies gebracht hatte. Kurz darauf war die ganze Gesellschaft tot, Hunde, Kinder, Frauen, Männer, das ganz Reich hin.

Nach dem Matroschka-Prinzip birgt der Dickleiber »Hitlers Ende« ein dünneres Buch in sich, in dem die Geschichte einer Hundeliebe erzählt ist – Krambambuli andersrum. Da kommt ein Autor nicht vom Hitler-Hund los. Der Tod von Blondi und der Tort, den dieser Sterbefall für den Mann an Deutschlands Spitze bedeutete, sind hier so ausführlich, so mitfühlend beschrieben, dass selbst in der Großstadt lebende Hundehasser, die es ja auch geben soll und die vielleicht einen Tag vorher voll in einen Haufen getreten sind, nach der Lektüre den nächsten Köter, dem sie begegnen, mit anderen Augen betrachten, und ebenso seinen Herrn.

Eine Seite der Buchbebilderung ist exklusiv für den Führerhund reserviert. Dreimal ist hier das Tier groß abgelichtet: ein Gesichtsporträt en face mit steifen Ohren und ausgestellter Zunge, ein Mutterbild mit säugendem Nachwuchs sowie eine postmortale

Ganz-Kadaver-Aufnahme, geknipst, wie die Bildunterschrift festhält, von sowjetischen Soldaten am 4. Mai 1945.

Joachimsthaler kann aus dem Inneren des Bunkerlebens von einer animalischen Fürsorglichkeit berichten, die den Führer auszeichnete: »Hitler hing sehr an den Welpen und fütterte sie selbst mehrmals am Tag.« War die Atzung vorbei, saß er wieder in seinen vier zusammengerückten Wänden und nippte an einer Tasse Tee. Dann und wann ging sein Blick zum gerahmten Friedrich hinauf, dem Großen, dem er sich nun, auf dem Tiefpunkt seiner Karriere, so nahe fühlte, dass er zu ihm sprach wie zu sich selbst.

Das von Anton Graff gemalte Bildnis war Hitler in alle Quartiere gefolgt. Weil das vom Preußenkönig bevorzugte Französisch ihm nicht gegeben war, hielt der Führer seine nächtlichen Zwiesprachen auf gut Deutsch. Das Thema lag nah. Hatte doch der »Alte Fritz« vor rund 200 Jahren wiederholt seine Bereitschaft beteuert, »den Purzelbaum zu schlagen« (faire la culbute), das heißt, sich umzubringen, wenn's schiefginge mit der Kriegerei. Es war so weit. Maßlos enttäuscht darüber, dass die Gefolgschaft nicht mehr konnte, wie sie sollte, dass seine Deutschen insgesamt doch stark nachgelassen hätten, fühlte Hitler, gerade erst mal 56, die Zeit für den Salto mortale gekommen. Vorher aber gab er noch von sich, was auch der frankophile Misanthrop auf dem Preußenthron der Überlieferung nach öfters geäußert haben soll (und was heute viele in unserer Hundehalternation, wie zu hören ist, blind unterschreiben würden): »Seit ich die Menschen kenne, liebe ich die Hunde.«

Diesen Satz soll der Tierliebhaber nicht nur einmal gesagt haben. Er war ja auch als »Führer und Reichskanzler des Großdeutschen Reiches« immer Mitglied in der örtlichen »Fachschaft für deutsche Schäferhunde« geblieben, allerdings, wie sich später herausstellte, bei aller Liebe, mit dem Beitrag schwer im Rückstand. Seine Stimme hatte zwar viel von ihrer sagenhaften Fähigkeit verloren, Mark und Bein zu durchqueren wie das heiße Messer die kalte Butter, sie sei, wie die, die dabei waren, unisono später erzählten, zu diesem Zeitpunkt nahezu »tonlos« gewesen. Nichtsdestotrotz musste das, was er so von sich gab, doch gefälligst zur späteren Erinnerung nebst Weitergabe Gehör finden. »Alles ist zu notieren« – die Führer-Anweisung ist mehrfach überliefert, und auch sie ist offenbar brav befolgt worden.

Eine Nachricht, die am 28. April über ausländische Rundfunksender zu ihm gelangte, »empörte Hitler maßlos« – Himmlers Versuche, den Westalliierten ein Kapitulationsangebot zukommen zu lassen. Und auch der Autor lässt uns seine Indignation spüren: »Ohne Rücksicht auf seinen Treueid streckte Himmler seine Fühler nach Friedensverhandlungen aus, um seine Haut zu retten.« Der sprichwörtlich »treue Heinrich« – das »traf Hitler ins Mark«. Tiefer noch als ein paar Tage zuvor, als er sich im Durcheinander der sich überstürzenden Nachrichten genötigt sah, seinen Stellvertreter Hermann Göring wegen dessen Eigenmächtigkeiten abzusetzen und verhaften zu lassen. Nach »Himmlers Verrat« sah er sich nun gezwungen, an »Professor Dr. Werner Haase und den Hundeführer, Wehrmachtsfeldwebel Fritz Tornow, den Auftrag zu geben, seine Schäferhündin zu vergiften«. Die Dimensionen dieses Mordbefehls von höchster Stelle offenbaren sich beim Weiterlesen. Schon lange sei Hitler der Ansicht gewesen: »Entscheidend ist, daß ein Hund immer beim Herrn schläft.« Da ist sich Anton Joachimsthaler mit Adolfs Buddy Albert Speer in der Erkenntnis einig: »Blondi war das wichtigste Wesen in Hitlers Privatleben.«

Aber es musste sein. Dank des Autors gewissenhafter Recherchen wissen wir auch, dass Blondi früher »einem Postboten in Ingolstadt« gehörte. Bei ihm muss also die Hündin gelernt haben, auf »Fuß!« und »Kusch!«, »Fass!« und »Sitz!«, »Hopp!« und »Aus!« und »Da geh her!« und »Rühr dich nicht!« zu parieren, wie sie es dann auch bei dem neuen Herrchen tat. Bevor sie Hitler ihr Mutterglück schenkte, hatte dieser ihr noch eines seiner eigenen Bravourstückchen beigebracht: »Männchen machen« auf zwei Beinen.

Für Deutschlands Staatsoberhaupt rangierte Blondi über allem, über allem in der Welt. Treuer als der treueste Heinrich und, im Gegensatz zu diesem, unfähig zum Verrat. Ohne mit der Wimper zu bellen, war sie bereit, die Wirksamkeit der Blausäure-Giftampullen zu testen. Mit tödlichem Erfolg. So konnte das Tier zudem vor dem Schlimmsten bewahrt werden, das sein Halter sich auszudenken vermochte.

»Der Führer wollte auf keinen Fall, dass sein Hund in russische Hände fiele«, ist zu lesen. Tief empfunden müssen seine Gefühle gewesen sein, die er mit pointierter Anschaulichkeit zum Ausdruck brachte: »Allein der Gedanke daran kann mich krank machen«. Dass vielleicht auch die Vorstellung, was ihm selbst blühen würde, wenn die Russen ihn zu fassen bekämen, Hitlers Hose flattern ließ, zieht der Autor nicht in Betracht. Nein, hier ist nur die Rede von der Sorge um den Hund, die er mehrfach wörtlich auf diese herzzerreißende Weise geäußert habe. Zu jeder seiner Sekretärinnen, und die gaben es, als ihr Chef von ihnen gegangen war, erst den Russen oder den Amerikanern im Verhör preis, erzählten es dann den Memoirenschreibern, dann den ausländischen Journalisten und Historikern, dann den inländischen Illustriertenschreibern und Drehbuchverfassern, dann ihren Ghostwritern, schließlich vertrauten sie es wohl auch noch, wenn die Lebenszeit reichte, den TV-Doku-Machern an – »allein der Gedanke daran kann mich krank machen«. Hat er gesagt.

Wann immer sie etwas davon verlauten ließen, beteuerten sie, es sei das erste Mal, als habe es der Benimmcodex der Vorzimmerdamen-Generation so gefordert. In unregelmäßigen Abständen, sobald sich in den Jahrzehnten des Lebensrestes eine Gelegenheit bot, war dann immer mal wieder zu lesen, die betreffende Sekretärin habe lange nicht darüber sprechen können und mit gusseiserner Selbstbeherrschung ihr Depot gehütet. Hingebungsvoll gepflegt wurde dieses Image von den Autoren, Verlagen und Zeitschriften, die sich jeweils der Damen annahmen. Da hieß es dann, nun sei die Zeit gekommen, das Schweigen zu brechen. Die Sache mit dem Hund (und vor allem auch die unweigerlich damit verbundene Erinnerung an jenen Gedanken, der damals kurz vor dem Tod die Gesundheit des Chefs so fürchterlich gefährdete) sowie alles andere dann gleich auch, wolle, ja müsse, augenblicklich aus ihr raus, ohne wenn und aber.

Mit Traudl Junge ist 2002 die Letzte ihrer Art gestorben. Kurz vorher hatte sie »Im toten Winkel«, so heißt der viel gepriesene Dokumentarfilm von André Heller, es zum x-ten Mal erzählt – und wie immer zertifizierten die Journalisten, deren Gedächtnis nur Kurzzeitimpulse kennt, die alten Hüte als taufrische Enthüllungen, die ans Licht brächten, was uns so lange verborgen war. Selbst Biograph Joachim Fest, seriös bis an die preußischen Wurzeln, meinte allen Ernstes, es sei unverzeihlich, dass sich nicht schon lange vorher jemand um das gekümmert habe, was diese Menschen aus der unmittelbaren Umgebung von Hitler zu sagen gehabt hätten. Das publizistische, als »Enthüllung« plakatierte Wiederaufbereitungstreiben wird so schnell kein Ende nehmen, auch wenn die Worte des Führers längst in vielen Büchern und Filmen konserviert sind. Sie gleichen den in braunen Bernstein eingeschlossenen Inklusen, die wie Reliquien immer wieder verbuddelt und immer wieder neu ausgegraben werden. (Mensch, Adolf: »Allein der Gedanke daran kann mich krank machen.«)

Der Autor, der wie kein anderer uns das Butzenscheibenfenster in die Untertagewelt Hitlers öffnet, kann von dem Glück erzählen, einer dieser Siegelbewahrerinnen nahe gekommen zu sein – Christa Schroeder, Hitlers langjährige Sekretärin, die ihm ihr Vertrauen schenkte.

Der Münchner Diplomingenieur Anton Joachimsthaler gehört mit seinem Jahrgang (1930) zur Alterskohorte der »Pimpfengeneration«, die in der »Hitler-Jugend« mit pubertärer Intensität und nachhaltiger Wirkung den bombastisch inszenierten »Führer«-Kult erlebte. Im Jahr 1981, inzwischen nach einem halben Leben zum Bundesbahnoberrat avanciert, veröffentlichte er, seine beiden Leidenschaften zusammenführend, in einem kleinen Spezialverlag ein Buch über die in NS-Zeiten bis hin zum Schwarzen Meer geplante »größte Eisenbahn der Welt«. Vier Jahre später wurde das Werk im Herbig-Verlag in opulenter Aufmachung neu aufgelegt. Unter dem Titel »Die Breitspurbahn« ist auf dem Buchumschlag des Coffee-Table-Formats über einer Riesenlokomotive eine Landkarte zu sehen, die von Paris und Marseille im Westen bis nach Leningrad, Moskau, Baku und Istanbul im Osten reicht. In roter Farbe sind darauf die geplanten Bahnlinien eingezeichnet. Dazu ist groß zu lesen: »Das Projekt zur Erschließung des groß-europäischen Raumes 1942–1945«. Auf dem Cover wie auch im Innern des Buches muss dieser reizende Untertitel allerdings ohne Anführungszeichen auskommen. Wozu auch? Es lässt sich nun mal nicht schnuckeliger formulieren, was Hitler und die Deutschen in jenen Jahren in den Ländern rundherum so getrieben haben.

»Bis in die letzten Kriegstage 1945« wurde an dem Schienenstrang gearbeitet, der dem Diktator lieb und teuer gewesen sein soll – »eines seiner gigantischsten und größenwahnsinnigsten Projekte«, dem er »höchste Bedeutung beimaß«. Wie und wann kam es überhaupt dazu? Dazu gibt uns das Buch einen roten Faden an die Hand, der die Sicht des Autors verdeutlicht: Anfänglich, »in den fünf Jahren seit seiner Machtübernahme hatte Hitler Deutschland zielstrebig zu einer führenden Großmacht Europas erhoben.« Dann allerdings begann der das Vaterland so erhebende Reichskanzler an »zunehmender Megalomanie« zu leiden. Nichts konnte ihm groß genug sein. Zunächst habe ihn Mussolini noch durch die »ungewollten Kriege in Afrika und am Balkan von seinem eigentlichen Ziel, der Eroberung der Sowjetunion, abgehalten«. Das habe Hitler gar nicht gepasst, er »war bestürzt« und »mußte sich zum Eingreifen entschließen«. So sah er sich praktisch dazu gezwungen, erst mal ratzfatz da unten in den mediterranen Ländereien aufzuräumen. 1941, nach schnellen Siegen über Jugoslawien und Griechenland, »folgte die Einnahme« der Insel Kreta. Dann »endlich konnte Hitler im Vollgefühl der deutschen militärischen Erfolge den Feldzug gegen die Sowjetunion beginnen«. Als er ein paar Monate später »Herr über ganz Europa« war, »teilte er dem Reichsminister Dr. Todt mit, daß er sich nun um die geplante Breitspureisenbahn, die als transkontinentale Großraumbahn das unter nationalsozialistischer Herrschaft stehende Europa verbinden sollte, kümmern werde«.

Bevor der Buchautor den Fortgang der imperialen Zugverkehrspläne ausbreitet, widmet er ein ausführliches Kapitel dem »Bauherrn und Architekten Adolf Hitler«, reich bebildert mit Skizzen,

Modellen und Plänen zu jenen Prestigeprojekten, die damals überall verstreut im ganzen Reich auf ihre Realisierung warteten: Kongresshallen, Prachtstraßen, Triumphbögen, Mammutbrücken, Ehrendenkmäler und Monumentalbahnhöfe. Danach folgt erst das eigentliche Schienenwerk, das eine Unzahl von technischen Komponenten, Tabellen, Konstruktionsskizzen und Fotos auftischt. Auch hier sind nebenbei sonderbare Geschichtserläuterungen eingeflochten.

Beschrieben sind die »unbeschreiblichen Leistungen« der deutschen Eisenbahner »inmitten eines Weltkrieges«. Ebenso die horrenden Schwierigkeiten, mit denen sich das deutsche »Transportwesen« konfrontiert sah, speziell »an der Ostfront«, wo die Kugeln und Granaten nur so pfiffen. Weit gefächert sind die Einzelheiten der diversen Ingenieurspläne, die Probleme und Möglichkeiten Punkt für Punkt präsentiert: Lokomotiven, Güterwagen, Speisewagen, Schlafwagen, Gleisanlagen, Trassenführung, Zugfolgen, Streckenlängen, Geschwindigkeit, Kurvenläufigkeit, Raddurchmesser, unterschiedliche Spursysteme in einzelnen Ländern, Rohstofflieferungen, Truppenladungen, Waffentransporte, Kapazitätsgrenzen, Plattformrampen, Umladeeinrichtungen, Verkehrsanbindungen, und so weiter, und so fort. Nicht unerwähnt bleiben auch die »verzweifelten Abwehrkämpfe der deutschen Truppen« vor Moskau, unter schwersten Bedingungen, nach einem strapaziösen im Sauseschritt vorgenommenen Anmarsch, fern der Heimat, über 2000 Bahnkilometer von den Lieben zu Hause getrennt.

Fachmännisch erörtert sind Eisenbahn-Finessen wie der »Schwellenoberbau auf Steinschlagbettung« und die »Duschen in den Waschräumen für die Bequemlichkeit und Hygiene der Reisenden«. Der Rezensent der ›Zeit‹ war hin und weg von der detaillierten Ausbreitung der aberwitzigen Pläne. Er muss sich wohl wie geplättet gefühlt haben, dass ihm das Kompliment entfuhr: »Ein faszinierendes Buch«.

Auf den nahezu 400 Seiten hat der Autor alles Erdenkliche haarklein zusammengetragen. Mit einer Ausnahme – nicht eine Silbe hatte der rasende Steckenpferdreiter für die in ganz Europa nach

Fahrplan verkehrenden Deportationszüge übrig, mit denen die Reichsbahn-Männer in nie erlahmender Tüchtigkeit und einer logistischen Herkulesarbeit während dieser Jahre eine zentrale und wahrhaft tragende Rolle bei der systematischen Ermordung der europäischen Juden spielten.

Die Geschichte der Deutschen im »Dritten Reich«, folgt man dem Bild, das dieses Buch vermittelt, war dominiert von einem Imperator, der »einen tiefsitzenden Expansionstrieb« und eine Schwäche für den breiten »Schienenstrang« besaß und zudem ein »Architekt aus Leidenschaft« war. Ein Mann, der, »überzeugt von seiner Sendungsmission«, keine Rücksicht auf Verwaltungswege und Zuständigkeiten nehmen konnte, gleichgültig gegenüber dem Chaos, das er damit in der durch Ordnung, Pünktlichkeit, Anschlüsse und Signaltafeln strukturierten Eisenbahnwelt anrichtete. Demgemäß hat Hitler »allein den Bau der Großeisenbahn persönlich angeordnet, unter Ausschaltung aller Instanzen«. So mussten fleißige Ingenieure und Zeichner unermüdlich die Ausarbeitung der Pläne vorantreiben. Die »pathologische Willensnatur«« des Auftraggebers war von niemandem zu bremsen. Nicht von den im Buch ausführlich vorgestellten »Führungskräften der Deutschen Reichsbahn«, die mit enormen Fähigkeiten und Anstrengungen das »Transportwesen« am Laufen hielten. Und nicht von dem überaus tüchtigen Albert Speer, der auch von dieser Sache wieder einmal so gut wie nichts gewusst hat.

Hitlers »Generalbauinspektor« und Rüstungsminister, der inzwischen, nach einer 20-jährigen Zwangspause im Spandauer Kriegsverbrecher-Gefängnis der Alliierten, mit selbstgefälligen Lügengeschichten vom »unpolitischen Fachmann« den Status eines Bestsellerautors und begehrten Geschichtszeugen erlangt hatte, versicherte dem Autor gesprächsweise, »der Umfang der Breitspur-Arbeiten« sei ihm unbekannt geblieben. Joachimsthaler knipst das Aussage-Billet mit dem Zugschaffner-Locher ab: »Er war nicht unterrichtet«.

Während der Arbeit an dem Eisenbahnbuch lernte der Autor Christa Schroeder (1908–1984) näher kennen. Sie war die einzige unter den Sekretärinnen des Diktators, die diesem ununterbrochen alle zwölf Jahre seiner Amtszeit an der Spitze Deutschlands gedient hatte. Von ihr erschien 1949 ein Buch, bei dem sie als Autorin anonym geblieben war. Es hatte den Titel: »Hitler privat. Erlebnisbericht seiner Geheimsekretärin«, herausgegeben von Albert Zoller (siehe Teil 1, Kapitel 1). Nach ihrem Tod gab Joachimsthaler aus dem Nachlass 1985 einen um Fotos erweiterten und mit ausführlichen Begleitkommentaren überarbeiteten Neuaufguss heraus. Titel dieses Mal, ungelogen: »Er war mein Chef«. Autorin: Christa Schroeder. Das Buch ist mittlerweile in der 12. Auflage auf dem Markt, von der rechtsradikalen ›National-Zeitung‹ unter der Titelzeile »Wie Hitler wirklich war« in den höchsten Tönen rezensiert (»brillant, differenziert, objektiv und lehrreich«) und stets mit Wertschätzung behandelt von Hitler-Biographen, die daraus vorbehaltlos entnehmen, was sie brauchen können.

Christa Schroeder, behauptet der Herausgeber mit einer seiner orakelhaften Formulierungen, sei »keine Nationalsozialistin im Sinne des Wortes« gewesen. Nun, sie wachte jedenfalls viele Jahre lang eifersüchtig darüber, dass sich auf dem Bild ihres »Chefs«, von dessen »vielen Gesichtern« sie schwärmte, keine Flecken breitmachten. Nichts, was ihrer Meinung nach da nicht hingehörte, sollte zugelassen werden. Auf die rechte Gesinnung kam es ihr an. So pflegte sie die Kontakte zu alten Parteigenossen und tauschte sich regelmäßig mit dem in die Politik gewechselten Journalisten Franz Schönhuber aus, der in seiner »Republikaner«-Partei Denkweisen des »Chefs« renovierte. Wer etwas von Christa Schroeder erfahren wollte, musste sich auf der gleichen Wellenlänge bewegen. Geschichtsschreiber David Irving hat damit renommiert, dass er bei ihr den Schlüssel für seinen Zugang in den »Hitler-Kreis« gefunden habe. So nannte der britische Apologet des deutschen Diktators, als »Holocaust-Leugner« weltberühmt, die Schar der Getreuen, die nach 1945 ihr aus erster Hand geschöpftes Erinnerungsgut sorgsam in Schuss hielten.

Für Joachimsthaler war die Türhüterin eine Zeugin, der er uneingeschränkt Glauben und Bewunderung schenkte. In seinen

Augen war sie »geradezu eine Wahrheitsfanatikerin«, gänzlich un-befangen, »immer sehr objektiv und kritisch, und dies nicht nur nach 1945«. Ihre Erinnerungen, Ansichten und kleinen sentimenta-len Geschichten reicht er in seinen Büchern treuherzig zum Nenn-wert an die Leser weiter.

Offensichtlich trug die von ihm hofierte Schlüsselfrau mit dazu bei, die Weichen für die Arbeit des Eisenbahn-Ingenieurs neu zu stellen. Sein Geschichtsinteresse konzentrierte sich immer mehr auf den Mann im Mittelpunkt des Kreises der Unentwegten. Nach der »Breitspurbahn«, die ihn in die Weiten des europäischen Ostens geführt hatte, begann er die engen Maulwurfsgänge biographischer Geheimnisse zu erforschen. Er ging mit Hitler auf Tuchfühlung. Die folgenden Bücher drehen sich im Engtanz um den »Chef«. Sie sind, oft in mehreren Auflagen, größtenteils im Herbig-Verlag er-schienen, wo sie in einer Reihe stehen mit anderen Beschönigungs-texturen, die einfühlsame Führerbilder entwerfen.

Eines der Joachimsthaler-Bücher trägt den dreisten Titel »Hit-lers Liste« (2003) – spekulativ angelehnt an Spielbergs Holocaust-Film über den Judenretter Oskar Schindler. Untertitel: »Ein Doku-ment persönlicher Beziehungen«. Es geht um »Hitlers Privatleben« oder, wie es der Autor in seinem eigenwilligen Deutsch auf der Seite eins des Vorwortes ausdrückt, um »die Frage des Verhältnis Hitlers zu Frauen im Sinne einer zwischenmenschlichen Beziehung«. Die folgenden 600 Seiten orientieren sich an einer Liste, auf der Hit-ler jene Frauen verzeichnen ließ, die er zu Weihnachten mit ausge-suchten Gaben zu beschenken pflegte. Wie in den anderen Büchern des Autors auch, findet sich dazu eine Überfülle von akribisch zu-sammengetragenen Details aus dem Leben des Diktators und »der Menschen, die ihm wirklich nahestanden«. Das zieht sich von Adres-sen, Mitgliedsnummern und Autokennzeichen bis hin zu »Nasen-löchern« und »Liebesnestern«, angereichert mit Hitlerschen Selbst-stilisierungen und Klöppeleien aus dem üblichen Legenden-Plunder.

In Gänze hat das Buch die Anmutung einer Buchstabensuppe, aufgeschäumt mit Rechthaberei. Löffelt man sie aus, lauert auf dem Tellerboden das Gesicht eines Mannes, der einem verdammt bekannt vorkommt, dazu die nicht mehr wegzudenkende Erkenntnis: Der Autor ist von Hitler, der für ihn »über allen menschlichen Gefühlen und Leidenschaften stand«, schlechthinnig fasziniert und ebenso von dem ganzen Drumherum. Deutlich erkennbar ist die ausgeprägte Hinneigung, die dem Geschmack das gewisse Etwas gibt. Daran ändert auch die eingangs vorgetragene Beteuerung nichts, dass es sich bei dem »ausgesprochenen Willensmenschen«, dessen Ende hier beschrieben ist, um einen »menschenverachtenden Rassenfanatiker« handelte, um einen »glühenden Nationalisten« und »Militaristen, der willkürlich Kriege begann«. Er habe »Deutschland und die Deutschen in eine vernichtende Niederlage ohne Beispiel geführt«. Der auf das Leid der Deutschen begrenzte Blickwinkel produziert, zusammen mit den Elementen des Kitsches und der überbordenden Empathie, die ölige Mehlschwitze, die das Allerlei von Fakten, Daten, Vermutungen, Behauptungen bindet. Darunter auch Passagen, in denen sich der Eindruck aufdrängt, als wäre dem Autor eine schützende Schreibhand zugewachsen, die sich über die zart besaitete Seele des Führers legt – wie wir es so ähnlich aus der Literatur- und Kunstgeschichte kennen, wo es nicht selten vorkommt, dass argwöhnische Künstlerwitwen den Nachlass und biographische Lesarten mit zickigem Eifer bewachen.

Für den Leser von »Hitlers Ende« heißt es, stark zu bleiben, damit ihn der Sog des Mitgefühls nicht in ein Tal des Wehklagens reißt, wenn ihm Seite für Seite die fatale Situation des Mannes tief unter der Erde vor Augen geführt wird. Wie dieser, zusammen mit der paarungsbereiten Eva, der zu ihrem eigenen wie dem Tod ihrer Kinder entschlossenen Magda, den beflissenen Adjutanten, den dienstbaren Sekretärinnen und der von allseitiger Tierliebe umhegten Hundebrut, auf engstem Raum in dem zur Hutschachtel zusammengepressten Großdeutschen Reich dahinvegetieren musste. Kurz angebunden an den Pflock einer bombensicheren Sympathie, barmt der Autor: »Wie schon angedeutet, sprach Hitler in diesen Tagen viel über Hunde. Die waren ihm in den letzten Stunden seines Lebens wichtiger als Menschen, die ihn nur betrogen und verraten hatten.«

Joachimsthalers Passionen können nicht überlesen werden: Zwischen den im Brustton des Indikativs niedergeschriebenen Wortsilben nisten die Seufzer, die das Schicksal des unter seine Reichskanzlei retirierten Führers beklagen. Sie bringen zum Klingen, was nicht wenige schon immer geahnt haben: Dem »von Sorgen gequälten Hitler« wurde übel mitgespielt.

Sogar Eva habe ihn schmählich hintergangen, wie der Autor in einem 25-Seiten-Exkurs nachzuweisen sucht – gestützt auf Hörensagen und schwülstige Phantasien, befeuert von der Entrüstung eines Leibgardisten, standhaft wie der einbeinige Zinnsoldat im Märchen. Das Leben von Hitlers Freundin, von ihm als »nicht sehr intelligent«, aber mit »einem Hang für erregende Sachen« charakterisiert, sei »ein einziges Ringen nach Erfolg und Anerkennung, nach dem Glanz ihrer Hollywood-Welt« gewesen. Und sie konnte ganz schön gemein sein. Zum Führer wie auch zu dessen Freund, dem Hund. Als Hitler im Bunker beim Essen nur noch trüben Sinnes über Blondi und die Fünflinge redete und nicht einmal mehr wenigstens einen Augenblick für ihre neuen Schuhe übrighatte, nahm sie Rache auf ihre Art: »Manchmal gebe ich dem Vieh heimlich unter dem Tisch einen Fußtritt, und Adolf wundert sich dann über das närrische Benehmen des Tieres.« So hat es die Eva der »Frau Schroeder« erzählt, und von der hat es Joachimsthaler, der es nicht für sich behalten kann, wie dieses Frauenzimmer ihren Meister, der sie zu dem gemacht hat, was (immer) sie war, »derbleckt« hat.

Schlimmer noch: Sie habe insgeheim »unter dem schwägerlichen Mantel« mit dem SS-General Hermann Fegelein (1906–1945) »eine Affäre« gehabt. Der war damals als offizieller Vertreter Himmlers in Hitlers Hauptquartier und seit dem Sommer 1944 mit Eva Brauns Schwester Gretl verheiratet. Ein paar Jahre zuvor hatte der schneidige Draufgänger, der offenbar mit Pferden konnte und bei den Frauen einen Schlag hatte, das Deutsche Springderby in Hamburg gewonnen. Bei diesem »Herrenreiter«, wie er ihn nennt, der zum Schluss »als Mitwisser von Himmlers Hochverrat« exekutiert wurde, schwollen dem Autor die Adern. Über sonst keinen in seinen Büchern zieht er so her wie über den. Mit dieser speziellen Antipathie befindet er sich in einer bemerkenswert bunten Gesellschaft. Über den »skrupellosen Angeber« zerrissen sich schon viele nicht weniger skrupellose NS-Größen wie etwa Goebbels, Bormann und Speer das Maul, später sagten ihm studierte Historiker »schwere Mängel an Charakter, Erziehung und Ausbildung« nach, beim Premium-Autor Joachim Fest taucht er als »durch und durch verderbter Trunkenbold« auf, beim Hitler-Biographen Kershaw als »Schwadroneur und zynischer Opportunist«. Für Joachimsthaler war der »hochdekorierte Frauenheld einer der übelsten und ekelhaftesten Karrieremenschen der nationalsozialistischen Elite«.

Es sei die Sehnsucht nach diesem Mistkerl gewesen, die das Weibsbild Eva »wider Erwarten und gegen Hitlers Anweisung« aus dem vergleichsweise sicheren München im März 1945 wieder in die »gefährliche Frontnähe« der Berliner Ruinenwelt hatte zurückkehren lassen. Dort habe sich dann die Braut des Führers mit diesem »korrupten, menschenverachtenden, arroganten und ignoranten« Brutalo-Typen »nach Herzenslust amüsiert, während die alliierten und sowjetischen Armeen langsam auf Deutschlands Grenzen vorstießen«. Für Kenner der nationalen Hitler-Geschichten-Bibliothek treffen sich hier im Bunker weit hinter den sieben Bergen Variationen einer Figur, die von zwei extrem unterschiedlichen Interpreten auf die öffentliche Bühne gestellt sind: der Lustmolch Fegelein, der »immer nur ficken will«, aus der schrillen Schlingensief-Filmgroteske »100 Jahre Hitler. Die letzte Stunde im Führerbunker« (1989) und der Saubeutel Fegelein, der nur das eine im Sinn hat, aus der herzzerreißenden Joachimsthaler-Fama »Hitlers Ende«.

Jedenfalls scheinen die Bilder, die für dieses Kapitel seine Vorstellungen erhitzten, dem Autor besonders nahegegangen zu sein: Wie in der letzten Phase ein Paar aus Lump und Luder mit dem Mann umgesprungen ist, der so Großes gewollt und geleistet hatte. Das Mitleiden, dem es vorher schon eklatant an Distanz mangelte, passiert hier ungebremst die Grenze in Richtung Identifikation. Gar bitter ist die Empörung: »Um Hitler, seinen Gesundheitszustand und seine Sorgen hat sie sich nicht gekümmert. Sie tanzte lieber, während Hitler eine Schreckensnachricht nach der anderen zu verdauen hatte.«

Zum Ende der Lektüre findet man sich in einer verkehrten Welt, und der Titelheld als erbarmungswürdiges Opfer in einer Elendsgrube, vom Autor so inständig bedauert, als hätten ihn Nattern und Krokodile dort hineingetrieben. Mensch, Adolf, was haben sie dir angetan! Von der Tanzmaus Eva verschaukelt, von feindlichen Truppen umzingelt, eingebunkert unter der Erde, mit schlechten Nachrichten überfüttert, von allen guten Geistern verlassen, ja, regelrecht beschissen, wortwörtlich schwarz auf weiß: »betrogen und verraten«. Ein abstruses Attest, quittiert mit einem fettigen Fingerabdruck, den Joachimsthaler auf seinem Führer-Bild hinterlässt.

Dem armen Despoten blieb in seinem betonierten Mauseloch nicht mehr viel übrig. Amtsmüde hielt er testamentarisch in gespreiztem Kanzleideutsch seinen finalen Rücktritt fest: – zur »Beendigung dieser irdischen Laufbahn entschlossen«. Es klingt, als habe er gehofft, dass die Vorsehung danach in den außerirdischen Sphären neue Führungsaufträge für ihn bereithielte. Bevor er sich ganz davonmachte, »gründete er mit Fräulein Eva Braun eine Ehe«, standesamtsgemäß abgewickelt durch einen herbeizitierten »Gauamtsleiter« namens Wagner, nicht verwandt und nicht verschwägert mit der gleichnamigen, ihm in gegenseitiger Bewunderung verbundenen Bayreuther Dramendynastie.

Nach dem Jawort ging die Hochzeitsreise tags darauf, als die Laufbahn auf Erden total abgeschlossen war, atemlos in ein um die Ecke der Bunkertür gelegenes Trümmerfeld in Berlin-Mitte. Ein leichenblasses Paar, von Adjutant Günsche und Kammerdiener Linge erst auf Händen an die Erdoberfläche getragen und dann mit Benzin zum Flackern gebracht. Fürwahr eine innige Zweierkiste, in der sich wenige Stunden vor Anbruch des Hexentanzes in der Walpurgisnacht zum 1. Mai die Frischvermählten zusammenfanden, auch vom Tod nicht geschieden, heiß, wie es heißer, eng wie es enger nicht vorstellbar.

In einem ›Spiegel-TV‹-Dokufilm von 2011 nimmt Hitlers Telefonist und Leibwächter Rochus Misch für sich in Anspruch, das Leichenpaar entflammt zu haben. Er erinnerte sich noch prägnant an den ekligen Blausäuregeruch der toten Eva und wie sie sich in der Glut noch einmal aufgebäumt habe: »Sie sah aus wie eine geschmorte Gans.«

Wer nun immer der Ehepaar-Brandstifter war, der Autor Joachimsthaler kann sich jedenfalls bei seiner Darstellung nicht nur auf Memoiren, Dokumente und Zeitzeugen stützen, sondern er vermag auch aus einem Wissensschatz zu schöpfen, den ihm so leicht niemand streitig macht. Ist er doch nach eigener Aussage fest davon überzeugt, »das Empfinden von Eva Braun-Hitler als auch das von Hitler« genauestens zu kennen. So weiß er dann auch an entscheidenden Stellen, was für jeden dieser beiden »nur in Frage kommen konnte«.

Derart gerüstet, reitet er auf dem Rücken seiner Bücher gegen die Windmühlen an, voller Hass auf die »Legenden, Lügen, Halbwahrheiten und glatten Unwahrheiten«, die »verantwortungslosen Journalisten« und »viele andere Psychopathen«. Wie einst das HJ-Gesetz es befahl, verfolgt er mit lederzäher Strebsamkeit die »unglaublichen Nachlässigkeiten in der Literatur«, die sein Bild von Hitler besudeln.

Unentwegt apportiert er neue Häppchen aus dem Leben seines Schützlings. Stellvertretend für ungezählt viele seien hier drei biographische Krümel aus den gesammelten Joachimsthaler-Werken vorgestellt.

Da ist zum einen ein intimes Detail aus den Schlafräumen des Anwesens »im Berchtesgadener Land auf dem Obersalzberg«, jenem vor dem majestätischen Watzmann und dem sagenumwobenen Untersberg gelagerten Alpenbuckel, einer Gegend, die Hitler in ihrer ganzen Größe und Schönheit, wie wir von dem mit allen Führer-Regungen vertrauten Autor erfahren, »ins Herz geschlossen hatte«. Die Ernennung zum Reichskanzler lag knapp fünf Monate hinter ihm, das »Ermächtigungsgesetz«, das ihn zum Diktator machte, noch keine drei.

Die »Aufräumarbeiten« schritten, dank der tüchtigen Mitarbeit der konservativen Eliten, rasch voran. Die neu eingerichteten »Erziehungslager« erwiesen sich als ausbaufähig, das »Beseitigen« des »Gesindels« und der politischen Feinde hatte begonnen, die Gewerkschaften waren domestiziert, die missliebigen Bücher verbrannt, notwendige »Säuberungen« und »Beschlagnahmungen« durchgeführt, die Weimarer Parteien zerbröselt, die kommunistischen Organisationen der KPD verboten, die der SPD kurz davor, die ersten »Maßnahmen« zur »Arbeitsbeschaffung« und zur »Reinigung des deutschen Volkskörpers von den Juden« erledigt, die Generäle informiert, dass große Zeiten und Ausweitungen des Reiches nach Osten bevorstünden, Hugenberg und seine »Deutschnationalen«, die ihn angeblich im Kabinett in die Zange hatten nehmen wollen, pfiffen aus dem letzten Loch.

Die Mühen des mordsmäßigen Trubels hatten sich gelohnt. Beliebtheit und Ansehen waren gewaltig angestiegen, der »nationale Aufbruch« und die »Gleichschaltung« bei vielen gut angekommen. Ein Anfang war gemacht, bald würden die Wirtschaft, die Partei, das Vaterland in seinem Sinne florieren. Der Staatsapparat und mehr oder minder das ganze Volk begannen, ihm fleißig »entgegenzuarbeiten«, wie der englische Historiker Kershaw das Verhältnis zwischen ihm und den Deutschen in einer griffigen Formel gekennzeichnet hat.

Da konnte er sich endlich einmal kurz zurücklehnen, für einen Augenblick an sich selber denken und das »Domizil« in den Bergen, das er, wie Joachimsthaler schreibt, »in vollen Zügen genoss«, mit ein paar Neuanschaffungen aufmöbeln. Er bestellte Schränke, Tische und Stühle. Ebenso ein Quantum an Geschirr für Essen und Trinken und für das Gegenteil. Darunter zur kommoden Zwischenlagerung fünf Nachttöpfe, erworben am 12. Juni 1933 bei der Firma E. M. Schüssel in der Kaufingerstraße in München, das Stück für eins vierzig. Die Rechnung ist abgebildet, ausgestellt auf den »Hochwohlgeboren Herrn Reichskanzler Adolf Hitler«.

Joachimsthaler kennt die Töpfe, nennt die Namen. Selbst die der Hunde. Ordnung muss sein in Hitlers Vita. Hier waltet der Autor wie ein strenger Hausmeister, der sich um alles zu kümmern hat. Wo er verantwortungsloses, ohne Genehmigung in den Vorgarten eingedrungenes Gesindel bei Ungenauigkeiten zu ertappen meint, kann ihm der Kragen platzen. Das gilt auch für Günter Grass, ohne dass dieser hier eigens genannt ist. In dem Roman »Hundejahre«, darin der Führer und dessen intellektuelle Sponsoren recht despektierlich behandelt sind, lässt der Schriftsteller einen schwarzen Hitler-Hund, der »Prinz« heißt, durch die Seiten streunen. Vor ihm hatte der ›Stern‹ 1959 diesen Namen für authentisch aufs Tapet gebracht. Werner Maser, Joachimsthalers Hauptrivale in der Rolle des Hitler-Intimkenners, hat diesen Namen sogar im ›Spiegel‹ verbreitet. Unmöglich! So geht man mit dem Führer und seinen Gespielen nicht um! Ein für alle Mal, damit das klar ist: Niemals hat er einen seiner Hunde so genannt. Richtig sei viel mehr, dass die zwei Hunde, die der »Blondi« vorausgingen, auf die Zurufe »Blonda« und »Muck« hörten, die Hündin »hellhaarig«, der »Rüde scharf dressiert«. Verstorben 1939, haben beide den Krieg nicht mehr miterleben können.

Als drittes Beispiel eine Feststellung, die nicht auf dem Fund in einem Archivschrank oder in einer Korrespondenzmappe basieren kann. Das en passant vorgetragene Stück Belehrung dürfte entweder aus jenem Nähkästchen stammen, aus dem die Damen und Herren vom »inneren Kreis« plauderten, oder aus dem Erfahrungskompost des Autors: »Geli Raubal wäre keine Frau gewesen, hätte ihr nicht die finanzielle Großzügigkeit Hitlers imponiert.«

Spätestens hier stellt sich eine Reihe von Fragen: Was soll das? Wozu soll das dienen, sich so eingehend mit den Büchern eines sammelwütigen Hitler-Forschers zu beschäftigen, der behauptet, sich in der Gefühlswelten des Diktators und dessen Freundin bestens auszukennen, und sich nebenbei als Hundeflüsterer und Frauenversteher alter Schule präsentiert? Prima Gelegenheit, sich auf billige Weise lustig zu machen? Pillepalle, Kuriosa, Lappalien, nichts weiter? Mehr zum Gähnen als zum Greinen?

Wer liest so was? Wer nimmt das ernst? Nun, wer sich über die offiziellen Meinungserhebungen hinaus umhört, was die Deutschen von Hitler halten, kann Bauklötze staunen: Wie viel an Faszination und Anziehungskraft da auch heute noch zum Vorschein kommt und mit wie viel positiven Eigenheiten in nicht wenigen Köpfen der Mann verortet ist, der gemeinhin als »die Verkörperung des Bösen in dieser Welt« gilt. Das politisch korrekte Denken sieht sich da oft in peinlicher Erklärungsnot.

Die Joachimsthaler-Bücher lenken den Blick auf die black box des deutschen Erinnerungswesens, die auch in bildungsbürgerlichen Haushalten zu finden ist, mag sie da auch hinter dem Wandteppich der Bergnomaden aus dem persischen Zagros oder im Regal hinter Ernst Jüngers, in Leder gebundenem Prunkstück »Der Kampf als inneres Erlebnis« versteckt sein. Hier verbringt Hitler privat sein Nachleben, da ist er Mensch, da darf er es sein. Da kann er nicht nur seine »dämonischen« Fähigkeiten verfeinern, seine gigantischen Baupläne und genialischen Feldzüge erläutern, da kann er sich auch von seiner »charmanten Seite« zeigen und in Erinnerungen schwelgen, nicht zuletzt an den oberbayerischen Berghof, wo er als Herr des Hauses und des Großdeutschen Reiches zu Watzmanns Füßen die hohen Besucher empfing und das Vergnügen mit Hund und Hofstaat auf der Terrasse auskostete. Da kann er sich aber auch in Ruhe überlegen, was er wohl alles gewusst haben sollte von den angeblichen Schandtaten und was wohl die Leute geritten hat, die ihn so schnöde hintergangen und verraten haben, und ob es richtig war, sich »sozialpolitisch« so stark für den kleinen Mann engagiert zu haben, wie es Geschichtswissenschaftler bis heute behaupten.

Im Untergeschoss des kommunikativen Bewusstseins, auf der B-Ebene, wo neben den Mythen die althergebrachten Ressentiments, die vagabundierenden Unterwerfungswünsche, Minderwertigkeitskomplexe, Machtphantasien, der unbefriedigte Verehrungseifer und die brachliegenden Sehnsüchte nach »großen Gestalten« lagern, da finden der deutsche Schreckensmann und sein Zerstörungswahn Andenken, Zuspruch und eine Neugier auf die letzten Facetten. Die Bilder, die dort kursieren, fragen nicht nach Sonnenschein, nicht nach Moral, nicht nach politischer Korrektheit und auch nicht um Erlaubnis.

Noch mal: Wer nimmt das ernst? Wer mag aus einem solch trüben Teich ungefiltert Wasser für seine eigenen Mühlen schöpfen? Wer stößt sich nicht an einem derartig geschmalzten Hitler? Bei wem löst er, so vollfett beschrieben, sogar positive Schwingungen aus? Heute noch, wo das alles schon sieben Jahrzehnte zurückliegt, begraben unter ozeanischen Fluten von Abscheu und Verdammung.

Wer diese Frage beantworten will, verfehlte den springenden Punkt, hielte er sich nur an die randständigen Gruppen der Alt- und Neonazis oder an die anonyme Armee der Antidemokraten mit ihrem »rechtsextremen Weltbild«, die seit Jahrzehnten, laut Umfragen in einer Zahl von bis zu 20 Prozent, mitten unter uns Deutschen leben. Bei genauerem Hinsehen stößt man auf den eigentlichen Skandal, nämlich auf etwas, das sich als eines der Signifikanz-Merkmale der seriösen Hitlerforschung entpuppt, die höchstes Ansehen in Fachwelt und Öffentlichkeit genießt. Erstaunlich viele und erstaunlich viele hochgebildete Leute aus der Branche sind von der Joachimsthaler-Collection tief beeindruckt.

Hervorbringungen des Reichskanzlernachttopfpreisenthüllers sind in den neuesten historiographischen Büchern genauso zu finden wie in den populären Medien, die an der Geschichte des »Dritten Reiches« mitschreiben. Ihre Spuren ziehen sich durch die TV-Filme aus der Knoppschen Geschichtsfabrik in Mainz bis hin zur amerikanischen Westküste, wo der Produzent Eichinger mit seinem Hitler-Film »Der Untergang« bei der Oscar-Verleihung in Hollywood zuschauen durfte. Sind in dem Gerödel aus bislang unentdeckt gebliebenen Einzelheiten und einfühlsam herausgesiebten Nichtigkeiten doch immer auch Mosaiksteinchen zu finden, die sich als Farbtupfer in den Hitler-Bildern verwenden oder in die eigenen Darstellungen, Thesen und Spekulationen eintexten lassen. Es zeigt sich, dass der Anblick einer mit so viel Fleiß zusammengetragenen Sammlung von Daten und Devotionalien das Kapital kritischer Kompetenz flugs dahinschmelzen lässt, auch bei seriösen Historikern. Zwar wird die überaus lausige, erkennbar aus dem Giftschrank der Eifersucht kolportierte Affärengeschichte des Bunkerluders Eva mit dem Lumpenhund Fegelein nirgendwo explizit aufgegriffen, aber sie gemahnt ganz offensichtlich auch nicht zur Vorsicht bei der Übernahme von allem anderen, was Joachimsthaler aus dem inneren »Hitler-Kreis« angeschleppt hat.

Beifallsbekundungen aus der Akademikerloge gibt es mehr als genug. Ian Kershaw von der Universität Sheffield hat bei seiner voluminösen Hitler-Biographie eine Menge von Hinweisen auf die Bücher des Hitler-Nostalgikers gegeben, Passagen daraus vielfach als Belegstellen herangezogen und fast immer eins zu eins in seine Darstellung übernommen. Danach verfasste der englische Professor, gerühmt als »Leuchtturm« der Forschung und speziell in Deutschland als Koryphäe der Geschichte des Nationalsozialismus geschätzt, für die Neuauflage des Joachimsthaler-Buches »Hitlers Weg begann in München« (2000) ein »Geleitwort« mit höchst gefälligem Tenor. Die 23 Zeilen des Kershaw-Textes, die dem Verlag so wertvoll erschienen, dass er sie auf dem Buchumschlag direkt unter dem Titel groß ankündigt, lesen sich so glitschig wie bestellt und bedankt: Auszug: »Eine wahre Fundgrube an Informationen, für mich von unschätzbarem Wert, beeindruckend hoher Wissenstand, äußerst sorgfältige Studien. Ich wünsche dem Autor jeden nur erdenklichen Erfolg.«

Universitätsprofessor Wolfdieter Bihl, der in Wien über ein Vierteljahrhundert den Studenten die »Zeitgeschichte« beibrachte, stuft die Joachimsthaler-Werke ebenfalls ganz oben ein. »Hitlers Ende« ist für ihn »die wohl gründlichste Studie zu diesem Thema«. Ein Kompliment, das er damit untermauerte, dass er nahezu die Hälfte seines eigenen Buches aus dem Jahr 2000 mit dem Titel »Der Tod Adolf Hitlers« bei seinem deutschen Autorenkollegen abkupferte. Er tat es keinesfalls verschämt, sondern produzierte mit korrekten Herkunftsangaben ein, so muss man es wohl nennen, lizenziertes Plagiat. Die »umfassende Hitler-Biographie«, die Abschriftsteller Bihl dabei in Aussicht stellte, lieferte er allerdings dann nicht. Er zog ein Thema vor, das den Wienern weniger zum vernuschelten Wehklagen als zum freudigen Wiehern ist: »Die Lipizzaner der Spanischen Hofreitschule« (2002).

Bernd-Jürgen Wendt, emeritierter Ordinarius für Neuere Geschichte an der Universität Hamburg, lange Zeit die rechte Hand des berühmten Weltkrieg-1-Historikers Fritz Fischer, war von den Glasperlen des Hitler-Kaleidoskops kaum weniger beeindruckt. 2003 schrieb er in der von der Bundeszentrale für politische Bildung herausgegebenen Zeitschrift ›Das Parlament‹ über »Hitlers Liste«: Das Buch beruhe auf »sorgfältigen und quellenkritischen Recherchen«. Diese hätten ihm zu »grundlegenden Einsichten« verholfen. Ein ganzes Gelehrtendasein beschäftigte sich der Geschichtsprofessor hauptsächlich mit dem Nationalsozialismus, aber so ganz hatte er den Stab über dessen Häuptling offenbar nicht brechen wollen. Vorbei, zu guter Letzt sind für ihn alle Zweifel ausgeräumt. Dank »Hitlers Liste« fielen ihm die verbliebenen Tomatenreste von den Augen. Mit fast 70 Jahren konnte er seine Erleichterung bekannt geben: Joachimsthaler habe die »nunmehr eindeutigen Nachweise« geliefert, »dass Hitler letztlich bindungsunfähig und gefühlskalt« gewesen sei. (Der schwarze Höllenvogel auf meiner Schulter lässt die Flügel schwirren, halb kichert er, halb krächzt er: Adi, Adi, Mmmennnsch, Adolf, »nunmehr«, krächz, »eindeutig«, krächz, »letztlich«, ich fass es nicht. Nu sind die Hosen aber unten. »Gefühlskalt«. Krächz. Du komm mir nach Hause.)

Angesichts der angehäuften Lobesstimmen aus der akademischen Expertenschaft lassen sich Joachimsthalers in skurriler Detailliebe zu Hitler erstellten Bücher nicht mehr nur auf die exzentrischen Verschrobenheiten einer Münchner Hirnbeiß-Figur reduzieren. Anschaulich verweisen sie vielmehr auf das weite Feld der »Geschichtskonstruktion zwischen Wissenschaft und Populärkultur« (Titel eines jüngst publizierten Essays des Historikers Thomas Großbölting von der Universität Münster). Ein welliges Gelände, auf dem die Kultur der universitären Hitler-Forschung und die Trivialkultur der medialen Hitler-Mythisierung dem deutschen Hitler-Bild seinen zweischneidigen Glanz geben. Zwei Versionen, die mehr an Schnittmenge haben als gemeinhin zugestanden – der mit sachlich-analytischem Verstand gefertigte Kupferstich und das entweder in pastellfarbener Himmelstönung oder flammender Höllenfärbung gepinselte Ölgemälde.

Es war Frank Schirrmacher (1959–2014), einer der Herausgeber der ›Frankfurter Allgemeinen Zeitung‹ (FAZ), der den Münchner Hitler-Freak ganz nach oben auf die Experten-Stufenleiter stellte. Und Schirrmacher war ja nun wirklich kein Irgendwer. Zu seinen Kennzeichen gehörten ein exzellent gebildeter Verstand und ein rundum hellauf flambierter Horizont. Für seine Ideen konnte er brennen wie ein virtuelles Kaminfeuer. Das bunt illuminierte Lodern der Attrappe mit dem täuschend echten Funkenflug ließen Politiker und Journalisten aller Couleur sich um ihn versammeln. Als er unerwartet früh gestorben ist, beklagten sie alle in hymnischen Nachrufen, dass der Tod wieder einen der wahrhaft großen Männer aus unserer deutschen Mitte gerissen habe, entsetzlich unersetzlich. Offiziell gibt es das Amt nicht, aber als vielmals titulierter »Medienchef der Intellektuellen« war Schirrmacher so etwas wie der Vorstandsvorsitzende der deutschen Kulturindustrie. Ein Vorturner der Deutungselite mit Pirouetten und Riesenfelgen in schwindelnden Höhen. Blattmacher, Debattenmacher, Windmacher, der auch dem Kameraauge der TV-Sender die Stirn bot. Eine »Schlüsselfigur der Zunft«, wie er genannt wurde, dem Zeitgeist verfallen, war er dessen erster Kritiker. Selbst vielfach ausgezeichnet, verteilte er regelmäßig Preise an die Edelfedern unter den Journalisten, die seinen Bestsellerbüchern gewachsen waren. Meist als Erster »setzte er die großen Themen der Zeit« und brachte sie dann nicht selten mit heißer Luft zum Platzen. Schirrmachers Beobachtungsgabe entgingen die Verluste nicht. Kein Zweiter hat so flehentlich die Tugend beschworen, sich nicht blenden zu lassen. Seine wiederholt vorgetragene Klage: »Der genaue Blick, er ist verloren gegangen in Deutschland.«

Unauffindbar, auch für ihn. Aber er hatte ja seine Brille, die so herrlich über alle Maße vergrößern und merkwürdig verzerren konnte. Sie ließ ihn Tom Cruise, den alerten Hubbard-Ministranten aus Hollywood, der so enorm großzügig war, Stauffenberg »sein Gesicht zu leihen«, mit einem Heiligenschein erblicken und ihm das extra für die Dreifaltigkeit Cruise-Stauffenberg-Schirrmacher zur Welt gebrachte »Mut«-Bambi vor den Fernseheraugen der Nation im Ersten Programm überreichen. Sie ließ ihn aber auch in dem Eichinger-Film »Der Untergang« über Hitlers letzte Tage im Reichskanzler-Bunker lupengenau ein »großes Kunstwerk« erblicken: »Jede einzelne Millimeter-Sequenz wirkt darin so, als würde sie Tonnen wiegen«. Merkwürdiger noch, sie ließ ihn in diesem Zusammenhang in dem Joachimsthaler-Buch »Hitlers Ende« die »grundlegende Studie des Untergangs« erkennen, »die praktisch jede Behauptung, die im Umkreis von Hitlers letzten Wochen aufgestellt wurde, überprüft und erläutert«.

Der in Schirrmachers Augen megatonnenschwere Kino-Hitler fand geteilte Resonanz, nicht wenigen Kritikern hat er missfallen. Schirrmachers trügerische Bewertung der Joachimsthaler-Mixtur kümmerte keinen, sie blieb unkommentiert und ohne Widerspruch. Niemand nahm daran Anstoß. Mit Verlaub, dann will ich den Niemand hier machen. Über das verbreitete Intellektuellensyndrom hinaus, beim Thema Hitler ins neurotische Schwurbeln zu verfallen, stellt sich doch die Frage: Konnte der ›FAZ‹-Herausgeber nicht einschätzen, was er hier als »grundlegende Studie« rühmt und als das Nonplusultra der historischen Wahrheit zu präsentieren versucht? Entweder hat er das vom Klebstoff der Nostalgie zusammengehaltene Sammelalbum goutiert oder er hat nicht gemerkt, was er da zu sich nahm. Mag sein. Plausibler erscheint die Erklärung, dass er, der so tiefgründig über die Leseschwäche des modernen Menschen schreiben konnte, genauso wie die anderen seriösen Autoren, die sich auf Joachimsthalers Werke berufen, in dem Korinthenkack nur herumgepickt hat, ohne ihn wirklich zu lesen.

Im Übrigen steht im Fall Schirrmacher zu vermuten, dass er seinem persönlichen Führer in Führer-Angelegenheiten gefolgt ist – Joachim Fest, seinem Vorgänger bei der ›FAZ‹, auf dessen gleichnamigem Buch der Eichinger-»Untergang«-Film basiert. Bei ihm konnte ihn nichts halten: Nach 1945 sei in deutscher Sprache nichts Gedrucktes erschienen, das der Hitler-Biographie von Fest »stilistisch und gedanklich gewachsen« wäre. Glaubhaft öffentlich gemacht ist die Begeisterung, mit der Schirrmacher dieses Buch als Student gelesen hat – immer wieder, »bis sein Exemplar völlig zerfleddert war«. Ganze Passagen habe er auswendig zitieren und in der Redaktion dem verehrten Meister aufsagen können. Was Wunder, dass sich Schirrmachers Wertschätzung an dem orientierte, was Fest in seinem Buch »Der Untergang« (2002) zu Joachimsthalers »Hitlers Ende« geschrieben hat: Der Autor habe die in sich sehr widersprüchlichen Überlieferungen durchforstet, »die Ungenauigkeiten, soweit möglich, richtiggestellt« und »mit einer ungemeinen, mitunter freilich etwas säuerlichen Pedanterie das halbwegs Gesicherte herausgearbeitet«. Das Zähneknirschen ist bei diesem Kompliment nicht zu überhören, wohl zumute war Fest, wie ich weiß, nicht dabei. Übersetzt man das aus dem vornehmen Deutsch des Hitler-Biographen, heißt das auf gut bayrisch: dieses Buch ist nur mit der Beißzangen anzufassen. (Davor hat der sich aber nicht gescheut, krächzt und seufzt es an meinem Ohr.)

Und so schwingt hier bei Fest, im Unterschied zu seinem Adepten, wenigstens der Hauch einer Ahnung mit, dass der süß-saure Pedant exemplarisch für jene Hitler-Geschichtsschreiber steht, die auf Biegen und Brechen darauf aus sind, alles, aber auch wirklich alles, über ihren Abgott in Erfahrung zu bringen, um die Nachwelt damit zu beglücken. Das kann dazu führen, dass sich – im Parallelschwung zu den, wenn mit Verstand ausgewertet, nützlichen Archiv-Fundstücken – aus alten Widersprüchen neue produzieren und in schweren Fällen aus einem Zettelkasten von Erinnerungsfragmenten und biographischen Quisquilien eine Galerie von Votivbildern wird.

Bisweilen helfen die von Joachimsthaler detektivisch zutage geförderten Dokumente, kritisch reflektiert und gewichtet, durchaus dabei, historisch relevante Vorgänge akkurater zu datieren und zu lokalisieren. Ihm ist bei der Fahndung im biographischen Umfeld Hitlers so leicht kein Meldezettel, Einkaufsbeleg oder Standesamtseintrag entwischt. Da walten Fleiß und Spürsinn. (Mir hat er einmal die Kopie eines Knöllchens zukommen lassen, das belegt, dass des Führers Mercedes mit dem amtlichen Kennzeichen II A – 19357

am 19. September 1931 um 13:37 Uhr mit einer Stundengeschwin-
digkeit von 55,3 km, schneller, als die Polizei erlaubte, in der nieder-
bayerischen Ortschaft Ebenhausen unterwegs war, um so rasch wie
möglich von Nürnberg aus in die Münchner Wohnung zurückzu-
kehren, in der Geli Raubal am Vortag durch einen Pistolenschuss
zu Tode gekommen war – abgedruckt im ›Spiegel‹, Nr. 24-1987:
»Das Grab von Onkel Adolfs Nichte«).
Wer könnte leugnen, dass sich hier einer dem Objekt seiner Begierde von allen Seiten nähert? Aber warum auf Knien? Da muss
die Perspektive leiden. Nicht nur subjektive Einschätzungen, sondern auch recherchierte Fakten erscheinen so, schief gewickelt, in
einem verzerrten Wahrnehmungsrahmen. Wer sich unkritisch auf
sie beruft oder sie unkommentiert weitergibt, verstärkt ihre Nebenwirkungen. Wer sich ihres limitierten Wertes nicht bewusst ist,
sie feilhält und ungeprüft als unbedenklich in den Verkehr bringt,
macht sich der Weitergabe von Falschmünzen verdächtig. Wer sie
gar wie Kershaw als »äußerst sorgfältige Studien« ausgibt oder wie
Schirrmacher und Wendt uneingeschränkt als »grundlegend« in
den höchsten Tönen empfiehlt, blendet den Leser und schickt ihn
in das Unterholz des Märchenwalds, wo die Hitler-Kauze hausen.

Notabene, obwohl in den Joachimsthaler-Büchern mit verbisse-
nem Fleiß bis zum Erbrechen Details an Details ausgebreitet sind,
erfahren wir dort nicht, was mit den verwaisten Welpen geschah.
In diesem Fall macht der Autor Joachim Fest den Joachimsthaler:
Alle fünf, so ließ er es aus seinem Buch in der ›Bild‹-Zeitung abdrucken, wurden vom Hundeführer des Führers erschossen. Basta. Der
Meister hat gesprochen.

Kapitel 4
Im Knopp-Kino: Das Geheimnis der roten Armbinde

Aber der wollte doch sogar den Holocaust abschaffen! Mein Besucher entrüstete sich noch Jahre danach. Quatsch, erwiderte ich, Sie irren sich da gewaltig. Herr Knopp wollte ihn auch nicht leugnen. Im Gegenteil, er hat lange Filme darüber produziert und versenden lassen. Pathetisch wie kein anderer verurteilt er dieses Menschheitsverbrechen. – Aber, nicht wahr, er hat doch ... – Nein, nein, das müssen Sie missverstanden haben. Der Fernsehonkel, wie Sie ihn nennen, wollte lediglich das »c« aus dem Holocaust eliminieren und dafür ein »k« aus unserer Muttersprache einsetzen, die englische Schreibweise sollte durch eine deutsche ersetzt werden. Mit Ka wie Knopp am Anfang. Capito?

Dem Auftreten und dem Ansehen nach gehört der Mann zur deutschen Elite, sein Staatsbewusstsein ist voluminös. In Interviews ist »die Verantwortung« sein Leitwort. Kurz nach dem K-Reformprojekt wurde er mit dem Bundesverdienstkreuz Erster Klasse ausgezeichnet. Dem geht es darum, dass wir Deutschen unsere Geschichte korrekt auf Vordermann bringen, damit sie aufhört, unser Miteinander hier und heute zu beeinträchtigen.

Ich merkte, wie ich anfing, mir den Mund fusselig zu reden, aber ich wollte meinen Gast unbedingt überzeugen, also weiter: Dafür arbeitet Knopp in der großen Mühle der deutschen Geschichte. Dort nimmt er einen bedeutenden Posten in der Abteilung ein, wo im Dienst der Nation die Vergangenheit so fachmännisch geschrotet wird, dass sie als Düngemittel unsere Zukunft befruchten kann. Für ihn war »das Ka« ein Beitrag zum Millennium. Als ein noch unverbrauchtes Jahrtausend begann und sich kurz zuvor das Vaterland wieder vergrößert hatte, lag doch die Idee nahe, neu zu dekorieren.

Warum reden Sie eigentlich diesen Hitler-Promoter dermaßen schön? Fragte mich der Besucher, der sich mir beim ersten Kennenlernen als ein Seelenverwandter des Schriftstellers Yoram Kaniuk (»Der letzte Berliner«, 2002) vorgestellt hatte (damals musste ich lachen, als er sagte: Kaniuk mit Ka vorne, denn ich hatte mit dem israelischen Autor, der die Deutschen mochte, aber sich mit ihnen partout nicht versöhnen wollte, einmal in Frankfurt einen Abend im Gasthaus verbracht). Mein Gast ließ sich nicht beirren, hörte nicht auf zu motzen und schob gleich noch eine spitze Frage hinterher: Wissen Sie eigentlich, dass seriöse Historiker auf ihren Tagungen immer nur »Herr K.« sagen, wenn sie auf Ihren Vergangenheitssachbearbeiter und dessen Fernsehproduktionen zu sprechen kommen?

Ich blieb geduldig, zunächst: Nun, das habe doch wohl nichts mit diesem Buchstaben K hier zu tun, das sei doch wohl mehr der arrogante Bildungshuber-Humor, eine Anspielung auf den Nachnamen in Melange mit Kafka und dem Brechtschen Herrn Keuner. Und im Übrigen – ich spürte, wie meine Stimme diese leicht näselnde Klangfarbe bekam, die sie immer bekommt, wenn mir leicht mulmig wird – stamme die Idee zu dem Buchstabenaustausch ja ursprünglich gar nicht von ihm selbst, sondern von einer Kapazität unter den Historikern, von Eberhard Jäckel, Professor für Zeitgeschichte und, ganz nebenbei, der »Hauptberater« des zweiten staatlichen Fernsehens in einschlägigen Fragen. Darauf hat Knopp ausdrücklich hingewiesen, wie ich es mit eigenen Ohren gehört habe, sagte ich. Mit eigenen was?, hakte der Besucher ein, legte den Kopf schief und zog ein Gesicht.

Da kramte ich aus dem Stand Einzelheiten aus dem Gedächtnis hervor: Ja, Knopps Verlag habe damals eine kleine Runde von etwa einem Dutzend Journalisten zum Mittagessen in das Münchner Sternerestaurant »Tantris« eingeladen, darunter auch mich. Es sollte die alphabetische Umstellung in der deutschen Geschichts-schreibung des Völkermords erläutert werden. Damit diese sich besser schlucken und verbreiten ließe, war bekömmliche Kost an-gesagt: Gebratene Jakobsmuscheln auf mariniertem Radicchio, da-nach Seewolffilet mit Artischockenrisotto und Tomatenpestofond. Weniger leicht zu verdauen: Holokaust mit eingerahmtem k. So geschrieben auch der Name der neuen sechsteiligen Dokumentar-serie im ZDF. Ein extrem aufwendiges Projekt unter der Gesamt-leitung von Knopp und der Regie von Maurice Philip Remy, be-stückt mit einer ungewöhnlich großen Schar von Zeitzeugen aus zahlreichen Ländern und mit vielen, wie immer, wenn Knopp »Hitlers Reich« vermarktete, »nie gezeigten Aufnahmen«. Die An-wesenden blickten zunächst einmal stumm auf dem großen Tisch herum. Das Wasser aus deutschen Landen, an dem ich nippte, war still, grün schimmerte in den Gläsern der Veltliner aus der österrei-chischen Wachau.

Dann war Knopps sonore Stimme zu vernehmen: Man müsse näher ran. Möglichst nahe ran an das Furchtbare, an das, was da geschehen sei, sich aber niemals, niemals wiederholen dürfe. Die Worte konnten eindringlicher nicht sein. Bevor sich einer vor Scham unter dem Tisch verkroch, sagte er hier im kleinen Kreis auch noch, was er bis heute urbi et orbi sagt, dass wir frei von »Schuld« seien, dazu wären wir alle zu jung, denn diese sei im-mer »individuell«, eine »Kollektivschuld« gäbe es niemals, aber wir müssten »Verantwortung tragen, indem wir uns erinnern«.

Dann nannte er das Furchtbare sogar beim Namen und offen-barte, was ein Großteil der Anwesenden, zumindest in groben Zü-gen, bereits zu wissen glaubte: »Das Verbrechen ist von deutschem Boden ausgegangen, der Mord an den Juden Europas gehört zur deutschen Geschichte.« Daran dürfe es keinen Zweifel geben, dazu müsse man sich bekennen, und zwar »richtig geschrieben«. Knopp gab sich an jenem Donnerstag, dem ersten 12. Oktober des neuen Jahrtausends, an jenem Ort der kulinarischen Spitzenklasse redlich Mühe, die nationale Aufgabe zu erläutern, zu der er sich berufen fühlte. Das wüsste ich noch ziemlich gut.

Wenn er mir die Geschichte nicht glaube, sagte ich zu dem Mann, der mir aufmerksam zuhörte, könnten wir in das Buch schauen, das hinter ihm im Regal stehe (darin die Speisekarte, die neben meinem Teller gelegen hatte). »Holokaust« von Guido Knopp, das Buch zur Fernseh-Dokumentation. »Mit der umstrittenen Rechtschreibreform hat das gar nichts zu tun«, las ich vor. Es sprächen »originäre Gründe« dafür, nicht weniger als drei an der Zahl: »linguistische, historische und moralisch-ethische«. Ursprünglich komme das Wort aus dem antiken Griechenland, die Amerikaner hätten es mit ihrem Fernsehfilm »Holocaust« 1979 in Deutschland bekannt gemacht, wo es sich dann von selbst, ohne groß zu fragen oder einen Antrag zu stellen, eingebürgert habe. Inzwischen auf der ganzen Welt verbreitet, wisse jeder, der sich dafür interessiere, was es damit auf sich habe, wer die Täter und wer die Opfer waren. Ich zitierte dann weiter wörtlich aus dem Buch: »Jetzt dient also ein englisches Wort dazu, um ein Ereignis der deutschen Geschichte zu bezeichnen … Namhafte deutsche Wissenschaftler – darunter der Rhetoriker und Großmeister des geschliffenen Wortes Walter Jens – befürworten einhellig die Änderung der Schreibweise.«

Das Vorwort, noch weiter bepackt mit gestanzten Phrasen, kulminiert in einem flehentlichen Appell an das orthographische Gewissen der Deutschen: »Wenn wir uns der historischen Verantwortung für das Verbrechen wirklich stellen wollen, dann ist die Schreibweise Holokaust auch ein symbolischer Akt der Aneignung der eigenen Geschichte.«

Mein Gesprächspartner zeigte sich wenig beeindruckt: Auch Kokolores mit K und Pathos, gebraten oder mariniert, mit Seewolf oder an Risotto serviert, bliebe Kokolores. Er konnte und wollte mir immer noch nicht folgen. Sosehr ich mich auch anstrengte, es gelang mir einfach nicht, ihm verständlich zu machen, warum der Knopp so wild auf das K war.

Mein Versagen war jämmerlich, mit meinen Erklärungsversuchen produzierte ich nur Frust: Sehen Sie, so sehen Sie doch, der Gesichtsausdruck, in den ich sah, brachte mich zum Stottern:

Sehen Sie, er wollte die Geschichte eindeutschen, also, nein, was sage ich, er wollte nicht, er fand es nur an der Zeit, ein Zeichen zu setzen, ein nationales Markenzeichen. Irgendwie doch verständlich bei einem Mann solcher Statur, der ohne Weiteres an der Spitze eines Ministeriums für Volksaufklärung und Vergangenheitsbewältigung stehen könnte. Es war für ihn, wenn Sie mir den Scherz erlauben, vielleicht so etwas wie ein »innerer Reichsparteitag« – mit einem kleinen Buchstaben etwas Großes zu leisten. Nein, wo denken Sie jetzt wieder hin, das Wort »Weltkulturerbe« ist bei Tisch nicht gefallen, wirklich nicht, er wollte ja keineswegs... also gut, meinetwegen, wenn Sie es unbedingt so sehen wollen, dann hat er eben, aber wirklich nur bildlich gesprochen, die Hand erhoben, die Rechtschreibhand, er wollte zwar nicht, aber er wollte... wenn Sie so wollen. Mein Stottern war nur noch ein Gestammel. Auch mein letztes Ass, was Geschichte denn anderes sei, als »Recht zu schreiben«, wurde von meinem Gegenüber zu einer Karo-sieben degradiert. Aus seinem Gesicht war das Unverständnis nicht wegzureden, da konnte ich noch so engagiert den Advocatus des Holocaust-Schreibweise-Reformators spielen.

Zuletzt musste ich mir auch noch diesen Einwand anhören: Ob dieser »Rechtschreibtischtäter« denn nicht wisse, dass man »deutsch« nicht steigern könne, dass die mit allen Mitteln verfolgte »Ausrottung« der europäischen Juden so deutsch sei, dass es deutscher gar nicht ginge, da würde kein italienischer Fascho, kein französischer Kollaborateur und kein ukrainischer Trawniki etwas daran ändern – Marke »made in germany«, ganz ohne k und ohne c. Da säe einer doch Zweifel, indem er sie zu jäten vorgibt.

Ich gab mich geschlagen. Sei's drum, ich lebe meiner Lebtag mit Niederlagen. Außerdem: In diesem Punkt hat Knopp seine Mission ohnehin nicht durchgesetzt. Den allermeisten ist die K-Sache wurscht. Niemand nahm ihm den »Holokaust« so richtig ab. Ihn focht das nicht an. Er blieb der Geschichtslehrer der deutschen Fernsehnation.

Was ist in den letzten Jahren nicht über Knopp und seinen Hang zu Kitsch und Melodramatik gelästert worden. Da besteht kein

Mangel. »Nachgedrehter Nonsens« und »visuelle Geschichtsporno-graphie«, harsch sind die Urteile renommierter Geschichtsprofesso-ren, die wie Blitze ins Schwarze treffen, ohne den Zeremonienmeis-ter versehren zu können. Er blieb nicht nur schadlos, er konnte auch immer wieder mit bestallten Experten aus der akademischen Historikergilde als Berater, Kommentatoren und Interpreten für seine Sendungen aufwarten. Kaum denkbar, dass ihn das viel Über-redungskunst gekostet hat.

An dem Einfluss, den er auf die Geschichtsbilder der Deut-schen ausübt, hat sich nichts geändert. Sein Beitrag zum Fortle-ben des Führer-Mythos ist kaum zu überschätzen. Unter den Hit-ler-Bild-Machern ist er der Primus. Millionen sehen Hitler mit Knopp-Augen, ziehen sich den deutschen Diktator so rein, wie er über Gebühr versendet und auf DVDs verkauft wird. In seiner »Zeitzeugen«-Riege kommen weiter bei jeder Vorführung auch jene zu Wort, die nicht aufgehört haben, die Welt aus ihrem herkömm-lichen Blickwinkel zu betrachten. Bei den »Experten« frischte er das Personal immer mal wieder auf, da kamen zu den alten auch neue, die meisten davon akademisch geeichte Historiker. Sie er-klären zwischendurch in Einschüben, was war, wie und warum. Knopp fügt dann gewöhnlich hinzu, wie er und seine Gewährs-männer durch jahrelange Recherchen darauf gekommen sind und wie jüngst gemachte Funde von »Schlüsseldokumenten«, die zig Jahre verschollen waren, dem Hitler neue Lichter aufsetzen und »einzigartige Einblicke« in das Leben seiner »Paladine« geben.

Knopps Ruf ist legendär. Das Sendeformat, das er sich für den aktiven Ruhestand reserviert hat, trägt den für ihn gemachten Titel »history live«. Er führt dort, eine Art Kapitän auf der Brü-cke eines Kreuzfahrtschiffes, um sich herum ausgesuchte Experten, den Fernseher durch die Wogen von Geschichte und Gegenwart. Neuerdings vor dem Hintergrund des Brandenburger Tors, wo das deutsche Nationalgefühl seine Bühne hat. Die angesteuerten The-men, die hier mit altem und neuem Wissen umschifft werden, ha-ben gravitätisches Format: »Europa«, »Deutschland – Amerika«, »Deutsche und Juden«, »Der Weltkrieg feiert den Hundertsten«,

»Wer war schuld?«, »Was nützt uns die Erinnerung?«, »Der Zweite Weltkrieg und wie wir damit umgehen«. Das Motto nach wie vor: »Geschichte erlebbar machen«.

Die alten Hervorbringungen landen deswegen noch lange nicht in der Tonne. Sie sind nicht nur »im Handel erhältlich«, Woche für Woche suchen sie (und viele andere dergleichen) auf den öffentlich-rechtlichen Nebenkanälen den Weg in die Wohnzimmer. Ohne Ende raunen die Kommentare der Heimsuchungen aus den Apparaten: Dieser Mann war ein »eiskalter Verbrecher«, ein »Tyrann«, ein »Verführer«, ein »Massenmörder«, zur Abwechslung auch mal »ein Teufel im Gewande des Erlösers«, mit »dämonischen Kräften des Bösen« im Bunde – ein »Ungeheuer«, das »mit seinen Horden« im »deutschen Namen« über den Deutschen die Knute schwang und die Welt in den Abgrund riss.

Man kann über den Beitrag des ZDF-Autors zur historischen Aufbereitung der NS-Zeit untrefflich streiten. Der Klagen über seine Fernsehdokumentationen sind viele, die meisten davon nachzuvollziehen: Kommentare effekthascherisch, Sprachbilder von der Stange, Bildmaterial herkunftslos verrührt, Interviews mit Experten und Zeitzeugen zerhackt, Schwarz-Weißes bunt präsentiert. »Verschmelzung« von ausgedachten Szenen mit gefilmten Realitäten. Quellenkritische Fragen, wenn überhaupt, nur in verkümmerter Form. Serviert wird aus der großen Schüssel ein Brei von Geschichte, löffelweise »fernsehgerecht« formatiert. Darunter auch Happen, die wie Leimruten wirken. An denen bleibt kleben, wer treuherzig glaubt, staatliches Fernsehen dürfe nicht lügen

Aber auch Knopps Verteidiger tragen Argumente vor, die nicht von Pappe sind: In der Prime-Time könne man nur mit hochmodernen Mitteln bestehen. Das nahtlose Ineinander von Dokumentaraufnahmen und mit Schauspielern nachgestellten Szenen, die Mischung von Fakten und Fiktionen machten historische Ereignisse erst begreifbar. Über emotional grundierte Bilderfolgen würde die Geschichte des letzten Jahrhunderts aus den Akademikerzirkeln zum Massenpublikum gebracht. Da müsse man es auch mal krachen lassen. Was soll falsch daran sein, alten Krempel als spannendes »Mystery of History« zu präsentieren? Es sei besser, statt trocken Doku-Schwarzbrot ein mit lecker Papp-Analogkäse angerichtetes »Histotainment« zu liefern. Nur damit, so eine forsche Meinung, die weit verbreitet ist, bringe man die junge Generation »überhaupt dazu, sich eine Historiensendung anzuschauen«. Den »Hitler« in acht oder zehn Folgen hat sich Knopps Bruder im Geiste, der Produzent Nico Hofmann, bei RTL vorgenommen, der schon »Unsere Mütter, unsere Väter« als schicksalsgesteuerte Opferwesen durch die Frontlinien zur Aufführung gebracht hat. Warum auch nicht, Geschichte könne doch so schön bunt sein. Im Übrigen: Adele es Knopp nicht nachgerade, dass die Rechtsradikalen ihm vorwerfen, »Desinformationskampagnen« zu inszenieren, mit denen er »ein Zerrbild des Nationalsozialismus« zeichne?

Und überhaupt: Seit »Geschichte« vermittelt wird, war sie doch stets »scripted history«, anders sei »historische Realität« nun mal nicht zu haben. In der modernen Wissenschaft weiß man doch: Geschichtsschreibung ist notwendigerweise »narrativ«, auch wo sie vorgibt, nur mit Fakten und wissenschaftlicher Logik zu arbeiten. Sind nicht alle Historiker, ob sie es wollen oder nicht, »Narratologen«, wie ein Teil von ihnen sich selbst bezeichnet? In welche Richtung und zu welchem Ziel die Erzählung läuft, erklärt uns ein Fernsehkritiker vom ›Spiegel‹, dessen Hang zur ultimativen Zeitdiagnostik ihn schreiben ließ: Knopps Verdienst sei es, mit den TV-Geschichtsdramen von Helden und Schurken »im Bündnis mit den Wünschen der Gegenwart« zu sein.

Fraglos ist der Mann, der das Vergangene auf »die Höhe der Zeit« bringt, von unverwüstlicher Zeigestock-Natur. Wer über seinen augenrollenden Belehrungswillen nicht lachen kann und zu viel von seinen Filmen sieht, dem gerät die Geschichte des »Dritten Reiches« zu einem fabulösen Reigen. Begleitet von spannungsreichen Akkorden drehen sich die Kapitel im Kreise, wie am Schnürchen der Dramaturgen, proper erklärt, vom Berghof und von Stalingrad, von den triumphalen Schachzügen und den ausgreifenden Feldzügen, von der Wolfsschanze und dem Endzeit-Bunker, von den Invasionen und den Flüchtlingswellen. Erzählt wird vom »sogenannten Führer«, von »Hitlers Helfern«, »Hitlers Frauen«, »Hitlers Kriegern« und zuletzt von »Hitlers Geheimnissen«, die keiner je zuvor gekannt haben konnte. Zum Schluss der »History«-Folgen heißt es bei Knopp immer so schön altbacksch deutschselig: »Bleiben Sie uns treu.« Wen er mit »uns« meint, darüber differieren die Meinungen. Längst hat Knopp Schule gemacht, »Clip-Schule«, wie Kritiker spotten. Heute sind es Ausnahmen, egal ob bei den privaten oder den öffentlich-rechtlichen Sendern, wenn ein Dokumentarfilm über die NS-Zeit die Spielregeln meidet, mit denen die ZDF-Geschichtswerkstatt die Zuschauer bei Quote hält. Als Knopp damit begann, portionsweise Hitler und Konsorten aufzuwärmen, erhob er den ausdrücklichen Anspruch, »Fernsehen für Eberhard Jäckel und Franziska van Almsick« zu machen, was meint: für den belesenen Geschichtsprofessor aus dem Westen und das bildungsferne Freistil-Dummchen aus dem Osten. Beide haben es ihm auf ihre jeweilige Weise öffentlich gedankt. Jäckel schon im Voraus, indem er Hitlers schriftliche Ansichten auch dort wahrnahm, wo Fälscher Kujau zur Feder gegriffen hatte, und Almsick, indem sie »Mein Kampf« im Original las und dann Journalisten zu bedenken gab, dass »der Typ«, der das geschrieben hat, »eigentlich ganz schön schlau« gewesen sei.

Knopp wollte es eben allen mit allen Mitteln zeigen. Heraus kam eine nach Gutdünken gestaltete Vergangenheit. Fast unvermeidlich, dass ihr dabei auch Hörner aufgesetzt wurden. Von so einem demagogischen Kunstgriff soll hier hauptsächlich die Rede sein. Die Überschrift zum Dramolett, dem Knopp-Jargon nachgebildet: »Das Geheimnis der roten Armbinde«.

Tatort ist eines der Mammutwerke unter Knopps unzähligen Fernsehdokumentationen: »Hitler – eine Bilanz«. Erstmals 1995 im ZDF ausgestrahlt, in sechs Folgen. Vor Wiederholungen auf diversen Kanälen ist heute kein Fernseher sicher. Seit einigen Jahren ist das Werk auch im Handel, mit dem Copyright-Vermerk 2005. Als Autor ist für den ersten Teil (Titel »Der Privatmann«) neben Knopp der Dokumentarfilmer Remy genannt.

Es beginnt mit der üblichen Melange: Legenden, Klischees, Fakten, Daten, Fotos, Wochenschau-Schnipsel, Tonfetzen aus späteren Reden als Lautmalerei im Hintergrund, Zeitzeugenbekundungen, Stenogrammkommentare und apodiktische Phrasen, die als psychologische Befunde kostümiert sind. Eine Abfolge im Schweinsgalopp: 1889 – Wir sehen: das Geburtshaus in Braunau am Inn, dann die Straßen der Kindheit in Linz. Wir hören:»Nichts hat Hitlers Charakter mehr geprägt als das Hin-und-her-Gerissensein zwischen Mutter und Vater, zwischen ihrer Nähe und seiner Distanz«. Den Alten trifft beim Frühschoppen der Schlag. Sohn Adolf meidet die Schule, spielt den Stenz und macht einen auf Künstler. Er schwärmt von Opern, der Malerei und seinem zukünftigen Ruhm. Die Mutter stirbt an Krebs. Sein Wunsch, die Wiener Kunstakademie zu besuchen, scheitert in den Prüfungen.»Was folgt, ist der Absturz ins Bodenlose.« Landung im Männerheim. Hitler verweigert die Realität und»flieht aus dem verhassten Wien in das Reich seiner Träume, nach München«. Er»schlägt sich mit dem Abmalen von Postkartenmotiven durch« – Stadtansichten,»naturgetreu, seelenlos«. 1914 – der»Krieg bringt die Erlösung«. Die Münchner jubeln, mit ihnen Adolf Hitler,»der in seinem Leben endlich wieder einen Sinn erkennt«.

Das Schlachten,»mörderischer als nie zuvor«, es zieht sich sekundenlang: Zack. Peng. Bumm. Schützengräben. Explosionen. Bombenkrater. In den vier Jahren an der Westfront ist Hitler, als Meldegänger eingesetzt, ein tapferer, mit Orden ausgezeichneter Soldat. Seine Kompanie ist ihm Ersatzfamilie, in der er jedoch ein Eigenbrötler bleibt.»Sein einziger Freud ist ein britischer Überläufer – Foxl«, ein kleiner Terrier mit weißem Fell und einem schwarzen Abzeichen. 1918 –»ein alliierter Gasangriff« lässt ihn für kurze Zeit erblinden.»Im Lazarett in Pasewalk« nahe der Ostseeküste »erfährt er von der deutschen Niederlage«. Ein dramatischer Tiefpunkt, zelebriert von der Stimme des Kommentators, der die Katastrophe von damals»erlebbar« zu machen sucht:»Eine Welt bricht zusammen – nicht nur für ihn.«

Direkt danach ist für sich allein über den ganzen Bildschirm in großer Schreibmaschinenschrift stumm der berühmte Spruch aus der Nazi-Bibel »Mein Kampf« eingeblendet: »Ich aber beschloss, Politiker zu werden.«

Das Hitler-Leben, nach Drehbuch dargeboten als Groschenroman in bewegten Bildern. Gleich ist er 30. Da ist es zur Hälfte für ihn schon vorbei. Im Film sind es zehn Minuten. Die Leute, die bis dahin zwischendurch einzeln in Großaufnahme ins Bild und zu Wort gekommen sind, gehören zu den Paradepferden im Knoppschen »Zeitzeugen«-Stadel. In der Reihenfolge des Auftretens: Egon Hanfstängl, Sohn des zeitweiligen Hitler-Freundes und »NSDAP-Auslandspressechefs«, berichtet, wie er sich als Kind an den Späßen von »Onkel Dolfi« begeisterte; Reinhard Spitzy, ehemals SS-Hauptsturmführer, etikettiert im Film als »Attaché bei Hitler«, auch er ein bekannter Märchenonkel in der Doku-Branche, berichtet mit österreichischem Akzent, wie der Hitler erzählte, dass er als Bub ein »rechter Lausejunge« war, für den es vom Vater öfters eine Tracht Prügel gesetzt habe; Augustin Kubizek, Sohn des Musikers, der zu Kaisers Zeiten in Wien eine Weile mit Hitler gut bekannt war, berichtet, dass sein Vater ihm erzählt habe, was für »eine herrische Natur der Hitler als Mensch« gewesen sei, »stundenlang, zum Einschlafen« habe er »politische Reden geschwungen«; Elisabeth Popp, deren Vater in der Schleißheimer Straße nicht weit vom Münchner Hauptbahnhof ein Zimmer an den Malkünstler untervermietet hatte, staunt beeindruckend lebhaft, wie närrisch der Hitler sich gefreut habe, endlich in den Krieg ziehen zu können. Was die vier an Erinnerungen von sich geben, klingt vorgekaut und aufgewärmt, entweder putzig oder sentimental. Mit ihren Anekdoten sorgen sie für den »human touch« des »Sonderlings«.

Im Film erscheint es wie ein Dreisatz: 1. Krieg und Kaiserreich sind verloren. 2. Die »Revolution in Deutschland« bricht aus. 3. Hitler beschließt, in die Politik zu gehen.

Schnipsel zeigen chaotische Massendemonstrationen. Zwei Schriftzüge auf den Fahnen und Schildern sind auf der einmontierten Sequenz zu erkennen und senken sich ins Unterbewusste: »Roter Soldatenbund« und »Hoch die Weltrevolution«. Zu hören aus dem Off: »Straßenkämpfe im ganzen Reich. Anarchie auch in Bayern«. Später darf sich ein Regimentskamerad erinnern, dass ihm der nach München zurückgekehrte Hitler damals »wie ein streunender Hund« erschienen sei, »auf der Suche nach einem neuen Herrn«.

Es folgen Mini-Auszüge aus alten Schwarz-Weiß-Filmen. Man schreibt den 26. Februar 1919. Zu sehen ist der Trauerzug durch die Münchner Innenstadt zu Ehren des bayerischen Ministerpräsidenten Kurt Eisner. Den sozialistischen Politiker hatte im November 1918 die revolutionäre Bewegung in das Amt gebracht. Einer anschwellenden antisemitischen Hetzkampagne ausgesetzt, war er von einem völkisch-rechtsradikalen Studenten auf der Straße erschossen worden. Viele Tausend Menschen gaben ihm an diesem Tag das letzte Geleit. In zwangloser Reihung: Männer mit schwarzen Mänteln und Hüten, uniformierte Soldaten aus den Regimentern der Münchner Kasernen in langen Mänteln und militärischen Kopfbedeckungen. Einige tragen Kränze, andere Armbinden, weiße oder schwarze. Einige einen zusammengeklappten Regenschirm.

Aber die Autoren wissen mehr, als das menschliche Auge erkennen kann: Soldaten aus Hitlers Regiment seien mit »roter Armbinde und Trauerflor« dabei, sagt der Kommentator und hilft unseren Augen, denen wir nicht trauen sollen, akustisch auf die Sprünge. Mit einem Satz, der klingt, als wäre er aus einer Satiresendung der eigenen Sendeanstalt geborgt, wird die Katze aus dem Sack gezogen: »Der Film zeigt deutlich einen Gefreiten.«

So bekommt man es zu hören und auch gezeigt, wer damit gemeint ist. Im schwarz-weißen Geflimmer ist von unsichtbarer Hand eine weiße Kreislinie um den Kopf eines herausvergrößerten, undeutlich abgebildeten Soldaten gezogen. Zu sehen sind nur Brust und Kopf, Arme und Beine sind von denen verdeckt, die vor ihm gehen. Das Gesicht ist schemenhaft, augenscheinlich für alle Deutungen und Namenszuweisungen jeglicher Art offen. Noch in derselben Sekunde verwandelt sich der Kreis in ein monochrom rotes Rechteck, das im Handumdrehen den ganzen Bildschirm einnimmt. In der Mitte des stoffartigen Gebildes scheinen diffus die Umrisse einer hohläugigen Fratze hervor. Aus dem Off belehrt uns eine Stimme, die keinen Zweifel kennt: »Es ist Adolf Hitler. Entgegen seiner eigenen Legende trägt er das rote Tuch der Räte.« Da staunt der Laie. Sind es die Augen, oder ist der Apparat defekt? Rückwärtslauf, Vorwärtslauf, zurück, vor, sowohl Videoband wie DVD bleiben dabei. Nicht zu überhören, wie am Ende einer langen Fahndung das Objekt der Begierde endlich gefunden ist – das Vorspiel ist vorbei, nun kann es losgehen. An einer solchen Stelle trat früher im Provinztheater der Herold der Weltgeschichte aus den Kulissen auf die Bühne, klopfte mit seinem Stab dreimal auf den Bretterboden und rief mit bedeutungsschwangerer Stimme zur Ruhe auf, damit ein jeglicher verstehe, was es zu künden gelte: »Höret. Es ist Adolf Hitler. Er trägt das rote Tuch der Räte.«

Wem der Glaube fehlt, obwohl er die Botschaft hört und sieht, kommt ins Sinnieren: Eine Zauberhand, von dem Verlangen bewegt, die Geschichte aufzufrischen? Hilfestellung für die modernen Augen, die angeblich nur noch sehen können, was bunt ist? Die Filmgeschichte ist voll von Beispielen, in denen optische Tricks die Wirklichkeit aufs Kreuz legen. Für meisterhaft gelten die Suggestionen von Veit Harlan in dem Machwerk »Jud Süß«, das Goebbels einst in Auftrag gab. Da stärken die Überblendungen althergebrachte Vorurteile, vermitteln unterschwellig Ressentiments, illuminieren die gewünschten Feindbilder. Hier bei Knopp, dem gelehrigen Epigonen, wird vorgespiegelt: Hitler, der Nazi aller Nazis, marschierte nach dem Ersten Weltkrieg zunächst bei den Kommunisten mit, im Geiste neben Rosa Luxemburg, Karl Liebknecht, Marx und Engels, im ideologischen Gleichschritt mit Lenin, Stalin und der Roten Garde aus Petrograd.

»Das rote Tuch der Räte«. Wurde es nicht immer schon gemunkelt? Bereits in den Propagandakämpfen der Weimarer Republik erhob insbesondere die rechtsradikale Konkurrenz der »Deutschnationalen« den Vorwurf, die Nazis seien in Wahrheit linksgestrickte Revolutionäre. Ihr »Führer«, so das damals auch von bürgerlichen Gruppen lancierte Gerücht, sei in Wirklichkeit »marxistisch« gepolt, in seiner Anfangszeit sowieso, und »im Grunde sozialistisch« auch danach. In den zwei Hitler-Biographien, die in der NS-Zeit im Ausland erschienen (von Konrad Heiden 1934 und von Rudolf Olden 1936), sind dürftige Anspielungen zu finden, dass sich der deutsche Diktator anfänglich mit den Sozialdemokraten verbunden gefühlt habe. Die vagen Vermutungen haben kurze Beine – einen »Gewährsmann« und einen »Augenzeugen«, die erzählt haben sollen, dass der »einsame Hitler« damals »in scheinbarer Eintracht mit einer wilden roten Rotte« zusammenlebte, in Wirklichkeit aber »Spitzel und Henker seiner Kameraden« war. Hingewiesen ist dort auch auf eine Passage aus »Mein Kampf«, in der Hitler, phantasievoll der Wahrheit ausweichend, von seinen Jugendjahren berichtet: Er habe, da sei er noch keine siebzehn Jahre alt gewesen, einige Bestrebungen der Sozialdemokratie »nicht unsympathisch« gefunden. Weiter heißt es dort in der charakteristischen Diktion, die er bis zum Tod beibehält: »Es bedurfte auch hier erst der Faust des Schicksals, um mir das Auge über diesen unerhörtesten Völkerbetrug zu öffnen.« Als Hilfsarbeiter auf dem Bau habe er in Wien, so haut der »Kampf«-Autor auf den Putz, sehr schnell einen Einblick in »das Wesen dieser Weltanschauung« bekommen und die Sozialdemokratie als eine »Pestilenz« erkannt, von der »die Menschheit befreit« werden müsse.

Was für Hitler in seinem auf propagandistische Wirkung zielenden »Kampf«-Buch die »Faust des Schicksals« war, ist NS-Forschern in späteren Geschichtsbüchern zur biographischen Entschlüsselung Hitlers das »rote Tuch der Räte«. Beide Metaphern, symbolhaft wie sie sind, eignen sich dazu, neurotische Erleuchtungen hervorzurufen. In den 60er Jahren erinnerten sich ein paar gelernte Historiker der alten Gerüchte und ließen Andeutungen in ihre Interpretationen einfließen. Seitdem geistern diese als Pseudo-Fakten in Büchern herum, die sich mit dem »frühen Hitler« und der Revolutionszeit in der bayerischen Landeshauptstadt beschäftigen. Gleich nach dem Ersten Weltkrieg, als die Monarchen sich davongemacht hatten, entfaltete sich dort, angefacht von sozialistischen wie von nationalistischen Parolen, eine explosive Situation, die sich in blutigen Straßenkämpfen und mörderischen Gewalttaten entlud. Im Frühjahr 1919 waren für ein paar Monate »die Roten« mit einer »Räteregierung« an der Macht. Womöglich oder eventuell, vielleicht nicht ganz auszuschließen, freilich doch, letztendlich zweifelsohne, so eine absichtsvoll verstiegene Schlussfolgerung, die sich heutzutage fast kein Autor entgehen lässt, habe der aus dem Krieg nach München zurückgekehrte Soldat Hitler damals in den Reihen derer gestanden, die er wenig später in seinen Hetzreden als »Vaterlandsverräter« und »Novemberverbrecher« verleumdete.

Ein Hitler-Bild, das in die Logik der populären, zumeist in den Dienst politischer Propaganda gestellten Totalitarismusthesen passt, in denen alles gesammelt ist, was es an Ähnlichkeiten zwischen den linken und rechten Diktaturen im 20. Jahrhundert gibt. Sowohl in populären Meinungsbildern für den Alltagsgebrauch wie in wissenschaftlichen Abhandlungen wurde es zusehends üblich, die »beiden totalitären Systeme« mehr oder minder gleichzusetzen, statt sie zu vergleichen, um die Strukturen und Entwicklungen, die Gemeinsamkeiten und Unterschiede genauer zu studieren. An den Universitäten war die Skala dieser Tendenz weit gespreizt. Karl Dietrich Bracher, Hochschullehrer von höchstem Renommee unter den Politikwissenschaftlern und Zeitgeschichtlern, apostrophierte Hitler als den »zweiten Lenin«. Geschichtsprofessor und Bestsellerautor Hellmut Diwald, hervorgetreten als trutziger Wortführer im nationalapologetischen Lager, beharrte darauf, dass der Nationalsozialismus nur als eine »radikal linke Bewegung« zu begreifen sei.

Christliche Parteipolitiker brachten in ihren Wahlkampfreden die alten Faustkeilformeln wieder unters Volk: Die »Nazis« seien, genau genommen, nichts anderes als »braunlackierte Sozis« gewesen und umgekehrt, die »Sozis« jetzt im Grunde »rotgefärbte Nazis«. »Rot« und »Braun« vermischten sich bei den radikalen »Schwarzen« zu einem Feindbild, mit dem sie sowohl gegen die SED-Kommunisten im Osten wie gleichermaßen gegen die Sozialdemokraten im Westen vom Leder zogen. Ihnen war alles »Iwan«, so wie schon in den Adenauer-Wahlkämpfen, auf die SPD gemünzt, plakatiert wurde: »Alle Wege führen nach Moskau.« Entlang dieser Schmierfarbenlehre argumentierten auch Kanzlerkandidat Franz Josef Strauß und sein Adjutant Edmund Stoiber. Von ihren Gegnern oftmals als Nazi-Erben und Faschismus-Demagogen verschrien, keilten sie zurück und spickten Ende der 70er Jahre ihre Wahlreden mit rot-braunen Schreckgespenstern. »Ihr seid die besten Nazis, die es je gegeben hat«, beschimpfte Strauß auf öffentlichen Versammlungen die »linken Störer«.

Die Botschaft ist heute allgegenwärtig. Wer sie geballt lesen will, dem sind speziell die Leserdebatten auf den Online-Seiten der großen Zeitungen und Zeitschriften zu empfehlen. Noch immer ist es bei Jung und Alt populär, links und rechts in einen Topf zu werfen. Die Gebildeten betonen es gewohnheitsmäßig, dass sich die Extreme »touchieren«. Im Fernsehen plädiert bei jeder Gelegenheit der Talk-Matador Arnulf Baring mir purpurner Gesichtsfarbe für die ausgebleichten Parolen. Der emeritierte Professor, der sich so bildschirmschön echauffieren kann, blökt mit Inbrunst seine Lektion über die Sender: Die Nazis waren eine Linkspartei, an ihrer Spitze stand die rote Socke Hitler.

In Knopps schwarz-weißem Filmwerk sticht dem Betrachter »das rote Tuch« eines zu Hitler erklärten Soldaten regelrecht ins Auge, präsentiert wie ein Stück aus der Asservatenkammer. Da sonst nichts Fassbares vorzuzeigen ist, muss es als Beleg für den linken Ausgangspunkt im rechten Werdegang Hitlers herhalten. Die Armbinde hatte sich damals schon als Utensil in politischen und militärischen Auseinandersetzungen eingebürgert, sie konnte vieles sein, Uniformersatz, Ausweis der Zugehörigkeit, sie diente der Legitimation und Kennzeichnung, der Ordnung, auch der Tarnung und Täuschung. Im deutschen Geschichtstheater des 20. Jahrhunderts steht das Stück Stoff, rot gefärbt und ohne irgendein Symbol, für Vaterlandsverrat, Dolchstoß, Aufruhr, Revolution, Bolschewismus. »Als wir nach Hause kamen, regierten die Matrosen mit den roten Armbinden«, so war es später von kaiserlichen Weltkriegsoffizieren zu hören, wenn sie ihren Schock vom November 1918 beklagten.

In den Hitler-Büchern ist das verräterische Requisit erstmals in Werner Masers »Frühgeschichte der NSDAP« (1965) als Gesinnungsindiz vorgestellt. Danach kommt es auch in der großen Biographie von Joachim Fest (1973) vor, wo ihm die Aufgabe zugewiesen ist, den Titelhelden als »Soldat im Kommandobereich der Weltrevolution« zu kennzeichnen. Am ausführlichsten beschäftigte sich der Herbig-Autor Anton Joachimsthaler damit. In dem 1989 veröffentlichten Buch »Korrektur einer Biographie – Hitler 1908–1920« stellt er über viele Seiten, teilweise in gedanklichem Kauderwelsch vorgetragen, Überlegungen zu dem ominösen Ärmelstreifen an. Dabei gewinnt er nach einer endlos erscheinenden Aneinanderreihung dokumentarischer Partikel und ausgewalzter Spekulationen nicht nur die Überzeugung, dass der Armeesoldat Hitler nach Kriegsende der »national gesinnten Mehrheitssozialdemokratie nahegestanden« habe, sondern schlussfolgert schließlich, dass der Mann, bevor er im Zeichen des Nationalsozialismus sich und die Deutschen aus dem Elend führte und dann in einen Machtrausch versetzte, dem roten, »linksradikalen revolutionären Lager angehört haben muss«. Es muss so gewesen sein. Anders könne es gar nicht sein. Nun dient ebendieses Joachimsthaler-Buch als unschlagbarer Beleg für alle nachfolgenden Konstruktionen einer linken oder linksextremen Herkunft des deutschen Diktators. Dabei ist die Darlegung dort eine mehr als fragwürdige Mixtur aus Daten und Beteuerungen. Ihre Kernpassage erscheint wie aus einem faulen Ei gepellt. Sie ist hier wortwörtlich, ja buchstäblich Buchstabe für Buchstabe zu zitieren und zu lesen. Nur so wird verständlich, wie unverständlich sie ist und wie unverständlich es ist, dass sie so vielen als untrüglicher Beweis gilt:

»Die rote Armbinde wurde von revolutionären linksradikalen Soldaten schon ab November 1918 getragen! Auch die Hilfsschutzleute mussten z.B. die rote Armbinde tragen. Daß Hitler bereits bei der Demonstration am 15. 2. 1919 bzw. Eisners Begräbnis eine rote Armbinde getragen hat, ist, wenn er teilgenommen hat, anzunehmen, aber nicht nachweisbar. Hitler könnte sie u. U. nach dem 16.4.1919 getragen haben, wie fast alle Soldaten der Münchner Garnison ...« (Seite 214 f.).

Könnte bzw. sollte und z. B. und u. U. hätte müssen – ein Schriftsatz, von dem anzunehmen, aber nicht nachweisbar ist, dass er ursprünglich aus dem Rathaus von Schilda kommt, wenn dieses je existiert hat. Warum nur berufen sich nahezu alle nachfolgenden Hitler-Biographien, die neuen und die neuesten, allen Ernstes auf eine Quelle, die sich über die von ihr selbst fabrizierten Vermutungen und Behauptungen stolpernd, in die Nonsens-Abgründe eines Karl Valentin stürzt?

Für eine Massensuggestion scheint auch der tote Hitler noch lebendig genug, selbst wenn er mit einem dreifach konditionalen Stück Stoff aus dem Theaterfundus auf die historische Bühne gestellt wird. Unter Umständen (u. U.) ist der Umstand zu verlockend, mit dem bunten Übermalen grauer Gesichtsumrisse die Geschichte nach Gusto ausdeuten zu können. Konkrete Anhaltspunkte, wie sich damals die spezifische Politisierung Hitlers ausformte, sind nämlich mehr als rar. Disparat ist das Bild insgesamt von dem, was sich in den Köpfen der Soldaten abspielte, die in den Wintermonaten nach dem verlorenen Krieg 1918/19 nicht recht wussten, wie es mit ihnen weiterging. Der Gefreite Hitler fiel unter ihnen zunächst nicht groß auf. Im Frühjahr dann, so ist es in den archivierten Papieren verzeichnet, war er vorübergehend Mitglied eines »Kasernenrats« und »Vertrauensmann eines Bataillonrats«. Ob er sich aus eigenem Antrieb wählen ließ oder ob ihm jemand dazu geraten hat, ob vielleicht schon als »V-Mann« oder »Kontaktmann«, vulgo »Spitzel«, wissen wir nicht, fest steht, dass sich aus den bekannten Mitgliedschaften keine Rückschlüsse auf die politischen Präferenzen ziehen lassen, auch wenn die betreffenden Gremien mit dem damaligen Reizwort »Rat« benannt sind und von eilfertigen Historikern in der Schublade mit dem Etikett »linksrevolutionäre Rätebewegung« verstaut werden.

Ab Mai 1919, nach der Niederschlagung der »Räterepublik« durch die von der Berliner Regierung entsandte »weiße« Armee, bestehend aus Reichstruppen und Freikorps-Verbänden, verdeutlicht sich allerdings das Bild. Da saß der Soldat Hitler aufseiten der Konterrevolution, konkret: zusammen mit einem Feldwebel und einem Oberleutnant, in einer Untersuchungskommission seines Regiments und fahndete auf Anordnung der reaktionären Münchner Stadtkommandatur nach Soldaten, die bei der »roten Revolution« mitgemacht hatten.

Ohne das offensichtliche Engagement in dieser Richtung wäre er auch wenig später wohl kaum zu einer der vom Nachrichtendienst des Heereskommandos organisierten Schulungen abkommandiert worden. In den »Aufklärungskursen« ergaben sich vielfältige Kontakte zu Gleichgesinnten, die sich in dem Geflecht von alten und neu gegründeten Organisationen rechtsradikaler Couleur sammelten. Ihre Agitatoren warnten vor der »Gefahr des jüdischen Bolschewismus«, hetzten gegen alles, was »links« und »demokratisch« war, und insbesondere gegen »die Juden«. Auch Hitler schob »diesem Parasitenvolk« die Schuld an der militärischen Niederlage zu. Sie hätten den politischen Umsturz angezettelt, und überhaupt für die ganze »Schmach des deutschen Vaterlandes« gesorgt. Für ihn stand fest: »Letztes Ziel muss unverrückbar die Entfernung der Juden überhaupt sein.«

Im September 1919 trat er der zu Anfang des Jahres gegründeten »Deutschen Arbeiterpartei« (DAP) bei, die im Umfeld der völkisch-alldeutschen Bemühungen zu Jahresbeginn gegründet worden war, um mit vornehmlich antisemitischen Parolen die Arbeiter von der »Verseuchung durch die Sozialdemokraten« loszueisen und »treu ans deutsche Vaterland zu fesseln«. Dazu wurde mit Bedacht auch für einen »Sozialismus« geworben, allerdings für einen betont »deutschen Sozialismus«, wie ihn die »im Feld unbesiegte« Armee verkörpert habe. So änderte die DAP ein knappes Halbjahr danach ihren Namen in »Nationalsozialistische Deutsche Arbeiterpartei« (NSDAP). Das von ihr verkündete 25-Punkte-Programm wendete sich ausdrücklich nur an die »Volksgenossen deutschen Blutes«.

Erst als die letzten Einheiten des alten Heeres aufgelöst wurden, am 31. März 1920, endete Hitlers Militärzeit, sein »Entlassungsgeld« betrug 50 Reichsmark. Zu diesem Zeitpunkt war er schon nicht mehr darauf angewiesen. Er hatte inzwischen nicht nur eine Schlüsselstellung in seiner noch kleinen Partei, sondern war auch gut vernetzt mit Meinungsführern, kapitalkräftigen Unterstützern und betuchten Gönnern aus den sogenannten »besseren Kreisen«, die in der artenreichen Szenerie der nationalistischen Republikgegner innerhalb und außerhalb der Armee, getarnt oder auch offen, den Ton angaben. Noch vor seinem Auszug aus der Kaserne hatte er damit begonnen, auf Versammlungen seine fanatischen Ansichten zu präsentieren und sich einen rasch die Stadtgrenzen überschreitenden Ruf als »geborener Volksredner« zu erwerben.

Einzelheiten dazu sind jetzt auch in dem neuen Münchner Dokumentationszentrum zu finden, das nach jahrzehntelangen Querelen im Mai 2015 eröffnet wurde. Umfassend ausgebreitet sind sie in dem Buch des Salzburger Historikers Othmar Plöckinger: »Unter Soldaten und Agitatoren – Hitlers prägende Jahre im deutschen Militär« (2013). Ohne die Lücken und Grenzen der historischen Überlieferung zu kaschieren, sind dort die teilweise widersprüchlichen Koordinaten sowie die antisemitischen und antidemokratischen Denkweisen des Milieus nachgezeichnet, in dem der umtriebige Soldat Hitler sein ideologisches Inventar fixierte und seine politische Karriere startete. Von anfänglichen oder vorübergehenden Affinitäten zu sozialdemokratischen Ideen und Gruppierungen, von Sympathien gar für das »linksradikale revolutionäre Lager« ist nicht einmal ein Hauch zu erkennen. Plöckinger verweist sie in die Rumpelkammer, wo sich die unbelegten Spekulationen stapeln.

Ob sich die Bewohner der historischen Wunschbilderwelten davon stören lassen, ist fraglich. Zu stark erscheint das Verlangen, Bolschewismus und Nationalsozialismus in ein kausales Beziehungsnetz zu schnüren, wie es der Geschichtsphilosoph Ernst Nolte entworfen hat. Danach liegt der Ursprung der modernen Vernichtungsstrategien im Terror der russischen Oktoberrevolution, von der die »Rechten« sie dann als Gegenreaktion, letztlich aus purer Notwehr, übernommen hätten. Von dieser Auffassung ist die Vorstellung nicht weit entfernt, dass der Rechtsextremste unter den Rechtsextremen von linksextremen Ufern aufgebrochen sein muss. Hardcore-Vertreter der These sehen in Hitler letztlich einen

Mann Moskaus. Unter dem Strich steht, gesucht und gefunden, die simple Erklärung: Auch dieses Übel kam aus diesem Übel (besiegt nun beide, wie die Schnellmerker glauben).

Knopp und seinem Co-Autor Remy ist es offenbar ob der verballhornten Joachimsthaler-Darlegungen so bunt vor den Augen geworden, dass sie beim Anschauen eines alten Schwarz-weiß-Filmausschnitts einer Fata Morgana teilhaftig wurden. Überwältigt erkannten sie darin, ähnlich glaubenssüchtig, wie Kinder in katholischen Gegenden zuweilen die Gottesmutter Maria als himmlische Erscheinung wahrnehmen, einen Mann mit einer roten Armbinde, der für sie niemand anders sein konnte als der höllische Diktator in spe, der später die halbe Welt mit Krieg und Terror überziehen und die Deutschen ins Unglück stürzen sollte.

Da waren ihm also nach über 70 Jahren zwei Geschichtsvorführer auf die frühen Schliche gekommen. Nun stand seine Herkunft aus den tiefroten Sumpfgebieten der asiatischen Revolution fest. Als sie »ihn« zu Gesicht bekommen hatten, war die Frage, wie das epiphanische Erlebnis zu vermitteln sei. Was sie zu sehen glaubten, sollten auch Millionen von Zuschauern zu sehen bekommen. Möglichst »dokumentiert« und nicht u. U. als »Reenactment« von Schauspielern nachgespielt, sondern herzeigbar »in echt« und unwiderleglich. So pickten sie sich eine Soldatengestalt heraus, die dem Hitler verdammt ähnlich sieht, genauso ähnlich wie der Herr Müller dem Herrn Obermeier oder dem Herrn Unterlechner, sie ernannten diesen Mann zum »Gefreiten«, bugsierten ein rotes Stoffstück in den Filmstreifen und bedeckten damit das Jedermann-Gesicht. Einmal Knopp, einmal Remy, zweimal bleiben wir uns treu, dreimal Hokuspokus Fidibus – »Es ist Adolf Hitler. Er trägt das rote Tuch der Räte.« Verfärbt ist das Bewusstsein, fertig die Retro-Vision.

Ab da sah jeder rot. Mit Ausnahme des letzten Hitler-Biographen Volker Ullrich, der sich bei diesem Thema wohlweislich zurückhaltend gibt, watschelt die Elite der Hitler-Biographen in ihren Büchern hinter der Ente einer roten Armbinde her, die in den 60ern aus dem Hut gezogen und vom ZDF in den 90ern erstmals in einem wunderlichen Format sichtbar vorgeführt wurde. Zu beobachten bei diesem Entenmarsch, neben vielen anderen: Doyen Joachim Fest, die marxistisch ausgebildeten Historiker Pätzold und Weissbecker, der amerikanische Star-Reporter Ron Rosenbaum (»Explaining Hitler«) und der britische Geschichtsprofessor Kershaw, der Politologe und Schriftsteller Seligmann, der Journalist und Historiker Joachim Riecker. Abgefärbt hat der Rotstich offensichtlich auch bei Hans Mommsen, dem Altmeister, der in seinem letzten Buch »Das NS-Regime und die Auslöschung des Judentums in Europa« (2014) Hitlers Auftreten »in der Phase der Räterepublik« in kennerischer Manier beschreibt: Einerseits habe dieser eine »prosozialistische Haltung eingenommen«, andererseits gleichzeitig »jenen vitriolischen Antisemitismus entwickelt«, der »dann einen Bestandteil der nationalsozialistischen Weltanschauung bilden sollte«.

Einen Volltreffer hat der Hokuspokus aus der Knopp-Fabrik bei Thomas Weber gelandet, einem Geschichtsprofessor der jüngeren Generation. Im Sauerländischen aufgewachsen, lehrt er, nach einem Studium in Münster und Oxford, an der Universität im schottischen Aberdeen und ist gerade dabei, sich mit provokanten Theorien einen Namen zu machen. 2011 erschien von ihm das viel beachtete Buch »Hitlers erster Krieg«, mit dem er überfällige Zweifel an Hitlers heroischem Kriegerleben in den Jahren 1914–18 bestätigt. Anfang 2013 demonstrierte er in einem prätentiösen ›FAZ‹-Artikel, wie ein Historiker anderen Historikern eine Grube gräbt, in die er selbst mit Anlauf hineinspringt. Weber attackiert hier die deutsche NS-Forschung, an der es gewiss vieles zu kritisieren gibt, mit Argumenten, die zu Anfällen von Hirnsausen und Kopfschütteln führen können. Ihm zufolge schenkte die Geschichtswissenschaft der letzten 20 Jahre Hitler nicht mehr die gebührende Aufmerksamkeit, weil sie befürchte, sich dem Verdacht der Apologetik auszusetzen. Zu den in seinen Augen rühmlichen Ausnahmen und »klugen Köpfen, die Hitler als grausamen Akteur und charmanten Verführer ernst nehmen«, zählt er namentlich den »Journalisten Ralf Georg Reuth« und den »Hobbyhistoriker Anton Joachimsthaler«. Das Gros des »akademischen Establishments« an den deutschen Universitäten sei indes gegenüber »den persönlichen Eigenschaften und Qualitäten« des Diktators – im Unterschied zu seinen Kollegen in Großbritannien und den USA – mit Blindheit geschlagen, wörtlich: »Statt wirklicher Analyse blüht in Deutschland eine enervierende, obskurantistische Hitler-Folklore.«

Er selbst hingegen hat sich dem Thema mit einer horrenden Sehkraft genähert, die sich von den Grenzen der Wirklichkeit nicht einengen lässt. Messerscharf beobachtete er auf dem Display, wie »Hitler mit einigen Männern aus seiner Einheit hinter dem Sarg des linkssozialistischen Politikers« einhergeht. Auf dem von Knopp und Remy in dem Schwarz-weiß-Film ausgelegten Holzweg ist Weber nicht zu bremsen, was ihn mit fliegenden Fahnen auf den kolorierten Leim gehen lässt: »Es ist deutlich zu sehen, dass Hitler zwei Armbänder trägt – eine schwarze Trauerbinde und eine rote, die ihn als Anhänger der sozialistischen Revolution ausweist.« Der Fußnotenbeleg des Geschichtsprofessors dazu lautet: »Knopp und Remy, Hitler, Episode 1«.

An der stockblinden Weber-Version stimmt allerdings ein kleiner Nebenaspekt: Der bei Andreas Hillgruber promovierte Historiker Ralf Georg Reuth, jahrzehntelang Zeitgeschichtsexperte der ›Bild‹-Zeitung und »Chefkorrespondent« der ›Welt am Sonntag‹ war von dem nachträglich rot markierten Soldaten X tatsächlich schwer mitgenommen. So ist in seiner Hitler-Biographie (2003) von Reuth zu lesen: »Bei dem gewaltigen Trauerzug lief im Pulk der Delegation des 2. bayerischen Infanterieregiments auch ein seltsam abwesend wirkender Gefreiter mit, wie die erhalten gebliebenen Filmaufnahmen zeigen: Es war der Bataillonsvertrauensmann Hitler, der 21 Jahre später den Befehl zur ›Endlösung‹ geben sollte.«

Wer jemanden als »seltsam abwesend wirkend« bezeichnet, der seinen Aufenthalt einer optisch suggestiven Manipulation verdankt, kann entweder als Virtuose verbaler Ausgewogenheit gelten oder als Magier, der einen sechsten Sinn einzuschalten vermag, wenn die ersten fünf nicht mehr alle beisammen sind. Dem Autor, der hier berichtet, wie vor seinen Augen der »Gefreite und Endlöser« in einem Pulk auf einem alten Filmstreifen vorüberläuft, ist nach eigener Einschätzung »einer der besten Kenner der Epoche«, zu der er viele Bücher geschrieben und herausgegeben hat. Hitler ist für ihn die absolut zentrale Figur, mit der praktisch alles, was damals geschah, steht und fällt.

Das kommt auch in dem prächtig gestalteten Werk zum Ausdruck, das er 2011 im Pendo-Verlag in Zusammenarbeit mit der ›Bild‹-Zeitung herausbrachte: »Das Gesicht der Diktatur. Das Dritte Reich in 3-D-Fotos«. »Dreidimensional, noch niemals zuvor gesehen ... Subtile Instrumente im Dienste der Volksverführung« – so ist in der Werbung dafür zu lesen. Stülpt man sich die vom Verlag beigelegte Pappbrille auf die Nase, rotes Plastikpapier vor dem linken Auge, blaues vor dem rechten Auge, so wartet das Buch mit einer Enthüllung auf, die den Hund zum Schlafen hinter den Ofen lockt: Hitler und die ganze Angelegenheit mit dem »Dritten Reich« waren nicht irgendeine platte Sache, sondern hatten auch eine »räumliche« Seite. Sie zu zeigen, so der formulierte Anspruch, werfe neues Licht in das Imperium des Bösen und dessen verführerische »Selbsterhebung und Selbstästhetisierung«. Für die, die sich nicht mehr daran erinnern können oder mögen, steht nun mit diesem Buch ein »raumbildhafter« Beweis zur Verfügung, dass es das alles einmal gegeben hat (und ganz nebenbei festigt es auf aparte Weise die von Marketing-Strategen ausgedachte Fortsetzungsgeschichte: Hitler und der Osterhase dürfen nicht sterben).

Michael Wolffsohn, jahrzehntelang Professor für Zeitgeschichte an der Bundeswehr-Hochschule München, ein »umstrittener und streitbarer« Publizist, wie intelligente Nervensägen heute in der Medienöffentlichkeit genannt werden, wenn sie aus einer Familie von Holocaust-Überlebenden stammen, versteht es in einem vorangestellten »Beitrag«, mit pathetischem Hochdruck alten Zitronen den Saft schrecklicher Bedeutsamkeit abzupressen. »Phantastische Meisterfotos ... Jedes erzählt eine Geschichte ... hinter jeder Geschichte steht massenhafter Tod«, schreibt der Professor, der als ›Bild‹-Kolumnist von Zeit zu Zeit den Lesern mit Karacho Bescheid stößt. Mir scheint das ganze Buch eher einem Kropf zu ähneln, also einer dieser Halsverdickungen, die sprichwörtlich überflüssig sind und deren de facto dreidimensionales Format ich in meiner Kindheit mit bloßem Auge oft beobachten konnte, als ich eine Zeit lang dem darauf spezialisierten Münchner Mediziner Dr. Meierin den Laufburschen machte. Von dieser Assoziation bringt mich nicht einmal das Motto ab, das Reuth seinem Begleittext vorangestellt hat. Es klingt nämlich gerade so gestelzt auf Reklame bedacht wie die in Glas gerahmten »Dankschreiben« strunzten, die ich damals vor Beginn der Praxisstunden im Wartezimmer zu verteilen hatte: »Das Bild bringt auf einen Schlag dem Menschen eine Aufklärung.« Eine Weisheit, die, wie sie hier formuliert ist, aber auch von einem philosophisch angehauchten, angeschickerten Stammgast des Münchner Hofbräuhauses stammen könnte, der sich damit auf die ›Bild‹-Zeitung bezieht. In Wirklichkeit ist der Satz, wie Reuth es selbst verzeichnet, ein echter Hitler, dem Buch »Mein Kampf« entnommen.

Eines der »Meisterfotos« hat beispielsweise die Bildunterschrift: »Hitler in seinem Sonderzug irgendwo in Tirol am 5. April 1938«. Einmal außer Acht gelassen, dass hier zwei berühmte Titel aus dem deutschen Liedgut (»Es fährt ein Zug nach Nirgendwo« und »Ich bin so toll, ich bin der Anton aus Tirol«) in einem Satz gepanscht sind, vermittelt das Foto »schlagartig« eine Geschichte, die nur erhellt, was sie nicht aufklärt. Man sieht zwar sofort: Es ist ein sonniger Tag, an dem der Diktator auf der Höhe seiner Macht tatsächlich einen Fensterplatz ergattert hat. Wieder mal geschafft. Die »Bahnhofsvorsteher-Mütze« noch auf dem Kopf, verkneift er sich den Blick nach draußen. Die Weltanschauung, die ihn von innen erfüllt, reicht ihm. Stattdessen hält er sich eine Art Manuskript vor die kurzsichtigen, unbebrillten Augen. Was genau er da zu lesen vorgibt, während er so tut, als wüsste er nicht, dass er gerade fotografiert wird, ist auch mit dem rot-blauen 3-D-Pappmodell nicht zu erkennen. Vielleicht ist es der Plan für eine neue Diät oder der für eine anstehende Gebietserweiterung, vielleicht die Liste der alljährlich mit Geschenken bedachten Damen oder ein Konzept für neue »Sonderbehandlungen« von Volksgruppen, die in Bälde »fällig« sind, vielleicht aber auch eine Skizze des Streckennetzes, mit der er kontrollieren will, ob die Gegend der frisch annektierten »Ostmark«, die an seinem Fenster »irgendwo in Tirol« vorbeifliegt, auch an dem ihr nun im Reich zugewiesenen Ort sitzt. Vor ihm auf dem Tischchen liegt eine Landkarte. Die dem Foto beigestellte Erläuterung, sprachlich auf den Gleisen der Schienenwelt fortfahrend, macht den Versuch, die weltpolitische Fallhöhe anzudeuten, und gibt gleichzeitig eine Kostprobe von jenem immer noch weit verbreiteten Geschichtsverständnis, demzufolge es nicht die Deutschen waren, die hier die Weichen gestellt hatten: »Noch war der Diktator Herr des Verfahrens, denn die westlichen Demokratien hatten im Zuge der Appeasement-Politik den Anschluss Österreichs hingenommen.«

Ein anderes Beispiel, wieder geht es um einen »Anschluss«, möglichst im D-Zug-Tempo, denn dieses Mal ist das Projekt der »Inbesitznahme« sperriger und um vieles weiter ostwärts ausgedehnt. Ein »wahrer Koloss«, wie sie damals das riesige Russland nannten, das als »deutsches Indien« in Zukunft alles frei Haus liefern sollte, was die Elite einer Weltherrschaft brauchte. »Hitler und seine Paladine bei einer Besprechung in der Lagerbaracke der ›Wolfsschanze‹ am 9. Juli 1941«, steht unter dem Foto. Leicht zu erahnen: Die Herren, um einen rechteckigen, vollends mit Kartenmaterial bedeckten Tisch versammelt, verfolgen beratend die Wehrmacht, die unter Zugzwang zur Wolga marschiert. Allerhöchste Eisenbahn, Moskau soll in deutscher Hand sein, bevor die ersten Schneeflocken die roten Sterne auf den Kreml-Türmen weißeln. Zu sehen sind neben dem Führer ein Generalfeldmarschall, zwei Generäle, ein Adjutant und Reichsmarschall Göring. An diesem Tag ist im »Führerhauptquartier« noch alles klar zwischen den Herrschaften. Später dann nicht mehr, denn, so heißt es an anderer Stelle: »Mit schweren Verlusten konnten sie bei Hitler nicht punkten.« Da war der Zug dann wohl schon wieder abgefahren, dorthin, wo er hergekommen war. Herrjemine, wer hätte das geahnt! ›Zeit‹-Feuilletonchef Jens Jessen hat jedenfalls bei seiner Rezension die treffende Rubrik dafür gewählt:»Nostalgie«. Bei dem, was da an»Aufklärung« geboten wird, ist ihm ganz blümerant geworden:»Räumlich gesehen«, war »Göring noch fetter als gedacht«.

Dem»bearbeiteten« Zombie aus den Filmaufnahmen vom Eisner-Trauergeleit, der ihm»seltsam abwesend«, nicht ganz bei der Sache zu sein schien, hat Reuth schon vor ein paar Jahren ein wahrlich welthistorisch dimensioniertes Format verpasst: Seit 2009 steht in seinem Buch»Hitlers Judenhass: Klischee und Wirklichkeit« der Titelheld an einer zentralen Schaltstelle der Geschichte auf dem Posten:»Funktionär im Räderwerk der kommunistischen Weltrevolution«. Auf diesem Arbeitsplatz in einem damals aufblühenden, acht Jahrzehnte später in Konkurs gegangenen internationalen Großunternehmen, so muss man sich das wohl demnach vorstellen, hat er es im Frühjahr 1919 nur wenige Wochen ausgehalten, bis er sich von der rechtsradikalen Konkurrenz abwerben ließ, um dort holterdiepolter eine vakante nationale Führungsaufgabe zu übernehmen.

Was einmal – schon in den 20er Jahren – als Latrinengerücht anfing, über lange Zeit in beiläufigen Nebensatz-Behauptungen ein kolportiertes Schattendasein führte, 1989 dann zu einer fußnotenbewehrten bayerischen Krampfgeschichte aufgepäppelt wurde, erscheint inzwischen, von fleißigen Autoren hochgestapelt, als eine die politische Einstellung glasklar dokumentierende»Tatsache«, bei der alles»deutlich zu sehen« ist, was ihnen in den Kram passt. Das kann verstörend wirken. Der Rezensent, der das letzte Reuth-Buch im Deutschlandfunk besprach, fand es»schwer nachzuvollziehen«, wie Hitler von einem Anhänger der Räterepublik abrupt zu einem »Judenhasser« mutierte. Nicht nur ihm erscheint dies ein»rätselhafter Gesinnungswandel«.

Doch des Rätsels Lösung liegt so nah: Das»rote Tuch«, das den Karrierebeginn einer Schlüsselfigur deutscher Geschichte kennzeichnen soll, ist der Länge und der Breite nach fadenscheinig. Wie alles, was daran festgemacht ist, bis hin zu dem Soldaten, der damit verhüllt wurde.

Ohne Aussagekraft sind auch vier Schwarz-weiß-Fotos, die unter den Aufnahmen herumgeistern, die von dem Eisner-Trauerzug gemacht wurden und auf denen Hitler zu sehen sein soll. Sie stammen aus dem legendären »Bildarchiv Hoffmann«. Die Bayerische Landesbibliothek Online in München, wo sich ein Teil dieses durch viele Hände gewanderten Archivs heute befindet, hat die von ihr erworbenen Fotos für jedermann zugänglich ins Netz gestellt. Bei dem Foto, auf dem am meisten zu sehen ist, steht der Eintrag »retuschiert«. Die anderen drei sind nur minimal abgewandelte Ausschnitte daraus. Allen vieren ist die gleichlautende Bildzeile zugeordnet: »Gruppenbild (russische Kriegsgefangene im Leichenzug; Adolf Hitler als Beobachter rechts am Rand stehend; Hand in d. Manteltasche)«. Auf dem bis heute von Historikern – im Zusammenhang mit der angeblich »roten Vergangenheit« Hitlers während der Zeit der Räterepublik – verwendeten Foto ist dieser für unvoreingenommene Augen nicht identifizierbare, im Übrigen gänzlich armbindenlose »Beobachter« mit einem nachträglich angebrachten weißen Pfeil markiert. Laut Auskunft der »Generaldirektion der Staatlichen Archive Bayerns« ist unbekannt, von wann dieser Hinweispfeil stammt, von wem er angebracht ist und wer die Bildzeile zu den Fotos verfasst hat. Inzwischen, nach meiner Anfrage angebracht, enthält diese hinter Hitler ein in Klammern hinzugefügtes Fragezeichen. (Der Rabenvogel kann den Schnabel nicht halten und krächzt: Was? Der Führer infrage gestellt? In Bayern?) Plöckinger kommentiert die Frage, ob es sein könne, dass Hitler sich auf diesem Foto befinde, mit gelassener Höflichkeit: »Wenig wahrscheinlich, aber mit etwas gutem Willen kann man einen Hitler auf so mancher Bildquelle dieser Zeit ausmachen«.

Den Filmemachern in der Mainzer Dunkelkammer hat es an »gutem Willen« nie gefehlt. Sie wissen es längst. Remy, inzwischen vielbeschäftigter Produzent und Autor von TV-Filmen und Büchern zur Zeitgeschichte, meinte am 9. Mai 2005 auf Nachfrage am Telefon: »Ach, der Hitler im Trauerzug? Ein alter Hut. Das war er nicht. Da hat sich jemand geirrt. Aber es stimmt trotzdem.« – Wie das? Trotzdem? Was kann da stimmen? – Auf meine einfältigen Fragen erklärte mir Remy, was Sache ist: »Der Joachimsthaler hat genau belegt, dass Hitler bei der revolutionären Truppe war«. – Genau belegt? Vom Joachimsthaler? – »Ja, vielleicht wissen Sie das nicht, das ist ein hervorragender Rechercheur für Einzelheiten, eine hochgeachtete Lieferadresse für Historiker und Dokumentarfilmer, die sich mit dem großen Ganzen befassen.« (Siehe Teil 2, Kapitel 3).

Da habe ich ein paarmal geschluckt, ein paarmal tief Luft geholt und mich dann zur Ordnung gerufen: Entspann dich, Alter, nu mal nicht so pingelig, wir wissen es doch, die Welt will sprichwörtlich betrogen sein. Kleiner Trost: Wenigstens hat es bei dem »Holokaust« mit dem Ka nicht geklappt, auch wenn der Begriff hie und da noch mit dieser Rechtschreibweise auftaucht, etwa 2011 bei der Neuauflage des Knopp-Remy-Sechsteilers als DVD-Handelsware oder 2015 bei der Versandfirma »Polar-Film« als Doku-Juwel angepriesen. Und was die »rote Armbinde« betrifft, so fällt das Zugeständnis nicht schwer, dass sie im Knopp-Universum nicht mehr als ein kleiner Farbtupfer ist, eine errötete Petitesse.

Aber so klein der Klecks ist, so großartig, so wahrhaftig genau und beispielhaft zeigt er das von den Chef-Biographen unseres großen Diktators geschlossene »Bündnis mit den Wünschen der Gegenwart«: Nein, Geschichte ist kein Kindergeburtstag, aber viele sehen in ihr eine Art Wunschkonzert auf der großen Bühne der nationalen Bildung. Zur Aufführung gelangt hier ein Hitler, der dabei herausspringt, wenn man die Vergangenheit in den medialen Mühlen der Gegenwart zum »Großen und Ganzen« verarbeitet. Bilderbuchgetreu steht »der Führer« mitten im Gewoge der historischen Gezeiten: als »Funktionär im Räderwerk der Weltrevolution«, am Arm »das rote Tuch der Räte«. Ein nüchternes Hinsehen und Zuhören reichen aus, um den Defekt auf dem Hitler-Bild zu erkennen, gegen dessen epidemische Ausbreitung kein Kraut der Erkenntnis gewachsen zu sein scheint. X für U, k für c – Geschichte frei nach Wilhelm Busch: Rickeracke! Rickeracke! Geht die Mühle mit Geknacke!

Kapitel 5
»Militari larifari« – Hitler und die Generäle

Die meisten unserer Hitler-Bilder haben einen militärischen Rahmen. Nicht wegzudenken sind darin die Generäle, war doch die zweite Hälfte der NS-Herrschaftszeit vom Krieg bestimmt und die Jahre davor von der zielstrebigen Vorbereitung darauf. Schon bevor sie ihn gemeinsam begannen, war das Verhältnis zwischen ihm und der Generalität eng miteinander verspannt – symbiotisch aufeinander bezogen, temperiert von Misstrauen, Herablassung, Abneigung, auch von Bewunderung, Willfährigkeit, aufgeladen von Hoffnungen, getrieben von Machtgier bei allen Beteiligten. Das geht bis in die Anfänge von Hitlers politischer Karriere zurück, als er, untergebracht in verschiedenen Kasernen Münchens, innerhalb von zwei Jahren vom unbekannten Soldaten zum populären Propagandaredner und Parteichef im rechtsradikalen Lager avancierte, angeleitet vom Generalkommando des bayerischen Heeres und dessen Nachrichtendienst-Offizieren. Danach förderten zwei der Heldenfiguren deutscher Kriegsgeschichte seinen Aufstieg. Erst Generalfeldmarschall Ludendorff (1865–1937), ein früher Befürworter des »totalen Krieges«, der sein Mitstreiter beim gescheiterten Putsch von 1923 war. Später der »Titan« Hindenburg (1847–1934), der ihn letztlich als Reichspräsident an die Spitze der Regierung hievte. Dort arbeitete bald die gesamte Militärelite mit ihm daran, Macht und Herrlichkeit des Reiches zu vergrößern.

Bevor es 1939 dann richtig losging, tütete der Oberbefehlshaber des Heeres, General Walther von Brauchitsch (1881–1948), den Soldaten die eiserne Ration für das geistige Sturmgepäck ein: »Adolf Hitler, der geniale Führer, der die tiefe Lehre des Frontkämpfertums in die Weltanschauung des Nationalsozialismus umprägte, hat uns das neue großdeutsche Reich gebaut ... Wehrmacht und Nationalsozialismus sind desselben geistigen Stammes.«

Ende 1941 entließ der »geniale Führer« den Huldiger von Brauchitsch und setzte sich selbst, im ganzen Land als »Feldherr« gefeiert, auf dessen Posten. Der Herrscher im neuen »Großdeutschen Reich«, das gerade dabei war, sich ins »Großdeutsche Großreich« zu schießen, übte sich nun als Meister des Landkartenspiels, die kontinentalen Pfeile waren die Trümpfe. Sie wurden wegweisend zum »Endsieg« eingezeichnet. Die Völker ringsum, vor allem die im Osten, waren die Luschen. Auf dem Tisch ausgebreitet, ließen die gestrichelten Linien die blutigen Schlachtfelder in den Weiten Osteuropas wie Schnittmuster einer zweiten Realität erscheinen. Umgeben von dienstfertigen Offizieren, widmete er sich fortan in der »Wolfsschanze«, seinem »Hauptquartier« im Ostpreußen-Wald, vornehmlich den kriegerischen Operationen auf großzügig drapierten Kartenvorlagen. Sebastian Haffner meinte in seiner lakonischen Art: Ab da war er nur noch im Nebenberuf Reichskanzler.

Man stelle sich eine Galerie vor, bestückt mit Hitler-Imaginationen, wie sie sich über Generationen in den Speichern unseres kollektiven Bewusstseins angesammelt haben. Der Militaria-Saal hätte wohl die größten Ausmaße: Dicht gehängt die Exponate, nebeneinander und übereinander. Die Episoden und Trivialmythen von den Stammtischen, aus den Erinnerungsbüchern, den Internetdiskussionen, die Szenarien in Filmen, TV-Sendungen und literarischen Verarbeitungen, die detaillierten Darlegungen in wissenschaftlichen Studien und Bildbänden, Einzelporträts, Paraden, Gruppenbilder, die öligen Großformate und die gestellten Schnappschüsse von Hoffmanns Kamera. Auch wenn er nicht leibhaftig zu sehen ist, bei den historischen Kriegsbildern blendet er sich, quasi bei jeder abgebildeten Haubitze, wie von selbst ein. Ähnlich bei der Tonuntermalung: Lautsprecher-Geknarze, Bombeneinschläge und Geschützdonner, Redefetzen, schnarrende Befehle, Fanfaren der Sondermeldungen, ekstatisches Gebrüll, Trauermärsche.

Ein Motiv auf Schritt und Tritt – die Lagebesprechung, der locus classicus in jeder Kriegsgeschichte. Im Bildmittelpunkt vor einer Landkarte der »Feldherr«, um ihn herum ausgewähltes Führungspersonal in militärischer Kostümierung. Vom Betrachter kann dazu irgendwo am Bildrand platziert, ganz klein als Schnörkel, der Oberst im Generalstab Graf Stauffenberg imaginiert werden, der vor Ort vergeblich versuchte, ihn aus dem Weg zu räumen. Was sagt uns diese Bilderflut in der zerebralen Pinakothek, was die politisch korrekten Erläuterungen, was die nicht aussterben wollenden Legenden, was der eigensinnige Subtext? Was schreiben unsere Experten, die Historiker?

Ausgangs des 20. Jahrhunderts, etwa zur gleichen Zeit, als die Wehrmachtsausstellung in einer Reihe von deutschen Städten für Tumulte, Demonstrationen und heftige Diskussionen sorgte, sind mehrere Sammelbände erschienen, in denen die Kommandeure vorgestellt sind, die zusammen mit dem Diktator die Welt mit Krieg überzogen. Die Autoren, nach eigenem Anspruch alles Fachleute, sind studierte Historiker, die meisten von hier, einige auch aus den USA. Das von Ronald Smelser und Enrico Syring 1995 im Ullstein-Verlag herausgegebene Buch über »Die Militärelite des Dritten Reiches« enthält 27 »biographische Skizzen«. In dem zweibändigen Werk »Hitlers militärische Elite« sind insgesamt 68 Offiziere porträtiert. Dieses Buch, herausgegeben von dem Militärhistoriker Gerd R. Ueberschär, erschien erstmals 1998 im Primus-Verlag der Wissenschaftlichen Buchgesellschaft. Offenkundig hielten es die verantwortlichen Lektoren und Historiker für so hervorragend und zeitlos solide gearbeitet, dass es 2011 im gleichen Verlag zu einer unveränderten Neuauflage kam, nun zu einem Band zusammengefügt.

Die einzelnen Beiträge sind, was quellenkritisches Handwerk und historisch-biographisches Urteilsvermögen angeht, von eklatanter Ungleichheit. Bemerkenswert sind sie alle. Was die Vermehrung der Erkenntnisse angeht, gewinnt der Leser oft größere Einsicht in die Ressentiments der Autoren als in die Lebenswirklichkeiten der porträtierten Generäle. Häufig sind Wehrmachtskollegen mit ihren Erinnerungen als Zeugen herbeizitiert, deren Aussagen längst ihren Wert verloren haben. Alten Bräuchen folgend, dürfen sie hier unangefochten vorbringen, was sie sich nach 1945 zu ihrer Rechtfertigung ausgedacht haben: über sich selbst, über ihre Taten, Absichten und Beweggründe. Manche Porträts wirken wie Kitschpostkarten aus alten Vorderladerzeiten, von Historikern für die Gegenwart neu koloriert. Etliche Autoren ähneln Anwälten, die das Erbe ihrer Klienten aufpolstern, oder Gemüsehändlern, die ihre liegen gebliebenen Waren für das Schaufenster frisch machen. Es gibt eine Reihe von bemerkenswerten Ausnahmen, generell indes ist von einem kritischen Wind wenig zu spüren.

Das Hitler-Bild, das sich hier enthüllt, beruht sozusagen auf unbeabsichtigten Nebenwirkungen. In dem Porträtreigen ist kein Kapitel enthalten, das sich ihm eigens widmet. Dabei war er doch einmal der »Größte Feldherr aller Zeiten« – der Krönungstitel, den ihm einst General Wilhelm Keitel mit zusammengeschlagenen Hacken hinaufreichte, kursiert noch heute, zumeist in ironisch eingefärbter Abkürzung. Der »Gröfaz« spielt auch ohne eigenes Kapitel naturgemäß, wie in allen Büchern zum Zweiten Weltkrieg, die Hauptrolle. Gewöhnlich mit einem hochgeschraubten Nimbus versehen, selbst in Passagen, wo ihm Missachtung widerfährt oder über seine Schwächen, Gemeinheiten, Verbrechen geschrieben wird.

Exemplarisch das Porträt des Feldmarschalls Fedor von Bock. Es lässt besonders anschaulich erkennen, wie sich die Welt des Diktators und seiner Generäle im akademisch programmierten Kopf eines Historikers unserer Zeit abzubilden vermag. Verfasst hat den Beitrag Horst Mühleisen, Jahrgang 1943, Archivar und Universitätsdozent in Trier, seit Jahrzehnten publizierender Historiker, häufiger Autor in den »Vierteljahrsheften für Zeitgeschichte«, in der »Militärgeschichtlichen Zeitschrift« und ähnlichen Periodika mit wissenschaftlichem Anspruch. Ihm imponiert generell die »Ritterlichkeit« von Offizieren, egal, ob sie der Wehrmacht oder der Waffen-SS angehörten. »Lametta«, mit dem die Elitesoldaten von oben behängt werden, findet seinen uneingeschränkten Respekt. Damit bewegt er sich in seiner akademischen Sparte nicht groß auffallend im Mittelfeld.

Auch wenn in den letzten Jahren neue Forschungsansätze, Untersuchungsperspektiven und Fragestellungen auf dem Gebiet der Wehrmacht nicht zu übersehen sind, noch immer dominieren unter den Militärhistorikern diejenigen, die zumindest indirekt im Dienst der deutschen Streitkräfte stehen (oder ihnen nebenbei zu Diensten sind), ein Umstand, der nicht ohne Auswirkungen auf ihre Recherchen und deren Ergebnisse bleibt. Häufig vertreten ist der Typ des »einschlägigen Fachmanns«, der nachträglich mit in den Kampf zieht, ähnlich dem Journalisten, der heutzutage, alten Sitten folgend, »eingebettet« seine (»unsere«) Soldaten auf Feindfahrt begleitet und dann empathisch darüber berichten kann. Jeder, der von außen dieses Genre in Gänze betrachtet, wird feststellen, dass die Zahl derer, die sich einer fundierten, allseitig reflektierten Quellenkritik verpflichtet fühlen, groß ist, diejenige, die ihr auch wirklich nachkommen, hingegen eher gering. Die meisten bleiben innerhalb der Grenzen des mit Schlachten, Feldzügen, Waffen, Truppen, Operationsplänen, Uniformen, Befehlssträngen, Laufbahnen und Dienstgraden bestückten Feldes, dessen spezielle Logik sie nicht infrage stellen.

Verluste der Feinde sind unsere Gewinne. Eroberungen und siegreiche Schlachten sind, egal, wohin sie geführt haben, unter der Rubrik »Erfolge« oder »Triumphe« verbucht, genauso wie die Vernichtung der Gegner und die Zerstörung seiner Städte und Dörfer. »Rückschläge« beruhen auf »verpassten Gelegenheiten«, auf dem Misslingen, die »Gegner zu spalten« oder auf meteorologisch bedingten Versäumnissen. Die »Fehlentscheidungen«, die nach den »Blitzsiegen« an Zahl und Gewicht zunehmen, beziehen sich in der Regel auf Taktik und Strategie im operativen Geschäft, wie etwa: Statt den Haltebefehlen des Sturkopfs Hitler zu folgen, hätte man, bei den »Abwehrschlachten« tausend Meilen von der heimatlichen

Kaserne entfernt im Feindesland stehend, elastischer oder massiver »verteidigen« müssen oder den Nachschub auf der »Rollbahn« effektiver organisieren können oder das »Überraschungsmoment« besser nutzen oder weniger »Rücksicht« auf die Bundesgenossen nehmen oder die Bewohner der eroberten Gebiete etwas freundlicher behandeln oder den Hungertod durch Nahrungsergänzungsmittel hinausschieben oder auch mal eine »gemäßigte Besatzungspolitik« betreiben sollen, oder gar ein »kaukasisches Experiment« wagen können, indem man den eroberten Völkern Versprechungen (Selbstbestimmung etwa) für die Zukunft machte, oder man hätte auch die eigenen Truppen rechtzeitig informieren sollen, was an neuen Unternehmungen geplant war oder… Von mannigfaltiger Vielzahl sind die Ratschläge, die entweder gut verpackt oder auch ganz offen in den Darstellungen zu finden sind, im Subtext Reste der Hoffnung mitschleppend, dass der Krieg doch irgendwie zu gewinnen gewesen wäre. Oft sei der Erfolg ausgeblieben, weil »militärisches Handwerk« durch »fanatischen Glauben« ersetzt wurde. Ja, man hätte vieles besser machen können, ja müssen. Gemeint sind vornehmlich die Kommandeure der unterschiedlichen Truppeneinheiten, auch so mancher Heerführer, und vor allem auch der Chef selbst – folgt man den Militärhistorikern (auch hier wieder von den Ausnahmen abgesehen).

Eine kleine Passage aus der der Flut von Beispielen, abgedruckt in der ›Welt‹, die ihren Lesern kontinuierlich mit der Unterstützung namhafter Experten die Geschichte des Zweiten Weltkriegs zu erklären versucht, kann das plastisch veranschaulichen. Karl-Heinz Frieser gibt hier 2014 zum Besten, wie sich die Nachgeborenen das vorzustellen haben. Eingeführt wird der promovierte Historiker als Oberst a. D., der »intensiv wie kein anderer den Zusammenbruch der Heeresgruppe Mitte erforscht« hat und Verfasser eines »Standardwerks mit mehr als 1300 Seiten« ist. Zunächst beklagt der Forschungsoffizier, dass Hitler 1944 durch seine »Haltebefehle eine Katastrophe heraufbeschworen« hatte. Da habe dann der »Generalfeldmarschall Walter Model aber das einzig Richtige getan: ›Wer zu schwach zur Verteidigung ist, muss angreifen!‹…

Er attackierte plötzlich … Anfang August erzwang er die Wende …
Die deutschen Panzerdivisionen lockten eine sowjetische Panzer-
armee in die Falle. So konnte die Front an der Weichsel stabilisiert
werden.« (Also, geht doch! krächzt der Schwarzvogel.)

Angesichts einer im Jahr 2014 so artilleristisch in Stellung gebrachten Lagebeurteilung fragt man sich unwillkürlich: Darf es
überhaupt Leser geben, die nicht von der bescheidenen Frage lassen können, alles schön und gut – nur, zu welchem Ende denn?
Und von welchem Anfang aus? Ähnliche Gedanken schleichen sich
eventuell bei zivil geerdeten Unsachverständigen ein, wenn sie in
einem 2004 herausgebrachten Protokoll zu einem wissenschaftlichen Symposium darauf stoßen, wie einfach doch alles hätte sein
können: »Hitlers mangelnder Erfahrung und Nervosität war es zu-
zuschreiben, dass bis Juni 1940 zwar Frankreich, nicht aber Großbritannien besiegt wurde.«

Whatever: Zivile Blickwinkel und Überlegungen sind in der
»Geschichte des Militärwesens« nun mal selten, das könne ja jeder schon vom Namen her ablesen. Groß hingegen ist weiterhin
die Zahl derer, die der Anblick von Brüsten zur Bewunderung hinreißt, so diese mit Kriegsorden geschmückt sind, und die generell
alle Kriegsverbrechen bei Hitler abladen, also bei dem Mann, von
dem diese Auszeichnungen verliehen wurden.

Von Bock, der 59 war, als ihm im Sommer 1940 »Hitler den
Marschallstab überreichte« (zwiefach: einen kleinen für den Alltagsgebrauch, einen größeren für den Schrein), wird uns vom Autor
Mühleisen in typischer Tonlage als ein Ausbund von »Vaterlandsliebe, Pflichttreue, Zuverlässigkeit und Ehrenhaftigkeit« vorgestellt.
Damit sind ihm die gleichen Tugenden zugeschrieben, mit denen
für gewöhnlich sein Neffe, der Generalmajor Henning von Tres-
ckow, bedacht ist. Der war die treibende Kraft beim Attentat gegen
Hitler vom 20. Juli 1944. Ein undenkbarer Akt für von Bock, denn
dieser war »ein Monarchist bis zum Ende seines Lebens, der seinem ehemaligen Herrscherhaus die Treue hielt«. Man liest es und
ist verblüfft: Ist da irgendetwas an irgendjemandem spurlos vorbei-
gelaufen, hatten sich die Zeiten nicht geändert? Mühleisen erklärt

es uns sogleich: Hitler war für den treuen Soldaten »eine Art König von Preußen«, dem er »vorbehaltlos diente«. Als Offizierskollegen angesichts des militärischen Debakels gegen Ende des Krieges ihrer Unzufriedenheit Ausdruck gaben, habe von Bock »vor Zorn gebebt« und entschieden Partei ergriffen: »Ich dulde nicht, daß der Führer angegriffen wird.« Ein Marschallwort mit Donnerhall. Aber innerlich, da lässt sich der Autor Mühleisen seinen Aberglauben nicht nehmen, »innerlich« habe der Hitler-Verteidiger »das Regime und den Führer wohl abgelehnt«.

Hier tritt ein Historiker als einer dieser Presseoffiziere auf, wie sie von Terminen vertraut sind, bei denen es darum geht, »Friedensmissionen«, Kollateralschäden, politisch-moralisch fragwürdige Entscheidungen oder Verbrechen schönzureden. Er sucht einen General zu rühmen, dessen schwer versehrter Realitätssinn kopflos zwischen verzopftem Preußentum und »neuer Bewegung« herumrudert. Himmler wollte er zum Duell fordern, teilte mit ihm aber den Hass auf die Juden.

Für seinen Porträtmaler war von Bock trotzdem auch noch im Jahr 1995 ein herausragendes Vorbild. »Spitzenklasse«, sowohl bei der Arbeit im Generalstab wie auch bei der Familie privat zu Hause, wo er den vier Kindern seiner Ehefrau »ein fürsorglicher und liebevoller Vater« gewesen sei. Der Verdacht liegt nah, dass dieses Porträt vom Autor nur diktiert worden sein kann. Seine beiden Hände scheinen bei jeder Zeile und bei jeder Phrase an der Hosennaht, die historischen Erkenntnisbemühungen von einem selbst gegebenen Kommando »Stillgestanden« zum Halten gebracht.

Zu besichtigen ist hier wie auch bei einer ganzen Reihe der anderen Porträts eine Welt für sich, ausgemalt von Autoren, die mit einem dicken Pinsel zur Sache gehen: In der Mitte ein Sandkasten in Tischhöhe, darum herum: die Generäle, rote Streifen an den Hosen, buntes Metall an der Jacke, durch die Bank charakterisiert als »hochbefähigt« und »ehrenhaft«. Mitunter »ruhmsüchtig«, immer aber »vaterlandstreu«. Geprägt fürs Leben zumeist noch zu Kaisers Zeiten. Alpha-Männchen im Soldatenrock. Sie haben Pläne und Sorgen, Nöte, Pflichten, Ambitionen. Es geht um Ernennungen, Truppenverschiebungen, Amtsenthebungen, Beurlaubungen, Ordensverleihungen, Operationen, Sommerfeldzüge, Winterfeldzüge, Heeresgruppen, Sonderkommandos, aber vor allem geht es um die Gunst des Führers. Der wird als oberste Instanz angesehen, die vom »Schicksal« etabliert ist, und diesen Rang behält er für nicht wenige bis über das Ende seiner Herrschaftstage hinaus.

Mühleisen beschreibt in seinem Beitrag (Titel: »Soldat ohne Fortune«) auch die Schattenseiten einer solchen Marschallkarriere in der deutschen Wehrmacht. Wie seine Generalskollegen war auch Bock in diesem »Unternehmen Barbarossa«, dem Feldzug gegen die Sowjetunion, mit Schwierigkeiten bis obenhin eingedeckt. Entgegenkommen oder Gastfreundschaft kannten weder Russe noch Land noch Wetter. »Schlammperioden, Schnee und Eis« erschwerten »den Angriff auf Moskau« kolossal. Die Straßen waren schlecht befahrbar und rutschig, niemand hatte gestreut. Dem Generalstabschef Halder meldete er von der Front, wie in dessen Kriegstagebuch nachzulesen: »Schlechte Wege!« (Da krächzt mir der Rabe ins Ohr, ich sollte mich doch bittschön daran erinnern, was der Polt Gerhard später amol irgendwo aufgeschnappt und den Leuten kabarettistisch wieder zurückgegeben hat: Vom Winter versteht er was, der Russ.)

Zum »Wetterpech«, das Halder schon im Sommer beklagte (»Gewitterregen«), kamen die sogenannten »Kriegsnotwendigkeiten«, so die offizielle preußisch-deutsche Bezeichnung für alles, was »die Natur und der Zweck des Krieges« erforderten. Die »Sicherung bandenverseuchter Zonen« etwa, bei der viele Landesbewohner, speziell solche mit jüdischem Glauben, zu »beseitigen« waren. Freiherr von Bock, in den Augen des Autors »ein Herr, ein Aristokrat nicht nur seines Namens wegen«, musste sich neben allen anderen Obliegenheiten auch noch die Beschwerden von irgendwelchen Untergebenen anhören, die über die »Ungeheuerlichkeit« der Hitler-Befehle und die »Massaker lettischer SS-Einheiten« klagten.

Noch zermürbender muss, Mühleisen zufolge, das Gezänk in den eigenen Reihen gewesen sein. Fast schlimmer als die Attacken der feindlichen Streitkräfte die Hahnenkämpfe der Generäle untereinander, allesamt stets abhängig von den Führer-Launen. Wirklich nichts für schwache Nerven, wie da mit dem Marschall umgesprungen wurde – mehrmals versetzt, abgesetzt, eingesetzt, abgesetzt, rein in die »Führerreserve«, raus aus der »Führerreserve«, regelrecht herumgeschubst: »Vergeblich versuchte Bock, die Gründe für seine Absetzung zu erfahren. Alle Offiziere, die er fragte, wichen aus, wiegelten ab, verstrickten sich in Widersprüche. Es war aussichtslos, diese Mauer der Beschwichtigungen, falschen Freundlichkeiten und Unaufrichtigkeiten einzureißen«. Ein Leben in der Schlangengrube des deutschen Generalstabs, zum Mäusemelken. So kam es, dass sich der Marschall, nach eigener Aussage, mitten in dem an die Nieren gehenden Krieg auf dem Gut seiner Gattin die Wartezeit auf ein neues Kommando mit »privaten Dingen« vertreiben musste, dazu verdammt, »zu lesen, zu reiten, zu jagen und zu faulenzen«.

Carl-Hans Graf von Hardenberg, der ihm als Adjutant zugeteilt war, füllte die Zeit teilweise damit, bei den Vorbereitungen des Stauffenberg-Putsches mitzuhelfen. Seinen Vorgesetzten konnte er nicht dazu bewegen, sich zu beteiligen. Der blieb sich und dem Führer auch auf dem Abstellgleis treu, allzeit bereit. Denn »Ehrgeiz, Ruhmsucht und Eitelkeit« seien ihm nicht verloren gegangen. Selbst die von Mühleisen vermutete »innerliche Ablehnung« konnte Bock nicht daran hindern, in seinem Willen fest zu bleiben, »Hitler, seinem Obersten Befehlshaber, bis zum Ende zu dienen und ihm ein gehorsamer und gläubig ergebener Feldmarschall zu sein«.

Als er schließlich untertänigst hören musste, dass sein Herr und Befehlsgeber in Berlin im Kampf gegen die Russen »gefallen« war, trug er in sein Tagebuch ein: »Die Dinge treiben mit Riesenschritten dem Ende zu.« Der Mann hatte Ahnung. Zwei Tage später fiel eine Bombe auf sein Auto. Ins Lazarett eingeliefert, nahm er am 3. Mai 1945 in letzter Sekunde die Gelegenheit wahr, seinen Kollegen Erich von Manstein zu vergattern. Hitler war tot, er selbst dem Sterben nah. Also musste Manstein ran, ein Neffe des 1934 verstorbenen Reichspräsidenten Hindenburg, des ruhmreichsten unter allen Generalfeldmarschällen. »Retten Sie Deutschland!« Das seien Bocks letzte Worte gewesen, von Generalfeldmarschall zu Generalfeldmarschall.

Immerhin, so ist bei Mühleisen auch zu lesen, habe der Marschall ein stilvolles Ende gefunden, von dem ein Mann in seiner Position fast nur träumen konnte, auch wenn er es viele Male mit Gesang herbeigewünscht hatte: »Kein schön'rer Tod ist in der Welt / Als wer vom Feind erschlagen ...«. Insgesamt 18 Generälen hatte Hitler während des Krieges den Marschallstab zukommen lassen, der hohes Ansehen und fette Extra-Einkünfte sicherte. Die meisten von ihnen mussten sich weniger glorios zu der »Großen Armee« abmelden, die sich im grenzenlosen All hinter der Milchstraße sammelt. Größtenteils starben sie im Bett den »Strohtod«, wie Napoleon es nannte. Bock allein sei das gestorben, was man althergebracht als »Soldatentod« bezeichnet – »im Felde an den Folgen einer Kampfhandlung«. In den allerletzten Tagen des Krieges hatte er »das Glück«, wie es im traditionellen Wortlaut hieß, »den Tod der Ehre, den Tod für Volk und Vaterland erleben zu dürfen«, mit dem Nachschlag, der zur NS-Zeit noch dazukam – »... für Reich und Führer«.

Dem Freiherrn Werner von Fritsch war das gleich im ersten Kriegsmonat 1939 vergönnt. Danach kursierten wilde Gerüchte: Er sei von SS-Männern liquidiert worden oder habe sich selbst umgebracht, jedenfalls von einer deutschen Kugel gefällt. Im Band 2 des »Grundkurses deutsche Militärgeschichte« (2009 herausgegeben vom MGFA, dem Forschungsamt der Bundeswehr – das sich nach eigenem Anspruch wissenschaftlichen Kriterien verpflichtet fühlt –, bringt einem ein Satz aus der gesammelten Blütenlese bei, wie schief es sich schreibt, wenn in diesem Ressort Geschichte begradigt wird, und wie man ohne langes Suchen und Kämpfen dem »Soldatentod« begegnen kann: »Er zog mit seinem Regiment freiwillig ›als Zielscheibe‹ in den Krieg gegen Polen und fand vor Warschau den Soldatentod.« (Das Miststück von Krähe, man muss es an dieser Stelle einmal so sagen, krächzt dazwischen: Soldaten sind eben nicht nur »Mörder«, sie sind auch »Zielscheiben«.)

Einundeinhalb Jahre zuvor war Fritsch als Heereschef abgelöst und zum Regimentsführer ohne Befehlsbefugnis degradiert worden. Auslöser war die gezinkte Anschuldigung eines Strichjungen. Fast zeitgleich hatte Hitler damals den Kriegsminister Generalfeldmarschall Werner von Blomberg entlassen, weil dieser eine junge Frau geheiratet hatte, »ein Mädchen aus dem Volke«, das – wie es in der Dissertation der Biographin Kirstin Schäfer 2006 heißt – »kein unbeschriebenes Blatt« war.

Die sogenannte »Blomberg-Fritsch-Krise« mit ihren bizarren Details und obskuren Begleitumständen zog eine Reihe von Umbesetzungen in den Reihen der Regierung und der Wehrmachtführung nach sich. Bis heute ist nicht ausdiskutiert, ob es ein planvoll eingefädelter »Enthauptungsschlag des Führers« war oder ein finsteres Intrigenspiel um Machtpositionen, bei dem sowohl die politischen wie die militärischen Eliten des »Dritten Reiches« mitmischten und dabei jeweils vielfach unterschiedliche Interessen verfolgten. Ein Dramatiker, wollte er heute ein Schmierenstück darüber schreiben, könnte als Titel nehmen: »Niedertracht trifft Verkommenheit« und dabei aus einem vollen Sack grotesker Szenen schöpfen sowie eine Schar von Militärhistorikern als Chorelement mit hochmoralischen Refrains einsetzen. In der Fachliteratur sind für gewöhnlich Etiketten wie »historische Zäsur« oder »Wendepunkt in der Geschichte des NS-Staates« für »die schwerste Krise in der Geschichte der Wehrmacht« reserviert. Geradeso als ob der politische Alltag in den Jahren zuvor noch nicht von Verbrechen und Terror bestimmt worden wäre und die Wehrmacht sich zu diesem Zeitpunkt nicht bereits höchst freiwillig weitgehend selbst in das NS-System eingegliedert hätte.

Das Hauptaugenmerk der Historiker ist auf die Winkelzüge Hitlers gerichtet. Der Diktator setzte im Zuge des Revirements General von Brauchitsch als Chef des Heeres ein, das Kriegsministerium und die oberste Befehlsgewalt über die gesamte Wehrmacht nahm er für sich selbst in Anspruch. Auch zu den Überlegungen einiger Offiziere, als Reaktion auf die Vorgänge möglicherweise einen Putsch ins Auge zu fassen, zumindest »einen Umdenkungsprozess«

einzuleiten, »der sie in den Widerstand gegen Hitler führte«, ist in der Literatur viel zu lesen. Weit weniger Beachtung findet, dass sich dabei auch das geistige und mentale Niveau einer verstaubten Militärkaste abbildet, deren Mitglieder auf dem politischen Feld zumeist auf den hohlen Stelzen ihrer traditionellen Wahrnehmungswelt agierten. Fritsch ist in dem von Ueberschär herausgegebenen Sammelband ebenfalls von Mühleisens Einfühlungspinsel porträtiert. Auch bei diesem Offizier sind die legendären preußischen Tugenden als Wesensmerkmale hervorgehoben. Dabei ist nicht verschwiegen, dass Fritsch noch andere Eigenheiten hatte, die sich jedoch offenbar mit der althergebrachten Fasson gut vertrugen: Er war Nationalsozialist aus Überzeugung und starrköpfiger Antisemit, sein »Weltbild diffus und dumpf«, was jedermann im Offizierskorps wusste, aber die Verehrung ad memoriam nicht minderte. Für Fritsch war der sozialdemokratische Reichspräsident Friedrich Ebert »ein großer Schweinehund«, der nichts anderes gewollt habe, als das, was die »Pazifisten, Juden, Demokraten und Franzosen« auch im Schilde führten, nämlich »die Vernichtung Deutschlands«. Es müsse, äußerte er nach der Pogromnacht 1938, jetzt »der Kampf mit dem Weltjudentum sowie dessen Hochburgen England und USA begonnen« werden. Drei Hauptfeinde sah der freiherrliche General für das Gedeihen des Vaterlandes: »die Arbeiterschaft, den Ultramontanismus der katholischen Kirche und die Juden«.

Solche ultrareaktionären und menschenfeindlichen Hirnverbranntheiten taten, dem Autor Mühleisen zufolge, den beruflichen Qualitäten des Generals keinen Abbruch. Geradezu meisterhaft sei seine Fähigkeit gewesen, die »Lage nüchtern zu beurteilen«. Fritsch habe das nun mal, so die Begründung, »als geschulter Generalstabsoffizier gelernt«. Hier ist ein an höchster Stelle agierender General, mitentscheidend für Krieg oder Frieden, mit Handwerkern wie einem Schuster oder einem Chirurgen gleichgesetzt, bei denen eventuell vorhandene Defekte und Fixierungen geistiger oder politischer Art auch nichts an der Kunst ändere, ein paar Schuhe zu besohlen oder einen Kreuzbandriss wieder zusammenzuflicken.

Am Ende des Mühleisen-Beitrags ist der wahre schwarze Mann präsentiert – Hitler. Der sei an allem schuld. Übel mitgespielt habe er seinen Generälen, allen Siegesruhm für sich beansprucht. Reine Heuchelei sein »Tagesbefehl« zum Staatsbegräbnis für Fritsch am 26. September 1939 in Berlin: »Die Deutsche Wehrmacht senkt ehrend ihre Fahnen vor der Größe dieses Soldatentums.«

Der adelige Groß-Soldat (Jahrgang 1880) galt in der Bundeswehr viele Jahrzehnte als leuchtendes Vorbild. Ein halbes Dutzend Kasernen wurden nach ihm benannt (die letzte, die diesen Namen trug, wurde 2013 in Pfullendorf in »Staufer-Kaserne« umgetauft). In der Geschichtsschreibung zum »Dritten Reich« spielt er unter der an wunderlichen Figuren gewiss nicht armen Generalität eine hervorstechende Rolle. Das von ihm in vielfachen Variationen gezeichnete Bild könnte verkrampfter, widersprüchlicher, sinnloser nicht sein, Tendenz: deutlich positiv. Fast überall taucht Fritsch als Lichtfigur auf – ein standfester Gegner der Hitlerschen Kriegspläne. Heinz Höhne bezeichnete ihn im ›Spiegel‹ als den »respektiertesten Offizier des Reiches« und »heimliche Hoffnung der konservativen Opposition in Deutschland«. Gleichwohl ist von extremer »Weltfremdheit« die Rede. Zu lesen ist auch das Attest: »Ein geborener Soldat mit einem scharfen Verstand«, der »im »Banne Hitlers wie kein anderer General seiner Zeit« stand. Oder: »Ein Edelmann, dem die Aufrichtigkeit ins Gesicht geschrieben stand«. Überliefert ist sein schon 1933 abgelegtes Bekenntnis zur »nationalsozialistischen Weltanschauung als Leitfigur für sich und das ganze deutsche Denken«. Was die Macht seiner Armee schmälern konnte, wie bestimmte Pläne von Himmlers SS-Truppen oder entsprechende Ambitionen der Staatspartei, gefiel Fritsch nicht, umso mehr bewunderte er den »Führer«, mit dem er den Hass auf die Juden teilte und dem es gelungen sei, wieder alle Deutschen, auch die Arbeiter, für die »nationale Sache« zu begeistern.

Sein Verehrer Graf Kielmansegg, mit ihm verwandt und selbst Berufsoffizier sein Leben lang, zuletzt Bundeswehrgeneral und bis 1968 Nato-Oberbefehlshaber »Europa Mitte«, bescheinigte ihm in einem nach dem Krieg publizierten Buch, »ein Mensch lautersten

Charakters mit festgefügten Grundsätzen« gewesen zu sein, und obendrein, was in diesen Kreisen als das Spitzenprädikat schlechthin galt, ein »passionierter Pferdeliebhaber und begeisterter Reitersmann«. Das alles muss dabei geholfen haben, dass Fritsch eine steile Karriere auf dem Weg durch das Kaiserreich, die Republik und das »Dritte Reich« machte und maßgeblich an der exzessiven Hochrüstung der Wehrmacht mitwirken konnte. Auch nach seiner jähen Amtsenthebung hörte der Träger des Goldenen Parteiabzeichens nicht auf, die »«unbestreitbaren gewaltigen Erfolge des Führers« zu bewundern. Durch sein Monokel, das vor allem eine Sehschwäche auf dem linken Auge ausgleichen sollte, nahm er Übermenschliches wahr: »Dieser Mann ist Deutschlands Schicksal, im Guten und im Bösen, und dieses Schicksal wird seinen Weg zu Ende gehen; geht es in den Abgrund, so reißt er uns alle mit – zu machen ist da nichts.«

Sechs Jahre und 60 Millionen Kriegstote später meldete ein anderer General Vollzug. Walther von Brauchitsch, nun Feldmarschall a. D., sagte bei seiner Vernehmung vor dem Nürnberger Tribunal: »Hitler war das Schicksal Deutschlands, und dieses Schicksal war nicht aufzuhalten.«

Von Brauchitsch, der seine Karriere als »Leibpage« der deutschen Kaiserin begonnen hatte, ist ebenfalls ein eigenes Kapitel gewidmet, verfasst von dem ›Zeit‹-Redakteur Karl-Heinz Janßen. Der hoch angesehene Historiker war noch in den 80er Jahren ein vehementer Anhänger »der besten preußischen Militärtradition«, gänzlich hat er seinen Hang zum höheren Offizierspersonal nie abgebaut, obwohl er 1999, zusammen mit Carl Dirks, ein kritisches Buch über die Eroberungspläne der Militärs herausbrachte (die zugespitzte Kernthese der beiden Autoren ist dem Titel zu entnehmen: »Der Krieg der Generäle. Hitler als Werkzeug der Wehrmacht«).

Im Ullstein-Buch über die »Militärelite« ist dem Heerführer von Brauchitsch ein »fatalistischer Hintergrund des bis zuletzt ungebrochenen Gehorsams« bescheinigt. Der Autor, oft gerühmt für seinen kenntnisreichen Zugriff auf zeitgeschichtliche Themen, bevorzugte in diesem Fall mal wieder das Stilmittel des geschichtsromantischen Scherenschnitts. In seinem »Zeugnis« für den Heereschef stehen ausgezeichnete Noten: Der »hochbefähigte Soldat... verkörperte die preußischen Tugenden«, allzeit »pflichtbewusst, loyal, ordentlich, sorgfältig, sachgerecht und fromm«. Ein preußischer Uniformträger also, wie er im Bilderbuch steht. Nachdem ihn Hitler 1938 zum Chef des Heeres befördert hatte, assistierte der Führer ihm wenig später bei der Hochzeit auch als Trauzeuge. Ob und in welcher Höhe Geldbeträge im Spiel waren, darüber existieren viele Gerüchte. Diejenigen über ausgesprochene »Dotationen« seien widerlegt, so Janßen. Sollten überhöhte »Aufwandsentschädigungen« oder spezielle Renten für die geschiedene erste Ehefrau »geflossen« sein, so ist um Verständnis gebeten: »Diskretion und Takt« hätten den Frischvermählten daran gehindert, Hitlers »Gefälligkeiten« zurückzuweisen.

Selbstverständlich enthalten die Bücher über die Spitzenkräfte der Wehrmacht auch Beanstandungen und negative Beurteilungen, einigen der Generäle wird die Vorbild-Tauglichkeit ganz und gar abgesprochen. Bei manchen ist von Versagen und von Schuldigwerden die Rede – in aller Regel aber sind die Elitesoldaten in dieser Kategorie umweht von »persönlicher Tragik«, und gepampert mit edler Nachsicht der Autoren.

Nicht selten schraubt sich die Sprache in wahrheitsdünne Höhen, um den Militärführern würdig zu begegnen. Eine Tradition in der Geschichtsschreibung, der auch kritische Stimmen wenig anhaben konnten. Selbst in lexikalischen Standardwerken, die sich um nüchterne Fakten und Daten bemühen, sind zwischen den Zeilen die Trommelwirbel und Fanfarenklänge militärischer Ehrenrituale zu hören. So dröhnt es zum Beispiel auch gewaltig in dem »Biographischen Lexikon zum Dritten Reich« (1998, herausgegeben von Hermann Weiß, dem Archivar des Münchner Instituts für Zeitgeschichte): »Unter den nicht wenigen militärischen Begabungen der deutschen Armee war Manstein wohl die bedeutendste militärische Persönlichkeit Deutschlands im Zweiten Weltkrieg, wenn nicht im 20. Jahrhundert.«

Manstein (1887–1973) – eine herausragende Größe? Eine Epochen-Gestalt? Mag sein, hält man sich an den Kotau, den Bundesminister, Bundeswehroffiziere und Professoren der Militärgeschichte dem »Erfinder des Sichelschnitt-Plans« erwiesen. Mag sein, dass auch die anderen ihm damals verliehenen und später konfirmierten Beinamen – »kühner Eroberer«, »Retter der Südfront«, »Festungsknacker von Sewastopol« – zur Gloriole des »operativen Genies« beitragen. Vielleicht auch, dass ein britisches Militärgericht ihn 1949 zu 12 Jahren Haft verurteilte, von denen er nur einen Bruchteil im Werler Zuchthaus in einer Zelle mit den Ausmaßen einer Kleinfamilien-Hochhauswohnung absitzen musste. Vielleicht auch, dass Adenauer, der seinem Vaterland als geachteter Kanzler diente und daneben auch als Erfinder des von innen beleuchteten Stopfeis sowie des aus Graupen gemachten »Rheinischen Schwarzbrotes« gilt, dem jedoch für seine eigene Person keinerlei militärische Ambitionen nachgesagt werden können, für ihn (wie auch für andere Wehrmachtsgeneräle) ein gutes Wort einlegte. Den »Knacker«, der seinen Soldaten befohlen hatte, das »jüdisch-bolschewistische System ein für alle Mal auszurotten«, beschäftigte der erste Bundeskanzler später als Ratgeber und räumte ihm in Bonn ein offizielles Dienstzimmer ein.

Zivilisten verbinden mit Mansteins Namen dagegen eher einen »ehrgeizigen Karrieristen«, der den Juden die Schuld am Krieg gab und gleichzeitig das Maximum an Eroberungszielen anstrebte, wozu ihm jedes Mittel recht war. Auch das verband ihn mit Hitler, zu dessen 50. Geburtstag im April 1939 er als der Truppenkommandeur das öffentliche Versprechen abgab, »seinen Willen zu vollstrecken, wohin er uns auch führt«. Später, nach ausgedehnten Führungen mit seiner Armee bis hinter das Schwarze Meer, buhlte er beim Staatsoberhaupt um ein Rittergut, vorsichtshalber möglichst »westlich der Elbe«. Aus bekannten Gründen wurde daraus nichts. Nach dem Krieg bestritt der enttäuschte Feldmarschall hartnäckig die Beteiligung an den Massenmorden und »Judenaktionen« in Südrussland. In seinen »Kriegserinnerungen« schwadronierte er davon, dass sich seine »Heeresgruppe« bei Stalingrad, »wenn auch aus tausend Wunden blutend, im Felde behauptet« habe. Zudem klärte er die zahlreichen Leser auf: Insgesamt wäre viel mehr drin gewesen, so man ihn nur hätte walten lassen. »Verlorene Siege« ist der Titel seines 1955 erstmals erschienenen Buchs (in der 17. Auflage zuletzt 2004). Es hätte auch »Entgangene Güter« heißen können.

Nicht nur in Filmen und DVD-Dokumentationen wird die Tradition der apologetischen Darstellungen heute weiter gepflegt. Auch bei Publikationen des MGFA kann es passieren, dass Manstein hinter der nächsten Seite lauert, um als Beispiel strammzustehen, wie man einen »Kessel entsetzen« konnte oder gar als zitierter Zeitzeuge verpasste Gelegenheiten zu beklagen – wie eh und je »ein genialer Stratege, der aus der Nachhand schlagend glänzende Erfolge erzielte« und nicht nur einmal »die Ostfront« wieder auf Vordermann brachte.

Lob erfährt Kriegsheld Manstein auch von der heute tonangebenden Historikergeneration, zu der zweifelsohne Christian Hartmann zählt. Er gilt in allen großen Medien als der große Experte für den Zweiten Weltkrieg (der Bundeswehr gehört er als Hauptmann der Reserve an) und ist in vielen zeitgeschichtlichen Gremien im Einsatz, zuletzt als Projektleiter der wissenschaftlichen Edition von Hitlers »Mein Kampf«. Seine Meinung ist von einer eigenartig gewundenen Differenziertheit: »Wenn es im Deutschland des 20. Jahrhunderts eine militärische Hochbegabung gegeben hat (und die Voraussetzungen hierzu waren sehr günstig), dann war das der legendäre Generalfeldmarschall Erich von Manstein. Seine militärischen Leistungen können nicht geschmälert werden.«

Aber Hartmann hat durchaus auch Kritik anzubringen. Die allerdings versteht er so kurvig mäandernd zu formulieren, dass aus einer Legende kein Zacken fallen kann. Mansteins »militärische Triumphe« hätten »Hinterhöfe«. Neues »Licht«, das die Historiker anzuknipsen verstünden, offenbare dort Entsetzliches, mag es der eine oder andere auch schon geahnt haben: »Es ist keine schöne Welt.« Darin sind laut Hartmann »Mansteins politische Grenzen und erst recht seine menschlichen erkennbar.« Es folgt eine »Zwar-aber-Suada«, die beschreibt, wie stark Manstein in seinem Bemühen von widrigen Umständen behindert war, in den eroberten Gebieten Südrusslands mit der »Zivilbevölkerung, zumindest mit ihrem kollaborationswilligen Teil, ein faires Verhalten« zu praktizieren und es ihm trotzdem gelang, Hunderttausende davon zu retten, auch wenn er als Oberbefehlshaber der 11. Armee »die systematische Ermordung der Juden befürwortete, um die angespannte Ernährungslage zu entlasten«. (Mein Rabenvogel stellt rigoros krächzend eine Forderung auf: Wenn jemals irgendwann ein Kompendium erstellt werden sollte, mit welchen sprachlichen Schlangenlinien die »neue Historikerzunft«, auf die im Kern unwiderlegbaren Erkenntnisse der »Wehrmachtsausstellung« vor und nach der Jahrtausendwende reagiert hat, dann muss dieses rabulistische Kunststück von Text, abgedruckt in der ›FAZ‹ vom 24. September 2004, unter den markanten Fallbeispielen enthalten sein.)

Was das neue »Licht« in den »Hinterhöfen« zum Vorschein bringt, bringt kein Denkmal ins Wanken. »Grenzen, politischer und menschlicher Art«, wer hätte oder wer kennte die nicht. Nach wie vor dominiert, was Ulrich de Maizière, 1966 bis 1972 Generalinspekteur der Bundeswehr, sagte, als ihn ein gutes halbes Jahrhundert nach dem Krieg der TV-Historiker Knopp zu seinem ehemaligen Kollegen befragte: »Alles andere als ein Nazi. Es gab unüberbrückbare Gegensätze zwischen Hitler und Manstein.«

Wer Fotos mit einem entlarvenden Reiz zu schätzen weiß, sollte sich die Bilder antun, die am 24. November 1967 von den beiden – Manstein und de Maizière – gemacht wurden – wie der höchste General der Bundesrepublik Hitlers Wehrmachtmarschall zum 80. Geburtstag mit dem »Großen Zapfenstreich« ehrt und ihm mit einem devoten Diener eine extra angefertigte Festschrift der Bundeswehr überreicht, die einen Titel trägt, der alles sagt: »Nie außer Dienst«.

Wer auch noch Sinn für Nuancen hat, aus denen, obwohl für das menschliche Auge kaum wahrnehmbar, Historiker mit wohlwollendem Blick konträre Grundsatzpositionen drechseln können, sollte die Nase in die Herausgeber-Einleitung des Kriegstagebuchs von Generalfeldmarschall Fedor von Bock stecken (1995 erschienen). Der Titel: »Zwischen Pflicht und Verweigerung«: Die Gemme: »Bock war zu keiner Zeit Nationalsozialist. Im Gegenteil... Er schloss seine Tagesbefehle mit den Worten ›Es lebe der Führer‹, jedoch nicht mit ›Heil dem Führer‹, wie das nationalsozialistisch gesinnte Kommandeure taten...«

Am Ende des Aufmarsches der »Militär-Elite des Dritten Reiches«« erscheint in dem von Smelser/Syring herausgegebenen Buch, die Nachhut sichernd, SS-General Felix Steiner. Der Beitrag zu seiner Karriere stammt von dem Historiker Franz W. Seidler, Jg. 1933, der über mehr als zwei Jahrzehnte an der Bundeswehrhochschule in München den Offiziersanwärtern seine Sicht der Geschichte beibrachte. Schon die Überschrift schlägt den anerkennenden Ton an, der sich durch den ganzen Text zieht: »Der Vater der europäischen Waffen-SS«. Steiner habe die »erste Europaarmee« aufgestellt. In den Augen Seidlers stand der väterliche General für Kontinuität.

Der Autor selbst steht auf alle Fälle dafür. Setzt er doch die NS-Propaganda fort, die in den letzten Kriegsjahren die SS-Divisionen, in denen auch Soldaten, freiwillig oder zwangsrekrutiert, aus anderen Ländern (vornehmlich Ungarn, Rumänien, Kroatien, Finnland, Niederlande) kämpften, zur Avantgarde einer »europäischen Einigung« stilisierte. So ist hier über den SS-General zu lesen: »Die Erfahrungen, die Steiner mit dem ›vielvölkischen‹ SS-Verband machte, konnte er nach dem Zweiten Weltkrieg einbringen, als er bei den Planungen für eine ›Europäische Verteidigungsgemeinschaft‹ um Rat gefragt wurde.« Gegen Ende des Beitrags versucht der Autor, dem mit höchsten Orden ausgezeichneten General auch noch einen Persilschein für Renitenz und Widerstand unterzujubeln: In den allerletzten Tagen des Krieges habe Steiner die Befehle Hitlers aus der »Traumwelt« des Reichskanzleibunkers nur noch halbherzig befolgt.

Unverkennbar rackert sich hier der Bundeswehrprofessor ab, den General und mit ihm die Truppen der Waffen-SS auf die positiven Seiten des deutschen Geschichtsfeldes zu schieben. Ähnliches hatte er zuvor schon in anderen Publikationen mit Hitlers Rüstungsminister Fritz Todt versucht. Seidlers Darstellungen wirken, als hätte er nach einer Auszeichnung durch die Reichsschrifttums-kammer geschielt. Warum nur hat ihm bei seinem Verlag niemand gesagt, dass es die seit geraumer Zeit nicht mehr gibt? Das Bundes-verdienstkreuz am Bande erschrieb sich der schneidige Professor, der zu Kohls Regierungszeiten als Sachverständiger vor dem Bundestag der Wehrmachtsjustiz ein falsches gutes Zeugnis ausstellte, mit keinem der hier angeführten Porträts. Das hatte er schon vorher für seinen Einsatz bekommen, die »Bildung« der Offiziersanwärter in die vorgesehenen Bahnen zu lenken. Nach seiner Emeritierung publiziert er nun bei neonazistischen Verlagen ein Buch nach dem andern.

Das Hitler-Bild, wie es sich in den insgesamt weit über tausend Seiten über die »Militärelite« der NS-Zeit abzeichnet, ist das eines absoluten Potentaten. Umringt von mächtig machtlosen Bewunderern. Das Leben mit ihm war kein Zuckerschlecken. Der verehrte, bisweilen gefürchtete, bisweilen heimlich verachtete Führer konnte vieles sein, auch schrecklich ungerecht.

In den Erinnerungsbüchern der hohen Militärs, die bis heute oft unkritisch als Quellen benutzt werden, ist viel von einer strammen Abwehrhaltung gegenüber Hitler die Rede. Man könnte meinen, sie hätten sich niemals mit ihm zusammen über eine Landkarte gebeugt. Für Manstein war der Mann, der ihm das Latifundium schuldig geblieben war, nur noch ein »Pinkelstratege«. Nein, keinerlei Gemeinsamkeiten soll es gegeben haben. »Eine Welt trennte Hitler und den Generalstab«, schrieb General Heusinger, der bei dem Attentat am 20. Juli 1944 unmittelbar Ärmel an Ärmel an der Seite des Diktators gestanden hatte. Nie hat dieser »einen wirklichen Kontakt zu unserem Denken« gefunden, lautete die nachträgliche Lagebeurteilung seiner Zusammenarbeit, kurz bevor er bei der Bundeswehr wieder ganz vorne an der Spitze ins Geschirr ging.

Selten fehlt die Schilderung von Hitler als einem Choleriker mit kurzer Lunte. Weder über Kinderstube noch über Contenance habe er verfügt, ist zu lesen. Und von Wutausbrüchen und Brüllorgien, wenn etwas nicht nach seinem Willen lief oder seine Erläuterungen nicht pflichtgemäß gewürdigt wurden. Einmal jedoch sei er perplex verstummt:

Es begab sich zu der Zeit, in der die Heeresgruppe Mitte der deutschen Wehrmacht ihr Hauptquartier in Smolensk aufgeschlagen hatte, immer noch in der Hoffnung, endlich Moskau zu erobern und »dem Russen« den Garaus zu machen, dass der Führer zu Besuch kam. Einigen der Kommandeure leuchteten die Vorstellungen Hitlers über die nächsten Truppenvorstöße nicht auf Anhieb ein. Da hielt er den Offizieren mal wieder vor, sie hätten ja nicht, wie er, den letzten Weltkrieg im Schützengraben erlebt.

Und just in diesem Moment sei es passiert, wie der Ordonnanzoffizier Schlabrendorff später zu berichten wusste. Generaloberst Rudolf Schmidt habe mitten in die Vorhaltungen »mit betonter Kühle« zu Hitler gesagt: »Ihre Kriegserfahrung trägt ein Spatz auf dem Schwanz weg.« Das saß. Da habe es ihm doch tatsächlich die Sprache verschlagen. (Dem Vogel auf meiner Schulter zerzaust ein hysterischer Lachanfall das Gefieder: Mensch, Adolf, als der Rudolf zu dir sagte: Spatz auf Schwanz. Parbleu, das lässt sich hören. Eins von den alten Kasino-Döntjes, genau diesen Satz soll ja schon einmal der preußische General und Kriegsminister von Einem zu unserem Kaiser Willem gesagt haben. Herrlich, wie die Herren Offiziere Paroli boten. Mensch, Adolf, entweder sie haben dich in Gedanken ums Haar beinahe erschossen, oder sie sind hinter vorgehaltener Hand über deine Tischmanieren hergezogen, und dieses eine Mal hat einer von ihnen dich bei einer Lagebesprechung mit einem verbalen Blattschuss eiskalt ausgekontert. Deutlich erkennbar: der Rabenvogel, der immer mitlas, wenn ich mich in die Memoiren der Militärs vertiefte, hat sich eine Allergie gegen erzähltes Renitenz-Tratra zugezogen.)

Für gewöhnlich erduldeten es die Generäle tapfer, sich »Strohköpfe« nennen zu lassen. »Wer es wagte«, ihm Vorhaltungen zu machen, »musste es erleben, weich, schwächlich, sogar feige genannt zu werden«, klagte Generaloberst a. D. Franz Halder. Eine Ungehörigkeit nach der anderen war einzustecken. Denn »die Gefahr allerhöchster Ungnade«, wie ein Historiker schrieb, drohte den Heerführern mitten in den »Feldzügen« Tag und Nacht. Dem Oberkommandierenden von Brauchitsch soll Hitler einmal, wie in Nachkriegskreisen des Generalstabs erzählt wird, »sogar ein Tintenfass nachgeworfen« haben, als dieser dafür eintrat, die Quote der täglich ermordeten Juden um ein paar Prozent zurückzufahren. Und General Jodl, Chef des Wehrmacht-Führungsstabes, musste eines schönen Tages plötzlich ohne den Handschlag zur Begrüßung auskommen. Damit sei Jodl, wie Andreas Hillgruber, einer der Nestoren der sich modern gebenden deutschen Militärgeschichtsschreibung, es vornehm mitleidsvoll ausdrückte, als »persona minus grata« behandelt worden. Nichts mehr sei es »mit dem gemeinsamen Mittagessen« gewesen, das habe der Oberbefehlshaber aller Oberbefehlshaber von da an in der »Wolfsschanze« unter den Tisch fallen lassen.

Eine Litanei der Beschwerden zieht sich durch die Erinnerungen. Schon 1937 hatte der Unhold das Recht der hohen Offiziere abgeschafft, darauf bestehen zu können, von den Mannschaftsdienstgraden in der dritten Person angesprochen zu werden. Im Krieg dann, machte er sich, in einem Moment der Verstimmung, sogar an den Beinkleidern der Männer vom Generalstab zu schaffen. Es habe nicht viel gefehlt, dann wären ihnen die vier Zentimeter breiten roten Lampassen komplett gestrichen worden – also das, was ihr ganzer Stolz war, was sie einander verband und von der Masse der Offiziere sichtlich leuchtend abhob. Was hatten sie in früheren Hauptmannjahren auf den Lehrgängen darauf gefiebert, »den Einstieg in die Rote Hose« nicht zu verpassen, die Voraussetzung für höhere Aufgaben war. Angedacht hatte er es, dem Vernehmen nach. Der dem Auge schmeichelnde rote Streifen, das wunderschöne Karmesin – nichts als Zinnober? Schier unvorstellbar. (Da wäre der Krieg mit einem »Generalstreik« schnell zu Ende gewesen, höre ich es neben meinem Kopf kalauern.)

Als dieser Führergedanke nach dem Krieg in der Öffentlichkeit bekannt wurde, packte selbst Männer, die ihr ganzes Leben in Hosen ohne Zierstreifen zugebracht hatten, das Entsetzen. Auch in Augsteins ›Spiegel‹ (damals ganz ohne Zweifel noch höchst national, krächzt es dazwischen), fiel den Redakteuren das zivile Denken schwer, obwohl sie die Soldatenstiefel längst ausgezogen hatten. Die finalen Pläne, die der Diktator in den letzten Kriegsjahren gegen die Farbenpracht der Generalstabshosen hegte, konnten sie sich selbst und ihren Lesern nur mit einem schweren medizinischen Defekt erklären: »Hitlers Abscheu gegen den Generalstab nahm pathologische Züge an.«

Hochachtung hingegen ist spürbar, wenn Ernst Nolte die Anschisse aus Führermund zu seiner, an biblischen und klassischen Texten geschulten Sprache bringt: »Hitlers allbekannte stupende Zorneskraft machte die Feldmarschälle zu zitternden Schattengestalten.« Da zeigt es sich einmal mehr, wer der Historiker mit dem größten Verständnis für den Führer ist.

Von Ausnahmen abgesehen, finden die finanziellen Bande keine Erwähnung. Kontrafaktisch wird in den Büchern zur »Militärelite« der Eindruck erweckt, als sei man in diesen Kreisen über dem schnöden Mammon gestanden. Nur an wenigen Stellen sind marginale Hinweise zu finden, wie Hitler es verstanden hatte, Malaisen und Anwandlungen von Unwilligkeit mit einem Griff in die Kiste der bewährten Mittel zu therapieren. Verabreichte er doch, hoch dosiert, oft schon vorab, Orden, Privilegien, Dotationen. Auch Bares, in großen Mengen, steuerfrei.

Handelte es sich um »Schenkungen« aus dem Immobilienbereich, konnten die Empfänger, wie in überlieferten Anschreiben verzeichnet, mit der Unterstützung des Diktators rechnen, »etwas Passendes« zu finden. Grund gab es ja genug. Schließlich war man doch zusammen angetreten, das Deutsche Reich dort, wo die Sonne aufgeht, ganz erheblich zu erweitern. So betrachtet, konnte in Verbindung mit einer Bonuszahlung die »grundbuchliche Übereignung« einer ordentlich bemessenen Parzelle vom Vaterland als nationale Auszeichnung angesehen werden.

Nach dem Krieg erzählten jedoch die von Hitler beschenkten Generäle, es sei ihnen peinlich gewesen. Nur mit schweren Bedenken, die sie sich nach außen nicht anmerken ließen, hätten sie sich zur Annahme der Führer-Zuwendungen entschließen können.

Die Tapferkeit, mit der sie damals letztlich doch ihre Hemmungen überwanden, spricht dafür, dass im Ehrenkleid der Nation ab einem bestimmten Rang die Taschen, in denen der Geldsegen verschwand, bodenlos waren.

Habe die Ehre, sagten früher die Österreicher wie andere Gott zum Gruße. Und galant wie weiland die habsburgischen Courtoisien im Land Kakanien klingen auch die Zeilen, mit denen der Gönner an der Spitze des Großdeutschen Reiches einen Reichsmark-Scheck über eine Viertelmillion an einen seiner Generäle schickte:»Ich versuche, Ihnen aus Anlaß des 60. Geburtstages bei der Gestaltung der Annehmlichkeiten Ihres privaten Leben etwas behilflich zu sein. Mit herzlichen Wünschen. Ihr ergebener Adolf Hitler.«

»Militari larifari« oder auch »Militari diridari« spotteten spitze Zungen schon zu Nestroys Zeiten über die Herren in den Paradeuniformen. So wenig man in den Porträts hier von den Moneten und den damit verbundenen Gestaltungsmöglichkeiten erfährt, so viel ist von Ehre und Treue zu lesen. Jede Menge Zitate aus dem Hochglanzkatalog der idealistischen Tugendwerte, die seit Jahrhunderten dem Soldatenleben zugeschrieben werden, insbesondere wenn es sich in preußischer Uniform abspielte.

Vorneweg das Spruchband, das sich traditionell über die Leichenfelder der deutschen Militärgeschichte spannt: »Die Treue ist das Mark der Ehre«. Ein in der Literatur gewöhnlich als »berühmte SS-Parole« apostrophierter Leitsatz, den allerdings als Erster einst zu Napoleons Zeiten Friedrich Schlegel den nationalen Kriegern andichtete.

Später hat Hitler-Vorgänger Hindenburg den Spruch zu seinem offiziellen Lebensmotto gemacht. Ihm huldigten die Deutschen erst als »Retter des Vaterlandes« und »Eckart-Gestalt an monumentaler Treue und Sachlichkeit« (Thomas Mann, 1918), dann wählten sie den »Feldherrn« 1925 und 1932 zu ihrem Präsidenten, der er über die Republik hinaus bis zum Tod blieb. Als zwei Jahre nach der ersten Wahl Industrielle und Großgrundbesitzer ihm das Gut Neudeck in Westpreußen, den alten, inzwischen verlustig gegangenen

Landsitz der Hindenburg-Familie, zum Geschenk machten, prangte der Spruch von der »Treue«, die in dem Knochen der »Ehre« steckt, bald darauf als Inschrift auf dem Kaminsims des Anwesens. So ist heute der Nachklang der markigen Sentenz, für Geschichtskenner zumindest, nicht nur in den Flämmchen der kleinen »Hindenburg-Lichter« erhalten, die während des Ersten Weltkriegs das Notlicht im Schützengraben spendeten, während des Zweiten im Luftschutz-keller Todesschatten an die Wand warfen und seitdem, leicht ge-schrumpft, die Teekannen warm halten, wenn es gemütlich wird, sondern auch in den zahllos über Deutschland verstreuten (wenn auch in der letzten Zeit durch Umbenennung an Zahl abnehmend) »Hindenburg-Straßen«. Genauso wie in dem berühmten »Hinden-burg-Damm«, der hoch im Norden alles zu den Schönen, Nackten, Reichen und Wattwanderern auf der Insel Sylt bringt, was nicht durch die Luft fliegt oder mit dem Schiff kommt.

Lautstark erinnern uns von Zeit zu Zeit die Rechtsradikalen bei ihren von der Polizei geschützten Aufmärschen an die militante Treue-Terz. Wenn sie mit Fahnenschwenken und Sprechchören versuchen, ihren toten Führer zur Wiederauferstehung zu bewe-gen, sind viele Variationen dieser in Blut getauchten Begriffe zu hö-ren und zu sehen. Auch die, die zu Hitlers Zeiten von den fanati-schen Männern der SS in Bauchnabelhöhe auf dem Koppelschloss vor sich hergetragen wurden: »Meine Ehre heißt Treue.«

Obwohl schon seit Jahrzehnten viele der von den hohen Wehr-machtsoffizieren verbreiteten Selbstdarstellungen widerlegt sind, ist auch noch in heutigen Publikationen zu lesen, dass selbst jene Ge-neräle, die sich nicht von Hitlers blauen Augen in Treuehaft ge-nommen fühlten, machtlos gewesen seien. Gegen den »von der großen Mehrheit des Volkes getragenen Diktator« hätten sie auf verlorenem Posten gestanden. Dort allerdings, so ist es vielstimmig vorgetragen, hielten sie die Stellung, »ihre letzten Kräfte opfernd«, bemüht um »die Manneszucht der eigenen Truppe«, fest entschlos-sen, »Schlimmeres zu verhüten«, und die mörderischen Befehle »abzumildern«.

Hitler war – es gibt heute fast kein Buch über die Spitzen der

Wehrmacht ohne die spezielle Betonung dieses Umstandes – zum Schluss hin beratungsresistent. Wohlgemeintes habe er in den Wind geschlagen. Ein Lamento, in dem nicht selten die Botschaft verpackt ist: Es dürfe sich keiner wundern, dass die militärischen Unternehmen ein schlimmes Ende nahmen, man hätte es auch anders anpacken können.

Als ob die Zeit stillgestanden wäre, genau den gleichen Tenor hatte die hohe Kunst der Selbstverteidigung, in der sich die »karmesinrote Zunft« der Generalstäbler gleich nach der Niederlage 1945 übte. Um der Zukunft willen galt es damals die Vergangenheit zu verbessern. Als die Sieger Tribunale einrichteten und Prozesse anstrengten, boten sich die operativen Maßnahmen von selbst an: Das nachträglich zum Strahlen gebrachte Licht der Verdienste auf den Scheffel, den riesigen Misthaufen der Schuld darunter.

Bei der Beleuchtung wurde »geklotzt und nicht gekleckert«, um es mit dem Lieblingsspruch des »Panzerpapstes« Heinz Guderian zu sagen, der in der US-Historical Division und als Memoirenschreiber – ähnlich wie Franz Halder – wieder an der Spitze der Bewegung zu finden war. Ignoranz und Realitätsverweigerung, Fehler und Verfehlungen, Misserfolge und Missetaten, Kriegsverbrechen und Massaker, alles, was der deutschen Generalität angekreidet werden konnte, wechselte auf das Teufelskonto des toten Diktators. So zementierten sie das Denkmal eines Gegensatzpaares, das heute zwar Risse zeigt, aber noch nicht gekippt ist: der übergeschnappte Dilettant Hitler und sein Diener Keitel auf der einen Seite und die hochbefähigten Generäle des Heeres, denen unentwegt blödsinnige Befehle dazwischenfunkten, auf der anderen.

Im Krieg sind alle Mittel erlaubt. Sind sie erschöpft, bleiben die Lügen. Admiral Raeder gab die Parole aus, die als »Nürnberger Linie« Eingang in die Geschichtsbücher fand: »Mit reinem Schild und unbefleckter Flagge« habe man den Krieg geführt. Dreister die Märchen nie klangen als in der Nachkriegszeit. Was sich wie eine altvordere Keuschheitsermahnung für die männliche Jugend anhört, war als Propagandastrategie erfolgreich und stärkte den Mythos vom letztlich allein schuldigen »Führer«. Denn viele, im

Zeichen der Konfrontation mit der Sowjetunion bald auch die Westmächte, hatten großes Interesse an dieser Version.

Über viele Jahrzehnte, bis die Wehrmachtsausstellung des Hamburger Instituts für Sozialforschung am Ende des 20. Jahrhunderts die ersten wirklich bewusstseinsverändernden Breschen schlug, diente der Mythos von der »sauberen Wehrmacht« dazu, die Dimensionen der deutschen Mördergesellschaft von damals zu verschleiern. Heute gibt es unter den Historikern, die der ersten und zweiten Nachkriegsgeneration folgten, doch etliche, die neue Wege gehen und nicht nur Erkenntnisschneisen in das Dickicht der Legenden schlagen, sondern auch analysieren, wie die Mythen, die heute noch kursieren, zustande kamen.

Renommierte Vertreter aus der neuen Elite der Militärhistoriker betonen häufig die »inneren Widerstände«, die den Kommandeuren der Wehrmacht bei der Mitwirkung an den Verbrechen des Vernichtungskrieges im Osten zu schaffen machten. So auch Johannes Hürter in seinem allseits mit höchstem Lob bedachten Buch »Hitlers Heerführer« (Untertitel: »Die deutschen Oberbefehlshaber im Krieg gegen die Sowjetunion 1941/42«, 2006), in dem die Praxis des »eliminatorischen Antisemitismus« ausführlich dargelegt ist. Der Einsatz der Generäle für die »ewigen Werte von Blut und Rasse« und ihr fanatischer Hass auf Juden und Kommunisten wird offen geschildert und vielfach belegt. Nichtsdestotrotz »musste« ihnen doch die Politik Hitlers »unangenehm« gewesen sein, mehrfach ist von einem »Unbehagen« die Rede, was sie »wohl« verspürt haben mögen, auch wenn es »sich im Handeln kaum bemerkbar« machte.

So kann selbst hier, bei der Lektüre dieses Buches, in dem die eindeutigen Fakten zur Beteiligung der höchsten Wehrmachtoffiziere am Holocaust so eindrücklich ausgebreitet sind, der romantische Eindruck entstehen, ein in den Traditionen des »militärischen Preußentums« stehender Offizier könnte, was immer er befahl oder akzeptierte, »kein überzeugter Nationalsozialist« gewesen sein. Immer wieder landet man bei Hitler, verfolgt man in den Darlegungen, wo die der Ursprung aller Missetaten zu suchen ist. Auch wenn die Befehlshaber ohnehin mit Russenhass, Antisemitismus und kriegerischem Ehrgeiz aufgeladen waren, letztlich sei es Hitler gewesen, der ihnen einen »Freibrief für einen schrankenlosen militärischen Utilitarismus« ausgestellt habe, was sie »den Erfolg um jeden Preis und mit allen Mitteln« anstreben ließ. Nicht minder irritierend ist die entwaffnende Logik, mit der Hürter Werdegang und Durchhaltevermögen von »Hitlers Heerführern« bewundert: »Sie bestanden alle die großen Überlebens- und Bewährungsproben des Ersten Weltkriegs. Das war angesichts der hohen Ausfallquote an Offizieren – in diesem Krieg fiel jeder vierte aktive Offizier – bemerkenswert. Bei einem Sterben oder Scheitern in diesem Ausleseverfahren wären sie weder in die Reichswehr übernommen worden noch in die höchsten Ränge der Wehrmacht aufgestiegen.« Wer könnte daran zweifeln?

Festzuhalten bleibt, neben den neuen Wegen sind die alten, von »Bewährungsproben« übersäten Straßen noch immer stark befahren. Auch von Militärhistorikern, deren Bücher heute in den Seminarregalen ganz vorne stehen. Letzten Endes ist es auch hier stets Hitler, der die Weichen stellte und die entscheidenden Befehle gab. Egal, was die Wehrmachtskommandeure antrieb, egal, was vorausging, egal, was nachfolgte, da ist weiter von »unvergleichlichen Leistungen auf dem Schlachtfeld« zu lesen, von »Erfolgen« und »Triumphen«. So stellt Rolf-Dieter Müller zum »Unternehmen Barbarossa« fest: »Schon bei den Vorbereitungen wurde deutlich, dass die Wehrmacht sich in einen rassenideologisch motivierten Raub- und Vernichtungskrieg verstricken würde.« Zunächst jedoch schien sich »die neu entwickelte Blitzkriegstaktik« zu bewähren, so kann er auch im 21. Jahrhundert im Hurra-Stil der früheren Jahre den »Kriegsberichterstatter« geben: »Panzerrudel durchstießen die Front und kesselten in kühnen Operationen die feindlichen Verbände ein.«

Wo kämen wir denn hin, wenn uns in der Geschichte der Hitler-Zeit auch noch die Erfolge und Triumphe genommen würden? Es bleibt dabei: Dienst ist Dienst, Schnaps ist Schnaps. Erfolg Erfolg. Triumph Triumph.

Kapitel 6
Hitlers Krieg, Schmidts Pflicht

Die »Kriegsbegeisterung«. Was für ein seltsames Wort, auf der Na-
delspitze betrachtet. In meinem Lektüreleben ist es mir oft begegnet. Irgendwann trat es aus dem Lesefluss über die Ufer, verschanzte sich stromaufwärts unter einem Dornbusch neben einem
stillgelegten Atomreaktor und starrt mich seitdem von Fall zu Fall
durchdringend an. In den Geschichtsbüchern und Medien bezeichnet das ominöse Stereotyp einen speziellen Erregungszustand, der
auf der historisch-politischen Ebene wie eine feste, national dimen-
sionierte Größe vertextet wird, mal betont hervorgehoben, mal in
Abrede gestellt, mal als pathologischer Fall behandelt. (Im »Pschy-
rembel«, wo alle Krankheiten lexikalisch aufgeführt sind, fehlt das
Stichwort.) 1914 waren die Deutschen berauscht davon. Den Rest
des 20. Jahrhunderts wollen sie dann, in der Rückschau, schrecklich ernüchtert gewesen sein und strengstens Abstand gehalten haben. Längst sei man »absolut clean« in dieser Hinsicht.

Auch der Begriff »Krieg« gerät ins Schlingern, als hätte er zu
viel Blut gesoffen, während die Politiker verbale Eiertänze um
ihn herum aufführen. In der Wirklichkeit schießen die Kriege ins
Kraut, modisch sortiert in: »neue Kriege« und »alte Kriege«, »notwendige« und »un-notwendige«, »vermeidbare« und »unvermeid-
bare«, asymmetrische, anonyme und stinknormale. Mit Raketen
über die Grenzen, mit Kalaschnikows in den Städten, mit langen
Messern im Busch. Die Namen variieren: »Stellvertreterkriege«,
»bewaffnete Konflikte«, »Interventionen«, »Invasionen«, »Ter-

rorakte«, »targeted killings«, »Auslandseinsätze«, »robustes Peace-keeping«. Im Vorfeld kommen wieder die Verbrämungsbegriffe von jahrhundertelanger Tradition zum Einsatz. Wer will etwas gegen »Schutzmaßnahmen« sagen, gegen »Befriedungsaktionen« oder gegen eine »Friedensmission«? Längst üblich bei dem Thema: irgendeine Kombination mit »Verteidigung« – Verteidigungsminister oder Verteidigungswaffen oder Vorwärtsverteidigung und dergleichen defensives Verhalten signalisierende Vokabeln. Im Wörternebel versinkt sanft und seifig, was aus gewählten und gesegneten Mündern zu vernehmen ist: Jedes habe seine Zeit, nun sei es so weit, »mehr internationale Verantwortung zu übernehmen«.

Glaubt man den von den Leitmedien verbreiteten Lesarten, fehlt es jedoch allenthalben an der richtigen, wirklich echten »Kriegsbegeisterung«. Auf weltgeschichtlicher Länge betrachtet, ist das arg kurz gedacht. Vor zweiundeinhalb Jahrtausenden hat Heraklit den Satz geprägt, den jeder Kreuzworträtsellöser kennt, der bis fünf zählen kann: »Der Krieg ist der Vater aller Dinge.« Die Welterklärer haben ihn mal zum »grausamen Zerstörer des Lebens«, mal zum »unaufhaltsamen Schöpfer neuer Wirklichkeit« ernannt, auch zum »größten aller Revolutionäre«. Vor dem Gang auf die Schlachtfelder wurde 1914 – in guter Hoffnung auf einen »Platz an der Sonne« – von den Kanzeln und Kathedern zur »Mobilmachung des Geistes und der Herzen« aufgerufen und gegen »die faulige Erschlaffung und Friedensseligkeit« gewettert.

Erhabene Ideen wurden bemüht: »Der Krieg als Glied in Gottes Weltordnung«. Für den Dichterfürsten Thomas Mann gehörte er damals zu den »Großmächten des Lebens«, zu des Menschseins »Erhöhung, Vertiefung und Veredelung«. In den gehobenen Kreisen war die Ansicht populär: »Das Volk hat den Krieg nötig.« Sozialisten, Proleten, Demokraten und selbst ein Teil der Frauen ließen sich durch Gesetze allein ihre Forderungen nicht mehr austreiben. Das »Stahlbad des Krieges« würde Abhilfe schaffen, mit ihm könnten sich die »edelsten Tugenden des Menschen« wieder entfalten und das dem staatlichen Gedeih so abträgliche Rebellieren austreiben lassen. Gedanken aus dem deutschen Bildungsgut, die wie selbstverständlich unter jeder Pickelhaube ihren Platz hatten, aber auch unter vielen Zylindern und unter fast jedem Beffchen. Selbst die Avantgarde der Bildermaler – Marc, Beckmann, Dix, Kokoschka, Klee – erhoffte sich vom Krieg ein »reinigendes Gewitter«, oder zumindest eine bunte »Zirkusvorstellung«, ein gut auf der Leinwand zu verewigendes »Abenteuer«, mit dem Kunst und Künstler ordentlich »zu fressen« kriegen.

Kaum ging es im August 1914 los, predigten christliche Hirten ihren deutschen Lämmern, was heute jedem »Islamisten« ins Gesicht geschrieben steht: »Es ist ein heiliger Krieg. Gott gab uns ihn.« Keine 30 Jahre später zog die Soldatenherde erneut zur Attacke ins Feld, begleitet von den Stoßgebeten, die aus Kehlen jeglicher Couleur für den Sieg im »heiligen Kreuzzug« gegen die »moskowitisch-jüdischen Teufel« zum Himmel stiegen.

In der Gegenwart ist diese Art von Gottesgaben hiesig gerade mal nicht in Mode, allenthalben bescheinigt man sich in Deutschland vielmehr »eine gewachsene Kultur der militärischen Zurückhaltung«. Seit ein paar Jahren winkt in der Öffentlichkeit fast jeder ab. Bis oben hin, nein, danke, genug davon. Überall sind gewundene Phrasen wie die zu lesen, die 2014 in der ›FAZ‹ stand, aber auch von der Kanzlerin sein könnte: »Heute ist die Wertung, dass Krieg etwas Schlechtes sei, in der Gesellschaft ohne Alternative.«

Ein matter Abglanz der alten Faszination muss als »Bellizismus« in den Leitartikeln ein aseptisches Dasein fristen. Das gute Image des Krieges ist angekratzt, der Umfragewert mies. Derzeit. Doch wir lernen jeden Tag in den Nachrichten, wie hoch die Volatilität auf diesem Gebiet ist. War es gestern, dass Frankreichs Regierung den Krieg ausrief (und ein geteiltes Echo antwortete)?

Auch in den feingeistigen Fakultäten lässt sich wieder das Rauschen der Gegenströmungen vernehmen: Ian Morris, der britische Gentleman und Althistoriker, Professor in Kalifornien, fand mit seinem neuen Buch »Krieg. Wozu er gut ist« auch hier eine freundliche Resonanz in den Medien. Er hat ausgerechnet: »Aufs Ganze gesehen, hat der Krieg der Menschheit wohlgetan und die Erde zu einem besseren Daseinsort gemacht.« Eine Geschichtsrechnung, die so sexy ist wie ein Fernsehclip für einen Investmentfond oder eine Elitepartnervermittlung. Renditen werden versprochen. Raketen und Kanonen winken mit Überschüssen: »Aus Verlust entsteht Gewinn.« Auch die kleinen Leute spitzen die Ohren, wenn mitten im Jahre 2014 der sozialdemokratische Politikprofessor Franz Walter den Satz loslässt: »Kriege sind die Lokomotiven des Sozialstaats.«

Dann wiederum hört man im Deutschlandfunk von Beobachtern der »Kultur und Gesellschaft«, dass die Deutschen 1945 ihre »DNA« geändert hätten. Längst sei der kategorische Imperativ »Nie wieder Krieg« zur organischen Grundsubstanz mutiert, fest in den Genen verankert. Ein »Mentalitätswandel« von der »Kriegskultur zur Friedenskultur« habe dafür gesorgt.

Zu denken gibt allerdings, dass nur selten einer aufsteht und von sich sagt, er sei ein richtiger »Pazifist«, einer, der den Krieg ohne Wenn und Aber ablehnt. Tut es einer, trifft ihn der Bannstrahl von den Spitzenplätzen in Politik und Gesellschaft: »Der Pazifist macht es sich bequem.« Nach der Friedensaktivistin Bertha von Suttner (1843–1914) werden heute Schulen und Straßen benannt, doch wer mit ihrem Aufruf »Die Waffen nieder!« mehr verbindet als einen frommen Kalenderspruch, sieht sich im Nu als »Sektierer« oder »Naivling« deklariert. Das trifft für einige unter ihnen fraglos zu, haben doch sogar antisemitische Spinner nicht selten »pazifistische« Parolen in ihrem ideologischen Haushalt. Und doch verblüfft es, wie reflexartig bei diesem Stichwort die Bilder hochgeladen sind, die das Ansehen hinabdrücken: weltabgewandte Pfahlsitzer, windelweiche Zukunftsverweigerer, lebensfremde Idealisten, traumselige »Friedensbewegte«, das vom Landregen durchnässte Fähnlein der Ostermarschierer und in giftroten Signalfarben das ein für alle Mal gescheiterte und zum ewigen Verschiss abkommandierte »appeasement« des Mister Chamberlain, das ja »Auschwitz« erst ermöglicht haben soll (die gerade angesagte Version: Mit Regenschirmen und Yogamatten kann man keinen Genozid verhindern, geschweige einen Krieg gewinnen).

Die Deutschen galten als ein Kriegervolk erster Güte. Zu Napoleons Zeiten und nach der Bismarckschen Reichsgründung pflegten sie mit Hingabe den Mythenschatz ihrer Heldentaten: Am Anfang des sagenhaften Erinnerungskults steht die »Hermannsschlacht«. Damals haben ihre germanischen Ahnen die römischen Legionen ungespitzt in den ostwestfälischen Waldboden gerammt. Nun nach zwei Jahrtausenden und vielen, vielen Kriegen wird eine neue Eigenheit an ihnen entdeckt: Aus den siegreichen »Hermännern« seien »Heimwerker« und »Zimperliesen« geworden, »friedliebende Spießer« eben, wie zu lesen oder zu hören ist, wenn sich politische Kommentatoren, im Kopf die neueste Schnickschnack-Untersuchung der Bertelsmann-Stiftung, beim Grasen im Phrasenpark der dicken Eiche »Verantwortung« nähern.

Da kommt Sorge auf. Unser »postheroisches Volk«, was soll nur aus ihm werden, klagen die Hardliner: Wie sollen die »notwendigen Kriege« geführt werden? Es gäbe doch nun auch die von den Vereinten Nationen anerkannte »responsibility to protect«, also militärisch zu intervenieren, wenn es irgendwo zu schwersten »Menschenrechtsverletzungen« käme. »Deutschland kneift«, heißt es, es halte seine Waffen nicht in Schuss, es fehle generell am »Willen zur Macht«. Eine »gewisse Kriegsmüdigkeit« greife epidemisch um sich. Die ›Zeit‹ warnt vor einem »Antikriegskonsens«. Die ›FAZ‹ vor »einer traditionellen Kriegsunlust«. Mehr noch als die anderen Völker lähme sie »die Deutschen«. Dass wir bei Herstellung und Vertrieb von Kriegsgerätschaften mit an der Spitze liegen – ein schwacher Trost, ähnlich dem Umstand, dass fast überall in der Welt, wo geschossen wird, wir daran verdienen. Früher waren wir die »Helden«, die anderen die »Händler«. Jetzt ist selbst der »Süddeutschen« zu entnehmen, dass wir uns in einem Mauseloch eingerichtet hätten. Die geschätzte Zeitung, eine der wenigen, der man aus alter Verbundenheit noch glauben will, gelangte im Herbst 2012 zu einer Diagnose, die keine Aussicht auf Rettung zulässt, schlimmer als das Verdikt aus dem Bestsellerhoroskop des Untergangpropheten Thilo Sarrazin: »Deutschland ist nach zwei Weltkriegen unheilbar pazifistisch geworden.«

Unheilbar. Mensch, Adolf, alles vorbei, Tom Dooley, morgen

biste tot. Bang grüßen wir die Zukunft, die am Horizont verschwindet, Schultern auf halbmast, dem Untergang geweiht. Wo früher Begeisterung gewesen sei, sehen die Nostalgiker des Heldentums nur noch emotionale Brache, buchstäblich Entgeisterung. Man hört es unken: Lieb Vaterland, nicht lange mehr und du bist raus. Abgeschafft.

Aber, aber! Wer wird denn so mutlos sein. Alles fließt. Von wegen: »Unter Freunden, das geht gar nicht.« Beim Zoff mit Griechenland ist in Europa der Chauvinismus zurückgekehrt, schreiben neuerdings die, die glaubten, er habe sich in einem friedlichen Eierkuchen verkrümelt (›Spiegel‹-Leitartikel vom Juli 2015). Schon bevor der Krieg in der Ukraine in Koinzidenz mit den Massakern in Nahost und nun den Metzeleien in Paris und anderswo den alten Ideen neuen Schub verliehen, waren vermehrt Rufe zu hören wie: Zugepackt, mitgemischt. In die weite Welt hinein. Flagge zeigen. Jeder weiß: Es gibt so viele Kreuze, in deren Namen Kriege geführt wurden. Da klingt altklug, was unser christlich geweihter Präsident mit dicken Backen verfügt: »Pazifismus ist nicht der einzige vom Evangelium gewiesene Weg.«

Wir können auch anders. Mehr Engagement, spornt das Staatsoberhaupt an. Sein Ratschlag, auch mal, »wenn erforderlich, zu den Waffen zu greifen« – übersetzt: Alarm! Zu den Waffen! Die Erde ist groß, der Globus rund, die Globalisierung grenzenlos. Die ganze Welt eine Arena. Irgendwo fliegen immer die Fetzen. Drohnen liegen in der Luft. Überall gibt es Schäfchen, die unserer Fürsorge bedürfen, überall Streithähne, die in die Schranken unserer Wertvorstellungen zu verweisen sind, da brauchen wir Soldaten, die unsere Sicherheit und die Freiheit unseres Warenaustausches verteidigen können. Wenn erforderlich: »The Germans to the front«. Hier spricht Berlin (mit sozialdemokratischer Flüstertüte): »Deutschland ist eigentlich zu groß, um Weltpolitik nur von der Außenlinie zu kommentieren.«

Mögen neue globale Entwicklungen und Waffensysteme, veränderte Konstellationen, regionale Konflikte neue Konzepte hervorbringen und die alten aufpolieren. Glaubt man den Geschichtsbüchern, lag die deutsche Kriegslust schon vor dem Zweiten Weltkrieg ermattet am Boden. Kriegsbegeisterung in den 30er Jahren? Nirgendwo. Totale Fehlanzeige. Auch 1939, als es losging, kein Stück. So war sechs Jahre später überall in Deutschland zu hören und zu lesen:»Das Volk hat den Krieg nicht gewollt.« Seitdem wird es immer wieder beteuert von allem, was forschen, schreiben und reden kann.

Für die deutsche Geschichte gilt: Im Ersten Weltkrieg, da waren es die Wogen des Patriotismus, auf denen die Truppen aller Länder in den Krieg zogen, da stürmte die Jugend Europas, allen voran die deutsche, mit fliegenden Fahnen und vaterländischen Liedern auf den Lippen in den Tod. Aber nicht so 25 Jahre später.»Anders als 1914…«, so lautet der Standardeinstieg in das Thema. Autoren von wissenschaftlichem Adel greifen da wortgewaltig in die Tasten, wie bei Hans-Ulrich Wehler, dem Altmeister unter den Historikern, jüngst nachzulesen:»In diametralem Gegensatz zu 1914…«.

Der Streit über die historischen Kontinuitäten und Diskontinuitäten, die Frage, was das Kaiserreich mit dem Nationalsozialismus verbindet und wie viel Wilhelm in Adolf steckt, werden nie enden, aber in puncto Befindlichkeit bei Kriegsbeginn 1939 besteht Einigkeit: Da sei die Stimmung unter den Deutschen ziemlich mau gewesen, niemand habe damals etwas für diesen Krieg übrig gehabt. Ja, mehr noch, man war dagegen.

Dieser Glaubenssatz steht am Anfang der verworrenen Geschichtsbilder, die kreuz und quer unter der Firnis von Schulweisheiten und historischen Analysen im Bewusstsein vieler Deutschen vom Zweiten Weltkrieg gespeichert sind und per Osmose weitergereicht werden. Die Vorstellungen, wie sie bruchstückhaft – mal belastet mit traumatischen Fixierungen, mal geschmückt mit Heldensagen, mal im Zeitraffer wie in einem Comic-Buch – durch die Jahrzehnte schlingerten und auch heute noch nebeneinander, als schemenhafte Hologramme in den grauen Zellen von Alt und Jung wesen, lassen sich nur schwer auf einen astreinen Nenner bringen: Am Anfang, im siebten Jahr des Regimes ihres großen Führers, des»ersten Soldaten des Reiches«, mussten die deutschen Truppen demnach also an die Front getragen werden, wie zur Jagd die müden Hunde. Kaum waren sie da, flutschte es wie von alleine: »Sprung auf, marsch, marsch!« In Blitzesschnelle zu herrlichen Siegen. Sie schnappten sich Staaten, Länder, Völker, sie raubten die Schätze des Bodens und die Perlen der Kunst, sie zerstörten Städte und Felder, schlugen alles zu Klump. Sie verteidigten ihr Vaterland an den äußersten Grenzen Europas und darüber hinaus. Was sich ihnen in den Weg stellte, räumten sie ab. Wer sie störte, den vernichteten sie. In der Sowjetunion war, wie angeordnet, »jeder zu erschießen, der nur schief schaute«. Im Kampf leisteten sie Übermenschliches, zu Land, zu Wasser, in der Luft. Ritterkreuze glänzten unter den Adamsäpfeln. Den Triumphen folgte das heroische Durchhalten gegen einen an Zahl und Material überlegenen Feind, der Rücksichtnahme nicht kannte und »dem der Mensch selbst nichts galt«, wie nachher alle klagten, die dabei gewesen sind. Deshalb war nach und nach die Heimat in Afrika, am Nordkap, in der Normandie, auf der Krim und an der Wolga nicht mehr zu halten.

Schließlich waren sie selbst besiegt und fraßen den Dreck der Erde, lebten in den Ruinen ihrer Städte, zerstört das Land, am Ende fast alles. Das Leben ging weiter. Den Deutschen im Osten wurde gesagt, dass die Sowjetrussen »den Hitlerfaschismus zerschlagen« hätten, mit ihnen aber die »Druschba«, die Freundschaft fürs Leben, suchten. Für die im Westen sprach der erste Bundespräsident von der »fragwürdigsten Paradoxie der Geschichte – erlöst und vernichtet in einem.« Nach und nach wurden sie belehrt, dass nicht 1945 die »Katastrophe« war, sondern 1933, dass sie durch die Niederlage gegen die Alliierten befreit worden sind, befreit von einem Tyrannen, der ihren guten Glauben missbraucht habe, aber auch »von sich selbst«. Sie mussten lernen: Das Schlimmste war nicht der »Untergang«, schlimmer noch wäre der »Endsieg« gewesen. Nur langsam begriffen sie, dass dieser Krieg ein Verbrechen war, sie eigentlich hätten die Waffen strecken sollen, bevor sie zu ihnen griffen.

Nach dem Ersten Weltkrieg verging fast ein Jahrhundert, bis die ersten Zweifel in der Geschichtsforschung zugelassen wurden, ob denn der anfängliche Schlachtenenthusiasmus tatsächlich so umfassend im ganzen Volk verbreitet war, wie überall zu lesen. Bei näherem Hinsehen zeigt sich, dass es weniger als die halbe Wahrheit ist. In den neuesten Forschungsberichten sind erhebliche Relativierungen gemacht, die Hurra-Szenarien auf ihre gesellschaftlichen und lokalen Zentren eingegrenzt. insgesamt deutlich heruntergestuft. Pünktlich zum medialen Boom des hundertjährigen Jubiläums gaben Historiker offiziell bekannt, was man lange nicht wissen wollte: Es war das Kartell von Politik, Militär, Zensur, Geschichtswissenschaft und Medien, das es fertigbrachte, alle Welt in dem Irrglauben von der allgemeinen, überall bis in den letzten Winkel im ganzen Reich entbrannten Kriegsbegeisterung anno 1914 zu lassen. »100 Jahre Propaganda«, so verkündete das ZDF in seiner Nachrichtensendung lapidar, hätten diesen »Mythos gepflegt«. Ein Statement, so prägnant wie frivol, bedenkt man, dass sich der Sender die halbe Strecke lang fleißig an der »Pflege« beteiligt hat.

Für den Zweiten Weltkrieg wackelt das wissenschaftlich lizenzierte Schwarz-weiß-Klischee nicht. Es lautet hier genau umgekehrt: Am Anfang stand eine allgemeine Kriegsabneigung. Als es die DDR noch gab, wurde auch dort all die Jahrzehnte von den Historikern verbreitet, dass man in ganz Deutschland damals den Krieg fürchtete, dass insbesondere »der gemeine Mann« (also der gute, brave, einfache) gar nichts davon hielt. Die marxistischen Faschismusforscher, an der kurzen Leine der Partei, die immer recht hatte, dekretierten, dass nur »eine kleine Schicht« scharf darauf gewesen sei – nämlich »die aggressivsten Teile der Monopolbourgeoisie und die imperialistischen Elemente des Finanzkapitals«. Alle anderen waren demnach auf das Friedlichste gestimmt. Rückblickend erscheint für Hans Mommsen, der die Zeitgeschichte in der Bundesrepublik mitgeprägt hat, der »Friedenswillen der Bevölkerung« geradezu als ein herausragendes Merkmal des Vorkriegsdeutschlands. Und im ›Spiegel‹ war jüngst zu lesen, als wäre es nach einem Studentenkommers, von altherrendeutschen Händen geführt, in den Schnee gepisst: »Die meisten Deutschen lehnten 1939 einen solchen Waffengang ab.«

Die Drohungen aus jenen Zeiten werden üblicherweise den NS-Propagandisten zugerechnet, diesen wild gewordenen Kleinbürgern, na, Sie wissen schon, den »schlimmen Nazis« eben. Nichts weiter als Randerscheinungen des allgemeinen Bemühens, im Frieden mit den Nachbarn zu leben. Kaum einer habe je im Ernst daran gedacht, auf dem Weg zum »gebührenden Platz« in der Welt als Erstes »die Polen zu versohlen«. Dahingesagt nur, dahingeschrieben von Leuten, die mehr den Reim als den Krieg mochten.

In Wirklichkeit hat die auf Kosten Polens angestrebte »Osterweiterung« eine lange Tradition in Deutschland. Historiker, die sich dafür interessieren, kennen auch die weitreichenden Annektionspläne, die unter den kaiserlichen Eliten bis hin zu den »Nationalliberalen« vor und während des Krieges 1914/18 kursierten. Die Vorstellungen beispielsweise von einem »polnischen Grenzstreifen«, der dem Reich anzugliedern war, großflächig ausgelegt bis hin zu den Flüssen Narew und Weichsel. Variationen davon setzten sich fort in den Ideen einer »«kolonisatorischen Mission«, die aus polnischen Provinzen ein »Neu-Preußen« schaffen sollte, vermischt mit Forderungen nach einem »Hinterland« in sicherer Entfernung der englischen See-Blockaden. In den Plänen und Gedanken, die sich deutsche Generäle und Industriebosse noch Anfang 1918 ausmalten, entstand im Kaukasus und in Indien ein europäisch-asiatischer Block unter deutscher Führung, ein »Ostreich«.

Deshalb war die Enttäuschung am Ende des gleichen Jahres ja so unendlich bitter. Danach war dann erst mal nur von »Grenzverbesserungen« die Rede, die wünschten sich in der Zeit zwischen den beiden Weltkriegen wohl die meisten Deutschen. Konstantin von Neurath, der den Konservativen zugerechnete Außenminister sowohl in der Weimarer Republik wie auch in der NS-Zeit, betonte 1933: »Unser Hauptziel ist und bleibt die Revision der Ostgrenze. Eine Verständigung mit Polen ist nicht erwünscht.«

In dieser Himmelsrichtung wollte man jedenfalls »Großdeutschland« ausbauen. Dazu war nicht unbedingt der Presslufthammer nötig. Ernst von Weizsäcker, Vizechef im Außenministerium, fand es beispielsweise unnötig, den Polen alles wegzunehmen, es sollte ihnen so viel bleiben, dass sie den Deutschen noch als »Puffer gegen Russland« dienen konnten. Ihm war es gegeben, die imperialen Ziele so einleuchtend einfach zu artikulieren, als wären sie dem großmütterlichen Kochbuch entnommen. Sein Rezeptvorschlag: »Polen auf das uns genehme Größenmaß zu reduzieren.« Das war mindestens so elegant ausgedrückt, wie Hitler es tat, als er in seiner »Weisung« an die Wehrmacht vom 11. April 1939 erklärte: »Es handelt sich für uns um die Arrondierung des Lebensraumes im Osten.«

Eine nähere Betrachtung ergibt, dass man sich damals mit der Ansicht, da müsse doch etwas unternommen werden, in bester Gesellschaft befand, auf alle Fälle im Zentrum der guten. Politisch interessierte Professoren pflegten über »die zu schmale Basis für unser Weltvolk« sowie »die notwendigen Verschiebungen im ostmitteleuropäischen Raum« zu dozieren. Industrielle und Großagrarier rechneten sich aus, was mit den »Erweiterungen« zu gewinnen sei. Den Offizieren in der Wehrmacht schwoll jedes Mal der Kampfkamm, wenn sie zu hören bekamen, dass die Polen den Volksdeutschen wieder übel mitgespielt hätten. Glaubten sie doch, in Übereinstimmung mit einem Großteil ihrer Landsleute, den Slawen von Natur aus übergeordnet zu sein. Für diese Überzeugung brauchte niemand einen NS-Schulungskurs zu besuchen, den »Völkischen Beobachter« zu abonnieren oder einen Mitgliedsantrag für die Partei auszufüllen.

Recht und billig bedacht, war damals, 1939, schaute man nur richtig auf die Leute dort im Osten herab, ein Krieg gar nicht zu umgehen. Dieses Völkchen setzte doch recht ungehörig dem Gestaltungswillen des »Deutschen Reiches« lästige Grenzen. So man die ostpreußische Heimat auf dem Landweg aufsuchen wollte, war seit dem Versailler Vertrag polnisches Gebiet, der ominöse »Korridor«, zu durchqueren und dabei ein Bündel von Vorschriften zu beachten. Das nervte. Es nährte die Ressentiments und die Zweifel daran, ob die Leute, die sich dort, wie es hieß, breitgemacht haben, überhaupt das Recht auf einen eigenen Staat hätten.

Pro-polnische Ansichten waren selten. Daran änderte auch der 1934 in Berlin mit den östlichen Nachbarn abgeschlossene Nichtangriffspakt nichts, den die Reichsregierung als Beleg für ihre Friedensliebe propagandistisch nutzte. In der Geschichtswissenschaft ist umstritten, welche Absichten Hitler genau damit verband. Erstaunlich viele Historiker sehen darin den Versuch, Polen als »Partner« zu gewinnen. Vielleicht auch davon verleitet, dass Hitler mehrfach bei offiziellen Anlässen die »deutsch-polnische Freundschaft als eine der beruhigenden Erscheinungen des europäischen politischen Lebens« hervorgehoben hat.

Vor 1939 habe er »als Österreicher« keine spezifischen Ressentiments oder Hassgefühle in dieser Richtung gezeigt, diese hätten sich auf »die Tschechen und Madjaren« konzentriert. Das behauptete schon Martin Broszat in seinem Buch »Nationalsozialistische Polenpolitik«, herausgegeben 1961 im Auftrag von Hans Rothfels und Theodor Eschenburg, den renommierten Wegweisern des Instituts für Zeitgeschichte. Broszat nahm sogar »Bewunderung« und »freundschaftliche« Empfindungen gegenüber der polnischen Nation bei Hitler wahr. Schlagartig habe sich das jedoch geändert, als Polen zu keinen Konzessionen bereit gewesen sei. Damit sei dieses Volk für Hitler als »möglicher Assistent seiner hegemonialen deutschen Großraumpolitik im Osten« ausgefallen, von diesem Zeitpunkt an sei der Diktator seinem vorher unterdrückten »primitiven völkerbiologischen Schicksalsglauben« gefolgt. Broszat: »Der schnelle Waffenerfolg scheint für Hitler die letzte Bestätigung polnischer Minderwertigkeit geliefert zu haben«, die er danach bei jeder Gelegenheit hervorkehrte.

Hitlers von den Polen durchkreuzter Wunsch, mit ihnen als »Verbündete« an seiner Seite – ähnlich wie mit Italien – die Geschichte (gegen Russland) anzugehen, waberte von Anfang an durch das von den Historikern gestaltete Nachleben des Diktators. Diese Sichtweise wurde an den Geschichtsfakultäten verbreitet, in Fachbüchern und in Beiträgen in der Presse, auch im ›Spiegel‹, der sich auf englische Quellen berief. Gemessen an dem, was die meisten Militärs und die vaterländisch Gesinnten des damaligen Deutschland innerhalb und außerhalb der Staatspartei von ihren östlichen Nachbarn hielten, war diese »Idee« nicht mehr als eine Latrinenparole. Sie findet sich nichtsdestotrotz auch bei heutigen Historikern, die sich wiederum auf Autoren berufen können, die jedem Geschichtsstudenten zur Einführung empfohlen werden. Bei Krausnick etwa, dem Münchner Nestor der Zeitgeschichte, desgleichen bei dem meinungsprägenden Publizisten Sebastian Haffner, dessen politisch-historische Bruchlandungen über seinen Höhenflügen als brillanter Historiograph Preußens in Vergessenheit geraten sind.

Geschichtsprofessor Bernd Martin von der Universität Freiburg schreibt 2009 von einer »gewissen Herzlichkeit« von Hitlers Deutschland« gegenüber den Polen. Breit ausgeschmückt ist die These von der »Wende im deutsch-polnischen Verhältnis« neuerdings im Buch des Historikers Rolf-Dieter Müller: »Der Feind steht im Osten« (2011). Auch hier ist Hitlers »letztes Werben um Polen« mit dem Angebot »einer Vertiefung der Partnerschaft« auf Anfang 1939 datiert. Wie eingebürgert die Mär heute ist, belegt 2014 ein großer Artikel über den Zweiten Weltkrieg in der ›Zeit‹, wo unter expliziter Berufung auf den Experten Müller zu lesen ist: »Hitler hatte noch bis zum März 1939 um das Nachbarland geworben, um es als Partner für einen Angriff auf Sowjetrussland zu gewinnen. Doch die polnische Regierung erteilte Hitler eine Abfuhr. Fortan war Polen der Feind Nummer eins.«

Fortan. (Mein gefiederter Ohrenbläser hört gar nicht mehr auf zu krächzen: Fortan, man weiß ja, wie gefährlich enttäuschte Liebhaber sein können … Da lachen ja die Hühner, nicht nur wir Raben.) Es ist tatsächlich verblüffend, wie solche Ansichten zu Teilen die Propagandarede widerspiegeln, mit der Hitler am 6. Oktober 1939 im Reichstag den »großen, in seiner Art geschichtlich einmaligen Sieg« über Polen feiert – eine »Leistung höchsten Soldatentums«. Und dabei aber auch betont, mit welch »unerhörter Geduld« er in den Jahren zuvor »um eine friedliche Verständigung« bemüht war, leider sei er mit seinen »Lösungsvorschlägen« immer nur auf Hohn und Ablehnung gestoßen.

Es führt kein Weg dran vorbei, wer in alldem heute rückblickend mehr als ein opportunistisches und elastisches Taktieren zu erkennen versteht und damit insinuiert, es habe in der Berliner Regierung die Vorstellung von einem gleichberechtigten, gleichwertigen Partner existiert, der muss sich die Welt und die deutsche Geschichte darin himmelblau malen. Da mag es noch so viele Komplimente für den polnischen Heros Piłsudski gegeben haben oder Beteuerungen »einer segensreichen Zusammenarbeit« – in irdisch braunen Farben sah das doch damals ganz anders aus, auch ohne dass man den Fortgang der Geschichte kannte: Sowohl gegenüber den Polen wie den Russen, den »Slawen« überhaupt, von den »verlausten Juden« im Nachbarland ganz zu schweigen, war der Überlegenheitswahn besonders stark ausgeprägt, sobald die propagandistisch eingesetzten Friedensschalmeien verstummten. Wer da Betrachtungen zu graduellen Abstufungen anstellt, betreibt Haarspalterei, die ihre Wurzeln in der Verschmähung historischer Realitäten hat. Propaganda für Wirklichkeit, den Schuhputzer auf dem Bahnhofsplatz für den Teilhaber an der Erdal-Fabrik, gibt da aus, wer den Wunsch nach »Partnerschaft« als historische Gegebenheit verbürgt.

Fußnote: Abgesehen von der generellen Fehleinschätzung der Einstellung des Regimes gegenüber Polen, in »Mein Kampf« (2. Teil, 1927) hat Hitler seine Meinung über die östlichen Nachbarn in dem ihm eigenen Zungenschlag ganz offen dargelegt – und die entspricht ziemlich genau dem, was die Deutschen nach dem Überfall von 1939 praktizierten. Unter dem Stichwort »Polenpolitik« erblickte Hitler dort, auf dem »Boden, den unsere Vorfahren mit dem Schwert erworben« hatten, nichts als die Ansammlung »einer verlausten Völkerwanderung aus dem Osten«. Selbst wenn man dem »polnischen Element« die deutsche Sprache beibrächte, blieben danach die Polen »ein fremdrassiges Volk, die Höhe und Würde unseres eigenen Volkstums durch seine Minderwertigkeit kompromittierend«. Kürzer und weniger affektiert ausgedrückt, wurden daraus ab 1939 im NS-Jargon »die polnischen Untermenschen«. Goebbels hielt in seinem Tagebuch fest, dass der Führer und er auch in diesem Punkt völlig einer Meinung waren: »Die Polen sind mehr Tiere als Menschen, primitiv, dumm und schmutzig, Verstandeskraft gleich null.«

»Die Lösung der polnischen Frage« lag vielen am Herzen – das mag heute friedfertig klingen, war damals aber nicht so gemeint. Was ein einschlägig geschultes Auge bei Kriegsbeginn dort im Osten wahrnahm, rief auch in den Reihen des deutschen Adels uralte Grundsätze der Herrschaftslehre in Erinnerung. So etwa bei dem Grafen Claus von Stauffenberg, der sich, vielfach bezeugt, hierin mit vielen seiner Standes- und Offizierskollegen einig wissen konnte. Nach den intensiven Vorbereitungen hatte er »das Ausrücken« am 1. September 1939 als »Erlösung« empfunden. Zu fragen gab es da nichts: »Der Krieg ist schließlich mein Handwerk von Jahrhunderten her.« Kaum waren dann die Polen zusammengebombt, dachte der Mann, der ein paar Jahre später den Putsch gegen Hitler und das NS-Regime anführen sollte, in einem Brief an seine Ehefrau sogleich darüber nach, wie ihnen denn geholfen werden könnte: »Ein unglaublicher Pöbel, sehr viele Juden und sehr viel Mischvolk. Ein Volk, welches sich sicher nur unter der Knute wohl fühlt.«

Heiliges Kanonenrohr, sancta Germania, unendlicher Bimbam, was soll man dazu sagen? Blasierte Herablassung oder adeliger Übermut wäre geschmeichelt. Hier spricht der geborene Hegemon im völkisch-antisemitischen Idiom, locker vom Sattel, als »Deutscher von Geblüt« anderen hoch überlegen. Ein herrenmoralischer Traum, den damals die elitären, mit Besitz, Bildung, Wissen und höchstem Verantwortungsbewusstsein gerüsteten Hüter des vergötterten Vaterlandes mit den NS-Ideologen teilten, ebenso wie mit einem großen Teil der übrigen Bewohner des Deutschen Reiches. Die private Beiläufigkeit der volkskundlichen Vignette dokumentiert hier deutlicher als so manche ultranationale Propagandarede die Sicht auf die Welt und die Menschen »unter ihnen«.

Was hier auf der Hand liegt, sieht sich in der Literatur fast überall bestritten. Dabei wird die Stauffenbergsche Mischvolk-Analyse vom September 1939 in neueren Publikationen nicht mehr unterschlagen. Allerdings in der Regel sanft frisiert und gefällig eingerahmt: Man müsse das als »zeitgenössische« Äußerungen bewerten, dürfe dabei den »historischen Kontext« nicht aus den Augen verlieren. Der Offizier, der dem »verjudeten Pöbelvolk« des Nachbarlands mit knüppelharter Fürsorge beikommen wollte, sei eben auch nicht »frei von Zeiteinflüssen« gewesen. Peter Hoffmann, der Stauffenberg-Biograph und Geschichtsprofessor, der den Wehrmachtswiderstand seit Jahrzehnten forschend und darstellend ins gleißende Licht hebt, allzeit bereit, jegliche Zweifel mit einem Gegenangriff zu beantworten, sieht hier gar das gräfliche Mitgefühl des Samariters am Werk: Keineswegs seien hier »zeitgemäße« Ressentiments herauszulesen, sondern nur Hinweise auf die Armut der Menschen dort im Polnischen.

In seinem »Vermächtnis für Deutschland«, niedergelegt kurz vor seinem Tod, bekannte sich Edelmann Stauffenberg zum »abendländischen Menschentum unseres Volkes«, ebenso zu »Recht und Gerechtigkeit« und fügte hinzu: »Wir verachten aber die Gleichheitslüge und fordern die Anerkennung der naturgegebenen Ränge.« Ihm wird heute, wo sein Name auch fällt, in jedem Geschichtsbuch, in jedem Zeitungsartikel, ob im ›Spiegel‹, in der ›FAZ‹ oder in der ›Bild‹, persönlicher Mut, vorbildhafte Tatkraft und beispiellose Opferbereitschaft bescheinigt. Hochachtung, wem Hochachtung gebührt. Reihum den Hut gezogen. Die Liturgie der kultischen Verehrung aber schreibt Zugaben vor, denn ein deutscher Widerstand hat viel mehr als ein Widerstand zu sein. Längst hat er im Gründungsmythos des neuen Deutschland die unlösbare Aufgabe, Verbrechen und Schande aufzuwiegen. Bundespräsident Gauck, der so schön predigen und staatsmännisch deuten kann, dass die meisten Journalisten, auch die normalerweise kritischen, hin und weg sind, schlug es 2014 in Luther-Manier ganz wörtlich und offiziell an das Tor zum Bendlerblock: »Die Bedeutung des militärischen Widerstands liegt darin, dass die Bundesrepublik daraus Legitimation schöpfen konnte.«

Notorisch ist für Stauffenberg, den Attentäter und Märtyrer, die Applikation einer »verbürgten Noblesse«. Dazu Prädikate wie »musisch veranlagt« und »humanistisch gebildet«. In der ›FAZ‹ raunte es ehrfürchtig von seinem Platz im »geistesaristokratischen Wesen«, das zu repräsentieren der Elitekreis um den erlauchten, antisemitisch gestimmten Dichter-Guru Stefan George für sich in Anspruch nahm. Ob es das dort in Verse gepackte »heilige und geheime Deutschland« war oder nur das herkömmliche »heilige Deutschland«, dem Stauffenberg den letzten Atemzug bei seiner Hinrichtung im Hof des Bendlerblocks widmete, darüber disputieren seit Langem die Scholastiker der Widerstandsgeschichte.

Damals, 1939, da sahen sich wohl oder übel die stramm national gestimmten Deutschen in der Pflicht. Sie machten sich glauben, nicht länger zusehen zu können. Sie mussten den Knuterich geben, um Ordnung in die von »Zuchtlosigkeit und Unvermögen« geprägte »polnische Wirtschaft« zu bringen. Wer anders konnte die »Polacken« Mores lehren? Helfen konnte da nur eine gründliche »Säuberung«, eine »Reinigungsaktion«, ein »rücksichtloses Ausmisten des jüdischen Sumpfquells«, wie es der NS-Propagandist Helmut Gauweiler in reinrassigem Knutendeutsch ausdrückte.

Aber deswegen gleich Krieg? Da war man dagegen gewesen. Selbst Göring, der Bilderbuch-»Paladin« mit dem ordensbehängten Luxuswams, »der dicke Hermann«, wie die Zeitgenossen ihn kosend titulierten. Gegenwärtig darf er gerade mal wieder in einer von Professor Neitzel betreuten Dissertation als Exponent von »Hitlers zweifelnder Elite« auftreten. Warum ist der denn bei den Leuten so gut angekommen? Weil er gegen jedwedes »kriegerische Abenteuer« gewesen sei. »Tief besorgt« habe sich der zweite Mann im NS-Regime über Hitlers »Kriegskurs« gezeigt. Wie eingefräst in deutsche Geschichtsdarstellungen erscheint der »verzweifelt bemühte Göring«, der das Losschlagen verhindern wollte und sich mit dramatischen Verhandlungen bis zur letzten Sekunde und darüber hinaus für den Frieden einsetzte – geradeso, wie er es selbst 1946 vor dem Nürnberger Militärtribunal in seinem Schlusswort beteuert hat. Abwegige Assoziationen stellen sich ein: Göring, ein Vorläufer derjenigen, deren Antrag auf Kriegsdienstverweigerung in der Bundesrepublik abgelehnt wurde.

Verschwunden aus der öffentlichen Wahrnehmung ist allerdings ein anderer Aspekt des Themas »Die Deutschen und ihr Göring«. Auf einem deutsch-englischen Historikerkongress in London stand 1974 Hitlers Marschall als Hoffnungsfigur des deutschen Widerstandes noch im Mittelpunkt der Diskussionen. Irgendwann fanden es allem Anschein nach auch die deutschen Geschichtsinterpreten »disgusting«, dass noch 1939 und 1940 Leute wie Carl Goerdeler, Ulrich von Hassell und Joseph Müller genauso wie »gewisse Wehrmachtskreise« glaubten, man könne mit einer Ablösung Hitlers durch Göring die Engländer friedlich stimmen. Es handelt sich dabei um denselben Göring, der im September 1940 die Bombardierung Londons befahl.

Und sogar von Goebbels, dem Propagandaminister und Herold des »totalen Krieges«, wird erzählt, er sei »im Prinzip ein Kriegsgegner« gewesen, von »Kriegsfurcht« geleitet. »Niedergeschlagen und in sich gekehrt« soll er »in der Ecke gestanden« haben, als es so weit war – so will es die seit dem Zusammenbruch der Siegeshoffnungen konservierte Fama, deren Verfallsdatum auch noch in unseren Tagen von einigen Historikern ignoriert wird.

Professor Guido Knopp, den wir alle aus dem Fernsehen kennen, hat angedeutet, dass sogar Hitler, zumindest ein Teil seiner offenbar schwer multiplen Person, bei seinen Ostraumplänen dem Krieg am liebsten aus dem Weg gegangen wäre. In seiner Göring-Biographie (2006) legte Knopp jedoch den Akzent darauf, wie furchtbar der beleibte Marschall im Sommer 1939 gelitten habe, weil er seinem Führer den Krieg nicht ausreden konnte. Obwohl er Hitler für »verrückt geworden« hielt, habe er keinen offenen Widerspruch gewagt. Furchtbar deprimiert sei er inmitten von etwas gesessen, das als »Loyalitätsfalle« bezeichnet ist. Hört sich an wie der berüchtigte chinesische Rattenkäfig (in dessen Moskauer Version bekanntlich Ernst Nolte den Urquell der deutschen Mordtaten während des Krieges erkannt haben will). Ein Folterschicksal, das man weder Dick noch Doof gönnen mag.

In nicht wenigen Geschichtsbüchern sind die »guten Seiten« aufgeblättert, die dem »jovialen« Göring nachgesagt werden. So war er auch »ein großer Naturfreund und Beschützer des edlen Waidwerks«. Der Kriegsvorbereiter und Luftwaffenchef, als zweiter

Mann im Staat ein wahrer Multifunktionär, hatte viele Ämter, darunter das des »Reichsjägermeisters« und des »Obersten Beauftragten für Naturschutz«. Wer will es da ausschließen, dass er sich in letzter Sekunde überlegt haben könnte, es wäre vielleicht jetzt, da die Wälder bald wieder so schön bunt würden, doch angenehmer, in einem seiner Reviere einen kapitalen Bock nach dem andern zu schießen? Deshalb glaube, wer will, was Knopp sich nicht nehmen lässt – Göring, »vor Wut knallrot im Gesicht«, habe aus seiner Verzweiflungsfalle heraus den Außenminister Ribbentrop am Telefon angeschrien: »Jetzt haben Sie Ihren Scheiß-Krieg!«

Auch Rudolf Heß soll damals, nach dem Willen einiger Historiker, die Kriegerei abgelehnt haben, was ihn ans Ende seiner Nervenkräfte habe gelangen lassen. Mit diesem Gemütszustand wird häufig »eines der großen Mysterien des Zweiten Weltkriegs« (›Spiegel‹ 2011) erklärt, das unter Historikern immer noch für Diskussionsstoff sorgt und im apologetischen Denken als Aufhänger für Legenden und Verschwörungstheorien dient. Der »Fall Heß« gehört ja in der Tat zu den spektakulärsten »Übersprunghandlungen« in der Geschichte der NS-Zeit. Die Wirklichkeit zeigte hier unvermittelt die groteske Breitseite ihrer Möglichkeiten, als ob sie, Jahrzehnte im Voraus, szenarische Anregungen für die Komikergruppe Monty Python produzieren wollte: Wie der offizielle »Stellvertreter des Führers« am 10. Mai 1941 mit einer Messerschmidt-Maschine von Haunstetten bei Augsburg aus klammheimlich nach Schottland flog, nächtens mit dem Fallschirm auf eine Bauernwiese plumpste, sich zunächst als »Alfred Horn« mit den Initialen drapierte, die auch der hatte, den er vertrat, um dann den Briten erst das Du und gleich darauf den Deal anzubieten: »Wir gegen den Rest der Welt«.

Wie bei jedem richtigen Gruselmärchen bleiben am Schluss brennende Fragen, von denen keiner die Rätselfreunde unter den Geschichtsinterpreten erlösen kann. Erstens: War Hitler von der Eskapade seines Stellvertreters wirklich so überrascht, wie er tat, oder hat er ihm doch ein Stück von seiner Flieger-Schokolade oder eine Kapsel aus Dr. Morells Zaubertüte mitgegeben? Zweitens:

Haben etwa englische Spinnen-Männer den Überflieger in ihr Netz gelockt? Drittens: Belegt nicht gerade die Verrücktheit des Unternehmens die Tiefgründigkeit des Traums der NS-Elite, sich mit der Seemacht England fifty-fifty die Welt zu teilen? Zu guter Letzt noch: War der Tod von Heß in der Gartenlaube des Spandauer Gefängnisses im Alter von 93 Jahren Mord oder Freitod? »Geheimnisse« werden in diesem Fall zuhauf gehandelt, viele davon ausgedacht oder die alten abgetragenen neu kostümiert, griffbereit in den medialen Archiven, speziell im ZDF-Doku-Fundus (»Die Akte Heß«, 2012, folgend alle naslang die notorischen Wiederholungen).

In den Jahren vor seinem Ausflug war Heß vornehmlich bei Großkundgebungen und Aufmärschen als »Künder und Mahner« aufgetreten, der sich darin gefiel, den »reinen Nationalsozialismus« zu predigen. Darunter verstand er vor allem, »Adolf Hitler zu dienen«, jenem in seinen Augen »von der Vorsehung gesandten Führer«, den er auch noch 1946 vor dem Nürnberger Militärtribunal als »den größten aller Deutschen seit Menschengedenken« rühmte. Reden in der Öffentlichkeit fielen ihm schwer, was ihn aber nicht daran hinderte, eine nach der anderen zu halten – zusammengestellt aus dem Bausatz der NS-Tiraden, gespickt mit Kriegserinnerungen und Kampfparolen, mit rabiaten Ausfällen gegen »die jüdischen Machenschaften« und ekstatischen Hitler-Huldigungen bis hin zum Coitus rhetoricus: »Führer, wir folgen dir. Du bist unser, und wir sind dein.«

Dem Berliner Historiker Ulrich Schlie (Jahrgang 1965), einem Fachmann von ungetadeltem Ruf, in den »Qualitätsmedien« oft als Autor von längeren Beiträgen zur Zeitgeschichte vertreten, ist es über ein halbes Jahrhundert später gelungen, in einer Rede, die Heß 1934 hochtrabend »An die Frontkämpfer der Welt« adressierte, einen »pazifistischen Grundtenor« wahrzunehmen. Tatsächlich kommt in diesem »von heiliger ostpreußischer Erde« in Königsberg »über die deutschen Sender« ausgestrahlten »Appell« in jedem dritten Satz das Wort »Frieden« vor. Daneben sind »die Opfer des großen Weltringens« betrauert, die »Leichenhügel« und das »Röcheln der Sterbenden« beklagt, die Gefühle »der Verbundenheit mit den Kameraden des Weltkriegs hüben und drüben« beschworen.

Wer allerdings heutzutage aus der scheinfrommen Frieden-Phraseologie, die sich, wie der Redner betonte, dem »Geist der Front, der den Nationalsozialismus schuf«, verpflichtet fühlte, etwas heraushört, das auf einer Wellenlänge mit den Prinzipien von Gewaltfreiheit, Waffenverzicht und Kriegsdienstverweigerung liegt, der muss etwas an den Ohren haben oder dazwischen. Irgendetwas, das wohl auch die haben, die von dem fanatischen Propheten des Hitler-Kults sagen, er sei »in seinem Herzen ein Pazifist« gewesen. Von da ist es nicht mehr weit zum Mythos des NS-»Friedensfliegers«, der es in der Helden- und Märtyrergedenkliste bei den Rechtsradikalen ganz nach oben gebracht hat – und nicht nur da, wenn man sich daran erinnern mag, dass in den 70er Jahren der Jurist Alfred Seidl zum bayerischen Innenminister ernannt wurde, obwohl er von seiner Uraltüberzeugung nicht losließ, Heß sei als »Parlamentär« im Auftrag seines Führers mit einem Friedensangebot im Gepäck unterwegs gewesen.

So landet man dann gedanklich bei Hitler, dessen »Friedensreden« auf der schwarzen Liste der Zeitgeschichte einen festen Platz haben. Damit soll er ja ganze Völker und vor allem das eigene zum Dahinschmelzen gebracht haben. »Niemand wünscht mehr als ich Frieden und Ruhe«, verkündete er, kaum war er im Amt. Eine der Phrasen, die ab da zu seinem Standardrepertoire gehörten, ebenso wie die Variationen der zeitlosen Spruchweisheit, die jedem Offizier geläufig ist: »Gerade weil wir den Krieg kennen, hassen wir ihn.« Mit der entsprechenden Voreinstellung kann man auch ihn als »Pazifisten« annoncieren, folgt man der Regieanweisung, die der Autor von »Mein Kampf« auf Seite 315 mit seinem speziellen Sinn für Humor platziert hat: »Wer den Sieg des pazifistischen Gedankens in dieser Welt wirklich von Herzen wünschen wollte, müsste sich mit allen Mitteln für die Eroberung der Welt durch die Deutschen einsetzen«. Wenn nämlich die »höchststehenden Menschen« dieses Ziel erreicht hätten, dann könnte »die pazifistisch-humane Idee vielleicht ganz gut« sein. So weit Hitler.

Sein ihm ergebener Stellvertreter soll sich schon vorher für den Frieden engagiert haben. So viel steht jedenfalls für den Historiker Schlie auch bei einem Rückblick von über einem Halbjahrhundert fest: »Rudolf Heß war im Sommer 1939 erklärter Gegner des Kriegskurses.« Eine kategorische Verlautbarung, die zu dem passt, wie er das Geschichtsbild von Albert Speer bewarb. Danach verkörperte der NS-Rüstungsminister »die fortschrittszugewandten Züge des Regimes« und verfügte über »prometheische Energien« und eine vorbildhafte »Menschenbehandlung«.

Wer Experten, die weder Amt noch Würden gescheut und sich sowohl in der wissenschaftlichen wie in der politischen Elite hervorgetan haben, nicht widersprechen will, muss solche mit Wohlwollen vergiftete Klöpse schlucken. War doch Schlie lange Jahre in einer gehobenen Position in den Apparat eingebunden, der uns regiert. Bis ihn im März 2014 Ursula von der Leyen »mit einer feierlichen Serenade aus dem Geschäftsbereich des Bundesministeriums der Verteidigung verabschiedete«, war er dort von 2005 an als »Leiter des Planungsstabes« und Chef der »Abteilung Politik« für elementare Fragen von Krieg und Frieden zuständig.

Auch Sönke Neitzel, deutscher Professor in London mit dem Spezialgebiet Militärgeschichte, über die Grenzen der akademischen Historikerschaft bekannt als beratender Mitgestalter von TV-Dokumentationen, macht Heß zu einer Art »Kriegsverweigerer«, der zu diesem Zeitpunkt den Krieg, zumindest »diesen Krieg«, abgelehnt und viel lieber, wie auch der »Führer«, eine »Allianz mit England« geschmiedet hätte.

Bei den Neonazis ist Heß eine hochgradig verehrte Ikonenfigur. Auch die Mitglieder des »Thüringer Heimatschutzes« und des »Nationalsozialistischen Untergrunds« (NSU), angeklagt wegen der über 10 Jahre unentdeckt gebliebenen Mordserie an Deutschen, die aus der Türkei stammten, haben ein Weltbild, in dessen Mittelpunkt die Verehrung von Hitler und von Rudolf Heß steht. Selbst in Geschichtsbüchern mit dem Anspruch auf Objektivität erscheint er mitunter als eigenartig schillernde Figur – Nazi zwar, aber einer von denen, die das Gute wollten, weil sie mit »friedenspolitischen Absichten« über mehrere Kanäle versuchten, das »germanische Brudervolk« auf der britischen Insel für einen Bund mit den Deutschen zu gewinnen.

Fast müsste man es glauben: Damals, 1939, wollte, Hitler ausgenommen, kein Schwein einen Krieg. Das Volk nicht, Goebbels nicht, Göring nicht, Heß nicht. Die Legenden bieten einfache Erklärungen: Das Volk hätte seine Zeit viel lieber mit Urlaubsreisen auf See verbracht, Goebbels mit Drehbuchideen und Seitensprüngen in den Babelsberger Filmstudios, Göring mit Gemäldebestellungen und Halali-Klängen in der Schorfheide, Heß mit Sterndeutereien und Bergwanderungen im Allgäu, auf den Höhenwegen »pazifistischer« Weltanschauung.

Untröstlich soll man auch in den oberen Etagen der Beamtenschaft gewesen sein, speziell im Auswärtigen Amt bei den Spitzen der Diplomatie. Wie mit Leuchtschrift markiert, erscheint da in den Büchern der Name Ernst von Weizsäcker. »Nie habe ich ihn so verzweifelt gesehen wie im Sommer 1939, als er keine Möglichkeit mehr wußte, Hitlers Entschluß zum Krieg zu hemmen«, bezeugte Carl-Friedrich Weizsäcker, der große Philosoph und Atomphysiker, nach dem Krieg die Situation seines Vaters. Und bis zu seinem Tod Ende Januar 2015 schwor Richard von Weizsäcker, Deutschlands Primus unter den Bundespräsidenten, Stein und Bein, dass sein Vater zu Hitlers Zeiten »im Kampf um Gesittung und Frieden… eine heldenhafte Rolle gespielt« habe. Neben den berühmten Söhnen steht eine breite Phalanx von Autoren, die das Bild von dem tragisch gescheiterten Kriegsverhüter gegen eine zunehmend kritische Einschätzung hochhalten.

Das Unbehagen, das der Stellvertreter des Außenministers Ribbentrop schon 1939 beim Einmarsch der deutschen Truppen in Prag verspürte, ist in seinen nach dem Krieg veröffentlichten Memoiren nachzulesen. Ihm schwebten andere Lösungen vor. Er fand den Vorschlag, den er ein Dreivierteljahr davor selbst zu Papier gebracht hatte, viel eleganter als die Hauruck-Invasion mit Panzern und Kanonen: Die Tschechoslowakei könne man am besten durch einen »chemischen Auflösungsprozess« verschwinden lassen, der, wie er seinem Minister anheimstellte, »noch durch mechanisches Zutun gefördert werden kann oder nicht«.

Mit »chemisch« war wohl an die ätzenden Wirkungen gedacht, die politische Intrigen, wirtschaftliche Pressionen, diplomatische Finten, die Anzettelung von Unruhen und Bürgerkriegen verursachen können. Das »mechanische Zutun« umschrieb in der vornehmen Diplomatensprache wie im Insider-Jargon des preußischen Generalstabs die Verwendung von Bomben und Granaten (heute sprechen Politiker, Militärs und Journalisten, steht Ähnliches vor der Tür, von »robustem Einsatz«). Bei den Offizieren und bei den konservativen Eliten generell war damals der »Schwertglaube« aus Ritterszeiten noch lebendig, den die Nationalsozialisten als Richtschnur ausgaben. Streng sachlich beschreiben dieses Credo heute Historiker als »das Bekenntnis zu einer kriegerischen Machtpolitik im Interesse der Hegemonie des Deutschen Reiches«. Bei der Auslegung gab es naturgemäß feine Unterschiede. So waren etwa im außenpolitischen Konzept von Staatssekretär Weizsäcker Explosivgeschosse nur zweite Wahl, lediglich als ergänzende Maßnahmen anzusehen, auf die man verzichten könnte – oder auch nicht. Mit Hitlers Brachialmethoden konnte er sich nicht anfreunden. Er war, wie es der Historiker Rainer Blasius von der ›FAZ‹ so bündig wie dehnbar in dem Titel seiner Dissertation auszudrücken versteht: »Für Großdeutschland gegen den großen Krieg«.

Ernst von Weizsäcker glaubte schon lange vor dem »Dritten Reich«, dass Deutschland »gegenüber der germanischen Rasse und deren Mission seine Pflichten« zu erfüllen habe. Er hätte es aber vorgezogen, wenn sich zu dem von ihm positiv gewerteten Nationalsozialismus »ein allgemeines religiöses und soziales Ethos gesellen« würde. Sein Traum war die sanfte Expansion ohne einen Schuss. Damit glaubte er, beidem dienen zu können, dem kostbaren Gut des Friedens genauso wie der auch von ihm angestrebten »weiteren Ausdehnung des III. Reiches«. Als es mit dem Ersteren nicht klappte, wählte er die Option, zur »mechanischen« Vaterlandsverbreiterung gute Miene zu machen, bei feierlichen Anlässen die schwarze SS-Offizierstracht aufzutragen (»contre cœur«

selbstverständlich) und weiter diplomatisch »vielleicht eine Chance wahrzunehmen, den Krieg glimpflicher zu beenden«, wie es Sohnemann Carl-Friedrich artikulierte, so wattig, wie er nur konnte. Ist denn wirklich nicht irgendwo ein bisschen Enthusiasmus aufzutreiben? Nee, dreedüvelnochmal, nee! An allen Ecken und Enden des nationalen Gedächtnisses finden sich nur Aussagen, wie sehr man die Schnauze noch voll gehabt habe vom letzten Krieg. Offizieren und Soldaten sei die Kriegslust gründlich verleidet gewesen, die wären schließlich schon einmal »im Feld gestanden«, viele ihrer Kameraden »draußen geblieben«. Sie hätten sich in der »Blutmühle des Stellungskampfes« aufgerieben, hätten »Söhne geopfert«, »Brüder verloren«, mit traumatischen Erfahrungen bezahlt und hätten »gewusst, was Krieg bedeutet«. Vielerorts ist zu lesen und zu hören, dass damals die Väter und Großväter vom Krieg nichts mehr hätten wissen wollen. Panzer und Kanonen, Schützengräben und Bombenkrater, Granateinschläge und Nahkampf-Gemetzel, Beinstümpfe und Matschköpfe, Blutfontänen und zerfetzte Leiber, Totschießen und Niederbrennen, volle Kraft voraus und aufaufmarschmarsch – von alldem hätte jeder für immer genug gehabt, auf ewig und drei Tage. Die Wunden von Vierzehnachtzehn seien noch längst nicht vernarbt gewesen.

Wie war das denn am 1. September 1939, dem ersten Kriegstag? Damals, als deutsche Stuka-Geschwader, wie man später erfuhr, in aller Herrgottsfrühe damit begonnen hatten, die polnische Kleinstadt Wielun aus der Luft mit Sprengbomben »auszuradieren«. Um 10 Uhr hielt Hitler vor den Reichstagsmitgliedern in der Krolloper am Königsplatz die erste Kriegsrede: »Seit 5 Uhr 45 wird zurückgeschossen.« Noch einmal stellte er nachdrücklich heraus, was er für die Merkmale seiner Politik ausgab: »Meine Friedensliebe und meine endlose Langmut«. Mit beidem aber, so fuhr er fort, müsse es jetzt ein Ende haben, leider. Nun, da die Polen den Krieg begonnen, werde »Bombe mit Bombe vergolten«. Schließlich habe er nicht umsonst »über sechs Jahre am Aufbau der deutschen Wehrmacht gearbeitet«.

Bei der Rückkehr in die Reichskanzlei soll dann der von den

Massen über Jahre mit Heil-Zurufen so überaus verwöhnte Führer in Berlin-Mitte eine deftige Überraschung erlebt haben. Kaum habe er wie gewohnt vorne rechts in der Mercedeskarosse Platz genommen, sei ihm »eine Welle eisiger Ablehnung« entgegengeschlagen, wie mir einmal jemand ausführlich schilderte, der so tat, als sei er dabei gewesen: »Es war nur eine kurze Fahrt, aber was da passierte, das sagt viel mehr über die Lage aus, als in euren klugen Büchern steht. Ihr habt ja keine Ahnung, wie es in unserem Innern aussah. Da war keine Begeisterung, von uns wollte keiner den Krieg. Das zeigte sich an diesem Tag klar und deutlich. Beklemmend war es, absolut beklemmend. Ein lautloses Drama. Da war dieser Maulheld, der gerade den Krieg verkündet hatte. Und da waren die Berliner, die gerade vernommen hatten, was da losgebrochen. Demonstrativ ließen die Leute einfach die Arme unten, als hätten sie alle Bleihandschuhe an. Die Autokolonne fuhr durch den Mittelgang des Brandenburger Tors, am Adlon vorbei, hinein in die Wilhelmstraße, kein Heilruf, kein Hitler-Gruß. Selbst der normale Verkehrslärm war von unberlinerischer Gedämpftheit. Eine merkwürdige Stille, was sag ich, Friedhofsruhe. Oh, wenn man gewusst hätte, vor welchem infernalischen Sturm! Alles war wie versteinert. Das Gesicht vom Führer, die Augen geradeaus, nicht links, nicht rechts schaute er, und so unbewegt auch am Rand der Straße die Gesichter der Menschen, die ihm die kalte Schulter zeigten – das, mein Lieber, das war eine Demonstration, eine wahre Demonstration.«

Es war in der zweiten Hälfte der Siebziger, als mir diese Lektion zuteil wurde. Der Widerspruch nicht duldende Geschichtsvermittler zählte damals zur Elite der Meinungsmacher im deutschen Journalismus. ›Stern‹-Chef Henri Nannen war nächtens vor dem Redaktionsgebäude in mein Taxi gestiegen und hatte sofort ohne Einleitung damit begonnen, mir zu erklären, wie die Sache mit Hitler und dem Krieg »wirklich gewesen ist«. Da er mich offensichtlich für einen Langhaarigen hielt, dem das sinnlose Demonstrieren ins Gesicht geschrieben stand, nahm er wohl an, dass mir auf der Fahrt in sein Wellingsbütteler Zuhause eine Portion aus dem großen Topf des vom ihm selbst, auch zur eigenen Entschuldung angerührten Geschichtsbreis, nicht schaden könne. (Siehe Epilog, »Taxi mit Henri«).

Was für ein Tag, dieser erste September 1939. Im Geschichtskalender für den täglichen Gebrauch erscheint den Deutschen auch heute noch das Bild von einem Diktator, den sie im Regen haben stehen lassen – Hitler, stinksauer, wie man ihn selten gesehen hat, total entblößt, patschnass, völlig allein mit seinem eisernen Kriegswillen, der ihm das Hirn beulte.

Das hatte uns auch Albert Speer bestätigt, der, wie er sagte, sein Freund gewesen wäre, wenn der Führer nicht an dieser schrecklichen Bindungsunfähigkeit gelitten hätte. In seinen von den Lesern in Deutschland und der halben Welt verschlungenen Büchern teilte er über drei Jahrzehnte danach mit, dass 1939 so gut wie keiner für den Krieg gewesen sei. Er selbst schon gar nicht. Die ganze Zeit nur damit beschäftigt, die Statik der großzügig konzipierten »Friedensbauten« zu berechnen, die Neue Reichskanzlei quasi über Nacht hinzustellen und die Hauptstadt Berlin für die bevorstehenden Siegesparaden in Achsen zu zerlegen. Logistik und Logik stellten damals komplizierte Aufgaben – Entmietungen, Delogierungen, Bevölkerungsverschiebungen, Siegesfeiern ohne Kriege, et cetera pp. Wo so geholzt wurde, fielen große Späne. Die Marschroute konnte nur lauten: Weg mit denen, die im Weg stehen. Das deutsche Volk brauchte Raum, der rastlose Architekt Platz.

Krieg, nein. Arbeit, Arbeit, ja. Dazu all die Probleme. Ästhetische wie imperiale Aspekte waren zu berücksichtigen. Speers Erinnerungen singen Lieder davon. Schlafraubend die Suche nach Lösungen. Schon allein die Komplikationen bei der Bekrönung der Großraum-Kuppelhalle. Auf der Spitze, in 300 Meter Höhe, sollte der Reichsadler prangen. Aber mit welcher Blickrichtung? Westen, Osten, Frankreich, Russland? In die Sonnenglut der Sahara oder in das Nordlicht von Hammerfest? Und welche Form war dem Symbol angemessen, das der Wappenvogel mit dem transkontinentalen Blick in seinen Fängen hielt? Eckig oder rund? Das kantige Siegeszeichen oder die runde fette Beute? Das Hakenkreuz oder die ganze Welt in Kugelform?

Nicht nur einmal beratschlagten Hitler, der Bauherr, und er, sein Architekt, die aus der Tiefe der deutschen Geschichte in die Zukunft drängenden Fragen, während sie den großen Tisch mit den maßstabsgerechten Modell-Megabauten umkreisten. Es seien eben diese gestalterischen Herausforderungen gewesen, die ein so enges Band um sie geschlungen hätten. Noch nach Jahrzehnten gehörten diese Begegnungen zu Speers angenehmsten Stunden seines Lebens. Oasen der schöpferischen Muße, in denen sich die »Ewigkeitswerte« türmten. Das Zeitkorsett war für beide eng geschneidert, lebte der Herrscher mit der Furcht vor einem zu frühen Tod, hatte sein Kulissenbauer auch noch dafür zu sorgen, dass seine Frau ihm viele Kinder schenkte – kleiner Wink des Führers, der doch nicht alles selber machen konnte.

Als der mehrfache Vater dann aber hören musste, was da am 1. September 1939 in den frühen Morgenstunden auf einen Schlag »ausgebrochen« war, habe er mit tiefer Betroffenheit reagiert, eben wie alle »die einfachen Menschen« um ihn herum. Hitler habe gespürt, dass der Krieg beim Volk nie populär war, diktierte Memoirenschreiber Speer denen, die ihn nach seiner Entlassung aus dem Kriegsverbrechergefängnis über ein Jahrzehnt lang umschwänzelten und seine Märchen in Zeitschriften und dicken Büchern verbreiteten. Und setzt sich auch langsam, von einzelnen Geschichtsforschern hinlänglich belegt, die Erkenntnis durch, dass Hitlers Künstlerfreund in seinen so aufregend authentischen Erzählungen den Lesern und vor allem sich selbst die Taschen vollgelogen hat, als Kronzeuge wird er auch in Geschichtsbüchern des 21. Jahrhunderts weiterhin gern genommen.

Nicht wahr, stellen wir uns mal ganz ehrlich, das ganze Volk zog doch damals eine Fresse. Nun ja, einerseits und andererseits, so richtig übel genommen hat es seinem Führer die Sache mit dem Krieg wohl nicht. Ohne Kriege kein Siege, und die stellten sich ja blitzartig ringsum ein. War das nicht wunderbar? Inzwischen leben nicht mal mehr viele von den Pimpfen, die zu Hause auf der Landkarte an der Wohnzimmerwand mit kleinen Fähnchen und bunten Stecknadelköpfen den Frontverlauf jeden Tag nachgezogen haben, aber Zweifel werden selbst heute kaum vorgetragen: In den ersten Jahren ein Triumph nach dem anderen. In den höchsten Tönen gefeiert. Auch von Herbert Reinecker, dem Journalisten und Schriftsteller, der als Propagandaherold der HJ und der Wehrmacht schon von den Erlebniswelten des Krieges geschwärmt hatte, bevor die Deutschen sie verwirklichten. Kaum war es so weit, begleitete er als »Berichterstatter« die Truppen der Waffen-SS erst auf den »Eroberungszügen«, dann auf den »Rückzugsschlachten«. Eindrucksvoll beschrieb er den Daheimgebliebenen, wie herrlich es war, »auf den Wellenkämmen der Geschichte zu reiten«.

Nach dem Krieg und einem kurzzeitigen Absitzen ging es weiter im Schweinsgalopp. Wie vom Fließband belieferte Reinecker Funk, Film und Fernsehen. Nach den Höhen und Tiefen der Völkerschlachten nahm er sich nun die letalen Niederungen der Ehekriege vor. Den vielleicht bekanntesten seiner Titelhelden, den TV-Kriminalkommissar »Derrick«, ließ er en suite jahrzehntelang durch die Triefaugen des mit ihm aus gemeinsamen SS-Tagen verbundenen Horst Tappert in deutsche, geschmackvoll dekorierte Mörderseelen blicken. In seinen Memoiren (1990) schrieb der erfolgreichste bundesrepublikanische Fernsehautor rückblickend über jenen Tag, mit dem der Zweite Weltkrieg begann: »Es ging ein tiefer Seufzer durch das deutsche Volk.«

Ein Satz wie eine aus den Kristallen bittersüßer Krokodilstränen geprägte Gedenkmünze. Mit ihr konnten nicht nur die SS-Männer die Vergangenheit, über die sie nicht reden wollten, in die Vitrine stellen. Bei den Zeitgeschichtlern kommt gerade das vergleichsweise prosaische Pendant dazu wieder in Mode, das als betont nüchterne Formel schon in den 50ern des vorigen Jahrhunderts bei jenen Fachautoren kursierte, die das Vaterland weißwaschen wollten, ohne sich nass zu machen: »Das deutsche Volk zeigte keinerlei Begeisterung, sondern allenfalls eine widerwillige Loyalität.«

Zigmal wiederholt sei es, was uns tausendmal gesagt: Nur einer, ein Einziger, hat diesen Krieg gewollt – den »Hitler-Krieg«, wie er mit einer Bezeichnung heißt, die sich so unverrückbar eingebürgert hat, weil sie mit lakonischer Grandezza alle anderen Mitwirkenden außen vorlässt. So konnte man sich die Sehnsucht nach Frieden und Wohlergehen vor Augen halten, die nach allgemeinem Dafürhalten allen Menschen in allen Zeiten zu eigen sei. So auch all den Deutschen, die in unterschiedlichen Etagen das Wahngebilde des »Dritten Reiches« bevölkerten.

Nach den Gräueln des »Großen Krieges« 1914/18 hatten sich in der Tat engagierte Verweigerer in pazifistischen Organisationen gesammelt (nebenbei: die Mitgliederzahlen waren, gemessen daran, welch infernalischem Menschenschlachthaus die Soldaten entkommen waren, vergleichsweise gering). Nicht nur in ihren Reihen war es vielfach zu hören und zu lesen: Einen neuen Krieg darf es nicht geben.

Aber der Zeitgeist und die, die ihn prägten, rüsteten nicht ab. Schlug nicht bei aller lauthals gepflegten Friedensrhetorik die Trommel immer weiter zum Streite? War nicht der »Frontsoldat« die Leitfigur, an der sich auszurichten der Jugend empfohlen wurde? Glaubten nicht die Offiziere der von oben ausgegebenen Parole, »im Felde unbesiegt« geblieben zu sein, und empfanden deshalb den Versailler Vertrag als so demütigend? Galt den Veteranen der Krieg nicht weiter als die »Bewährungsprobe« im Leben eines Mannes? Waren nicht der »Wehrgedanke«, der »Behauptungswille«, die »Schützengrabenkameradschaft« die hervorgehobenen Chiffren in den offiziellen Reden, wenn es zur obligaten Passage über die deutschen Tugenden kam. Geflammte Markierungen einer Entwicklung, die unvoreingenommene Historiker als Kennzeichen für das Deutschland vor dem Zweiten Weltkrieg herausgearbeitet haben – »eine nie zuvor da gewesene Militarisierung aller Bereiche des öffentlichen Lebens«.

An der beispiellosen Aufrüstung waren viele beteiligt. Nicht nur die in wenigen Jahren vervielfachten Wehrmacht-Divisionen, die von den Generälen mit Hochdruck auf Offensive umgestellt wurden. »Angriffsweise Kriegsführung« nannte sich das neue Strategiekonzept. Auch die alten »Frontkameraden« hielten revanchistischen Kurs, versammelt erst im »Stahlhelm«, dann in den NS-Reihen. Das ergänzte sich mit den martialischen Stimmungen in der männlichen Jugend, die sich in den paramilitärischen NS-Organisationen zusammenfand und ihre »Angriffslust« aus voller Brust zum Klingen brachte. Ein Lied, zwei, drei, in Hunderten von Strophen mit eingängigen Refrains: Jugend kennt keine Gefahren... Führer wir gehören dir... Schneefelder blinken, Lande versinken... uns geht die Sonne nicht unter... wir marschieren und stürmen, für Deutschland zum Sterben bereit... wir säubern Europas Haus... und lachen am Tod vorbei.«

Aber das sei doch harmlos gewesen. Disziplin, körperliche Ertüchtigung und Gesang im Dreierreihen-Gleichschritt hätten noch keinem geschadet. Dschingderassa-bumderassa. Da wären die Freunde des Kriegsspielens in geordnete Bahnen gelenkt worden. Wer so redet, landet nicht selten bei der Endstation Paradox: So seien die auf Gewalt getrimmten Jungmänner wenigstens von der Straße weg gewesen, auf der sie marschierten.

Im Sommer 1939 waren Wien und Prag bereits erobert, aber noch galt es, die letzten Seiten des »Schandvertrages von Versailles« zu zerreißen. Es schwelten genug Probleme, die zu lösen waren: die »Schmach des Korridors«, der »Fall Danzig«, die eingebüßten Bodenschätze in unserem »urdeutschen Oberschlesien«, um nur die ersten in einer langen Reihe zu nennen.

Tut nichts, »die Deutschen«, also wir alle, wir wollten damals nichts mehr als den Frieden – wer das nicht glauben will, steht außerhalb unserer Geschichtsreligion. Seit den 50er Jahren gehört dieses Diktum zu den obligaten Floskeln der Sonntagsreden, und so wünschen sich auch noch ein halbes Jahrhundert später nicht nur die Enkel in den Familienlegenden ihre Großeltern, sondern auch höchst renommierte Historiker in den Abhandlungen ihre Landsleute von damals.

Hans-Ulrich Wehler (1931–2014), Deutschlands Historikerfürst aus Bielefeld, betonte anno 2009 in der Monographie »Der Nationalsozialismus«, wie unvorbereitet doch die Deutschen der

Kriegsbeginn getroffen habe. Die nicht abreißenden Alarmsignale schlugen nur jenen aufs Trommelfell, die sich nicht von Regierungspropaganda einlullen ließen. Und denen schon gar nicht, die es ohnehin an der Zeit fanden, dass die auf einen Krieg ausgelegte Hochrüstung der Wehrmacht nun weiter praktische Früchte tragen sollte. Danach haben auch der Panzereinmarsch der deutschen Truppen in Prag und die Einverleibung der Tschechen in das »Reichsprotektorat Böhmen und Mähren« im März des Jahres die Deutschen nicht daran gehindert, in Hitler weiter den Friedensengel anzuhimmeln. Nicht einmal die im Sommer immer exzessiver ausfallenden Hetzartikel gegen die Polen in der Presse, nicht der Überraschungscoup des Paktes mit der Sowjetunion, auch nicht die Gasmasken-Übungen sowie die Einführung von Lebensmittelkarten und Benzin-Bezugsscheinen in den letzten Augusttagen sollen davor geschützt haben, am 1. September, als »Hitler den Waffengang gegen Polen entfesselte« (so steht es in einem maßgebenden »Standardwerk«, 2012, von Klaus Hildebrand, einem der einflussreichen Altmeister unter den Historikern, deren Lebensthema das »Dritte Reich« ist), total perplex gewesen zu sein. Wehler bietet eine Erklärung dafür, die den Diktator quasi auf den Kopf stellt: Die Bevölkerung habe, »kriegsunwillig« wie sie damals war, »Hitler wegen seines Friedenswillens zugejubelt«.

Ach, nicht zu glauben. Oder nur dann, wenn man sich an das hält, was ganz Deutschland sagte, als alles anders gekommen war, wie man es sich erhofft hatte. Ja, es stimmt, der Führer hatte immer wieder mit ritueller Inbrunst in seinen Reden »der Welt die Versicherung von der tiefen und aufrichtigen Friedensliebe des deutschen Volkes übermittelt«. Ja, es stimmt, vielfach ist überliefert, dass selbst im Ausland viele von den Beteuerungen des Diktators hingerissen waren. Aber nun soll es im Rückblick auf das Deutsche Reich allein Hitler gewesen sein, dessen »Friedenswille« sich als fromme Lüge herausgestellt hat, als eine dämonische Arglist, hinter der sich der »Kriegswille« versteckt hielt. Davon klar abgegrenzt, haben dann alle anderen Zeitgenossen aufrichtig schiedlichfriedlich in der Wolle gefärbt wie die Lämmer dazustehen. Dazu nur am Rande die Frage: Woher kommt da bloß der Enthusiasmus, dessen Reste selbst nach dem verlorenen Krieg (und dem ganzen Desaster überhaupt), als man doch den Lügenbeutel von Führer längst los war, in vielen Veröffentlichungen zwischen den Zeilen noch deutlich zu bemerken sind, wenn es um die anfangs »siegreichen Feldzüge«, die »eleganten Schlachten« und die »kühnen Operationen« geht?

Als ob der Krieg keine Lobby gehabt hätte. Als ob damals die Wehrmacht nicht so populär gewesen sei, wie nie zuvor und nie danach eine Armee in Deutschland. Ich will hier (ja, sicher, weil es in meinen Kram passt, was dachten Sie denn?) den englischen Wirtschaftshistoriker Adam Tooze zitieren, der mit Götz Aly ein Scharmützel ausgetragen hat, was denn hauptsächlich dem NS-Regime die Gefolgschaft der Deutschen bis in den Untergang sicherte – die ideologische Übereinstimmung oder eine Art Bestechung durch wirtschaftliche Wohltaten, die aus den besetzten Ländern gepresst wurden. Tooze: »Die Wehrmacht war in den Dreißigern extrem populär. Sie kurbelte die kollektive Fantasieproduktion an. Die Mehrheit der Deutschen wollte die Remilitarisierung, für sie war diese ein Wert an sich ... Das Gleiche gilt für die Erfolge der Wehrmacht 1939, die zur Konsolidierung des Regimes beitrugen.«

Weitere Fragen drängen sich auf, wenn man den sicheren Hafen der immerwährenden Legenden der damaligen Antikriegshaltung der Deutschen bis hinauf in die obersten Spitzen der Generäle verlässt: Was ist mit den von der Habsucht geplagten Nationalisten, die von der Weltmacht Deutschland träumten und von den Rohstoffen auf der anderen Seite der Grenzen? Was mit den Rüstungsmanagern und Wirtschaftsdynamikern, die in ihren superlativischen Produktionszahlen schwelgten? Was mit den »Trägern des echten Frontgeistes«, den Expansionisten und Interventionisten unter den Universitätsprofessoren, die in der Kontinuität der Begierden aus wilhelminischen Zeiten die deutschen Interessen europaweit und darüber hinaus gesichert wissen wollten?

Heute wird von fortschrittlichen Historikern bestätigt, dass es im »deutschen Volk« sogar Leute gab, bei denen von einer Kriegs-

»Widerwilligkeit« wenig zu erkennen ist, obwohl sie mit der NS-Herrschaft überkreuz waren. So konstatiert Ulrich Herbert, dass »die Notwendigkeit territorialer Eroberungen in Europa mit kriegerischen Mitteln« eine Überzeugung war, die auch Generäle teilten, die Vorbehalte gegen Hitlers Hauruck-Methoden hatten. Hermann Wentker resümiert: »Sowohl in der antipolnischen Ausrichtung traditioneller deutscher Großmachtinteressen als auch in dem gemeinsamen ›antibolschewistischen Affekt‹ überschnitt sich die Gedankenwelt der nationalkonservativen Oppositionellen mit derjenigen der NS-Führung.« Gerd R. Ueberschär verweist darauf, dass dies auch für einen Teil derjenigen galt, die sich später zum Widerstand entschlossen: »Es darf nicht übersehen werden, dass der Angriff auf Polen auch in oppositionellen Kreisen prinzipielle Zustimmung fand.«

›Spiegel‹-Herausgeber Rudolf Augstein, damals ein Jüngling, erinnerte sich später an die Septembertage 1939: »Es gab wohl keinen Leutnant, der nicht freudig die Grenze zu Polen überschritten hätte.« Sicher, es waren nicht alle Deutschen für den Krieg zu begeistern. Viele, die zum »Kriegsdienst« eingezogen wurden, fügten sich mehr oder weniger dem Schicksal – von oben befohlen, zu machen war da nichts. Und überall im Land gab es sogar Männer und Frauen, die Widerstand leisteten, die sich gegen das NS-Regime und den Krieg auflehnten und dabei ihr Leben aufs Spiel setzten. So richtig viele waren es aber nicht.

Die kriegerische Stimmung wurde auch von dem Pflichtgefühl getragen, das Vaterland verteidigen zu müssen, angespornt von dem Gedanken, es gelte nun, die Feinde des Reiches zu besiegen. Das zeigt als extremes Beispiel der Fall Martin Niemöller. Als »Friedenspastor« bekannt, der in der Bundesrepublik gegen die Aufrüstung predigte, war der Theologe in den 30er Jahren ein Nationalsozialist, der in dem »Führerstaat« ein Heilmittel sah, aber gleichzeitig in Gegnerschaft zur Judenverfolgung stand und die Kirchenpolitik ablehnte, die das Regime betrieb. Mehrmals verhaftet und verurteilt, sah er sich zu Beginn des Krieges im KZ Sachsenhausen eingesperrt. Von dort meldete er sich mit einem persönlichen Gesuch bei Hitler freiwillig zu den Waffen. Der ehemalige Marineoffizier und U-Boot-Kommandant wollte wie 1914/18 als Soldat »für sein Vaterland kämpfen«. Ihm wie auch anderen Pfarrern, die sich damals als Reserveoffiziere freiwillig meldeten, erschien das als selbstverständliche Pflicht. Niemöllers Antrag wurde abgelehnt. Er überlebte den Krieg, vielleicht auch deshalb, weil es ihm verwehrt blieb, Schiffe zu versenken, Feinde, die nicht seine Feinde waren, aus dem Leben zu schießen und sein eigenes zu opfern.

Zustimmung, ja, aber nur eine prinzipielle, Teilnahme, ja, aus Pflichtgefühl, mit zusammengebissenen Zähnen – so ist es von vielen, die es erlebt haben, geschildert. Einem Mantra ähnlich wird es aufgesagt: Ernst und bang, tapfer und gottesfürchtig sei damals die Stimmung gewesen. »Der Tag des Kriegsausbruchs war ein Tag nationaler Depression«, hieß es in den 6oer Jahren in einer Publikation der »Bundeszentrale für politische Bildung«, gerade so, als ob es sich um einen Zusatzartikel zum Grundgesetz handelte.

Bundespräsident Lübke, der beide Weltkriege mitgemacht hatte, gab 1960 in einer Rede dem bundesdeutschen Gedächtnisbild den offiziellen Rahmen: »Bei Beginn des Hitlerkrieges war nichts von jener Begeisterung zu spüren, die die Älteren im Jahre 1914 miterlebt hatten, der Auszug der Regimenter in den Zweiten Weltkrieg vollzog sich in beklommener Stille.« In zahllosen Erinnerungsbüchern an diese Zeit ist von schlimmsten Befürchtungen die Rede. Düstere Prognosen seien im privaten Kreis zu hören gewesen.

Noch heute wächst in den Nacherzählungen der Kinder und Enkel die Zahl der Väter und Großväter, die damals prophezeit hätten, das überlebe Deutschland nicht – »Finis Germaniae«. Schreckensszenarien und böse Vorahnungen dominierten in den Familiensagen, wie sie heute zur Sprache gebracht werden: am Horizont die Birkenkreuze der Gefallenen, die Luft bebend von den Klagelauten der Witwen und Waisen, hilflos ausgeliefert dem Rachezorn der übermächtigen Feinde.

Aber es war nichts zu machen, wir hatten keine Wahl. Vaterlandsliebe und Pflichtgefühl, Befehl und Gehorsam haben keinen Ausweg gelassen. Von Begeisterung bei niemandem auch nur ein Fünkchen. (Hier kann der Zauselrabe auf meiner Schulter mit nichts mehr an sich halten, er krächzt wie am Spieß, er schlägt mir die Flügel um die Ohren, er lässt unter sich und presst mir die Krallen in die Haut. Alle Besänftigungen, alle Drohungen, ihn ins Tierheim zu bringen, alle Vorhaltungen, soweit das seinem Rabenhirn möglich sei, doch auch die Argumente der anderen Seite in Betracht zu ziehen und, bitte schön, den Referenzrahmen sowie die historische Kontextualisierung nicht außer Acht zu lassen, helfen nicht. Der Vogel kriegt sich nicht mehr ein: Hat denn das Pflichtbewusstsein im Zweiten Weltkrieg die deutschen Eroberer nicht noch weiter hinausgetragen, hat das grimmige Was-muss-das-muss, diese aus dem Herzen emporgequollene Einsicht in die unumgängliche Notwendigkeit nicht noch viel mehr in der Welt und unter den Menschen angerichtet und hat diese bis an die Zähne bewaffnete Vaterlandsliebe, wie sorgenvoll sie innerlich auch gestimmt gewesen sein mag, im Zeichen von Größenwahn und Gehorsam nicht länger angedauert als der bald vom Todesgrauen erstickte Begeisterungsjubel im ersten? Erschöpft von der Arie seiner rückwärtsgewandten Vision, hält das Tier den Schnabel und steckt ihn unter seinen rechten Flügel.)

»Der Auszug der Regimenter«, den das Staatsoberhaupt Lübke 42 Jahre nach den Weltkrieg-Eins-Leichenfeldern und 15 Jahre nach dem Weltkrieg-Zwo-Inferno mit romantischen Biedermeierblick in Erinnerung rief, konnte sehr wohl – mit Lübke gesprochen – Herzen höher schlagen lassen. In den Briefen, die General Rommel »aus dem Felde« als Kommandant des Führerhauptquartiers an seine geliebte Gattin Lucie schrieb, klingt das ganz anders als in den pro domo auf Vordermann gebrachten »Erinnerungen«. Da sieht sich der »Militärschlag« gegen die Polen unmissverständlich begrüßt. Als Frankreich und England dann am 3. September Deutschland den Krieg erklärten, riet der Offizier tags darauf per Post, da »ein neuer Weltkrieg im Entstehen ist«, umsichtig zu Geduld und unterstützenden Leibesübungen: »Die Sache wird länger dauern und wir müssen die Nacken steifen.« Wenige Wochen später, als er heilfroh von dem Scheitern eines Attentatsversuchs auf den über alles geliebten Führer im Münchner Bürgerbräukeller berichtete, konnte Lucie Rommel, die Hitler nicht minder verehrte wie ihren Gatten, zu Hause unter der Leselampe, den Brief in den zitternden Händen, an seiner erigierten Hochstimmung teilhaben: »Es ist eine Freude, dies miterleben zu dürfen.«

Das erhebende Gefühl teilten viele mit ihm. General Fedor von Bock, Chef der Heeresgruppe Nord, zum Beispiel »freute sich im Sommer 1939 über seinen Auftrag, Nordpolen zu überrollen, denn die Polen mochte er noch weniger als Süddeutsche oder Österreicher« – so steht es in einem 2011 von der »Wissenschaftlichen Buchgesellschaft« neu aufgelegten Buch über »Hitlers militärische Elite«. Die meisten seiner Kollegen waren, wie den Quellen zu entnehmen, nicht minder Feuer und Flamme. Erfüllt vom »Stolz und Jubel der Truppe«, feierten sie den Krieg als »Krönung des Soldatenlebens«. Solange die Eroberungen in allen Himmelsrichtungen andauerten, sich das Reich im Glanze seines Glückes blähte, so lange betonten die mit fabrikneuem Lametta geschmückten Krieger, dass sie genau dies herbeigewünscht hätten. Wer sich da hätte ausschließen wollen, der wäre kein deutscher Soldat gewesen, kein deutscher Mann.

In den Geschichtsbüchern hingegen ist viel von Einwänden und Bedenken zu lesen, die Ende der 30er Jahre die Generäle vor einem Krieg hätten zurückschrecken lassen. Fast alle wollen und sollen sie den Diktator mit Warnungen belagert haben. Es handelte sich dabei, oft unterschlagen oder nur beiläufig erwähnt, nicht um Einwände grundsätzlicher Art oder um Plädoyers für friedliche Nachbarschaft. Dass Deutschland sich vergrößern musste, daran gab es keinen Zweifel, nicht einmal bei dem später zur Chef-Figur des militärischen Widerstands beförderten General Ludwig Beck. Der passende Zeitpunkt war unklar. Zu früh, noch nicht, hieß es. Noch leide man an Rüstungsrückstand. Erst noch seien die politischen Allianzen zu optimieren, erst noch die Zahlen der Panzer, der Schlachtschiffe, der Bomber und Jäger zu erhöhen. Noch nicht, aber schon bald. Eins nach dem andern. Zuvor müsse noch der »Westwall« vollendet werden, um einen Zweifrontenkrieg zu vermeiden.

Was von solchen Generalslegenden zu halten ist, zeigt anschaulich das Beispiel Franz Halder, der sich nach dem Krieg rühmte, im Herbst 1938 einen Staatsstreich gegen das NS-Regime geplant zu haben. Der Chef des Generalstabs, Nachfolger von Ludwig Beck, gilt so Historikern, die sich selbst in der Gegenwart nicht von den fiktiven Teilen der »Septemberverschwörung von 1938« trennen können, immer noch als Opponent des Regimes und als Gegner der Aggressionspolitik, ja als zentrale Figur eines 1938 geschmiedeten Komplotts gegen den auf den Krieg erpichten Diktator. Joachim Fest hat ihn als einen zentralen Mann des Widerstands dargestellt, entschlossen, »jede Möglichkeit zum Kampf gegen Hitler auszunutzen«. Das bezeichnet der Halder-Biograph Hartmann als »ein geschöntes Bild« – was ein erstaunlich milder Kommentar zu einer Einschätzung ist, die völlig danebenliegt. Wir lernen: Für die akademischen Historiker ist beim Thema Widerstand größte Vorsicht die Mutter der Porzellankiste. Fragil, wie sie ist, soll man nicht dran rütteln, darf man nur beschmücken.

In Wirklichkeit konnte die Aussicht, gegen die Polen in den Krieg zu ziehen, Halders rhetorische Kräfte ordentlich in Wallung bringen. Das zeigt die Rede, die er im Frühjahr 1939 vor der versammelten Elite der deutschen Offiziere zum Thema »Der kommende Krieg« hielt. Was der angebliche »Frondeur« da kurz nach dem Einmarsch der Wehrmacht in die tschechische Hauptstadt Prag an die Wand malte, lässt keinerlei Dissens zu dem erkennen, worauf Hitler hinauswollte. Es liest sich vielmehr wie aus einem heißen Kanonenrohr geknallt. Den Zuhörern müssen die Ohren geklungen haben: Europa, wir kommen!

In hohem Bogen tischte der strategische Kopf der Streitmacht die weit gespannten Erwartungen den Offizieren auf: »Wir müssen und werden zermalmend über Polen herfallen«. Keine drei Wochen werde »die Vernichtung« dauern. Derweilen könne »die Luftflotte« schon mal für »die Vernichtung von Paris und London eingesetzt werden, um die Moral des Gegners zu treffen«. Danach werde »eine siegreiche Armee, erfüllt mit dem Geist gewonnener Riesenschlachten, bereitstehen, um entweder dem Bolschewismus entgegenzutreten oder … nach dem Westen geworfen werden, um die Entscheidung rasch, aber gründlich zu erringen.« Er kannte weder Einhalt noch Pardon:»Restlos« war alles»zu liquidieren und zu erledigen«. In»Zusammenarbeit mit den SS-Verfügungstruppen und den paramilitärischen Organisationen der Partei« müsste es gelingen, einen»Rekord an Schnelligkeit aufzustellen«.

Der Text zeugt von demonstrativer Entschlossenheit und Vorfreude, gepaart mit einem Überlegenheitsgefühl, das größer nicht sein konnte.»Die modernste Armee der Welt« würde auf ein armseliges Heer treffen, wirklich»kein ernstzunehmender Gegner«. Das Kriegsarsenal der Polen beinhalte nicht viel mehr als»Spielzeug« auf dem»Stand von 1870/71«. Ihre Soldaten»sind wohl die dümmsten in Europa, wenn man etwa von den Rumänen absieht«. Da schien ein General in seinem Element, das die Vorstellung des »schlagartigen Überfalls« zum Sieden brachte:»Meine Herren, ich betone das Wort Vernichtung« (in einer Fußnote ist, vom Herausgeber der dokumentierten Rede penibel angemerkt:»Der Begriff wird hier im Sinn der klassischen militärischen Terminologie gebraucht«, das heißt: streng nach Clausewitz und Schlieffen).

Das in einem Moskauer Archiv gefundene Protokoll des Halder-Vortrags, 1997 in den»Vierteljahresheften der Zeitgeschichte« mit einer Einführung des Spezialisten Christian Hartmann veröffentlicht, ist nicht unumstritten. In einem 60-Seiten-Aufsatz der Zeitschrift des»Militärgeschichtlichen Forschungsamtes« beschäftigt sich zwei Jahre später ein Historiker namens Klaus Mayer, von dem weiter nichts bekannt ist, als dass er offenbar ein passionierter Fürsprecher der Generalstabstradition ist, ausgiebig unter Einsatz philologischer Spitzfindigkeiten mit dem Dokument. Sein Resultat, auf das sich auch der Experte Rolf-Dieter Müller beruft: Es sei eine von Engländern perfide angefertigte Fälschung – der Inhalt will so gar nicht zu den Legenden von jener Friedfertigkeit passen, die einer Reihe höchster Armee-Offiziere der Wehrmacht zugeschrieben ist. Müller geht mit keinem weiteren Wort auf das Dokument ein, so wie es überhaupt auffällt, dass diese Brandrede, von ein, zwei Fußnotensplittern abgesehen, im historiographischen Disput so gut wie kaum vorkommt. Zwar benutzt es der englische Historiker Ian Kershaw in seiner Hitler-Biographie (2000) wie selbstverständlich und zitiert über eine Seite lang daraus, auch wenn er immer noch behauptet, dass Halder wenige Monate zuvor als neuer Generalstabschef das sagenhafte Vorhaben eines Staatsstreichs gegen Hitler und dessen Kriegspläne unterstützt habe. Bei den deutschen Historikern geht allein Hartmann, der Historiker, der die Rede publiziert hat, versteckt in seinem Nachwort zu der 2010 unverändert erschienenen Neuauflage seiner Halder-Biographie von 1991, etwas ausführlicher darauf ein und bekräftigt die Echtheit des Dokuments. Auch der emeritierte Kölner Historiker Jost Dülffer hat es in seine Argumentationslinien bei der Schilderung der Vorkriegssituation eingebaut.

Halders Suada vom Frühjahr 1939 ist in der Tat, gemessen an der Grundtendenz einer historiographischen Wahrnehmung, die den Attentismus, ja, die entschiedene Opposition der Militärs gegenüber den Kriegsplänen Hitler betont, ein Hammer, der wesentliche Teile des üblichen Geschichtsbilds zerschlägt. Sie konveniert zudem in sich schlüssig und einleuchtend mit dem, was der General ein gutes Jahr später, im Sommer 1940, nach einer Besprechung mit Hitler in seinem Tagebuch festgehalten hat: »Ist aber Rußland zerschlagen, dann ist Englands letzte Hoffnung getilgt. Der Herr Europas und des Balkans ist dann Deutschland. Je schneller wir Rußland zerschlagen, um so besser«.

In den gängigen Geschichtsbüchern ist Halders herrlich bombiges Europa-Projekt nicht verzeichnet, ebenso wenig wie Rommels gesteifte Kriegsglückseligkeit und auch nicht das dschihadistisch anmutende Diktum des Feldmarschalls Werner von Blomberg vom Krieg gegen Polen als »einer heiligen Pflicht«. Das verbreitete Stimmungsbild folgt vielmehr dem Leitfaden, den uns Hans Speidel (1897–1984), ein General mit höchsten Auszeichnungen sowohl in der Wehrmacht als auch in der Bundeswehr und NATO, in die Hand drückte. In seinen Erinnerungen (»Aus unserer Zeit«, 1977) stellte er noch einmal klar: »Tiefe Depression bei Heimat und Heer am 1. September 1939. Es herrschte der Eindruck, wir gingen einem unabwendbaren Schicksal entgegen.« Eine der Belohnungen für diese fromme Lüge: Die Bundeswehr-Kaserne im baden-württembergischen Bruchsal trägt heute noch ganz offiziell den ebenso klangvollen wie bescheuerten Namen »General-Dr.-Speidel-Kaserne am Eichelberg«.

Nichts als: Stillgestanden. Augen geradeaus. Gewehr über. Im Gleichschritt marsch. Getreu dem Eid, immer der Pflicht nach, ergeben dem unabwendbaren Schicksal. Anschaulich für alle Zeiten versinnbildlicht von den Soldaten des »Hanseatischen Infanterieregiments Nr. 76«, die mitten im Hamburg des 21. Jahrhunderts, zwischen Dammtor-Bahnhof und Staatsoper vor dem Eingang zu »Planten und Blomen«, als Relieffiguren in Stein gemeißelt, die Reihen dicht geschlossen, das Gewehr geschultert, das Spießmesser am Koppel, in einer Endlosschleife um einen Riesenquader herummarschieren. »Deutschland muß leben, auch wenn wir sterben müssen«, so steht es in erhabenen Fraktur-Lettern über ihren Stahlhelm-Köpfen geschrieben. Seit das Kriegerdenkmal 1936 von dem Kavalleriegeneral Wilhelm Knochenhauer, damals so etwas wie der Standortkommandant, eingeweiht wurde, sind sie zugange, bei Sonne und Mond, Wind und Wetter, vorbei an Passanten, die zur S-Bahn eilen, und vorbei an Touristen, die mit Fotoapparaten auf sie losgehen. Sie bleiben steinhart unterwegs, solange wie Deutschland leben muss, sommers wie winters, unentwegt unaufhaltsam, immer voraus hinter sich her.

So wird, auch wenn die großen Mythen zum Teil entzaubert sind, die Geschichte in der Gegenwart noch immer überwiegend verkauft: Sie ging ihren Gang. Es nahm seinen Lauf. Mit uns marschierte es wie befohlen dahin.

Alter, abgestandener Kappes? Unter uns aufgeklärten Deutschen ist das heute doch nur eine historische Reminiszenz, so klingt der gute Ton unter besonnenen Leuten der Gegenwart. Vorbei die Zeiten? Augen rechts! Und hingeschaut: Weit spannt sich der Bogen der Legenden und Rechtfertigungen bis in die mit Musike und geschnarrten Kommandotönen inszenierten Staatsakte der Jetztzeit, bis unmittelbar vor den geschichtsmächtigen Kultplatz der Nation.

Dort, auf dem Rasen vor dem Berliner Reichstag, trug es Altkanzler Helmut Schmidt (Jg. 1918), Ex-Oberleutnant der Wehrmacht und Hauptmann der Reserve a. D. der Bundeswehr, im Sommer 2008, noch einmal den Deutschen ins Geschichtsbuch ein. Bei der Gelöbnisfeier der Rekruten verteidigte er, der sich schon lange der nahezu schrankenlosen Verehrung von Alt und Jung erfreute, in einer Rede sich selbst und den Gleichschritt seiner Generation: »Patriotisch gesonnen, glaubte ich, wenn mein Land im Krieg ist, dann muss ich als Soldat meine Pflicht tun.«

Die Pflicht war nicht unterzukriegen. Als der Krieg vorbei war, wurde immer noch von ihr schwadroniert. Nach wie vor schmückten Offiziere ihre Bücher mit der altpreußischen Maxime, die beide Schlüsselbegriffe zusammenschnürt: »Es gibt nur eine Begeisterung, die für die Pflicht.« Sie, die Pflicht, Deutschlands Göttin mit der Rute und dem strengen Blick, blieb der Grund, warum wir in den Krieg gezogen sind, und sie blieb der Trost, der dem Krieg einen Sinn geben musste. Ein kleiner Seitenblick ins Hier und Heute des Jahres 2013 kann nicht schaden: Von der »Pflichterfüllung« sprach auch die Kanzlerin beim Besuch im afghanischen Kundus, als sie unseren Soldaten erklärte, wozu sie da sind, wo sie, verschickt in Bündnistreue, sind.

Helmut Schmidt sprach später oft von der »Tragödie des Pflichtbewusstseins«, darunter ist es in Deutschland nicht zu haben. Was ein echter Deutscher ist, hat bei diesem Thema keinen Raum für Distanz, Skepsis oder gar grundlegende Kritik. An die »Pflicht« als Daseinsatem bei allem, was zu tun ist, glaubte auch Franz Halder, ebenjener General, der das »rasche, aber gründliche Vernichten und Zermalmen«, wie er es nannte, hatte kaum erwarten können. Im Herbst 1942 von dem Posten abgelöst, tat er in der »Führerreserve« seine Pflicht. Die letzten Kriegsmonate war er, als »Sonderhäftling« der Willkür des Regimes ausgesetzt, in einem Lager interniert. Nach dem Mai 1945 aber hatte er wieder bannig viel zu tun: 15 Jahre half er in der »Historical Division« der US-Armee als Experte bei der Aufarbeitung der Weltkriegs-Zermalmungen. Gleichzeitig wies er, quasi im Amt des Feder-Führers, der deutschen Militärgeschichtsschreibung ihre Rolle zu, die sie für das kulturelle Gedächtnis der Nation zu spielen hatte.

Wolfram Wette, einer der Militärhistoriker, die in ihren Veröffentlichungen ohne Hemmungen über den Rand des Gefechtsfelds blicken, hat den General-Wegweiser vor zehn Jahren angemessen eingeordnet: »Halder, dem fälschlicherweise der Ruf anhaftete, ein Gegner Hitlers gewesen zu sein, verkörperte wie kein anderer den Geist des preußisch-deutschen Generalstabs.« Wie klein und krumm der prätentiöse Geist, der da waltete, beschaffen war, ist einem Büchlein zu entnehmen, das Halder im Gründungsjahr der Bundesrepublik veröffentlichte, um »mit hoher sittlicher Zucht der Wahrheit zu dienen«. Das 60-Seiten-Werk trägt den Titel »Hitler als Feldherr«. Es fand große Verbreitung, die Zeitungen schrieben von einem »Verkaufsschlager«. Gewidmet ist es »den Millionen deutscher Männer, die fünfeinhalb Jahre lang, vielfach unter übermenschlichen Opfern, ihre Pflicht taten«.

Autor Halder sieht sich hier als Repräsentant der »militärischen Führungskunst«. Deren Eigenheiten, also auch seine, lässt er auf den Zeilen in Ausgehuniform paradieren: »Zartes Einfühlungsvermögen in den Gegner und in die eigenen Truppen … unbeugsame Härte des Willens … beschwingte Phantasie und ruhelose Ungeduld und gleichzeitig unbestechliche Nüchternheit«. Moltke, Bismarck, Schlieffen rühmt er als die idealen Verkörperungen des »wahren Feldherrntums«, das »die Kraft aus der demütigen Beugung vor Gott schöpfen muß«. Hitler ist »eine fast tierisch feine Witterung« zugebilligt, aber die habe »mit dem Feingefühl des Feldherrn nichts gemein«. Der Reichskanzler habe »von Anfang an die Gewaltlösung gewollt, trotz aller Warnungen von militärischer Seite«. Die »Erfolge und Mißerfolge«, die sich danach während des Krieges ergaben, verteilt Halder auf seine Weise: Sehr gut schneiden die hohen Militärs ab, ganz schlecht kommt dagegen der Diktator weg. Der habe in unserer Geschichte nichts zu suchen: »Dieser dämonische Mann war kein soldatischer Führer im deutschen Sinne.«

Deshalb müssen wir ihn wohl verloren haben, den »Hitler-Krieg«.

484

P. S.: Mit ist nie aus dem Sinn gewichen, was mir ein alter Mann erzählte, der ohne sein rechtes Bein aus Russland zurückgekommen ist: Ich war noch keine zwanzig, als sie mich einzogen. Natürlich wollte ich dabei sein, auch wenn mir etwas bänglich war, eines weiß ich aber: Wir Deutschen, die wir später auf den Hitler geflucht haben, taten das nicht, weil er den Krieg angefangen hat, sondern weil er ihn verloren hat.

Epilog
Aus einem Leben, das zum Glück schiefgelaufen ist: Heimsuchungen, Karambolagen und Einsichten von unten

Antisemit von Geburt

»Ich heiße Rudolf, bin 74 Jahre alt und seit meiner Taufe Antisemit.« So stelle ich mir das in einer der Selbsthilfegruppen der Anonymen Antisemiten vor, die es eigentlich in jeder Stadt geben müsste. Es gibt aber keine, dafür gibt es in Hamburg zum Beispiel seit x Jahren vor jeder Synagoge ein oder zwei Häuschen, in denen Polizisten mit Maschinenpistolen Wache schieben, was die Passanten schon gar nicht mehr sehen, weil sie sich daran gewöhnt haben wie an die Zebrastreifen auf der Straße. Also muss ich wohl allein ran – Psycho-Autarkie nennt man das.

Wie hat es bei dir angefangen, los, erzähl mal, du kannst ganz offen sprechen. Meistens weiche ich aber erst mal verlegen aus und fange, warum, weiß ich eigentlich gar nicht, mit den Frauen an, die kämen mir manchmal dermaßen komisch vor. Es gibt Tage, da sehen die für mich wie Tiere aus, egal, ob sie schön, herrlich, dämlich, majestätisch, hübsch, niedlich oder auch biestig, potthässlich, pampig sind. In meinen Augen sind sie an diesen Tagen bei einem Rundgang durch die Stadt Rennpferde, Ameisenbären, Afghanen, Kakadus, Haubentaucher, Pfauenaugen, Kobras, Perlhühner, Enten, Kamele, Ziegen, Antilopen, Libellen, Milchkühe, Schnepfen, Kreuzspinnen, Schafe, große wilde und kleine eigenwillige

Katzen natürlich auch; im Grunde begegne ich fast allen Arten, die mir im Zoologischen bekannt sind. Die meisten sind mir sympathisch. Überhaupt und sowieso, wenn es die nicht gäbe, dann wäre ich schon lange nicht mehr im Leben. Aber diese von Zeit zu Zeit auftretende Wahrnehmungsweise, schlimm, beinah sodomitisch. Mehr als das, unmöglich, oder wie heute die Kanzlerin und andere Gesetzeshüter sagen: Frauen so zu betrachten, geht gar nicht.

Nun aber genug der Abschweifung, ich bin ein gebürtiger Antisemit. Ja, ich bin nun mal so in Lindau im Bodensee zur Welt gekommen. Gegen meinen Willen. Quasi mit der Muttermilch. Lang ist es her, dass ich unversehens in dieses »Dritte Reich« hineingeriet, Anfang '41, gerade als bei den Deutschen und ihrem »Führer« alle Signale auf »vorwärts« und »aufwärts« gestellt waren, auf »Niedermachen«, auf »Siegen« und auf »neue großdeutsche Ordnung in der Welt«, auch bei den kleinen Leuten. Kann leicht sein, dass sie mir den Vornamen nach dem Hitler-Stellvertreter Rudolf Heß bei der Taufe gegeben haben, kurz bevor diesem offiziell der »Jagdschein« ausgestellt wurde, weil er, »verrückt geworden«, in großer Mission nach England geflogen ist.

Die Mutter war damals eine waschechte Antisemitin und nahezu bigotte Katholikin, der Fadder, katholischer Kirchgänger dito, bei der SS und in der »Partei« seit 1937. Wenn mir einer im Kindergarten ein »Guetsle« weggenommen hat, sagte ich, gib das wieder her, was du mir »abgejudet« hast. Meine Schwester, gut zwei Jahre älter als ich, kann heute noch mit peinlichem Grausen erzählen, wie die Erstklässler reihum von der Lehrerin gefragt wurden, was denn der Vater so mache, beruflich, geschäftlich, ob er daheim sei oder fort. »Der isch in Polen«, habe sie gesagt. Was er denn da mache?« »Jude verschlage«. Kindermund anno 1943. Eine dieser Familienanekdoten, wo einem das verlegene Grinsen den Hals schnürt. Da helfen auch die zynischen Panzerungen und die makabren Sätze nichts, die ich mir gegen derlei Blasen, die aus der Vergangenheit hochblubbern, zugelegt habe. Aber so ein Bittersatz will einfach manchmal an die frische Luft: Das war damals ja eine verantwortungsvolle, hoheitliche Aufgabe.

Als der Krieg zu Ende war, da steckte das Gedankengift der rassistischen »Volksgemeinschaft« weiter wie eingeschmolzen in den Hirnwindungen von uns Deutschen: Wir sind wir, und die, die »anders« sind, gehören nicht dazu. Bei uns zu Hause wurde über Juden nicht groß geredet, wenigstens nicht so, dass ich es hörte oder behielt. Bei den Puzzle-Teilchen, die ich noch im Ohr habe, schwingt verschwiemelt scheinbar positiv Gemeintes mit: Die Schwester von dem, dem das Bekleidungshaus in der Schmiedgass ghört hat, die sei wieder gekommen, und die ginge jetzt bei uns in die Kirch (den Sinn von so kryptischen Halbsätzen aus vergorenen Gerüchten habe ich mir später, nach und nach, zusammengereimt).

Ob in der Kleinstadt oder sonst wo, die bösartigen Vorurteile neigen dazu, sich weiter fortzupflanzen, bestimmt nicht auf biologisch-genetischem Weg, wohl aber durch Indoktrination in vielerlei Varianten oder in sanfter Weise auf tiefer liegenden Ebenen per Osmose über die Einflüsse der sozialen Instanzen, Autoritäten, Milieus, über die Mentalitäten und Verhaltensweisen (oder sogar buchstäblich beim altdeutschen »Völkerball«, jenem grässlichen Lieblingsspiel unseres Fußballhasser-Turnlehrers). Die Deutschen hatten den Krieg verloren, nicht aber ihre besondere Art, »die Welt anzuschauen« – zwar bald von neuem Gedankengut überlagert, aber das alte ist haften geblieben, teils obenauf sprechbereit, teils integriert, teils verstaut in den Winkeln, teils stumm und scheintot.

Wenig später, bevor es mit den Zigaretten losging, rauchten meine Freunde und ich »Judenstrick«. Da hatte ich schon im Religionsunterricht gelernt, dass der »Judas« unseren Herrn Jesus Christus an die Juden verraten hat, für gerade mal 30 Silberlinge, und die ihn dann rücksichtslos ans Kreuz geschlagen haben.

Zu der Zeit war ich aber schon ausgetreten bei den Antisemiten, noch bevor ich bei den Katholiken die Biege machte. Als solcher bin ich nämlich aufgewachsen. Von der Taufe bis zur Firmung katholische Jugend volle Kanne, dreimal in der Woche heilige Messe, dazu Maiandachten, Kreuzwegandachten, Exerzitien, Zeltlager, Gruppenwanderungen über die Endmoränenhügel im Hinterland. Meinen Schlaf bewachte von der Zimmerwand aus eine gerahmte

Fotografie vom Gott auf Erden. Pius der Zwölfte, mit asketisch strengem Gesicht, die Hände gefaltet. Angeblich kuckte er gütig, was ich überhaupt nicht so sehen konnte.

Am Firmungstag gleich nach dem Ritual vor dem Altar in der Kirche bekam ich die erste Armbanduhr, die Uhrengeschäfte auf der Insel hatten extra für zwei Stunden geöffnet, so wollte es der Brauch. 17 »Steine« hatte sie, zog man sie auf, zeigte sie einen ganzen Tag und eine ganze Nacht die Zeit an, in der Gott und die Deutschen dabei waren, ein Wirtschaftswunder zu vollbringen. Mein Firmpate, der Onkel Hans, war ein stiller, ruhiger, sympathischer Mann. Ich kann mich nicht erinnern, dass wir uns danach noch einmal gesehen oder miteinander gesprochen haben. Irgendwann, viele Jahrzehnte später, hörte ich, dass er sich im Vorgarten seines Hauses selbst verbrannt hat. Ein Nervenleiden habe ihn in den Tod getrieben, wurde in der Verwandtschaft erzählt. Mir setzt sein gewaltsamer Suizid heute noch zu, weil von früh an die Selbstumbringereien von Freunden und Freundinnen tiefe Löcher in mein Gemüt geschlagen haben und ich die schwarzen Hunde, die einen in diese Richtung ziehen wollen, selber gut kenne und, natürlich, weil er mir doch die Uhr geschenkt hat und laut katholischer Sitte bei seelischen Nöten immer für mich da gewesen wäre.

Erzkatholisch wie ich war, suchte ich als Bub auch in den Müllcontainern der Eisenbahn hinterm Bahnhof in den weggeworfenen Zigarettenschachteln nach Silberpapier. Für ein Kilo reinen Stoff, den ich, tütenverpackt, den Missionspatres in einer Villa am Aeschacher Ufer brachte, konnte ich so die Seele eines Mohrenkindes retten. Die frommen Herren in ihren bis zu den Fußknöcheln reichenden Gewändern fuhren nämlich dann zurück ins ferne Afrika, in diesen schwarzen Erdteil, wo die Neger in heidnischen Zuständen lebten und darauf warteten, dass das Wort Gottes zu ihnen komme, damit sie dafür nicht die beschwerliche Reise durch feindliche Länder, über viele Grenzen und ein aufgepeitschtes Meer antreten müssten. Irgendwann gestorben, könnte dann auch einer, der mir seine Bekehrung zu verdanken hatte, beim Halleluja-Singen in den himmlischen Gefilden dabei sein, in die christliche

Ordnung eingereiht, wo ich ihn dann sehen könnte, ein paar Stufen unterhalb von meinem Platz. Die Lieder wurden schon fleißig geübt: »Großer König aller Völker, unsre Heimat schütze du« und »Meerstern, ich dich grüße, o Maria, hilf«, aber eben auch: »Nur im Krale der Ovambo singt voll Wonne seine Lieder, Kalitschkakauka tschulima« und »Wenn die bunten Fahnen wehen«.

Als ich zum ersten Mal so richtig verliebt war, im Wortsinn unsterblich, also fürs Leben, nicht zuletzt, weil sie, Dagmar, die Tochter vom »Tata«, dem Wirt des Lokals »Zur Fischerin«, der Anne Frank wie aus dem Gesicht geschnitten glich, fragte mich der Kaplan Immerz bei einer Begegnung vor dem Bahnhof, warum ich nicht mehr zur Beichte komme und was ich denn mit diesem »Judenflitscherl« wolle. In dem Moment, da war es bei mir stante pede aus mit dem scheinheiligen Zirkus und allen anderen Religionen gleich mit, alles »Kuttenbrunzer«, sagte ich, wie die andern es auch taten, die an Respekt verloren, was sie an Verstand gewannen. Mir wuchs die gedankliche Rechtfertigung meiner spontanen Verabschiedung erst später zu. Revisionsgründe fand ich keine.

Wahrscheinlich trägt das Silberkilo heute noch dazu bei, dass ich von Zeit zu Zeit Reste rassistischer Anwandlungen verspüre, sie mir aber sogleich im Ansatz lachhaft erscheinen. Wenn in der U-Bahn ein Schwarzer mir gegenübersitzend beide Beine auf den Sitz legt und ganz laut mit seinem Handy telefoniert (in einer Sprache, die ich nicht verstehe), rasselt der Rassist in mir leise mit der Kette, an der er liegt, und obwohl meine Ohren dem Nichtmehrkönnen vorauseilen, höre ich die Misstöne in mir und muss über mich lachen. Ertappt. Kalitschkakauka tschulima. Und das, wo ich doch eigentlich unheimlich froh darüber bin, dass Hamburg so viel bunter geworden ist. Ich kann nur sagen, was für eine Freude, kein Vergleich mit früher, als hier fast nur die hellbeigen Pfeffersäcke herumliefen, als ein Afrikaner von oben herab angestarrt wurde und als die paar dunkelhäutigen Kinder, die es gab, wie ich es bei dem Sohn einer Freundin erlebt habe, in der Schule permanent gemobbt wurden.

Seit vielen Jahrzehnten, im Grund seit meiner Kindheit, als ich mich mit den Kindern anfreundete, von denen es hieß, sie seien kein Umgang für mich, bin ich trocken. Ganz kleine Reste melden sich manchmal noch, wenn ich denke, der oder die sieht »jüdisch« aus. Kein Grund, einen scheelen Blick zu kriegen (unter uns: au contraire). Der Blödheit des Übermuts geschuldet war allerdings, dass ich mich früher manchmal für einen Juden ausgegeben habe. Da ich beschnitten bin (aus medizinischen Gründen) und bekanntermaßen »entartete Ansichten« vertrat, war das relativ einfach.

Nach meiner Erfahrung sagt jeder zweite Antisemit, er sei kein Antisemit. »Der Antisemitismus steckt in uns, er kommt nicht von außen«, schrieb kürzlich einer, dem die vielen Straftaten gegen jüdische Menschen und Einrichtungen hier in Deutschland auffielen, die keinen einzigen Haftbefehl nach sich zögen. Mein Antisemitismus ist irgendwo, auch wenn er, wie mein Misstrauen sagt, doch nicht ganz weg sein kann, in mir verschwunden. Es gibt Leute, die entdecken ihn sogleich und machen ihn daran dingfest, dass sie mir einen galoppierenden Philosemitismus anhängen. Da erscheine ich mir dann als hoffnungsloser Fall, denn das, so sagen es selbst sehr kluge Leute, sei ein untrügliches Zeichen für Antisemitismus.

Es stimmt, ich tu mich schwer, ein jüdisches Arschloch ein Arschloch zu nennen, dabei hat doch auch ein solchenes ein Menschenrecht darauf. Zudem kann ja wirklich was dran sein, dass man den Antisemitismus erst wirklich los ist, wenn man sich auch dieser Art von Hemmungen entledigt hat. Einen »Antifaschisten« nenne ich mich aber auch nicht, es ist mir immer blümerant geworden, wenn das einer aus meiner Generation der Nachgeborenen von sich sagte. Mal ganz abgesehen von der Abgewetztheit des Wortes, nicht mehr als ein Etikett aus Plastik, das unsere Bundestagsvizepräsidentin Claudia an Feiertagen als Brosche trägt, wohlfeil gebraucht und missbraucht bis zum Erbrechen. Versteht sich das denn nicht von selbst, wenn man unter allen Menschen, mit denen man den Globus teilt, ein Mensch sein will, der sich über niemanden erhaben fühlt, friedfertig ist und jedem Machthaber, ob groß, ob klein, gegenüber skeptisch und kritisch ist? Dem Gesindel faschistischer Gesinnungsart gönne ich nicht einmal ein Anti.

Öfters schon wurde ich für einen Juden gehalten, mit gemischten Konsequenzen. Verzichten hätte ich auf die Frankfurter Glatzen können, die mich vor ein paar Jahren in einer dunklen Straße kurz vor Mitternacht umringten, mit »Saujud« beschimpften und mich im Kreis herumschubsten. Es muss mein schwarzer Hut und der lange schwarze Mantel gewesen sein, der sie anmachte. Gut, dass sie nach ein paar Minuten die Lust an diesem Spiel verloren. Ich war die ganze Zeit stumm geblieben. Was hätte ich denn dieser Bagage von Dumpfbacken sagen sollen? Dass ich kein Saujud sei?

Es gibt Antisemiten, die es entschieden ablehnen, als Antisemit bezeichnet zu werden und sofort von ihren jüdischen Freunden erzählen, oder sie gehen direkt auf die Palme, von wo aus sie den Spruch herunterdonnern: »Ungeheuerlicher Vorwurf«. Das sehe ich gelassener, da es mir relativ bald gelang, diese frühkindlichen Fixierungen zu erkennen und ihnen mores beizubringen. Und so hat nie jemand von mir hören müssen, was ich nach dem vierten oder fünften Glas Bier von vielen, auch von Kollegen und belesenen Akademikern, zum Teil deutlich jünger als ich altes »Kriegskind«, zu hören bekam: Dass es bei dieser Sache mit dem Holocaust doch auch zu bedenken gäbe, wie die Juden damals das Bankgewerbe beherrscht hätten und etwa unter den Ärzten und Rechtsanwälten in Berlin weit, weit überproportional vertreten gewesen wären, das hätte selbst der große Dichter Gottfried Benn damals gesagt, und der musste es als Arzt ja wissen. Zu bedenken auch der Spott, den Goebbels während des Studiums wegen seines Klumpfußes von jüdischen Kommilitonen hätte ertragen müssen. Von da sind es nur noch zwei Gläser bis zu einem gewissen »Verständnis«, das in einer von den milderen Varianten damit endet: Man hätte sie ja nicht gleich umbringen müssen. Goldhagens eliminatorische These lehne man ab.

Dass die Israelis es heute mit den Arabern nicht anders trieben als die Deutschen damals mit den Juden, der Holocaust ihnen also leider keine Lehre gewesen sei, also, wenn man es von der Seite sehe, im Grunde nicht viel gebracht habe, das kann man allerdings auch bei einem Cappuccino oder einem Selters zu hören bekommen. Wenn man es nur auf dem Display lesen will, dann steige man bei Nahost-Themen in den Überfluss von unzähligen online-

Leserkommentaren, die einschlägigen Artikeln folgen. Allerdings: Dort quillt einem der Antisemitismus in allen Varianten, von rabiat bis verdeckt, dermaßen massiv entgegen, dass man sich vorkommt wie einer, der sich einklickt, um das Fürchten zu lernen.

In den vielen, vielen Büchern, die ich über die NS-Zeit gelesen habe, ist fast in jedem eine Passage enthalten, in der von irgendeinem Nationalsozialisten behauptet wird, er sei nie ein »glühender Nazi« gewesen oder gar ein »Antisemit«, auch wenn er sich den herrschenden Gesetzen angepasst habe und gezwungen gewesen sei, dies und jenes »mitzumachen«, in des Wortes doppelter Bedeutung. Von Heidegger, dem großen deutschen Knickerbocker-Schamanen aus dem Schwarzwald, der einst auf den Führer, den er geistig führen wollte, große Stücke setzte, hat der Sohn und Nachlassverwalter gesagt, der sei »kritisch gegen das Weltjudentum eingestellt« gewesen, »ohne Antisemit zu sein«.

Oft genug dürfen es ausgesprochene Massenmörder auch selber sagen. So wie Eichmann vor dem Gericht in Jerusalem: »Ich war nie Antisemit, lediglich Nationalist.« Albert Speer hat in seinen »Spandauer Tagebüchern« geschrieben: »Auch bei strengster Selbsterforschung muß ich sagen, daß ich kein Antisemit war. Auch ansatzweise nicht. Mir kam diese Streicherwelt immer krankhaft, verdreht vor.«

Für kleine Feldforschungen auf diesem Gebiet ist die Zeit gerade günstig. Der Antisemitismus, der nie aufgehört hat, Bestandteil im Denkhaushalt vieler Deutscher zu sein, soll sich nach den neuesten Untersuchungen wieder erheblich verstärkt haben, insbesondere in den gebildeten Schichten. Kleiner Tipp: Nicht konkret und direkt fragen, den Namen Hitler zunächst vermeiden, stattdessen besser etwas Honig von Heidegger auftischen (»Alles Große steht im Sturm«), und bringen Sie etwas Geduld und Lust zum Zuhören mit.

Fadder 1 – Familiengründung

»Ich, Michael Rietzler, bin geboren am 5. Januar 1909 zu Möstenberg als fünfter Sohn der Landwirtschaftsleute Rietzler Joachim und Maria, geb. Grotz. Vom 6. bis 16. Lebensjahr besuchte ich die Volks- und Fortbildungsschule zu Hochgreut und war bis zum 18. Lebensjahr im elterlichen Haus tätig. Mit 18 Jahren trat ich in die Lehre und erlernte das Schmiedehandwerk (1927–1930). Nach drei Jahren harter Lehrzeit machte ich die Gesellenprüfung mit gutem Erfolg und war dann noch bei unserem Meister als Geselle in Arbeit. Da ich auch nicht von der Zeit der Arbeitslosigkeit verschont blieb, habe ich mich im Berufe umgestellt und griff nach einem nah verwandten Beruf zum Schlosserhandwerk über, durch das ich jetzt mein Brot verdiene. Nun bin ich seit Oktober 1934 bei der Firma Dornier-Metallbauten als Schlosser beschäftigt. Seit Februar 1935 bin ich bei der Schutzstaffel und bin stolz darauf, die großen Aufgaben, die uns der Führer gestellt hat, treu und gehorsamst erfüllen zu dürfen. Heil Hitler. Michael Rietzler. SS-Anwärter.«

Der Lebenslauf lag in dem sehr sparsam bestückten Aktendeckel, in dem alles zusammengesammelt war, was sich im Bundesarchiv in allen möglichen Abteilungen zu meinem Vater finden ließ. Es waren vor allem Papiere aus einer Korrespondenz mit dem »Rasse- und Siedlungshauptamt-SS« in den Jahren 1937–1940. Daraus geht hervor, dass M. R. 1937 einen Antrag zur Aufnahme in die SS stellte und danach am 8. Dezember 1937 um eine »Verlobungs- und Heiratsgenehmigung« nachkam. In einem handschriftlichen kurzen Brief »mit der Bitte um eine baldige Erledigung« steht zum Schluss: »Es würde mich sehr freuen, wenn ich mich zum Jahresschluss verloben könnte«. Heil Hitler. Michael Rietzler, SS-Anwärter.«

Es liegt ein »SS-Erbgesundheitsbogen« dabei, ein vorgedrucktes Formular, das nach einer »ärztlichen Untersuchung« ausgefüllt ist, unterzeichnet von »Dr. med. Stephan Euler, SS-Scharführer (Führer der Staffel III/29) in Lindau«. Vermerkt ist dort unter anderem, dass M. R. »keine auffallende Begabungen« hat, eine »normale Charakterentwicklung« und einen »muskulösen, athletischen Körperbau, fünf Zigaretten am Tag raucht, 176 cm groß ist. Augenfarbe: blau, Haarform: straff«. In der Rubrik »Vorwiegender Rasseanteil« ist eingetragen: »nordisch mit dinarischem Einschlag«.

Der Gesamteindruck ist mit »sehr gut« benotet, eine »Fortpflanzung in völkischem Sinne« für »wünschenswert« erachtet. Fazit: »Der Bewerber ist geeignet.« Die beigelegte achtseitige Ahnentafel (Berufe: Bauer, Sattler, Schreiner, Söldner) geht zurück bis auf »Klaudius Rietzler, geb. vor 1740, Schmied in Oberstdorf, gest. 21.11.1822.«

Ein kurzer Lebenslauf der Braut liegt auch bei den Unterlagen. Da steht nicht viel mehr als: »Am 7.1.1914 als Kind der Forstarbeitersleute in Konnersreuth geboren, ... acht Jahre bin ich nun schon in landwirtschaftlichen, privaten und Wirtschaftshaushalten tätig. Seit 1934 bin ich Mitglied der ›Deutschen Arbeitsfront‹. Ich habe mir so viele Kenntnisse erworben, daß ich zu jeder Zeit einen eigenen Haushalt führen kann und mich darauf freue, eine deutsche Mutter zu werden.

Heil Hitler. Mathilde Bauer. Hausgehilfin.«

Auch hier eine bis ins 18. Jahrhundert zurückreichende Ahnentafel (Berufe: Waldarbeiter, Weber oder Bauern, ein Schneidermeister). In dem Untersuchungsfragebogen ist als »vorwiegender Rasseanteil« vermerkt: »dinarisch mit ostischem Einschlag«, als »auffallende Begabung« ist eingetragen: »sehr gute Strickerin, gute Näherin«. Der »Gesamteindruck« wird mit »ganz ausgezeichnet« bewertet. Eine »Fortpflanzung im völkischen Sinne« für »wünschenswert« erachtet. Unter Punkt 12 ist auf dem Formular die Frage vorgedruckt: »Hat die zukünftige Braut und ihre Familie sich für die nationalsozialistische Erhebung eingesetzt oder sind sie heute zuverlässige Verteidiger der nationalsozialistischen Weltanschauung? – Eintrag: »Ja.« Punkt 13: »Halten Sie die zukünftige Braut als Frau eines SS-Angehörigen geeignet?«. Auch bei dieser Frage trug Dr. Euler ein uneingeschränktes »Ja« ein.

Das beantragte Ehestandsdarlehen, das damals eintausend Reichsmark betrug, wurde genehmigt. Es konnte mit dem »Abkindern« begonnen werden. Für jedes Kind verringerte sich das Darlehen um ein Viertel. Meine Schwester, Ende 1938 geboren, und ich (Anfang 1941) blieben die einzigen »Abschläge«.

Notabene: Bevölkerungspolitisch nicht uninteressant, hier zeigt sich einmal deutlich, in Zahlen ablesbar, die ominöse »Modernisierungsthese«, die manche Historiker für ein Kennzeichen der NS-Zeit erachten. Meine Großeltern im Allgäu hatten 13 oder 14 Kinder (es war damals nicht exakt festgelegt, wie lange ein Neugeborenes leben musste, um sich in die Statistik einfügen zu dürfen). Die Großeltern in Konnersreuth im Fichtelgebirge zogen neun Kinder auf. Meine Eltern, meine Schwester, meine Nichte, mein Neffe, alle jeweils zwei. Ich selbst: keine (leider).

An Dr. Stefan Euler, der als Arzt und SS-Scharführer die Begutachtung der angehenden Eheleute Rietzler vorgenommen hat, kann ich mich noch gut erinnern. Er war in der ganzen Stadt überaus beliebt, seine leutselige Art kam überall gut an. Wenn er bei uns einen Hausbesuch machte, schaute er, kaum war er zur Tür hereingekommen, in den Kochtopf auf dem Herd und sagte dann gewöhnlich: »Siedfleisch von der Freibank, ach, riecht das gut!«. Zur Mutter: »Du kochst wie keine zweite.«

Als Lokalpolitiker legte Euler eine Karriere hin, die ihm höchste Ehrungen eintrug. Gleich nach dem Ersten Weltkrieg engagierte er sich im »Deutschvölkischen Schutz- und Trutzbund«. Vorstandsmitglied der Ortsgruppe, rabiater Antisemit. Seit 1924 im Stadtrat, im Krieg Vertreter des Bürgermeisters. Danach als »NS-Aktivist 1. Ordnung« in Haft genommen. Bald wieder freigelassen und als »Mitläufer« entnazifiziert. Ab 1952 wieder im Stadtrat (Liste der »Freien Bürgerschaft«), 1960 erhielt er den »Goldenen Bürgerring« der Stadt, ein Jahr später das Bundesverdienstkreuz, und 1970 setzten ihn die Lindauer auf ihre Ehrenbürger-Liste. In den Nachrufen ist 1975 zu lesen: »Wie kaum ein anderer kümmerte er sich um die Sorgen, Wünsche, Nöte und Hoffnungen der Mitbürger.«

Ich weiß nicht mehr, wann ich erfahren habe, dass der Fadder bei der SS war und wann ich eine ungefähre Vorstellung davon entwickelte, dass sich dort die Elite der Schurken und Idioten versammelt hatte. Jedenfalls war ich da schon überkreuz mit ihm, und ein sinnvolles Gespräch nicht mehr möglich, weil er mauerte und ich viel zu aggressiv mit meinen Fragen war, so ich sie überhaupt zu stellen wagte.

Wie es bei ihm weiterging, nach der Heirat und der Arbeit in der Dornier-Fabrik, die Flugzeuge produzierte, weiß ich aus kargen Erzählungen der Verwandtschaft und ein paar Unterlagen, die ich in Archiven gefunden habe. Damals konkurrierte die Rüstungswirtschaft mit Himmlers Polizei um die Leute. Er entschied sich als SS-Mann für die Polizei. Nach einem 1940/41 absolvierten Ausbildungslehrgang in Ebermannstadt bei Nürnberg wurde er in eines der Gebiete versetzt, die 1939 unmittelbar nach dem Überfall der Wehrmacht auf Polen und dessen Besetzung annektiert worden waren. Seit Oktober 1939 gehörte Ciechanów, ein Teil der Wojewodschaft Warzawa, ganz offiziell als Regierungsbezirk Zichenau zum Deutschen Reich – dem »Gau Ostpreußen« zugeteilt. Es lebten dort rund eine Million Menschen, darunter 11 000 Deutsche, fast 900 000 Polen und etwa 80 000 Juden. Die Verwaltung war in neun Landkreise gegliedert, Mława (später eingedeutscht zu Mielau) war einer davon. Die sogenannte »Polizeigrenze« wurde in einem Teil der annektierten Gebiete erst mit Verzögerung eingeführt.

Etwa um die Zeit, als ich zur Welt kam, trat mein Vater dort in Mielau als »Gendarmerie-Wachtmeister« seinen Dienst für Volk, Vaterland und den Führer an. Der Allgäuer Bauernbursch und Schmied war nun ein beamteter »Schutzmann« in Ostpreußen, sein oberster Dienstherr war Heinrich Himmler.

In den einundeinhalb Jahren davor hatten die deutschen Besatzer gleich nach der Annexion damit angefangen, die einheimische Bevölkerung, die Polen und insbesondere die Juden, massiv zu terrorisieren und sich als die Herren über Leben und Tod aufzuführen. Vertreibung, Raub, Mord, Schikanen gehörten zum Alltag. Neben der SS-Einsatzgruppe V des RSHA und der Gestapo waren auch ortsansässige Deutsche sowie Truppen der Wehrmacht und der Polizei daran beteiligt. Sie steckten Synagogen und Bibliotheken in Brand. Die Juden wurden verpflichtet, den gelben Stern an ihrer Kleidung zu tragen. In »Südostpreußen« oder »Nordmasowien«, wie der Regierungsbezirk Zichenau auch genannt wurde, begann man schnell damit, Juden in großer Zahl in das sich südlich anschießende »Generalgouvernement« zu deportieren. 1941, als mein Vater nach Mielau kam, wurden dort und in den benachbarten Städten entlang der Grenze gerade eine Reihe von großen Ghettos eingerichtet, um die verbliebenen Juden zu konzentrieren. Eines davon war in Mielau. Gegen Ende 1942 wurden diese Ghettos alle »geräumt« und ihre Bewohner nach Auschwitz in den Tod deportiert.

Der Historiker Andreas Schulz, der speziell die deutschen Verbrechen in dieser Region untersucht hat, kommt in einem 2010 publizierten Buchbeitrag zu dem Fazit, dass »von den ursprünglich 80 000 Juden Nordmasowiens, deren Vorfahren seit dem 13. Jahrhundert dort gelebt hatten, nur wenige der Vernichtung entgingen«. Seine Schätzung: »Nur 4000 davon haben den Holocaust überlebt.«

Trotz intensiver Nachforschungen, auch mithilfe eines von mir beauftragten, auf derartige Spurensuche spezialisierten Forschungsinstituts in Berlin (»facts and files«), ist es nicht gelungen, irgendeinen konkreten Hinweis auf den Gendarmen Rietzler während seines Dienstes in Mielau zu finden. Inmitten der Orgien von Gewalt und Terror erscheint er aus dem, was an Aktenmaterialien noch aufzutreiben war, wie verschwunden, namenlos eingereiht in die Menge der »ganz gewöhnlichen Deutschen«, die im »Mordland« Osteuropa Tod und Schrecken verbreiteten. Nach dem Krieg bei der Entnazifizierung machte er die Angabe, dass er dort bei der »Gendarmerie« mit »politischen Dingen« nichts zu tun gehabt habe. Seine Polizeikameraden bescheinigten ihm »anständiges Benehmen«. 1957 wurde er in Lindau wieder bei der Polizei eingestellt. Dieses Mal hat er zweifellos auf der Ferieninsel tatsächlich noch zwölf Jahre bis zu seiner Pensionierung als Streifenpolizist den Verkehr geregelt und Falschparker notiert.

In der letzten Phase des Krieges war er zu einem SS-Regiment als Oberfeldwebel in den »Südostraum« auf den Balkan versetzt worden, wo die Deutschen versuchten, mit Miliztruppen der albanischen Kollaborationsregierung zu kooperieren, um gegen die Tito-Truppen, gegen die, wie es hieß, »Banditen und Partisanen«, zu kämpfen. Es gibt Hinweise, dass er zu der mit vielen Einheimi-

schen aufgefüllten »Kampfgruppe Skanderbeg« innerhalb der SS-
Division »Prinz Eugen« gehörte.

Als ich ihn zum letzten Mal besuchte, lief in dem Altenheim im
Fernsehen gerade ein Bericht über Kämpfe im Kosovo. Von mir
gefragt, ob ihm diese Gegend nicht aus seiner Kriegszeit bekannt
vorkomme, winkte er ab und sagte: »Mit dene war nix zum afange.
Die hend it amol deitsch lerne wölle.« Es kam mir so vor, als ob er
die Welt immer noch (oder wieder) so betrachtete, wie er sie wohl
60 Jahre vorher wahrgenommen hat.

Der Wandteller, die Mutter, das Reserl

Den Hitler sah ich zum ersten Mal bewusst, da war ich knapp über
vier und an der Hand meiner Mutter. Es war der 2. Mai 1945, und
er war schon seit zwei Tagen tot. In unserer Wohnküche in der
Burggasse 4 in Lindau standen meiner Mutter, meiner Schwester
und mir drei Franzosen in olivgrüner Uniform gegenüber. Einer
von ihnen sprach deutsch und sagte: »Ihren Adolf über der Kü-
chentür haben Sie wohl vergessen abzunehmen.« (So redeten die
damals, wa?, fragt meine Skepsis. Ja, sagt mein Gedächtnis.) Meine
Mutter holte sich einen Stuhl, stieg darauf, nahm den Wandteller
aus blauem Arzberger Porzellan herunter und legte ihn auf den
Tisch. Dann stellte sie sich wieder zwischen ihre beiden Kinder. Sie
drückte meine Hand. Einer der Franzosen nahm den Teller und
warf ihn in den Abfalleimer.

Das ist die erste konkrete Erinnerungsszene, wenn ich an meine
Kindheit zurückdenke. Aus der Zeit davor existieren nur mehr un-
zureichend erkennbare Bilderscherben, verwaschen oder ein Detail darauf so übergroß verzerrt, das der Sinn sich nur schwer erschließt: die schwarzen Lederriemen der Zügel auf dem Hinterteil
des braunen Gauls, wenn es mit dem Pferdewagen hoch in den
Weiler zur Allgäuer Großmutter ging; auf dem Küchentisch der
gezackte Schnabel der gerupften Gans, die, wie es hieß, aus Polen
kam und in einem großen Kaar landete, bevor sie in den Herd ge-

schoben wurde; der Patronengurt des Maschinengewehrs, hinter das ich mich am Tag der offenen Tür in der Kaserne auf der hinteren Insel legen durfte, weil der Führer gute Schützen brauchte; der Stiefel in der Wiese neben dem Weg zum Friedhof hinter dem Sportplatz, in dem ein Bein steckte, das am Knie aufhörte, weil es den Piloten, der in dem abgeschossenen Flugzeug saß, zerfetzt hatte; der Modergeruch von den Kartoffeln im Keller unter der Waschküche beim Fliegeralarm; das abgerissene Schuhband des Nachbarmädchens. Obwohl ich sicher bin, alles selbst erlebt zu haben, weiß ich auch, dass derlei Erinnerungsstückchen nachträglich angereichert oder auf dem Basar des Hörensagens erworben sein können. Vielleicht gehören sie in Wirklichkeit jemand anderem und haben sich bei mir nur eingemietet. Hauptsache, sie gehen nicht verloren.

Mir war der Wandteller über der Tür vorher nie aufgefallen. In meinem Kopfkino schaut das Gesicht des Mannes etwas bedröppelt drein, als er da auf Kommando abgehängt wird und im Eimer landet. Er kuckt auch noch so, als ihn die Mutter, kaum waren die drei Soldaten gegangen, wieder hervorholt. Wo er abgeblieben ist, weiß ich nicht, vielleicht hat sie ihn hinter den Brettern auf dem Plumpsklo verstaut, am Ende des Flurs über der Jauchegrube, zusammen mit den Schulbüchern, wo die vielen bunten Bilder drin waren. Sie konnte nichts wegwerfen, eine Eigenart, von der ich leider etwas geerbt habe. Sie hoffte wohl kaum, dass der Wind sich noch einmal drehen könnte.

Obwohl, an Wunder zu glauben, hatte sie gelernt. Sie kam schließlich aus Konnersreuth, einem Dorf in der Oberpfalz, wo sich alles um die berühmte Therese Neumann (1898–1962) dreht, die damals schon eine »Heilige« war. Sie gilt bei Gläubigen in der ganzen Welt als eine begnadete Mystikerin. Und nicht wenige hadern mit dem Vatikan, dass der sich bis heute nicht in der Lage sieht, die offizielle Lizenz zu erteilen, wo sie doch weiter unentwegt wunderwirkend tätig ist. Die Phantasie von uns Kindern haben weniger ihre »Wundmale« beschäftigt, sondern vielmehr, dass sie nichts gegessen und getrunken hat, außer der kleinen Oblate bei der Kommunion, auch wenn die, wie wir es im Religionsunterricht gelernt hatten, der »Leib Christi« war. Den Beginn ihrer himmlischen Karriere auf Erden kann man nicht treffender ausdrücken, als es der Artikel im Internetlexikon Wikipedia von 2015 unabsichtlich tut: »Ab Februar 1926 zeigten sich bei ihr Stigmata sowie Blutungen aus den Augen, was zu einem starken Besucherandrang führte. Teilweise wurden an Karfreitagen, an welchen die Stigmatisierungen besonders zutage traten, bis zu 5000 Besucher gezählt.«

Aber um Himmels willen, was hat »das Reserl«, wie die Einheimischen sie nannten, mit mir und dem Herrn auf dem Wandteller zu tun? Nun, mir hat sie einmal, als ich in den Ferien dort war – wovon mir der Ziehbrunnen vor dem Haus meiner lieben Großmutter und deren Kartoffelklöße (oberpfälzisch: »Spautzen«) mit Schweinsbraten und Blaukraut in bester Erinnerung sind –, mit der Hand über das Haar gestrichen, was aber, so muss man es wohl sehen, nicht viel gebracht hat.

Dem Herrn auf dem Wandteller war sie nicht zugetan, so will es die Narratio. Vielfach ist zu lesen, dass sie den Anstoß dafür gegeben habe, dass aus Fritz Gerlich, dem Chefredakteur der ›Münchner Neuesten Nachrichten‹, ein scharfer Gegner von Hitler wurde. 1927 war der damals nationalistisch und antisemitisch eingestellte Journalist eigens nach Konnersreuth gefahren, um die »heilige« Bauernmagd als scheinheilige Schwindlerin zu entlarven. Aber siehe da, es kam anders. Er kehrte als einer ihrer großen Verehrer nach München zurück, verfasste ein zweibändiges Werk über sie, das 1929 erschien, und konvertierte zwei Jahre später zum römisch-katholischen Glauben. Mit seiner neu gegründeten Wochenzeitschrift ›Der gerade Weg‹ (Untertitel: »Deutsche Zeitung für Wahrheit und Recht«) agitierte er mit breit gefächerten, teilweise auch satirischen Mitteln gegen Hitler und dessen »Bewegung«, deren Vertreter er als »Hetzer, Verbrecher und Geistesverwirrte« brandmarkte.

Kaum waren die Nazis an der Macht, verboten sie die Zeitschrift und verbrachten Fritz Gerlich Anfang März 1933 ins nahe gelegene KZ Dachau. In der berüchtigten Massaker-Nacht vom 30. Juni

1934 ermordeten sie ihn, wie fast einhundert andere. Seit Jahrzehnten feiern ihn die Münchner als Zeugen des katholischen Widerstands.

Meine Mutter konnte hingegen ihren festen katholischen Glauben mit dem Willen, dem »Führer« alles zu geben, gut vereinbaren. Als aber die französischen Sieger in der Küche standen und der Hitler abgehängt wurde, hatte sie nur noch den Glauben. Der blieb ihr.

In Lindau wehte der Wind jetzt welsch. Gemacht von den Franzmännern, die unter ihrem General de Lattre de Tassigny die deutsche und österreichische Seite des Bodensees erobert hatten. Mit grünen Schiffchen auf den Köpfen der einfachen Soldaten und den steifen roten Képis auf denen der höheren Ränge. Un, deux, un, deux, zählte der Kommandierende, wenn sie marschierten. Wir lernten: La vache, die Kuh, le bœuf, der Ochs, ferme la porte, die Tür mach zu!

Einer der schwarzhaarigen Eroberer besuchte uns oft. Jussufi trug ein Schiffchen, er brachte Zuckersachen und Schokolade mit. Nicht nur deswegen, sondern sowieso konnte ich ihn sehr gut leiden, und wohl nicht nur ich. Sein Lachen, wenn ich auf seinen Knien saß, habe ich nicht vergessen. Meine Mutter blieb jedoch bis zu ihrem Tod dabei, dass es diesen Jussufi nie gegeben hat und auch keinen anderen Franzosen. Das ließ ihr Glaube nicht zu, und ich lasse mir meinen nicht nehmen. Dazu war ich zu traurig, das weiß ich noch ziemlich genau, als er eines Tages nicht mehr kam und bald darauf durch einen Mann ersetzt wurde, der mein Vater war. Da war dann recht bald Schluss mit lustig.

Mein Glück damals, dass ich ein »Schlüsselkind« war, also tagsüber ein freier kleiner Mensch. Der Fadder in der Fabrik, die Mutter ging putzen, anfangs in einer Bäckerei, dann bei feinen Leuten in Bad Schachen, das gefiel ihr, da hatte sie dann viel zu erzählen. Für mich tat sie alles, nähte mir sogar eine rote James-Dean-Jacke, die ich unbedingt haben wollte. Nur mein Umgang, als ich mich für Mädchen zu interessieren anfing, gefiel ihr gar nicht. Einmal »ging« ich mit einer »Evangelischen«, und einmal, schlimmer noch, mit einer »Judenhex«. Da bekam sie Herzattacken und greinte, dass ich sie noch umbringen würde, beziehungsweise sie sich selbst: »Ich steck den Kopf in den Gasherd.« Das war damals Mode, wenn man nicht mehr konnte oder wollte.

Viel öfter sagte sie einen anderen ihrer Muttersätze, der in meinem Kopf haften blieb: »Wir sind nicht Finkens.« Einer meiner Mitschüler hieß nämlich Fink, sein Vater hatte eine Kleiderfabrik. Sie meinte damit: Wir können uns nicht leisten, was sich andere leisten können. Finanziell nicht, und überhaupt schon gar nicht. Anpassung hieß die Devise, nicht auffallen, vor allem nicht unangenehm.

Sie war mir eine gute deutsche Mutter, ich ihr kein guter Sohn.

Fadder 2 – Häutung nach Recht und Gesetz

Bei den Entnazifizierungsakten liegt ein Formblatt: »Ablieferung von Bargeld und Anmeldung von Reichsmarkkonten bei Geldinstituten.« Dort sind unter dem Datum 24. Juni 1948 folgende Kontostände vermerkt: »Städtische Sparkasse Lindau: Michael R. 56,91 Reichsmark, Sieglinde R. 129,68 Reichsmark. Rudolf R.: 294,05 Reichsmark.« Die »Hausfrau Mathilde R.« hatte kein Konto, also nichts auf der Naht.

Vor der Währungsreform, als es galt, die Taschen umzustülpen und das Familienvermögen preiszugeben, war ich also mit meinen sieben Jahren der Krösus in der Familie. Von den drei Konten war meines das weitaus dickste. Die müssen wohl ihren ganzen Reichtum zu mir geschaufelt haben. Denn ich habe erst drei Jahre später angefangen, ein kleines Zubrot zu verdienen, indem ich den »Fremdenverkehr« unterstützte, für den in der Saison auf der »Ferieninsel im Dreiländereck am Schwäbischen Meer« zwei Zimmer unserer Drei-Zimmer-Wohnung hergerichtet wurden. Richtiges Geld habe ich zum ersten Mal mit 14 verdient: in den Sommerferien sechs Wochen Maloche in der Fabrik.

Unter den Gästen, die ich Anfang der 50er für zwei Groschen

Trinkgeld mit dem Bollerwagen vom Bahnhof abholte, war über mehrere Jahre auch die unvergessene »Oma« Meta Werder aus Hamburg, in dem ich jetzt über 50 Jahre hängen geblieben bin. Sie konnte Geschichten erzählen, dass einem ganz anders wurde. Immer wieder von dem großen Feuersturm im Hochsommer, der vor weniger als zehn Jahren alles zerstörte. Erst seien Millionen von Stanniolstreifen vom Himmel geregnet, jeder wusste damals schon, was der Christbaumschmuck zu bedeuten hatte, aber wie es dann kam, das hatte sich keiner vorstellen können. Danach, sie erzählte und seufzte und erzählte, wie man so sagt, nah am Wasser gebaut, danach warfen die Amis und die Engländer, »denen wir doch nichts getan hatten«, Tausende und Abertausende von Bomben »auf unser schönes Hamburg«, Tag für Tag, Nacht für Nacht, ein Glutofen, in dem die Zeit verglühte, Feuer, Flammen, Qualm. Menschen flohen, ohne zu wissen, wohin, viele seien bei lebendigem Leibe verbrannt, viele in den Kellern erstickt, viele von den Trümmern der gesprengten Häusern erschlagen worden, andere sprangen in die Fleete und brannten im Wasser weiter. Die Phosphorbomben, das waren die schlimmsten. Und zum Schluss sagte sie jedes Mal: »Ich bin, wie du siehst, min Dschung, mit dem Leben davongekommen, 40 000 andere nicht.« Und dann noch, dass Bernhard, was ihr Enkelsohn sei und so alt wie ich, sehr fleißig in der Schule ist. Ich habe nie kapiert, was das eine mit dem andern zu tun hatte, und selbst heute kann ich mir nur einen vagen Reim drauf machen.

Lindau wurde bei der Entnazifizierung vom damaligen Land Württemberg-Hohenzollern »erfasst«, weil der Landkreis der einzige in Bayern war, der 1945 von der französischen Armee erobert und besetzt wurde. Nach und nach hatten die Franzosen, wie die Amerikaner und Engländer auch, die »politische Säuberung« den Einheimischen, hier dem »Staatskommissar für die politische Säuberung« in Tübingen, überlassen. Der für Lindau zuständigen »Spruchkammer« gehörten acht deutsche Männer an, den Vorsitz führte ein Dr. Reinhardt.

Im Mai und Juni 1949 gab es zwei Verhandlungen des »Untersuchungsausschusses« in der »Sache betr. Michael Rietzler, Schmied in Lindau«. Abschließend wurde folgender »Spruch beschlossen und verkündet«: »Rietzler, Michael, geboren 1909, ist Mitläufer. Mit Rücksicht auf die 6monatige Internierungshaft wird ihm keine Geldbuße auferlegt. Die Wählbarkeit wird ihm entzogen bis 1.7.1951. Es wurde »festgestellt«, dass der »Betroffene seit 1935 der SS angehörte, 1937 in die NSDAP aufgenommen wurde und außerdem Mitglied der NSV war... In der NSDAP habe er niemals ein Amt gehabt. In der allg. SS sei er Sturmmann gewesen. Im Fronteinsatz in Polen (1941–1944) bei der Gendarmerie sei er Bezirksoberwachtmeister gewesen und habe mit Verkehrsüberwachung, Diebstählen, Brandaufklärung, Schwarzschlachtungen usw., nicht aber mit politischen Dingen zu tun gehabt. Er habe zwei Kinder im Alter von 10 und 8 Jahren und verdiene gegenwärtig netto etwa 50 DM in der Woche.

Weiter heißt es in dem Protokoll: »Nach der Auskunft der Stadtpolizei Lindau hat der Betroffene keinerlei politische Propaganda getrieben. Es sei über ihn Nachteiliges nicht bekannt geworden. Er habe sich in seinem politischen Verhalten anständig gezeigt. Sonach kann auch unter Berücksichtigung seines Dienstes bei der Gendarmerie in Polen festgestellt werden, dass Rietzler die nat.soz. Gewaltherrschaft nur unwesentlich unterstützt hat.«

Zwischenbemerkung: Vor dem Krieg ist der Nazi unter den Nazis also nicht negativ aufgefallen, und während des Krieges will er im eroberten Osten aufgepasst haben, dass kein Schwein schwarz geschlachtet wurde, was die Kollegen von der Bodenseeinsel ihm bestätigen konnten. Noch mehr als zu allen anderen Zeiten galt damals das ungeschriebene Gesetz, das, als Frage formuliert, die Antwort schon in sich trägt: Was sagen Polizisten über Polizisten, wenn Polizisten zu Polizisten gefragt werden?

Die von den meisten Deutschen als fürchterlich erniedrigend empfundene »Entnazifizierung« war eine relativ lapidare Behördenprozedur, eine »Fabrik«, wie schon damals einige sagten, in der aus Nazis »Mitläufer« gemacht würden. Von den großen Fällen ließ man die meisten laufen, die einen konnte man nicht finden, weil sie nicht gesucht wurden, die anderen hatten im Dutzend »unwiderlegbare Persilscheine« und honorige Fürsprecher oder sie wurden »gebraucht«. Die kleinen Fälle wurden am Fließband abgewickelt. Durchgewunken, der nächste Mitläufer bitte.

Danach hatte der Fadder irgendwann ein »Gnadengesuch« eingereicht und dabei auf einem Formblatt folgenden Sermon unterschrieben: »Ich erkläre, daß ich wegen Kriegsverbrechen, Verbrechen gegen die Menschlichkeit oder sonstiger strafbarer Handlungen weder angeschuldigt noch belastet bin« (eine nach den Nürnberger Prozessen ausgetüftelte Formel, die inzwischen wohl jeder, der »dabei« gewesen war, zur Hand hatte). Als Antwort ist in einem »Schreiben des Kreispräsidenten vom 21.5.1951«, mitgeteilt: »Die gegen Sie mit Spruchkammerbescheid verhängte Sühnemaßnahme wird erlassen.« Vorher war ihm noch vom Finanzministerium in Tübingen bescheinigt worden, dass »gemäß Gesetz Nr. 52 die Sperre über das Vermögen aufgehoben« wird. Damit war »die politische Säuberungssache« für ihn erledigt.

Nun durfte er also gewählt werden. Nur, wer sollte das tun? Die Partei, in der er gewesen war, gab es nicht mehr. Von der Politik hatte er offenbar genug, einer neuen Partei trat er nicht mehr bei. Wenn er zur Wahlurne ging, da bin ich ziemlich sicher, faltete er seinen Zettel für die Schwarzen von der CSU.

Goldesel aus Hohenems

Als ich die ersten Juden leibhaftig sah, war ich gerade mal zehn. Es waren drei, und sie kamen mir aufregend interessant vor. Schwarze lange Bärte und ebensolche Mäntel, auf dem Kopf schwarze Hüte und die Hosen, so erzählte man es sich in der Stadt, vollgestopft mit Moneten. Des Öfteren sah ich, wie sie, eskortiert von Polizisten, ob mit Handschellen oder ohne, weiß ich nicht mehr, vom Gefängnis neben der Kirche zur Vernehmung geführt wurden. Die Linggstraße herunter und dann entweder durch die Burggass zum Brettermarkt, wo das Hauptzollamt stand, oder sie bogen in die

Ludwigstraße ab zum Rathausplatz, wo das Polizeirevier war. Nur ein paar Meter unter unserem Fenster im ersten Stock, von dem aus ich die geheimnisvollen Fremden genau betrachten konnte, im Kopf die Gerüchte, die ein 10-Jähriger damals mitbekam. Unsummen von Geld hätten sie in ihrem Darm geschmuggelt, von München über Lindau in die Schweiz oder umgekehrt, gewohnt hätten sie in Hohenems, einem kleinen Ort in Vorarlberg, gleich hinter Bregenz auf der anderen Seite des Sees, nicht viel mehr als zehn Kilometer Luftlinie entfernt, kurz vor der Schweizer Grenze. »Goldesel von Hohenems« oder »Dukatenscheißer von Lindau« wurden sie in der Zeitung genannt. Manchmal hörte man die Leute mit abgesenkter Stimme darüber reden, und schaurig klang es, wenn ein Satz fiel wie: »Früher hätte man aus denen Seife gemacht.«

Irgendwann habe ich es nachgelesen: Es waren »Displaced Persons«, die, der Hölle des Holocaust entronnen, darauf warteten, nach Israel oder in die USA ausreisen zu können. Der Prozess gegen sie zog sich im Winter 1951/52 über zwei Monate hin. Auch überregionale Zeitungen berichteten darüber. Lindau war damals mit dem Sonderstatus »freie Kreisstadt« und als »Brücke« zu Österreich und der Schweiz bekannt dafür, dass alles, an dem sich etwas verdienen ließ, über die Grenze hin und her »verschoben« wurde (vornehmlich Kaffee und Devisen). Nicht selten waren daran auch Beamte vom Zoll oder der Verwaltung im Zusammenspiel mit Franzosen von der Besatzung beteiligt.

Der Lehrer Karl Schweizer, einer der wenigen, der sich seit Langem der lokalen NS-Geschichte sachverständig annimmt, viel darüber geforscht und veröffentlicht hat, ist auch diesem Fall nachgegangen. Dabei hat er eine Zeitungsnotiz ausgegraben, in der sich die Aggressionen spiegeln, die sich vor dem Krieg gegen die wenigen Mitbürger jüdischen Glaubens richteten. In Lindau gab es keine jüdische Kirche, so wurde nur verbal nachgetreten, nachdem am 9. November 1938 in der Pogromnacht überall in Deutschland Synagogen gebrandschatzt, Tausende von Geschäften zerstört und fast 100 Juden ermordet worden waren.

Das Faksimile aus der ›Lindauer National-Zeitung‹ zeigt eine Spalte, in der oben vermerkt ist: »Ausblick auf den morgigen Tag, den 12. November: Sonnenaufgang 7:15 und Sonnenuntergang 16:13 Uhr.« Darunter ein Bericht mit der Überschrift: »Empörung über das Judentum auch in Lindau«. Daraus hier nur ein Satz: »Wir verhehlen unsere Meinung nicht, daß nach der neuerlichen Entlarvung des jüdischen Untermenschentums eigentlich jede Rücksichtnahme fehl am Platz und es ein großes Glück wäre, wenn Lindau und das ganze deutsche Volk von allen Juden und jüdischen Bastarden befreit wären.«

Wenige Monate zuvor war in der gleichen Zeitung von einer Parteiversammlung zu lesen, in dem ein »Vortrag« über »die Judenfrage« gehalten wurde, der bezeugt, wie »eliminatorisch«« im Goldhagenschen Sinne man sich damals auch in der Provinz am schönen Bodensee zu äußern pflegte: »Der Jude … hat wohl äußerlich die Merkmale eines Menschen, innerlich aber ist er der Teufel in Menschengestalt. Sein ganzes Sinnen und Trachten geht dahin, die Weltherrschaft zu erringen … mit teuflischer Schläue … konnte sich der Jude über die ganze Welt ausbreiten, um Netze zu spinnen zur Vernichtung des ehrlichen Menschen und zur Erlangung der Weltherrschaft …«. Aber jetzt sei zum Glück »der Führer« da, »der den Teufel erkannt« habe.

Onkel Ludwig

Die Mutter vom Fadder, meine Großmutter also, die Altbäuerin, hat 14 Kinder zur Welt gebracht, fünf davon sind ganz früh, noch kein Jahr alt, verstorben. Ihr ganzes Leben hat sie hart gearbeitet auf dem kleinen Bauernhof im Allgäu, auf dem es zur Zeit meiner frühen Kindheit viel Getier gab, darunter etwa zehn Kühe, die Namen hatten wie Resi, Zenzi oder Olga. Gegen Ende ihres Lebens hat man die Großmutter, weil es bei ihr im Kopf nicht mehr ganz gestimmt habe, im Sommer tagsüber immer mit aufs Feld genommen. Eine Vorsichtsmaßnahme, da sie, allein zurückgelassen, dazu neigte, neben dem Herd in der Kuch Feuer zu machen. Das erzählte mir die Verwandtschaft, als sie schon lange nicht mehr war.

Mir hat diese Geschichte gut gefallen. Ich habe die Maria, so hieß sie, immer schon sehr gern gemocht, und von Gemütsirritationen versteh ich was. Geschimpft hat sie nur, das ist eine meiner ersten Erinnerungen überhaupt, wenn wir Dorfkinder die glänzenden Stanniolstreifen auf den Wiesen aufsammelten und damit spielten. Davon bekomme man einen schrecklichen Durchfall, an dem man sterben könne. (Die »Silberlinge« waren von den Flugzeugen abgeworfen worden, um das Radarsystem der deutschen Flak zu verwirren.)

In meinem Kopf ist das Bild bewahrt, das ich nur vom Hörensagen kenne: Wie sie am Ackerrand im Gras unter den zwei, drei Tannen deponiert ist, genau dort, wo ich bisweilen als Kind abgesetzt worden bin. Davon erzählt der Film, den ich zeitlebens in mir herumtrage und anschauen kann, wann immer ich will. Oberflächlich betrachtet, hat er nicht gerade viel an »action« und Dramatik zu bieten. Drehort: das Feld hinter der Kapelle, von der aus man im Sommer in aller Hergottsfrüh, der Pfarrer vorweg, in einer Prozession zum »Bittgang« für eine gute Ernte durch die Wiesenwege aufbrach. Darsteller: der Onkel, das Pferd und der Pflug, der sie zusammenschirrt. Ton: die kehlige Stimme des Onkels. »Pack mer's.« Dann entfernt sich das Gespann, wird kleiner und kleiner, schrumpft irgendwann zu einem dunklen Punkt. Der entschwindet den Blicken danach gänzlich, weil es an dieser Stelle, am unteren Ende, leicht bergab ging. Eine Zeit lang später taucht er wieder auf, kommt auf mich zu, wird größer, nimmt Konturen an, wechselt aus dem Undeutlichen ins Deutliche und hebt sich dann wieder als Tier, Pflug und Mensch erkennbar gegen die bläuliche Luft ab, bis schließlich beide wieder direkt vor mir stehen, das Ross, das schnaubt, der Onkel, der schwitzt und flucht. Damals wiederholte sich das stundenlang: das Auftauchen, das Verschwinden und das Wiederzurückkommen. Und ich saß da, den weiten Himmel über mir, spielte mit den Tannenzapfen und den Ameisen, allein und doch in Obhut. Dabei lernte ich, ohne mir dessen bewusst zu sein, das Gras wachsen hören und wie die Dinge kommen und gehen.

Der Onkel hieß Ludwig, war Jahrgang 1914, und es ist etwas über zehn Jahre her, dass er gestorben ist. Wenn ich ihn davor in Möstenberg, dem kleinen Bergdorf, alle paar Jahre mal besucht habe, haben wir uns immer riesig gefreut, auch die Tante Vroni, die er 1945 geheiratet hatte. Er war (und ist) mit Abstand mein Lieblingsonkel, weil er rundum ein liebenswerter Mensch war, bei allem Maulen über den zu niedrigen Milchpreis, die meiste Zeit guter Dinge, und mir nebenbei auch den Umgang mit dem Viehzeug beigebracht hat. Als ich alt und er sehr alt war, habe ich ihn auch nach den Jahren im Krieg und im »Dritten Reich« gefragt, die er als junger Mann erlebt hat. Von dem, wie es ihm an der Front erging, erst in Polen, dann in Russland, wollte er nicht viel erzählen. Ihm reichte es, dass er noch wusste, wie »die Polacken« und »der Russ« ihm und seinen Kameraden nach dem Leben trachteten.

An zwei Datumszahlen blieb er immer wieder hängen. Das eine war der 25. August 1939. Er sei gerade mit seiner Posaune auf der Musikprobe gewesen, da sei das amtliche Schreiben mit dem Befehl »zum Eirucke« gekommen. Dazu war angeordnet, dass er ein Pferd mitbringen müsse.

Zum Glück sei er dann Anfang 1942 freigestellt worden und durfte nach Hause auf den Hof zurück, wo er dringend gebraucht wurde, da der Vater auf die 70 zuging und seine sieben Brüder »alle im Krieg waren«. Noch dominierten damals die Siegesmeldungen, die aus allen Himmelsrichtungen von den ruhmreichen Schlachten der Wehrmacht kündeten, aber im ›Allgäuer Tagblatt‹ häuften sich auch schon die Todesanzeigen von denen, die »gefallen« waren, »für Volk, Vaterland und den Führer«.

Am 14. Februar 1942 war es so weit. An den Tag, als er wieder heimkam, hatte er besonders intensive Erinnerungen. In der Kemptner Gegend lag außergewöhnlich viel Schnee, mehrere Meter hoch, wie es heute noch von den Alten erzählt wird. Als es hinter Betzigau das letzte Stück steil den Berg hoch ging, sei das Ross bis über den Kopf eingesunken. Sakrisch mühsam sei es gewesen, das Tier wieder freizuschaufeln, so kurz vor dem Ziel. Und kaum hatte er den Hof erreicht, musste er als Feuerwehrmann gleich nach Hochgreut weiter, in das nächste, höher gelegene Dorf, wo das Haus seines Bruders Klaus in Flammen stand.

Überhaupt, es sei »it leicht gwea in dere Zeit«. Gut, dass dem Nachbarhof, wo die Vroni zu Haus war, ein Kriegsgefangener zugeteilt gewesen sei. »Ma ka sage, was ma will, schaffe hot der könne, der Franzos« – so habe ich es noch im Ohr.

Gern erzählte der Ludwig von dem großen Tag in Bamberg, das war noch vor dem Krieg, als er hoch zu Pferd bei einer Parade dabei war, die der Führer persönlich abnahm. Unvergesslich. Wenn ihn keiner bremste, konnte er da richtig ins Schwärmen geraten, mein Bamberger Reiter. Ansonsten begnügte er sich damit, wenn ihm etwas in der großen und kleinen Welt gegen den Strich ging, zu sagen: »Des hätt's beim Hitler it gäa.«

Einmal fragte er mich (oder war es die Vroni?): »Rudl, isch des etzt wirkli woar, dass du do dobe« in Hamburg bei dem »Hetzblatt« arbeitest, und als dann, aus der Perspektive eines stockkatholischen Allgäuer Weilers tausend Meter über dem Meeresspiegel nicht unverständlich, auch noch der ›Stern‹ mit dem ›Spiegel‹ verwechselt wurde, musste ich lachen und sagte: »Jo, heitstag geit's Sache, die hätt's beim Hitler it gäa«. Da lachten wir dann alle drei.

Fadder 3 – Manneszucht und Vaterunser

Ab 1951 war der Fadder kein Nazi mehr, behördlich beglaubigt, beschlossen und verkündet – »entnazifiziert«. Als SS-Mann hatte er den schärfsten aller Führereide feierlich geschworen: »Ich schwöre Dir, Adolf Hitler, als Führer und Kanzler des Deutschen Reiches, Treue und Tapferkeit. Ich gelobe Dir und den von Dir bestimmten Vorgesetzten Gehorsam bis in den Tod!« Schluss damit, bis in den Tod. So wie er vorher Nazi war, war er jetzt gar nie nicht kein Nazi mehr.

Im gleichen Jahr wollte es der Zufall, dass ich den schulischen

Zenit meiner Intelligenz erlebte, so wie damals wurde ich nie wieder benotet, vierte Klasse Volksschule lauter Einsen im Zeugnis: eins Komma null. Mein Lehrer, Felder hieß er, bekniete meine Eltern, mich doch auf die Oberschule gehen zu lassen. Es passte ihnen gar nicht, aber ihre Autoritätsgläubigkeit war stärker. So begann ich, ein »gebildeter« Mensch zu werden, mehr schlecht als recht, mit den üblichen Folgeschäden fürs Leben, wozu auch die Erziehungsmethoden des Fadders beitrugen. In dieser Hinsicht hatte bei ihm das Denazifizieren nicht angeschlagen. Er konzentrierte sich dabei mit Gewalt auf mich, den Sohn, der ihm, wie ich es zu spüren bekam, wohl zunehmend missraten vorgekommen sein muss. Die Schwester und die Mutter blieben unbehelligt.

Nach der Gefangenschaft bei den Amis, die nicht viel länger als ein halbes Jahr dauerte, hatte er relativ schnell Arbeit in seinem gelernten Beruf als Schmied gefunden und gelangte auch wieder zu Kräften. Jeden Wochentag fuhr er mit dem Fahrrad in die Werkstatt nach Lindau-Reutin, wo er Autowracks reparierte und die Zugpferde, die es damals noch gab, mit neuen Eisen beschlug. Danach kam er wieder in dem Vorort Rickenbach bei den Dornier-Werken unter, wo er schon in den Jahren 1934 bis 1940 als Schlosser gearbeitet hatte. Die produzierten jetzt keine Flugzeuge mehr, sondern Webstuhlmaschinen für den Export nach Indien. Da stand er im Blaumann mit einer Lederschürze und produzierte in der Halle an der großen Bohrmaschine Löcher, millimetergenau an den richtigen Stellen. Stückzahlen-Akkordarbeit. Schwere Maloche. Sein Spitzname im Betrieb, wie ich später erfuhr: »der Wühler«.

Im Erinnerungsalbum, wo sich all die Kindheitsbilder im Kopf stapeln, die wunderbaren und die weniger wunderbaren, ist aus diesen Jahren auch ein Tag mit dem Fadder abgelegt, den wir beide allein in einem Waldstück verbrachten, weit draußen auf dem »Festland« hinter Oberreitnau. Ein Bauer hatte ihm die Stümpfe von gefällten Bäumen an einem Abhang als Brennholz überlassen. Mühsam, mühsam, die großen »Stöcke« und ihr zähes Wurzelwerk mit Hacke und Schaufel aus dem Boden freizulegen, mit Winden und Seilen, die immer wieder abrutschten, so weit zu bringen, dass man das Holz spalten, sägen, hacken und es schließlich auf den großen Leiterwagen schichten konnte. Eine Hundsarbeit, auch für mich, der nur der Handlanger war. Viel schlimmer aber, dass kaum etwas geredet wurde, verbissen wie wir beide waren, aneinandergekettet durch die Wut, die jeder von uns in sich hatte.

Obwohl ich mich später oft fragte, ob meine Gefühle damals nicht »ungerecht« waren, ist mir die Szene nie aus dem Kopf gegangen, vor allem das sprachlose Nebeneinander nicht, mit dem der Fadder und ich da zugange waren. Vater und Sohn, die auch der Kampf mit den widerspenstigen Wurzelstöcken nicht zusammenbrachte. Damals hatte ich keine Ahnung von Politik, vom Dritten Reich, von Nazis, SS und dergleichen, aber dieser Tag an dem Waldabhang, ist einer der scharfkantigsten unter den Scherben, die immmer noch im Matsch der Gefühle meines Fadderlandes stecken.

Unter den vielen Gesichtern, die der Fadder hatte, werde ich einige nie vergessen. Vor allem das eine nicht, das schweißüberströmte, wenn er wie ein Berserker furakte und das andere auch nicht, das zornbebende, wenn seine Schläge auf mich einprasselten. Er hatte, auch nach über zehn Stunden Schuften auf der Arbeit, abends noch genügend Gewalt in sich, mir ein-, zweimal in der Woche eine Tracht Prügel zu verpassen, und zwar eine, die »nicht von schlechten Eltern war«. Oft genug lief ich mit Flecken herum, die nicht so schnell wieder verschwanden. Rot, grün und blau, die Farben deutscher Manneszucht. Es gab eine Zeit, da zeigte ich meinen Freunden die eingebläuten »Fadder-Male« wie Trophäen, ein unbeholfener Ausweg, damit umzugehen.

Am schlimmsten waren die Schläge mit einem Vollgummi-Streifen, der von einem alten Autoreifen abgetrennt war. Begleitet von Schimpfwörtern wie »Hundskrippel, elenda, dir werd i den Zigeiner austreibn«, oder, von mir damals als besonders gemein empfunden: »Nixater Siach, nixater« (für Nicht-Allgäuer: nichtsnutziger Kerl, nichtsnutziger). Die Anlässe, Kleinigkeiten wie: Widerworte gegeben, Schuhe nicht geputzt, zu langsam das Seidl Bier für ihn im »Seehof« geholt und auch noch den Daumen im Schaum, weil der Krug so schwer war, den Teller nicht leer gegessen, undundund. Es gab so vieles, das ihn ausrasten ließ. Auch wenn ich zu lange in der Zeitung oder in Büchern las. Nichts als Faulheit für ihn: »Hoscht nix bessers ztuan?« Und Immer wieder meine Unpünktlichkeit, weil ich jede Minute auskostete, mich »draußen«, wo ich mich daheim fühlte, herumzutreiben.

Die Leitlinie, von der er besessen zu sein schien, war »die Spur«: Wer nicht spurte, musste es spüren. Gehorsam war oberstes Gesetz. Es gab Kinder, die wurden verprügelt, wenn der Vater mal wieder einen über den Durst getrunken hatte. Ich sah den Fadder nie betrunken. Er war ein anständiger Mann, ein Feierabendbier, ja, mehr aber nicht. Später erst ging mir auf, was ihn wohl umgetrieben hat und wessen Ungeist da in ihm wütete. Immer wieder versuchte der gelernte Schmied, es mir einzuhämmern: »Du hoscht zum schpure«. Das meinte: »in der Spur zu gehen«. Aber gerade das tat ich immer weniger. Ohne dass ich einen großen Plan damit verband, verlief mein Denken, noch mehr als mein Leben, immer häufiger neben der Spur, ich mied auch jede andere Spur, bis heute bewege ich mich auf unausgeschilderten Abwegen, mal lustvoll, mal gerädert. Und je älter ich werde, desto öfters kommen nachts die Albträume, in denen mich der Fadder zurechtschlägt wie ein Stück Eisen auf dem Amboss.

Ein Bild aus der frühen Zeit, in der sich die Frequenz der Schläge erhöhte, hat sich mir besonders eingeprägt: Ich glaube, es war das einzige Mal, dass wir zusammen im »Römerbad« waren, dem Freibad auf der Insel direkt neben der Hafenmole. Ein Eingangs- und Umkleidehaus aus Brettern, eine relativ kleine Wiese und ein lang gebogener Steg auf Holzpfählen, ein Ort, ohne den ich mir das darauffolgende Jahrzehnt meiner Jugend gar nicht vorstellen kann, Schauplatz höchst sinnlicher Vergnüglichkeiten und spannendster Geselligkeiten. Mit dem Fadder machte ich ein Wettschwimmen zum »Hexenstein« aus, einem etwa zehn Meter vom Ufer entfernten Felsbrocken. Da bin ich vielleicht acht, auf dem Weg eine »Wasserratte« zu werden, der Fadder, uralte 40, ein unsicherer Schwimmer. Es ist mehr als eine Armlänge, mit der ich als

Erster anschlug. Der Fadder aber besteht darauf, dass er gewonnen habe, wahrscheinlich wollte er mich nur necken, mir aber rutscht heraus: »Du verlogener Judensack.« Bei der Dresche, die ich an diesem Tag zu Hause bekam, brach der Kleiderbügel entzwei, aber wenigstens hatte ich dieses eine Mal das Gefühl, sie verdient zu haben.

Komplementär dazu ein anderes Bild aus der Kindheit, das sich in meinem Kopf hält, während ich alt und grau geworden bin und bei dem mir das Vergangene und das in der Gegenwart Erinnerte zu flüssigem Blei zusammenlaufen, sodass es kaum zu fixieren ist. Etwa zwei, drei Jahre später, die Erstkommunion und Firmung lagen hinter mir, deshalb musste ich jetzt regelmäßig zur Beichte zu gehen. Der Ablauf war immer gleich, Variationen vermied ich möglichst. Ich knie in der abgedunkelten Abseite an der Kirchenwand, hinter dem Viereck des Rautengitters in der Trennwand sehe ich die Nasenlinie des Religionslehrers und den Umriss seines Ohres. Hinten auf meinen Waden spüre ich den Saum des schweren Samtvorhangs. Zu Beginn der »Ohrenbeichte« war immer der Satz aufzusagen: »Im Namen des Vaters, des Sohnes und des Heiligen Geistes. In Demut und Reue bekenne ich meine Sünden. Gott sei mir Sünder gnädig.«

Was, um Gottes willen, sollte ich beichten? Mein Widerwillen lähmte mich, bis ich auf die Schablone aus Wahrheit und Dichtung gekommen bin. Nach dem in der Schule gebimsten Katechismus waren alle zehn Gebote zu nennen. Erstens: »Glauben und beten« – für die täglichen Gebete habe ich oft keine Zeit gehabt. Zweitens: »Heilige Namen« – ich habe sie oft im Leichtsinn, manchmal im Zorn ausgesprochen. Das vierte Gebot, wie gelernt: »Eltern und Vorgesetzte«. Kurzes Schlucken, dann stets derselbe Satz: Ich bin ungehorsam gewesen, manchmal in der Schule und oft gegenüber meinen Eltern, und ich habe meinem Vater fünfmal den Tod gewünscht. Fünfmal, nicht mehr, nicht weniger, nie bin ich davon abgewichen, in diesem Punkt bin ich mir ganz sicher.

Das Letztere war eine sogenannte Todsünde, bei der, wie uns eingetrichtert wurde, genaue Zahlen genannt werden mussten, als ob man so etwas mitzählte. Bei den »lässlichen Sünden« war die

Menge grob zu taxieren: manchmal, oft oder sehr oft. Beim sechsten, dem Keuschheitsgebot war wieder Genauigkeit verlangt, damit sich der Pfarrer eine bessere Vorstellung machen konnte und auch etwas davon hatte. Unkeuschheit gedacht, gesagt, getan, allein oder mit anderen. Auch hier entscheide ich mich für Zahlen, die ich für durchschnittlich hielt, 30 mal gedacht, 20 mal gesagt, 10 mal getan. Mein Kopfrechnen auf diesem Gebiet war schwach. Zehntes und letztes Gebot: Wurzelsünden. Froh, es auf meinen Knien überstanden zu haben, sage ich stets den gleichen Nonsenssatz: »Ich bin faul und träge gewesen.« In der anschließenden Belehrung rät mir die dunkle Silhouette des Pfarrers wie erwartet dringlich von den Sünden ab. Vor Gott könne man nichts verheimlichen.

Verstanden habe ich nur Fetzen von dem, was da im Flüsterton durch das Gitter drang, mir reichte die Vorstellung von der dreifaltigen Instanz – der Pfarrer, den ich fürstlich gewandet aus dem Hochamt kannte, wie er auf den Stufen des Altars den Kelch mit dem Blut vorzeigte, das Jesus vergossen hatte (»dominuswobistdu«), der Religionslehrer, der ganz in Schwarz zum Unterricht in die Schule kam und uns die »Ewigkeit« erklärte, der Beichtvater, im Halbdunkel mit dem Herrgott verbunden, der allmächtig war und allwissend – zusammen ein Vorbote des Jüngsten Gerichts, dem irgendwann in naher oder ferner Zukunft keiner entkommen konnte.

Danach sehe ich gar nichts mehr, eine lange Minute ist nur das Murmeln einer Zwiesprache zu hören, die er mit sich und dem Allmächtigen hält, bis er schließlich, wieder mir zugewandt, den lateinischen Zaubersatz spricht: »Ego te absolvo a peccatis tuis in nomine Patris et Filii et Spiritus Sancti. Amen.« Absolution. Abradakabra. Amen. So war es zu verstehen. Der Sündenschmutz war weg, die Seele wieder so rein, wie sie sein musste, um die Hostie, den »Leib Christi«, auf der Zunge zu empfangen. Vorher musste noch »die Buße« erledigt werden, die mir zugemessen worden war: in der Regel so etwa Stück à sechs Vaterunser und vier Gegrüßestseistdumaria. Über meinen tödlichen Hass auf den Fadder nie ein Wort.

Das mit dem Verprügeln hörte erst auf, als ich anfing, mich zu wehren. Da war ich 14 oder 15. Meine zwei besten Freunde, Werkzeugmacherlehrlinge beide, der Helle und der Walter, lachten sich immer scheckig, wenn ich ihnen erzählte, dass ich ihm das nächste Mal in die Hand wichse und sag: Do Fadder, do hoscht de Einsatz zruck. Bei beiden stand der Vater, sympathisch lächelnd, in einem gerahmten Foto auf der Kommode, im Krieg »gefallen«, hinten abgestützt, dass er nicht umfiel, vorne mit einem schwarzen Bändchen verziert, diagonal angebracht am rechten unteren Eck. So einen hätte ich auch gerne gehabt oder einen »vermissten«, wie ihn ein anderer Freund hatte.

Die Umgangsformen zwischen dem Fadder und mir änderten sich. Der neue Modus war ein fürchterliches Gebrüll, das wie aus dem Rachen eines Drachen auf mich niederbrach und meinen ohnmächtigen Hass noch steigerte. Irgendwann fing ich damit an, will mal sagen, als Countertenor, mit Gebelfer meinerseits zu reagieren. Für mich war damals schon klar, dass ich, semmelblond und blauäugig wie ich war, als Fehlfarbe von den schwarzen Zigeunern abstammte. Die mochte ich, ähnlich gern wie unsere Katz, auch wenn die, als ich in ihr Fell hineinheulte, mir die Nase zerkrallte.

Jedenfalls, dass diese Eltern, mit denen ich zusammenlebte (und die – trotz alledem – für mich, schwer arbeitend, sorgten und für mich nur das Beste wollten) nicht die meinigen sein könnten, darüber hatte ich irgendwann keine Zweifel mehr. Zu häufig waren die Situationen, wo des Fadders Jähzorn meinen Jähzorn weckte und die Aggressionen explodierten. Die Handgreiflichkeiten lagen hinter uns, Längst hatte ich angefangen, alle Leute zu mögen, über die nichts Gutes gesagt wurde. Flüchtlinge, Zigeuner, Rumtreiber, Franzosen. Juden waren nicht explizit darunter, der ehemalige SS-Mann hatte sich in diesem Punkt die political correctness selbst verschrieben, lange bevor es diesen Ausdruck gab. Aber geredet haben wir sowieso so gut wie nie, behaupten meine Erinnerungen.

Als ich mich mit Flüchtlingskindern anfreundete, die in unserem heimatbewussten Städtchen einen schweren Stand hatten, hörte ich schlagartig auf, Dialekt zu sprechen, was mir als probates Mittel erschien, mich von den Eltern zu distanzieren. Später stellte sich heraus, dass ich mit dem abrupten Umschwenken aufs

Schriftdeutsche offenbar mein Sprachpulver verschossen hatte, Englisch, Französisch, Italienisch, Spanisch, Griechisch, mäßig, mäßig bis heute, trotz redlichen Bemühens und vielen Versuchen bis ins hohe Alter. Fluchen allerdings kann ich auch auf Serbokroatisch und Ungarisch mehr als leidlich, wie ein Zigeuner eben. Das Anschreien nahm ab und wich einem Verstummen zwischen dem Fadder und mir. Mehr und mehr blieb ich von zu Hause weg, bis es mir schließlich gelang, ganz davonzukommen. Wenn wir uns später trafen, kurz nur und mit Jahrzehnte-Abständen dazwischen, kam es mir seltsamerweise so vor, als ob er so etwas wie Angst vor mir habe, und in mir zitterte jedes Mal ein Gemisch aus Hass, Furcht und vor allem Scham nach. Undurchdringlich war die Befangenheit zwischen dem Fadder und dem Sohn, die verhinderte, dass sich jemals ein Gespräch einstellen wollte.

Unversöhnt? Versöhnt? Unsere Psychokultur fordert zum Ende hin klare Verhältnisse. Es müsse sich alles runden: mit sich und der Welt im Reinen. Der bilanzierenden Schlussstrich-Mentaltiät kann ich nicht folgen. Ich ziehe es vor, die wechselnden Gemütslagen auszuhalten, instabil, unverhärtet, beweglich, streitbar.

Filzläuse in der Fußnote

Die haben mir gerade noch gefehlt, dachte ich, es muss irgendwann 1967 gewesen sein, als ich mir die Filzläuse eingefangen hatte. Das sind diese Tierchen, die von den Deutschen »Sackratten« oder auch »Russen« genannt werden, während sich die Franzosen, charmant wie sie sind, den Namen »papillons d'amour« dafür ausgedacht haben. Unter uns Halbstarken in der Bodensee-Kleinstadt gehörten sie in den 50ern öfters zu den aufregenden Themen, wenn wir präpotente Männergespräche führten. Ich erinnere mich an schaurig wilde Geschichten, jeder kannte einen, der damit prahlte, sie sich schon einmal »geholt« zu haben.

Als ich sie dann tatsächlich hatte, bin ich die Plage mit »Cuprex« schnell wieder losgeworden, mein naturwissenschaftliches Interesse wollte es dieses Mal aber etwas genauer wissen und führte mich in die Staatsbibliothek. Ich fand ein über 500 Seiten starkes Buch, über Jahrzehnte das einschlägige Standardwerk. Titel: »Lehrbuch der medizinischen Entomologie«. Autor: »Prof. Dr. Erich Martini, Abteilungsvorsteher am Institut für Schiffs- und Tropenkrankheiten Hamburg«. Da ist alles über jene Insektenarten nachzulesen, die man sich besser vom Leibe hält. In dem Großkapitel über »Die Gliederfüßler als Schmarotzer« ist die Filzlaus (»Pthirus pubis«) neben der Kopflaus und der Kleiderlaus eingereiht, nach ihnen kommen die Familien der Wanzen, Flöhe, Milben und was es sonst noch an Biestern auf diesem medizin-zoologischen Terrain gibt. Die meisten davon zählen zu den »Parasiten«, alles ist haarklein beschrieben und in akribischen Zeichnungen dargestellt. – Fortpflanzung, Entwicklung, Weiterverbreitung, Wirkung, Wirtstiere, Seuchen, pipapo.

Meine Neugier ist mir bei der Juckreiz auslösenden Lektüre bald vergangen. Eine Fußnote allerdings hat sich in meinem Hinterkopf festgesetzt. Bei den Filzläusen ist zu lesen, dass diese gewöhnlich vornehmlich in den Schamhaaren vorkommen, sich gelegentlich aber auch »sogar bis auf die Augenwimpern ausbreiten«. Dazu ist unten auf der Seite vermerkt: »Nicht selten bei marokkanischen Juden«. Wie kommen die »Russen« an die Augendeckel der Marokkaner jüdischen Glaubens?

Die Jahreszahl 1923 als Erscheinungsdatum der ersten Auflage führt zurück in die Weimarer Republik. Während der Rheinlandbesetzung nach dem Ersten Weltkrieg beklagte die deutschnationale Propaganda »die schwarze Schmach«, für die sie, wie für die verhasste Republik überhaupt, letztlich die Juden verantwortlich machte. Die Franzosen würden vor allem dunkelhäutige Soldaten aus den Kolonialtruppen dort stationieren, um die gedemütigte Bevölkerung mit den »minderwertigen«, alle möglichen Seuchen einschleppenden Rassen noch einmal besonders zu schikanieren.

»Neger baden in unserem deutschen Rhein«, lautete eine der Parolen, die so fürchterliche Vorstellungen mobilisierte, dass jeder aufrechte Vaterlandsfreund vor Empörung schwarz-weiß-rot anlief. Erst recht, als es dann auch noch »schamlose Frauenzim-

mer« gab, die sich mit den Besatzern einließen und »dieses Entgegenkommen« zu »krausköpfigen Kindern« führte (Schimpfname
»Utschebebbes«). Da konnte man auch in wissenschaftlichen Me-
dizinbüchern ganz dezent darauf verweisen, wer da wirklich dahin-
tersteckte.

Notabene: In der 3. Auflage 1946 befinden sich die marokkanischen Juden mit ihren Läusen immer noch an Ort und Stelle,
in der 4. und letzten Auflage, 1952, sind die Läuse und ihre un-
gewöhnlichen Aufenthaltsorte unverändert enthalten, die besagte
Volksgruppe indes ist, soweit sie den Zweiten Weltkrieg überlebt
hat, mitsamt der Fußnote den Buchseiten entkommen, wohl von
der Zensur beseitigt.

Um die Jahrtausendwende stieß ich in der ›Zeitschrift für Ham-
burgische Geschichte‹ wieder auf den antisemitischen Autor des
Läuse-Standardwerks. Innerhalb des Jahresbandes von 1998 dokumentiert und kommentiert der Historiker Rainer Hering einen
»Briefwechsel über das Dritte Reich« zwischen den Tropenmedizi-
nern Erich Martini und Otto Hecht 1946/47«. Abgedruckt sind auf
den 40 Seiten drei Briefe in chronologischer Folge, zwei von Martini, einer, der mittlere und längste, von Otto Hecht. Thematisiert
sind hauptsächlich die zwölf Jahre des NS-Regimes und das engagierte Mitwirken von Akademikern jeglicher Couleur an dessen
mörderischen Taten sowie die Kollektion der Rechtfertigungen, die
gleich danach angesammelt wurde. Mit guten Gründen misst Hering diesem Briefwechsel »exemplarische Bedeutung« zu. Mir sind
wenige Dokumente bekannt, in denen sich die persönlich-privaten
Situationen, verbunden mit den politisch-moralischen Positionen
und dem Gang der Geschichte, in so erhellender, konzise abgebil-
deter Gegenüberstellung präsentieren.

Die Rollen sind klar verteilt: Professor Martini (1880–1960),
Sohn eines Oberlandesgerichtspräsidenten, als Arzt sowohl in der
medizinischen wie in der zoologischen Fakultät habilitiert, »ein international renommierter Wissenschaftler«, trat gleich zu Beginn
der Hitler-Regierung in die NSDAP ein und trieb seine Karriere
am Hamburger Tropeninstitut voran. Von 1940 an lehrte er an der

Militärärztlichen Akademie in Berlin und arbeitete in Himmlers »Forschungsgemeinschaft Ahnenerbe« daran, die Truppen der Waffen-SS in Russland vor Flecktyphus und Verlausung zu schützen. In einer »Denkschrift« vom Januar 1942 bat er nachdrücklich darum, seine Forschungen zu unterstützen – »sind doch auch die Gesundheitsverhältnisse in der Heimat und in den bereits befriedeten Ostgebieten für die Wehrmacht und den Kriegserfolg von allergrößter Bedeutung«.

Gleich nach Kriegsende sammelte der Hamburger Mediziner, bei wem immer er glaubte, auf Kulanz rechnen zu dürfen, ihn in ein günstiges Licht rückende »Persilscheine«. Mit ihrer Hilfe schaffte er es schließlich, im Entnazifizierungsverfahren in der Kategorie »unbelastet« eingestuft zu werden – da er sich, so die Begründung, »politisch stets anständig und zurückhaltend verhalten hat«.

Dr. Otto Hecht (1900–1973), Sohn eines praktischen Arztes, von 1927 an Assistent bei Martini am Tropeninstitut, wurde dort 1933 als »Nichtarier« entlassen, floh mit Frau und Kindern noch im gleichen Jahr nach Palästina und wanderte ein paar Jahre später nach Venezuela aus. Ab 1945 lebte die Familie Hecht in Mexiko. Ein Teil seiner Verwandten und der seiner Frau entkamen den deutschen Mördern durch die Flucht ins Ausland, andere landeten im KZ, krepierten dort elendiglich oder wurden, wie seine Eltern, umgebracht. Sein ausführlicher Brief ist gekennzeichnet durch eine bittere, rundum klarsichtige und realistische Bewertung dessen, was sich in der Zeit von Hitlers »Gangster-Regime« in Deutschland abspielte und wie groß der Anteil derjenigen war, die in der »Nazipartei« den antisemitischen Terror und die Ausbreitung des »moralischen Sumpfes« mittrugen. Zur Reinwäsche nicht zu gebrauchen.

Martinis Briefe strotzen von Selbstmitleid und Verharmlosung, von billigen Ausflüchten und selbstgerechten Phrasen. Irgendwelche Schuldanteile wurden zurückgewiesen und den Opfern in die Schuhe geschoben. In die Partei habe man ihn zwingen müssen. Erst »als mir die Pistole auf die Brust gesetzt wurde« und die Drohung der Entlassung im Raum stand, sei er eingetreten und habe »mit dem Hitlergruß gegrüßt«. Später dann sei ihm das Gehalt gekürzt worden, weil er es wagte, »Kritik, wenn auch nicht politische, zu üben«. Vor Schlimmerem habe ihn sein »Wahrheitsfanatismus« bewahrt. Auch 1947 ist er noch der Ansicht, dass es Hitler anfangs um Abrüstung ging, bevor er als Reichskanzler habe einsehen müssen, dass »ein Volk ein gewisses Maß an Defensivkraft« benötige. Keiner habe »die spätere Entartung der Parteiführung voraussehen können«. Von den Verbrechen habe er, wie fast alle anderen, erst nach Kriegsende erfahren. Im Übrigen, so Martini, habe sich der Antisemitismus bei den Deutschen nur ausbreiten können, weil »die Taten einiger Juden« über jede Hutschnur gegangen seien und so den Kragen platzen ließen. Indirekt besteht er darauf, dass der »Untergang zahlloser Deutscher durch Hungern von den Regierungen der anderen Nationen« gewollt ist – »was heute in Deutschland geschieht«, sei schlimmer als das, was die Deutschen verbrochen hätten.

Noch immer wird in Erörterungen zur NS-Zeit häufig danach gefragt, wie es denn nur möglich gewesen sei, dass sich auch gebildete und hochgebildete Leute für den Nationalsozialismus begeistern und Hitler als Heilsbringer verehren konnten. Das sei doch schier unfassbar. Wer diesen Briefwechsel aus den unmittelbaren Nachkriegsjahren liest, wird in dieser Hinsicht auf Verwunderung verzichten müssen, weil es sich hier überaus anschaulich zeigt, wie auch noch in den Jahrzehnten nach dem Ende des »Dritten Reiches« vieles getan, gesagt und geschrieben wurde, was ganz ohne das übliche Rätselraten die Klärung dieser Frage relativ einfach macht.

Der Zufall wollte es, dass im gleichen Jahr 1998 ein Buch über die »Geschichte des Instituts für Schiffs- und Tropenkrankheiten in Hamburg, 1900 bis 1945« erschien. Herausgebracht in der Reihe »Abhandlungen des Naturwissenschaftlichen Vereins in Hamburg« (245 Seiten, stolzer Preis: 98 Mark), in deren Redaktionsausschuss fünf Professoren ihres Amtes walten. Autor ist Professor Dr. Erich Mannweiler, der bis zu seiner Pensionierung lange Jahre an ebendiesem Institut tätig war, das bald nach seiner Gründung einen international hohen Rang in Forschung und Therapie einnahm.

Die ›FAZ‹ brachte dazu eine große Besprechung. Rezensent war

Stefan Wulf, promovierter Historiker mit der Forschungsschwerpunkt Medizingeschichte, der selbst eine Zeit lang am Bernhard-Nocht-Institut (wie es seit 1942 nach seinem Begründer heißt) gearbeitet und über dessen Geschichte einige Jahre zuvor ein aufschlussreiches Buch geschrieben hat, das der Kooperation zwischen den leitenden Forschern, der Kriegsindustrie und der SS die gebührende Aufmerksamkeit schenkt. Überschrift der ›FAZ‹-Rezension: »Geschichte ohne Unterleib«.

Und in der Tat hat Mannweiler ein mit Fotos reich bestücktes Buch veröffentlicht, das vor allem die schöne Nase in den Blick nimmt und alles ausblendet, was den Ruhm des Instituts beeinträchtigen könnte. Und das ist nicht wenig. Kurz gesagt: Die Eigenheiten der NS-Zeit kommen so gut wie nicht vor, abgesehen von der beiläufigen Erwähnung »schwerer Bombenschäden, die den Ostflügel und das Tierhaus betrafen«, einem Abschnitt über »kriegsbedingte personelle Veränderungen« und dem Hinweis auf die Belastungen durch die erhöhte Zahl von »Wehrmachtsangehörigen« unter den Patienten. Und irgendwann kommt der Satz, der mit einer grausigen Andacht zu lesen ist. Zeigt er doch, wie man sich als Professor, der das Gute auch in schlechten Zeiten im Auge hat, an diese Jahre des Terrors und des Menschenschlachtens zurückerinnern kann, wenn man sich die Hände am Pilatusbecken wäscht: »Trotz der politisch unruhigen, zum Teil auch turbulenten Zeit, die den Ausgleich staatlicher Interessenkonflikte zwischen dem Deutschen Reich und anderen europäischen Staaten kennzeichnen, erfuhr die Reisetätigkeit der Institutsmitglieder keine Einbußen.«

Rezensent Wulf in der ›FAZ‹: Das Buch konzentriere sich ganz auf die »Leistungen und Erfolge« in Wissenschaft und Forschung. Man erfahre vieles über die Verdienste der Personen, die dort gearbeitet haben sowie über die Räumlichkeiten bis hin zur »Lage der Spülküchen im Gebäude«.

Dabei war das Institut zweifellos im »Dritten Reich«, als »die staatlichen Interessenkonflikte ausgeglichen« wurden, eine »Zentrale des deutschen Kolonialrevisionismus«. Zu untersuchen wäre gewesen, was sich daraus ergab, dass die deutschen Tropenmediziner in Hitler den »Wiederbringer unserer Kolonien« sahen und damit großartige Ambitionen und Pläne verbanden.

Für Peter Mühlens, den engagierten Nationalsozialisten und Institutsdirektor in den Jahren 1933 bis 1943, waren »Medizin und Hygiene kriegsentscheidende Faktoren«. Er initiierte im Krieg »medizinische Menschen-Versuche« vielerorts, »in Warschau wie in der Heil- und Pflegeanstalt Hamburg-Langenhorn und in den Krankenbaracken russischer Zwangsarbeiter«. Um für seine Fleckfieber-Forschungsstation »Material von frischen Fällen« zu bekommen, wandte er sich im Januar 1942 an Himmler, damit die SS ihm Häftlinge aus dem KZ Neuengamme zur Verfügung stellte.

Zu den Stützen des Tropeninstituts zählte damals auch Fritz Zumpt, Zoologe und Professor der Entomologie sowie Propagandist im Dienste der NS-Gauleitung. Neben seinen Beiträgen zur Tropenmedizin veröffentlichte er auch spezielle Pamphlete, in denen er davor warnte, Afrikaner an der europäischen Bildung teilhaben zu lassen, so viel »rassenpolitische Einsicht« müsse sein. Zumpt, 1948 in Hamburg als »unbelastet« eingestuft, setzte seine Professorenkarriere später unter dem Apartheid-Regime Südafrikas fort.

Die Hamburger sind mächtig stolz auf ihr Tropeninstitut. Zum 100-järigen Bestehen wurde im Oktober 2000 groß gefeiert, Festschrift, Ausstellung im Rathaus, Lobeshymnen. Gesundheitssenatorin Karin Roth (SPD), später Staatssekretärin in der Bundesregierung für »Verkehr«, schrieb in ihrem »Grußwort« über »die vielen großartigen Leistungen«, die das Institut berühmt gemacht hätten. Mit ihnen sei »auch stets ein Stück Hamburg in die Welt getragen worden«. In dem Begleitheft zur Ausstellung ist auch kurz von »dunklen Flecken« in der Zeitspanne 1933–45 die Rede. Nach dem damaligen »Beamtengesetz« hätten ein paar Mitarbeiter das Institut verlassen müssen. Direktor Mühlsen habe die Nationalsozialisten nur unterstützt, weil ihm das als der »sicherste Weg zur Wiedererlangung der deutschen Kolonien« erschien. Tscha, das iss ja wohl kein ehrenrühriges Motiv, soll da wohl ein echter Hamburger denken, der sich ein bisschen Standesbewusstsein bewahrt hat.

Taxi mit Führer

Bei unserer ersten Fahrt war er betrunken. Automatisch dachte ich, nanu, »Führer«, wer hat dich denn abgefüllt. Ich nannte ihn für mich im Stillen von Anfang an so. Wahrscheinlich, weil er diesen Ledermantel trug und den Filzhut auf dem Kopf und neben sich den großen Schäferhund. Der Taxistand am Grindel war voll. Vor mir in der Schlange standen bestimmt fünf Kollegen. Nichts los in dieser Nacht. Und die Aushilfsfahrer machten mal wieder die Suppe dünn.

Man sah ihn von Weitem, er wankte, fiel aber nicht. Das erste Taxi lehnte ihn ab. Der Fahrer an zweiter Position drückte sofort alle Verschlussknöpfe innen an der Tür. Alle anderen machten es ihm nach. Zentralverriegelt, so wie sie da standen. Er machte bei jedem einen vergeblichen Versuch, hübsch der Reihe nach bei einem Wagen nach dem andern, in aller Ruhe.

In der Hamburger Taxiordnung stand damals, es war in der zweiten Hälfte der 70er, der Fahrer habe das Recht, einen Kunden abzulehnen, wenn dieser »ekelerregend« aussah oder seine Trunkenheit die Sauberkeit der Sitzpolster gefährden könnte. Ein weiterer Passus bestimmte, dass man nicht gezwungen sei, eine Leiche zu transportieren, auch nicht, in einen Teppich eingerollt, im Kofferraum.

Schließlich landete der Führer bei mir, dem Letzten in der Reihe. Er ließ sich die Überraschung nicht anmerken, als die Tür aufging und ich ihn mit einem Guten Abend begrüßte. Zuerst kam der Hund an Bord. Dann quetschte er seinen massigen Leib auf den Sitz neben mir, sodass das Tier zwischen seinen Beinen zu liegen kam. Die Fahrt war kurz, gerade mal ein paar Hundert Meter um die Ecke rum, die Hallerstraße hoch. An den Hebel der Gangschaltung leicht angelehnt, die riesige Hundeschnauze. Eine große bläuliche Zunge hing aus ihr heraus und legte zwei Zahnbögen bloß, die keine Lücken aufwiesen. Bei jedem Schalten musste ich die Schnauze sachte etwas zur Seite biegen. Der beißt nicht, mehr sagte er nicht. Beim Bezahlen legte er 50 Mark Tipp drauf. Stimmt so.

Dann fragte er mich noch, ob ich ihm meine Funknummer aufschreiben könnte. Hansa-Funk 388. Das war die Nummer, die hinten im Rückfester zu lesen war und mit der ich mich in der Zentrale zu melden hatte, wenn ich mich um eine Tour bewarb: Dreidoppelacht. Tausendmal ins Mikro gebrüllt, geflüstert. Kann ich noch im Schlaf aufsagen. In meinen Träumen taucht sie eh mit einer gewissen Regelmäßigkeit auf, längst kontaminiert mit dem nachträglichen Wissen von der Doppelacht als Neonazi-Codewort »Heil Hitler«. Dreimal.

Danach bestellte der Führer mich einmal im Monat, stets so gegen zwei Uhr früh. Immer hatte er den Ledermantel an und den Filzhut auf. Beim Einsteigen sagte er jedes Mal: Lass die Uhr aus, wir fahren einen »Sieger«. Stets die gleiche Tour, runter zum Fischmarkt in Altona, das Ziel: ein Haus gegenüber von den »Riverkasematten«. Er hatte dort ein »Verhältnis«, wie er es nannte. Bevor er ausstieg, sagte er: »Dauert nicht lang.« Der Hund blieb bei mir im Wagen, ich nannte ihn Alex, Blondi hätte ich affig gefunden. Alex und ich schauten beide wie anthropologische Feldforscher dem Anbahnungsverhalten der Freier und Nutten zu. Länger als eine halbe Stunde habe ich nie gewartet. Dann ging es zurück zur Hallerstraße. Geredet wurde so gut wie nichts. Einmal sagte er, er sei früher mal selber auf dem Bock gefahren. Jedes Mal gab es einen Fuffi. Er war schwer in Ordnung, ich fuhr den Führer gern. Aber nach einem guten Jahr hörte ich und sah ich nichts mehr von ihm.

Es gab keinen mehr wie ihn, da waren nur noch die vielen kleinen Hitler, im Westentaschenformat und in vielerlei Gestalt. Würde mal sagen, jede zweite Nachtschicht mindestens einer. Ein Typus aus diesem Sortiment, im Vorkommen mit an der Spitze, war besonders leicht zu erkennen. Das war der kleine Hitler, der immer vorne rechts einstig, sich sofort anschnallte und mir zu verstehen gab, dass es ihn fuchste, weil ich es nicht tat. Das Fahrtziel nannte er nicht, er sagte nur: Erst mal rechts. Ab da hatte er das Sagen. Im Grunde auch das Steuer, das ich in meinen Händen hielt. »Ich arbeitete ihm entgegen«, wie der englischen Hitler-Biograph Ian Kershaw den Deutschen ihr Verhalten zu ihrem Diktator erklärt.

Mein kleiner Hitler kannte den Weg genau, er dirigierte laut: rechts, geradeaus, noch mal rechts, links, geradeaus. Dazu Handzeichen, die mich an das Griffekloppen beim Militär erinnerten. Von seiner Linie ließ er sich nicht abbringen, auch wenn ich ihm eine kürzere Route vorschlug, die für ihn billiger gekommen wäre. Das Taxameter behielt er im Auge. Ihn könnte keiner bescheißen. Ihn nicht. Auch keiner von den Scheißausländern. An jeder Ampel, an der ich halten musste, sagte er: Grüner wird's nicht. Am Ende immer das Kommando: Stopp hier, genau hier! Das Rückgeld ließ er sich auf Heller und Pfennig herausgeben. Statt Trinkgeld gab es die Aufforderung, den Wagen sauberer zu halten. Manchmal, wenn ich gut drauf war, murmelte ich: Führer, wir danken dir.

Taxi mit Henri

Meine Taxischicht mit der alten Peugeot-Mühle nahm langsam Fahrt auf. Es war 1977, im »deutschen Herbst«, wie die Zeit genannt wird, als der RAF-Terrorismus die Bundesrepublik erschütterte. Abends zunächst die üblichen Stationen, Wegstrecken und Fahrtziele. Reeperbahn. Hauptbahnhof. Jungfernstieg, Eimsbüttel, Kieler Straße. Büroleute, die noch in eine Kneipe fuhren, eine nette Unterhaltung mit einer Prostituierten, einer Stammkundin von mir, die sich von ihrem Zuhause am feinen Alsterufer in die Tiefgarage des Eros-Centers fahren ließ. Kleinkram, nichts Besonderes, das sollte noch kommen. Für etwas Aufregung sorgten zunächst zwei südamerikanische Seemänner, die ich aufpickte, als sie aus einer Bar flogen. Sie wussten nicht mehr, wo ihr Schiff lag, das wir lange suchen mussten, ehe wir es im Petroleumhafen fanden. Dann wieder Hauptbahnhof. Krankenhaus Eppendorf. Posten Mittelweg. Da ergatterte ich eine Bestellung über Funk: Warburgstraße 50. Das war die ›Stern-Redaktion‹. Der Affenfelsen, wie das damals noch relativ neue Redaktionsgebäude genannt wurde.

Überraschung, der Chef selbst, Henri Nannen. Er wollte nach Hause, Mitternacht war schon vorbei. Er stieg vorne ein, seine Begleiterin hinten. Ihr Parfum kämpfte gegen den Zigarettenmief an. Sie blieb die ganze Fahrt stumm. Dafür redete er umso mehr. Kaum saß er, fing er mit dem Krieg und mit Hitler an: Keiner von uns habe das gewollt. Nur dieser Verrückte. Ihr (und damit meinte er offensichtlich mich und viele andere) habt doch keine Ahnung. Die ganze Fahrt hörte er nicht mehr auf zu plädieren. Ich weiß nicht, was ihn geritten hat. War es die Fortsetzung einer Diskussion, die er gerade geführt hatte, oder war ich es, der ihn zu dem großen Sermon animierte, den er die ganze Strecke bis nach Wellingsbüttel auf mir ablud, ohne irgendeine Antwort zu erwarten. Oder vielleicht war es nur die Einübung eines Artikels, den er zu schreiben vorhatte. Teils als Klage über die falschen Ansichten, die heutzutage unter denen verbreitet sind, die es nicht selbst miterlebt hätten, teils im Reporterstil, kam er immer wieder auf den 1. September 1939 zurück, an dem Hitler im Reichstag erklärt hatte: »Ab 5 Uhr 45 wird zurückgeschossen.« Damit habe die ganze Scheiße begonnen.

Gerade die Berliner, die wollten nichts anderes als Frieden. Deshalb hätten die auch den Göring so sympathisch gefunden und ihm immer zugewinkt, wenn er im offenen Zweisitzer-Kabriolett durch die Stadt fuhr. Der dicke Herman, das hatte sich herumgesprochen, wollte Hitler am Krieg hindern. Als sie in einem Gasthaus die Nationalhymnen mit dem Horst-Wessel-Lied abspielten, da hat ein Besucher mitgesungen: »Die Nase hoch, die Augen fest geschlossen.« Spott, nichts als Spott war von den Berlinern zu hören, wenn nicht betretenes Schweigen herrschte.

Das war eine Einzelheit, die ich dann später in dem Buch »Die Reichskanzlei 1933–1945. Anfang und Ende des Dritten Reichs« (mehrere Auflagen, darunter auch eine Studienausgabe) von H. S. Hegner wiederfand, als mir nach und nach klar wurde, dass sich Nannens Plädoyer damals im Taxi aus den populären Berichten zusammensetzte, die in den Nachkriegsjahren schilderten, wie sich die Deutschen damals gern gesehen hätten.

Schon Hans Rothfels, der in seinem 1949 veröffentlichten Buch »Deutsche Opposition gegen Hitler« die Deutschen als ohnmächtiges Volk in der Hand eines grausamen Tyrannen darstellte, beschrieb die Militärparade als Fehlschlag. Damals ließ Hitler eine der neuen Panzerdivisionen durch Berlin marschieren, um die Stimmung zu testen. Die Berliner hätten mit eisigem Schweigen reagiert. Auch in dem viel gelesenen Tagebuch von Ruth Andreas-Friedrich ist dieses Ereignis als ein Tag festgehalten, an dem die Berliner ihren Reichskanzler maßlos enttäuscht hätten: Er oben auf dem Balkon, unten die Militärparade, am Straßenrand »die Leute wie geprügelte Hunde mit jenem genierten Blick der Schuldbewussten, die genau wissen, dass sie nicht wollen, was sie eigentlich sollen müssen. Nirgends hebt sich eine Hand… Die Panzer rollen, die Menschen schweigen, und unbejubelt verschwindet der »Führer« vom Balkon«. Häufig ist zu lesen, was Hitler danach gesagt haben soll. »Mit diesem Volk kann ich keinen Krieg führen«.

Das Buch von H. S. Hegner ist die überarbeitete Buchfassung einer Serie in der ›Frankfurter Illustrierten‹. 1959 zum ersten Mal erschienen, fand sie speziell wegen der Lebendigkeit der Schilderungen große Resonanz. Erich Dombrowski, Mitherausgeber der ›FAZ‹, verfasste eine überaus positive Rezension: Genau so sei es gewesen, damals. Hinter dem Pseudonym Hegner versteckte sich der populäre Illustriertenschreiber Harry Schulze-Wilde (1899–1978), Autor von vielen Büchern, darunter auch eine Trotzki-Biographie und ein Buch über Theodor Plievier.

Nannen konnte damals für seine Suada, mit der er den Eindruck erwecken wollte, als hätte er das alles selbst erlebt, aus einem reichhaltigen Fundus schöpfen, um den Kriegsbeginn als Hitlers Alleingang zu beschreiben. Als er 1996 verstarb, stiftete der Verlag Gruner und Jahr einen Preis für Reportagen, der von den Kollegen als höchste Auszeichnung betrachtet wird. Wer diesen »Henri«, den leicht verkleinert in Bronze gegossenen Kopf des Namensgebers auf einer von den Veranstaltern alljährlich zur »Gala der Worte« aufgerüschten Festivität überreicht bekommt, nimmt ihn – von zwei bisher bekannten Ausnahmen abgesehen – freudig in Empfang, denn ein moderner Journalist schreckt vor nichts zurück, wenn es etwas zu holen gilt.

Holocaust bei Fischer

Fritz Fischer war ein Mann mit großer Wirkung. Bei seinem Tod 1999 wurde ihm von vielen Fachkollegen nachgerufen, er habe in diesem Jahrhundert mehr in der Geschichtswissenschaft bewegt als jeder andere. Als 1961 Fischers Wälzer »Griff nach der Weltmacht« erschien, provozierte er in seiner Zunft einen Aufstand, ein Sturm der Entrüstung, verwirbelt von diversen Motiven, prasselte auf ihn nieder. Notabene, eine Art »Braunschweiger« auch er, zeitlebens wurden seine NSDAP-Aktivitäten unter der Decke gehalten.

Seine These, Deutschland sei nicht wie alle anderen Beteiligten in den Ersten Weltkrieg hineingeschlittert, sondern seine Eliten hätten diesen bewusst herbeigeführt und dabei eine weitreichende »Kriegszielpolitik« verfolgt, schockte die Zunft. Der Historiker Michael Freund, der die ganzen 50er Jahre im Einklang mit vielen seiner Kollegen Hitler als »Dämon« geschildert hatte, dem sich die armen Deutschen hilflos ausgeliefert waren, beschuldigte Fischer, er wolle die ganze schöne deutsche Geschichte mit Schmutz beschmieren. Sein Kollege Percy Ernst Schramm, Geschichtsprofessor in Göttingen, Träger des Ordens Pour le Mérite und ehemals Kriegstagebuchschreiber im Führerhauptquartier: »Ich nenne es schlicht Landesverrat!«

Aber die alten Traditionen gerieten ins Wanken. Das nationalkonservative Geschichtsbewusstsein verlor seine dominierende Position. Hitler war vielleicht doch kein »Betriebsunfall« oder ein »Ausrutscher«. Der Blick der jüngeren Historiker schärfte sich für Kontinuitäten. Man erkannte, dass es in beiden Weltkriegen für die Deutschen um die Hegemonie in Europa ging.

Als ich Fischer bei einem Gastvortrag 1963 an der Münchner Universität erlebte und sein Buch las und danach die erregten Debatten auf dem Historikertag 1964 verfolgte, auf dem Fischer mit seinen Thesen obsiegte, warf ich den roten »Schönfelder« in die Ecke, sattelte von Jura auf Geschichtswissenschaft um und zog nach Hamburg. Meine Interessen hatten sich längst der Zeitgeschichte zugewandt.

Im Wintersemester 1965/66 saß ich im Hauptseminar bei Fritz

Fischer in Hamburg: Thema war der Antisemitismus in der Weimarer Republik und die Judenverfolgung im »Dritten Reich«. Über 50 Referate wurden gehalten. Von allen Seiten wurde der Holocaust – ein Wort, das damals noch nicht in Deutschland angekommen war – untersucht und beleuchtet.

Ich kann meinem Gedächtnis schier nicht glauben, aber das ganze Seminar lief völlig ohne Emotionen ab – sine ira et studio. Ich kann mich an keine kontroversen Diskussionen erinnern. Alle (mich eingeschlossen) gaben sich enorm »objektiv« und sachlich. Möglichst steril, wenn Gefühle überhaupt geäußert wurden, dann waren sie in gängige Klischees verpackt. Rein »wissenschaftlich« eben. Ein Seminar über den Investiturstreit oder die Schriften des Klosters in St. Gallen wäre nicht viel anders verlaufen. Eine Selbstbefragung fand nicht statt, wir waren Teil einer Gesellschaft, die 20 Jahre verdrängt oder sich subtile Exkulpationen zurechtgelegt hatte, ohne es zu bemerken. Man schrieb das Jahr 1965. Es war der Muff von 20 Jahren Vergangenheitsbewältigung in einem Seminar mit 50 Studenten, einem Professor und zwei promovierten Assistenten.

Mir brachte mein Referat über »Die ›Endlösung‹ der Judenfrage und die Bedeutung der Wannseekonferenz« eine Einladung in das Doktorandenseminar. In einem Gespräch interessierte sich Fritz Fischer speziell dafür, ob ich vielleicht verwandt sei mit dem Kurt Riezler, jenem fatal klugen Ratgeber von Bethmann-Hollweg, der in seinem Buch eine zentrale Rolle spielte. Als Dissertationsthema empfahl er mir die deutsch-schweizerischen Beziehungen am Vorabend des Ersten Weltkriegs. Da ich vom Bodensee stamme, könnte ich in der vorlesungsfreien Zeit ja immer mit dem Fahrrad in das Bundesarchiv nach Bern fahren.

Mit beidem konnte ich nicht dienen.

Arthur und Rudolf – Wölfe aus Eisen

Eine Schnurre, deren tiefere Bedeutung durch den Zollkanal an der Brandstwiete, am Grunde der Elbe weitergewandert, jetzt wohl längst im Atlantik von einem Hai verschluckt ist, mag nicht vergessen sein. Der ›Spiegel‹-Verlag war wohl über die Jahre öfter mal »verwanzt«, aber er war auch mal »verwolft«.

Augsteins Magazin, 1952 von Hannover nach Hamburg umgezogen, hat seinen Hauptsitz mehrmals verändert, blieb aber immer im Viertel zwischen Innenstadt und Freihafen. Erste Adresse war das Pressehaus am Speersort 1, die zweite in der Brandstwiete am Kanal. Seit 2011 ist der Verlag in dem neuen Prachtbau an der Ericusspitze in der Hamburger HafenCity. Das Pressehaus teilte sich bis in die 60er der ›Spiegel‹ mit ›Zeit‹ und ›Stern‹. Der stattliche Gebäudeklotz steht auf nichts Gutem. Zur Grundsteinlegung 1938 war eigens Propagandaminister Goebbels angereist. In der Grundsteinkassette wurde auch ein Exemplar von Hitlers »Mein Kampf« eingelagert. Da liegt es immer noch. Die Bomben, die das Haus 1945 trafen, richteten nur in den oberen Stockwerken schwere Schäden an.

Vor der Eingangstür in der Brandstwiete lungerten über viele Jahre, seit 1988, zwei Wölfe in Beinah-Lebensgröße herum, die offensichtlich aus einer rostigen Eisenplatte herausgesägt waren. Wie zwei Fußnoten, die jemand über Nacht unten an der hoch aufgeschossenen, zwölfstöckigen Textfabrik angebracht und sich dann, ohne einen Hinweis oder Bekennerbrief zu hinterlassen, aus dem Staub gemacht hatte.

Der eine hieß »Arthur« und trug den Schriftzug »Schopenhauer«, der andere hieß »Rudolf«. Keiner der vielen, die wie ich fast täglich an ihnen vorbeigingen, wusste, woher sie kamen. Wenn einem war, als zöge man ihren Blick auf sich, was zuweilen vorkam, schauten sie eher erdenmenschlich als höllenhündisch.

Was die beiden braunen Skulpturen da zu suchen hatten, blieb lange Zeit unbekannt, offiziell wie inoffiziell. Gerüchte kursierten en masse. Die Chefredaktion hielt dicht, wenn sie nicht selbst im Ungewissen taperte. Der Betriebsratsvorsitzende Wolfram Bickerich fragte mal an, wie lange die da noch vor sich hin rosten sollten. Verlagsleiter Karl Dietrich Seikel legte das Bekenntnis ab, dass er die Wölfe schön fände. Ohne Rückendeckung von ganz oben hätte er das nie zu sagen gewagt. Und so konzentrierten sich die Betriebsratsmitglieder wieder auf das emanzipatorische Projekt des Strumpfhosenautomaten im Flur vor der Kantine und die Geschäftsführer der Mitarbeiter-KG auf ihre Kungeleien für die Wiederwahl. Die Elite der ›Spiegel‹-Reporter kam nicht auf die Idee, vor der eigenen Tür zu kehren. Investigativ-Spezialist Leyendecker, damals noch in den ›Spiegel‹-Reihen, war größeren Tieren hinterher. Cordt Schnibben suchte nach giftigen Läusen im Fell des Bundespräsidenten. Und der Herr des Hauses? Augsteins Kühnheit widmete sich damals in seinen Kommentaren den Scharmützeln mit Franzosen und Türken, des Öfteren ließ sie ihn auch jevermütig bei Rot über die sechsspurige Ost-West-Straße vor dem Verlagsgebäude schnüren. Die beiden Wölfe aber, die verriet er nicht.

Eines Tages, der Herausgeber hatte der Spiegel-Redaktion schon längst den TV-Macher Stefan Aust als neuen Chef verschrieben, war es dann nur noch einer, bis auch dieser, wie zu vermuten, über den angrenzenden Elbkanal zwischen den Speichern des Freihafens verschwand, jedoch nach geraumer Zeit den Weg auch wieder zurück fand. Irgendwann verdichteten sich die Gerüchte zur Gewissheit, dass es eine der kritischen Satire verpflichtete Künstlergruppe mit dem Namen »Wiederstand« (sic) war, die seinerzeit dem ›Spiegel‹ die Eisenwölfe zugetrieben hat. Auch bei anderen Verlagshäusern, so war zu lesen, seien damals Exemplare aus dem Rudel aufgekreuzt, aber dort mit ihrem braunen Rostpelz nicht vor der Tür geduldet worden. Als sie dann eines Tages in der Brandstwiete vor der ›Spiegel‹-Drehtür alle beide verschwunden waren, gehörte ich zu jenen, die sie vermissten.

In den Texten des ›Spiegel‹ mischten die Tiere aber weiter kräftig mit. Nicht nur in den Hitler-Artikeln. Sie waren auch auf anderen Feldern zu sehen. In halbfetten Überschriftbuchstaben (»Ein Wolf im Talar«, 1997), manchmal sogar in Rudeln, wie in der Titelgeschichte über den Kindermangel in Deutschland (»Unter Wölfen«, 2006), dem Bericht über Literaturagenten (»Unter Wölfen«, 2007) oder einst, 1993, in der Serie über die Moskau-Jahre von Herbert Wehner (»Einsamer Wolf unter Wölfen«). Der gallige SPD-Onkel mit seiner linksextremen Vergangenheit bekam mehrfach das Prädikat »wölfisch« verliehen. Gerhard Schröder wurde mal, als er noch Kanzler war, ein »wölfisches Grinsen« ins Gesicht geschrieben, dem »Rolling Stones«-Gitarristen Keith Richards passierte dasselbe und neulich auch dem US-Milliardär Donald Trump. Unschlagbar in der Frequenzliste der Wolfsmetaphern bleibt jedoch der Übervater der NS-Großfamilie.

Landpartie mit Elaine

Sie war zu Besuch in Hamburg. Elaine, eine alte Freundin. Seit ich sie und ihren Mann Peter Wyden Ende der 80er kennengelernt hatte, trafen wir uns fast jedes Jahr. Die beiden wohnten damals in New York und später in Ridgefield, einer kleinen Stadt in Connecticut.

Als sie, inzwischen verwitwet, für ein paar Tage in Hamburg war, wollte ich ihr auch die grüne Umgebung zeigen, und wir fuhren am Sonntag aufs Land. Ziel war das schöne Bauernhaus und der Garten von meinem Freund Andreas und seinem kleinen, aber exquisiten Merlin Verlag in Gifkendorf hinter Lüneburg. Kaum hatten wir die Elbbrücken passiert, wollte sie unbedingt wissen, wo wir denn hinführen, in welche Gegend. Mit meinem wie immer unzureichenden Englisch versuchte ich, es ihr zu erklären, kam von den Heidschnucken auf Erika, das Heidekraut, von den Hünengräbern auf den urdeutschen Heimatdichter Hermann Löns, erzählte ihr von den Waldspaziergängen und von der Schwammerlsuche im Herbst, und und… Mir schien, als verstünde sie nur Bahnhof.

Aber bald waren wir da, und es wurde ein wunderbar angenehmer Nachmittag. Wollte man so sinnentleert wie unser Bundespräsident mit berühmten Zitaten auftrumpfen, könnte man sagen: »Was für ein schöner Sonntag!«. Wir saßen im Garten, Andreas hatte ein kleines Fass Bier angestochen. Ich glaube, wir haben auch über die Vogelarten gesprochen, die da herumflogen, über die zwei Hunde, die in der Sonne lagen, und natürlich über das deutsch-amerikanische Verhältnis, das bekanntlich seine Höhen und Tiefen hat. Und dann fuhren wir wieder nach Hamburg in die Husumer Straße, wo ich damals wohnte.

Bei einem Telefonat, als Elaine wieder zurück in Connecticut war, kamen wir darauf zu sprechen, warum ich denn an diesem Sonntag nicht einfach Bergen-Belsen genannt habe, als ich ihr zu erklären versucht hatte, in welche Gegend wir fahren würden. Das wäre ihr ein Begriff gewesen, eine Kusine ihres Mannes habe damals zu den Glücklichen gehört, die dieses KZ dort überlebt hätten. Bis heute können wir uns nicht darüber einigen, ob ich am Telefon den Namen des KZs als Erster gesagt habe oder ob sie es war. Jedenfalls, von Ridgefield aus gesehen, liegt Bergen-Belsen sehr nahe bei Lüneburg. Und ich wusste ja von dieser Kusine, die inzwischen in Amsterdam lebt, und vor allem wusste ich aus einer Reihe von Gesprächen, dass die Familie von Elaines Vaters, zusammen mit 1200 anderen jüdischen Bewohnern der ostpolnischen Gemeinde Misotsch von einer SS-Einsatzgruppe ermordet wurde. Ihr Mann Peter (aufgewachsen als Peter Weidenreich bis 1937 in Berlin) hat mehrere Bücher zu dem Thema Holocaust geschrieben, eines mit dem Titel »Stella« – die wahre Geschichte der Frau, die als »U-Boot« im Krieg in der Reichshauptstadt überlebt und für die Gestapo den Spitzel gemacht hat.

Aber ich bin damals bei dem Ausflug auf diese Landschaftszuordnung einfach nicht gekommen. Dafür bin ich nachträglich in ein tiefes Loch der Scham versunken. Es war ja kein absichtliches Verbergen, kein bewusstes Davonabsehen. Nein, viel schlimmer. Elaine. Elaine. Mir ist es einfach nicht in den Sinn gekommen.

Offensichtlich habe auch ich eine deutsche Nachkriegslandkarte im Kopf, auf der Bergen-Belsen nur an den Gedenktagen verzeichnet ist, und nicht, wenn man ins Grüne fährt. Zweimal bin ich dort gewesen, seit Jahrzehnten beschäftige ich mich mit der deutschen Geschichte des Grauens. Und dann dieser Mangel an Empathie. Das hat mir wieder mal gezeigt, wie deutsch ich doch bin.

Elaine, die gute, meint allerdings, typisch deutsch sei, dass ich mir darüber den Kopf zerbreche.

Postskriptum

Hamburg – Lindau – Braunau – Linz – Wien – München – Landsberg – Berchtesgaden – Nürnberg – Weimar – Ketrzyn (in Polen, hieß zu ostpreußischen Reichszeiten: Rastenburg) – Berlin – Hamburg. Es war im Herbst vor 13 Jahren. Eine Eisenbahn-Rundreise am Stück über sechs Wochen, von einer Hitler-Stadt zur andern. An jedem Ort ein paar Tage Aufenthalt, um mich umzusehen und Menschen zu treffen, die mir etwas erzählen konnten. Oft wurde ich gefragt: »Worum geht es denn in dem Buch, das Sie schreiben, wovon handelt es?« Ich antwortete immer dasselbe: »von Ihnen«. Nach einer kleinen bedachten Pause füge ich hinzu: »Und von Hitler, von meinem Vater und von mir«. Damals überraschte mich, dass die meisten interessiert waren und ohne große Übergänge gleich erzählten, was sie von ihm wussten und wie sie über ihn dachten. Überhaupt Reporter-Glück. Davon gab es auf dieser Hitler-Route mehr als ich erwarten konnte. Hitler allüberall. Ist die Aufmerksamkeit fokussiert, trifft man unweigerlich an jeder Ecke auf ihn.

Das Buch sollte 2004 erscheinen. Das Manuskript näherte sich dem Abschluss. Gleichzeitig wurde mir immer klarer, worüber ich mir auch vorher schon keine Illusionen gemacht hatte: Das Bild Hitlers und die Zeit seines Regimes sind noch immer von Schuldabwehr, Verdrängung und Schönfärberei geprägt. Die Fabrikation der Fiktionen, gleich nach 1945 mit Hochdruck aufgenommen von den Memoirenschreibern und »Derealisierern« des Geschehenen, dauert an. Daran beteiligt von Anfang an auch Professoren aus der

Historikerzunft, nicht nur die Medien oder die Phantasien in den Köpfen derer, die heute »kumulative Heroisierung« betreiben, wie Harald Welzer das nennt, wenn in den Augen der Kinder ihre antisemitischen Eltern und Großeltern zu Widerstandskämpfern werden. Unter dem grünen Rasen der angeblich so geglückten Vergangenheitsbewältigung entfalten die unterirdischen Neurosen auch in den jüngeren Generationen ihre Pracht. Da packte mich der Rappel. Ich wollte es genauer wissen. Ein Journalisten-Buch, im Reportagestil an der Oberfläche entlang geschrieben, schien mir unangemessen.

Meine Ambition, tiefer zu schürfen, warf nachhaltig alle Zeitpläne um und brachte mich in Teufels Küche, wo all das zu finden ist, was über den Diktator und die NS-Zeit nach 1945 gesagt, geschrieben, gesendet wurde, ein unübersehbarer Haufen, der mit jedem Tag weiter anwächst. Archive, Bibliotheken, Institute, Museen bestimmten nun mein Leben. Der Kopf musste klar bleiben, auch wenn er öfters über dem Gelesenen drohte, verloren zu gehen. Begründetes Misstrauen trieb mich dazu an, möglichst viele Quellen im Original zu lesen. Mein umfassender Ansatz schloss die geschichtswissenschaftlichen Publikationen genauso mit ein wie die Medien auf allen Ebenen, von den elitären Meinungsführern bis zu den Stimmungsmachern des Boulevard und darüber hinaus bis zu den »bunten Blättern« und der rechtsradikalen Presse.

Mein Ziel, paradox bei diesem Stoff, auch ein Lesevergnügen zu liefern, vertrug keinen Anmerkungsapparat. Zu den subjektiven »Ansichten eines Zeitgenossen« passt kein Fußnotengestöber. Wo es darauf ankommt, sind die Quellenbezeichnungen, Fund- oder Herkunftsstellen im Fließtext aufgeführt.

R. R.

Personenregister